Écosse

L'ÉPOUSTOUFLANTE

L'Écosse, toute entière, pourrait être une œuvre d'art. Ses tableaux enivrants de charme s'étendent ininterrompus, dessinant la silhouette romantique de sommets escarpés, de falaises déchiquetées, de *glens* verdoyants, de forêts d'émeraude et d'une myriade d'archipels féeriques. Les paysages s'entremêlent amoureusement dans le chaos de la roche et le fracas de la mer, [illegible] de millions d'oiseaux chamarrés. On [illegible] les pierres levées dont le m[illegible]e courir l'imagination et l[illegible] l'ombre romanes[illegible]ent au pi[illegible], qui [illegible] les [illegible]iroirs de [illegible]ges, les collines, l[illegible]jours de mille légendes et [illegible] malts. Tout ici est calme et rep[illegible] délicieusement simple, sans fard, paré [illegible]auté réelle et saisissante. Elle est parfois triste et silencieuse, souvent étincelante et fantastique. Les couleurs et la lumière s'y livrent à un ballet permanent, valsant au gré des regards entre le bleu, le vert et le gris, tantôt l'orange et le blanc quand pointent l'automne et les premières neiges. Les quatre saisons y sont bel et bien une symphonie, que l'on écoute coupé de tout, sauf de l'essentiel. Des siècles durant, artistes et penseurs y ont puisé un peu de cette inspiration que l'on cherche tous.

Retrouvez cette offre en page 105

SOMMAIRE

Caerlaverock Castle. © THEASIS - ISTOCKPHOTO.COM

Vue depuis Calton Hill. © JUI-CHI CHAN - ISTOCKPHOTO.COM

6 INSPIRER

Comment choisir où séjourner, quoi visiter, à quels événements assister… ? Voici des coups de cœur et expériences à vivre pour ressentir toute la magie écossaise.

33 DÉCOUVRIR

Où sont les châteaux hantés ? Pourquoi l'Écosse est-elle terre de whisky ? Quels sont les plus impressionnants *glens*, *lochs* et *Munros* ? Nous vous révélons tout.

107 ÉDIMBOURG, LOTHIAN ET BORDERS

Édimbourg, capitale de l'Écosse, sera votre porte d'entrée dans le pays et les Borders et le Lothian, vos premiers paysages aussi magiques qu'époustouflants.

175 GLASGOW ET LE SUD-OUEST

Si Glasgow est immanquable lors d'un séjour en Écosse, le Sud-Ouest est souvent délaissé. Pourtant, il regorge de merveilles, entre châteaux et parcs nationaux.

229 CENTRE ET CÔTE OUEST

Ici, on touche les légendes et l'histoire. On voyage dans le temps tout autant qu'on aimerait l'arrêter pour savourer la beauté chatoyante de ses paysages.

277 HÉBRIDES

Les Hébrides, intérieures et extérieures, ont leurs noms et paysages emblématiques : Skye la majestueuse, Mull la sauvage ou encore Islay et son whisky tourbé…

Lièvre dans les Cairngorms. © CARLDAYPHOTOGRAPHY - ISTOCKPHOTO.COM

313 HIGHLANDS

C'est souvent pour les Highlands et leur aura légendaire que l'on vient en Écosse. Ici, les paysages sont à couper le souffle et l'émerveillement permanent.

365 EST

Entre son Parc national des Cairngorms, les nombreux châteaux de l'Aberdeenshire, la Speyside Valley et ses paysages côtiers, l'Est recèle de nombreux trésors.

Les Shetland. © MARC-ANDRE_LETOURNEUX - ISTOCKPHOTO.COM

411 ÎLES ORCADES ET SHETLAND

Ces terres écossaises flirtent avec la Scandinavie toute proche. Chaque île a une histoire fascinante à conter, faite d'héritages pictes, vikings et britanniques.

433 ORGANISER SON SÉJOUR

Seul ou à plusieurs. En voyage organisé ou en complète autonomie. Mille et une astuces pour bien se préparer et profiter au maximum de son séjour en Ecosse.

Old Man Of Storr, île de Skye. © 1111IESPDJ - ISTOCKPHOTO.COM

Écosse
50 KM
Vers SHETLAND ET LES ORCADES
ST MARGARET'S HOPE ★★
THURSO ★
JOHN O'GROATS ★★
WICK ★
DURNESS ★★
TONGUE ★
LOCHINVER ★★
HELMSDALE ★
ULLAPOOL ★★
DORNOCH ★
GAIRLOCH ★★
TORRIDON ★★
Moray Firth
ELGIN ★
INVERNESS ★
KYLE OF LOCHALSH ★★★
KYLEAKIN ★
DRUMNADROCHIT ★★
LOCH NESS ★★
BROADFORD ★★★
FORT AUGUSTUS ★★
SLEAT ★★
CAIRNGORMS
HIGHLANDS
MALLAIG ★★
Monadliath Mountains
AVIEMORE ★★★
ABERDEEN ★★
The Winch
Hébrides extérieures
LEWIS ★★
HARRIS ★★
HÉBRIDES EXTÉRIEURES
NORTH UIST ★★
The Little Winch
UIG ★★★
SKYE ★★★★
DUNVEGAN ★★
PORTREE ★★★
RAASAY ★
SOUTH UIST ★
Mer des Hébrides
MINGINISH ★★★
Cuillin Sound
RÙM ★★
EIGG ★★

TIREE
DERVAIG
CRAIGNURE
GLENCOE
Grampian Mou
Hébrides intérieures
Loch Linnhe
ÎLE DE MULL
LISMORE
ABERFELDY
IONA
ROSS OF MULL
OBAN
KERRERA
GLAMIS
DUNDEE
INVERARAY
SCARBA
COLONSAY
KILMARTIN
PERTH
SAINT ANDREWS
CALLANDER
Queen Elizabeth Forest Park
TROSSACHS
ABERFOYLE
MER DU NORD
LUSS
BALMAHA
Argyll Forest Park
DRYMEN
DUNBLANE-DOUNE
JURA
BALLOCH
STIRLING
SOUTH QUEENSFERRY
DUNOON
TARBERT
GLASGOW
ÉDIMBOURG
NORTH BERWICK
LINLITHGOW
ISLAY
BUTE
DUNBAR
GREAT CUMBRAE
GIGHA
LOCHRANZA
LOTHIAN
CLADACH
BRODICK
EYEMOUTH
Clyde
LANARK
BLACKWATERFOOT
KILMARNOCK
BIGGAR
CAMPBELTOWN
WHITING BAY
AYR
MELROSE
BORDERS
KELSO
Dee
JEDBURGH
Northumberland National Park
The Border Forest Park
DUMFRIES - GALLOWAY
NEWTON STEWART
ANGLETERRE
CASTLE DOUGLAS
PORTPATRICK
KIRKCUDBRIGHT
Vers WHITHORN
Altitude (en mètres)
500
200
Limite de région
Limite des parcs
Autoroute
Route principale

QUAND Y ALLER

JANVIER

1° / 6°

CELTIC CONNECTIONS FESTIVAL

(GLASGOW)

Ce festival de musique celtique est incontournable en Grande-Bretagne. Talents écossais et artistes du monde entier sont réunis.

UP HELLY AA

(LERWICK)

Littéralement « fête du feu », cette manifestation qui a lieu dans toutes les Shetland célèbre l'héritage viking de l'archipel.

$

FÉVRIER

1° / 6°

$

MARS

2° / 8°

FIFE WHISKY FESTIVAL

© NOCTILUXX - ISTOCKPHOTO.COM

Chaque année à Cupar, entre Dundee et Édimbourg, il réunit les meilleurs producteurs de whiskies de la région Fife et au-delà.

$

JUILLET

11° / 18°

$ $ $

AOÛT

11° / 18°

THE ROYAL EDINBURGH MILITARY TATTOO

(ÉDIMBOURG - EDINBURGH)

Une fanfare militaire incontournable sur l'esplanade du château d'Édimbourg. Beaucoup de kilts et de cornemuses sont au rendez-vous.

EDINBURGH FRINGE FESTIVAL

C'est le grand festival alternatif d'Édimbourg : un rendez-vous ultra festif et surprenant par la diversité de ses manifestations !

$ $ $

SEPTEMBRE

9° / 16°

THE NATIONAL WHISKY FESTIVAL

(ABERDEEN)

Dégustations de whiskies, musique live et stands artisanaux sont au rendez-vous à cette fois-ci à Aberdeen, après Édimbourg et Glasgow.

$ $

Si chaque saison a son charme en Écosse et chaque mois ses événements, il est tout de même des périodes plus propices au tourisme. Beaucoup de châteaux, musées, distilleries et hébergements sont ouverts toute l'année, mais ils sont aussi nombreux à n'ouvrir leurs portes que d'avril à fin octobre. Il faudra donc privilégier le printemps, l'été et l'automne pour séjourner en Écosse. À vous ensuite de choisir entre la saison des jonquilles, des rhododendrons ou des feuillages cuivrés.

AVRIL

4° / 11°

BELTANE FIRE FESTIVAL
(ÉDIMBOURG - EDINBURGH)
Le plus grand Festival du feu en Europe a lieu le 30 avril à Édimbourg sur Calton Hill. Il célèbre la fête celte de Beltane.

$

MAI

6° / 14°

$ $

JUIN

9° / 17°

EDINBURGH WHISKY FESTIVAL
(ÉDIMBOURG - EDINBURGH)
L'idée est simple : une entrée, un verre de dégustation, un livret avec les whiskies en dégustation et... à vous de goûter !

$ $

OCTOBRE

7° / 12°

SAMHUINN FESTIVAL
(ÉDIMBOURG - EDINBURGH)
Ce Nouvel An celtique est célébré par des spectacles, danses, concerts, pyrotechnie pour marquer la transition de l'été à l'hiver.

THE ENCHANTED FOREST
(PITLOCHRY)
Un son et lumières dans les bois... L'expérience magique et unique fait partie des événements les plus primés du Royaume-Uni.

$ $

NOVEMBRE

4° / 9°

OBAN WINTER FESTIVAL
(OBAN)
Pour vous plonger dans l'ambiance des fêtes avant Noël, venez à Oban : rennes, *ceilidh*, marché victorien... La magie opère !

GUY FAWKES NIGHT
Partout en Écosse sont allumés de grands feux de joie et lancés des feux d'artifice, le 5 novembre ou les jours précédents.

$

DÉCEMBRE

2° / 7°

EDINBURGH'S HOGMANAY
(ÉDIMBOURG - EDINBURGH)
Comme une soirée ne suffirait pas, Édimbourg organise trois jours de fête non-stop, chaque année, pour le premier de l'an.

STONEHAVEN FIREBALLS
Quand minuit sonne, des hommes et des femmes défilent sur High Street en balançant au-dessus de leurs têtes des boules de feu.

$

LES BONNES RAISONS D'Y ALLER

© THEDMAN - ISTOCKPHOTO.COM

DES FANTÔMES À RENCONTRER

Découvrir les lieux les plus hantés d'Écosse : châteaux, cimetières, catacombes et villes.

NESSIE À DÉBUSQUER

Partir à la recherche du fameux monstre du Loch Ness.

© NIRIAN - ISTOCKPHOTO.COM

© GEORGECLERK - ISTOCKPHOTO.COM

LA TERRE DU WHISKY

L'Écosse est la terre du whisky par excellence et ses nombreuses distilleries se visitent.

© DAZ-GROVE - ISTOCKPHOTO.COM

LA NORTHCOAST 500

500 miles sur des routes magnifiques, à s'émerveiller à chaque virage et nouveau panorama.

© DIEGOMARIOTTINI - SHUTTERSTOCK.COM

DES VILLES DYNAMIQUES

Édimbourg et Glasgow sont des villes connues pour leur population étudiante festive.

© MARCEL STRELOW - SHUTTERSTOCK.COM

AVOIR LE SOUFFLE COUPÉ

En haut d'un ben, au bord d'un loch, au cœur d'un glen. Comme sur un air de bout du monde.

© AERIALVISION_IT - SHUTTERSTOCK.COM

DES CHÂTEAUX À EXPLORER

Plonger dans un autre temps, un autre monde et s'émerveiller d'architectures grandioses.

LES BONNES RAISONS D'Y ALLER

© SGAFOTOSTUDIO - ISTOCKPHOTO.COM

LE FISH & CHIPS

À déguster les pieds dans l'eau, dans un port du bout du monde, fraîchement pêché et frit.

© SOLSTOCK - ISTOCKPHOTO.COM

LA CONVIVIALITÉ DES PUBS

Déguster une bière dans un pub local au son des musiques celtiques.

© A. KARNHOLZ - SHUTTERSTOCK.COM

LA MUSIQUE TRADITIONNELLE

Participer à un *ceilidh*, écouter de la musique live dans un pub, assister à un festival…

LES 12 MOTS-CLÉS

#ACCENT

L'accent écossais vous donnera du fil à retordre. Il n'a rien à voir avec ce que vous avez pu apprendre au cours de vos études. Ne vous inquiétez pas si vous ne comprenez pas ce que l'on vous dit et réciproquement. Ici, on roule les « r » et, par exemple, les « ch » se prononcent « rrr ». Ainsi, pour le Loch Ness, pensez à prononcer [Lorr].

#BIÈRE

On fait de la bière en Écosse depuis 5 000 ans… On aurait trouvé trace de la plus vieille bière du monde au nord de l'Écosse, à Skara Brae. Les premières brasseries se seraient développées à la fin du XVIe siècle. Partout, vous pourrez déguster une bière locale, brassée artisanalement. Quelque 70 brasseries sont disséminées dans le pays…

#CHARDON

Le chardon (*thistle*) est un symbole national. On raconte qu'au Moyen Âge, des guerriers dormaient dans un camp lorsqu'ils furent réveillés par les cris d'ennemis qui s'étaient déchaussés pour ne pas faire de bruit et avaient marché sur des chardons. Il figure sur le maillot de l'équipe de rugby, sur de nombreux logos et dans le folklore écossais.

© JMIMAGES - ISTOCKPHOTO.COM

#CLAN

Depuis ses origines, les clans ont défini l'organisation sociale de l'Écosse. Le terme « clan » vient du gaélique écossais « clann » qui signifie « enfants ». De nos jours, les clans se résument à un patronyme, à un tartan et à un héritage, mais ils représentent toujours une source de fierté pour les Écossais et leurs descendants émigrés.

#CORNEMUSE

Les Écossais ont une manière très humoristique de parler de l'instrument de musique le plus emblématique de leur culture. Des exemples ? « Un vrai gentleman est quelqu'un qui sait jouer de la cornemuse, mais n'en joue pas » ou « Quelle est la différence entre un oignon et une cornemuse ? Personne ne pleure quand on hache une cornemuse ! ».

© LUKASSEK - ISTOCKPHOTO.COM

#HAGGIS

C'est le plat emblématique de la gastronomie traditionnelle. Il est composé d'une panse de mouton farcie avec les poumons, le foie et le cœur, des céréales et des épices. Le célèbre poète écossais, Robert Burns, déclamait avec un lyrisme non dépourvu d'humour son amour de ce plat traditionnel que les Écossais honorent, chaque année, le 25 janvier.

#HIGHLAND COW

La vache écossaise aux poils longs est sans doute l'animal le plus photographié d'Écosse. Vous la croiserez, majoritairement et comme son nom l'indique, dans les Highlands. Petite, trapue, avec de grandes (très grandes !) cornes, rousse, le poil au vent, elle se fait une véritable star. Le comble de la « mignonnitude » ? Le veau highland !

#KILT

Le kilt, originaire des Highlands, serait apparu au XVIe siècle. Il est porté en de grandes occasions. Vous le verrez lors de certains festivals où interviennent des *pipe bands*, par certains joueurs de cornemuse arborant fièrement leur tenue traditionnelle à l'entrée de lieux touristiques pour des animations « cartes postales » toujours bienvenues.

LES 12 MOTS-CLÉS

#MIDGES

Les midges sont des insectes pires que les moustiques. Ils se font un malin plaisir de sucer votre sang au printemps et en été. Cela paraît terrifiant et ça l'est ! Ils passent même à travers les moustiquaires ! Seuls le vent et quelques produits spécifiques, facilement trouvables en supermarché et pharmacie, en seront votre protection...

#PUB

« *The local* », « *the boozer* » ou « *public house* » : c'est la seconde maison des Écossais. Ils sont souvent rustiques, décorés de boiseries, de photos en noir et blanc et de décorations authentiques et locales. L'association CAMRA (*Campaign for Real Ale*) a fait de leur qualité son cheval de bataille et défend les *real ales* (bières traditionnelles).

#NESSIE

Peut-être le personnage le plus célèbre d'Écosse, Nessie est l'une des mascottes du pays. Présente depuis des siècles sous les eaux du Loch Ness, elle est la star des boutiques de souvenirs, des légendes et de la presse. Aux dernières nouvelles, elle ne serait qu'une grosse anguille. Libre à vous de refuser cette explication manquant de fantaisie !

© MATT84 - ISTOCKPHOTO.COM

#WHISKY

L'Écosse compte le plus grand nombre de distilleries au monde. En témoignent plusieurs dictons écossais : « Ne jamais boire de whisky sans eau et ne jamais boire d'eau sans whisky » ou « La pluie d'hier et d'aujourd'hui est le whisky de demain. » ou encore « Le whisky pour un Écossais est aussi inoffensif que le lait pour le reste de l'humanité ».

© GEGEONLINE - ISTOCKPHOTO.COM

VOUS ÊTES D'ICI, SI...

- Vous savez qu'il faut répondre non à quiconque vous proposerait un « Glasgow kiss » (il s'agit d'un coup de poing et non d'une accolade amicale)
- Vous commandez vos cocktails en pichets d'un litre... par personne !
- Votre conduite s'apparente à un concours de courtoisie, d'amabilité et de cédez-le-passage aussi spontanés que souriants. Et bien sûr, ici, on ne klaxonne pas !
- Vous ne voyez pas en quoi manger un Mars frit dans une huile ayant auparavant cuit du poisson peut poser problème.
- Vous mettez votre linge à sécher dehors, même par temps de pluie.
- Vous buvez du thé à n'importe quelle heure du jour et de la nuit, et en accompagnement de n'importe quel plat, salé ou sucré.
- Quand on vous demande ce qu'il y a sous votre kilt, vous répondez « your mother's lipstick ».
- Vous trouvez facile une randonnée avec 900 mètres de dénivelé, avec montée sur des pentes escarpées et descente dans les tourbières.

INTERVIEW

MON ÉCOSSE

AVEC JENNIFER THEROND, AUTEURE DU GUIDE

Qu'est-ce qui vous a menée en Ecosse ?

J'ai toujours aimé les pays celtes et les grands espaces. Ayant vécu en Irlande, la découverte de l'Écosse était une évidence. J'ai commencé par Édimbourg et je suis tout simplement tombée amoureuse de son ambiance. Étant fan de Harry Potter, la capitale est vite devenue ma ville préférée en Écosse. Mais bien plus que ça, l'accueil est chaleureux, les randonnées sont incroyables, les petits villages sont typiques. On ne peut qu'aimer !

Que gardez-vous en souvenir ?

Ses nombreux châteaux et ses paysages grandioses. Le pays est parfait pour les aventuriers et amoureux de la nature et des vieilles pierres. C'est plutôt une sensation qu'un souvenir qui me fait penser quotidiennement à l'Écosse. Cette sensation de plénitude et de calme au volant de la voiture sur les routes sinueuses écossaises.

Quel est votre endroit préféré ?

Il est dur de ne choisir qu'un seul endroit ! Le pays regorge de richesses et est tellement varié entre ses plages, châteaux, sites iconiques, distilleries, villages et l'atmosphère des pubs. Lors de mon dernier voyage, j'ai eu l'occasion de découvrir le nord du pays et la route NC500. Un monde à part et complètement sauvage, j'ai complètement adoré. La route entre Shieldaig et Applecross est unique. Sur son air de bout du monde, les seules rencontres que vous pouvez faire sont les vaches écossaises ! (nb : highland cow).

S'il ne fallait retenir qu'un bon conseil pour découvrir le pays, ce serait lequel ?

Louez une voiture et laissez-vous porter ! Bien que les transports en commun soient bien développés, pour découvrir des endroits uniques, secrets et hors des sentiers battus, la voiture est indispensable. Soyez attentif à la nature qui vous entoure et vous aurez de belles surprises.

IDÉES DE SÉJOUR

Le meilleur séjour sera celui que vous concocterez au gré de vos envies, suffisamment souple pour vous permettre de faire des détours et de vous attarder dans les lieux de vos coups de cœur. Il n'y a pas de mauvaise destination en Écosse. L'avantage est que, partout, vous trouverez des paysages grandioses et matière à vous émerveiller. Le séjour idéal sera le vôtre. Il privilégiera peut-être une région précise à explorer de fond en comble, en alternant les journées de visites de châteaux, musées et distilleries avec les randonnées, entre ascensions de *munros* et découvertes des *lochs* et *glens* aux mille charmes. Ou alors, il se fera *road trip*, à la conquête des *scenic routes* (routes panoramiques) et de leurs nombreux points d'intérêt. Picorez çà et là des idées de visites en amont de votre voyage et, sur place, laissez-vous guider par vos hôtes qui auront aussi leurs coups de cœur et leurs suggestions.

UNE SEMAINE EN ÉCOSSE

› Jour 1 - Édimbourg

Commencez par une visite guidée d'Édimbourg pour prendre un maximum d'informations en quelques heures et vous faire conter la capitale par ceux qui la connaissent le mieux. Poursuivez votre après-midi au

› Jour 2 - Édimbourg

Soyez au château à son ouverture pour y consacrer la matinée entière. Franchissez ensuite le North Bridge pour arpenter New Town et voir le contraste réel entre les deux parties d'Édimbourg. Les amateurs d'art iront à la **Scottish National Gallery** (p.132), mais si c'est ★★★ le shopping qui vous intéresse, ne ratez pas les nombreuses adresses du quartier. Terminez au sommet de **Calton Hill** (p.130) pour de superbes panoramas.

© SHAITH - ISTOCKPHOTO

Édimbourg.

› Jour 3 - Glasgow

Prenez le volant ou le train pour partir à la découverte de **Glasgow** ★★★ (p.179) la dynamique. Selon vos intérêts, visitez la cathédrale, la Necropolis, le **Kelvingrove Museum** (p.188) ou l'université avec ses musées.

› Jour 4 - Glen Coe

Direction Glen Coe, la plus belle vallée d'Écosse. Elle est traversée par une route splendide où vous aurez tout loisir de vous éterniser avant d'arriver aux rives du Loch Linnhe. Prenez un peu de temps pour admirer les Rannoch Moor ou les premiers kilomètres du Glen Etive.

› Jour 5 - Fort William

Continuez votre séjour à **Fort William** ★★★ (p.321), un peu plus au nord. Sa région est absolument majestueuse. Si la météo le permet et si vous le souhaitez, vous pouvez partir tôt le matin pour conquérir **Ben Nevis** (p.322), le plus haut sommet du pays. Sinon, baladez-vous dans le Glen Nevis et poussez jusqu'à Glenfinnan, où se dresse le célèbre viaduc éponyme.

› Jour 6 - Aviemore

Filez vers l'est et le Parc national des Cairngorms. **Aviemore** ★★★ (p.385) est une base d'exploration parfaite dans le coin. Faites un peu de randonnée l'après-midi ou tracez vers les distilleries de Speyside, si vous préférez la *water of life* à la marche.

› Jour 7 - Fin

Selon le temps qu'il vous reste et vos envies, plusieurs possibilités s'offrent à vous en redescendant vers Édimbourg ★★★★. Vous pouvez visiter d'autres distilleries et édifices historiques en route, vous rendre à l'épatant **Scone Palace** (p.392), à côté de **Perth** ★★ (p.391), ou à **Stirling** ★★ (p.246), pour voir son château.

© ROBERT NEUMANN - FOTOLIA

Viaduc de Glenfinnan.

SUR LES PAS DE HARRY POTTER

Avis à tous les fans de *Harry Potter*, ce circuit est pour vous ! Partez sur les lieux de tournage, les boutiques et les endroits qui ont inspiré J.K. Rowling. Découvrez les incontournables de l'Écosse de manière unique au travers de cette thématique. Niveau paysages, en plus de plonger dans les films, vous aurez le souffle coupé par des endroits typiques.

› Jour 1 - Édimbourg

Entamez votre séjour écossais dans la capitale qui est un incontournable, véritable capitale médiévale. Commencez votre visite de la Old Town avec le château d'Édimbourg, ★★★★ qui est l'inspiration pour Poudlard. Baladez-vous sur Victoria Street qui est un mini Chemin de Traverse avec ses nombreuses boutiques pour sorcier. Puis baladez-vous dans ses ruelles à l'ambiance mystique.

› Jour 2 - Édimbourg

Pour cette deuxième journée, vous pouvez rendre au cimetière de Greyfirars Kirkyard (p.126)pour chercher les personnages de *Harry Potter* ! L'auteure s'est inspirée des lieux. Puis rendez-lui hommage au City Chambers, vous y découvrirez ses empreintes. Finissez par le Balmoral et demandez à voir la chambre #552. C'est là où elle a terminé l'écriture de cette sublime saga.

› Jour 3 - Parc National des Trossachs

Direction les Trossachs ★★★★ (p.234) ! Ici, vous ne trouverez pas de lieux de tournage, mais une pause essentielle entre les deux étapes. Profitez-en pour vous balader dans ce mini-concentré écossais. Visite de villages typiques comme Callander ★ (p.242), fabriquez votre propre whisky dans la distillerie de Glengoyne, découvrez le Loch Katrine à bord d'un ancien bateau à vapeur et observez le coucher de soleil à Conic Hill.

› Jour 4 - Fort William

Fort William ★★★ (p.321) est ★★★ une ville au cœur des Highlands ★★★★. Direction le viaduc de Glenfinnan (p.323) où vous pourrez soit observer le Poudlard Express passer sur le pont comme dans les films ou bien monter à bord. De l'autre côté, vous avez le Loch Morar qui est le lac de Poudlard. Un peu plus loin, sur le Loch Eilt, ne ratez pas l'îlot Eilean Na Moine qui est censé être la tombe de Dumbledore.

› Jour 5 - Fort William

On ne peut pas se rendre à Fort William ★★★ (p.321) sans rouler dans le Glencoe ★★★ (p.317) qui est un des plus beaux glens d'Écosse, mais également le décor des scènes de Quidditch. Puis direction Steall Waterfall qui est une randonnée à la portée de tous. C'est la cascade que survole Harry en pourchassant le dragon dans le quatrième volet de la saga. Pour visiter le lieu où se trouvait la cabane de Hagrid, rendez-vous à Clachaig Inn.

› Jour 6 - Perthshire

Dernière étape qui se trouve à seulement 1h de l'aéroport d'Édimbourg. Direction dans les landes du Rannoch Moor que l'on voit apparaître dans la première partie du septième volet de la saga. Il s'agit du passage où les Mangemorts arrêtent le train à la recherche de Harry. Puis, vous pouvez tout simplement profiter des petits villages de la région.

PRATIQUE

SE REPÉRER / SE DÉPLACER

DE L'AÉROPORT AU CENTRE-VILLE

L'Écosse dispose de plusieurs aéroports, mais Édimbourg et Glasgow sont ceux qui ont des lignes la reliant à la France. Des navettes et lignes de transport en commun vous permettront de rejoindre facilement le centre-ville. Vous pouvez aussi choisir le taxi, plus cher, mais aussi plus confortable si vos bagages sont nombreux et encombrants ou si les navettes ne vous déposent pas à proximité de votre point de chute.

En arrivant d'Édimbourg, un ticket aller-retour en bus (le retour peut s'effectuer à plusieurs jours d'intervalle, il suffit de garder le ticket) est vendu à £7,50 (£4,50/enfant). En tram, il vous coûtera £6,50 (£3,30/enfant).

En arrivant à Glasgow, vous pourrez prendre le bus (*Glasgow Airport Express 500*) pour £14,80/adulte et £7/enfant, en billet aller-retour. L'application gratuite Glasgow Airport App permet de bénéficier de prix réduits si l'on achète les tickets par son intermédiaire et donne toutes les informations nécessaires pour bien se repérer dans l'aéroport.

Il est possible de rejoindre les îles en avion. De nombreuses liaisons aériennes sont possibles entre les îles, les Highlands et le sud de l'Écosse. Le site Internet suivant regroupe tous les aéroports concernés : www.hial.co.uk

TRANSPORTS EN COMMUN

▸ Vous pourrez facilement découvrir toute l'Écosse en train grâce à un réseau ferroviaire bien développé. ScotRail propose par ailleurs des passes avantageux dès lors que l'on prévoit de prendre le train régulièrement. « Spirit of Scotland Travelpass » offre un nombre illimité de déplacements en train dans le pays, et comprend aussi quelques trajets en bus dans certaines régions, en ferries de la compagnie Caledonian MacBrayne ou NorthLink Ferries (tarifs réduits) vers les Orcades et Shetland. Il existe aussi, pour les déplacements terriens en train et bus, « Highland Rover » et « Central Scoland Rover », ainsi que « Rail and Sail Tickets » pour combiner train et ferry avec Caledonian MacBrayne. Si vous prenez le train de manière plus occasionnelle, pensez aux billets « heures creuses », moins chers et permettant de voyager à des moments de moindre affluence. Des billets spécifiques sont aussi proposés aux familles grâce au programme « Kids go free ».

Vous pourrez aussi choisir des excursions simplement pour la beauté des paysages traversés. Le site de ScotRail fait de nombreuses recommandations en ce sens. Recherchez : « Great Scenic Rail JourneysScotrail » sur votre moteur de recherche et profitez des panoramas.

Plus d'informations : www.scotrail.co.uk

▸ Si vous souhaitez découvrir les îles, vous ne pourrez pas passer à côté des ferries. Elles sont deux compagnies majeures à se partager les traversées :

- **CaledonianMacBrayne ou Calmac ferries** : la compagnie gère toutes les lignes principales des traversées dans le Firth of Clyde et les Hébrides (intérieures et extérieures). On la retrouve dans les ports d'Oban, Kennacraig, Mallaig et Ullapool. Si vous prévoyez plusieurs trajets en ferry pendant votre séjour, les billets « Island Hopscotch » sont faits pour vous. Si vous voyagez aussi en train, pensez à l'option « Rail and Sail ».

En savoir plus : www.calmac.co.uk

- **NorthLink Ferries** : la compagnie s'occupe des ferries nocturnes entre Aberdeen et Lerwick

479 kgCO_2e / personne
Aller-retour Paris-Edimbourg

268 kgCO_2e / personne
Aller-retour Paris-Edimbourg

95 kgCO_2e / personne
Aller-retour Paris-Edimbourg

© THEROMB - SHUTTERSTOCK.COM

➔ Le calcul de cette consommation CO_2 est fait à partir de Paris, mais l'idée est avant tout de montrer la différence entre les différents moyens de locomotion. La différence entre chacun garde la même proportion depuis votre point de départ quel qu'il soit également.

dans les Shetland, ainsi qu'entre Scrabster (Caithness) et Stromness (Orcades).
En savoir plus : www.northlinkferries.co.uk
D'autres petits ferries effectuent des trajets plus courts et plus saisonniers : Pentland Ferries relie GillsBay (près de John o'Groats) et St Margaret's Hope (South Ronaldsay, Orcades) ; John o'Groats Ferries propose une traversée en été entre John o'Groats et Burwick (South Ronaldsay, Orcades).
Pour les trajets entre les îles des Shetland, rendez-vous sur le site www.shetland.gov.uk/ferries.
Attention : il est toujours préférable de réserver votre ferry à l'avance.

Trajets en bus. Pour toute l'Écosse : le site Internet de référence pour organiser tous vos trajets en transport en commun sera sans conteste www.travelinescotland.com. Il cumule les trajets en train, en bus et en ferry et vous propose les trajets les plus pertinents pour rallier une destination.

Dans les environs d'Édimbourg : Grâce à One Ticket, vous pouvez acheter des pass de bus valables toute la journée ou toute la semaine sur un secteur désigné, au départ d'Édimbourg. Cinq zones sont disponibles et avec l'option journalière la plus chère, on peut voyager librement et de manière illimitée jusqu'à Perth et Dundee, au nord, et la frontière anglaise, au sud. L'offre se prête particulièrement à une visite des principales villes des Borders sur une journée. La grande majorité des transporteurs sont partenaires du dispositif, mais certaines petites entreprises de bus peuvent ne pas y avoir adhéré. La liste est consultable sur le site web. Pensez aussi à bien vérifier tous les horaires de passage à l'avance sur www.travelinescotland.com pour organiser votre journée sans retard. Vous pouvez acheter votre pass à la gare routière de St Andrew Square ou dans l'un des Lothian Buses travelshops (27 Hanover St et 31 Waverley Bridge). Attention aux horaires cependant, ils seront certainement fermés si vous comptez vous y rendre tôt le matin, il vaut mieux donc y passer la veille, avant votre journée d'escapades.
Informations : www.one-ticket.co.uk

VÉLO, TROTTINETTE & CO

L'Écosse se pratique volontiers à vélo et offre plusieurs superbes itinéraires cyclables. Le tourisme vert et les activités sportives étant deux points forts du pays, il n'est pas étonnant que sa découverte, partielle ou totale, à vélo, soit une option à envisager sérieusement. On aurait même pu rédiger un guide complet à cet effet ! Le mieux est de visiter le site du National Clyde Network (NCN), soit le réseau des pistes cyclables officiel d'Écosse. Au total, il recense 3 380 km de routes de campagne et pistes cyclables, ainsi que 800 km de voies vertes, sentiers forestiers et chemins de halage. Vous pourrez aussi prendre l'option d'itinéraires à la journée, de tours de quelques heures ou visiter une île en deux-roues. À vous de composer votre itinéraire selon votre niveau et vos envies. Pensez aussi à vous renseigner en offices de tourisme sur les circuits et loueurs locaux.

AVEC UN CHAUFFEUR

Plusieurs sociétés proposent des tours guidés d'Écosse, en minibus ou en berline. Ce peut être une très bonne option si vous souhaitez bénéficier d'un guide tout au long de votre voyage et ne vous occuper de rien. Ce sera aussi particulièrement pratique pour profiter pleinement des visites de distilleries avec dégustations. Rabbie's Tour propose ainsi des excursions en minibus jusqu'à 16 personnes, d'une à dix-sept journées (www.rabbies.com). Pour une formule personnalisée et sur mesure, pensez à E-City : Nicolas, guide francophone, vous emmène en Tesla hors des sentiers battus et vous fait découvrir des sites emblématiques comme plus confidentiels (www.e-citychauffeur.com). Là encore, les offices de tourisme locaux pourront vous communiquer les référents locaux pour des prestations allant de quelques heures à quelques jours.
Si vous prenez un taxi, sachez qu'il est d'usage de laisser un pourboire si le service est bon (arrondir la note ou 10 %).

EN VOITURE

Il est tout à fait possible de venir avec votre voiture en Écosse, à condition de prendre le ferry et de traverser l'Angleterre. Si vous arrivez en avion, la solution de la location s'imposera d'elle-même. Le fait de conduire à gauche peut demander un temps d'adaptation plus ou moins long. Pour la location de voiture, le leader en Écosse est Arnold Clark (www.arnoldclark.co.uk). S'il n'est pas le moins cher aux comparatifs web, il est celui qui offre les meilleurs services et suivis, sans surprise désagréable de supplément imprévu à la prise de la voiture.

Règles essentielles. Pour rappel : les Britanniques roulent à gauche. Le volant est donc à droite et les vitesses sont à gauche. Il faut rester dans la voie de gauche et on ne peut doubler que du côté droit, les ronds-points se prennent dans le sens des aiguilles d'une montre et les voitures débouchent de la gauche. Sur une route à plusieurs voies, chacune des voies peut être contrôlée par des feux différents (feu vert pour tourner à gauche, feu rouge pour aller tout droit, etc.). Le port de la ceinture de sécurité est obligatoire à l'avant et à l'arrière.
La vitesse est limitée à 112 km/h sur les autoroutes, 96 km/h sur les routes principales et généralement 50 km/h dans les villes.
Le compteur des voitures écossaises indique à la fois les *miles* et les kilomètres.

Routes et autoroutes. Il existe des autoroutes gratuites dans le centre de l'Écosse et de bonnes routes à double voie menant aux villes principales. Dans les régions plus isolées, on trouve des routes à une voie avec des aires de croisement, ce qui signifie que l'on doit s'arrêter pour laisser les autres automobilistes passer ou les laisser doubler. Les autoroutes sont rarement continues, il s'agit le plus souvent de tronçons, prolongeant une simple route de grande circulation, mis à part la M6 d'Exeter à Carlisle (limite de l'Écosse). La vitesse autorisée est de 70 miles à l'heure (112 km/h). Les radars sont très nombreux en Écosse.

Panne. S'il vous arrivait d'être en panne en Écosse, l'Automobile Association (AA, sigle noir sur fond jaune) et la Royal Automobile Club (RAC, sigle blanc sur fond bleu) disposent en alternance d'un bureau dans les stations-service, avec un numéro d'appel s'il n'y a personne (mais attention à la facture). Tous les 2 miles, une boîte orange protège un téléphone qui vous relie à la police. Les stations Jet sont systématiquement les moins chères, de quelques dizaines de centimes par litre d'essence. Il faut avoir plus de 21 ans, voire plus de 23 ans, pour pouvoir louer un véhicule. L'âge maximum est de 70 ans.

ACCESSIBILITÉ

L'accessibilité pour les personnes en situation de handicap est un sujet traité avec sérieux en Écosse. Les nouveaux bâtiments sont tous conformes aux normes PMR. Les bâtiments historiques, quant à eux, possèdent des installations quand cela est possible. La précision est toujours faite sur le site web du lieu. Une attention particulière est portée au confort des personnes à mobilité réduite, mais pas seulement. En effet, l'inclusion est l'affaire de tous et l'on s'intéresse aux handicaps physiques ou moteurs aussi bien qu'aux handicaps invisibles. Ainsi, on trouvera souvent des installations et propositions à l'attention des personnes en situation de handicap auditif, visuel, mental et autistique.

LES PHRASES CLÉS

Bonjour, comment puis-je me rendre à…
Hello, how can I get to…

Est-ce loin à pied ? Y a-t-il le métro ou un bus… pour y aller ?
Is it far on foot? Is there a tube or a bus I can take to get there?

Pouvez-vous me montrer cet endroit sur la carte s'il vous plait ?
Can you show me this place on the map please?

Où puis-je acheter les tickets de transport ? Est-ce que je peux payer en carte de crédit ?
Where can I buy transport tickets? Can I pay by credit card?

Où est la sortie ? A gauche, à droite ou tout droit ?
Where is the exit? Left, right or straight on?

Je suis perdu et je suis en retard, s'il vous plait, aidez-moi ! Merci beaucoup !
I'm lost and I'm running late, please help me! Thank you very much!

PRATIQUE

A VOIR / A FAIRE

HORAIRES

La majorité des musées et châteaux ouvrent entre 9 h et 10 h et ferment entre 17 h et 18 h. Les pubs ferment entre 23 h et 1 h et servent souvent à manger jusqu'à 21 h. En été, les horaires des attractions ont tendance à être allongés.

A RÉSERVER

Les réservations sont rarement nécessaires, mais si vous voulez être certains d'accéder à une visite guidée, si vous souhaitez participer à une dégustation spéciale dans une distillerie ou manger dans un restaurant étoilé ou tendance, il peut être préférable de réserver. Les réservations peuvent se faire la plupart du temps sur le site web de l'établissement. Si vous n'êtes pas à l'aise pour téléphoner, pensez à solliciter vos hôtes (*B&B*, *guest house*, hôtel...) qui se feront toujours un plaisir de vous rendre service.

BUDGET / BONS PLANS

- **Budget très serré à petit budget** : vous pouvez voyager entre £50 et £60 par jour si vous logez en auberge de jeunesse, vous nourrissez de sandwiches, fréquentez les attractions gratuites et vous contentez d'un verre le soir.
- **Budget moyen** : compter entre £80 et £120 avec une nuit en établissement d'entrée de gamme, deux repas dans des petits restaurants, un verre le soir et quelques dépenses en plus (transports, visites, etc.).
- **Gros budget** : à partir de £150, on peut commencer à viser le vrai confort (nuit en hôtel ou B&B de charme, deux repas dans de bonnes adresses, activités et visites plus coûteuses, etc.).

LES ÉVÉNEMENTS

Parmi les grands événements qui font flamber les prix des logements et séjours en Écosse, la célébration du passage d'une année à l'autre, Hogmanay, est dans le tiercé gagnant. Fêter le réveillon à Édimbourg et plus largement en Écosse est l'assurance de vivre une Saint-Sylvestre exceptionnelle avec plusieurs jours de fêtes, spectacles de rue et feux d'artifice, mais cela représente aussi un coût important à amortir en restant plusieurs jours. Cela tombe bien, l'Écosse a aussi beaucoup de charme l'hiver ! Le festival d'Édimbourg, qui se tient en août, est aussi parmi les immanquables, mais comme pour Hogmanay, une réservation anticipée de votre séjour s'imposera. Enfin, les *Highland Games* commencent mi-mai et s'achèvent le troisième week-end de septembre, avec une activité plus intense en juillet et août. Ils comptent parmi les événements auxquels assister quand on voyage en Écosse à cette période.

© ABZEE - ISTOCKPHOTO.COM

Visite d'une distillerie.

VISITES GUIDÉES

Il existe de nombreuses et variées possibilités de visites guidées en Écosse. Dans les châteaux et musées, elles pourront être proposées sans supplément par rapport au prix d'entrée. Dans les grandes villes, elles seront thématiques et pourront être personnalisées. Les distilleries proposent la découverte de leur site en tours commentés, souvent achevés d'une dégustation. Il est possible de partir en visite guidée nature, à la manière d'un safari d'observation de la faune locale. Des excursions guidées sont aussi proposées en bateau, 4×4 ou autre véhicule selon les lieux à visiter. La plupart des musées, châteaux et distilleries, s'ils ne proposent pas de tours guidés en français, disposent soit d'audioguides soit de documents papier traduits. Des visites guidées en français peuvent aussi, dans certains sites, se faire sur réservation ou en lien avec un guide francophone indépendant.

LES PHRASES CLÉS

Bonjour, puis-je avoir deux entrées adultes et un enfant s'il vous plait ?
Hello, can I have two adults and two children tickets please?

Le tarif enfant est jusqu'à quel âge ? Et pour les seniors, est-ce qu'il y a une réduction ?
What age counts as a child? Is there an OAP discount?

Est-ce qu'il y a des visites guidées en français ou un audioguide ?
Is a guided tour in French or an audioguide available?

Combien de temps faut-il pour faire la visite ?
How long does the visit take?

J'ai du mal à monter les escaliers, avez-vous un ascenseur ?
I struggle with stairs, do you have a lift please?

Excusez-moi, pouvez-vous me dire où sont les toilettes ? Merci beaucoup.
Excuse me, can you tell me where the toilets are please? Thank you very much.

SE RÉGALER

HORAIRES

Les horaires et habitudes de repas ne sont pas les mêmes en France qu'au Royaume-Uni et les habitudes alimentaires non plus. Au petit-déjeuner délicieusement pantagruélique succède un déjeuner plus frugal. L'*afternoon tea* est un entre-deux parfait entre un déjeuner et un goûter avec ses sandwiches, ses *scones*, ses gâteaux et son thé (il peut aussi être servi avec du café ou des boissons plus festives dans la version « gin »). Cependant, là où il faut être attentif à l'heure, c'est le soir. On dîne dès 17 h. La plupart du temps, et même dans les villes moyennes, si vous cherchez à dîner vers 20 h, vous risquez de ne plus rien trouver à manger dans les pubs et d'être refusés dans les restaurants, qui seront complets. Sachez aussi si vous voyagez en famille que certains établissements refusent les enfants le soir ou à compter d'une certaine heure (parfois 19 h, parfois 20 h).

BUDGET / BONS PLANS

L'énorme petit-déjeuner pris le matin vous permettra de manger léger le midi et d'être vite rassasié : sandwich dans un pub, soupe avec tartine. Même les féroces appétits seront surpris que cela leur suffise.

- **Dîner très tôt et à petit prix :** Pour le soir, pensez à dîner tôt, très tôt même. Les menus « pré-théâtre » ou « *earlybirds* » sont servis le plus souvent pour une commande passée entre 17 h 30 et 18 h 30 et à des prix défiant toute concurrence. C'est donc l'horaire idéal pour manger dans un bon restaurant au prix d'un plat de pub.
- **Manger au château ou au musée** : Si, en France, les snacks et restaurants des sites touristiques sont rarement d'un bon rapport qualité-prix, il en est tout autre en Écosse. Les cafés, salons de thé, snacks et restaurants des châteaux et musées mettent à la carte des produits frais et locaux, cuisinés maison, et à des prix très raisonnables. La plupart du temps, ils prennent place dans des lieux atypiques : écuries, anciennes cuisines, etc., pour un plaisir qui ajoute à celui des papilles. Ces restaurants sont, en majorité, accessibles hors visite du site.

© XIN YE - ISTOCKPHOTO.COM

EN SUPPLÉMENT

Il est habituel de laisser un pourboire (*tip*) en restaurant dès lors que l'on vous sert à table. Il correspond habituellement à 10 % de l'addition. On pourra parfois vous demander, au moment où vous payez par carte si vous souhaitez en laisser un et de combien. Enfin, certains restaurants incluent une ligne de service dans leur addition. Cela sera indiqué sur la carte.
On ne vous servira pas spontanément de carafe d'eau en Écosse, mais vous pouvez en demander une.

C'EST TRÈS LOCAL

Ici, vous mangez ce que vous voulez et quand vous voulez. Si vous voulez déguster votre *fish & chips* ou hamburger avec un thé, cela ne fera sourciller personne. De même si au petit-déjeuner, vous dégustez un roll à la saucisse avec un café. De même, la prise en compte des régimes particuliers varie considérablement par rapport à la France : partout, même dans le snack le plus reculé du bout de terre le plus isolé, vous trouverez des options végétariennes, végans, sans gluten et des alternatives sans allergènes.

ENFANTS

Certains établissements s'annoncent *child friendly* avec des menus enfants et des espaces jeux pour les bambins : ils seront parfaits pour les sorties en famille. À l'opposé, d'autres, pour des questions de licences en lien avec la vente d'alcool ou de la présence de machines à sous, n'accueillent pas les enfants ou qu'à certaines conditions : horaires restreints le soir ou espace délimité dans le restaurant.

FUMEURS

Les restaurants, pubs et cafés sont tous non-fumeurs.

LES PHRASES CLÉS

Bonjour, je voudrais réserver une table pour deux personnes pour ce midi ou ce soir.
Hello, I'd like to book a table for two for today at lunchtime or in the evening.

Avez-vous un menu en français ou en anglais ?
Do you have a menu in French or English?

Je suis végétarien, y a t-il des plats sans viande ?
I'm vegetarian, are there any dishes that don't contain meat?

Je n'ai vraiment plus faim mais avez-vous une carte des desserts ?
I'm full now but can I see the dessert menu just in case?

Puis-je avoir l'addition s'il vous plait ? Je peux payer par carte ou en espèces ?
Can I have the bill please? Can I pay by card, or do you need cash?

C'était très bon, nous reviendrons. Merci et à bientôt.
It was delicious, we will be back. Thank you, see you soon.

PRATIQUE

FAIRE UNE PAUSE

HORAIRES

Les salons de thé ferment souvent vers 16 h ou 17 h, mais les pubs sont ouverts bien plus tard, jusqu'à minuit, 1 heure ou plus, selon les jours de la semaine.

BUDGET / BONS PLANS

On mange très bien dans les pubs. Le midi, on peut déjeuner avec un snack ou sandwich (entre £5 et £10) ou un plat (entre £10 et £15). Le soir, les prix grimpent un peu, et l'on dîne avec un plat principal entre £10 et £20. La *pub food* a ses classiques, gourmands et roboratifs, à ne pas manquer.

A PARTIR DE QUEL ÂGE

Il est possible d'entrer dans un pub avec des enfants, mais certains lieux interdisent l'accès aux mineurs à certains horaires (en soirée) ou dans certains espaces (jeux d'argent). Pour consommer de l'alcool, il faudra au moins avoir 18 ans. Si vous souhaitez acheter de l'alcool en supermarché et que vous paraissez moins de 25 ans, ne soyez pas surpris que l'on vous demande une pièce d'identité.

C'EST TRÈS LOCAL

Vous serez étonné, en découvrant vos premiers pubs, du nombre de bières proposées. Il y a souvent et a minima une bonne dizaine de *tapbeers* au comptoir, ainsi qu'un grand nombre de bières artisanales et du monde à la carte. On se fera un plaisir de vous conseiller sur une bière si vous ne savez pas laquelle choisir et on pourra même vous en faire goûter. Les cartes de whiskies et de gins sont aussi bien fournies. Si vous préférez les *soft drinks*, réjouissez-vous : il existe un grand choix pour varier des habituels colas, soda à l'orange et jus de fruits traditionnels. Goûtez la *Irn Bru*, les *ginger-beers* (sans alcool, malgré le nom), les limonades au sureau, à la rose, le soda vanille-fraise… Il y en a pour tous les palais !

FUMEURS

Les pubs et cafés sont non-fumeurs.

LES PHRASES CLÉS

Bonjour, quelle est la spécialité de la maison ? Nous voulons découvrir.
Hello, what's the speciality here? We want to try it.

Avez-vous de la place en terrasse ?
Do you have any room on the terrace?

Quel est votre nom ? Je m'appelle… Ravi de vous rencontrer !
What's your name? I'm... So pleased to meet you!

A votre santé ! Zut, j'ai renversé mon verre… pouvez-vous m'aider ?
Cheers! Oh no, I've knocked over my drink...can you help me?

C'était très bon. Nous allons reprendre la même chose s'il vous plait.
It was delicious. We'll have the same again please.

PRATIQUE

(SE) FAIRE PLAISIR

HORAIRES

En règle générale, les magasins sont ouverts entre 9h et 17h et la plupart sont ouverts le dimanche.

SOLDES

Si vous voyagez en hiver en Écosse ou pour les réveillons, vous pourrez profiter des soldes d'hiver, qui commencent dès le lendemain de Noël, c'est-à-dire le 26 décembre. Elles sont l'occasion de vraies bonnes affaires, avec des démarques pouvant aller jusqu'à moins 75 %. Comme en France, les soldes ont lieu deux fois par an, en hiver et en été. Des promotions et animations commerciales ponctuent aussi l'année.

C'EST TRÈS LOCAL

Les friperies et boutiques vintage sont très courantes en Écosse comme dans tout le Royaume-Uni. Chaque ville, chaque quartier a son *charity shop*. Ces petits magasins aux couleurs des associations qu'ils soutiennent vendent des produits de seconde main — vêtements, livres, électroménager, DVD, vaisselle… — à des prix défiant toute concurrence. Véritables cavernes d'Ali Baba, ces boutiques sont pleines de charme et n'ont rien de bric-à-brac ou fourre-tout.

Elles permettent d'allier shopping pour petits budgets, trouvailles exceptionnelles et bonnes actions.

LES PHRASES CLÉS

Bonjour, c'est superbe, mais combien ça coûte ?
Hello, that's stunning, but how much is it?

Vous auriez ma taille ? Où se trouvent les cabines d'essayage ?
Do you have it in my size? Where are the changing rooms?

Est-ce que je pourrai vous le rapporter et l'échanger si ça ne va pas ?
Can I exchange it if it doesn't fit?

J'ai trop dépensé aujourd'hui, pouvez-vous me faire une réduction sympa ?
I've spent too much today already, any chance of a discount?

Je prendrai celui-ci. Pouvez-vous me faire un paquet cadeau ?
I'll take this one. Can you gift-wrap it for me?

Vous prenez la carte de crédit ? Où puis-je trouver un distributeur de billets ?
Do you take credit cards? Where can I find a cash point?

BUDGET / BONS PLANS

Les activités d'extérieur sont nombreuses en Écosse et le sport *outdoor* et d'aventure une véritable institution. Les parcs nationaux ont vu s'installer des organismes polyvalents proposant des excursions sportives au cœur de la nature. Il y en a pour tous les goûts et tous les niveaux, avec du canoë, du kayak, du VTT, de la randonnée, de la descente de rivière. L'adrénaline est au rendez-vous avec le rafting, le canyoning, la descente en rappel, l'escalade sur parois glacées... Le saviez-vous ? On peut même faire du ski en Écosse, du côté du Lochaber et du Cairngorms National Park. Hiver comme été, l'offre est très large. Des guides sont aussi disponibles pour des trekkings et du *hiking* à l'assaut des plus périlleux sommets et crêtes.

C'EST TRÈS LOCAL

- **Curling** : À maintes reprises championne d'Europe et du Monde, l'équipe masculine de curling est assurément l'une des meilleures nations de la planète. De même pour l'équipe féminine. Le curling est l'un des sports les plus prisés du pays.
- **Football** : Le sport le plus populaire du monde, le football, a été inventé en Angleterre durant le XIXe siècle. L'Écosse, quant à elle, possède le plus ancien terrain de football du monde, utilisé sans interruption depuis sa création, le Hampden Park à Glasgow.
- **Rugby** : Comme en Angleterre, la pratique du rugby est ici une institution. L'histoire de ce sport prend ses origines dans les internats des écoles où les élèves étaient obligés, sauf certificat médical du médecin de l'établissement scolaire, de pratiquer ce sport.
- **Shinty** : Ce jeu, apparu pendant la période celte, s'apparente au hockey. Il servait à calmer les ardeurs masculines dans une Écosse soumise aux fréquentes guerres de clan. C'est un sport assez viril qui provoque bien souvent des blessures : il est possible ici de lever la crosse, ou caman, au-dessus des hanches.
- **Golf** : L'Écosse est la patrie du golf. C'est ici que ce sport est né et le pays dispose de très nombreux parcours. La plupart sont ouverts aux visiteurs, parfois sur réservation, parfois de manière libre ou à certains horaires. Chacun a ses règles et ses usages. Certains imposeront une tenue correcte, un code vestimentaire et un niveau minimum (certificat à l'appui) et d'autres vous accueilleront sans restriction, même si vous êtes débutants, entre amis ou en famille. Les sites web, offices de tourisme et interlocuteurs locaux sauront vous donner tous les renseignements nécessaires, en plus des quelques références du *Petit Futé*.

VOS PAPIERS SVP

- **Avant de partir en randonnée.** Même si les sommets n'affichent pas des altitudes alpines, il faut rester vigilant aux dangers avant de s'engager dans une longue marche de montagne. Rappelez-vous que le temps change sans prévenir en Écosse et l'on a vite fait de se retrouver dans les nuages, le brouillard ou une tempête. L'orientation devient alors extrêmement compliquée. Soyez bien conscient de vos capacités et de vos limites, gardez à l'esprit que le terrain peut être très escarpé, boueux, difficile à trouver et qu'un chemin dessiné sur une carte peut ne pas être visible au sol une fois sur place. Il convient donc de prendre quelques précautions essentielles, mais n'allez pas vous inquiéter outre mesure. Tout se passera bien si vous faites attention et vous pourrez profiter à fond des randonnées inoubliables qu'offre le pays.
- **Se munir d'une carte et d'une boussole** : c'est le B.A.-ba d'une sortie en pleine nature. La carte vous indiquera les sentiers, les reliefs, les éléments géographiques et géologiques, les points d'eau, les routes et les habitations, etc. On recommande particulièrement celle d'Ordonance Survey, que vous trouverez souvent dans les offices de tourisme même s'il est plus sûr de s'en procurer une en amont. Si une boussole peut sembler inutile avec une bonne carte, détrompez-vous. Il suffit d'un revirement de temps pour que vous n'y voyiez plus à 10 m. Il est alors crucial de savoir dans quel sens on se dirige.
- **Connaître son parcours et ses caractéristiques** : le mieux, c'est de s'y pencher la veille ou même avant, pour avoir bien le temps d'en appréhender les difficultés et les particularités. Il s'agit d'avoir le moins de surprises possible le moment venu et d'éviter de se perdre. N'hésitez pas à demander conseil là où vous séjournez, aux offices de tourisme ou même à un restaurateur ou un local, en dernier recours. Ils maîtrisent souvent bien leur territoire et connaissent les pièges à éviter. Quelques sites Internet de passionnés proposent des itinéraires détaillés et illustrés, déjà effectués par d'autres internautes : www.walkhighlands.co.uk, et la très sérieuse National Trust livre aussi les secrets de ses plus belles marches, dans les zones qu'elle gère : www.nts.org.uk.

Prévenir quelqu'un et consulter la météo : on ne le dira jamais assez, pensez à consulter les conditions météorologiques la veille au soir et le matin même. Elles sont parfois affichées dans les auberges et les hôtels. On y publie des bulletins très détaillés tous les jours, incluant la hauteur des nuages, les températures, la force du vent et les chances de précipitation. Avant de partir, dites à vos hôtes ou à quelqu'un quelle sera votre destination, de façon à ce qu'ils sachent où vous chercher si vous ne rentrez pas le soir… Certains établissements mettent des cahiers à disposition où l'on peut remplir ces informations au jour le jour.

Attention aux saisons et à votre équipement : cela va sans dire, les conditions ne seront pas les mêmes en été qu'en hiver. Dans un cas ou dans l'autre, il pourra faire très chaud comme très froid et le mercure varie beaucoup selon l'altitude. Habillez-vous en conséquence et pensez à prendre des couches en plus dans votre sac. Il peut pleuvoir tous les jours de l'année donc ayez aussi de quoi vous couvrir. Les chaussures sont très importantes et de simples baskets ne seront pas adaptées aux reliefs montagneux. Évidemment, pensez à avoir de quoi boire et manger, mais ne vous chargez pas inutilement, il faudra porter votre sac toute la journée. Prenez garde en hiver, la nuit tombe entre 15 h 30 et 16 h et la neige nécessite du matériel spécialisé.

Site web écossais des secours en montagne : www.mountainrescuescotland.org (✆999).

À RÉSERVER

Il sera préférable de réserver votre activité en amont, la plupart étant proposées sur des plages horaires précises ou selon la constitution de groupes. Les plannings d'activités peuvent aussi évoluer selon les conditions météorologiques.

LES ÉVÉNEMENTS

Les Highland Games, appelés également Highland Gatherings, conjuguent épreuves sportives traditionnelles, concours de musique et danses folkloriques. Leurs histoires remontent au Moyen Âge. À l'époque, il s'agissait pour le roi ou au chef de clan de choisir les hommes de sa garde, aujourd'hui des prix récompensent les vainqueurs. Cornemuse et kilts multicolores donnent un cachet pittoresque à ceux qui se déroulent souvent dans un cadre grandiose. Plusieurs centaines de rencontres sont organisées chaque année, de mai à septembre, à travers toute l'Écosse. Le plus populaire est celui de Braemer dans l'Aberdeenshire. Depuis la présence de la reine Victoria en 1848, ce festival reçoit un parrainage royal.

LES PHRASES CLÉS

Bonjour, comment puis-je me rendre à… ? Est-ce loin ?
Hello, how can I get to...? -Is it far?

J'aimerais aller courir. Il y a un coin sympa pour cela dans la ville ?
I'd like to go for a run. Is there somewhere good to run around the town?

J'adore cuisiner. Savez-vous où je peux trouver des cours de cuisine ?
I love cooking. Do you know where I can take a cooking class?

Vous pourriez m'indiquer une salle de sport pas très loin ?
Can you tell me where the nearest public gym is?

Quel est le sport national ?
What is the national sport?

Pensez-vous que nous pourrions voir cela ou même participer ?
Do you think we could watch it somewhere, or maybe try it?

HORAIRES

En Écosse, on peut sortir boire un verre et trouver une ambiance festive dès le début de soirée. Les pubs sont ouverts jusqu'à minuit, voire 1h ou 2h du matin, selon le jour de la semaine. Attention, leurs cuisines ferment souvent vers 20h30. Les clubs et boites de nuit ouvrent vers 23h (certains ouvrent plus tôt dans la soirée) et ferment généralement vers 3h.

BUDGET / BONS PLANS

Édimbourg et Glasgow sont des villes de rang mondial, connues pour leur population étudiante festive, leurs événements sportifs majeurs, leurs festivals populaires et leur scène nocturne déjantée. Certains clubs proposent des entrées gratuites en arrivant en première partie de soirée. Selon les clubs et les soirées, il peut être possible de réserver et d'acheter son entrée en ligne avec des réductions. Partout en Écosse, des pubs organisent des soirées de musique *live* : elles sont parfois hebdomadaires, parfois quotidiennes. Et il n'y a pas que dans les grandes villes que les soirées sont festives !

A RÉSERVER

Certains clubs, à Glasgow ou Édimbourg notamment, sont très prisés. Si un lieu ou une soirée live vous tient particulièrement à cœur, consultez le site web de l'établissement et achetez vos entrées en ligne.

TRANSPORTS NOCTURNES

À Édimbourg, des tickets de bus nocturnes permettent de voyager toute la nuit pour £3. Des tickets nocturnes sont aussi disponibles à Glasgow au même prix. Vous pourrez aussi rentrer en taxi, à des prix qui restent raisonnables.

Ceilidh.

A PARTIR DE QUEL ÂGE

Beaucoup de clubs n'acceptent pas les mineurs. Quant aux pubs, certains refusent les enfants en soirée.

C'EST TRÈS LOCAL

Participez à un *ceilidh* (à prononcer *keïli*). À l'origine, ce mot gaélique qualifiait des rassemblements au cours desquels on contait des histoires, jouait de la musique et dansait. De nos jours, les *ceilidhs* sont principalement des danses traditionnelles qui jouent un rôle primordial dans la vie sociale et culturelle des Écossais. C'est dans les pubs et en été dans la rue que vous aurez un aperçu de ces soirées musicales.

FUMEURS

Tous les établissements recevant du public, pubs et clubs compris, sont non-fumeurs.

LES PHRASES CLÉS

Bonsoir, comment puis-je me rendre à…
Good evening, how can I get to…

Est ce que cet endroit est tranquille ? Il n'y a pas de problème de sécurité ?
Is it a calm place? Are there any safety issues?

J'aimerais voir un spectacle typique ! Qu'est-ce qu'il y a en ce moment ?
I'd love to see a traditional show! What's on at the moment?

Je ne comprends pas… pouvez-vous répéter s'il vous plait ? Merci.
I don't understand, can you repeat please? Thank you.

Est-ce que je peux vous offrir un verre ? Quel est le meilleur cocktail de la maison ?
Can I buy you a drink? What's the best house cocktail?

J'ai la gueule de bois, auriez-vous quelque chose pour que j'aille mieux ?
I'm hungover, do you have anything that might help?

BUDGET / BONS PLANS

Camping traditionnel, *glamping* ou camping sauvage : Certains n'ont que quelques emplacements, d'autres sont de véritables villages de vacances. Le site de l'office de tourisme national, www.visitscotland.com en recense beaucoup. Sachez que le camping sauvage est autorisé en Écosse, sous certaines conditions évidentes : ne pas se coller à la route ou à une habitation, de pas laisser ses déchets derrière soi, ne pas être trop nombreux... Il est aussi préférable de demander l'autorisation à la maison la plus proche. Quoi qu'il en soit, gardez bien à l'esprit que les conditions météorologiques ne sont pas toujours clémentes et que les midges sont coriaces en été. Dans certaines régions montagneuses, de petites cabanes/maisons très isolées et basiques sont à disposition des randonneurs. Souvent en libre accès et gratuites (ou moyennant une petite contribution), elles permettent un séjour au cœur de la nature. Il n'y a la plupart du temps qu'une cheminée et pas d'électricité, mais c'est toujours mieux que de passer la nuit dehors. On les appelle *bothies* et certaines sont répertoriées par la MountainBothies Association (www.mountainbothies.org.uk). Vous trouverez les autres sur des forums de randonneurs ou par le bouche-à-oreille.

Résidences étudiantes : Pendant les périodes de vacances scolaires, pensez à vérifier la disponibilité des logements étudiants dans les grandes villes. L'offre est très abordable, souvent excellente et disponible à la nuit. Le site www.universityrooms.com recense ce service dans le monde entier, mais pour plus de choix, vous pouvez directement consulter ceux des facs ville par ville (ou des résidences privées). Certaines proposent d'ailleurs leurs services en ligne sur les centrales de réservations d'hôtellerie et d'auberges classiques.

Bed & Breakfast et guesthouses : L'Écosse est « friande » de ces Bed & Breakfast (il est très commun d'aménager une partie de sa maison en chambres à louer) et vous n'aurez aucun problème à en trouver un où dormir. Plus grandes que les Bed & Breakfast, les guesthouses comptent souvent plus d'une dizaine de chambres qui sont situées à part du logement familial. Le petit déjeuner est pris dans une salle à manger avec un service qui s'étale souvent sur plusieurs heures.

Gîtes ou self-catering : On parle en Écosse de *self-catering*. Il y en a absolument partout et particulièrement sur les îles. Consultez le site de VisitScotland (www.visitscotland.com) pour les trouver par région.

Hôtels : De l'hébergement standard au très luxueux en passant par les chaînes mondiales (Hilton ou Novotel), vous trouverez des hôtels dans toutes les villes écossaises, mais aussi près des lieux touristiques (pour des prix un peu plus élevés).

© FOTOVOYAGER - ISTOCKPHOTO.COM

À RÉSERVER

Il est toujours préférable de réserver votre séjour si vous souhaitez vous assurer un logement à budget maîtrisé ou accéder à certains lieux touristiques. En effet, l'île de Skye, extrêmement fréquentée en été, peut fermer son pont aux touristes qui ne pourraient justifier d'une réservation de nuitée. Toutefois, si vous souhaitez laisser parler la magie des rencontres et des lieux, sachez que les guesthouses, B&B, campings et hôtels mentionnent pour la plupart leurs disponibilités à l'entrée de leur établissement : un panneau « *vacancies* » indique qu'il y a de la place et *a contrario* « *no vacancies* » qu'il est complet. Il vous indiquera aussi s'il possède des « *ensuite rooms* » (chambres avec salle de bains privative et attenante) ou des chambres simples.

C'EST TRÈS LOCAL

Les chambres, que ce soit en guesthouse, en B&B ou en hôtel, ont toutes leur plateau de courtoisie avec une bouilloire, de quoi préparer café, thé, chocolat chaud, et quelques sucreries.

POUR LES GOURMANDS

Le petit déjeuner est le plus souvent compris dans le prix de la chambre. On pourra vous demander la veille de remplir une fiche indiquant ce que vous souhaitez intégrer dans votre *Scottish breakfast* ou alors vous proposer une carte des plats cuisinés au petit déjeuner. Celui-ci se divise en deux temps : un buffet avec fruits, laitages, céréales, porridge, puis le plat cuisiné. Le *full Scottish breakfast* comprend œufs, haricots, bacon, toasts, saucisses, champignons, haggis et black pudding (boudin noir). Vous pourrez en déguster des versions végétariennes ou prendre une variante avec du saumon fumé.

FUMEURS

Les différents hébergements et lieux publics sont non-fumeurs.

LES PHRASES CLÉS

Bonjour, avez-vous de la disponibilité pour une chambre double pour ce soir ou demain soir ?
Hello, do you have a double room available tonight or tomorrow?

Avez-vous un code wifi… les enfants ne tiendront pas sans !
Do you have a Wi-FI code... otherwise my kids will go nuts!

C'est bruyant, est ce que je peux changer de chambre ?
It's noisy, can I move to a different room?

Jusqu'à quelle heure est-ce que nous pouvons aller à la salle de sport et à la piscine ?
What time do the swimming pool and gym close?

Est-ce que je peux laisser mon bagage et revenir plus tard le récupérer ?
Can I leave my luggage and come back later to pick it up?

Est-ce que vous pouvez nous appeler un taxi ? Merci beaucoup.
Can you call us a taxi? Thank you very much.

ALLO ?

Pour téléphoner depuis la France en Écosse : composer le 00 (ou +) 44 puis le numéro local à 10 chiffres (sans le 0). Par exemple, pour contacter le *National Trust of Scotland* au +44 (0) 131 458 0303, vous ferez le 00 44 131 458 030.

Pour téléphoner depuis l'Écosse en France : composer le 00 (ou +) 33 et le numéro de votre interlocuteur sans le 0. Ainsi, si vous voulez contacter un numéro commençant par 01 77..., vous ferez le 00 33 177...

Portables : Les réseaux de téléphones portables fonctionnent dans tout le pays, mais il est préférable de vérifier la compatibilité du vôtre auprès de votre opérateur. De même, les tarifs hors forfait n'étaient plus appliqués dans l'UE, mais des exceptions peuvent persister selon les opérateurs. Les pratiques peuvent aussi évoluer en fonction des évolutions politiques liées au Brexit.

ACCESSIBILITÉ

L'Écosse est mieux équipée au niveau des aménagements pour handicapés que la France ou le reste du continent ! Que ce soit en ville ou au fin fond des Highlands, à l'hôtel ou dans les campings, cela est vrai aussi dans les pubs ou les restaurants : le chemin pour aller aux toilettes est souvent plat et une barre de soutien est installée à côté des WC. Il est facile de préparer un voyage en Écosse quand on est en situation de handicap et cela d'autant plus que l'on peut compter sur l'amabilité des Écossais pour aider en cas de problème. Les situations de handicap sensoriel, psychique et troubles autistiques sont aussi largement pris en compte. L'Écosse est très attentive à l'inclusion.

SANTÉ

Avant votre départ, assurez-vous d'avoir votre carte européenne d'assurance maladie (CEAM) et vérifier qu'elle soit encore admise. Pour l'obtenir, il suffit d'en faire la demande sur le site de l'Assurance Maladie (*www.ameli.fr*). Elle est délivrée sous 15 jours. Un justificatif papier à imprimer est délivré au moment de la demande et peut remplacer la carte si vous ne la recevez pas à temps. Il est possible de consulter gratuitement un généraliste dans les *Medical Centres*.

URGENCES SUR PLACE

- 999 : Urgences vitales
- 101 : Urgences non vitales

SÉCURITÉ

L'Écosse est un pays sûr où l'on peut se promener sans crainte. Comme dans toutes les grandes villes, pickpockets et voleurs sont tout de même au rendez-vous des sorties de métro ou des restaurants. Hormis cela, les villes et les chemins de campagne sont sans danger, même tard le soir. Évitez tout de même de vous balader la nuit dans les anciens quartiers de mineurs, notamment à Édimbourg et Glasgow.

LGBTQ

La culture LGBTQ est en plein essor en Écosse. Les Écossais sont majoritairement tolérants, mais il faut garder à l'esprit que des démonstrations publiques d'affection peuvent déranger. Les mentalités évoluent à vitesse grand V avec notamment une exclusivité mondiale écossaise : la mise en place de cours sur l'histoire et l'inclusion LGBTQ dès l'école primaire, ceci afin de lutter contre les discriminations.

AMBASSADE ET CONSULATS

Le Consulat général de France se situe à Édimbourg, sur le West Parliament Square, au cœur d'Old Town. Il est à contacter par mail : *contact.edimbourg-fslt@diplomatie.gouv.fr*. En cas d'urgence liée à la santé ou à la sécurité, il faudra s'adresser en priorité aux services d'urgence locaux (101 si urgence non vitale, 999 si urgence vitale). Le numéro d'urgence consulaire est le +44 (0)7 702 252 555. Il ne doit être composé qu'en cas de réelle urgence relevant exclusivement de la protection consulaire des ressortissants français installés ou de passage en Écosse.

POSTE

La poste restante fonctionne dans les bureaux de poste des villes de moyenne et grande importance (souvent avec un service de bureau de change) et par arrangement dans les villages. Comme en France, des boites aux lettres sont disponibles partout. Pour les timbres, point de changement non plus : vous les trouverez partout où il y a des cartes postales !

MÉDIAS LOCAUX

En plus de la presse britannique, on trouve une presse écossaise nationale.
Scotsman : Le quotidien national d'Édimbourg le plus complet, il donne des informations nationales et internationales, et traite aussi bien de l'art que des finances.
The Daily Record : Quotidien tabloïd le plus vendu en Écosse.
The Herald : Le second grand quotidien national avec le *Scotsman*, basé à Glasgow.
The National : Quotidien indépendantiste.
The Dundee Courier : Il est le journal de Dundee. On y publie aussi le *Sunday Post*, journal du dimanche.
The Press and Journal : Il est le journal local d'Aberdeen.
Des quotidiens sont publiés le soir dans les quatre principales villes d'Écosse. Ils rapportent les nouvelles sportives et locales.
Beaucoup d'hebdomadaires traitent des régions en particulier, cependant on trouve peu de magazines, sauf par exemple les mensuels : *The Scottish Field* et *The Scots Magazine*. *The Edimburgh Review* est un grand magazine littéraire, tandis que *The List* annonce tous les événements culturels d'Édimbourg et de Glasgow.
En Écosse, on peut écouter BBC Radio Scotland, Radio 4 (informations et divertissements), Radio 2 (divertissements et sports) et, pour la musique classique, Radio 3. BBC Radio 1 et les stations locales dirigées par la BBC et des compagnies commerciales diffusent de la musique pop et des flashs d'informations. Les stations locales diffusent surtout des variétés et des informations utiles, notamment sur le trafic routier. La BBC et plusieurs chaînes commerciales se partagent le petit écran. BBC 1 offre surtout des informations et des programmes grand public, tandis que BBC 2 a une vocation plus culturelle. ITV (*Independant Television*) est le concurrent de BBC, elle vit de la publicité qu'elle diffuse. Channel 4 est aussi une chaîne commerciale, qui propose des programmes de qualité.

LES PHRASES CLÉS

Bonjour, mon téléphone ne fonctionne pas, pouvez-vous m'aider s'il vous plait ?
Hello, my phone isn't working, can you help me please?

Je ne me sens pas bien, pouvez-vous m'amener à l'hôpital le plus proche ?
I don't feel well, can you take me to the nearest hospital?

Est-ce que vous avez un médecin qui parle français ?
Do you have a doctor who speaks French?

Je viens de me faire voler mes papiers, où est le poste de Police le plus proche ?
My passport has just been stolen, where is the nearest police station?

Est-ce un quartier dangereux ou je peux y aller sans crainte ?
Is this area dangerous or can I walk around without worrying?

Avez-vous des timbres pour une carte postale à envoyer en France ? C'est combien ?
Do you have any stamps for a postcard to France? How much is that?

DÉCOUVRIR

Partir en Écosse, c'est partir à la découverte d'une autre culture, pourtant pas si lointaine. Vous découvrirez une histoire à la fois soudée et tendue avec l'Angleterre, mais aussi plus amicale avec la France. Vous explorerez une nature tantôt verdoyante, tantôt désertique, voire lunaire, avec chaque fois, des paillettes plein le regard. Vous vous réjouirez d'un climat et d'une luminosité qui colorent de teintes et contrastes vifs les paysages sublimés. Vous goûterez le whisky, produit ici grâce aux sources d'eau pure et à un savoir-faire ancestral. Vous irez à la rencontre d'une faune sauvage riche et étonnante, entre macareux,   , cervidés et dauphins, sans oublier les emblématiques, mais pas sauvages (quoique…) vaches des Highland. Et l'on n'a pas évoqué la musique, les pubs, les sports. L'Écosse, au-delà de ses paysages, c'est une ambiance, un accueil chaleureux, des sites néolithiques et des lieux uniques.

UN PAYS DE CHÂTEAUX

Qui dit voyage en Écosse dit visite de châteaux. L'expression consacrée est d'affirmer qu'il y eut, autrefois, « autant de châteaux en Écosse que de poils sur le dos d'une vache ». Des chiffres comme 3 000 châteaux à l'époque la plus faste sont suggérés. Aujourd'hui, en prenant en compte seulement les châteaux à visiter, le décompte serait d'environ 400, édifiés dès le XIIe siècle. Chaque château offre une occasion unique de découvrir un pan d'histoire de l'Écosse, ses grands personnages, l'influence de son système clanique, l'art et l'inspiration architecturale d'un pays ou encore, de sombres ou lumineuses légendes. Beaucoup de fantômes hantent encore ces bâtisses marquées par les ans, parfois en ruines, d'autre fois parfaitement conservées et aménagées, pour un voyage au temps de sa splendeur. Qu'ils surplombent des lochs ou des villes, ils offrent depuis les hauteurs d'un donjon ou d'un rempart des vues imprenables.

Des châteaux féodaux à la Renaissance : de l'utile à l'esthétique

Remontons le temps… jusqu'au XIIe siècle. Le féodalisme anglo-normand s'implante en Écosse. Les premiers « *mottes-and-baileys* » sont érigés. Ces fortifications édifiées en haut de petites buttes permettent de surveiller les environs. Dès la fin du siècle et au début du suivant, des châteaux plus imposants prennent le relais. Ils se composent alors d'un donjon, d'une enceinte circulaire en pierres et peuvent être entourés de douves. D'autres sont construits dans des lieux où ils jouissent d'une protection naturelle, à l'image de celui de Dunnottar (au sud d'Aberdeen) qui est protégé par trois côtés par une falaise escarpée dominant les flots marins. Le XIVe siècle voit l'apparition de la maison forte, ou *tower house* : elle est plus haute, intègre des ouvertures très étroites et des éléments défensifs variant selon les constructions. Ces mêmes éléments, quelque 100 ans plus tard, ne sont plus considérés comme utiles et deviennent décoratifs.

La quête de raffinement, d'esthétisme et de culture de la Renaissance se traduit, en Écosse, dans l'architecture. Les châteaux et palais royaux se font alors le reflet des idéaux de l'époque. La royauté comme la noblesse observent de près ce qui se passe dans le reste de l'Europe, notamment en Angleterre, France et Italie. Le XVIIe siècle marque une nouvelle évolution : les maisons fortes sont modernisées. Les seigneurs locaux assoient leur importance : on agrandit avec des ailes ou des tours supplémentaires, on joue avec les symétries, on sépare les espaces publics et privés, on élargit les fenêtres, on installe un escalier central d'apparat… Tourelles, cheminées à encorbellement, échauguettes, créneaux, mâchicoulis… Tous ces éléments perdent leur vocation guerrière et s'en voient attribuer une autre : embellir la demeure tout en connotant symboliquement la puissance du lieu et son aura héroïque. Le style seigneurial est à son apogée, à l'image du château de Thirlestane (à Lauder, au sud d'Édimbourg) ou du château de Crathes (au sud-ouest d'Aberdeen).

Entre classicisme et romantisme : à chaque lieu ses influences

Aux XVIIe et XVIIIe siècles, le manoir, avec son architecture classique et symétrique, prend le pas sur la maison forte. Les modes architecturales se succèdent et différents styles cohabitent :

- **Le style palladien** : du nom de l'architecte italien Palladio, il s'inspire du classicisme des villas et palais italiens, avec des jeux de finitions et de juxtapositions de pierres de taille en façade, ainsi que des galeries reliant bâtiment central et pavillons. Symétrie, proportion et simplicité sont les maîtres mots de ce mouvement. Ex. : Hopetoun House (p.158) (entre Édimbourg et Falkirk), palais de Holyroodhouse (Édimbourg), Duff House (côte nord de l'Aberdeenshire).
- **Le classicisme gothisant** : au plan symétrique s'ajoutent des détails néogothiques. Ex. : Inveraray castle (Argyll & Bute).
- **Le style Adam** : du nom de Robert Adam, ce style puise son inspiration dans l'Antiquité. On parle de dynastie Adam. William Adam (1689-1748), le père, a amené les références antiques en Écosse puis ses fils, James (1732-1794) et Robert (1728-1792), le plus renommé, ont pris

sa relève et déployé ce style en Écosse, mais aussi en Europe et outre-Atlantique. Le style Adam mêle harmonieusement tradition nationale et conception antique, avec une obsession pour la symétrie. Il s'attache aussi particulièrement à la beauté du paysage qui entoure le château ou palais, celui-ci magnifiant alors l'œuvre architecturale. Ex. : **Culzean castle** (p.209) (côte de l'Ayrshire, au sud d'Ayr), le Charlotte square à Édimbourg, **Mellerstain House** (p.166) (Berwickshire).

Le style seigneurial : il demeure le plus représenté jusqu'au XXe siècle. À l'opposé du style classique, il se caractérise par l'absence de symétrie des façades, et des encorbellements ou autres décrochements générant des jeux d'ombres et de lumières. Le style seigneurial s'appuie sur une vision romantique de l'Écosse féodale, avec des valeurs chevaleresques exacerbées. Ex. : Torosay castle (île de Mull), manoir d'**Abbotsford** (p.171) – la demeure de Walter Scott (dans les Borders).

Les bonnes idées pour visiter des châteaux

Ruines et fortifications : des tableaux à ciel ouvert

Outre les châteaux qui se visitent et bénéficient d'une mise en scène muséographique, l'Écosse offre de très beaux vestiges. Ils se découvrent au bout d'un chemin, au gré d'un détour improvisé – cette route sinueuse semble belle, et si on la suivait ? –, au bord d'une falaise. Ce qu'il reste ? Des fortifications éparses, une tour… De nombreux sites sont en accès gratuit et souvent libre. Quelques exemples ? Les ruines du château de Sinclair et Girnigoe, situées sur la côte escarpée du nord de Wick (Highlands), vous donneront l'impression, en certains endroits, de contempler un vaisseau fantôme… D'abord nommé Girnigoe, il devint la possession du clan Sinclair qui le rebaptisa, mais la mémoire locale conserva les deux noms. Le château d'Ardvreck, en surplomb du Loch Assynt, donnerait presque l'impression de flotter dans le bleu du lac. Propriété autrefois du clan MacLeod, il fait partie des vestiges d'où surgiraient parfois des fantômes. L'un serait James Graham Ier, noble écossais combattant les convenantaires lors de la Guerre des Trois Royaumes. Il aurait cherché refuge auprès du clan, qui l'aurait accueilli. Hélas, la trahison soupçonnée d'un des membres le conduisit en prison et à la pendaison. Depuis, il errerait là sous la forme d'un homme en gris. Et il ne serait pas le seul spectre dans les parages, car une petite fille apparaîtrait aussi parfois… La légende dit que les MacLeod auraient pactisé avec le diable pour édifier leur château et qu'une fillette lui aurait été offerte. Pour échapper à son sort, celle-ci se serait jetée dans le lac du haut de la plus haute tour. Morte noyée, elle hanterait à jamais le fort et ses environs. Deux châteaux, trois histoires… Citons aussi le château de Tantallon (East Lothian), les ruines du château royal de Tarbert (Argyll) ou le superbe Varrich Castle (que l'on aperçoit depuis la NC 500, à hauteur de Tongue) … Impossible de songer à l'exhaustivité sur ce sujet ! En effet, si l'Écosse a bien recensé un jour plus de 3 000 châteaux, la liste des sites où apercevoir des vestiges pourrait bien être très longue.

Des pass pour visiter plusieurs sites historiques

Si vous faites de votre séjour en Écosse l'occasion d'un *trip* historique, vous vous apercevrez vite que le budget de visites de châteaux monte très vite. La bonne astuce est alors de prendre des pass multisites. Il en existe plusieurs, regroupant différents sites, par zones géographiques et/ou par durée de validité. Pour visiter toute l'Écosse, vous aurez le choix entre le Historic Scotland Explorer Pass ou le Scottish Heritage Pass. Certaines régions, comme les Borders ou Dumfries & Galloway ont aussi mis en place ce système de billet global.
Si vous vous décidez sur place, après la visite d'un premier château, rien n'est perdu : on vous proposera souvent d'« *upgrader* » votre ticket. Cela peut fonctionner, selon les lieux, pour des pass ou pour des sites jumelés.

Un déjeuner ou un *afternoon tea* au château

La grande majorité des châteaux, palais, maisons, sites historiques et musées proposent des cafés (salons de thé, petite restauration pour le déjeuner) accessibles librement, sans droits d'entrée au château. Vous aurez parfois tout de même à régler le parking (entre £1 pour 1 heure et £4 pour une journée). Leurs « cafés » sont installés dans une pièce du château – souvent les cuisines, les écuries ou les parties où évoluait autrefois le personnel –, décorés et agencés dans l'esprit du lieu. Les menus sont simples avec, la majorité du temps, des produits frais préparés en soupes du jour ou sandwiches servis à l'assiette avec une salade et quelques chips. Cafés avec toutes leurs variations, thés, chocolats et gâteaux généreux en crèmes et génoises sont parfaits pour une pause gourmande, dans des décors insolites au charme désuet savamment travaillé.
Au château s'ajoute quasiment toujours est espace paysager. À chaque site son jardin ou son parc. Ils sont des espaces de promenade aussi colorés et foisonnants qu'agréables. Que l'on soit un adepte de l'art topiaire ou non, la magie opère… et c'est une nouvelle visite qui commence !

TOP 10

CHÂTEAUX

Au poids de l'histoire, s'ajoute celui des légendes et d'un environnement souvent brumeux. Certains évoqueront aussi les vapeurs de whisky pouvant inspirer quelques visions nocturnes. Il n'empêche que l'imaginaire collectif associe les châteaux d'Écosse à la présence de fantômes, tantôt exubérants, tantôt discrets.

BRAEMAR

Un seigneur infidèle hanta les lieux, jusqu'à être enfin enterré auprès de sa maîtresse.

© HEARTLAND ARTS - SHUTTERSTOCK.COM

ÉDIMBOURG

Un tambour décapité alerte en cas d'invasion. Un joueur de cornemuse erre dans les souterrains.

© ROLL6 - ISTOCKPHOTO.COM

BORTHWICK

Il est habité par Marie d'Écosse, un lord allié de Cromwell, une servante et son enfant illégitime.

© DUNCAN2406 - SHUTTERSTOCK.COM

CAWDOR

Une femme en robe bleue hanterait ses couloirs, de même que le premier lord Cowdor : John Campbell.

© CHRISCRAFTER - ISTOCKPHOTO.COM

GLAMIS

Un enfant difforme, une sorcière brûlée vive et un comte jouant aux cartes avec le diable y errent.

© HANSKWASPEN - ISTOCKPHOTO.COM

TANTALLON

La rumeur raconte qu'un esprit errant en costume d'époque du XVIIe siècle rôde dans les ruines.

© ROWANARTCREATION - SHUTTERSTOCK.COM

STIRLING

Un ancien guide, le fantôme des Highlands, est apparu au personnel comme à des visiteurs.

© PORTADOWN - SHUTTERSTOCK.COM

BALLINDALOCH

Une femme en crinoline, une dame verte, une éplorée et le général Grant sur son cheval le hantent.

© FASPHOTOGRAPHIC - SHUTTERSTOCK.COM

BALGONIE

Green Jeannie, dame spectrale, apparaîtrait la nuit, ainsi que des silhouettes et bruits étranges.

© ANELISE VAZ - SHUTTERSTOCK.COM

DUNNOTTAR

Un énorme chien noir disparaîtrait devant quiconque essaierait de l'approcher.

© JULE_BERLIN - SHUTTERSTOCK.COM

LE WHISKY... OU L'ÂME D'UN PAYS

Si l'on devait faire un *brainstorming* sur ce qu'évoque l'Écosse, le terme « whisky » serait sans doute parmi les premiers prononcés. L'Écosse est une terre de whisky par excellence. Le whisky écossais, ou *scotch whisky*, jouit d'une réputation internationale et indétrônable, tant culture et savoir-faire sont intrinsèquement liés, et ce, depuis la nuit des temps. Parmi les plumes qui ont dépeint l'art et l'âme du whisky écossais, citons l'expression heureuse de Michel Le Bris : le whisky serait « *le poème de l'eau du feu et de la tourbe* ». Il évoque « *l'alliage subtil et violent tout à la fois du "grand dehors", des pleins vents, de l'eau pure des Highlands, claire, tranchante comme la glace et la pierre, et puis de la chaleur intime, intérieure, de la tourbe et de l'orge* ». Vous aurez l'occasion de visiter des distilleries à travers le pays et de prendre l'option dégustation. Vous pouvez même fabriquer votre propre whisky.

Le whisky : un art de vivre que chacun conjugue à sa manière

Nombreux sont les experts à disserter sur l'authenticité des goûts et des coutumes, la juste manière de porter le whisky à ses lèvres, les hérésies à ne pas commettre et l'art de la dégustation. Cela peut intimider, surtout lorsque l'on est novice en la matière. Cependant, sur place, la réalité des visites de distilleries et des pubs est tout autre. Elle est tout, sauf décevante... tout, sauf intimidante, puisque l'on vous explique volontiers, avec sympathie et simplicité, qu'ici, on n'est pas snob et que vous êtes parfaitement libre de boire votre whisky comme vous le voulez. C'est à chacun son goût, sa sensibilité et son envie. Bien sûr on vous racontera l'histoire de ce breuvage et de cette distillerie avec passion, bien sûr on argumentera de ses notes subtiles et uniques, mais on vous laissera aussi libre de l'apprécier, à votre mesure, que vous soyez néophyte ou passé maître en la matière. Distilleries et pubs vous accueillent comme vous êtes, avec le simple désir de vous faire partager l'amour de ce breuvage multiséculaire.

Voyage dans la nuit des temps...

Les premières traces écrites attestant de la fabrication de whisky en Écosse remontent à 1494. Est en effet citée, dans un document officiel, la formule « *eight balls of malt to Friar John Cor wherewith to make aquavitae* », soit la quantité nécessaire à la production de quelque 1 500 bouteilles. La requête provient d'un moine de la région du Fife (au sud de Dundee). On imagine volontiers que les premières productions étaient bien antérieures : certains historiens parlent d'une invention au Xe siècle par les alchimistes arabes, tandis que d'autres attribuent la distillation de l'orge aux Égyptiens, en 3000 avant J.-C. Dans tous les cas, c'est à compter du XIIe siècle que la pratique de la distillation de spiritueux s'étend. Elle est l'affaire des moines, qui parlent d'« *aqua vitae* ». La première *aqua vitae* obtenue sur une base d'orge fermentée est attribuée aux moines irlandais, qui auraient fait voyager, et implanté, leur trouvaille sur les terres écossaises. Attention à vous si vous évoquez ce sujet... La question des origines irlandaises ou écossaises du whisky est un terrain glissant !

Aqua vitae en latin ou *uisge beatha* en gaélique, *uisge* devenant *uisghi* : le mot « whisky » est apparu par glissements phonétiques successifs, de même que les habitudes liées au whisky ont aussi évolué. Au XVIe siècle, il était fait avec le reliquat d'orge et bu à même le tonneau, sans qu'il y ait eu vieillissement. Parmi ses nombreux bienfaits, il pouvait empêcher le bégaiement, les gargouillis d'intestins, aider la digestion, chasser la mélancolie, vivifier les esprits et même empêcher les testicules de tomber (source : *The Whiskies of Scotland*, R.J.S. MacDowall). Longtemps utilisé comme médicament, il était bu à tout âge, « du berceau à la mort ». Et presque après la mort... Car les Highlanders avaient l'habitude de prévoir, avant de passer un trépas, une quantité suffisante du breuvage miraculeux à distribuer à leurs proches éplorés pour leur permettre de noyer leur chagrin. Il est ainsi une époque où les enterrements se transformaient en grandes beuveries... Enfin, le whisky est tellement consommé par les Écossais que Mark Twain aurait écrit : « *Le whisky pour un Écossais est aussi inoffensif que le lait pour le reste de l'humanité.* »

LE WHISKY… OU L'ÂME D'UN PAYS

© TWSTIPP

Tonneaux de whisky, île d'Islay.

« Liberté et whisky vont de pair » (Robert Burns)

Le XVIIIe siècle fut une période rude pour les fabricants et nombreux consommateurs de whisky. Après l'Acte d'Union qui unifia l'Écosse et l'Angleterre, le gouvernement s'appliqua à contrôler sa production ; lourdes et multiples taxes, restrictions… Les Écossais ont continué à distiller, mais dans la clandestinité. Fraude et contrebande vécurent leurs heures de gloire. De nombreuses histoires d'*excisemen* (agents de recouvrement) trompés et piégés émaillent la culture écossaise. Ces grandes heures de rébellion ont fait passer le whisky du statut de boisson à celui de mythe.

Il fallut attendre 1824 pour que le gouvernement change sa politique de taxation pour un système plus adapté à la situation. En effet, celle-ci était devenue ubuesque : 8 distilleries officielles pour 400 clandestines dans la seule ville d'Édimbourg… Dans les mois et années qui suivirent naquirent des distilleries que nous connaissons encore aujourd'hui : Glenlivet en 1824 ou Talisker en 1830. Le whisky a aussi bénéficié d'une conjoncture propice pour se développer : des progrès techniques avec l'introduction de l'alambic à colonnes en 1831 – cette invention d'Aeneas Coffey est connue aussi sous le nom de *Coffey still* – et un coup de pouce de dame Nature qui a, en 1880, détruit les productions françaises de cognac et de vin, réduisant quasiment à néant les réserves des caves des aristocrates du monde entier. La production et l'engouement pour le whisky écossais étaient lancés…

Comment fabrique-t-on le whisky ?

Le mieux, pour en avoir une idée concrète, sera d'aller faire la visite d'une distillerie. Celles-ci proposent des tours guidés avec dégustation finale, mais aussi des expositions ou des films de découverte. Certaines disposent de textes en français reprenant les explications du guide ou traduisant les panneaux. Chaque distillerie a ses secrets, qu'elle dévoile en partie, et ses particularités, mais, en somme, le whisky se fabrique comme suit.

- Maltage de l'orge : l'orge est imprégnée d'eau, déposée sur un plateau jusqu'à germination, séchée puis broyée.
- Mélange orge et eau : la mouture (orge moulue) est mêlée à de l'eau chaude, ce qui donne le moût, ou la base de l'alcool.
- Fermentation : le moût séjourne dans de grandes cuves de fermentation, puis est complété de levure. À cette étape, les sucres du moût se muent en alcool. On a obtenu le « *wash* ».
- Distillation : le *wash* passe par deux alambics, le *wash still* pour la première distillation et le *spirit still* pour la deuxième.

Ensuite, le « cœur de malt » est collecté, transvasé dans des fûts de chêne, et mis à maturation. Le reste est redistillé.

Découvrez l'Écosse à travers ses whiskies

- **Lowland** : C'est la zone la plus au sud du pays. On n'y trouve plus que quelques établissements, mais de nouveaux sont en train de naître. Leurs whiskies sont assez doux, légers, secs et fruités (ex. : Ailsa Bay, Glenkinchie, Bladnoch, Auchentoshan).
- **Highland** : C'est la région la plus vaste et certainement la plus diverse. Les single malts varient beaucoup entre les saveurs riches et charpentées du nord ; fumées, puissantes et maritimes de l'ouest ; et plus légères et fruitées de l'est et du sud (ex : Old Pulteney, Oban, Glenmorangie, Ben Nevis, Aberfeldy…).

Speyside : La vallée de la Spey est de très loin le poumon de l'industrie, avec la moitié des distilleries. Elles produisent des whiskies assez doux, ronds et élégants, mais très complexes avec une grande palette d'arômes (ex. : Glenfiddich, Cardhu, Aberlour, Glenlivet...).

Campbeltown : Autrefois le siège de plus de 30 producteurs, la prohibition américaine a eu raison de leur prospérité et ils ne sont aujourd'hui plus que trois. Leurs goûts sont saumurés, légèrement fumés, secs et caramélisés (ex. : Glengyle, Glen Scotia, Springbank).

Islay : la petite île d'Islay jouit d'une appellation à elle seule pour ses caractéristiques si particulières et ses distilleries. La « *water of life* » y est empreinte de la force des éléments, très puissante et tourbeuse, marquée par la terre, la mer et le vent (ex. : Laphroaig, Bowmore, Coal Ila, Ardbeg, Lagavulin, Bruichladdich...).

Island : Souvent considérée comme faisant partie de l'appellation Highland, les whiskies des îles sont à mi-chemin entre ceux de la côte et leurs voisins d'Islay. Assez fumés, influencés par les embruns et leur terroir rude, avec des notes de miel, de citron et de bruyère (ex. : Highland Park, Scapa, Tobermory, Talisker, Jura...).

Aberdeenshire : Ces malts sont plus confidentiels et gagnent à être connus. En dehors des circuits touristiques traditionnels, des distilleries du XVIIIe et du XIXe siècle se sont réunies autour du projet « The Secret Malts of Aberdeenshire ». Les visites sont plus confidentielles. (Ex. : Ardmore, Fettercairn, GlenDronach, Knockdhu, Glenglassaugh, Royal Lochnagar...)

Parlez whisky comme il se doit

Voici un petit lexique pour vous guider :

Scotch Whisky : il ne peut être fait qu'à base d'eau, d'orge et de levure pour obtenir l'appellation. Il doit ensuite vieillir au moins trois ans en Écosse et titrer au minimum à 40°.

Single malt : est dit d'un whisky qui n'est le produit que d'une seule et unique distillerie.

Blended : désigne, au contraire, le fruit du mariage entre plusieurs whiskies, venus de plusieurs distilleries. S'il n'est pas « blended malt », il contient d'autres céréales que l'orge, d'où son prix souvent bas. Les blended représentent 90 % du marché (ex. : Johnnie Walker, J & B, Famous Grouse...).

Whisky de grain : orge maltée, orge non maltée et diverses céréales sont mélangés ensemble, puis à de l'eau et dans un troisième temps à de la levure. La distillation se fait dans un alambic à colonnes.

Peaty : est l'adjectif employé pour dire d'un whisky qu'il est fumé. Le *peat* est la tourbe qui sert à donner au malt ce goût si spécial, notamment sur l'île d'Islay.

Dram : est l'unité classique pour servir un whisky. On demande *a dram of whisky*, rarement *a glass* et encore moins *a pint*... Le *dram* correspond à 2,5 cl. Vous voulez le double ? Demandez un « *gentleman* ».

Ne confondez pas whisky, whiskey et Bourbon...

Il ne s'agit nullement de variantes orthographiques ou linguistiques, mais bien au contraire, de spiritueux différents. Le whisky est écossais ; le whiskey est irlandais et le bourbon est américain. Au moment d'exporter leurs produits, vers 1970, les Irlandais ont voulu marquer clairement leur différence : c'est ainsi qu'ils ont ajouté ce « e ». Le whiskey fait donc référence à ce qui est produit et bu en Irlande, et le whisky à ce qui est produit ou inspiré par l'Écosse. On parlera ainsi de whisky japonais, parce qu'il est fabriqué selon la tradition écossaise, et souvent avec du malt écossais, mais cela est un autre sujet. Il est aussi question de différence dans la fabrication : trois distillations pour le whiskey (irlandais), deux pour le whisky (écossais) et une pour le bourbon (américain). Enfin, pour être sûr qu'on parle de whisky écossais, on précise « scotch whisky ». Cette mention sera, en même temps, un gage de qualité !

Conseils futés pour amateurs avisés

Friends of the classic malts : Vous le verrez dans ce guide, plusieurs distilleries offrent des visites gratuites pour les adhérents *friends of the classic malts*. Il y en a 12 en tout et il se trouve que l'adhésion est entièrement gratuite. C'est une occasion en or pour faire des économies tout en découvrant cette industrie si précieuse au terroir écossais. Vous pouvez vous renseigner en ligne (www.discovering-distilleries.com ou www.malts.com) ou directement dans les distilleries partenaires.

Pour acheter votre whisky : faites le plutôt en France qu'en Écosse, où les prix sont bien plus élevés et où le taux de change n'aide pas. Sauf si vous souhaitez une bouteille introuvable, faites uniquement vos gammes là-bas, et constituez votre stock dans votre supermarché.

Faites-vous conduire pour votre whisky tour : même si elles sont proches géographiquement et même sans faire d'abus, profiter pleinement d'un tour des distilleries impose de s'organiser. Sachez que les offices de tourisme organisent des « whisky tours » en car et que des organismes privés proposent des excursions privées avec chauffeur.

Assistez à un festival du whisky : le Fife Whisky Festival début mars, le Whisky Colour festival à Dufftown mi-octobre, le Dornoch Whisky Festival fin octobre, le National Whisky Festival à Aberdeen mi-septembre, le Drambusters Whisky Festival à Dumfries fin novembre...

LES LOCHS

Les circuits et tours d'Écosse se déclinent en trois grands thèmes : les châteaux, le whisky et les lochs. Les lochs sont plus de 30 000 en Écosse. Ils sont aussi typiques du paysage écossais que les tourbières, les falaises escarpées ou les landes brûlées par le vent. Selon les rayons du soleil, ils scintilleront de mille éclats émeraude, prendront des nuances de bleu pur et profond, ou seront noirs comme le charbon. Spots de sports nature, de pêche, de randonnée, de loisirs, d'observation de la vie sauvage ou d'activités insolites, vertigineux pour certains par leur gigantisme, mystérieux pour d'autres tant ils sont empreints de légendes, les lochs méritent plus qu'un détour… Ils méritent un vrai séjour, ou du moins, de vraies haltes, sous forme de croisières ou d'excursions. Entre lochs marins et lochs des terres, remontez le temps et laissez-vous submerger, une fois de plus, par la magie du patrimoine naturel écossais !

Comprendre ce qu'est un loch

Les lochs – prononçer [lorr] et non [lok] – désignent les lacs d'Écosse. C'est une étendue d'eau douce ou d'eau salée. Le mot « *loch* » est issu du gaélique. Pour parler d'un petit loch, on utilisera le terme « *lochan* ». Les lochs sont issus des formations glaciaires et souvent situés au fond des vallées, appelées *glen*. Certains sont utilisés comme des réserves d'eau et pour la production d'électricité, et des lochs marins peuvent être utilisés pour l'élevage de poissons. Les biologistes distinguent différents types de lochs :

- Les lochs oligotrophes : milieux pauvres en éléments nutritifs,
- Les lochs eutrophes : milieux riches en matières nutritives. Tous deux lochs d'eau douce, les premiers se situent majoritairement dans les sites tourbeux acides et dans les Highlands et sont en moyenne plus profonds que les seconds, que l'on retrouve plus en plaines.

Enfin, les lochs marins – lochs d'entrée de mer, estuaire ou *firth*, baie ou *bay* – sont majoritairement implantés sur la côte ouest.

Tourisme et lochs : l'équation idéale

Les lochs sont des sites appréciés par les amoureux de nature pour les nombreuses possibilités qu'ils offrent : randonnée à pied, pêche, observation de la faune sauvage, VTT, navigation en kayak… Certains lochs, grâce à leurs caractéristiques, proposent des activités insolites ou inattendues :

- Plongée sous-marine à la rencontre de Nessie dans le Loch Ness (Drumnadrochit, Highlands),
- Excursion en train à vapeur le Loch Morar sur la Jacobite Steam Train (Morar, Highlands),
- Découverte de l'archéologie sous-marine au Loch Tay (Kenmore, Perthshire),
- Survol du Loch Lomond en hydravion,

Bateau à vapeur sur le Loch Lomond.

DÉCOUVRIR

- Croisières en bateaux (hors-bord, voilier, bateau de tourisme, bateau à vapeur…) sur le Loch Lomond, le Loch Ness ou encore le Loch Katrine,
- Observation des oiseaux migrateurs dans l'observatoire et centre d'informations du Loch Leven (Kinross, Perthshire)
- Match de curling sur le Loch Inchmahome, dit aussi lac de Menteith (Port of Menteith, Stirlingshire)
- Contemplation des étoiles dans le premier parc de ciel étoilé du Royaume-Uni, au Loch Clatteringshaws (à côté de St John's Town of Dalry, Dumfries & Galloway)
- Stand-up paddle et planche à voile sur le Loch Ken (Crossmichael, Dumfries & Galloway)…

S'ajoutent à cette liste improbable des suggestions plus habituelles et tout aussi intéressantes : sites historiques à visiter, sorties naturalistes, excursions en 4x4, plages, spas, golfs ou encore *munros* (sommets) à escalader.

Des lochs et des records

Les chiffres des lochs donnent le vertige… Le plus vaste d'entre tous est le Loch Lomond pour 71 km² : il est le plus grand d'Écosse et de Grande-Bretagne. Le plus long est le Loch Awe, dans l'Argyll, avec 40 km de longueur. Il est très prisé des pêcheurs de truites. Le plus « volumineux » est le Loch Ness : il contient, à lui seul, plus d'eau que les lacs et rivières de l'Angleterre et du pays de Galles.

Côté mystères, les lochs n'ont rien à envier aux châteaux peuplés de fantômes. Le monstre du Loch Ness se cacherait dans les 37 km de long et les 226 mètres de profondeur de son lac éponyme. Plus profond encore – 310 m – le Loch Morar, lui aussi dans les Highlands, accueillerait un autre monstre, moins médiatisé : Morag.

Enfin, une curiosité : toutes les étendues d'eau d'Écosse s'appellent « loch » sauf quelques-unes, qui font de la résistance… Quelques-uns portent le nom de lac (lake) : Lake of Menteith, seul lac dit « naturel », est le plus cité, mais il existe aussi les « lakes » de Hirsel, Pressmennan, Louise et de Manxman, mais ils sont, quant à eux, artificiels.

Des lochs marqués par l'histoire

En Écosse, nature et culture vont de pair. Les rives et les eaux des lochs abritent quelques trésors historiques : châteaux, ruines, sites néolithiques… En plus d'un panorama magnifique, le lieu offre une histoire dense et riche. Beauté des paysages et ruines romantiques : qui dit mieux ?

Si vous vous passionnez pour la période néolithique, ne manquez pas les Lochs Harray et Stenness, dans les Orcades, près de Mainland. Ils renferment de véritables trésors : le cercle de

© BILL SPIERS - SHUTTERSTOCK.COM

Crannog sur le Loch Tay.

Brodgar et les pierres dressées de Stenness. Le Perthshire a aussi son site. Au Loch Tay sont visibles 20 sites de *crannogs* (îlots artificiels bâtis pendant la Préhistoire) et des traces de colonies de l'âge de fer. De même pour le Loch Awe, dans l'Argyll, où l'on peut observer des *crannogs*, mais aussi des sites anciens comme le château d'Innis Chonnel (vestiges) ou l'église St Connan's.

Lochs et châteaux vont aussi souvent ensemble, comme le Loch Ness et Urquhart Castle (p.362). Érigé au XIIIe siècle, il a été détruit en 1692 par les Anglais pour qu'il ne tombe pas aux mains des Jacobites. Loch Fyne et Inveraray Castle (p.258), dans l'Argyll, sont intrinsèquement liés. Ces étendues d'eau sont aussi des refuges royaux. Il en est ainsi du Loch Muick, dans les Cairngorms : la reine Victoria séjournait dans son pavillon de Glas-allt-Shiel (sur la rive nord). De nos jours, c'est une région appréciée du prince Charles qui a aussi une affection particulière pour la montagne de Lochnagar. La reine Victoria serait également venue se promener au Loch Maree (nord-ouest des Highlands) en 1877 et, en hommage, la superbe chute d'eau qui s'y jette aurait été baptisée de son nom. Mary Stuart a aussi marqué de son passage certains lochs, les rendant emblématiques. En effet, elle a été emprisonnée une année durant (1567) sur Castle Island, située sur le Loch Leven (Perthshire). Il est possible de faire une balade en bateau jusqu'à l'île et ses ruines. Elle trouva refuge dans le prieuré d'Inchmahome, sur la plus grande île du Lac de Menteith (près de Stirling), aujourd'hui encore accessible en bateau et ouverte à la visite. Enfin, les lochs sont incontestablement une source d'inspiration artistique. Loch Katrine, dans les Trossachs, a, par exemple, marqué de nombreux artistes, dont Walter Scott, qui aurait composé alors son poème « La Dame du Lac ».

TOP 10

FAUNE

Les ornithologues apprécieront les lochs pour la diversité des oiseaux. De nombreux oiseaux migrateurs y font halte, dont plusieurs espèces de canards et d'oies, mais pas seulement ! Le RSPB (équivalent de notre LPO) œuvre pour leur sauvegarde, mais aussi pour des actions pédagogiques en faveur du public.

LE HARLE BIÈVRE

Ce canard se caractérise, pour les mâles, par une tête vert foncé et des ailes blanches.

© RADEKSKLENICKA - SHUTTERSTOCK.COM

L'OIE À BEC COURT

Elle quitte le Groenland et l'Islande en hiver pour rejoindre les grands estuaires plus tempérés.

© ERNI - SHUTTERSTOCK.COM

LE PHALAROPE À BEC ÉTROIT

Ils sont rares : en 2015, seulement 60 mâles avaient été recensés en Écosse.

© MARTIN PELANEK - SHUTTERSTOCK.COM

LE PLONGEON ARCTIQUE

Son plumage arbore des sortes de stries ou rayures noir et blanc. Il déteste être dérangé.

© MICHAL PESATA - SHUTTERSTOCK.COM

LE CYGNE CHANTEUR

Il hiberne en Écosse et est reconnaissable à ses cris semblables à des coups de klaxon.

© HUGH LANSDOWN - SHUTTERSTOCK.COM

LE CHEVALIER GUIGNETTE

Ce petit échassier est très commun et gracieux, par son pas comme par son sifflement.

© ERNI - SHUTTERSTOCK.COM

LE PLONGEON CATMARIN

Il se nourrit en mer, mais niche en eau douce. On entend son chant mélancolique au printemps.

© WOLFGANG KRUCK - SHUTTERSTOCK.COM

LE FULIGULE MORILLON

Canard plongeur de taille moyenne, on le reconnaît au vol grâce à sa bande blanche sur le dos de son aile.

© MACIEJ OLSZEWSKI - SHUTTERSTOCK.COM

LE GARROT À ŒIL D'OR

Voilà un canard trapu, à grosse tête, avec des ailes courtes et pointues.

© BILDAGENTUR ZOONAR GMBH - SHUTTERSTOCK.COM

LE BALBUZARD PÊCHEUR

Ce rapace est notamment visible près de Loch Garten ou Loch of the Lowes.

© WANG LIQIANG - SHUTTERSTOCK.COM

GÉOGRAPHIE

Montagnes verdoyantes ou désertiques, côtes aux plages de sable fin, îles sauvages et mystérieuses, lacs immenses et cascades d'eau claire, terres tourbées et sombres… Entre paysages urbains, paysages maritimes, vallons et landes, l'Écosse regorge d'une infinité de panoramas et de sites insolites à couper le souffle ! Le pays s'étend sur 78 782 km². Il donne à l'ouest sur l'océan Atlantique et à l'est sur la mer du Nord. On divise traditionnellement l'Écosse en deux zones : les Highlands et les Lowlands, démarquées par une ligne allant du Firth of Forth (littéralement « le fleuve noir », près d'Édimbourg) au Moray Firth (baie de la mer du Nord, jouxtant Inverness), passant au nord de Stirling et de Perth, à l'ouest d'Aberdeen et dans la vallée de la Spey. En réalité, et comme tout pays, l'Écosse est diverse : chaque région a son charme propre et chaque détour ou virage peut être une occasion d'émerveillement.

L'Écosse en 5 grandes régions

L'Écosse se divise habituellement en plusieurs grandes régions :

- Les **Southern Uplands**, au sud, qui regroupent les Borders, Dumfries & Galloways. Elles sont très vallonnées, faites de collines verdoyantes, de vallées boisées et constellées de petites villes.
- Les **Central Lowlands**, qui regroupent les agglomérations d'Édimbourg, de Glasgow, de Perth, Dundee et Stirling, d'une côte à une autre. Elles sont les plus plates et densément peuplées. C'est ici que vit la majorité de la population. Le centre-est détient aussi les terres les plus fertiles : l'agriculture y est donc très présente.
- Les **Grampian Mountains**, qui vont jusqu'à la faille géologique du Great Glen (Loch Ness). C'est dans cette zone que se regroupent les plus hautes montagnes du pays, entre Ben Nevis et les Cairngorms.
- Les **Northern Highlands**, au nord du Great Glen. Elles sont la région administrative et officielle des Highlands.
- Les différentes **îles** : Hébrides Intérieures, Hébrides Extérieures, Skye et Northern Isles (Orcades et Shetland). L'Écosse compte de nombreux archipels, pour un total de 790 îles.

Toutefois, ces distinctions n'ont pas de valeur administrative. D'un point de vue plus officiel, l'Écosse se divise en 32 autorités administratives, mais aussi en 33 comtés historiques, les Écossais étant particulièrement attachés à cette dernière division.

DÉCOUVRIR

Ben Nevis.

L'Écosse, côté villes

L'Écosse est aussi un pays urbain, très apprécié des amateurs d'architecture, d'urbanisme, et par les fêtards. On mentionne habituellement 4 grandes villes :

- **Édimbourg** : sa capitale administrative, historique et culturelle. Classée au site du patrimoine mondial de l'UNESCO, elle est l'une des villes les plus visitées et attractives des îles Britanniques.
- **Glasgow** : sa capitale industrielle et démographique. Son offre culturelle, ses musées ainsi que sa proximité avec les Trossachs en font une ville très appréciée et visitée.
- **Dundee** : son ancienne capitale industrielle, devenue incubatrice de nouvelles technologies. Elle s'est développée récemment, alliant histoire et modernité, pour le plus grand plaisir des amoureux d'architecture.
- **Aberdeen** : point focal de l'industrie pétrolière, cette ville portuaire est le hub de la Grande-Bretagne sur la mer du Nord. Elle valorise aujourd'hui son patrimoine industriel et architectural, et offre une vie gastronomique et artistique très riche.

Les « petits noms » des sommets d'Écosse

Les montagnes recouvrent une vaste partie du pays. La plus haute de toutes est le célèbre Ben Nevis. Situé à proximité immédiate de Fort William, il culmine à 1 344 m et est un spot majeur de randonnée. S'il est le toit des îles britanniques, l'ensemble territorial le plus élevé n'est pas celui auquel il appartient : ce sont les Cairngorms. Ils rassemblent les cinq crêtes les plus hautes du pays.

En Écosse, les montagnes portent des noms différents selon l'altitude à laquelle s'élève leur sommet. On parle de Munros (plus de 3 000 pieds, soit 914,4 m), de Corbetts (entre 2 500 et 3 000 pieds, soit entre 762 et 914,4 m), de Grahams (entre 2 000 et 2 500 pieds, soit entre 609,6 et 762 m), de Donalds (plus de 2 000 pieds, uniquement dans les Lowlands) et de Marilyns (plus de 492 pieds, soit plus de 150 m). Randonneurs, ne faites pas l'erreur de bouder un sommet plus modeste ! Si les Munros ont incontestablement une aura magique, leurs petits frères et sœurs offrent aussi d'extraordinaires points de vue et itinéraires, pour une difficulté souvent (mais pas toujours !) moindre.

Les glens, entre histoire, légende et nature

Qui dit montagnes, sommets ou collines dit aussi, en contrebas, vallées ou « *glens* ». *Glen*, en écossais, désigne un vallon. Forgés par les glaciers, qui ont disparu à la fin de l'ère glaciaire, ils se caractérisent par leur forme en « U ». L'Écosse est réputée pour ses *glens* sauvages, secrets et mystérieux. Parfois, une route serpente, suivant peu ou prou la rivière, vers une ou deux habitations isolées du monde ; d'autre fois, ils sont désertés de toute trace humaine, tantôt comme vierges, tantôt comme abandonnés… Ces *glens* sont aussi, parfois, les lieux d'anciennes batailles, opposant les clans entre eux.

Offrez-vous une collection insolite !

S'il est une collection à faire en Écosse, quand on est sportif et que l'on aime marcher, c'est une collection de Munros. Le terme « *munro* » vient du nom de celui qui les a tous recensés : Sir Hugh Munro. En 1891, il délivrait une liste de 282 sommets culminant à plus de 914 m (ou 3 000 pieds – là, le compte rond !), pour le compte du Scottish Mountaineering Club. Grimper tous les Munros est un défi que se lancent de nombreux randonneurs enthousiastes et passionnés. À la découverte émerveillée (et essoufflée) d'un premier, suit souvent un deuxième, puis un troisième sommet… L'engrenage est vite lancé, et l'addiction tout aussi vite ressentie. Outre le défi sportif, c'est l'amour de la nature et des paysages grandioses qui porte les *Munro baggers*. Certains sont plus accessibles et praticables que d'autres : sentier bien marqué, chemin empierré ou entretenu, cairns pour baliser la trajectoire… C'est à cet aspect que se réfèrent souvent les indications « faciles » des itinéraires. De bonnes chaussures de randonnée, des vêtements contre le vent et la pluie, un couvre-chef, de l'eau et de quoi suffisamment se sustenter sont absolument nécessaires. D'autres sommets exigeront un équipement de haute montagne, avec carte et boussole absolument indispensables, ainsi que des aptitudes certaines à l'escalade et à l'orientation en situation extrême.

Certains Munros sont proches : il est possible de faire une boucle intégrant l'ascension de deux sommets consécutifs.

Dans tous les cas, si vous vous lancez dans une ascension, gardez à l'esprit que vous partez pour une marche en montagne, avec de probables changements climatiques et des dangers. En cas de doute, si le brouillard se lève, faites le choix de la prudence… De nombreux accidents ont lieu chaque année. Pensez aussi toujours à prévenir quelqu'un de votre programme de la journée : itinéraire, temps large estimé, afin que des secours puissent être dépêchés en cas d'accident.

L'univers du *Munro bagger* a son propre vocabulaire. Chaque sommet atteint est dit « *bagged* ». L'objectif ultime est la « *compleation* » d'un « *round* », c'est-à-dire d'un tour des 282 Munros. La personne qui relève ce défi, peu importe le temps mis, est un « *Munroist* » ou un « *Compleatist* ». Le premier *Munroist* de l'histoire est Ronald Burn, révérend, en 1923 et non, comme on pourrait l'imaginer, Sir Hugh Munro, à qui il manquait deux sommets. En moyenne, ceux qui se donnent cet objectif mettent 8 années à le concrétiser. Le monde du *Munro Bagging* a aussi ses records : en 2010, Stephen Pyke a couronné les 282 Munros en 39 jours, 9 heures et 6 minutes. Steven Fallon a bouclé 15 tours des 282 Munros. Le plus jeune *Munroist*, Ben Fleetwood, avait 10 ans et 3 mois quand il boucla son tour en août 2011.

Quelques Munros pour vous inspirer : Ben Nevis (accessible depuis Fort William), Ben Lomond ou Ben Lawers (dans les Trossachs), Pap of Glencoe ou Buachaille Etive Mor (vallée de Glencoe), An Teallach (près d'Ullapool), Braeriach (dans les Cairngorms)... Peu importe (ou presque) où vous êtes en Écosse, si vous succombez à l'attrait des Munros, vous trouverez toujours, autour de vous, un sommet à gravir.

Tout savoir sur les Munros : www.munromagic.com, www.munrobagger.scot ou www.walkhighlands.co.uk/munros

L'Écosse, côté plages

On n'associe pas spontanément plage et Écosse... Et pourtant ! Entre ses îles, ses côtes et ses terres, l'Écosse fourmille de nombreuses et sublimes plages. Si les plages écossaises, températures fraîches obligeant, sont moins propices que les plages d'autres contrées plus au sud au farniente et à la bronzette, elles ont ceci d'avantageux qu'elles sont beaucoup moins fréquentées, plus sauvages et... assurément paradisiaques ! Elles font d'ailleurs le bonheur des surfeurs. L'Écosse compte 12 429 km de côtes et, si ce n'est autant de plages, elle collectionne néanmoins de sublimes spots.

L'Écosse peut s'enorgueillir de disposer sur ses îles de quelques-unes des plus belles plages au monde. Dans l'archipel des Shetland, l'île de Saint-Ninian est connue pour abriter l'un des plus beaux tombolos de sable – cordon ou une langue de terrain reliant une île à la côte – d'Europe. Cette chaussée de sable donnerait presque l'impression de marcher sur l'eau... L'île de Harris dispose elle aussi de superbes plages, à découvrir à vélo, grâce à la piste cyclable Hebridean Way. La plage Luskentyre Sands a été primée (*TripAdvisor Choice Awards* du Royaume-Uni) pour sa beauté. Incroyablement photogénique, elle est incontournable si vous êtes dans les parages...

À l'est d'Inverness, Lossiemouth offre de longues étendues de sable blanc, ainsi qu'un petit port au charme indéniable. Aberdeen compte dans ses trésors l'une des plus belles plages urbaines du pays : une esplanade art déco, 3 km de front de mer, des cottages originaux et, au loin, l'été, des tursiops – ou grands dauphins – qui bondissent entre les vagues... À 1 heure d'Édimbourg, c'est la baie de Coldingham, à Eyemouth, qui vous émerveillera. Vous êtes à Glasgow ? La plage d'Ayr, à 1 heure aussi en voiture, vous dépaysera.

Amoureux des terres, avoir fait le choix des montagnes ne vous privera pas pour autant de plages idylliques... Il est possible de rassembler les deux paysages, comme sur le site du Loch Laggan dans les Cairngorms ou la plage de Luss, dans le Loch Lomond, pour ne citer que deux exemples parmi tant d'autres. Car oui, les lochs, eux aussi, ont leurs plages, tantôt de galets, tantôt de sable fin... et ils sont, pour les courageux, propices aussi à la baignade et aux sports nautiques.

Les parcs nationaux ou comment l'Écosse sauvegarde ses paysages

Il y a deux parcs nationaux en Écosse : le Loch Lomond & the Trossachs National Park et le Cairngorms National Park. Ce dernier est le plus grand du Royaume-Uni et le plus intéressant au niveau de la sauvegarde des paysages, de la faune et de la flore.

L'Écosse recense également de nombreuses zones protégées par d'autres organismes :

- la Forestry and Land Scotland, qui gère les forêts et les sites nationaux écossais ;
- le National Trust of Scotland, qui préserve des zones de grand intérêt paysager et touristique (www.nts.org.uk) ;
- le RSPB qui protège particulièrement l'habitat des animaux et surtout, des oiseaux (www.rspb.org.uk) ;
- le NNR, qui chapeaute les réserves naturelles nationales (www.nnr-scotland.org.uk).

D'autres plus petites structures sont également présentes, à l'image de la John Muir Trust (www.johnmuirtrust.org) du nom du célèbre naturaliste écossais, précurseur des parcs nationaux aux États-Unis.

Belle plage près de Durness.

NATURE

L'Écosse est une destination nature par excellence. Amoureux des espaces sauvages et des paysages grandioses, maritimes ou montagneux, vous serez constamment émerveillés. Au fil de vos trajets sur les rubans (chaotiques !) d'asphalte défileront des panoramas insolites, marqués tantôt par des rencontres animales impromptues tantôt par une végétation surprenante de variété. L'Écosse se joue de ses contrastes : verdoyante et désertique, sombre et lumineuse, brumeuse et rayonnante... au gré des scintillements du soleil, des régions ou au détour d'un virage. Dotée d'une flore éclatante de mille nuances, ainsi que d'une faune sauvage qui se laisse aisément observer, l'Écosse sait que sa nature est précieuse. À travers les parcs nationaux, le développement des activités sportives et touristiques vertes, mais aussi leurs engagements environnementaux, les Écossais préservent, à toutes les échelles, leur magnifique pays.

Landes ou bois : quels sont les vrais paysages de l'Écosse ?

Qui dit Écosse dit, dans l'imaginaire collectif porté par des œuvres comme *Le Chien des Baskerville* d'Arthur Conan Doyle ou des films comme *Braveheart*, landes à perte de vue, entre fougères d'un vert éclatant, bruyères aux mille nuances de mauve et de rose et terre noire assombrie par la tourbe. Et si les vrais paysages d'Écosse, ce n'était pas ça ? Ou pas que ça ? Et si la vraie nature de l'Écosse était tout autre ? L'association Trees for life œuvre pour une restauration de la forêt calédonienne (autre nom pour désigner les Highlands). Rien que son nom, « Calédonia », témoigne de ce paysage aujourd'hui disparu. En effet, donnée à l'époque romaine et issue du latin, cette désignation signifie « hauteurs boisées ». Cette appellation, en décalage complet avec les paysages actuels, a de quoi déstabiliser. Toutefois, selon les recherches de scientifiques, la forêt aurait

© _ULTRAFORMA_ - ISTOCKPHOTO.COM

Lande à South Uist, Hébrides extérieures.

autrefois couvert 1,5 million d'hectares et aurait été composée de bouleaux, pins sylvestres, trembles et autres essences. De nos jours, on estime que 99 % de cette forêt a disparu. La déforestation s'explique par multiples épisodes historiques et économiques : la sylve originelle aurait été brûlée par les Vikings lors des invasions, puis ensuite pour éliminer les loups. Le bois aurait été abattu en quantités exagérées et le pâturage intensif, allié à l'augmentation des hardes de cervidés, n'aurait pu se régénérer. Tout cela appartient au passé. Place est faite désormais à une nouvelle exploitation de la forêt en gestion durable et responsable et à des replantations d'essences diversifiées, mais – et cela est un point clé ! – natives du pays. Le Royaume-Uni a pris le problème à bras le corps : Forest Entreprise Scotland, organisme étatique, contribue à la gestion des forêts publiques et 22 % (d'après des sources de 2016) des forêts privées sont certifiées PEFC ou FSC (labels européens et mondiaux de gestion durable). Le Scottish Natural Heritage joue aussi un rôle clé dans les campagnes de reboisements actuelles. Vous apercevez des zones déboisées récemment ? C'est sans doute l'exploitation forestière, voire la suppression d'espèces non endémiques... Ne criez pas au scandale : la méthode est certes à la coupe rase, mais suivie d'une replantation qualitative et bénéfique, pour l'environnement et dans une durée qui dépasse l'échelle d'une vie humaine. En ligne de mire : un plan de reboisement d'un cinquième de l'Écosse !

Aux considérations écologiques s'ajoutent des intérêts touristiques et récréatifs. La forêt est un lieu de loisirs sportifs et de promenade très apprécié, d'où, aussi, les parcs nationaux et autres parcs qui jalonnent le pays.

Des arbres remarquables très (très !) remarquables

Les arbres pluricentenaires sont légion en Écosse. Certains sont même millénaires et

Fous de Bassan sur l'île de Bass Rock.

quelques domaines se vanteront volontiers (et à raison) de posséder certains des plus vieux arbres du pays. Si vous vous promenez dans le Pertshire, à proximité d'Aberfeldy, faites un détour par Fortingall pour découvrir son célèbre if. Situé à l'angle de son cimetière, il serait vieux de 5 000 ans selon certains, 9 000 ans selon d'autres. La légende raconte qu'il avait déjà 3 000 ans lors de la crucifixion du Christ et que Ponce Pilate, du temps de sa jeunesse dans l'armée romaine, se serait assis sous ses branches. Il est le plus vieil arbre d'Europe.

Attention, traversée de canards et de loutres...

La faune sauvage est l'un des autres grands intérêts de l'Écosse pour qui aime observer les animaux dans leur milieu naturel. Vous serez sans doute surpris de découvrir sur la route quelques panneaux inhabituels signalant la traversée possible et courante de canards ou loutres.

Le littoral écossais, escarpé et dentelé, s'étend sur des milliers de kilomètres. Chaque crique, chaque falaise, chaque plage abritent une faune sauvage variée, qui se laisse aisément observer. Ainsi, les îles des Shetland et celle de Handa accueillent de nombreux oiseaux marins, qui feront le bonheur des ornithologues amateurs : macareux, guillemots, mouettes tridactyles, huitriers-pies, et même pingouins. La plus grande colonie de fous de Bassan habite l'île de Bass Rock, au large de North Berwick, à une heure en voiture d'Édimbourg (ou 30 min en train). Visitez le Scottish Seabird Centre (p.161) pour tout savoir sur les espèces d'oiseaux du pays et offrez-vous une excursion en bateau avec ses guides naturalistes. Les Northern Isles sont probablement le site le plus fréquenté par les ornithologues. Le célèbre observatoire de Fair Isle comme la réserve de North Hoy, dans les Orcades, sont des lieux d'observation privilégiée des mouettes pillardes. La Hermaness National Nature Reserve, dans les Shetlands, sert d'habitat à 50 000 macareux.

Vous rêvez d'apercevoir des mammifères marins ? Baleines et dauphins sont visibles dans le Moray Firth. Des excursions en mer sont régulièrement programmées par le Scottish Dolphin Centre. On y croise aussi phoques et marsouins. Les eaux de la côte ouest et des îles Orcades et Shetland sont peuplées d'environ vingt espèces de baleines dont la baleine à bosse et le cachalot. Vous pourrez aussi observer les dauphins et les phoques grâce à des excursions proposées au départ d'Inverness, ou encore admirer l'effort des saumons qui remontent les rivières au nord de la capitale des Highlands, dans des sites comme Falls off Shin.

Dans les collines et les glens vivent le chat sauvage et la martre des pins. Lièvres et lagopèdes des Alpes dévalent quant à eux les vallées des Highlands. Au nord, les régions tourbeuses sont émaillées de petites mares qui servent d'habitat à une grande variété d'oiseaux aux noms poétiques : lummes, catmarins, chevaliers aboyeurs, pluviers dorés, bécasseaux variables et busards saint-martin.

Quelques curiosités amusantes sont à signaler aux naturalistes : la frontière entre les colonies d'écureuils roux et gris, marquée notamment à Callander. Si d'un côté, au sud d'une ligne traversant l'Écosse en diagonale, cohabitent les deux races, le nord est la forteresse des écureuils roux, d'ailleurs protégés, car en voie de disparition. Enfin, le castor a remis les pattes en Écosse ! Depuis 2009, ils sont de retour dans la région de l'Argyll, et plus précisément dans la forêt de Knapdale. Le centre d'information de Barnluasgan lui est dédié et propose une observation ludique à travers le « Beaver Detective Trial » : une randonnée facile sur les traces de ces rongeurs-bâtisseurs.

Enfin, ce n'est pas parce qu'ils ne sont pas rares qu'il ne faut pas leur faire honneur ! Les cerfs, daims et chevreuils sont partout en Écosse. Vous croiserez le *red deer* en hardes à Glencoe ou dans les Highlands.

Safari vaches, veaux et surtout... moutons !

Ils n'ont rien de sauvage, quoique... mais vous vous amuserez tout autant à les observer et à les photographier. Il s'agit des moutons Blackface (ou Scottish Blackface) et des emblématiques *Highland cows*. Terre d'élevage, l'Écosse peut aisément compter, par endroit, plus de moutons que d'habitants. Le mouton est à l'origine des grands symboles culturels d'Écosse. Sa laine permet de tisser le tartan, donc les kilts. C'est sa peau qui est utilisée pour fabriquer les cornemuses traditionnelles. Sa viande est mangée en plats classiques (côtelettes, gigots, etc.), mais surtout en plat national, avec le fameux haggis... : la panse de brebis farcie aux cœur, foie et poumon de mouton et agrémenté d'un savant mélange d'épices.

Le premier passage d'un « *cattle grid* » surprend. Ces passages sur une grille au sol ne paraissent rien à une voiture, mais pour une vache, un mouton ou un cheval, c'est une tout autre histoire. Impossible pour eux de franchir cette limite ! Par contre, dans les centaines d'hectares situés à l'intérieur de ces points de passages, ils sont libres d'aller et venir où ils veulent, comme bon leur semble, y compris de faire la sieste ou des premiers pas d'agneau groggy sur la route. Vous passerez donc au cœur de ces landes savamment entretenues par les moutons Blackface et les vaches Highland avec prudence pour n'effrayer ni ne blesser aucun animal. Certains éleveurs vous préviennent même, à toutes fins utiles, que les agneaux ne connaissent pas le Code de la route.

Randonneurs, il vous arrivera aussi de pénétrer ces territoires. Outre le passage sur le *cattle grid* (beaucoup plus périlleux qu'il n'y paraît quand on est assis dans son auto), vous vous verrez soumis à différents tests psychotechniques à l'épreuve des moutons. À chaque barrière ou presque son fonctionnement et son ouverture : parfois quelques marches, parfois un loquet à actionner, parfois un tourniquet... À croire que les éleveurs s'amusent aussi à tester l'intelligence et le sens pratique des humains qui arpentent les pâturages de leurs bêtes !

Quelques consignes sont à respecter quand on pénètre ces terres d'élevage. Les chiens sont à tenir en laisse, afin qu'ils n'effraient pas les animaux et surtout, qu'ils ne les blessent pas. Un mouton apeuré peut provoquer une scène de panique dans tout un troupeau. Les éleveurs déplorent hélas! trop souvent des attaques de nos carnivores domestiques qui, instinct oblige, peuvent parfois être pris d'un coup de folie sanguinaire. Les humains aussi prendront soin de respecter le calme des animaux, de ne pas tenter d'approches même pour de pacifiques caresses (encore moins sur les agneaux, sous peine de représailles musclées de brebis au caractère bien trempé !).

À chaque saison, à chaque mois, une Écosse différente

Enfin, amateurs de faune et de flore, chaque saison a ses atouts. Le printemps est propice à l'attendrissement devant les agneaux nouveau-nés et l'émerveillement devant les parterres de jonquilles (avril) ou jacinthes des bois (mai) ou les explosions florales des rhododendrons (juin). L'automne laisse place à de formidables camaïeux de couleurs rouille et à l'observation des saumons remontant les rivières.

Jacinthes des bois dans la forêt de Kinclaven, dans le Perthshire.

TOP 10

FAUNE

Difficile de voyager en Écosse sans photographier des moutons, vaches et autres animaux moins faciles à approcher, dans la nature sauvage. Qu'il s'agisse d'une halte dans un site d'observation, ou d'un arrêt brutal en bord de route pour observer un agneau ou un cerf, comment ne pas en avoir envie ?

LE RED DEER

Les panneaux indiquant leur probable présence (voire des hardes entières) ne sont pas fausses…

VACHE HIGHLAND

Longs poils roux au vent, cornes dressées, museau baveux à souhait, elles sont ici des stars.

LE PHOQUE

On le confond avec de gros cailloux sur l'eau. Souvent en colonies, ils posent en mode farniente.

LA LOUTRE

Elle tient la patte de son amoureux pour ne pas dériver et conserve avec elle son caillou préféré.

MOUTON BLACKFACE

Drôles car tondus de manière saugrenue ou irrésistibles avec leurs petits, ils ne laissent pas indifférent.

LE SAUMON

Voir un saumon sauvage remonter une rivière ou une cascade, est un événement impressionnant et rare.

LE DAUPHIN

On l'imaginait vivre en zone tropicale, mais il est aussi en Écosse. On le voit dans le Moray Firth.

LE MACAREUX

Son nom anglais « *puffin* » le rend encore plus attendrissant. Il pose sur des cartes postales…

LE FAISAN

Omniprésent, une énigme. Comment survit-il en tant que proie alors qu'il est si coloré et bruyant ?

LE CHAT SAUVAGE ÉCOSSAIS

Il est le dernier grand prédateur félin de Grande-Bretagne.

CLIMAT

L'Écosse a la réputation d'être pluvieuse… et incontestablement, elle l'est ! Toutefois, la pluie, en Écosse et plus largement sur les îles Britanniques, a quelque chose de différent. Lumières et teintes mouvantes créent des reliefs et des atmosphères fantastiques. Tout semble, selon le temps, plus sombre, plus mystérieux, plus onirique, plus évanescent ou, tout au contraire, plus tranché, plus contrasté, plus vif. Votre seule frustration ? Essayer de l'expliquer à vos amis et à votre famille à votre retour de vacances, car il faut bien l'avouer, il peut être difficile de capter cette émotion sur une photo sans être un excellent photographe alors qu'un paysage ensoleillé met tout le monde d'accord. Le climat pluvieux est aussi un grand sujet de conversation et de plaisanterie… Les Écossais se plairont à vous dire, par exemple, que la différence entre l'été et l'hiver est, qu'en été, la pluie est plus chaude !

L'interrupteur fou de la pluie

La pluie est l'un des grands sujets de conversation en Écosse et à propos de l'Écosse. Une chose est sûre, rien n'est jamais sûr ! La météo change sans arrêt et c'est là aussi l'un des charmes du pays. Même s'il pleut le matin, le soleil n'est jamais loin.

Veste imperméable, pantalon de pluie, parapluie pour les petites averses, chaussures de randonnée ou de marche imperméabilisées : voilà les accessoires indispensables d'un agréable séjour en Écosse. Veillez à choisir des vêtements *outdoor* de qualité et, pour votre bien-être, ne lésinez pas sur la dépense : un vêtement de pluie réimperméabilisé tiendra peut-être sous un crachin parisien, mais vous regretterez vite votre petite économie quand vous serez pris dans des bourrasques écossaises.

Prévoyez aussi des affaires de rechange et une serviette dans votre voiture pour poursuivre le planning de votre journée d'excursions au sec. Ainsi parés, rien ne pourra vous arrêter !

Sachez qu'il fait moins froid sur la côte ouest, le courant du Gulf Stream réchauffant un peu l'atmosphère. La côte est, en revanche, est moins humide. Toutefois, les microclimats et les évolutions météorologiques sont tellement nombreux qu'il est difficile de faire des généralités ou de prévoir le temps d'une journée. On dit même qu'une seule journée peut voir

© SCOTT O'NEILL - ISTOCKPHOTO.COM

La pluie qui tombe sur les Kyles of Bute.

défiler, sans ordre logique, les quatre saisons ! Quelques kilomètres de distance, la direction du vent, la proximité de la mer ou l'altitude peuvent tout bouleverser.

Qui plus est, une journée de pluie battante et de tempête n'est pas le début d'une longue semaine de précipitations : vous pouvez vous réveiller le lendemain avec un grand beau temps !

Le soleil en Écosse

Si le soleil en Écosse se cache et se montre plusieurs fois par jour, il peut aussi se passer des journées où il est omniprésent. Vous n'êtes pas à l'abri, au printemps et en été, de températures avoisinant les 25 °C. Chaleur et plein soleil : vous pourrez donc bronzer en Écosse ! Si vous prévoyez une randonnée par une belle journée ensoleillée, prévoyez un couvre-chef et de la crème solaire, ou gare aux coups de soleil et à l'insolation… Pensez que, hormis en forêt, vous n'aurez pas d'ombre pour vous abriter.

Autre preuve, s'il en fallait, que le soleil n'est pas une légende en Écosse : sa végétation luxuriante et ses plantes tropicales qui ne pourraient avoir si belle allure si le beau temps n'était pas de la partie.

Outre le climat, ce qu'il est intéressant de prendre en compte lors d'un séjour en Écosse est la durée du jour. Si, en hiver, le soleil peut se coucher vers 15 h 30 ou 16 heures, en été, vous pourrez jouir, tout en haut des Highlands, de journées interminables, quasiment sans nuit. À Inverness, au moment du solstice d'été, le soleil se couche aux environs de 22 h 20… et encore plus tard lorsque l'on monte plus haut dans les Highlands. Aux latitudes de Durness ou John o'Groats, il peut même attendre 23 heures passées pour se coucher et poindre ses premiers rayons vers 3 ou 4 heures du matin.

Les saisons en Écosse : autant de voyages que de mois dans l'année

Le printemps est une belle saison, avec des températures agréables et le taux de précipitation le plus bas de l'année. Il offre un formidable panel de couleurs : le jaune vif des jonquilles en avril, le violet lumineux des jacinthes des bois ou des rhododendrons en mai-juin, les parterres vert vif de myrtilles… L'été, les températures s'échelonnent de 17 à 22 °C et la pluie n'est pas omniprésente, même s'il convient, là encore, de toujours emporter avec soi un bon imperméable. L'automne est très pluvieux et les températures vont de 6 à 10 °C. Elle est pourtant, selon certains amoureux du pays, la plus belle période : son camaïeu de teintes dorées, rouille, orange et pourpre est enchanteur. Il est même possible, en montant dans les Highlands, de rencontrer de la neige à partir de la fin septembre. L'hiver est très froid, surtout dans le nord – certaines régions sont à la même latitude que les parties sud de la Norvège et de

Aurore boréale près d'Inverness.

l'Alaska –, et les températures dépassent rarement les 5 °C. Des vents glacials arrivent tout droit du pôle Nord, ce qui peut faire descendre les températures bien en deçà des 0 °C : des records de -27,2 °C à Aviemore (Cairngorms) et de -18 °C à Édimbourg ont été enregistrés en janvier 1982. Rassurez-vous : les températures extrêmes, quelles qu'elles soient et quelle que soit la saison, ne durent pas.

Offrez-vous une aurore boréale

En automne et en hiver, il est possible, dans certains lieux d'Écosse, d'admirer des aurores boréales. C'est par nuit froide, claire, sans nuages et sans pollution lumineuse qu'elles apparaissent. Des applications comme AuroraWatch UK ou My Aurora Forecast permettent de suivre l'activité des aurores boréales et d'être averti par notification de leur apparition. Voici quelques sites et indications de lieux où il est possible de les voir :

- dans les Shetland et les Orcades
- à Caithness, Wick ou John o'Groats (tout au nord des Highlands, à l'est) ou à Ullapool (nord-ouest des Highlands)
- sur les côtes du Moray et dans l'Aberdeenshire
- sur Lewis et Harris
- sur la pointe nord de l'île de Skye
- dans les Cairngorms
- dans le parc forestier de Galloway
- dans le Pertshire
- sur la côte de Fife
- à Édimbourg, au Siège d'Arthur, à condition que le phénomène soit vraiment très puissant.

HISTOIRE

L'histoire de l'Écosse est marquée par plusieurs constantes : une pluralité forte des cultures, des luttes fratricides et un désir puissant et complexe d'indépendance. Entre invasions et alliances, dissensions et trahisons, son passé est aussi complexe que fascinant. Des menhirs aux châteaux, des sculptures des Pictes aux ouvrages des Lumières, de la Réforme aux révolutions, vous découvrirez, au fil de ces lignes nécessairement synthétiques, quelques clés pour mieux appréhender ce grand pays. Faites connaissance avec son état d'esprit, ses sympathies et ses défiances ancestrales, son amour de la liberté et son caractère farouchement indépendant. Remontez le temps, jusqu'à plus de 10 000 ans en arrière, puis prolongez votre lecture *in situ*, sur les hauts lieux des batailles, dans les châteaux ayant accueilli les souverains les plus prestigieux, devant des tumuli millénaires, ou en suivant l'un des itinéraires historiques qui jalonnent le pays.

12 000 ANS - 500 ANS AV. J.-C

Un lieu où il faisait déjà bon vivre 4000 ans avant J.-C.

Il y a 5000 ans, voire plus – certains remontent à 12 000 ans –, des hommes vivaient déjà dans ces contrées. Elles étaient sans doute moins hostiles qu'actuellement, puisque le climat aurait, à cette époque, été plus clément de quelques degrés. On peut apercevoir, à Skara Brae, dans les Orcades, les preuves d'une vie communautaire. On y a d'ailleurs trouvé les traces laissant clairement supposer que de la bière était déjà brassée. Eh oui, les hommes de l'âge de pierre brassaient déjà ! Les autres vestiges sont moins « festifs », puisqu'il s'agit de tumuli funéraires ou des pierres dressées, dont le sens demeure, aujourd'hui encore, un mystère.

DU VIᴱ AU IIIᴱ SIÈCLE AV. J.-C

Les Pictes : d'irréductibles guerriers face aux Romains

L'Écosse a connu des vagues successives d'envahisseurs qui en ont fait une mosaïque de peuples tour à tour rivaux ou alliés. Du VIᵉ au IIIᵉ siècle av. J.-C., les Celtes s'y installent. Quelques noms de lieux se font les témoins de leur migration passée : *dun*, qui signifie « forteresse », est ainsi un toponyme fréquent. La plus ancienne civilisation écossaise connue est celle des Pictes. Occupant le nord du pays, ils furent au cœur de la résistance contre les Romains. À partir du Iᵉʳ siècle de notre ère, ces derniers tentent de s'implanter en Écosse, mais les trois quarts du territoire leur échappent.

79 AP. J.-C

Le conquérant Agricola s'empare du sud. Une première mention historique est faite du pays par Tacite sous le nom de Caledonia.

122 - 410

Le mur d'Hadrien

En 122, une fortification allant de la Tyne au golfe de Solway, dite « mur d'Hadrien », est construite pour contenir les Pictes. Vingt ans plus tard, sous Antonin, un nouveau mur est construit plus au nord, entre le Firth of Forth à la Clyde. Toutefois, l'Empire ne parvint pas à dominer la population et, vers 410, il abandonne l'Écosse en laissant peu de traces de son passage.

Vᴱ-VIᴱ SIÈCLES

Non pas un, mais 4 peuples... bientôt unifiés

Pendant plusieurs siècles, il n'y a pas un peuple écossais, mais des peuples écossais. Les Pictes ne sont pas les seuls à occuper l'Écosse. Au cours des Vᵉ et VIᵉ siècles, les Scots s'installent dans les territoires de l'ouest, entre l'embouchure de la Clyde et le Great Glen, et fondent le royaume de Dalriada. Venus d'Irlande du Nord, ils ont longtemps conservé une communauté de culture avec leur terre d'origine, à commencer par leur langue, le gaélique. Leurs voisins, les Brittons, vivent au sud de la Clyde et du Firth of Forth et s'étendent jusqu'à l'Angleterre et au pays de Galles. Quant aux Angles, venus du Danemark et d'Allemagne, ils s'établissent sur la partie est du pays. Contrairement aux Scots et aux Brittons, ils ne sont pas celtes, mais germains.

La première unification de l'Écosse est l'œuvre des missionnaires chrétiens. Ninian, au VIᵉ siècle, fait l'une des premières tentatives d'évangélisation, suivi par le redoutable Brandon, puis saint Columba qui s'établit en 563-565 sur l'île d'Iona avec douze compagnons. Il y fonde un monastère très influent.

© GANNET77 - ISTOCKPHOTO.COM

Le mur d'Hadrien.

DÉCOUVRIR

VIIIE - XIE SIÈCLES

Vikings : de l'invasion à la création d'un royaume

Au VIIIe siècle, à défaut d'un équilibre politique, l'harmonie religieuse règne, mais de nouveaux envahisseurs arrivent de Norvège : les Vikings. Ils occupent progressivement les terres du nord et du nord-ouest et montrent une grande violence envers les populations celtiques et germaniques.

En 843, sans doute pour mieux s'opposer aux raids vikings, le roi des Scots Kenneth MacAlpin réussit à unir Pictes et Scots au sein d'un même royaume : Alba. Il deviendra plus tard l'Écosse. Peu à peu, les Pictes disparaissent, probablement absorbés par les Scots. Les Angles, quant à eux, ne s'intègrent qu'au début du XIe siècle, sous le règne de Malcolm II, membre de la dynastie des Canmore et descendant de Kenneth MacAlpin.

Les Vikings dominent encore les îles et poursuivent leurs incursions jusqu'au XIIe siècle. En 1098, les Hébrides et Kyntire sont cédés à la Norvège.

1040 - 1057

En 1040, Duncan, petit-fils de Malcolm II, est assassiné par un dénommé Macbeth. Ce dernier ne fut pas le mauvais souverain décrit par Shakespeare. Les chroniqueurs de l'époque en donnent au contraire l'image d'un homme pieux et libéral, protecteur des faibles et des pauvres.

En 1057, Malcolm III, fils de Duncan, venge son père et s'empare de la couronne. Sous son règne, l'Écosse est consolidée et l'unité religieuse achevée. David Ier (1124-1153), troisième fils de Malcolm, s'emploie à restructurer l'Église et met en place un système féodal, comparable à celui qui domine déjà en France ou en Angleterre. Il crée les villes d'alors : les *burghs* et favorise le commerce.

1266

Le roi Alexandre III chasse définitivement les Scandinaves et se réapproprie les Hébrides par le traité de Perth.

1286 - 1292

Il est toujours mauvais de négocier en position de faiblesse

Après la mort d'Alexandre III (1286) et celle de sa petite-fille Margaret (1290), le pays compte 13 rivaux à la succession pour le trône. Les supporters des deux principaux candidats, Robert the Bruce et John Balliol, craignent la guerre civile. Ils demandent la médiation du roi anglais Édouard Ier. Celui-ci y voit l'occasion d'envahir l'Écosse et accepte leur demande. Lorsqu'il arrive en 1291 pour entamer les négociations, il est accompagné de son armée et exerce une forte pression sur les prétendants au trône. Il demande à être nommé Lord Paramount of Scotland (équivalent de seigneur suzerain), ce qui est accepté, le pays étant trop faible pour s'y opposer. Il joue alors de ce nouveau titre pour que tous les châteaux écossais, y compris celui d'Édimbourg, soient placés sous son autorité et que l'ensemble du peuple lui prête allégeance.

13 rencontres sont organisées de mai à août 1291. Robert the Bruce et John Balliol font tous deux valoir leurs arguments et leur crédibilité. Les différents arbitres nommés ne pouvant parvenir à une entente, Édouard affirme qu'il est en son pouvoir de Lord Paramount de trancher et fait couronner John Balliol à Newcastle, en novembre 1292. Il le considère alors comme son vassal et lui réclame rapidement des troupes pour envahir la France.

Du refus d'envahir la France à l'indépendance

Il n'est pas question pour John Balliol de contribuer à envahir la France. Il décide de défier l'Angleterre en s'alliant secrètement avec Philippe IV de France : c'est la *Auld Alliance*. Londres apprend la trahison fin 1295 et envahit son voisin du nord l'année suivante. Balliol abdique et la résistance s'organise. C'est à cette époque que s'illustrent des héros comme William Wallace, nommé gardien de l'Écosse en 1298, puis exécuté à Londres en 1305, ou Robert the Bruce, finalement roi en 1306. C'est lui qui clôt le premier volet des hostilités en envahissant le nord de l'Angleterre.

DE 1293 À 1357

Quand il meurt en 1329, son fils, le roi David II, n'est qu'un enfant et le conflit de succession entre les Bruce et les Balliol reprend de plus belle. Le prétendant Édouard Balliol, aidé par le roi anglais d'alors, Édouard III, déclenche la seconde guerre d'indépendance. David se réfugie en France et ses soutiens continuent le combat en Écosse. En 1341, il revient chez lui. En 1346, quand il mène des raids pour soutenir ses alliés français, il est capturé et envoyé à la tour de Londres pendant 11 ans. Il n'est relâché qu'en 1357, en vertu du Traité de Berwick qui met fin aux guerres d'indépendance et impose à l'Écosse de verser d'importantes sommes à Londres.

Statue de William Wallace à Dryburgh.

Des rois, des reines, la Réforme et l'Union des deux couronnes

DU XVᴱ SIÈCLE À LA FIN DU XVIᴱ SIÈCLE

Au XVe siècle, Édimbourg, grâce à la création du Palais de Holyrood par James IV, qui s'y installe définitivement avec sa cour, devient la capitale du pays.

Mary Stuart, dite Mary Queen of Scots, devient reine d'Écosse en 1542, à la mort de son père, James V. Son règne est bref et tourmenté, sa foi catholique la rendant impopulaire en pleine Réforme. John Knox, l'illustre prédicateur protestant, monte la population contre elle, si bien qu'elle est incarcérée en 1567 et doit abdiquer. Elle s'enfuit au sud de la frontière, où elle espère trouver refuge auprès de sa cousine, la reine Elizabeth Ire, mais connaît un destin tragique.

Son fils, James VI, lui succède au trône écossais, avant de se retrouver aussi souverain d'Angleterre en 1603, quand la dynastie des Tudor s'éteint. C'est l'Union des deux couronnes. Il déplace alors sa cour à Londres, mais promet de revenir tous les trois ans, ce qu'il ne fera pourtant qu'une fois, en 1617. Malgré ce royaume commun, l'Écosse garde beaucoup d'autonomie grâce à son parlement.

1542-1587

Mary Queen of Scots

© CHRISDORNEY - ISTOCKPHOTO.COM

Mary Queen of Scots est l'une des figures historiques les plus populaires et les plus connues d'Écosse. Sa vie est digne des plus grandes tragédies. Sa venue au monde est marquée par la mort, puisqu'une semaine avant qu'elle ne voie le jour, en 1542, son père décédait. Ses épousailles posent vite problème. Alors qu'elle était promise au fils du roi anglais Henri VIII, l'accord est mis en doute par les Écossais, ce qui vexe le roi, qui fait éclater une guerre entre les deux pays. Mary est alors envoyée en France en 1548 pour devenir l'épouse du jeune prince français. En 1561, celui-ci décède et Mary est renvoyée en Écosse. C'est le moment de la Réforme et de ses conflits entre protestants et catholiques. On pense alors à marier Mary à un protestant pour stabiliser le pays : Lord Darnley, ou Henry. Le mariage n'est pas heureux, au point que Henry, jaloux du secrétaire particulier de sa femme, Riccio, le fait assassiner devant elle. Ils ont un fils ensemble, le futur roi James VI. Après la mort suspecte de son époux, Mary épouse James Hepburn, le comte de Bothwell. Leur liaison n'est pas appréciée des Lords of Congregation, et là voilà emprisonnée au château de Leven en 1568, où elle accouche de jumeaux morts nés. Son mari, lui, s'enfuit à Dunbar et ne la reverra plus. Elle quitte sa prison en mai 1568, rassemble une petite armée, mais est vaincue par les protestants. Elle rejoint l'Angleterre où, pendant 19 années, elle est emprisonnée de château en château. Elle sera finalement exécutée en 1587 au château de Fotheringhay. Même morte, elle ne sera pas laissée en paix. Enterrée dans la cathédrale de Peterborough, elle est exhumée en 1612 pour être ré-enterrée à l'abbaye de Westminster.

XVIIe SIÈCLE

Entre révolutions et guerres religieuses

Au XVIIe siècle, le pays est frappé par d'importants troubles religieux, pendant lesquels les Covenantaires s'opposent à l'imposition du culte anglican par Londres. Connus sous le nom de Bishops' War (guerre des évêques), ils s'inscrivent dans une période de crise plus longue : la guerre des Trois Royaumes (1639-1651). Le roi anglais Charles Ier veut en effet imposer ses vues religieuses et politiques aux trois nations de sa couronne : l'Angleterre, l'Écosse et l'Irlande. En 1642, la guerre civile éclate et il est exécuté en 1649. L'Écosse se prononce pour la restauration de son fils, Charles II, qui promet l'indépendance religieuse. Oliver Cromwell et ses troupes réagissent en assiégeant Édimbourg et prennent le château avant d'envahir le reste du pays. Il faut attendre sa mort, en 1658, pour que le Commonwealth qu'il a instauré s'effondre et que Charles II arrive au pouvoir, en 1660.

1688-1689

La Glorious Revolution qui suit de 1688 à 1689 n'épargne pas l'Écosse. Le roi anglais James II, qui a succédé à son frère Charles II, est un catholique impopulaire. Son gendre, Guillaume III d'Orange, époux de la princesse Mary, est appelé à l'aide par les protestants inquiets, alors que Louis XIV a révoqué l'Édit de Nantes de l'autre côté de la Manche. Il débarque avec ses troupes et force Charles II à fuir en France. Guillaume et Mary en profitent pour monter sur le trône, en contrepartie de quoi ils signent le Bill of Rights (1689) qui stipule notamment qu'aucun catholique ne pourra plus porter la couronne. Seulement, James II avait de nombreux alliés catholiques dans les Highlands, et ils ont très mal perçu ce renversement. Appelés les Jacobites (du latin *Jacobus*, pour James), ces opposants se soulèvent dès 1689 derrière James Graham. Ils sont écrasés en mai 1690.

Fin de l'indépendance et seconde révolte jacobite

1745-1746

Quelque temps plus tard, le sentiment nationaliste reste si fort qu'il donne naissance à une seconde révolution jacobite. En 1743, la France et l'Angleterre entament une nouvelle guerre sur la succession de l'Autriche. Charles Édouard Stuart, entré dans l'Histoire sous le nom de Bonnie Prince Charlie – petit-fils du roi James II, il vit en exil à Rome, où il est né –, entend bien récupérer les trônes d'Écosse et d'Angleterre pour sa famille, la maison Stuart. Louis XV lui assure son soutien et débarque le 4 août 1745 à Eriskay, dans les Hébrides Extérieures. Les clans des Highlands sont d'abord méfiants, car il n'a ni troupe ni munition, mais il parvient à soulever 3 000 hommes à Glenfinnan. Il marche ensuite vers le sud, où seulement 4 000 soldats anglais sont présents, tandis que le pays affronte la France. Les jacobites s'emparent de Perth, puis d'Édimbourg, sans parvenir à prendre le château. James Stuart, le père de Bonnie Prince Charlie, devient alors le roi James VIII d'Écosse. Cependant, il est toujours en exil en Italie, et son fils assure la régence avec sa cour au Palais de Holyrood. Il y reste quelques semaines avant de se diriger en Angleterre, fort de 6 000 hommes. Ils arrivent à 200 kilomètres de Londres, mais son conseil de guerre force Charles à revenir en Écosse, où se rassemblent de plus en plus de partisans. Malgré quelques victoires, le mouvement s'épuise. Il est définitivement battu à la bataille de Culloden, près d'Inverness, en avril 1746. Charles s'enfuit alors en France travesti en femme. C'est la fin de ses ambitions.

© PAULCRAVEN - ISTOCKPHOTO.COM

Statue du Bonnie Prince Charlie.

Les Highland Clearances : la fin annoncée d'une culture

FIN DU XVIIIE SIÈCLE

La fin du XVIIIe siècle est marquée par une période de répression pour l'Écosse, au sortir du soulèvement jacobite. Des routes sont tracées et des ponts construits pour faciliter les déplacements des troupes ; les habitants des Highlands sont dépossédés de leurs armes ; l'usage de la langue gaélique, les kilts et la cornemuse sont interdits ; les paysans sont chassés de leurs terres par les propriétaires terriens qui entendent y implanter d'importants troupeaux de moutons. Cet épisode des Highlands Clearances a profondément marqué la culture nationale. L'esprit de clan succombe peu à peu ; certains chefs se laissent séduire par la vie mondaine à Londres.

Nombre d'Écossais émigrent en Amérique du Nord, en Australie ou en Nouvelle-Zélande. Il faut attendre 1886 et l'adoption du Crofters Act pour voir enfin la protection des petits fermiers et la fin de l'épuration des Highlands officiellement affirmée.

XVIIIe - XIXe SIÈCLES

Essor culturel, essor industriel et renouveau de l'identité nationale

La seconde moitié du XVIIIe siècle et le début du XIXe voit la montée en puissance d'Édimbourg. La ville joue un rôle fondamental dans la philosophie des Lumières. Elle assiste à l'émergence de grands esprits tels Adam Smith, David Hume ou Robert Burns. Symbole de cette contribution, l'encyclopédie *Britannica,* publiée en trois volumes entre 1768 et 1771, voit le jour à Édimbourg. Au XIXe siècle, ses écrivains de renom se succèdent : Walter Scott, Arthur Conan Doyle ou encore Robert Louis Stevenson. À la même époque sont construites la National Gallery (1857) et la National Portrait Gallery (1889).

Pendant cette période qui est aussi celle de la Révolution industrielle, Glasgow et la vallée de la Clyde deviennent la salle des machines de l'Empire britannique. Elles sont célèbres pour leurs aciéries, leurs usines sidérurgiques et, surtout, leurs chantiers de construction navale.

Sur le plan religieux, le pays continue de revendiquer son appartenance à l'Église presbytérienne, bien que celle-ci soit affaiblie en 1843 par la création d'une Église libre d'Écosse, la Free Church. La reine Victoria s'intéresse beaucoup aux affaires du nord de son royaume et y fait même construire sa résidence d'été : Balmoral Castle. Elle joue un rôle important dans le renouveau de l'identité nationale écossaise qui voit le jour vers la fin du XIXe siècle et aboutit à la création d'une « Association nationale pour la revendication des droits de l'Écosse » (1853), puis à la nomination d'un ministre spécial portant le titre de secrétaire pour l'Écosse (1885).

1934 - 1967

En 1934, le Parti national écossais – Scottish National Party (SNP) – est créé par John MacCormick. En 1939, le Scotland Office est installé à Londres. Le 2 novembre 1967, il effectue une percée spectaculaire lors d'une élection partielle, ce qui met sur le devant de la scène la question de l'indépendance.

1973

Une décentralisation administrative en faveur de l'Écosse est obtenue.

LES ANNÉES 1990

En 1991, 20 % des Écossais se disaient favorables à leur indépendance lors d'un référendum. Puis en 1997, 74,3 % des Écossais approuvent la dévolution (décentralisation du pouvoir exécutif) lors du référendum organisé par Tony Blair. À la suite de cet événement, l'Écosse devient région semi-autonome en 1998. En 1999, elle a son propre Parlement : le Parlement régional d'Édimbourg. Il dispose de nombreuses compétences : éducation, santé, justice et environnement. L'édifice actuel est inauguré en 2004.

2005 - 2007

En 2005, le Parlement écossais adopte une loi sur la langue gaélique, afin qu'elle soit reconnue dans les domaines de la radiodiffusion, des arts et de l'éducation. Le 16 mai 2007, pour la première fois, est élu un Premier ministre indépendantiste. Il s'agit d'Alex Salmond, chef du SNP. L'idée de l'indépendance est relancée.

2014- 2016

Un référendum pour l'indépendance est organisé en 2014, mais le non l'emporte avec 55,4 % des voix. Le débat est relancé avec le Brexit, car, alors que le Royaume-Uni vote pour sortir de l'Union européenne en 2016 (52 % des voix), l'Écosse, quant à elle, vote à 62 % pour un maintien.

Nicola Sturgeon, la Première ministre actuelle, est élue le 17 mai 2016. Elle est la première femme à diriger le Parti national écossais. Bien qu'elle fut réélue en 2021, elle a annoncé sa démission le 15 février 2023.

La question de l'indépendance de l'Écosse, en désaccord avec le Brexit, est au cœur de tous les débats.

Aujourd'hui encore, l'Écosse oscille entre désirs d'indépendance et lien ténu avec l'Angleterre. Elle a renoué avec ses traditions et sa culture propre. Elle garde aussi quelques prérogatives puisqu'elle gère de manière indépendante plusieurs secteurs : justice, santé, éducation et formation, tourisme, développement économique. Elle a aussi son propre parlement et son système de justice.

2019-2023

© GEORGECLERK - ISTOCKPHOTO.COM

2022

Mort de la reine et démission de Nicola Sturgeon

Le 8 septembre 2022, le pays est en deuil, la reine Elizabeth meurt à l'âge de 96 ans dans sa résidence écossaise : Balmoral Castle. Avec soixante-dix ans de règne, il s'agit du plus long de l'histoire britannique ! Elle était également le plus vieux monarque du monde. C'est son fils Charles III qui est devenu le roi d'Angleterre. Il sera officiellement couronné le 6 mai 2023 à Londres.

Démission surprenante de la Première ministre Nicola Sturgeon qui était la figure de la cause indépendantiste. Elle a été réélue en mai 2021 sur la promesse d'un nouveau vote en faveur de l'indépendance, mais elle se trouvait dans une impasse politique. Selon un sondage, le soutien à l'indépendance était moins de 50 %. Un chiffre trop aléatoire en cas de référendum. Sa popularité en avait aussi pris un coup, ce qui l'amena à démissionner. Humza Yussaf est officiellement nommé premier ministre le 29 mars 2023, devenant ainsi le plus jeune et le premier écossais musulman à occuper ce poste.

6 MAI 2023

Couronnement de Charles III et de Camilla Parker Bowles

Le roi Charles III est couronné, mais dans une certaine indifférence des Écossais, qui n'ont pas été nombreux à regarder le couronnement. La Stone of Destiny, un artefact ancien et symbole historique de la monarchie écossaise, a été empruntée au Edinburgh Castle pour cet événement.

TOP 10

SITE NATUREL

Votre voyage en Écosse pourra aussi se faire voyage dans le temps. Le patrimoine historique écossais est d'une extraordinaire richesse et il n'y aurait pas assez d'une vie pour tout découvrir. Cette liste, évidemment partielle et partiale, vous invite à quelques découvertes de sites emblématiques !

CATHÉDRALE ST-ANDREWS

Il n'en reste que des vestiges, mais elle était la plus grande cathédrale d'Écosse.

© NONIMATGE - ISTOCKPHOTO.COM

SKAE BRAE

Ces vestiges d'un village préhistorique (5 000 ans) sont parmi les mieux préservés en Europe.

© HMPROUDLOVE - ISTOCKPHOTO.COM

IONA ABBEY

Un des sites les plus sacrés d'Écosse, fondé par saint Columba et ses disciples en 563.

© GANNET77 - ISTOCKPHOTO.COM

FALKLAND PALACE

Ce palais était l'un des lieux de villégiature de Marie Stuart. Admirez sa chapelle royale et ses jardins.

© PIETROWSKY - SHUTTERSTOCK.COM

KILMARTIN GLEN

Les alentours de Kilmartin détiennent quelque 350 monuments antiques, dont 150 préhistoriques.

© FRANKCORNFIELD - ISTOCKPHOTO.COM

STIRLING CASTLE

Un des sites historiques les plus importants. Ne manquez pas le William Wallace Monument.

© GREEN308 - ISTOCKPHOTO.COM

CULLODEN

Son centre d'accueil interactif retrace l'histoire de la bataille sans doute la plus sanglante d'Écosse.

© MARINA HANNUS - SHUTTERSTOCK.COM

MUR D'ANTONIN

Ces fortifications de pierre, d'une hauteur de 3 à 4 m, sont les vestiges de l'invasion romaine.

© ALANFIN - ISTOCKPHOTO.COM

EDINBURGH CASTLE

Il accueille notamment le musée de la Guerre d'Écosse. Prolongez la visite avec le Palais Holyrood.

© BMPIX - ISTOCKPHOTO.COM

CULROSS

Ce village du XVIIe siècle, avec son palais ocre, son musée de la Vie portuaire est un bijou.

© HEATHER RAULERSON - SHUTTERSTOCK.COM

LES ENJEUX ACTUELS

L'appartenance de l'Écosse au Royaume-Uni la place en 6e position des puissances économiques mondiales. Toutefois, le PIB et les conditions économiques du pays sont en deçà des statistiques constatées en Angleterre. L'Écosse, plus pauvre, se relève difficilement des différentes crises qu'elle a subies. Elle a su se diversifier et puiser de nouvelles ressources, mieux adaptées au monde moderne : pétrole, nouvelles technologies. Elle a également su faire de sa nature, en plus d'une richesse agricole, une richesse touristique. Elle est aussi, actuellement et historiquement, en proie à une question politique particulièrement vivace avec le Brexit. Depuis octobre 2021, les Français doivent demander un visa spécifique pour travailler et vivre en Grande-Bretagne. L'année 2022 a également été marquée par la mort de la reine Elizabeth le 8 septembre. Une reine tant aimée par son peuple laissant pays en deuil.

Des entrailles de la terre à l'informatique et au service

Traditionnellement, l'Écosse bénéficiait de deux ressources principales : d'une part, l'agriculture fondée sur l'élevage et la pêche en haute mer et, d'autre part, l'industrie lourde avec l'extraction massive de ressources minières. Après la révolution industrielle, construction navale, exploitation minière et sidérurgie portaient tous les espoirs du pays… jusque dans les années 1970 où cette industrie a périclité. Elle a disparu au bénéfice de l'industrie pétrolière, née et développée grâce à la découverte de gisements de pétrole dans la mer du Nord. Beaucoup de mines de charbon et d'acier ont fermé, mais les parcs éoliens ont pris le relais. Qui plus est, l'État a joué un rôle important en soutenant la transition de l'industrie lourde vers une industrie dite légère grâce à une politique d'aide soutenue jusqu'en 1976.

Depuis les années 1980, une « Silicon glen » (équivalent écossais de la « Silicon Valley ») s'est développée : beaucoup d'entreprises technologiques se sont installées entre Glasgow et Édimbourg. Elles exercent dans les secteurs des systèmes d'informations, de la défense, mais aussi du design électronique. Ce secteur emploie quelque 50 000 personnes pour environ 460 sociétés, ce qui représente 12 % de la production industrielle. La « Silicon glen » regroupe de nombreuses start-ups ainsi que les plus grandes entreprises informatiques mondiales, comme IBM, Microsoft, Oracle, HP, ou Adobe, qui s'appuient sur la proximité d'universités comme celle de Glasgow, pour recruter des ingénieurs ou de la main-d'œuvre.

À côté de cela, les banques, les compagnies d'assurances, les télécommunications, le bâtiment, les médias, le commerce et les loisirs ont fait progresser l'activité économique du pays tandis que le secteur manufacturier a crû plus légèrement. L'électronique, la finance et les industries de services continuent de remplacer les industries lourdes. Quant aux exportations de produits manufacturés (principalement électriques et mécaniques), elles sont en pleine croissance. En excluant les échanges intra-Royaume-Uni, les États-Unis et l'Union européenne constituent les principaux marchés pour les exportations de l'Écosse.

La croissance économique du pays, liée au redressement de la consommation, à la baisse des prix au détail et à l'augmentation du revenu des ménages, demeure toutefois inégalement répartie selon les régions. Un écart se creuse avec les régions du nord, bastion des industries traditionnelles, en crise, en opposition avec le sud, lieu d'activité de services, mais aussi de la recherche et du développement.

L'Écosse a des gisements de pétrole parmi les plus importants d'Europe !

Alors que ces dernières années la production de pétrole était en déclin, l'Écosse connaît une recrudescence de l'exploitation pétrolière dans la mer du Nord, notamment dans des zones qui étaient considérées comme non rentables jusqu'à présent. Aberdeen est, depuis les années 1970, une plaque tournante de l'industrie pétrolière écossaise. Elle est même considérée comme la capitale européenne du pétrole ! Vous verrez, au large de ses côtes et depuis de nombreux points de vue donnant sur la mer du Nord, jusqu'à Inverness et au-delà, des plates-formes offshore. Entre la nature sauvage et ces monstres d'acier s'installe une étrange alchimie esthétique, vous plongeant dans des tableaux uchroniques et fantastiques… Selon des estimations officielles, les réserves exploitables britanniques en mer du Nord représentaient un potentiel d'environ 7,8 milliards de barils de pétrole et 4,2 milliards de barils équivalents-pétrole (*boe*) de gaz. Des gisements de gaz avaient encore été découverts fin 2018 au large des îles Shetland et le groupe Total a démarré un nouveau projet gazier en juin 2019 sur le site de Culzean.

© BMLPICTURES - ISTOCKPHOTO.COM

L'Écosse avait voté contre le Brexit.

Des ressources naturelles exploitées et revalorisées grâce au tourisme

Les Lowlands, région de petites plaines et de collines, possèdent les terres les plus fertiles de l'Écosse, propices aux cultures céréalières et fruitières ainsi qu'à l'élevage bovin. C'est également dans les Lowlands, de Gervon à Dunbar, que s'exerçait jusqu'ici la quasi-totalité de l'activité industrielle (métallurgie, fonderies, chantiers navals, industrie chimique), notamment autour de Glasgow, dans l'estuaire de la Clyde et, à l'est, dans la région de Dundee, avec ses confitureries où est produite la fameuse marmelade d'orange.

Les Highlands ont une économie encore principalement rurale et pastorale : élevage ovin alimentant l'industrie lainière des Cheviot de la vallée de la Tweed et des îles Shetland, sylviculture, chasse et pêche. Le poisson, le gibier et les crustacés écossais représentent les deux tiers des ressources de la Grande-Bretagne.

De par leur caractère rural, les Highlands sont devenus la région la plus touristique : épargnées par les mutations industrielles et la pollution, elles ont gardé intactes la beauté de ses paysages et ses traditions.

Le secteur touristique n'est pas à négliger puisqu'il représente 4,5 % de l'économie écossaise. Il emploie 217 000 personnes pour plus de 14 millions de visiteurs annuels. La plupart des touristes proviennent de Grande-Bretagne : environ 11,51 millions, contre 2,75 millions pour les étrangers. Ces derniers sont en majorité américains, allemands, français, canadiens, polonais et australiens.

Le système politique écossais en quelques mots

Longtemps en conflit avec l'Angleterre, l'Écosse a construit progressivement son autonomie. Elle est indépendante jusqu'en 1707, date à laquelle elle entre dans l'Acte d'Union. De nos jours, le pays possède un système éducatif et un gouvernement propres, ainsi qu'une politique de santé autonome. La culture et le nationalisme écossais demeurent profondément enracinés dans la conscience populaire, comme en témoigne la prépondérance des nationalistes du SNP sur la scène politique.

Le siège du Parlement est établi près du palais de Holyroodhouse, à Édimbourg. Le Parlement de Londres conserve cependant le contrôle de la Défense, des Affaires étrangères, du Budget des politiques fiscales et économiques. Les principaux partis politiques sont les mêmes que pour le reste du Royaume-Uni : conservateurs, travaillistes, libéraux démocrates, Verts et quelques partis minoritaires. La formation majoritaire est cependant celle du Scottish National Party, dont le leader est Nicola Ferguson Sturgeon.

De l'économie à la politique, du Brexit à l'indépendance...

La question de l'indépendance de l'Écosse reste un sujet prégnant. Un référendum tenu en 2014 avait obtenu une réponse défavorable à 53,3 % des suffrages, soit une relative minorité 46,7 % de partisans de l'indépendance. Ce *statu quo* a alors été imputé au souhait de conserver des liens forts, du point de vue social et économique. La question se repose depuis 2018 avec le débat généré par le Brexit. En août 2018, de nouveaux sondages estimaient les indépendantistes à 49 % de la population. Il faut dire qu'au moment du vote pour le maintien ou non dans l'Union européenne le 23 juin 2016, les Écossais avaient voté à 62 % pour le maintien, alors que les Anglais, eux, ne s'étaient exprimés qu'à 48 % contre. Une loi votée le 29 mai 2019 a relancé le débat sur l'indépendance, puisqu'un nouveau vote devrait être organisé en 2021, à la lumière du bouleversement politique que représente la sortie de l'Union européenne. Fin juin 2019, les lignes avaient encore bougé, puisqu'un sondage révélait, à la suite de la nomination de Boris Johnson, particulièrement controversé en Écosse, une augmentation substantielle des voies en faveur de l'indépendance écossaise, passant à 53 % pour.

Des hypothèses suggèrent une sécession de l'Écosse avec le Royaume-Uni et, le Brexit passé, une candidature pour réintégrer l'Union européenne ; d'autres soulignent que le précédent créerait des risques de rébellion en Irlande du Nord qui, elle aussi, avait refusé la sortie. La question est posée, en novembre 2019, d'un nouveau référendum en Écosse, l'ancienne Première ministre, Nicola Sturgeon, déclarant être déterminée à « mettre l'avenir de l'Écosse dans les mains de l'Écosse » et refuser fermement un retrait de son pays de l'UE contre sa volonté. Nicola Sturgeon a ensuite démissionné début 2023 pour des raisons personnelles. Les pages « Brexit » et « indépendance » sont donc bien loin d'être fermées. En 2021, 50 % des Écossais seraient en faveur d'un référendum.

ARCHITECTURE

Enveloppée par les brumes du Nord, l'Écosse possède une aura mystérieuse. Ici, chaque pierre se fait l'écho d'un passé légendaire qui remonte à la Préhistoire et à ses étonnantes constructions. Romains et Vikings y ont également laissé leur empreinte, avant de céder la place aux Normands, grands bâtisseurs d'abbayes et châteaux… qui révèlent aussi la puissance des clans. Mais l'Écosse sait se faire plus douce avec ses élégantes lignes classiques et néoclassiques. Son cœur industriel abrite, lui, des prouesses d'ingénierie, de nouvelles formes urbaines et des trésors néogothiques. Sa traversée du XXe siècle a commencé avec le génial Charles Rennie Mackintosh, s'est poursuivie avec le modernisme et le brutalisme, et s'est terminée par l'arrivée de starchitects dont la vitalité créatrice continue aujourd'hui encore de la transformer. Et n'oublions pas son architecture vernaculaire… Alors embarquez sans plus tarder pour un voyage légendaire!

Aux origines

Entre les géants de pierre mégalithiques et les premières traces d'habitat sédentaire, les vestiges néolithiques vont vous faire remonter le temps. Dans les Orcades, ne manquez pas le site de **Maeshowe** (p.420) avec sa chambre funéraire à couloir et voûte à encorbellement; les Pierres de Stennes, l'un des plus anciens *henge* ou cercle de pierres dressées des îles britanniques; le Cromlech de Brodgar, vaste anneau de 103 m de diamètre dont on peut encore observer 27 des 60 pierres levées originelles ; et bien sûr le site de **Skara Brae** (p.421) avec ses maisons semi-enterrées à l'étonnant mobilier de pierre. À l'âge du bronze, l'Écosse voit se multiplier cairns, collines fortifiées – comme à Eildon Hill dans les Scottish Borders – et *crannogs*. Ces derniers sont des îles artificielles ou plateformes en bois construites sur une base de pieux de chêne disposés en cercle et joints par un système de clayonnage, l'ensemble étant ensuite fortifié par l'ajout de pierre, tourbe et bois. Au centre de la plateforme se trouve une habitation en bois avec un foyer en pierre. Une très belle reconstitution est à voir au **Scottish Crannog Centre** (p.402) sur le Loch Tray. À l'âge du fer, l'habitat se complexifie encore avec l'apparition des Atlantic Roundhouses qui regroupent différents types d'habitat en pierre: les *brochs* – comme le Broch de Musa dans les Shetland –, hautes structures de pierre possédant une double épaisseur de murs abritant petites cellules et escaliers en spirale permettant d'accéder aux différents niveaux ; les *duns* désignant des bastions ou rotondes de pierre que l'on peut observer en nombre au Sud du Firth of Clyde et du Firth of Forth ; et les wheelhouses ou maisons-rondes dont le mur extérieur était garni de piliers de pierre supportant un toit en encorbellement de forme conique.

DÉCOUVRIR

« Cromlech » de Brodgar.

De l'ancienne Calédonie romaine, nous sont parvenus les vestiges des fameux *castrum*, dont les structures révèlent une grande maîtrise de la terre travaillée en fossés et enceintes défensives et du bois utilisé pour la construction de fortins. La série de fortifications de Gask Ridge constituerait la première frontière terrestre fortifiée de l'Empire romain. Elle a ensuite été suivie par le Mur d'Antonin révélant d'ingénieuses structures en tourbe. Malgré leur réputation, les Vikings n'ont pas laissé de vestiges défensifs ou militaires, mais de précieux témoins de leur habitat quotidien. Grand corps de ferme oblong, leur maison longue se caractérise par des murs incurvés évoquant la silhouette d'un drakkar renversé. Les matériaux de constructions sont la pierre, le bois et la tourbe, le sol étant souvent en parquet de bois flottant afin d'éviter l'humidité. Les maisons pouvaient être de plain-pied ou semi-enterrées. Les plus beaux exemples sont à voir dans les Shetland, sur les sites de Hamar, Underhoull et Belmont.

Les *shielings,* ou pâtures estivales, aux murs de pierre et aux toits de chaume ; les black-houses ou longères avec murs épais en pierre sèche et toits de chaume arrondis pour résister au vent ; les *cleits* ou cabanes en pierre sèche de l'île de Saint-Kilda ; ou bien les chalets et cottages des Highlands, symboles de l'architecture vernaculaire, sont les héritiers de cette histoire architecturale.

Effervescence médiévale

L'architecture médiévale est indissociable de la fièvre bâtisseuse des puissants Normands, célèbres pour leurs châteaux. Au départ simples tours en bois érigées sur des tumulus, alors baptisés mottes castrales, les châteaux vont ensuite se développer autour de ces tours originelles et se transformer en édifices imprenables protégés par de puissants murs d'enceinte et de tours défensives aux silhouettes crénelées. Parmi les plus anciens châteaux d'Écosse, notons : le **château d'Édimbourg** (p.125), le **château de Dunnottar** (p.383), le château de Kildrummy et le **château de Tantallon** (p.161). Le long des Scottish Borders vous pourrez également voir des Bastle Houses ou fermes fortifiées que l'on reconnaît à leurs murs épais et à leurs petites ouvertures en fente. Les Peel Tower ou petits donjons fortifiés, comme le château de Stalker, sur l'île du Loch Laich, complètent ce tableau. Le Moyen Âge marque aussi la naissance des premiers villages ou *burghs*. Reliés à un château et le plus souvent protégés par une palissade, ces villages possèdent deux éléments phare : la Mercat Cross ou Croix du Marché qui, juchée sur une plateforme de pierre, se situe à la jonction des rues principales du village ; et le Tollbooth ou péage. Les cœurs historiques des villes écossaises révèlent également un urbanisme fait de ruelles sinueuses et cours étroites partant de l'artère principale bordée de modestes maisons en chaume jouxtant les premières maisons bourgeoises en pierre et ardoise. À Édimbourg, High Street a également vu apparaître les premiers gratte-ciel du pays : les Lands, habitations pouvant atteindre 7 étages. Le Moyen Âge est également marqué par une effervescence religieuse, alimentée par la forte présence des ordres monastiques. Les églises de Leuchars et Dalmeny sont sans doute les plus belles représentantes du style roman normand aux proportions massives. Certaines églises vont même se doter de tours rondes, impressionnantes structures de moellons bruts puis de pierres taillées, servant tout à la fois de tour de guet et de clocher. Parmi les plus célèbres exemples, notons la cathédrale de Dunblane et ses tours carrées, et la tour de Saint-Régulus à Saint-Andrews. Mais le roman normand peut aussi se faire plus décoratif avec le développement de motifs

Cathédrale Saint-Magnus à Kirkwall.

© MOUNTAINTREKS - SHUTTERSTOCK.COM

« Folly » en forme d'ananas au parc Dunmore, au nord d'Airth, près de Falkirk.

géométriques habillant la structure, comme dans la magnifique **cathédrale Saint-Magnus** (p.417) de Kirkwall, surnommée « Lumière du Nord », dont on admire le jeu de polychromie en façade avec l'alternance en damier des grès rouge et jaune. Puis progressivement, le roman va céder la place au gothique et à ses voûtes en ogive permettant plus de hauteur et de légèreté, comme dans la cathédrale d'Elgin et dans la cathédrale Saint-Mungo de Glasgow. Ne manquez pas non plus les ruines des grandes abbayes qui présentent un très beau mélange d'éléments romans et gothiques, à l'image de l'abbaye de Melrose et de l'abbaye de Kelso. Les châteaux aussi évoluent, ou plutôt s'adaptent au développement de l'artillerie qui nécessite une modification des fortifications. Les massifs châteaux normands vont progressivement faire place à des forteresses, dites à l'italienne, suivant généralement un plan polygonal et dotées de bastions. Ne manquez pas les fortifications d'Ayr, Perth et Leith ou bien encore les châteaux de Craignethan et Rothesay.

Élégance classique

Le XVIe siècle est une période faste pour les châteaux qui se transforment en véritables palais royaux mêlant avec élégance attributs gothiques et défensifs et harmonie Renaissance. C'est particulièrement le cas au château de Stirling, l'un des plus grands d'Écosse, dont il faut absolument visiter le Grand Hall avec ses superbes fenêtres à encorbellement, et sa chapelle royale. Le XVIIe siècle sera, lui, celui du triomphe des lignes classiques et de l'architecte William Bruce qui introduit en Écosse l'harmonie et les proportions du palladianisme. Maître des travaux de la couronne d'Écosse, Bruce travaille à la restauration de nombreuses demeures royales, à l'image du **palais de Holyrood** (p.126). Il va également participer à la construction de nombreuses grandes demeures de campagnes que l'on reconnaît à leurs superbes jardins et terrasses à l'italienne. **Thirlestane Castle** (p.170) en est un bel exemple. C'est également lui qui démarre les travaux de Hopetoun House, mais les éléments palladiens de cette dernière vont vite être agrémentés d'étonnants éléments baroques puis néoclassiques que l'on doit à la famille Adam, célèbre pour mêler les influences étrusques, byzantines ou baroques aux lignes les plus classiques. À Édimbourg, on doit à Robert Adam la General Register House ou le grand bâtiment de l'Université et à John Adam, le Royal Exchange. Le XVIIIe siècle est aussi celui du renouveau urbanistique. James Craig dessine une nouvelle extension pour Édimbourg. La New Town suit un plan géométrique et symétrique où de larges avenues, dont la célèbre Prince Street, se coupent à angle droit créant des rectangles et carrés accueillant îlots d'habitation, espaces verts et grandes places dont la très belle Charlotte Square, œuvre du même Robert Adam. Les grandes rues sont bordées d'édifices néoclassiques symboles de prospérité avec leurs colonnes, dômes et frontons. Édimbourg a servi d'exemples à la rénovation de nombreuses autres villes comme Inveraray et son château, tous deux imaginés par… la famille Adam !

Révolution industrielle

Dès la fin du XVIIIe siècle, la prospérité industrielle de l'Écosse s'accompagne de la création de villes nouvelles mêlant industrie et urbanisme. Le plus bel exemple est à voir à New Lanark. Témoin d'un véritable socialisme utopique, la ville avait réussi à combiner prospérité économique et amélioration des conditions de vie des travailleurs via des maisons individuelles avec jardins et des espaces communautaires dans un environnement propre et sain.

En matière stylistique, cette ère de prospérité économique s'accompagne d'un éclectisme typique de la période victorienne. Entre romantisme, développement de l'archéologie et redécouverte des mythes et légendes de l'Écosse, les styles les plus variés fleurissent. Les *folly* ou fabriques de jardins en sont les grandes représentantes. Alternant entre temples et colonnades classiques, pagodes chinoises et pyramides égyptiennes, dolmens et grottes, et chaumières et huttes de pierre, ces petites structures ornementales font leur petit effet ! Le style le plus apprécié à l'époque est le néogothique qui est alors rebaptisé Scottish Baronial Style. Les nouvelles demeures multiplient les fenêtres en forme de fer de lance, les tours et pignons de façades crénelés et porches aux motifs héraldiques. La plus célèbre des demeures de ce style est Abbotsford House réalisée pour le non moins célèbre Walter Scott. Le Scott Monument dans les jardins de Prince Street et le Monument de William Wallace à Stirling, immenses tours dominant le paysage, sont également très représentatifs de ce renouveau gothique.

Et n'oublions pas bien sûr le **château de Balmoral** (p.388) dont la silhouette de grès gris est un mélange de château germanique et de forteresse écossaise entièrement imaginé par la reine Victoria. C'est aussi l'époque des premiers grands musées, telle la Scottish National Portrait Gallery dont la structure s'inspire… du Palais des Doges de Venise ! Avec leurs imposantes silhouettes de briques rouges, les usines et brasseries de l'époque sont les grands châteaux de l'industrie, à l'image de la Caledonian Brewery d'Édimbourg dont on ne peut pas manquer l'imposante cheminée. Face à cet omniprésent néogothique, certains vont faire le choix de revenir aux lignes classiques. C'est le cas de William Henry Playfair à qui l'on doit à Édimbourg la **Scottish National Galler** (p.130)y, la Royal Scottish Academy et surtout le Monument National d'Écosse, copie du Parthénon, qui valut à la ville le surnom d'Athènes du Nord. Le XIXe siècle est aussi celui des ingénieurs, à commencer par Thomas Telford à qui l'on doit le Dean Bridge à Édimbourg, ou bien encore le pont de Craigellachie, étonnante structure en fonte d'une seule travée protégée par deux tours neogothiques à ses extrémités. Mais le plus célèbre des ponts d'Écosse est sans conteste le Forth Bridge, assemblage de deux ponts Cantilever, c'est-à-dire possédant des tabliers constitués de poutres en porte-à-faux, supporté par trois puissantes tours. Entrepôts et commerces jouent également avec les possibilités de la fonte, du fer forgé et du verre dans des structures mêlant prouesses industrielles et richesses décoratives, tout comme les gares, la Wemyss Bay Railway Station en tête.

Écosse contemporaine

Le début du XXe siècle est marqué par la personnalité de Charles Rennie Mackintosh, architecte et designer de génie, faisant dialoguer innovation et tradition dans des réalisations entre Arts and Crafts et Art nouveau qui ont sublimé Glasgow. Son édifice le plus célèbre est l'école des Beaux-Arts. De prime abord, elle passe pour extrêmement sobre et rationnelle, mais progressivement, elle dévoile des détails faits de courbes et d'encorbellement d'une grande finesse. Aujourd'hui, l'école est en cours de restauration, tout comme la très célèbre Hill House entièrement pensée pour s'adapter au quotidien de ses habitants et aujourd'hui protégée des intempéries par un étonnant abri pensé sur mesure. Parmi les plus célèbres créations du maître, ne manquez pas non plus les Willow Tea Rooms et leur mobilier imaginé par Mackintosh, la Maison pour un Amateur d'art et ses fenêtres possédant chacune un dessin unique, ou bien encore la Lighthouse, transformée en centre du Design et de l'Architecture. Après la Première Guerre mondiale, le modernisme fait son apparition sous les traits des créations de Thomas S. Tait, célèbre pour sa tour de l'Empire à Glasgow, imposante structure de 91m aux lignes géométriques Art déco. C'est également à lui que l'on doit St Andrew's House à Édimbourg dont vous pouvez observer les riches décors sculptés Art déco. Après la Seconde Guerre mondiale, on construit de nouveaux quartiers sur les ceintures vertes entourant les villes et l'on imagine des villes nouvelles fondées sur le sens de la communauté. Mais ces projets font la part belle au brutalisme et à ses imposantes structures de béton, et autres Tower Blocks, qui vont rapidement être décriés. La ville nouvelle de Cumbernauld est même surnommée la « ville lego » ! Face à ce modernisme sans âme, les années 1980 vont voir se développer un post-modernisme très bien représenté par le bâtiment de la Collection Burrell à Glasgow, imaginé par Barry Gasson qui a pris soin d'y intégrer des éléments anciens (portail roman, arcades Renaissance…). Une vision très personnelle que l'on retrouve dans les grandes créations contemporaines dont Norman Foster a lancé le coup d'envoi avec le Clyde Auditorium de Glasgow dont la structure incurvée et segmentée rappelle la carapace d'un tatoo ! En 2001, la ville se dote de la Glasgow Tower, l'une des plus grandes structures rotatives au monde. En 2004, Enric Miralles imagine le nouveau bâtiment du Parlement écossais à Édimbourg, tandis qu'en 2011, Zaha Hadid imagine le **Riverside Museum** (p.189) de Glasgow dont la forme évoque celle d'une vague. Les architectes et designers d'aujourd'hui se placent dans cette longue lignée de créateurs, avec leurs réalisations épurées, faisant la part belle aux matériaux naturels et locaux. La tradition toujours !

BEAUX-ARTS

Dès ses balbutiements, l'art pictural écossais s'est démarqué du reste du Royaume-Uni. Qu'ils soient originaires des étendues sauvages fouettées par les vents, de la majestueuse Édimbourg ou de la bouillonnante Glasgow, les artistes écossais ont la particularité de tracer leur route. Sans dédaigner les principaux courants européens, sculpteurs et peintres affirment un style particulier pour transmettre leur vision du monde. N'est-ce pas en Écosse que sont nés Mackintosh, le père de l'Art nouveau et l'acclamé Peter Doig ? Depuis les premiers portraitistes, la tradition se poursuit jusqu'à nos jours. Cet élan est soutenu par un réseau d'espaces culturels dynamiques qui s'étend jusqu'à Aberdeen et Dundee. Bien entendu, les grands musées officiels sont incontournables. Mais il est fortement recommandé de s'arrêter prendre un café dans l'un des lieux d'exposition alternatifs. Rien de tel pour prendre le pouls de la scène contemporaine !

Premiers temps

Dès la préhistoire, les régions du nord développent des caractéristiques distinctives. Les premiers témoignages écossais sont des œuvres sculptées du néolithique. Dans l'Aberdeenshire, des sphères en pierre gravées révèlent des motifs géométriques, spirales et lignes brisées.

À partir du VIIe siècle, un art chrétien se développe dans les monastères des Hébrides. Les premiers manuscrits enluminés seraient issus du monastère de Saint Columba (Iona). Le livre de Kells est le plus bel exemple de cette époque. La misère qui frappe le pays, associée au déclin du christianisme, freine les productions jusqu'à la Renaissance.

Les portraitistes

Le XVIe siècle connaît un lent renouveau. Les premiers peintres écossais qui commencent à se faire connaître le siècle suivant sont des portraitistes. George Jamesone, né à Aberdeen en 1587 base sa réputation sur ses portraits de personnalités locales. C'est sous l'impulsion de Charles Ier que Jamesone établit sa notoriété. En visite à Édimbourg en 1633, le roi l'invite à reproduire des portraits de tous les anciens rois d'Écosse. Il peint également des autoportraits et des paysages, toujours dans une palette sombre et neutre, avec un souci du réalisme.

John Michael Wright (1617-1694) se forme auprès de Jamesone. Artiste érudit, il effectue un long séjour à Rome. Considéré comme un chef de file, il est apprécié pour son trait réaliste. Comme son maître, il assoit sa réputation sur les portraits de dignitaires. Leurs œuvres font aujourd'hui partie des collections de la Scottish National Portrait Gallery, réservée aux plus beaux portraits du monde. La Scottish National Gallery (p.130) se consacre quant à elle aux artistes écossais.

Le romantisme écossais

Ce mouvement qui touche toute l'Europe apparaît en Écosse au tournant du XVIIIe et du XIXe siècle. Ici aussi, il valorise le sentiment. L'un des sujets de prédilection est le cycle ossianique. Les poèmes d'Ossian, barde écossais du IIIe siècle, traduits par James MacPherson font fureur en Europe. Le sentiment patriotique s'éveille, les Highlands révèlent leurs attraits. La nature sauvage est glorifiée dans des compositions dramatiques, telles que *Les Cascades du Clyde*, de Jacob More. Alexander Runciman (1736-1785) serait le premier artiste à avoir peint les paysages écossais.

L'influence du romantisme se manifeste jusqu'au début du XIXe à travers les œuvres de Henry Raeburn (1756-1823), Alexander Nasmyth et John Knox. Bien qu'il effectue toute sa carrière en Écosse, Raeburn est le premier artiste écossais d'envergure internationale. Ce portraitiste définit la spécificité écossaise en représentant des hommes en tartans sur fonds de montagnes écossaises. Né à Édimbourg, il effectue un voyage en Italie en 1786, tout comme Nasmyth. Ce dernier est connu pour avoir fondé la tradition du paysage écossais. Knox, également paysagiste a été le premier à peindre la campagne de Glasgow.

Glasgow Boys

Dès la fin du XIXe siècle, Glasgow domine la scène artistique, grâce à la Glasgow School of Arts, dont le plus célèbre élève est sans doute Charles Rennie Mackintosh, maître de l'Art nouveau.

Le groupe des Glasgow Boys s'oppose à l'académisme. Ces peintres actifs entre 1887 et 1895 sont influencés par les impressionnistes français et sont secondés par les coloristes écossais, dont les œuvres fortes s'inspirent du postimpressionnisme et du fauvisme français. On compte parmi les Glasgow Boys MacGregor, James Guthrie, John Lavery, George Henry et Edward Walton. En parallèle, les Glasgow Girls (Jessie Newbery, Anne Macbeth, les sœurs Margaret et Frances MacDonald) exposent des objets d'art décoratif, du design dans un style qui allie Art nouveau et des influences celtes.

Écoles modernes

Charles Rennie Mackintosh (1868-1928) influence tous les domaines de la créativité. Architecte, designer et aquarelliste issu du mouvement Arts and Craft, il est à la tête de l'Art Nouveau écossais. Son style épuré combine tradition et modernité. Outre la Glasgow School of Art, on peut admirer la House for an Art Lover de Glasgow, construite selon ses plans après sa disparition. Mackintosh affirmait que s'il avait du talent, sa femme avait quant à elle du génie. Charles travaillait en étroite collaboration avec Margaret. C'est elle qui apporte la touche florale qui adoucit le style rectiligne de Charles. Cela ressort clairement dans les vitraux et les peintures murales qu'il exécute sur commande. à la fin de sa vie, Mackintosh peint d'ailleurs des paysages et des études de fleurs qui enchevêtrent le style des deux époux

Les années 1920 voient émerger d'autres groupes tels que les Coloristes écossais. Il faut attendre la fin du XXe siècle pour que leur influence se ressente sur l'art contemporain. Certains coloristes exercent en France, dans la lignée de Monet, Matisse et Cézanne. Le chef de file, John Duncan Fergusson (1874-1961) effectue de fréquents séjours à Paris. Francis Cadell, Samuel Peploe et Leslie Hunter appartiennent également à ce courant.

L'école d'Édimbourg des années 1930 réunit William Gillies, William MacTaggart ou Anne Redpath autour d'une approche moderne du paysage écossais. Bien plus tard, d'autres artistes comme Alan Davie ou Edouardo Paolozzi se tournent vers l'abstraction.

Le peintre et sculpteur Eduardo Paolozzi (1924-2005) est le premier artiste écossais à acquérir une telle notoriété internationale. Son art préfigure la déferlante pop art. Il participe au pavillon britannique de la Biennale de Venise de 1952 qui voit s'imposer une génération de sculpteurs : Reg Butler, Lynn Chadwick et Kenneth Armitage. Des œuvres de Paolozzi ont rejoint les collections de la **Scottish National Gallery** (p.132) aux côtés du célèbre patineur de Raeburn, des *Trois Grâces* d'Antonio Canova ou de la *Vision après le sermon* de Gauguin.

Scène contemporaine

La génération née dans les années 1960 explose sur la scène internationale. Le plus connu, également le mieux coté sur le marché est sans doute le peintre figuratif Peter Doig. Influencé par les romantiques allemands, il peint de vastes paysages sauvages et mélancoliques. En 2016, sa toile montrant un tunnel arc en ciel au bord de l'autoroute s'est vendue à presque 13 millions d'euros.

Né en 1966, l'artiste vidéo Douglas Gordon vit et travaille à Glasgow. Sa démarche combine projections, photographies, installations et textes. Gordon aime s'approprier des images pour les mettre en scène dans des contextes inattendus. *Blind James* reprend un portrait en noir et blanc de l'acteur James Mason dont il découpe les yeux pour créer une version aveugle. Cette œuvre appartient à une série d'acteurs mythiques : Cary Grant, Kim Novak, Marlon Brando ou Paul Newman ont aussi inspiré Gordon.

Rob Mulholland disperse son travail dans le domaine public pour interroger la relation de l'homme et de la nature. Sculpteur environnemental, Mulholland a installé plus de 600 silhouettes en miroir sur des sites sauvages. À Rutherglen, un personnage de six mètres marque l'entrée du Cuningar Woodland Park. La surface de ses sculptures absorbe et reflète les mouvements constants de l'environnement et de la lumière écossaise.

Pour les amateurs de sculpture, la visite du **Scottish National Gallery of Modern Art** (p.132) se complète à l'extérieur avec des œuvres admirables dont une d'Henry Moore. Toujours à Édimbourg, The Fruitmarket Gallery présente la génération montante aux côtés de valeurs sûres : Claire Barclay, Louise Hopkins, Callum Innes, Lucy Skaer ou Tony Swain se sont imposés ici.

Le dynamisme de Glasgow se prolonge dans la rue depuis les années 1970. La ville soutient les projets d'art urbain en passant commande à de grands noms comme Rogue-One, Art Pistol, Recoat et Smug. Les cartes du City Centre Mural Trail guideront vos pas. Quelques repères : dans le centre, Rogue-One a peint des « Hip-Hop Marionnettes » sur John Street. The Barras concentre un art urbain foisonnant, dont des fresques de Mark Worst ou encore Rogue-One, avec ici une jeune pirate. La zone de Maryhill Road a fait l'objet d'une commande d'art public. La fresque d'Elph représente trois enfants dans un hommage à la diversité de la population.

MUSIQUES ET SCÈNES

Lorsque l'on dit « Écosse », beaucoup répondent lacs, kilts ou encore cornemuse… Sans se prendre les pieds dans les clichés, l'Écosse est effectivement restée particulièrement proche de ses traditions, y compris musicales, et il est plus que fréquent d'entendre résonner dans le pays son instrument emblématique, que ce soit lors de concours qui lui sont dédiés ou dans les « ceilidh », les bals traditionnels. Bien que la tradition musicale écossaise ait traversé les époques et se soit mariée à tous les genres ou presque – donnant par exemple naissance au très prolifique « rock celtique » –, il serait dommage de ne pas regarder au-delà. Comme tous les éléments du Royaume-Uni, l'effervescence musicale a dégorgé ici aussi, alimentant une scène intarissable de pop, rock ou musique électronique. Avec le silence des Highlands, contraste en Écosse le bourdonnement de la vie musicale. Les musiques restent traditionnelles dans les îles.

La musique traditionnelle

Loin d'être réduite au folklore, la musique traditionnelle écossaise est bien vivante et résonne fréquemment dans tout le pays. À commencer par l'emblématique cornemuse, fierté nationale dont la musique emplit les rues à la moindre occasion. Cette dernière est intimement liée à la culture gaélique et se divise en deux styles traditionnels principaux : Ceòl Mór et Ceòl Beag (littéralement « grande musique » et « petite musique »). Le premier, Ceòl Mór, comprend le style *pibroch*, une forme lente et plus classique de la musique traditionnelle de cornemuse. Le second, Ceòl Beag, comprend les musiques de danse comme les gigues, les *reels*, les *strathspeys* et les *slow airs*.
À noter qu'il existe des concours de cornemuse, bonne occasion d'entendre la fine fleur des cornemuseurs, en solo comme en *pipe bands* (les groupes). Les ensembles écossais Glasgow Police Pipe Band et Shotts and Dykehead Caledonia Pipe Band sont d'ailleurs les grands champions mondiaux du genre avec respectivement 20 et 16 victoires sur l'ensemble des World Pipe Band Championships. Côté solistes, deux grands cornemuseurs écossais à retenir sont Gordon Duncan et Fred Morrison.
Presque aussi célèbre et emblématique que la cornemuse, la harpe celtique (appelée *clàrsach* en gaélique écossais) est également considérée comme un instrument national. Jusqu'à la fin du Moyen Âge, la *clàrsach* était même l'instrument le plus populaire en Écosse, et les harpistes, des personnages d'importance souvent employés par les rois. Depuis, l'instrument a connu des vagues successives d'affection et désintérêt mais semble bien, ces dernières décennies, être revenu pour de bon dans le cœur des Écossais. La dernière génération d'harpistes propose d'ailleurs quelques noms très intéressants pour se faire une idée sur l'instrument comme Savourna Stevenson, Maggie MacInnes ou le groupe Sileas.

Dernier instrument traditionnel parmi les plus courants, le *fiddle* n'est autre que le violon écossais. Apparu dans le pays à la fin du XVIIe siècle, il a acquis ici plusieurs particularités avec le temps comme le fait d'être joué sur plusieurs cordes simultanément ou encore d'être tenu souvent sur le coude ou la poitrine, au lieu du menton. Aly Bain et Alasdair Fraser sont les deux grands représentants écossais du *fiddle*.
Une des meilleures occasions – car hyper authentique – de croiser les traditions musicales écossaises, sont les *ceilidh* (à prononcer « keïli »). Qualifiant à l'origine des rassemblements au cours desquels on contait des histoires, jouait de la musique et dansait, ce mot gaélique décrit de nos jours des bals de danses et musiques traditionnelles jouant un rôle primordial dans la vie sociale et culturelle des Écossais. On les voit essentiellement dans les pubs en été ou parfois dans la rue.

© JEROME DANCETTE - FOTOLIA

Joueur de cornemuse.

DÉCOUVRIR

Pipe band écossais.

Une autre bonne occasion de voir des *ceilidhs* est l'Arran Folk Festival à Brodick qui durant trois jours début juin organise des concerts autour de ces derniers. Autrement quelques rendez-vous très populaires de musiques traditionnelles sont le Shetland Folk Festival de Lerwick (entre fin avril et début mai) ou le Celtic Connections Festival de Glasgow (deux dernières semaines de janvier) qui consacrent plus largement la musique celtique à travers toute sa diversité, un peu comme l'Hebridean Celtic Festival sur l'île de Lewis. Sur l'île de Skye, on trouve également deux rendez-vous intéressants : le Feis An Eilean Skye durant deux mois (!) ainsi que l'Accordion & Fiddle Festival qui pendant un week-end en mai place l'accordéon et le violon sur un piédestal. Plus axé sur la danse, citons également le Highlands & Islands Music & Dance Festival, principalement basé à Oban.

Le folk

Dans les années 1950 et 1960, une vague de folk revivaliste s'empare de l'Écosse. Additionnant au format « voix + guitare » des thèmes ou motifs mélodiques traditionnels, voire parfois du gaélique, ce folk écossais a d'abord été porté par Kenneth McKellar (1927-2010), Moira Anderson (née en 1938) et Andy Stewart (1933-1993) – qui chantaient des ballades sentimentales accompagnés d'accordéons et de cornemuses. Des artistes qui ont largement bénéficié du développement de la radio et de la télévision dans le pays. À la même époque, un duo star émerge, Robin Hall & Jimmy McGregor, considérés comme les premières vraies grandes vedettes du folk écossais et s'exportant dans tout le Royaume-Uni. Dans les années 1970, des groupes comme les Irlando-Écossais The Boys of the Lough commencent à mélanger folk traditionnel et rock, rapidement suivis par Battlefield Band et Runrig puis Capercaillie un peu plus tard.

Ce sont ces groupes qui petit à petit forgent un genre nouveau, le « rock celtique » qui, comme son nom l'indique, est un rock incorporant des instrumentations ou thèmes celtiques et qui a massivement contribué à promouvoir une culture panceltique. En Écosse, JSD The Natural Acoustic Band et surtout Five Hand Reel ont été des pionniers du genre, ouvrant la voie à d'autres gros groupes comme Big Country ou Wolfstone dans les années 1980. Si les vagues punk et new wave ont amoindri l'intérêt du public pour le rock celtique, l'esprit du genre a traversé les générations et fait des petits-enfants. D'abord dans les années 1990 avec des groupes tels que Shooglenifty et Peatbog Faeries puis plus récemment avec Mànran ou Tide Lines qui ont fait revivre l'esprit du rock celtique en l'adaptant aux canons pop-rock actuels.

La musique classique

Contrairement au voisin anglais, rares sont les compositeurs écossais qui ont acquis une renommée internationale. Le premier ayant réellement marqué l'histoire musicale est sans conteste Robert Carver (1485-1570) resté célèbre pour sa musique chorale polyphonique. Plus tard, vers la moitié du XIXe siècle, les visites de Chopin et de Mendelssohn vont susciter un réveil de la musique classique écossaise. Ainsi, à la fin du XIXe siècle, se distingue clairement une école nationale de musique orchestrale et d'opéra en Écosse dont les principaux compositeurs sont Alexander Mackenzie (1847-1935), William Wallace (1860-1940), Learmont Drysdale (1866-1909) et Hamish MacCunn (1868-1916). Le premier, Mackenzie, est sans doute le plus illustre. Après avoir étudié en Allemagne et en Italie, il mélange des thèmes écossais au romantisme allemand et produit quelques grandes œuvres de son époque comme les trois *Rhapsodies écossaises* (1879, 1880, 1911), *Pibroch pour violon et orchestre* (1889) et le *Concerto écossais pour piano* (1897), incluant toutes des thèmes écossais et des mélodies folkloriques. Une œuvre prolifique et charnière qui installe Mackenzie comme l'un des pères de la renaissance musicale britannique de cette fin de siècle. L'œuvre de William Wallace, tenait quant à elle plus du romantisme, particulièrement influencée par Liszt et Wagner, celle de Drysdale était gorgée de thèmes écossais tout comme celle de Hamish MacCunn, très inspirée des chants populaires du pays. Un grand pianiste à mentionner fut Frédéric Lamond (1868-1948), élève de Liszt et un de ses meilleurs interprètes.

Après la Première Guerre mondiale, les trois grands noms de la composition écossaise sont l'organiste Robin Orr (1909-2006) et Cedric Thorpe Davie (1913-1983) tous deux influencés par le modernisme et les cadences musicales écossaises, ainsi, qu'Erik Chisholm à la démarche proche de Béla Bartók. Après la Seconde Guerre mondiale, la création du Festival d'Édimbourg en 1947 engendre une expansion de la musique classique en Écosse conduisant à la fondation du Scottish Opera en 1960.

Parmi les compositeurs écossais influencés par Karlheinz Stockhausen (1928-2007), on compte le très prolifique Iain Hamilton (1922-2000) et Thea Musgrave, qui fut également élève de Nadia Boulanger. Plus récemment, James MacMillan (né en 1959) s'est imposé comme l'un des principaux compositeurs écossais, très influencé par la musique folklorique nationale, aux côtés de Craig Armstrong (né en 1959) auteur de nombreuses musiques de film dont *Moulin Rouge* (2001), *Love Actually* (2003) ou *Gatsby le Magnifique* (2013). Citons également, William Sweeney dont l'œuvre est particulièrement influencée par la musique traditionnelle écossaise mais aussi Leoš Janáček. Chez les contemporains, les grands noms sont James Dillon (1950), affilié au mouvement de la « Nouvelle Complexité » ou la compositrice Helen Grime (1981) dont la musique est jouée par quelques-uns des plus grands orchestres mondiaux.

L'Écosse possède deux grands orchestres symphoniques, le Royal Scottish National Orchestra, dirigé par le Danois Thomas Søndergård, ainsi que le BBC Scottish Symphony Orchestra, dirigé par l'Écossais Donald Runnicles. Deux orchestres résidant à Glasgow et se produisant régulièrement sur les deux scènes importantes de la ville : le Théâtre Royal et le Royal Conservatoire of Scotland, la salle de spectacle la plus active d'Écosse, avec pas moins de 500 représentations par an. À Édimbourg, les grandes scènes sont le Usher Hall, accueillant opéras et pointures de la musique contemporaine ainsi que le Queen's Hall, où réside à l'année le Scottish Chamber Orchestra. N'oublions pas de mentionner le Festival international d'Édimbourg, un des plus grands au monde dans sa catégorie.

Pop, rock et électro

Avec le succès des Beatles et des Rolling Stones à l'aube des années 1960, le Royaume-Uni apparaît comme le centre du monde (de la pop). Une aura qui dégorge chez les voisins, comme l'Écosse, dont les scènes musicales se dynamisent et se peuplent d'artistes importants. À la même époque que les géants susmentionnés, apparaît également Donovan, le « Bob Dylan écossais » dont le folk dépourvu d'éléments traditionnels s'installe dans les prémices du folk psychédélique à venir. C'est aussi le cas de Bert Jansch, guitariste écossais d'avant-garde dont le folk inspirera Jimmy Page ou Neil Young.

Si, dans les années 1970, quelques groupes locaux de pop commencent à connaître un succès commercial hors de leurs frontières, c'est dans les années 1980 que l'Écosse va particulièrement briller sur la scène internationale, voyant certains de ses ressortissants écrire les grandes heures du rock et de la pop. Un casting de rêve comprenant Iain Anderson, leader de Jethro Tull, Annie Lennox d'Eurythmics, Mark Knopfler guitariste fabuleux et fondateur du groupe Dire Straits ainsi que des géants du post-punk et de la new wave comme The Jesus and Mary Chain, Tears for Fears, Cocteau Twins, Primal Scream ou encore Wet Wet Wet et Simple Minds.

Les années 1990 écossaises ont également été traversées par de grands noms comme les groupes de rock Teenage Fanclub et Mogwai, Belle & Sebastian et sa belle pop indé ou encore The KLF, des pionniers de l'acid house. Depuis 2000, la production musicale cultive une richesse similaire avec des gros cartons comme le revival rock de Franz Ferdinand, Biffy Clyro ou The Fratellis et des icônes comme Shirley Manson leader de Garbage. Citons également Calvin Harris, affublé du titre de roi de l'électro-pop, disque d'or au Royaume-Uni dès son premier album en 2007.

Joesef est la nouvelle étoile montante de la néo-soul. Jeune musicien écossais, il vient de sortir son premier album *Permanent Damage* le 13 janvier 2023. Il a déjà conquis la Grande-Bretagne avec sa voix mélodieuse.

Édimbourg n'a pas à jalouser les grandes capitales européennes et possède également de nombreuses scènes de qualité. Une des préférées de la jeunesse locale est sans conteste **The Liquid Room** (p.155), pouvant accueillir jusqu'à 800 personnes sur deux étages, aimée pour sa programmation pointue. Autre lieu couru, **The Hive** (p.154) se distingue par sa disposition en labyrinthe souterrain et sa ligne artistique très variée : pop, indie, électro, rock ou electro. Quelques autres salles où voir de bons concerts : **Cabaret Voltaire** (p.154) conviant de très bon DJs, **The Voodoo Rooms** (p.149) et sa très belle décoration d'époque victorienne, 3th Note, véritable *place to be* pour les groupes indépendants ou encore le **SGW3** (p.201), grand hangar réaménagé dans le sud avec une programmation chiadée.

LITTÉRATURE

Riche la littérature écossaise l'est forcément puisqu'elle n'hésite pas à s'écrire en trois langues. Ses œuvres ont pourtant un dénominateur commun : l'affirmation d'une identité qui ne ploiera pas, malgré les tentatives d'assimilation. De là à parler d'indépendance, il y a certainement un pas que n'hésiteront pas à franchir certains auteurs, aussi bien à l'époque où les épopées historiques et élogieuses étaient à l'honneur qu'à celle, bien contemporaine, où les écrivains ne tergiversent pour modeler le langage ou user de l'argot afin de décrire au plus proche une certaine réalité sociale bien trop longtemps minorée. Au-delà du trio de tête composé par Walter Scott, Arthur Conan Doyle et Robert Louis Stevenson, tous bien connus de notre côté de la Manche et auxquels on pourrait désormais ajouter Peter May, la littérature écossaise a de quoi surprendre, à l'image de son histoire qui est autant parsemée de fulgurances que de revirements.

Histoire et linguistique

Le destin de l'Écosse s'est forgé derrière un mur, celui que fit ériger Hadrien à partir de 120 pour contenir les Pictes dont les rares inscriptions qui nous sont parvenues demeurent encore pour la plupart indéchiffrables. En tout état de cause, l'histoire est restée fragmentaire, à peine s'appuie-t-elle sur les œuvres de quelques missionnaires qui outre leur devoir de prédication firent preuve de celui de mémoire, tel Bède le Vénérable qui ne manqua pas de citer le peuple premier dans son ouvrage fondateur, ***L'Histoire ecclésiastique du peuple anglais*** qu'il acheva au début du VIIIe siècle, devenant alors l'un des seuls récipiendaires de ce passé lointain.

La langue se fait également incertaine car le territoire, pourtant réputé hostile, accueille d'autres cultures. Ainsi, dans le monastère que fonda l'Irlandais Colomba sur l'île d'Iona en vue de convertir les peuples du Dál Riata – monastère qui perdurera bien après la mort du saint survenue au VIe siècle –, difficile de définir précisément quand le Gaeilge (gaélique irlandais) se transforma en Gàidhlig (gaélique écossais). Si les linguistes en débattent toujours, ils s'accordent sur le fait que le premier manuscrit purement écossais est *Le Livre de Deer* dont la rédaction aurait débuté au Xe siècle et aurait fait l'objet d'ajouts postérieurs. Bien que bon nombre d'opus aient été perdus, les archives ont néanmoins gardé trace des poèmes de Gillebrìghde Albanach, croisé écossais ayant vécu au début du XIIIe.

Pourtant, il faut attendre le siècle suivant pour que naisse celui qui est véritablement considéré comme le père de la littérature écossaise, l'archidiacre John Barbour, poète ayant achevé en 1376 une épopée mythique : *Robert Bruce, King of Scotland*. Ce récit historique et politique dépeint en particulier la Bataille de Bannockburn, et si l'auteur a certainement pris le temps de s'enquérir du déroulé exact des événements auprès de sources sûres, il use également d'une langue vernaculaire spécifique aux Lowlands d'Écosse qui subirent l'influence des vikings, le scots, qu'il tend à fixer à l'écrit pour la première fois.

Quelques cents ans plus tard, vers 1477, une autre œuvre poétique et héroïque loue les exploits de l'indépendantiste William Wallace, il s'agit de *The Actes and Deidis* attribué à un mystérieux Harry l'aveugle dont on ne sait pas grand-chose sinon qu'il s'inscrivait dans la longue tradition orale (*beul-aithris*) des *makars*, ces bardes écossais auxquels fait référence William Dubar dans *The Lament for the Makaris* composé au tout début du XVIe siècle. La littérature entre alors dans un certain âge d'or, les traductions se développent – citons surtout Gavin Douglas qui donnera une version scots de *L'Énéide* de Virgile, *L'Eneados*, vers 1513 – et les manuscrits sont mieux conservés, parfois dans de véritables collections, mines d'or linguistiques, telle que celle constituée par Seumas MacGriogain et connue sous le nom de *Leabhar Deathan Lios Mòir* (*Livre du doyen de Lios Mòir*).

Cet essor et intérêt nouveaux ont facilité la transmission de bon nombre d'écrits de Robert Henryson, sans doute professeur, certainement résident de Dunfermline, et nous permettent tout autant de juger de sa notoriété à l'époque que de la finesse de sa verve. Par ailleurs, les rois se montrent sensibles aux arts, à l'image de Jacques VI, lui aussi poète, qui se fit mécène en encourageant la création du *Castalian Band* sur le modèle de la Pléiade française. Si les étincelles qui ont certainement dû émailler leurs joutes verbales ont tout autant disparu que leurs travaux d'écriture, il nous reste néanmoins une autre anthologie d'importance, celle dit de *Bannatyne*, qui récapitule les poètes écossais des XVe et XVIe siècles. Enfin, l'heure sonne la naissance des fameuses ballades écossaises au début du XVIIe.

Elles chantent encore les mythes et légendes traditionnels mais commencent à faire rimer une langue qui peu à peu gagne du terrain, l'anglais.

Auteurs prestigieux

En 1736 naît à Ruthven un homme qui allait avoir une vaste influence sur le cours de la littérature mondiale, bien que sa démarche fleure bon le subterfuge. Tout débute par le goût qu'entretient James Macpherson pour la collecte de manuscrits en gaélique et leur traduction en anglais qu'il s'amuse à réaliser pour son ami John Home, l'auteur de la très contestée tragédie *Douglas*. Alors qu'il n'a pas 25 ans, Macpherson annonce qu'il a fait une découverte étonnante, l'épopée d'un barde du IIIe siècle, *Ossian*, inspirée des périples du héros mythique Fionn Mac Cumaill. Dès la publication de la version traduite – *Fingal, un ancien poème épique en six livres* –, le doute s'immisce chez les érudits, d'autant plus que l'auteur refuse de présenter le manuscrit original. Qu'importe finalement ce que furent ses sources, fragmentaires ou largement nées de son imagination, sa démarche donna lieu à la création de l'ossianisme, mouvement poétique qui inspira dans une large mesure les premiers romantiques, dont Goethe qui ne cacha pas son enthousiasme pour cette œuvre.

L'époque fut également féconde pour le gaélique qui vit son premier ouvrage imprimé, un dictionnaire établit en 1741 par le poète majeur Alasdair mac Mhaighstir Alasdair, et le scots s'épanouit sous la plume de Robert Burns (1759-1796). Sa courte existence débute dans une famille d'origine paysanne, une oscillation entre la terre et les lettres qu'il entretiendra jusqu'à ses 37 ans, quand la mort le fauchera précocement. Devenu l'un des symboles de l'Écosse, de lui restent les chansons populaires anciennes qu'il a collectées et retravaillées, mais surtout un recueil personnel, *Poems, Chiefly in the Scottish Dialect*, qu'il publia en 1786. Considéré lui aussi comme l'un des pionniers du mouvement romantique, ses chants s'entonnent encore volontiers aujourd'hui les jours de fête.

Si la poésie continue à progresser en ce XVIIIe siècle, un autre genre commence à s'imposer, le roman, d'abord grâce à Tobias George Smollett (1721-1771) qui se révèle également plein de mordant quand lui vient l'envie de raconter ses voyages, et surtout grâce à un incontournable qu'il est à peine besoin de présenter : Sir Walter Scott. Né à 1771 à Édimbourg, c'est dans sa chère résidence de Abbotsford qu'il décèdera en 1832; entre ces deux dates il prendra soin d'explorer tous les pans de la littérature écossais, se révélant poète à son entrée dans la vie adulte, adaptant des manuscrits anciens, puis se frottant au courant romanesque en faisait paraître sous couvert d'anonymat *Waverley* en 1805. Gage de sa valeur, ce texte rencontrera un énorme succès alors qu'il ne pouvait pas jouir, de fait, de la renommée de son auteur. Scott continuera d'explorer la veine historique – et patriotique ! –, dans des publications si nombreuses qu'il serait peut-être bon de s'y initier en commençant soit par sa préférée, *L'Antiquaire*, soit par sa plus célèbre, *Ivanhoé*.

Un autre style prend la relève sous l'incarnation d'un personnage qu'il est difficile de ne pas associer à son adresse londonienne (221B Baker Street) alors que son créateur est pourtant Écossais. C'est en effet à Édimbourg qu'Arthur Conan Doyle vit le jour le 22 mai 1859. Après avoir chassé la baleine au Groenland et avant de participer à la seconde guerre des Boers en tant que médecin, le futur Chevalier du Très vénérable ordre de Saint-Jean voit publier dans le *Beeton's Christmas Annual* de 1887 son premier roman, *Une étude en rouge*, dans lequel apparaît déjà Sherlock Holmes qui lui aurait été inspiré par un ancien professeur, Joseph Bell, à en croire les supputations d'un autre grand nom des lettres écossaises, Robert Louis Stevenson.

DÉCOUVRIR

© ROBERT CHG - ISTOCKPHOTO.COM

Statue de Robert Burns.

Statue de Sir Walter Scott à Edimbourg.

Ce dernier est également édimbourgeois, de neuf ans plus âgé que Conan Doyle. D'une enfance souffreteuse lui vient le goût de la lecture et des voyages immobiles qui, plus tard, ne le détournera ni de la vie de bohème ni de l'envie d'explorer le monde.

Ainsi, le récit du périple qu'il entreprit sur un chemin long de 230 km qui désormais porte son nom dans les Cévennes reste un grand classique pour les amoureux de la marche. Mais Stevenson est bien évidemment aussi l'auteur de *L'Ile au trésor*, qu'il débuta pour égayer son beau-fils, et d'un beau corpus de nouvelles qui se teintent parfois d'une touche fantastique, ce qui n'a certainement pas déplu à son quasi-contemporain, le père de *Peter Pan,* J.M. Barrie (1860-1937) qui est souvent rattaché au Kayliard. Cette école, parfois jugée excessivement sentimentale, en tout cas trop idéaliste, provoquera à l'aube du XXe siècle

Robert Louis Stevenson.

un véritable rejet. L'époque se prête à l'urbanisation massive et déjà se fait ressentir l'industrialisation galopante, les écrivains modernistes d'alors n'ont qu'une hâte, sans doute avec un léger décalage sur leurs pairs européens, décrire la réalité, celle qui se fera d'autant plus féroce que la Première Guerre Mondiale approche.

Ce changement de braquet coïncide avec la publication d'un roman sans concession de George Douglas Brown, *The House with the Green Shutters*, mais aussi avec le renouvellement de l'intérêt porté aux écrivains de langue scots, notamment Hugh MacDiarmid (1892-1978) dont le talent culminera dans *A Drunk Man Looks at the Thistle*. Largement traduit en français, son contemporain A. J. Cronin s'inspire en partie de sa vie pour écrire ses deux plus grands succès, *La Citadelle* et *Les Années d'illusion* à découvrir au Livre de Poche, procédé qu'utilisera par ailleurs le poète Edwin Muir (1887-1959). Étonnamment, la Renaissance écossaise met aussi en exergue la ville de Glasgow, à tel point qu'il pourrait être fait mention d'une école littéraire portant son nom dès les années 1920 si on songe à l'œuvre *Open the Door !* de Catherine Carswell (1879-1946) qui est plutôt restée dans les mémoires pour sa très controversée biographie de Burns. Mais c'est 50 ans plus tard que Glasgow devient vraiment la ville fédératrice d'écrivains décidés à s'exprimer franchement, quitte à en découdre avec le langage. Outre le précurseur Alasdair Gray (1934-2019), auteur de l'inclassable roman-culte *Lanark* (éditions Métailié), y sont associés Iain Banks, John Burnside et Irvine Welsh, tous trois nés dans les années 50, mais aussi Ian Rankin qui se dédie au polar ou Hal Duncan qui lui préfère la science-fiction. Glasgow a enfin vu naître deux écrivains célèbres qui ont en commun leur amour pour la France, l'essayiste Kenneth White et l'auteur de romans policier Peter May.

TOP 10

LECTURE

Si proche mais pourtant si mystérieuse, l'Écosse se découvre à travers ses plus grands écrivains. De la jeunesse déglinguée d'Édimbourg à la beauté spectaculaire de ses paysages, cette terre des contrastes inspire tout autant des romans policiers que des récits autobiographiques particulièrement poignants.

L'ÉCOSSE : LA DIFFÉRENCE, SCOTLAND : THE DIFFERENCE

La réflexion naît des spécificités écossaises, qu'elles soient linguistiques, culturelles ou politiques.
Arnaud Fiasson, Pierre Fournier et Sabrina Juillet Garzon, *éditions Presses Universitaires de Franche-Comté.*

© RUE DE L'ÉCHIQUIER

LA VOIE DU VIDE ET DU VENT

Quand les pérégrinations de l'Écossais Kenneth White sont poétiquement illustrées, ses voyages deviennent source d'inspiration.
Patrice Reytier et Kenneth White, *éditions Rue de l'Échiquier.*

ÉCOSSE

© PLACE DES VICTOIRES

Un ouvrage qui compte 456 pages et presque autant de photographies pour découvrir ou se souvenir d'un pays enchanteur.
Raach Karl-Heinz et Nash David, *éditions Place des Victoires.*

LES MONSIEUR MADAME EN ÉCOSSE

Une approche ludique destinée aux plus jeunes qui permet pourtant d'en apprendre beaucoup sur la culture écossaise.
Adam Hargreaves, *éditions Hachette.*

L'ÎLE AU TRÉSOR

© TRISTAM

Un récit d'aventure, qui n'a pas pris une ride, remis en valeur grâce à une nouvelle traduction, à lire ou à relire !
Robert Louis Stevenson, *éditions Tristram.*

L'ÎLE DES CHASSEURS D'OISEAUX

© ACTES SUD

Envoyé sur l'île de Lewis qui l'a vu naître pour enquêter sur un meurtre, Fin Macleod devra composer avec son passé qui ressurgit.
Peter May, *éditions Babel.*

HISTOIRE DE L'ÉCOSSE

© EDITIONS TALLANDIER

Le sous-titre annonce la couleur : des origines à nos jours, de quoi tout apprendre du destin d'une province anglaise qui a su garder son identité.
Michel Duchein, *éditions Tallandier.*

BASSE NAISSANCE

© 10-18

Née en 1980 d'une famille dysfonctionnelle, l'auteure aura connu la misère la plus sordide avant de déployer ses ailes. Bouleversant.
Kerry Hudson, *éditions 10-18.*

L'ÉCOSSE DE PETER MAY

© LE ROUERGUE

Une visite intime et illustrée des paysages qui ont inspiré au plus fameux des écrivains de polars écossais ses intrigues tempétueuses.
Peter May et David Wilson, *éditions du Rouergue.*

L'INTÉGRALE TRAINSPOTTING

© AU DIABLE VAUVERT

Le destin compliqué de Sick Boy et de ses amis, ou le portrait d'une jeunesse édimbourgeoise des années Thatcher aux années 1990.
Irvine Welsh, *éditions Au Diable Vauvert.*

À L'ÉCRAN

Le territoire écossais, et notamment les Highlands, ont peuplé l'imaginaire collectif occidental au cours du siècle passé. À travers la littérature, nul doute, mais aussi avec le cinéma. Deux visions de l'Écosse ont principalement cours à l'écran, et elles s'ancrent toutes deux dans les territoires et l'histoire du pays le plus septentrional de la couronne britannique. L'une, historique et envoûtante, est liée à ses paysages et à leurs dimensions mystiques, propices à la création des légendes qui les peuplent : de *Braveheart* à *Hamlet*, en passant par *Highlander*, les batailles font rage dans les hautes terres. L'autre, plus contemporaine, est d'un réalisme plus dur, renvoyant à des conditions de vie propres à ce territoire industriel et retiré, que l'on découvre à travers le cinéma de Ken Loach, notamment. Certaines œuvres réunissent ces deux tendances, à l'image de *Breaking the Waves* de Lars Von Trier.

Histoire

La première projection de film en Écosse a lieu à l'Empire Palace Theater (aujourd'hui Empire Theater) d'Édimbourg, le 13 avril 1896, soit 4 mois après la première projection mondiale, qui s'est tenue en décembre 1895 à Paris par les frères Lumière. Le cinéma devient très rapidement populaire dans le pays, d'abord diffusé dans des endroits variés, allant des églises au *music halls*, les salles spécialisées prolifèrent jusqu'à ce que Glasgow atteigne la plus forte densité de salles de cinéma du royaume au sortir de la Première Guerre mondiale. La plus grande salle de Grande-Bretagne y ouvre ses portes en 1930 : le Green's Playhouse, aujourd'hui détruit. Cet engouement précoce pour le septième art conduit à la première édition du Festival international du film d'Édimbourg en 1947, ce qui en fait l'un des plus anciens au monde (celui de Cannes a débuté en 1946). Il est, à l'origine, consacré au documentaire, mais le festival gagnant en popularité s'est rapidement ouvert à la fiction. Il a été fondé par John Grierson (1898-1972), leader du British Documentary Movement.

La magie des îles et des Highlands

En 1986, le film culte *Highlander* (Russell Mulcahy), avec Sean Connery et Christophe Lambert met en scène des guerriers Immortels. L'action se déroule à Eilean Donan Castle (p.331). Ce lieu féerique près de Kyle of Lochalsh servit également de toile de fond aux aventures de James Bond dans *The World is not enough* (Michael Apted,1999) tandis que Duart Castle (p.293), sur l'île de Mull, fut utilisé pour certaines scènes de *Haute Voltige* (Jon Amiel, 1999), avec Sean Connery et Catherine Zeta Jones. Les Highlands font à nouveau leur apparition dans *Skyfall*, un autre film de la saga James Bond, réalisé en 2012 par Sam Mendes, qui se voulait un retour aux sources du personnage. Le décor choisi pour représenter le manoir de la famille Bond, « Skyfall », dans le film, n'est autre que le manoir de Dalness, situé dans les Highlands, qui appartenait à la famille de Ian Fleming (1908-1964), l'écrivain de la célèbre saga dont les films sont tirés. La boucle était bouclée. Tourné dans les vallées des Highlands de Glen Nevis et Glen Coe, *Braveheart* (1995) raconte l'histoire du personnage historique William Wallace, interprété et réalisé par Mel Gibson, et qui déclencha une arrivée massive de touristes sur les lieux. Ce succès alla de pair avec celui de *Rob Roy* (Michael Caton-Jones) la même année, sur le fameux combattant des Trossachs interprété par Liam Neeson. Les tournages des épisodes de *Harry Potter* se sont aussi enchaînés depuis 2001, empruntant chacun plusieurs décors écossais pour servir la magie du film. L'une des premières scènes de *Prometheus* (2012) de Ridley Scott commence par des images de The Old Man of Storr sur l'île de Skye. *Rebelle* (Mark Andrews, 2012), un film d'animation des studios Pixar, raconte les tribulations d'une jeune princesse écossaise dans les terres sauvages et mystérieuses des Highlands. Plus récemment et toujours dans une perspective mêlant histoire et légende, le *Macbeth* (Justin Kurzel, 2015) avec Michael Fassbender et Marion Cotillard, propose aussi sa vision des paysages écossais comme champs de bataille hallucinatoires, dans la brume, le sang et les flammes. C'est encore et toujours ses somptueux paysages qui marquèrent les légendes celtes que l'on retrouve dans la série télévisée *Outlander* (Ronald D. Moore, 2014), qui relate le voyage dans le temps d'une femme au terme de la Seconde Guerre mondiale. Elle se retrouve transportée dans l'Écosse de 1743, en pleine rébellions jacobites. Le premier rôle masculin est d'ailleurs incarné par un acteur

Midhope Castle est connu par les fans d'« Outlander » comme étant le château de Lallybroch.

écossais : Sam Heughan. L'Écosse a également attiré Lars Von Trier, qui y signe *Breaking the Waves* (1996). Dans une petite bourgade du nord du pays, Bess épouse Jan, qui travaille sur une station pétrolière. Cette jeune femme, aussi pieuse que fragile, se heurte à la violence d'un monde gouverné par des hommes dont elle est la proie. Ce film se place vraiment à la frontière de ces deux expériences que l'on peut faire de l'Écosse au cinéma. Entre paysage mystique et décor industriel, la violence sociale met les légendes à mal. En 2021, le réalisateur belge Bouli Lanners choisit la belle île de **Lewis** ★★ (p.306) pour le tournage de son film *L'Ombre d'un mensonge*.

Contre la féerie, un réalisme plus dur

Malgré ses paysages envoûtants, l'Écosse pâtit de conditions sociales parfois dures, que les cinéastes ont largement repris à leur compte. Ken Loach s'est toujours attaché à donner l'image d'une Grande-Bretagne industrielle et ouvrière, souvent paupérisée. L'Écosse est au cœur de plusieurs de ses films, dont les plus célèbres sont *Sweet Sixteen* (2003), *Just a Kiss* (2004), et *La part des anges* (2012). Paul Laverty, le scénariste de *Sweet Sixteen* a décroché le Prix du meilleur scénario à Cannes. *Just a Kiss* (2004), dont l'action se passe à Glasgow, raconte l'histoire d'amour entre un fils d'émigrés pakistanais et une jeune enseignante de religion catholique. La série des *Trainspotting*, dont le premier volet (1996) est désormais culte, pointe du doigt les ravages de la drogue à Édimbourg des années 1990 à aujourd'hui – pour le second volet (2017). Dans cette lignée d'œuvres sombres, *Ordure !* (Jon S. Baird, 2013) raconte les déboires d'un policier dépressif dans la capitale. Il s'agit d'une adaptation d'un livre de l'écrivain écossais Irvine Welsh.

Le renouveau du cinéma écossais

Le début du XXIe siècle marque un renouveau pour le cinéma écossais. En 2001, la réalisatrice Lynne Ramsay est primée aux Oscars pour son film *Morven Caller*. Elle réalise en 2011, *We Need to Talk about Kevin*, avec Tilda Swinton dans le rôle principal. *Le Dernier Roi d'Écosse* (2007) de Kevin MacDonald raconte l'histoire vraie d'un jeune médecin écossais, incarné par James McAvoy parti en Ouganda, qui devient proche du roi Idi Amin Dada. Le geste le plus original du cinéma écossais reste peut-être le film quasi expérimental de Jonathan Glazer, *Under the Skin* (2013), dans lequel Scarlett Johansson incarne une alien anthropophage. Des banlieues aux grands espaces, nous traversons avec elle l'Écosse contemporaine. Le spectateur arpente ce territoire avec la froideur de l'alien dont il suit les aventures.

Quelques acteurs célèbres

Parmi les acteurs écossais les plus célèbres, on compte Sean Connery (1930-2020), connu (entre autres) pour son interprétation de l'agent secret anglais James Bond ; Robert Carlyle (1961), couronné par le succès de *The Full Monty* en 1997 ; et Ewan McGregor (1971), qui joua dans *Trainspotting* et incarna Obi-Wan Kenobi dans les épisodes I, II et III de *Star Wars*, et a également le premier rôle dans *The Ghost Writer* (Roman Polanski, 2010).

POPULATION

Au fil des siècles, l'Écosse s'est forgée une culture forte que son peuple a su conserver et enrichir. Les différentes migrations, les batailles, les héros nationaux, l'histoire mouvementée, les penseurs et les génies de ce pays ont façonné ses légendes, ses histoires, ses traditions bien ancrées et son identité si particulière. La langue gaélique, bien qu'elle ne compte que peu de locuteurs, a une influence bien vivace. On la retrouve dans les noms des lieux et le quotidien des Écossais, encore plus particulièrement dans les Hébrides Extérieures. Ce sont lors des Ceilidhs, des Highands Games ou des festivals comme le Fringe que l'on saisit toute l'ampleur de la richesse culturelle nationale. On découvre en Écosse un peuple accueillant et toujours soucieux de savoir si leurs hôtes se plaisent dans leur pays. Ne soyez pas surpris que l'on vous accoste si facilement et que l'on vous donne, spontanément de bons conseils et « tips ».

L'Écosse en quelques chiffres-clés

L'Écosse compte environ 5 454 000 habitants (données de 2019), ce qui représente environ 8 % de la population du Royaume-Uni. Sa densité moyenne est de 69 habitants/km², à comparer avec les 400 habitants/km² de l'Angleterre. Elle est l'une des régions les moins peuplées de l'Union européenne. Glasgow est la ville la plus dense démographiquement, suivie d'Édimbourg, d'Aberdeen et de Dundee, puis de Stirling, Inverness, Ayr, Perth, Dumfries et Falkirk. Les Highlands et les îles sont les lieux à plus faibles densités de Grande-Bretagne (moins de 7 habitants/km²). On tombe même, en certaines zones, à 2 habitants/km². Quelque 70 % de la population se concentrent dans les Central Lowlands, soit les régions les plus fertiles, ainsi qu'au nord-est, dans les régions d'Aberdeen et d'Inverness. Les dernières statistiques de croissance démographique, datées de 2005, donnaient un taux de natalité de 10,6 naissances pour 1 000 habitants, un taux de mortalité de 11,1 et un solde migratoire de 4,1 pour une croissance de 0,4 %. Le taux de fécondité affichait 1,6 enfant par femme. L'espérance de vie pour un enfant né en 2015-2017 est de 77 ans pour les hommes et 81,1 ans pour les femmes. C'est la plus basse du Royaume-Uni et, plus alarmant, il a été constaté, en 2018, une baisse d'un mois de cette espérance de vie. Des experts de la santé et des soins aux personnes âgées se penchent sur la question pour une meilleure prise en charge de la dépendance et du vieillissement.

Glasgow et sa surprenante spécificité démographique

Un rapport de 2014, publié par l'Office national britannique des statistiques, a montré que les habitants de Glasgow avaient une espérance de vie moindre que leurs concitoyens. Cinq ans de moins, ce n'est pas rien ! L'espérance de vie y était, pour une femme, de 78,5 ans, et pour un homme, de 72,6 ans. Ce qui surprend le plus, c'est que cette statistique n'a pas semblé étonner outre mesure les Écossais, qui la justifie par les problèmes sociaux et sanitaires imputés à la ville. Glasgow est perçue comme une ville qui, après avoir subi le déclin industriel des années 1970, est en proie aux addictions à l'alcool et au tabac. Toutefois, la consommation de ces produits ne dépasse pas la moyenne nationale. Les chercheurs ont aussi accusé la toxicomanie, les crimes à l'arme blanche et les suicides, mais, avec d'autres villes britanniques déplorent le même taux de criminalité sans que cela se ressente sur l'espérance de vie. Ce sont alors des raisons de santé qui ont été étudiées : hivers rudes, carences en vitamine D. On a aussi accusé les politiques sociales, un sentiment d'abandon de la population… mais sans jamais avoir le fin mot de l'histoire ! Le phénomène reste à ce jour inexpliqué, mais a été toutefois nommé : on l'appelle le « Glasgow effect ».

Quelle(s) langue(s) les Écossais parlent-ils ?

A priori, les Écossais parleraient anglais, mais un anglais avec ses spécificités (quelques tournures grammaticales différentes et mots propres), et surtout avec un accent fort le différenciant indubitablement de l'anglais parlé plus au sud, en Angleterre. L'anglais est la langue maternelle de 98 % des Écossais. Elle est l'une des deux langues officielles du pays. Elle partage ce statut avec le gaélique écossais, promu « langue officielle » par une loi du Parlement écossais du 21 avril 2005, et reconnue comme une langue régionale selon la Charte européenne des langues régionales ou minoritaires. Des statistiques datant de 2001 montraient que 1,3 % de la population parlait couramment les deux langues. Cette dernière est toutefois surtout utilisée dans le nord-ouest du pays : dans les Highlands, dans les îles Hébrides, dans la région de Strathclyde et dans celle d'Édimbourg. D'ailleurs, dans les Highlands, les panneaux de signalisation sont écrits dans les deux langues. Dans le sud, par contre, cette langue ne semble plus usitée.

Une troisième langue coexiste avec les deux précédentes, et dispose de la même reconnaissance européenne : le scots. Le scots est parlé dans les Lowlands et à l'est.

Dans les villes, on peut aussi entendre des langues issues des vagues migratoires du Pakistan, de l'Inde, du Bangladesh et de Chine.

Les sujets qui pourraient fâcher : la politique et la religion

Longtemps en conflit avec l'Angleterre, l'Écosse a construit progressivement son autonomie. Elle a été indépendante jusqu'en 1707, date à laquelle elle est entrée dans l'Acte d'Union. Le siège de son parlement est établi près du palais de Holyroodhouse, à Édimbourg. Elle a conservé un certain nombre de prérogatives. En effet, le pays possède un système éducatif et un gouvernement propres, ainsi qu'une politique de santé autonome. Le Parlement de Londres détient, quant à lui, le contrôle de la Défense, des Affaires étrangères, du Budget des politiques fiscales et économiques. Les principaux partis politiques sont les mêmes qu'en Grande-Bretagne : conservateurs, travaillistes, libéraux démocrates, Verts et quelques partis minoritaires. La formation majoritaire est celle du Scottish National Party, le SNP. Bien que la langue gaélique ait pratiquement disparu, la culture et le nationalisme écossais demeurent profondément enracinés dans la conscience populaire, comme en témoigne la prépondérance des nationalistes du SNP sur la scène politique. Enfin, l'Écosse bénéficie d'un statut à part pour son système juridique, unique en Europe.

Pour ce qui est du sujet de la religion, il faut savoir que l'Écosse est majoritairement protestante. Le pays compte aussi des fidèles catholiques, plus nombreux dans le centre-ouest et dans les îles de l'ouest. Les mouvements migratoires ont aussi introduit les religions asiatiques et l'islam. L'athéisme ou l'agnosticisme concernent quelque 30 % de la population.

Les expressions populaires de l'Écosse

L'anglais écossais a des mots et expressions qui lui sont propres. Ceux-ci sont inspirés pour certains du gaélique, pour d'autres du scots, ou simplement propres à une ville ou une région. Voici donc quelques mots très « couleur locale » pour tenter de vous fondre dans le paysage linguistique écossais ou, tout du moins, comprendre ce qui se dit autour de vous.

© STEPHEN FINN - SHUTTERSTOCK.COM

« Bienvenue à Portree », sur l'Île de Skye.

- **« Wee ».** C'est le même « petit » qui ajoute une touche sympathique à ce qu'il désigne. Un petit verre de whisky ? « *A wee dram !* »
- **« Bonnie ».** Vous cherchiez un mot pour désigner les paysages somptueux, magnifiques, grandioses, etc. d'Écosse : le voilà, prêt à l'emploi !
- **« Tattie ».** Le haggis (panse de brebis farcie) sera servi avec des « *neeps and tatties* », soit de la purée de navet et des pommes de terre.
- **« Aye ».** C'est le « oui » écossais. On le prononce [aille]. Et on dit « *nay* » [nè] pour non.
- **« Bawbag ».** On ne vous recommande pas d'insulter qui que ce soit, mais si cela vous arrive pendant votre séjour à Glasgow, *Bowbag* est l'expression appropriée !
- **« Peely-wally ».** L'expression désigne le teint très pâle (plus que d'habitude !) d'un Écossais… un teint typique d'un lendemain de soirée trop arrosée.
- **« Rank ! ».** On l'utilise pour parler de quelque chose de mauvais, au sens de « moche », voire « dégueulasse » : de la nourriture ou un évènement.
- **« It's a dreich day ootside ».** Cette expression se dit pour se plaindre que le temps est triste. *Dreich*, mot très courant, signifie « maussade », « sombre ».
- **« Yaldi ».** À utiliser pour dire votre bonheur de découvrir l'Écosse, mais aussi pour exprimer votre joie et votre enthousiasme, en toute occasion.
- **« Haste ye back ».** C'est une expression que vous pourrez lire sur certains panneaux en quittant l'Écosse : cela signifie « Dépêche-toi de revenir ! ».

SOCIÉTÉ

Dresser un portrait de la vie sociale d'un pays n'est pas chose aisée. Qu'est-ce qui la caractérise vraiment ? Comment en parler sans faire de grossières généralités ? Entre faits de société, modes de pensée et habitudes de vie, le champ d'investigation et d'observation est large. Comme tout pays, l'Écosse a son rythme propre, confirme ou non des clichés, et offre des particularités inspirantes. Elle a ses spécificités marquantes – comme ses clans, son amour des traditions et ses communautés indépendantes – et ses habitudes propres créant l'étonnement chez un touriste français. Sa culture forte et son histoire profondément enracinées ont forgé ce qu'elle est aujourd'hui : un pays au caractère bien trempé où le vivre ensemble n'est pas une formule vaine. Convivialité et courtoisie, respect et libre-arbitre, sont, comme le whisky et les Highland games, des piliers d'un certain état d'esprit écossais.

Une tradition, presque ressuscitée, mais bien vivante !

La visibilité de la culture écossaise, telle que nous la connaissons aujourd'hui, revient de loin… En effet, ce n'est que récemment que l'histoire de l'Écosse est à nouveau enseignée. Il a fallu attendre les années 1990 que les élèves puissent découvrir davantage que des grandes lignes de l'histoire de leur pays. La culture anglaise et le passage sous silence d'épisodes susceptibles d'éveiller un sentiment national écossais étaient alors de rigueur. À partir de cette période, l'intérêt des Écossais pour leur culture a pris un nouvel essor. La politique et les institutions ont suivi, avec la naissance d'une première charte pour les arts en Écosse en 1993. Les Archives nationales d'Écosse, sises à Édimbourg, offrent à la consultation une base de documents parmi les plus riches d'Europe. Le public a ainsi accès à de très nombreuses sources historiques concernant l'Écosse et ses relations avec les nations voisines au cours de l'Histoire. L'organisme *Historic Scotland* a, quant à lui, été créé en 1991 pour conserver le patrimoine et restaurer les bâtiments classés. Citons aussi, dans la même démarche de préservation d'une culture ancestrale précieuse, le *Scottish Natural Heritage*, chargé des sites naturels, et le *National Trust for Scotland* qui, même s'il est privé, œuvre de manière majeure pour la valorisation des châteaux, grandes demeures et espaces naturels du pays.

Les Écossais ont une grande affection pour la culture de leur pays, ce qui les caractérise et les distingue de leurs voisins anglais. Le kilt se porte beaucoup lors des mariages, dans les soirées étudiantes et pour les fêtes de Noël ou de fin d'année. La musique celtique est également très prisée et le nombre de festivals qui lui sont consacrés est incalculable. Les événe-

© TETIANA DICKENS - SHUTTERSTOCK.COM

Port de kilt lors d'un mariage traditionnel.

© CABLACH - ISTOCKPHOTO.COM

Pierre tombale marquant la bataille de Culloden, avec les noms des différents Clans qui y ont participé.

ments traditionnels ponctuent l'année et sont incontournables : Highland games, mêlant démonstrations sportives, musiques et danses traditionnelles, ou Common Ridings, courses communales typiques de la région des Borders, s'étendent chaque fois sur plusieurs jours, voire une semaine. L'actualité culturelle a aussi ses événements, toujours teintés de culture locale, comme le Festival International d'Édimbourg (août) ou son TradFest (avril), le Spirit of Speyside Festival (Dufftown, fin avril/début mai), le Celtic Connection (janvier-février, Glasgow) ou le Scottish Traditional Boat Festival à Portsoy (fin juin)… Peu de pays peuvent se targuer d'une identité culturelle aussi forte que l'Écosse.

L'Écosse est restée un pays de clans

Le mot « clan » vient du gaélique *clann*, pour « enfant » ou « famille ». Si à ses origines les plus lointaines, le clan correspondait à une seule famille, identifiable par son nom – en témoigne le préfixe « *Mac* » signifiant « fils de » –, cela a ensuite évolué. Le terme « clan » désigne une famille au sens large, pas nécessairement une famille au sens de descendance génétique. Les membres d'un même clan n'appartenaient donc pas systématiquement à la même famille, mais se regroupaient sous le commandement d'un même chef. Ce système était en vigueur depuis l'époque celte et a perduré officiellement, comme système de gouvernance, jusqu'à la bataille de Culloden en 1746. C'est à cette date que le système clanique, avec ses juridictions héréditaires, mais aussi ses signes distinctifs comme les tartans, a disparu. On ne peut d'ailleurs parler de clan sans évoquer les tartans. Symbole de l'Écosse, le tartan est un tissu de laine décoré de bandes colorées se croisant perpendiculairement. Le terme tiendrait son origine du moyen français « tiretaine », désignant un drap de laine grossièrement tissé. Une autre étymologie découpe le mot en *tuar* pour « couleur » et *tan* pour « district ». À chaque clan, à chaque région, son tartan, avec ses motifs propres. Chaque clan avait aussi sa devise et un insigne végétal, qu'il portait sur une pique ou sur son bonnet. Quelques exemples ? Le clan Mackenzie a deux devises : « Je brille sans brûler » et « Aidez le roi ». Celle du clan Macdonald est « Sur la mer et dans les terres ». Le clan Scott a comme devise « J'aime ». Ils ont aussi leurs cris de guerre dont certains particulièrement cocasses, tel celui des Cameron « Fils de chiens, venez chercher la viande ! »

Les clans vivaient du travail de la terre et de l'élevage du bétail. Ce mode de subsistance était à la fois leur source de richesse et la cause de conflits territoriaux, internes et externes. Nombre de rixes, parfois sanglantes, émaillent l'histoire des clans écossais. Parmi les affrontements les plus marquants, on pourra citer celui entre les Campbell et les MacGregor, popularisé par Walter Scott dans son roman *Rob Roy*. Est aussi tragiquement célèbre le massacre de Glencoe, en janvier 1692.

Les clans demeurent une réalité bien tangible en Écosse. S'ils ont fortement marqué son histoire, on continue à en parler au présent. Les clans existent toujours et, plus encore, ils soulèvent un véritable engouement contemporain. Nombreux sont ceux qui, quelle que soit leur nationalité, effectuent des recherches historiques et se trouvent des origines claniques écossaises. En témoigne ce chiffre impressionnant : plus de 500 associations généalogiques et de clans ont été dénombrées dans le monde. Elles font vivre cette tradition ancestrale en organisant de grands rassemblements où sont alors célébrés le clan et, plus encore, l'âme et le patrimoine écossais.

« Vivre autrement et hors le monde actuel » : c'est possible en Écosse

Le rêve d'une vie différente, en autarcie, au plus proche de la nature et dans une démarche de spiritualité est possible en Écosse. Entre des îles où l'on vit en autarcie sans police et des communautés indépendantes, les possibilités sont concrètes. Différentes initiatives marquant une volonté d'autonomie de gestion peuvent être citées. Ainsi, l'Assynt Crofters' Trust, au nord d'Ullapool, est un domaine possédé par des *crofters* (ou petits propriétaires terriens) associés, composé de 13 cantons et étendu sur 9 hectares. Il se décrit comme une communauté ayant pris son avenir en main et défendant l'Écosse rurale à laquelle il croit. Son histoire est intéressante et éclaire sur l'état d'esprit écossais. En 1989, les terres en question étaient vendues à un spéculateur suédois, sans qu'il soit question de prendre en compte l'intérêt des habitants et de l'impact social d'un tel projet. Trois ans plus tard, la société acheteuse est liquidée, toujours sans que personne ne sollicite les personnes exploitant les parcelles. Une réunion publique va alors tout changer : et si le territoire était racheté par ses habitants ? Une collecte de fonds a été lancée, un comité de pilotage instauré et une étude de faisabilité mise sur pied. Ces Highlanders allaient se battre pour reconquérir le territoire de leurs ancêtres ! La presse s'en est mêlée et le public a adhéré au projet, le soutenant par des dons. Peut-être un détour, hors la NC 500, à la recherche d'un panorama ou d'une plage de sable fin vous mènera dans ces espaces, ouverts à tous.

Citons aussi l'île d'Eigg, rachetée par ses habitants. Entre île déserte et vie alternative, le fantasme d'un retour aux sources dans une vie simple, rurale, faite d'entraide et de fraternité n'est pas loin... et il a les deux pieds dans la réalité ! Le territoire est géré par un *trust*, avec à sa tête 4 habitants élus pour 4 ans. Un ferry permet des liaisons régulières. Sur place, pas de police : c'est inutile… chacun a à cœur de respecter les règles. Le réseau électrique est 100 % renouvelable et autonome, et la majorité des denrées alimentaires est produite sur place. Le tourisme y est volontiers accueilli, de manière raisonnée et raisonnable, évidemment.

Quelques habitudes écossaises qui surprennent

Il est toujours amusant, et étonnant, de constater les petites et grandes différences, d'une culture à une autre. Même sans qu'il soit question de grands écarts de modes de vie, il y a des habitudes et des usages qui, en tant que Français, nous surprendront à coup sûr. Ce sont ces détails, passant inaperçus aux yeux des locaux, qui contribuent à l'expérience du voyage.

- **Dîner à 18 heures.** N'espérez pas dîner à 20 heures, au risque de ne trouver que des restaurants porte close. Ici, on soupe vers 18 heures, voire plus tôt encore.

- **Un déjeuner au thé.** Le thé peut tout accompagner. Il n'y a donc rien d'étrange à boire un thé avec des saucisses-frites, une tarte salée ou des sandwichs toastés au déjeuner !

- **Du thé plus fort que le café.** Café filtre servi en cafetière, le café écossais tient plus de l'Americano allongé que du ristretto. Au contraire, le thé, longuement infusé, est fort.

- **Des enfants en laisse !** Il n'est ni rare ni choquant de voir un enfant avec harnais et laisse. Dans la rue et en supermarché, ce pourrait presque être monnaie courante.

- **Attention, personnes âgées.** Le Code de la route britannique annonce la traversée possible de personnes âgées, de même qu'en France sont signalées les zones fréquentées par les enfants.

- **Les chiens : oui ; les enfants : non.** Il n'est pas rare, à l'entrée de pubs ou de restaurants, de lire des panneaux indiquant que les chiens sont les bienvenus, mais pas les enfants.

- **Des calories indiquées partout.** Sur les cartes des restaurants de chaînes, mais aussi chez les indépendants, sur tous les aliments, nombre de calories et nutriscore sont présents.

- **La courtoisie au volant.** Les conducteurs se laissent passer, se remercient, laissent les distances de sécurité nécessaire, ne klaxonnent pas… Quel bonheur !

- **La politesse, partout !** Partout, la bonne éducation est de mise. On se salue, on se remercie, on propose de l'aide, on sourit. Tout va bien dans le meilleur des mondes !

Des bancs commémoratifs invitent à la pause

Il est de tradition, au Royaume-Uni et en Écosse, de faire installer un banc avec une plaque commémorative pour une personne aimée. Vous trouverez ces « bancs du souvenir » partout : dans les jardins, dans les villes, dans les parcs des châteaux, mais aussi dans les plus beaux paysages, en hauteur de superbes panoramas. Ils sont dédiés à une personne défunte, rappellent son souvenir et ô combien elle appréciait cet endroit. Parfois, ces bancs évoquent un couple, parfois ils invitent à lire quelques vers, et toujours, ils parlent d'amour et de vie. Faire une pause sur un de ces bancs invite à une

© TEKINTURKDOGAN - ISTOCKPHOTO.COM

Drapeau LGBT flottant à Édimbourg.

pensée émue et tendre pour cette personne disparue, qui n'est plus tout à fait une inconnue, tout autant qu'au respect de la beauté et de la quiétude des lieux.

L'Écosse est relativement proche des us européens

Pour les sujets de santé, d'éducation et d'intégration, le système écossais reste relativement proche de ce que nous connaissons en France – gratuité des services publics, remboursement des soins et médicaments… –, et plus largement dans les pays occidentaux. La responsabilité de la santé a été dévolue à l'Écosse en 1999 et elle a su relever le défi qui s'imposait : réformer son National Health Service (NHS). Il est centré sur les structures publiques aidées et laisse peu de place au secteur privé. Les politiques de santé œuvrent en faveur d'un service public de qualité (même s'il est critiqué pour son manque de moyens et d'importants délais d'attente pour obtenir un rendez-vous médical) et mettent l'action sur la prévention des conduites et comportements individuels à risque. C'est notamment pour faire baisser la consommation d'alcool que des préconisations sont visibles partout et que les taxes ont augmenté. Le sujet de l'alimentation et de la pratique sportive est aussi au cœur de ces politiques.

Le système d'éducation se divise en deux secteurs : le primaire et le secondaire. Comme en France, écoles publiques et privées coexistent. Pour le reste, les usages diffèrent. Les écoliers ont des journées et des cours plus courts : ils sortent de classe aux alentours de 15 h 30, et la durée des sessions d'enseignement ne dépasse pas 50 min. L'uniforme est préconisé, dans l'idée de gommer les différences sociales et les notes sont, pour les plus jeunes, mesurées en pourcentage des acquis, puis avec les fameuses lettres (A à F). Comme en France, les élèves peuvent sortir du système scolaire à 16 ans ou passer le « Higher Grade » qui, selon leurs résultats, leur permettra l'accès à l'université.

Le rôle social et d'éducation citoyenne de l'école est très prégnant, comme en témoigne, par exemple, l'introduction en 2018 d'un enseignement sur les droits de la communauté LGBTI (lesbiennes, gays, bisexuels, transsexuels et intersexués), ceci afin de lutter contre l'homophobie et la transphobie. Les Écossais sont tolérants et ouverts envers l'homosexualité, mais des progrès restent à faire, selon les régions et lieux. De petites communautés gays se développent et sont actives à Édimbourg, et plus encore à Glasgow.

Enfin, en ce qui concerne l'égalité des sexes, des progrès restent à faire dans tout le Royaume-Uni, avec des écarts de salaire hommes-femmes, mais aussi peu de femmes aux postes à responsabilité (1/20 des dirigeants des entreprises cotées en bourse au RU sont des femmes), dans les conseils d'administration des entreprises et dans les instances gouvernementales (elles sont seulement 34 % des parlementaires).

RELIGIONS

L'Écosse est terre de légendes et de mystères. Fantômes et créatures mystérieuses hantent ses châteaux et ses vallées. Les croyances ancestrales nées dans la nuit des temps au cœur des Trossachs ont fondé un imaginaire légendaire et onirique, demeuré une source d'inspiration très actuelle. L'univers fantastique et mythologique contemporain, entre cinéma et littérature, puise ses sources dans les eaux du Loch Lomond… ou entre ses forêts et collines enchantées, puisque les fées et les elfes y ont leur berceau. La nature verdoyante et sombre, embrumée et chatoyante, a de tout temps fécondé les imaginations, laissant, çà et là, apparaître un être fabuleux. Les vieilles pierres et les histoires de vengeances ancestrales ont fait le lit des récits de fantômes et de lieux hantés. Entre émerveillement et stupeur, tremblements et doutes devant l'impossible, laissez-vous porter par la magie, toujours palpable, de l'Écosse.

L'Écosse est-elle vraiment une terre de fantômes ?

L'Écosse aime jouer la carte du mystère et du paranormal… et elle le fait très bien ! En effet, des sites web officiels recensant les relevés des chasseurs de fantômes indiquent un bon millier d'apparitions spectrales ces dernières années. Que l'on y croie ou non, visiter un site ou un château hanté est une expérience qui peut donner des frissons. Et la multiplicité des sites où se sont déroulées des histoires effrayantes laisse à croire que oui, l'Écosse est bien une terre de fantômes !

Les âmes égarées sont parfois des guerriers – un soldat espagnol tué lors de la première révolution jacobite dans le château d'Eilean Donan –, des anciens prisonniers – dans le château d'Édimbourg –, des femmes passées à trépas dans d'obscures conditions – une Dame grise au château d'Inveraray (p.258) ou une Dame verte du château de Crathes –, et même des enfants – une petite fille vêtue d'une robe à carreaux dans le château de Dunnottar. Une Dame blanche planerait dans la tour hantée de la cathédrale de Saint-Andrews. Les apparitions fantasmagoriques hantent aussi des champs de bataille : on entendrait encore, à la date anniversaire du massacre, des cris dans la vallée de Glencoe ; de même, des cris, le cliquetis des épées et des coups de feu retentiraient la nuit sur le champ de bataille de Culloden.

Citons un dernier phénomène plus récent et d'autant plus angoissant : le passage d'un train fantôme sur le vieux pont du Tay, près de Dundee. Le 28 décembre 1879, deux ans après avoir été inauguré, l'édifice s'est retrouvé gravement fragilisé par un orage. Il s'est effondré au passage d'un train de voyageurs, ne laissant aucun survivant. Le jour anniversaire de la catastrophe, un train fantôme ferait son apparition, entre les vestiges, toujours visibles, du vieux pont.

Château d'Eilean Donan.

Ici les brownies ne se mangent pas, ils s'observent joyeusement !

L'Écosse est une terre de prédilection pour les amoureux des mondes imaginaires. Outre le célèbre monstre non identifié ondoyant sous les eaux du Loch Ness, elle dévoile, à qui sait les voir ou les imaginer, nombre de créatures plus fantasques, joyeuses ou effrayantes les unes que les autres. Il suffit d'un mouvement aussi précis qu'inopiné ou au contraire d'un rituel bien précis – glisser du pied droit sur une feuille de chêne et du gauche sur une feuille de sureau (c'est acrobatique !), avoir dans sa poche une fleur d'aubépine, saluer d'une formule magique le premier tourbillon de poussière aperçu – pour voir apparaître une nymphe, des elfes, des lutins… Ces derniers, nommés *brownies*, sont des créatures joyeuses, amatrices de whisky et de bière, poètes et bibliophiles. Il semblerait que

© STEPHEN BUWERT - ISTOCKPHOTO.COM

Cimetière et église à Stirling.

quelques pincées de tabac les attirent, disait, à leur propos, l'elficologue Pierre Dubois. Attention toutefois à ne pas tomber sur un « Red Cap », reconnaissable, comme son nom l'indique, à son bonnet rouge. Équivalent écossais du croquemitaine, il guette le promeneur perdu pour l'égorger. C'est que son bonnet a besoin de sa teinture naturelle écarlate pour conserver sa couleur vive !

Marchez dans les pas du roi Arthur

Le légendaire roi Arthur, roi de Bretagne (la petite et la grande) est ici très célèbre. L'Écosse est elle aussi souvent citée dans les romans arthuriens. Elle a sa propre version de la légende arthurienne, qu'elle a folklorisée. La mythification de certains lieux est même assez récente.

Aux quatre coins du pays, des événements et des sites témoignent de son passage et de grandes batailles menées. Il paraîtrait même que Camelot, le château du bon souverain, se situerait en Écosse… sans pour autant qu'une localisation spécifique ait pu être avancée. Édimbourg compte à son patrimoine légendaire le Siège d'Arthur (Arthur's Seat). Situé en haut d'un volcan, dans un écrin sauvage au cœur de la ville, le lieu offre une sublime vue panoramique : sur la capitale et sur l'estuaire du Forth. À Glasgow, Arthur aurait combattu l'un de ses pires ennemis : Caw. Il aurait aussi affronté les Pictes sur les rives du Loch Lomond et dans les Dumfries & Galloway (bataille de Coit Celidon), aux environs d'Arddery dd. Le long du Mur d'Hadrien, à Sewing Shields, zone actuellement anglaise, mais qui fut souvent écossaise, se situe l'un des lieux présumés de dormition d'Arthur.

D'autres personnages appartenant au geste arthurien entretiennent des liens avec l'Écosse. Gauvain, le neveu du roi Arthur, est originaire des îles des Orcades, puisqu'il est le fils du roi Lot d'Orcanie. On trouverait sa trace à Rosslyn : les écus et diverses figurations dans la chapelle le représentent, ce qui est plausible, car l'édifice a été bâti par un Sinclair, comte des Orcades. Il est fortement probable que celui-ci ait choisi de rappeler cet ancêtre mythique de sa famille.

Merlin a aussi marqué l'Écosse de son passage. À Stobo Kirk, l'église présente un vitrail où Merlin (Myrddin) est figuré en train d'être converti à la foi chrétienne par saint Kentigern, le premier évêque de Glasgow (vers 550-612), connu aussi sous le nom de Mungo. Les Écossais, à l'instar des Bretons et d'autres peuples celtes, revendiquent la présence de sa tombe sur leurs terres. Il reposerait près de Powsail Burn, appelé aussi Drumelzier Burn.

L'Écosse et ses multiples religions

Comme on le constate avec le révérend Kirk ou la mythologie arthurienne relative au Graal, la religion chrétienne n'est jamais loin. Elle est aussi au cœur de l'histoire de l'Écosse. L'église presbytérienne (protestante) fondée par John Knox est reconnue comme l'église officielle même si la séparation des pouvoirs entre l'Église et l'État est bien en place. L'Église catholique romaine est aussi largement représentée, avec 20 % de la population, concentrée principalement dans le Centre-Ouest. Les différentes vagues d'immigrations, principalement d'Asie Australe, ont aussi amené leurs religions : hindouisme, sikhisme et islam, très pratiquée en Écosse, qui accueille de nombreux centres islamiques et mosquées. Le judaïsme et le bouddhisme sont aussi représentés, mais de manière plus minoritaire. Citons, pour cette dernière, une île lui appartenant et où elle a érigé un centre bouddhique ouvert aux visites et retraites : Holy Isle (sur la côte ouest).

INTERVIEW

AVEC CAROLINE DUBAN, DOCTEUR EN HISTOIRE

Et si les elfes de Tolkien… étaient nés en Écosse ? Il est un traité de féerie, qui est source de toutes les inspirations actuelles. Un homme – un prêtre ! – a, en 1691, écrit un ouvrage recensant les croyances liées au monde des elfes et des êtres surnaturels. Pour le révérend Kirk, officiant à Aberfoyle, dans les Trossachs, la croyance en ce monde parallèle n'avait rien d'incohérent avec la foi de l'Église presbytérienne. Si Dieu avait créé les hommes, pourquoi n'aurait-il pas créé aussi les fées ? *La République invisible*, l'ouvrage en question, a été découvert par Walter Scott, avant de retomber dans un oubli tout relatif. Le texte, introuvable, qui plus est en langue française, a attiré l'attention de deux amoureux des mondes imaginaires : Lawrence Rasson, illustrateur fantastique, et Caroline Duban, docteur en Histoire. C'est elle qui l'a retraduit et annoté. Elle répond au Petit Futé.

Qu'est-ce qui fait de cet ouvrage le premier traité de féerie ?

The Secret Commonwealth (le titre d'origine) est le premier document de ce type connu à ce jour. Il ne s'agit pas d'un recueil de contes ou de légendes, mais d'une enquête de terrain et documentaire mêlant théories, textes sacrés, mythologies et témoignages notamment de guérisseurs et de voyants.

Pourquoi le révérend Kirk est-il resté dans les mémoires ?

Loin de s'offusquer des pratiques païennes, le révérend Kirk conçoit que les préoccupations des petites gens demeurent vitales : se nourrir, être en bonne santé physique et garder son bétail et ses cultures sains. En cela, il dit être habitué à voir certaines personnes n'assister qu'aux prêches qui coïncident avec d'anciennes fêtes ayant pour but de préserver les bêtes de la maladie. De plus, c'est l'un des rares de son temps à maîtriser parfaitement le gaélique, seul moyen de communication du peuple des campagnes. Son épitaphe témoigne de leur attachement à leur tolérant référent spirituel. Il est en effet inscrit sur sa tombe ce message (originellement en latin, mais traduit ici) : « *Ici repose l'illustre et consciencieux révélateur des Évangiles et la lumière de la langue d'Irlande.* » Cette référence à la langue est une manière subtile de remercier le pasteur d'avoir voulu préserver la culture ancestrale que l'Église, à laquelle il appartenait, tentait pourtant de faire disparaître.

Comment ce traité a-t-il influencé des œuvres majeures comme *Le Seigneur des Anneaux* ou *Harry Potter* ?

Lorsque Walter Scott trouve par hasard le manuscrit miraculeusement conservé et complet, il s'affaire à publier 50 exemplaires destinés à une élite littéraire. Son enquête a la saveur du réel et du concret. C'est une mine d'informations inédites pour les grands littérateurs du XIXe siècle. Ainsi germent, dans l'esprit de leur père respectif, *Voyage au Centre de la Terre* (Jules Verne) et *Le Seigneur des Anneaux (J.R.R. Tolkien)*. Même si l'imaginaire évolue, il garde une inspiration plus ancienne : les elfes de maison de J.K.Rowling gardent le foyer à l'instar des *brownies* d'Écosse.

L'Écosse est-elle une terre plus magique qu'une autre ?

Peut-être les cultures nordiques renferment-elles des imaginaires qui font vibrer dans nos fors intérieurs des fibres invisibles sensibles. Les mondes celtiques et scandinaves, avec leurs motifs hypnotiques et leurs divinités représentées sur tant d'artefacts de bronze et d'or nous laissent rêveurs, à moins que ce ne soit lié aux ambiances feutrées et brumeuses. Peut-être que le peu d'héritage dont nous disposons au sujet de leurs langues ajoute à ce fascinant mystère…

Les croyances en ces mythes ont-elles toujours cours ?

On croit tous en des valeurs ou en des esprits élémentaires. Jusque dans les années 1950, il était de coutume de déposer des offrandes près des tumuli, considérés comme les entrées du royaume des fées. Toutefois, ce type de pratiques est toujours bien vivace bien que plus ponctuel... quoique ; nombreux sont ceux et celles qui perpétuent ces gestes sans en souffler un mot !

Le livre en question : *La République invisible des elfes, faunes, fées et autres semblables*, d'après le texte du révérend Robert Kirk, par Caroline Duban (auteur) et Lawrence Rasson (illustrateur), éditions Elf-Shot, 2016.

QUE RAPPORTER ?

Les cadeaux à faire… ou à vous faire ! À chacun son souvenir d'Écosse. À chacun ce qui l'aura marqué, ses goûts, ses clins d'œil affectueux ou parfois audacieux, ses souvenirs gourmands ou attendris. L'Écosse étant un pays très touristique, constellé de lieux de culture et d'histoire à visiter, elle offre aussi un large panel de « craquages » possibles, pour faire plaisir ou se faire plaisir. Artisanat et créativité débordante sont de mise. Alors oui, bien sûr, certaines suggestions ici présentées seront peut-être « clichés », mais qui n'a pas ce plaisir honteux, quand il part en vacances, de rapporter un objet kitschissime à souhait… ? Ou, s'il faut se dédouaner, qui n'a pas une grande-tante ou une grand-mère qui se damnerait pour un service à thé décoré de scottish terriers ? Ou encore un neveu qui fera de sa peluche « Highland cow » sa nouvelle meilleure amie ? À moins que vous ne cédiez aux goodies à l'effigie de la famille royale ?

L'Écosse est encore plus gourmande que vous ne l'imaginez

L'Écosse regorge de douceurs sucrées et salées plus savoureuses les unes que les autres. Pour les premières, beurre et sucre sont au cœur de la fabrication de délicieux *shortbreads*, *scottish tablets*, *fudges* et autres variantes. Il serait aussi dommage de passer à côté de la gamme de barres chocolatées et de *tea cakes* de Tunnock's… Surtout qu'ils sont à petits prix, qu'on ne les trouve pas en France, et qu'ils se glissent tout seuls dans une valise déjà bien remplie !
Et les palais salés ? On pourra vous suggérer quelques fromages bien emballés, de même pour le saumon fumé localement, ou du haggis (en version originale ou végétarienne) en boîte, si vous êtes devenus accro.

Rapportez chez vous un peu des légendes écossaises

Du haggis en boîte à l'animal légendaire nommé *haggis*, il n'y a qu'un pas. La plaisanterie de laisser croire aux âmes naïves que le *haggis* est un animal extraordinaire vivant sur les terres écossaises reste de mise, et l'on retrouve, dans certaines boutiques de souvenirs ayant cédé à cet humour enfantin, des sifflets officiels (« The Haggy's whistle™ ») pour appeler la drôle de bête. Nessie, le célèbre monstre du Loch Ness, est aussi la grande star des boutiques de souvenirs. Peluches, magnets, sacs, porte-clés, mugs, couvre-chefs, grenouillères, canards en plastique réinterprétés ou encore accessoires de cuisine se déclinent à son effigie.
Elle n'est toutefois pas la seule à hanter de sa présence mystérieuse les terres des Highlands. De très beaux albums illustrés ou livres de contes narrent les légendes d'êtres féeriques ainsi que les histoires abracadabrantes de fantômes ou de grands héros.

Un verre dans le moelleux d'un canapé, et les souvenirs affleurent

Difficile de revenir d'Écosse sans rapporter dans ses valises de bonnes bouteilles de whisky, gin, et même bières, tant les brasseries locales et exclusives au Royaume-Uni sont nombreuses. L'achat de gin ou de whisky vous confrontera sans doute à un dilemme, puisqu'il sera, fort probablement, vendu plus cher qu'en France (à cause de taxes élevées et récemment augmentées). La solution ? Vous offrir un whisky en vente exclusive à la distillerie – elles sont de plus en plus nombreuses à proposer ce privilège à leurs visiteurs – ou vivre une expérience personnalisée insolite, en remplissant vous-même votre bouteille, avec une cuvée dédiée et, le plus souvent, non commercialisée ailleurs.
De nombreux objets et gourmandises se déclinent autour de ces breuvages pluriséculaires. Vous trouverez des *scottish tablets* et *fudges* parfumés au whisky, du thé ou du café au whisky (chez Tea & Coffee Edinburgh Company Ltd), du chocolat au whisky, mais aussi des bougies et des savons senteur whisky. Outre les bouteilles, coffrets et mignonnettes à rapporter, vous pourrez choisir parmi des présentations plus originales des spiritueux, proposées dans les boutiques spécialisées dans le whisky : angelots en verre ou boules de Noël remplies de whisky ou de gin, déclinées notamment par Angel's Share glass et Pickering's gin.

La tradition écossaise sens dessus dessous

Si le symbole écossais est le chardon (*thistle*), il est figuré à foison, y compris sur des supports improbables. Si sa fragrance vous séduit, vous le trouverez en parfums et cosmétique chez Men's Grooming, dans une alliance toute masculine avec le poivre noir.
Le tweed est aussi partout, décliné en pièces de maroquinerie, écharpes, gants, casquettes et accessoires divers, de même pour les tartans, qui ornent coussins, linge de maison, vêtements en tous genres. Eh bien sûr, il y a le fameux kilt. Au féminin ou au masculin, son acquisition s'accompagne, pour un kit complet, de chaussettes, d'une veste, de chaussures, d'un *sporran* et d'une épingle de kilt. Pour une vraie qualité et une fabrication locale (il ne pourrait en être autrement), l'addition peut vite grimper et atteindre les £1 000.

Enfin, les Écossais se sont prêtés au jeu avec des publications jouant sur le côté glamour de ce vêtement : cartes postales, calendrier (« *We love kilts* »), mais aussi publications, parmi lesquelles *Kilted yoga* (des hommes en kilt pratiquant le yoga) et *101 Men in kilts*.

Artistes et artisans d'art, l'incontestable « made in Scotland »

De nombreuses petites boutiques, d'artisans et d'artistes, promeuvent un artisanat et des créations « made in Scotland », issus du terroir ou des îles, pensés et créés selon l'inspiration des embruns. L'idée – et l'on ne peut que la défendre – est de conserver, voire développer, des emplois de qualité dans des zones qui tendent à subir un exode de la jeunesse et une pénurie de travail. Les nombreuses distilleries et brasseries, d'ailleurs, œuvrent aussi dans ce sens, en concentrant, pour nombre d'entre elles, toute leur activité (communication et marketing compris) en Écosse. Revenons-en aux créations écossaises et citons, par exemple, les bijoux de Sheila Fleet, créatrices dans les Orcades, les bougies parfumées produites sur l'île de Skye ou encore les savons « Lomond soap ».

Et pour les enfants, petits ou grands ?

Les créations pour les enfants ne manquent pas. Outre les innombrables et plus adorables les unes que les autres peluches de vaches Highlands, de moutons, de scottish-terriers et de faisans, vous pourrez profiter de votre visite pour renforcer leur initiation à la langue anglaise et à la culture écossaise. Le Royaume-Uni bénéficie aussi d'une riche littérature enfantine, mettant à l'honneur des personnages historiques clés, reprenant les grands classiques des auteurs écossais (Walter Scott ou Stevenson, par exemple), ou racontant des histoires locales. Et comme l'apprentissage passe aussi par le jeu et le plaisir, pourquoi ne pas s'offrir le Monopoly, édition Écosse, ou d'autres jeux exclusifs, en VO ? Les boutiques font aussi la part belle au patrimoine *Harry Potter* et à de vastes collections d'objets dérivés, qui feront pâlir d'envie les fans. Les adultes, quant à eux, succomberont sans doute à la folie *Outlander* !

S'offrir un titre de Lord ou de Lady écossais

Saviez-vous qu'il était possible… de devenir *lord*, *lady* ou *laird* de Glencoe et de posséder un bout de terre écossaise ? Si l'idée peut, de prime abord, surprendre et susciter la vigilance, elle est en fait une initiative environnementale inédite et novatrice. Depuis 2006, Highland Titles s'est donné comme objectif de restaurer les terres dévastées en plantant des arbres. En 2007, elle a acquis, grâce à toutes les parcelles achetées (en 1 pied carré, 10 pieds carrés, 100 pieds carrés : les options sont multiples) une réserve naturelle à Glencoe Wood, reboisant ainsi une centaine d'hectares. En 2014, elle faisait de même avec Mountain View (près d'Invergarry). À l'ambition sylvestre s'ajoute une démarche en faveur de la faune locale, avec la mise en place de « Bumblebee Haven », un havre de paix pour les chevreuils, et le don de 10 acres de terre à « Wildcat Haven », qui protège les derniers chats sauvages écossais. Pour participer à cette œuvre collective et détenir le prestigieux titre de *laird* (propriétaire) of Scotland, il suffit de se connecter sur le site Internet dédié (www.highlandtitles.fr) et de choisir son pack. Bonne action, création d'une communauté, prestige et amour de l'Écosse : voilà une initiative, et un cadeau !

Conclure sans évoquer la famille royale serait inconvenant… Et il est rare de visiter un lieu sans que soit faite une référence à un monarque anglais. Les objets — souvent kitch, mais là est leur charme – sont variés : vaisselle ou service à thé marqués des emblèmes royaux, peluche de corgi, boîtes en métal collector… Ce sont des *must have*, ou pas !

Fudge.

SPORTS ET LOISIRS

Les sports suivis en Écosse sont nombreux et sont très souvent vecteurs de repères identitaires, sociaux et religieux. Il faut absolument mentionner le golf, créé dans le pays au XVe siècle et qui attire encore aujourd'hui son lot de passionnés, mais il y a également le curling, le rugby, une véritable institution nationale, le cricket, le football, grâce aux deux grands clubs de Glasgow, mais aussi la course de lévriers, l'équitation, la voile, l'aviron… Mais visiter l'Écosse revient souvent et surtout à profiter de sa nature exceptionnelle. Évidemment, la randonnée est reine et un voyage en Écosse est synonyme de balades ou de treks sur les milliers de sentiers du pays. Des sentiers que l'on parcourt aussi à cheval, à vélo ou en VTT. L'Écosse est également un paradis pour les pêcheurs qui viennent y taquiner truites et saumons et pour les plaisanciers qui se font plaisir le long des côtes très découpées du pays.

Le rugby, une institution

Comme en Angleterre, la pratique du rugby est ici une institution. L'histoire de ce sport prend ses origines dans les internats des écoles où les élèves étaient obligés, sauf certificat médical du médecin de l'établissement scolaire, de pratiquer ce sport. C'est donc la bourgeoisie qui a pris à son compte tout ce que le rugby pouvait offrir. Aujourd'hui, fort de ses centaines de clubs et de son équipe nationale, le XV du Chardon, le pays participe à toutes les grandes compétitions. Et même si les joueurs écossais ne sont jamais montés sur le podium de la Coupe du monde (4e en 1991) et n'ont plus remporté le Tournoi des 6 Nations depuis 1999 malgré leurs 22 victoires tout de même dans ce tournoi de l'hémisphère nord, ils sont une vitrine non négligeable du pays à l'international. Et lorsque le mythique Murrayfield Stadium (p.153) à Édimbourg entonne à l'unisson l'hymne national, *Flower of Scotland*, même les visiteurs ont des frissons !

Le football, une histoire de derby

Le sport le plus populaire du monde, le football, a été inventé en Angleterre au XIXe siècle. L'Écosse, quant à elle, possède le plus ancien stade international de football du monde, utilisé sans interruption depuis sa création en 1903, le Hampden Park à Glasgow. Si le championnat national écossais n'est pas du même niveau que son homologue anglais, il possède deux clubs de légende : les formations de la ville de Glasgow, les Rangers, champions d'Écosse en 2021 pour la 55e fois, et le Celtic, 51 fois vainqueur et champion d'Europe en 1967. Le Old Firm, le surnom du derby de la ville, est toujours un événement et demeure l'un des duels mythiques de l'histoire du football. Un match qui est toujours un peu plus qu'une simple partie de football. En effet, au-delà de la rivalité sportive, les deux clubs sont nés sur des antagonismes religieux et politiques. Si les Rangers sont depuis toujours le club de la population protestante de la ville, le Celtic, fondé par des immigrants irlandais à la fin du XIXe siècle, est celui des catholiques.

L'équipe nationale, quant à elle, n'a jamais excellé : sa dernière participation à une grande compétition internationale remonte à la Coupe du monde 1998, organisée en France.

Les sports traditionnels

- **Curling.** Sport de précision sur glace dont on dit qu'il aurait été inventé en Écosse au XVIe siècle (la Fédération mondiale se trouve d'ailleurs dans la ville de Perth), le curling est l'un des sports les plus prisés du pays. Il faut dire que l'Écosse brille sur la scène planétaire, avec pas moins de cinq titres de champion du monde et douze couronnes aux championnats d'Europe. L'équipe féminine est elle aussi deux fois championne du monde et deux fois championne d'Europe.

- **Les Highland Games.** Ces festivités, appelées également Highland Gatherings, conjuguent épreuves sportives traditionnelles, concours de musique et danses folkloriques. Entre deux concours de cornemuse, on retrouve alors régulièrement quelques grands classiques comme le lancer de tronc d'arbre, l'épreuve la plus populaire, le lancer de marteau, le jet de pierre, mais aussi des courses à pied ou des concours de lutte et de tir à la corde, une épreuve également très prestigieuse. Et côté tenue, le kilt est évidemment de rigueur pour tous les participants ! Leur histoire remonte au Moyen Âge. Si, à l'époque, il s'agissait pour le roi ou le chef de clan de choisir les hommes de sa garde, aujourd'hui des prix récompensent les vainqueurs. Cornemuse et kilts multicolores donnent un cachet pittoresque à ces joutes qui se déroulent souvent dans un cadre grandiose.

Plusieurs centaines de rencontres sont organisées chaque année, de mai à septembre, à travers toute l'Écosse. Ce sont vraiment des manifestations à ne pas manquer si vous en avez l'occasion ! Elles sont toutes répertoriées sur Visitscotland (www.visitscotland.com). Les plus populaires sont celles de Braemer dans l'Aberdeenshire. Depuis la présence de la reine Victoria en 1848, ce festival reçoit un parrainage royal.

▶ **Shinty.** Ce jeu, apparu pendant la période celte, s'apparente au hockey et met aux prises deux équipes de douze joueurs équipés de crosses, appelées *camàn*. C'est un sport assez viril qui provoque bien souvent des blessures : il est en effet possible ici de lever la crosse au-dessus des hanches. Il servait à calmer les ardeurs masculines dans une Écosse soumise aux fréquentes guerres de clan.

Une destination golf mondialement réputée

Un véritable sport national, qui est à l'honneur partout ! L'Écosse est le pays du golf et ce sport de gentleman a ici une immense réputation. S'il a été codifié à St Andrews en 1754, après avoir été importé au Moyen Âge d'une discipline hollandaise équivalente, les traces écrites sont bien plus anciennes. En 1457 déjà, le roi James II était inquiet que ses sujets passent trop de temps à y jouer au lieu de pratiquer le tir à l'arc et il décida de bannir l'activité. Heureusement, l'interdiction fut levée en 1502 et le roi James IV devint lui-même golfeur, tout comme sa petite-fille, Mary Queen of Scots. Le sport s'est répandu dans tout le pays et le premier Open eut lieu en 1860, à Prestwick.

Avec un héritage qui remonte à plus de six siècles, il n'y a donc pas de meilleur endroit pour une partie. Il n'est pas une ville, un village, une île qui ne possède son *green* : l'Ecosse regorge de plus de 550 parcours fantastiques où jouer ! Il aurait été impossible de tous les lister dans ce guide mais sachez que Visitscotland (www.visitscotland.com) s'en charge sur son site et publie même un guide spécifique de 132 pages sur le golf. Vous pourrez même assister à certains des tournois les plus prestigieux du monde, comme le British Open, un Grand Chelem organisé en alternance en Angleterre et en Écosse le 3e ou le 4e vendredi de juillet, ou l'Open d'Écosse, qui a lieu mi-juillet sur les rives du loch Lomond.

À l'assaut d'une nature époustouflante !

▶ **Randonnée.** La randonnée est reine en Écosse et les occasions de la pratiquer sont infinies, de la simple balade aux treks les plus compliqués. Les zones gérées par un organisme comme un parc national ou une réserve sont particulièrement adaptées car elles offrent beaucoup de sentiers. Plusieurs itinéraires de longue distance sont aussi mentionnés dans ce guide.

Même si les sommets n'affichent pas des altitudes alpines, il faut rester vigilant aux dangers avant de s'engager dans une longue marche de montagne. Rappelez-vous que le temps change sans prévenir en Écosse et l'on a vite fait de se retrouver dans les nuages, le brouillard ou la tempête. L'orientation devient alors extrêmement compliquée. Soyez bien conscient de vos capacités et de vos limites, gardez à l'esprit que le terrain peut être très escarpé, boueux, difficile à trouver et qu'un chemin dessiné sur une

Highland Games.

carte peut ne pas être visible au sol une fois sur place. Il convient donc de prendre quelques précautions essentielles, mais n'allez pas vous inquiéter outre mesure. Tout se passera bien si vous faites attention et vous pourrez profiter à fond des randonnées inoubliables qu'offre le pays.
Plusieurs règles de base se doivent d'être respectées : se munir d'une carte et d'une boussole, connaître son parcours et ses caractéristiques, prévenir quelqu'un, consulter la météo et, enfin, attention aux saisons et à votre équipement : cela va sans dire, les conditions ne seront pas les mêmes en été qu'en hiver. Prenez garde en hiver, la nuit tombe entre 15h30 et 16h et la neige nécessite du matériel spécialisé.

Équitation. C'est un sport très *british* que l'on peut pratiquer dans les plus beaux coins d'Écosse, où certains centres équestres organisent des treks. Les Highlands s'y prêtent à merveille.

Cyclisme et VTT. La campagne écossaise est très agréable à explorer à vélo, avec des centaines de kilomètres de chemins en pleine nature, de pistes aménagées et de petites routes paisibles. Le sud est très réputé, entre les Borders et Dumfries & Galloway. Les plus courageux et ceux qui apprécient les espaces sauvages prendront la direction des Highlands et des îles du Nord-Ouest, tout particulièrement les Hébrides. Des spots également très prisés des amateurs de VTT qui se régalent sur les pistes et les descentes nombreuses.

Alpinisme. On le pratique en hiver sur la face nord de Ben Nevis, à Glen Coe, sur les Cuillin de Skye, dans les Cairngorms et dans l'ensemble des Northern Highlands.

Sports d'hiver. L'Écosse possède plusieurs stations de ski, autour de Glen Coe, Ben Nevis et des Cairngorms. Ne vous attendez tout de même pas à l'équivalent des Alpes ou des Pyrénées si vous y avez vos habitudes.

Dans les rivières et les lochs, vive la pêche !

S'il est un pays réputé pour la pêche tout au long de l'année, nul doute que c'est l'Écosse. Voilà un autre sport national : la pêche, au saumon et à la truite brune principalement, et qui peut être pratiquée pour des sommes raisonnables dans les rivières et les lochs. Les sites incroyables ne manquent pas. Ici, la pêche s'articule autour de quatre grands fleuves à saumon, la Dee, la Spey, le Tay et le Tweed, et de leurs affluents. Sinon, la Don abrite des truites brunes batailleuses, tandis que le Loch Lomond et les rivières de la région de Dumfries et Galloway sont uniques pour la pêche au poisson blanc. La pêche en haute mer et sportive peut aussi être envisagée.

Kayak de mer près de Stac Buidhe, Skye.

Les saisons de la pêche en Écosse sont réglementées par des calendriers qu'il faut respecter. Les dates varient en fonction de l'espèce que l'on souhaite pêcher. Pour le saumon, c'est entre février et avril ainsi que durant le mois de septembre et octobre ; pour la truite de rivière, de mi-avril à fin-mai, période propice à la pêche à la mouche ; pour les truites de mer c'est l'été. Les meilleurs sites de pêche se trouvent dans les Highlands.
Les hôtels, les magasins de fournitures pour pêcheurs, les épiciers et les bureaux de poste vous délivrent un permis pour la journée ou proposent des forfaits. Encore une fois, Visitscotland pourra vous orienter (www.visitscotland.com).

Prendre la mer

Très développés dans les îles et sur la côte ouest, beaucoup d'organismes offrent des virées en mer et des locations de kayak de mer. Il faut dire que les lochs, îles et côtes très découpées des Highlands notamment sont des spots de choix pour se balader en kayak et partir à la rencontre des phoques, des dauphins et des baleines.
Des somptueux paysages typiquement écossais qui font aussi le bonheur des amateurs de voile. Des possibilités existent pour louer un dériveur ou un voilier, avec ou sans équipage. Il existe de nombreux ports sur toute la côte et les principaux mouillages sont le Mull of Kintyre, le Firth of Clyde ou les îles Orcades et Shetland.
Sinon, les moins frileux pourront s'essayer à la plongée (Falls of Lora notamment) et surtout au surf le long des côtes nord et ouest du pays, surtout autour de Thurso et dans les Hébrides extérieures. Le spot de Lewis est le plus réputé.

GASTRONOMIE

Même si les Îles Britanniques ne jouissent pas forcément d'une réputation très flatteuse côté cuisine, force est de constater que l'Écosse offre de belles surprises et a su moderniser sa cuisine tout en valorisant un terroir de grande qualité. Le pays compte d'ailleurs pas moins de 11 restaurants ayant au moins une étoile Michelin. Les conditions climatiques et les paysages rudes offrent pourtant des produits excellents entre le savoureux bœuf Angus, la truite sauvage, l'agneau et le cheddar des Orcades, mais également les nombreux gibiers des landes et puis bien sûr une abondance de poissons et de fruits de mer, qui sont préparés de manière simple, robuste mais savoureuse à l'image du pays. Les Écossais sont également férus de thé et l'*afternoon tea time* est encore une tradition prisée, à ne pas rater. On n'oublie pas de goûter aux bières puissantes, ambrées et riches et bien sûr à l'or liquide du pays qui n'est d'autre que le whisky.

Produits du terroir et mode de vie

L'Écosse jouit de richesses insoupçonnées sur son terroir et de nombreux produits bénéficient d'AOP et IGP (PDO et de PGI en anglais). Les vastes pâturages, les forêts épaisses et les landes de bruyère offrent un environnement parfait pour des viandes d'exception. Le bœuf d'Écosse est réputé, tel l'excellent l'Angus beef, connu pour sa viande persillée et l'*Orkney lamb* (agneau), venant des Orcades, presque autant. Le boudin noir (*Stornoway black pudding*) des Western Isles (Hébrides extérieures) se compose de sang de porc, d'oignon, de graisse de bœuf et d'avoine. On n'oubliera pas les nombreux gibiers comme le cerf, le lièvre, la grouse (une sorte de perdrix) et le coq de bruyère.

Avec plus de 18 000 km de côtes déchiquetées – soit presque six fois plus qu'en France métropolitaine – l'Écosse et la pêche vont de pair. Cabillaud, colin, flétan, turbot, maquereau, lotte, mais aussi langoustine, homard, coquilles Saint-Jacques et huîtres sont très prisés. Le saumon d'Écosse sauvage comme le saumon issu d'élevages bio bénéficient d'une IGP. Tout comme les *Arbroath smokies*, un type de haddock fumé, produit dans la région d'Angus, à l'est du pays.

La production fromagère n'est pas en reste. Citons le Bonchester, ressemblant à un brie, qui jouit d'une IGP, ainsi que le Dunlop, l'Isle of Mull, l'Anster, l'Auld Lochnagar, le Lairig Ghru ou le Orkney Scottish Cheddar, connues pour leur pâte ferme. Citons aussi le Lanark Blue, proche d'un roquefort au lait de brebis, ou le caboc, un fromage crémeux et très riche, reconnaissable à sa croûte d'avoine grillée, que l'on produit dans les Highlands écossais depuis le XVe siècle.Les pubs servent le plus souvent à déjeuner entre 12h et 15h et le dîner dès 17h30. Le service termine cependant tôt vers 21h, sauf dans les

Arbroath smokie.

restaurants plus classiques où l'on peut manger jusqu'à 22h, parfois plus tard. Les coffeeshops et sandwicheries sont très communs et offrent des alternatives bon marché, souvent variées et de bonne qualité. D'autant plus que les Britanniques sont plus avancés que nous concernant les régimes spéciaux (végétariens, vegans, sans gluten, etc.), du moins dans les grandes villes. On trouvera également de nombreuses propositions de cuisine internationale et notamment de restaurants asiatiques, et plus particulièrement indiens et pakistanais évidemment.

Les basiques de la cuisine écossaise

Les pubs écossais mettent à l'honneur des classiques nationaux. Le matin on pourra ainsi savourer un très généreux *Scottish breakfast* qui en soit reste assez proche d'un *Full English breakfast* : œufs au plat, *baked beans* (haricots blancs à la tomate), bacon, champignons et tomate grillés, toasts, etc. On y ajoute des spécialités régionales comme du *Stornoway black pudding*, des *tatties scones* (scones à la pomme de terre) ou de la *Lorne sausage* (des carrés de chair à saucisse finement épicée), du porridge (flocons d'avoine) ou même du *haggis*. En effet si on ne devait évoquer qu'un seul plat écossais ce serait probablement le haggis. Cette recette très ancienne se compose d'une panse de brebis farcie d'abats hachés (cœur, foie, poumons), d'avoine, d'oignon et d'épices que l'on fait cuire au court-bouillon plusieurs heures. Des variantes modernes de cette recette – à base de porc, de bœuf ou végétarienne (avoine, son, blé, lentilles) – existent depuis quelques années. Traditionnellement, le haggis est servi avec une purée de pomme de terre et une purée de rutabaga, le plat étant alors appelé *neeps and tatties*, que l'on surnomme aussi *clapshot*, s'il contient de la ciboulette.

Parmi les plats de viande citons également le *bangers and mash*, un plat de saucisse du Cumberland avec de la purée de pomme de terre et un jus de viande à l'oignon (*gravy*). En plus du black pudding, on apprécie également le *white pudding* (à base de porc maigre et d'avoine) servi pour le breakfast ou le *red pudding* (porc gras et épices), souvent pané et frit. Le dimanche on sert le *Sunday roast* qui se compose d'un rôti de bœuf ou de porc ou un poulet rôti avec des légumes, de la purée de pomme de terre et des Yorkshire puddings, des sortes de petits beignets soufflés, le tout nappé de *gravy*. On peut déguster le pouce un *forfar bridie*, une sorte de chausson garni de bœuf haché ou une *Scotch pie*, une petite tourte à la viande de mouton et à l'oignon. Servi en accompagnement comme en plat principal, le *rumbledethumps* est un mélange de purée de pomme de terre, de chou vert et d'oignon, couvert de cheddar gratiné. Il est similaire au *colcannon* irlandais, ou au *bubble & squeak* anglais.

© STOCKCREATIONS - SHUTTERSTOCK.COM

Haggis.

Le poisson et les fruits de mer tiennent une place importante. On retrouve l'immanquable *fish & chips*, souvent servi d'un trait de vinaigre. Le *partan bree* est un velouté de bisque de crabe au riz. Le *finnan haddie* est un type de haddock fumé à froid rentrant dans la composition du *cullen skink* (un potage épais à base de haddock, pomme de terre et oignons). On peut aussi le faire griller ou le pocher dans du lait avec des aromates. Le *finnan haddie* et le cheddar permettent de réaliser également une *Arnold Bennett omelette*, très en vogue depuis les années 1930.

À l'heure du thé

Les salons de thé (*tearooms*) occupent une place importante dans le quotidien des Britanniques en général. En effet le thé – comme dans le reste des îles Britanniques – a une place prépondérante dans le quotidien des Écossais, tout comme l'Écosse a joué un rôle majeur dans la démocratisation de ce breuvage. C'est à James Taylor que l'on doit le développement de la culture du thé à Ceylan – actuel Sri Lanka – qui s'associa à la fin du XIXe siècle avec un certain Thomas Lipton, qui commença à vendre du thé de Ceylan dès 1871 dans la première épicerie Lipton à Glasgow, alors l'un des ports les plus actifs du Royaume-Uni.

On retrouve ainsi de nombreux salons de thé en Écosse où l'on peut siroter du thé – généralement noir – lors de l'*afternoon tea* – aux alentours de 16h – avec une foule de petits gâteaux : *carrot cake*, *scones*, *muffins*, *cupcakes*, *lemon bar* (biscuits carrés à la crème au citron), *cucumber sandwich* (sandwich triangle au concombre et au fromage frais), *shortbread* (sablés au beurre). On retrouve également des spécialités plus typiquement écossaises comme le *dundee cake*, un gâteau richement garni de raisins secs et décoré d'amandes ou encore l'empire biscuit, un type de sablés nappés d'un glaçage blanc et d'une cerise confite.

On n'oubliera pas en été le *cranachan*, un entremet mêlant crème fouetté et framboises, le tout parfumé au miel et au whisky, parsemé d'avoine toastée. Plus copieux le *tipsy laird* est le nom local du *trifle*. Un entremets composé de couches de gâteau génoise imbibé de whisky, confiture de fruits rouges, crème pâtissière à la vanille et crème fouettée. Il existe aussi des préparations plus robustes comme le *clootie*, un pudding à base de farine, miettes de pain, gras de bœuf et fruits secs cuit dans un linge à l'étouffée qui lui donne une forme arrondie ou le black bun, un étonnant cake fourré de fruits secs, cannelle, gingembre et écorces d'agrumes, le tout enroulé dans un pâte à tarte avant d'être enfourné. Enfin pour couronner le tout, les amoureux de la malbouffe pourront essayer un en-cas apparu en Écosse dans les années 1990, la *battered Mars bar*, une barre chocolatée Mars, enrobée de pâte à beignet, puis frite. C'est très gras mais ça a au moins le mérite d'être nourrissant après une grosse journée de promenade.

Entre bière et whisky

L'Écosse comme le reste des Îles Britanniques est réputée pour une longue tradition brassicole qui remonte à plus de 5 000 ans. L'ale (prononcée [hey-l]) est la bière par excellence au Royaume-Uni, traditionnellement non filtrées et non pasteurisées. On retrouve même la Campaign for Real Ale ou CAMRA, une association nationale qui a fait de la défense des bières traditionnelles son cheval de bataille.

La culture du houblon s'est toujours avérée délicate dans la région à cause de la rudesse du climat écossais. Ainsi les Scottish ales sont très maltées pour compenser leur faible quantité de houblon, ce qui en fait aussi des bières plus fortes. On note également un goût caramélisé et fumé assez puissant. Traditionnellement les Scottish ales étaient classées en fonction de leur prix relatif à leur taux d'alcool. Ainsi on retrouve les 60, 70 et 80 shillings (noté 60/-) ce qui correspond respectivement aux Scottish light, Scottish heavy et Scottish export. On grimpe jusqu'à 90/- pour les Scottish Wee Heavy, ce qui correspond à des bières de plus de 6°. Ces bières à la robe caramel furent très prisées au XIXe aux USA et en Belgique, qui s'en inspirèrent fortement pour leur propre production.

On retrouve également la lager (bière de tradition germanique classique, à faible fermentation et avec une robe claire) et la stout ou porter (bière très torréfiée, avec une robe brune et un petit goût de café comme la Guinness). Citons aussi la Brown ale, la Strong ale, la Golden ale et les Old et Dark ales. Sans oublier la Indian Pale Ale (IPA), réservée au transport vers les colonies, qui contient d'ordinaire plus d'alcool et de houblon que les autres, lui donnant une acidité caractéristique. Parmi les brasseries les plus connues du pays on notera la Orkney Brewery, la Caledonian Brewery, la Highland Brewing Cie et la Fyne Ales Brewery.

Mais l'Écosse est avant tout la terre du whisky. Selon la Scotch Whisky Association – située à Édimbourg – on trouve dans la région pas moins 128 distilleries. Les trois plus vieilles distilleries écossaises toujours en activité sont Glenturret (1775), Bowmore (1779) et Strathisla (1786) même si la production d'eau-de-vie de grains existe dans le coin depuis le Moyen Âge. Parmi les appellations citons le Scotch Whisky (à base d'orge, il doit vieillir au moins 3 ans en Écosse), le Single Malt (à base d'orge, produit dans une seule distillerie) et le Blended (à base de diverses céréales, mélange de différents whiskies de plusieurs distilleries) qui représente 90 % du marché.

Afternoon tea.

AGENDA

L'Écosse est un pays résolument festif. La culture ancestrale y est célébrée avec respect tout autant que dépoussiérée et constamment revigorée. Musiques traditionnelles et musiques contemporaines cohabitent dans les festivals, de même pour la danse, les arts plastiques ou les performances artistiques. Le patrimoine est autant source d'inspiration qu'écrin pour des créations actuelles. En témoignent les festivals de blues ou jazz dans les Orcades ou un superbe son et lumière en pleine forêt enchantée de Pitlochry. Aux grandes fêtes immuables : *Burn's night* (avec son haggis et ses poèmes), les *Highland games*, la *St Andrew*, la *Guy Fawkes Night* ou *Hogmanay* (Nouvel An) s'ajoutent des classiques à découvrir : les festivals de whiskies, les nombreux festivals culturels (dans leur version initiale et alternative) d'Édimbourg et de Glasgow, les *ceilidh*, les sessions de légendes et contes locaux…

ABERDEEN JAZZ FESTIVAL

ABERDEEN

www.aberdeenjazzfestival.com

Festival de 10 jours au mois de mars

Aberdeen se met aux couleurs du jazz pour accueillir ce festival dont la popularité grandit chaque année. Il met à l'honneur des artistes britanniques et internationaux, et prend place dans une dizaine de lieux emblématiques de la ville. Il se fait l'occasion de nouvelles collaborations artistiques et de superbes découvertes de jeunes talents comme d'artistes renommés. Le moment phare du festival est sans doute « Jazz on the green » : grand concert entièrement gratuit au cœur d'Aberdeen, dans le quartier le plus ancien et parmi les plus animés !

AYE WRITE ! GLASGOW'S BOOK FESTIVAL

GLASGOW

www.ayewrite.com

Festival de 9 jours au mois de mai.

Le salon du livre de Glasgow attire des auteurs britanniques et internationaux depuis plus de dix ans. Romans, poésie, polar, histoire, mémoires, thrillers, romance : tous les genres sont représentés. Si vous lisez en VO, ce salon est fait pour vous. Des animations spéciales sont prévues pour les enfants, pendant le festival, mais aussi en amont. Outre la grande librairie et ses opportunités de rencontres avec les auteurs, le salon propose des conférences et ateliers.

ARRAN FOLK FESTIVAL

BRODICK

https://arranfolkfestival.co.uk

Tickets en vente en ligne. Festival de 3 jours en juin. £26 pour 1 jour ; £45 le pass.

Le festival folk de l'île d'Arran s'organise à Brodick autour de *ceilidhs* et de concerts. Ses premières éditions remontent à plus d'un demi-siècle, avant qu'il renaisse en 1989 et prenne une dimension plus officielle. L'idée de départ était de faire venir les touristes sur l'île avec une programmation traditionnelle de qualité. Le succès a vite été au rendez-vous et le festival a bien grandi, au point de devenir l'un des événements les plus attractifs de l'île. Concerts gratuits et payants (pass possibles) s'enchaînent pendant trois jours.

BELTANE FIRE FESTIVAL

Calton Hill

ÉDIMBOURG - EDINBURGH

www.beltane.org

Se déroule chaque année le 30 avril.

Le plus grand Festival du feu en Europe a lieu traditionnellement le 30 avril de chaque année sur Calton Hill. Beltane signifie « feu sacré » en gaélique et célèbre l'éclosion du printemps. Cela correspondait autrefois au déplacement du bétail vers les pâturages d'été, mais c'est surtout une des principales fêtes celtes. Ce rassemblement attire chaque année près de 12 000 personnes. Processions d'acrobates, de jongleurs de feu en costumes traditionnels entre en scène et des performances spectaculaires s'enchaînent l'après-midi et la soirée.

BURNS' NIGHT

Tous les 25 janvier, partout en Écosse.

Depuis près de deux siècles, on fête nationalement la commémoration de la naissance du poète Robert Burns. De nombreux événements ont lieu dans tout le pays. Tout cela a commencé en juillet 1801, quand les proches du poète se sont réunis pour célébrer le cinquième anniversaire de sa mort. On y dégusta le fameux haggis et on fit honneur à l'artiste en jouant ses œuvres et en discourant en son honneur. La soirée fut un succès. Il fut alors décidé de renouveler l'événement mais de manière plus festive, au jour de sa naissance : le 25 janvier.

CELTIC CONNECTIONS FESTIVAL

GLASGOW

✆ +44 1413 538 000

www.celticconnections.com

Prochaines dates : du 18 janvier au 4 février 2024.

La programmation est faite de musique celtique dans toute sa diversité (folk, roots, indie, traditionnelle). Ce festival est sans doute le plus important du genre en Grande-Bretagne. Talents écossais et artistes du monde entier sont réunis pour 15 jours de fête avec des concerts dans toute la ville. Quelques chiffres ? On estime à plus de 2 000 le nombre d'artistes participant à cet événement et le festival ne cumule pas moins de 300 concerts, ateliers, *ceilidhs*, expositions...

COWAL HIGHLAND GATHERING

54 Hillfoot Street - **DUNOON**

www.cowalgathering.com

Festival de 3 jours au mois d'août. Entrée : £9/adulte et £20 le samedi.

C'est l'un des rassemblements les plus spectaculaires d'Écosse. Il accueille depuis 1894 les traditionnelles activités de danse, de lancers de poids, concerts de cornemuses… C'est donc un lieu et un moment unique pour voir réunis des joueurs de cornemuse, des danseurs et des athlètes étonnants de force et de talent. Près de 23 000 visiteurs assistent chaque année à cet événement traditionnel et fédérateur, dans une atmosphère conviviale, et surtout dans un décor magnifique. Vous voulez voir des *Highlands games* ? Rendez-vous à Dunoon !

DORNOCH WHISKY FESTIVAL

DORNOCH

www.dornochwhiskyfestival.com

Festival de 3 jours au mois d'octobre.
Entrée : £30/personne.

Le Dornoch Whisky Festival se veut l'occasion de s'initier aux whiskies écossais dans un décor magnifique, au cœur des Highlands. Créé en 2015 par des passionnés de whiskies qui avaient en tête ce que devait être un salon du whisky idéal, il propose une offre très vaste de whiskies, mais surtout une ambiance conviviale et chaleureuse. À l'amour du spiritueux s'ajoute l'amour des terres, du patrimoine, des traditions. Chaque malt a une histoire, a ses saveurs... Chacun raconte sa propre légende : c'est cette magie que vous toucherez dans ce festival !

DRAMBUSTERS WHISKY FESTIVAL

DUMFRIES

✆ +44 1387 256601

Le festival se déroule chaque année en novembre.
Entrée : £40.

Une journée pour découvrir le whisky ! Des stands des différentes distilleries du pays seront présentes, avec possibilité de dégustations, d'achats, de découvertes. Des *masterclass* et divers événements sont organisés. Des navettes rallient Dumfries à la salle d'exposition et une cafétéria sur place permet de grignoter un morceau entre deux *drams* de dégustation. 2020 a marqué la dixième édition du salon. Un sélection des meilleurs whiskies autour du monde !

DUMFRIES AND GALLOWAY ARTS FESTIVAL

DUMFRIES

www.dgartsfestival.org.uk

Festival de 10 jours au mois de mai.

Bienvenue au Dumfries & Galloway Arts Festival ! Établi en 1979, il est le plus grand festival des arts du spectacle rural d'Écosse. Il soutient et accueille des centaines d'artistes qui se produisent partout dans la région, dans des lieux dédiés ou détournés. Le programme est très diversifié : théâtre, danse, spectacles de marionnettes, humour, musique traditionnelle... Il y en a pour tous les goûts, toutes les sensibilités et tous les âges, mais toujours à petit prix.

EDINBURGH FRINGE FESTIVAL

180 High Street
ÉDIMBOURG - EDINBURGH
✆ +44 1312 260 026
www.edfringe.com
Rendez-vous annuel au mois d'août.

C'est le grand festival alternatif d'Édimbourg : un rendez-vous ultra festif et surprenant par la diversité de ses manifestations chaque jour, à toute heure et jusqu'à tard dans la nuit. Créé en 1947, le Fringe devait répondre au Festival International et bouscule littéralement l'ambiance de la ville. Des troupes du monde entier envahissent les rues, les restaurants, les jardins, les églises et les pubs. Il accueille chaque année plus d'un million de visiteurs venus du monde entier.

EDINBURGH INTERNATIONAL FESTIVAL

348 Castlehill
ÉDIMBOURG - EDINBURGH
✆ +44 131 473 20 00
www.eif.co.uk
Festival qui se déroule au mois d'août.

Né en 1947, c'est le principal festival culturel du mois d'août, auquel répond de manière plus informelle le Fringe. Événement planétaire majeur, il fait d'Édimbourg l'épicentre de la culture pendant un mois. Pas une salle de spectacle ne participe activement à présenter des concerts, pièces de théâtre, de la danse, de l'opéra et bien d'autres. Des collaborations uniques s'y forment et des œuvres y sont présentées en exclusivité mondiale. Édimbourg est « the place to be » en été.

EDINBURGH INTERNATIONAL SCIENCE FESTIVAL

ÉDIMBOURG - EDINBURGH
✆ +44 131 553 0320
www.sciencefestival.co.uk
Festival de 15 jours au mois d'avril.

L'Edinburgh International Science Festival est l'un des plus grands festivals de science d'Europe. Il explore les sciences, les technologies, l'ingénierie, l'art et les mathématiques. Pensée créative et pensée scientifiques sont décortiquées, célébrées, valorisées... en près de 270 événements adaptés à tous les publics. Il est l'occasion de sorties pédagogiques en famille, d'assister à des débats, des conférences et des activités pratiques dans plusieurs lieux de la ville.

EDINBURGH JAZZ AND BLUES FESTIVAL

869 Giles Street
ÉDIMBOURG - EDINBURGH
✆ +44 131 467 5200
www.edinburghjazzfestival.co.uk
Festival de 10 jours au mois de juillet.

Le jazz et le blues s'expriment sous toutes leurs formes pendant cet événement très réputé et de grande qualité. Des concerts en plein air ont lieux sur des squares de la ville et dans ses multiples salles. On écoute aussi bien des *songwriters* solitaires, des chorales de gospels ou des artistes de renom. Vous venez ici comme vous voulez, comme vous êtes : vous avez seulement à ouvrir grand vos oreilles et à vous laisser porter par l'irrésistible énergie et joie de cette musique !

EDINBURGH WHISKY FESTIVAL

54 George Street
ÉDIMBOURG - EDINBURGH
thewhiskylounge.com
Prochaine date : en juin.

Ce festival de whisky, co-organisé par The Whisky Lounge et Even Brite, prend place à Édimbourg début juin, et se décline aussi dans d'autres villes du Royaume-Uni. L'idée est simple : une entrée, un verre de dégustation de whisky, un livret avec les exposants et whiskies en dégustation et... à vous de découvrir, de humer, de goûter, d'apprendre ! Des masterclass sont proposées sur divers thèmes. Il est aussi possible d'acheter sur place, parmi la centaine de distilleries exposantes.

EDINBURGH'S HOGMANAY

180 Hill Street
ÉDIMBOURG - EDINBURGH
✆ +44 844 573 8455
www.edinburghshogmanay.com
Tous les ans du 30 décembre au 1er janvier.

Comme un soir ne suffit pas, Édimbourg organise trois jours de fête non-stop, chaque année, pour le premier de l'an. L'idée est de s'amuser avec tous ceux qui le souhaitent en se déguisant, avec des concerts, feux d'artifice, *ceilidh* et rassemblements. L'évènement est tout de même dans le « Top 25 des expérience à faire à travers le monde » et dans le « Top 100 des choses à vivre avant de mourir » de Discovery Channel. Plusieurs soirées sont proposées, certaines payantes et sur réservations, d'autres non. Il est aussi possible de réserver logement et soirée.

FIFE WHISKY FESTIVAL

www.fifewhiskyfestival.com

3 jours au mois de mars.

Le Fife Whisky Festival se déroule chaque année à Cupar, bourgade entre Dundee et Édimbourg. Il réunit les meilleurs producteurs de whiskies de la région Fife et au-delà. Une trentaine de distilleries est présente avec des stands pour montrer leurs produits et faire goûter leurs whiskies. L'entrée au salon comprend un verre de dégustation et par conséquent, la possibilité de tremper ses lèvres dans quelques spiritueux, pour en découvrir les incroyables saveurs. Des bus directs relient Cupar aux villes des environs : Édimbourg, Glasgow, Dundee, Stirling, Perth...

GLASGOW INTERNATIONAL JAZZ FESTIVAL

GLASGOW

www.jazzfest.co.uk

Festival de 4 jours fin avril

Ce festival accueille les plus grands noms du jazz et du blues. Dès sa création en 1987, l'une des plus grandes chanteuses de jazz, Sarah Vaughan, s'y produisait. Depuis les années 2000, le jazz descend dans les rues avec des scènes en plein air, dans le centre-ville. « Live for 5 » naissait en 2003 avec les plus grands artistes du moment. Les artistes internationaux sont chaque année au rendez-vous d'une programmation exceptionnelle. Un mixte entre performances payantes et gratuites.

FORT WILLIAM MOUNTAIN FESTIVAL

FORT WILLIAM

https://mountainfestival.co.uk

Festival qui se déroule chaque année mi-février. Prochaine date : 15-18 février 2024.

Durant 5 jours, écoutez les exploits et histoires incroyables de survie des aventuriers de l'extrême. Venus du monde entier, ils se rassemblent au pied du Ben Nevis pour partager leurs aventures les plus incroyables. Ce rendez-vous annuel réunit quelque 1 500 personnes avides de récits palpitants, d'ascensions de montagnes, d'efforts et d'expériences hors du commun. Aux conférences s'ajoutent des ateliers de formation, des sessions créatives, des activités de plein air...

GUY FAWKES NIGHT

5 novembre

Début novembre, en Grande-Bretagne et donc aussi en Écosse, a lieu la Guy Fawkes Night, appelée aussi Bonfire Night. C'est la nuit des feux de joie ! Cette soirée spéciale célèbre l'échec de la conspiration des poudres de 1605 : menée par Guy Fawkes, elle devait faire exploser le Parlement de Londres et assassiner le roi Jacques Ier. Partout en Écosse sont allumés de grands feux de joie et lancés des feux d'artifice, le 5 novembre, mais plus largement entre le 1er novembre et le 5. Où que vous soyez, il y en aura forcément un à proximité.

GLASGOW FILM FESTIVAL

visitgff.glasgowfilm.org

Festival de 12 jours au mois de mars. Entrées à partir de £11,50. Tarif 1 film/pass/Gala performances.

Ce festival du film est devenu en peu de temps l'un des leaders au Royaume-Uni, aux côtés d'événements similaires à Londres et Edimbourg. Il a pour objectif d'offrir au public le meilleur du cinéma international et propose donc de nouveaux films locaux comme internationaux, des expériences artistiques, la diffusion de classiques ou de films rares et passés dans l'oubli. De nombreux professionnels du monde du cinéma sont invités, le public est convié à des ateliers participatifs et des conférences ou tables rondes sur le cinéma sont organisées.

HEBCELT FESTIVAL

LEWIS

www.hebceltfest.com

Festival de 4 jours en juillet. £120 par adulte.

Trois jours de festivités, danses et musiques celtiques sur l'île de Lewis : voilà ce que vous propose le Hebcelt Festival. Lauréat de plusieurs prix, cet événement de renommée internationale jouit d'un cadre unique : l'île de Lewis, cœur de la langue et de la culture gaélique. Il promeut avec passion le patrimoine et la musique gaélique, dans une approche aussi bien traditionnelle que contemporaine. Cela se traduit sur scène avec la crème des artistes locaux, nationaux et internationaux, pour une musique qui séduit à tous les âges.

HIGHLANDS & ISLANDS MUSIC & DANCE FESTIVAL

OBAN

www.obanfestival.org

Festival de 3 jours au mois d'avril.

Ce festival des Highlands et des îles est principalement basé à Oban et rassemble 1 100 participants venus pour l'amour de la musique et de la danse écossaises. Il est devenu, au fil des années, l'un des principaux festivals culturels d'Écosse. Spectacles et compétitions (plus de 125) s'enchaînent à un rythme effréné pendant 4 jours. Parmi les moments clés : le championnats des meilleurs joueurs de violon et d'accordéon, le prix de la meilleure chorégraphie...

MULL OF KINTYRE MUSIC FESTIVAL

Muneroy Argyll Street

CAMPBELTOWN

✆ +44 1586 552 034

www.mokfest.com

Festival de 5 jours au mois d'août. Entrée : £18.

Si vous êtes dans les parages autour du 10 août, faites un saut à Campeltown pour y rejoindre ce festival de musique traditionnelle et contemporaine ! Des concerts sont bien sûr organisés, mais s'y ajoutent d'autres événements : le Festival Ceilidh, la Grande Parade, la Survivor's Night ou le Dalriada Connections Concert le dimanche. Entre festival officiel et off dans les bars, vous trouverez de la bonne musique, une ambiance ultra conviviale et un accueil toujours chaleureux.

INTERNATIONAL FILM FESTIVAL

88 Lothian Road

ÉDIMBOURG - EDINBURGH

✆ +44 131 623 8030

www.edfilmfest.org.uk

Festival de deux semaines en août.

Le mois de juin met le 7e art à l'honneur sur deux semaines. Environ 150 productions sont généralement visionnées à ce festival de film créé en 1947. Il est le plus long festival du film au monde ! Si l'accent est mis sur l'industrie britannique, une cinquantaine de pays est représentée. Le festival peut s'enorgueillir d'avoir accueilli les plus grands au fil des années : Gene Kelly, Ewan McGregor, David Cronenberg, Clint Eastwood, Sir Sean Connery. En 2023 c'est sa 76e édition !

OBAN WINTER FESTIVAL

OBAN

http://obanwinterfestival.com

10 jours de célébration au mois de novembre.

Le festival d'hiver d'Oban a commencé en 2011, quand des habitants d'Oban ont eu envie d'organiser un événement avant Noël. Au programme désormais, pour se plonger dans l'ambiance des fêtes : un marché victorien, des rennes, une patinoire, des soirées de spectacles, des ateliers musicaux, des animations pour les enfants, un ou deux *ceilidh*, allumage des lumières de Noël, spectacle son et lumières... Résultat, l'initiative a été primée et attire des visiteurs de toute l'Écosse, faisant d'Oban une destination festive en amont de Noël.

KIRKCUDBRIGHT JAZZ FESTIVAL

KIRKCUDBRIGHT

✆ +44 1557 330467

www.kirkcudbrightjazzfestival.co.uk

Festival de 4 jours début juin. £75 le pass ; £28 pour 1 jour.

Il est réputé comme l'un des meilleurs festivals de jazz d'Écosse et prend place dans la bourgade de Kirkcudbright, ce qui lui donne un charme supplémentaire. Né de l'initiative de passionnés, il a vite grandi. Toute la ville y participe et plusieurs dîners jazz ont lieu dans les restaurants de la ville. Un bon repas, un concert intimiste : la formule a remporté un vif succès ! S'ajoute une riche programmation de concerts et chacun trouve son bonheur. En 2023, c'est sa 24e édition !

ORKNEY FOLK FESTIVAL

KIRKWALL

✆ +44 1856 851331

www.orkneyfolkfestival.com

Festival de 4 jours au mois de mai.

Le meilleur de la musique orcadienne est à découvrir dans tout l'archipel lors de ces quatre jours très appréciés. Après des débuts discrets en 1982, ce festival a bien grandi et est devenu l'un des plus prolifiques et originaux du Royaume-Uni. Il fête ses 40 ans en 2023.

La musique folk et traditionnelle y est à l'honneur. Les locaux comme les touristes s'y mêlent et apprécient l'événement. Les artistes conviés viennent du monde entier, créant une programmation aussi riche qu'éclectique avec plus 30 spectacles dans une atmosphère magique.

PERTH FESTIVAL OF THE ARTS

PERTH

www.perthfestival.co.uk

Festival de 10 jours au mois de mai.

Musique, danse, théâtre et arts visuels : tous sont présents au *Perth Festival of the Arts* dans plusieurs lieux de la ville. Ce festival, créé en 1972, est parmi les plus anciens festivals d'art indépendants du pays. Il s'ouvre aujourd'hui à toutes les formes d'art et surtout à tous les publics, quels que soient leur âge ou leurs sensibilités. Musique classique et opéra partagent l'affiche avec la musique rock, jazz, celtique, la comédie et le théâtre.

SCOTTISH INTERNATIONAL STORYTELLING FESTIVAL

43-45 High Street - **ÉDIMBOURG - EDINBURGH**

✆ +44 131 556 9579

www.sisf.org.uk

Festival de 12 jours qui se déroule chaque année fin octobre.

Avec ce festival de contes, les organisateurs ont l'ambition de poursuivre la tradition orale de transmission des légendes qui façonnent depuis des siècles l'imaginaire collectif écossais. Le show est assuré par des bardes modernes et des musiciens. Votre âme d'enfant sera conquise ! Outre les contes, des conférences et animations diverses sont aussi proposées. Aux conteurs locaux s'ajoutent des conteurs internationaux, venus livrer les histoires merveilleuses de leur pays.

SAMHUINN FESTIVAL

Carlton Hill

ÉDIMBOURG - EDINBURGH

https://beltane.org/

Spectacle qui se déroule le 31 octobre dans les jardins de Holyrood.

C'est le Nouvel An celtique ! Des dizaines de manifestations, spectacles, danses, concerts, théâtre de rue, pyrotechnie, ont lieu notamment dans Old Town sur le Royal Mile, ainsi que sur Carlton Hill où sera célébrée la cérémonie de la Samhain (ou Samhuinn). Elle marque la transition de l'été à l'hiver. Performances artistiques, musique et danse, jeux avec le feu, défilés sont autant de manière de marquer la transition entre les saisons, mais aussi entre la vie et la mort (comme Halloween ou la Fête des morts en sont aussi les échos).

SOUTHSIDE FRINGE

GLASGOW

https://arranfolkfestival.co.uk

Sur le modèle du Fringe d'Édimbourg, la version plus modeste de Glasgow propose des événements autour du théâtre et de la musique. Chaque année, le festival s'étend dans 30 à 50 lieux et propose de 100 à 200 événements culturels, artistiques, musicaux : cabarets, comédies, concerts, performances, rencontres… Le festival est organisé et géré par des bénévoles très dynamiques et impliqués qui soignent l'éclectisme des spectacles tout autant que l'atmosphère festive et conviviale. « Remplissons les rues de couleurs et d'amour » est l'un de leurs leitmotivs.

SCOTS FIDDLE FESTIVAL

ÉDIMBOURG - EDINBURGH

www.scotsfiddlefestival.com

Festival de 3 jours au mois de novembre.

Lancé en 1996, ce festival de la musique traditionnelle de violon rassemble des musiciens et mélomanes du monde entier. Inspirant, il promeut la musique traditionnelle tout autant qu'il la renouvelle. Pendant tout le week-end, des concerts et récitals sont organisés avec des artistes locaux, nationaux et internationaux. Chaque année, le festival accueille de prestigieux invités dans une programmation à la fois pointue et accessible à tous. Tout se déroule à The Pleasance, dans un espace bien aménagé dans l'enceinte de l'université.

SPIRIT OF SPEYSIDE WHISKY FESTIVAL

GRANTOWN ON SPEY

✆ +44 7789 671 635

www.spiritofspeyside.com

Festival de 5 jours fin avril.

À travers l'ensemble de la région Speyside, les pubs, les restaurants et les distilleries honorent l'industrie nationale avec de nombreuses dégustations mais aussi de la musique, des activités et plusieurs événements. Le Spirit of Speyside whisky Festival est le plus grand événement du genre au monde. Toute la Speyside – distilleries, villes, pubs, restaurants… – prend part à la fête, entre dégustations, visites spéciales et concerts. Plus de 51 distilleries jouent le jeu.

Marre de passer des heures sur internet pour trouver des bons plans ?
my petit fute
M'A FAIT GAGNER UN TEMPS FOU AVEC SES RECOMMANDATIONS D'ITINÉRAIRES ET SES BONS PLANS TESTÉS PAR DES RÉDACTEURS LOCAUX.
VOTRE GUIDE NUMÉRIQUE SUR MESURE EN MOINS DE 5 MINUTES POUR 2,99 €
mypetitfute.fr

ST ANDREW'S DAY

Fête nationale célébrée chaque année le 30 novembre.

St Andrew étant le saint patron de l'Écosse, le 30 novembre est une date hautement festive à travers tout le pays et de nombreuses villes organisent des événements pour l'occasion. Où que vous soyez en Écosse à cette date, vous trouverez un riche programme avec concerts de musique traditionnelle ou contemporaine, danse, spectacles... ainsi que des menus spéciaux mettant à l'honneur le terroir écossais. Quelques événements clés liés à la St Andrew : le Saltire festival (East Lothian), Savour St Andrews (à St Andrews) et le Oban Winter Festival.

THE BRAEMAR GATHERING

BRAEMAR

www.braemargathering.org

Le festival se déroule chaque année le 1er samedi de septembre. Entrée : £5.

C'est sans doute un must de la tradition. Cet événement a lieu chaque année le 1er samedi de septembre au Princess Royal and Duke of Fife Memorial Park. Tout commence à 9h30 et s'achève officiellement à 17h. Il est dit que ce rassemblement de jeux spécifiques aux Highlands existerait depuis 900 ans, mais il est organisé tel que nous le connaissons depuis 1832... ce qui fait déjà une belle tradition ! Le spectacle est extraordinaire et unique : si vous souhaitez y assister, prévoyez vos réservations de billets et logement bien en avance.

ST MAGNUS INTERNATIONAL FESTIVAL

KIRKWALL

www.stmagnusfestival.com

Festival d'une semaine en juin.

Le St Magnus International Festival amène ce qui se fait de mieux en termes d'orchestres dans les Orcades. Il compte parmi les événements les plus réputés du Royaume-Uni pour sa programmation éclectique et audacieuse. Artistes locaux et internationaux se partagent l'affiche et plusieurs spectacles sont présentés ici en première mondiale. Les événements musicaux font le cœur du festival, mais il met aussi à l'honneur la danse, le théâtre, la littérature et les arts visuels.

THE ENCHANTED FOREST

PITLOCHRY

www.enchantedforest.org.uk

Prochaines dates : du 5 octobre au 5 novembre 2023

Rendez-vous dans Faskally Wood, bois déjà enchanteur en temps normal, mais sublimé et rendu magique chaque mois d'octobre. L'événement a acquis une renommée mondiale et a été plusieurs fois primé, notamment comme meilleur événement culturel du Royaume-Uni, meilleur festival de plein air et meilleur grand événement d'Écosse. Il s'agit d'un son et lumière immersif dans les bois, créant une expérience aussi étonnante qu'unique. Prévoyez de réserver vos places en avance (billetterie ouverte dès la mi-juin), car l'événement est très prisé !

STONEHAVEN FIREBALLS

http://stonehavenfireballs.co.uk

Spectacle qui se déroule le 31 décembre.

Stonehaven a son rituel propre pour célébrer la transition entre les deux années : une cérémonie des boules de feu ! Dès que minuit retentit, des hommes et des femmes sortent dans la rue et défilent sur High Street en balançant et en faisant tournoyer au-dessus de leurs têtes des boules de feu. Le défilé dure 20 minutes et est suivi, immédiatement après, d'un feu d'artifice, lancé au-dessus du port et visible de toute la ville. Un *pipe band* est aussi de la partie pour animer les rues en amont de la soirée, car la foule afflue dans les rues dès 21h30.

THE ISLAY FESTIVAL OF MALT & MUSIC

ISLAY

www.islayfestival.com

Festival de 10 jours entre mai et juin.

La musique et le whisky sont les deux axes du festival d'Islay. Chansons, musique traditionnelle, danse, contes, histoire : voilà pour l'esprit. Et pour le palais ? De la bonne nourriture et des dégustations de whisky. Et le corps ? Des découvertes du golf et du bowling. Le tout dans une très grande convivialité, un esprit familial et l'envie de partager passion et fierté d'être sur Islay. Les distilleries font des journées portes ouvertes et la musique est partout.

THE NATIONAL WHISKY FESTIVAL

Union Street
ABERDEEN
www.nationalwhiskyfestival.scot
Prochaine date : 9 septembre 2023.

40 stands de dégustation, soit autant de distilleries en un seul et même lieu. Voilà tout l'attrait d'un tel festival. Après des festivals à Édimbourg, Glasgow et Paisley, le National Whisky of Scotland envahit Aberdeen. Au programme : 2 sessions de dégustations de whiskies, de la musique live et des stands artisanaux. Ce ne sera pas moins de 100 whiskies disponibles à la dégustation, en toute convivialité et simplicité. Pas de snobisme ici, simplement l'amour de la *uisge-beatha*.

THE SKYE FESTIVAL - FÈIS AN EILEAN

PORTREE
www.seall.co.uk
Festival de 10 jours fin novembre.

Ce festival de musique et culture traditionnelles écossaises se déroule sur plusieurs sites de l'île de Skye. Musique, théâtre, danse, littérature, animations (dont des spectacles pour les enfants) sont à l'honneur. À travers l'art et la fête, ce festival sensibilise à la protection des eaux et des côtes d'Écosse et, plus largement de l'environnement. Il veut également mettre en avant la musique écossaise au niveau international et promouvoir la culture des îles.

THE ROYAL EDINBURGH MILITARY TATTOO

1-3 Cockburn Street - **ÉDIMBOURG - EDINBURGH**
✆ +44 1312 251 188
www.edintattoo.co.uk
Festival qui se déroule tout le mois d'août.
Entrées entre £35 et £190.

Ce festival de fanfare militaire se déroule chaque année sur l'esplanade du château d'Édimbourg. Les parades et défilés en musique sont extrêmement populaires et rassemblent aussi bien des formations britanniques, que du Commonwealth ou d'autres pays. Beaucoup de kilts et de cornemuses sont au rendez-vous, avec de grands feux d'artifice. Chaque soir, en bouquet final, un concert de cornemuse par un joueur solitaire, en haut des remparts, avec feu d'artifice. Émouvant et inoubliable !

UP HELLY AA

LERWICK
www.uphellyaa.org
Prochaine date : 30 janvier 2024.

Littéralement « fête du feu », cette manifestation qui se produit dans toutes les îles Shetland célèbre l'héritage viking de l'archipel. Cet événement communautaire se prépare pendant une année complète. Plusieurs défilés et visites ont lieu dans la journée, et tout se termine, au soir, par une procession aux flambeaux et l'incendie d'une galère viking. C'est un superbe spectacle et surtout une belle célébration de l'histoire des Shetlands. Où que vous soyez dans les Shetlands, si vous êtes sur place quand on fête Up Helly Aa, ne manquez pas l'événement !

THE SCOTTISH TATTOO CONVENTION

ÉDIMBOURG - EDINBURGH
www.scottishtattooconvention.net
Festival qui se déroule chaque année le dernier week-end de mars.

Si vous voulez vous faire tatouer, c'est l'occasion. Les meilleurs tatoueurs du monde se donnent rendez-vous à Édimbourg, pour la plus grande convention internationale de tatouage. Vous apercevrez donc les artistes les plus en vue du moment, mais aussi des jeunes talents déjà très prometteurs. La convention est aussi un grand marché, avec des stands de bijoux, piercing et toutes sortes d'accessoires vestimentaires ou de coiffure, pour des looks uniques. Des *shows* sont aussi organisés.

WORLD PIPE BAND CHAMPIONSHIP

GLASGOW
www.theworlds.co.uk
Festival de deux jours au mois d'août.

Cette compétition rassemble des milliers de joueurs de cornemuse venus concourir au World Pipe Band Championship. Ce championnat se déroule depuis 1947. Plus de 220 groupes (*bands*), dont près d'un quart viennent de l'étranger, viennent se mesurer les uns aux autres. Les *bands* sont classés en 9 catégories. 8 000 musiciens s'affrontent ici, mais surtout font résonner l'âme des pays celtes. Il est aussi possible d'assister à des démonstrations de danse et à des *Highland Games*.

PASSPORT

ÉDIMBOURG, LOTHIAN ET BORDERS

Édimbourg, la capitale de l'Écosse, sera fort probablement votre porte d'entrée dans le pays si vous arrivez en avion. Ville magnifique, elle offre la fête, la culture, le calme, la verdure, la gastronomie, la simplicité, le luxe, les châteaux, le whisky, le sport... Une émulsion et un avant-goût de toutes les richesses à découvrir.

La capitale charmera tous les amoureux des vieilles pierres avec son atmosphère unique et son architecture victorienne. Il suffit de quelques kilomètres (ou miles) aux alentours, dans le Lothian et les Borders, pour s'émerveiller des premiers paysages écossais, dans toute leur magie. Tour à tour à tour d'une grande douceur, enivrants, pittoresques, authentiques, ils défilent comme autant de tableaux de maître. Et en parlant de maître, vous suivrez les pas de Sir Walter Scott, épris des Borders. Châteaux hantés, superbes randonnées, abbayes séculaires : vous avez tous les choix !

Édimbourg, Lothian et Borders
North Sea
Firth of Forth
NORTH BERWICK ★★
DUNBAR ★★
GULLANE
EYEMOUTH ★
SOUTH QUEENSFERRY ★★
ÉDIMBOURG ★★★★
MUSSELBURGH
ROSLIN
LINLITHGOW ★
PEEBLES ★
INNERLEITHEN
MELROSE ★★
KELSO ★★
DUNS
ANGLETERRE
Alloa
Lochgelly
Cowdenbeath
Kirkcaldy
Dunfermline
Kincardine
Stenhousemuir
Dalgety Bay
Grangemouth
Polmont
Longniddry
Prestonpans
Haddington
Tranent
Winchburgh
Kirkliston
Broxburn
Deans
East Calder
Bathgate
Livingston
Armadale
Dalkeith
Mayfield
Newtongrange
Whitburn
West Calder
Fauldhouse
Penicuik
Newmains
West Linton
Lauder
Lanark
Lesmahagow
Galashiels
Coldstream
Selkirk
Wooler
10 KM

PAGES

Le Lothian est l'arrière-pays immédiat d'Edimbourg, bordé au nord par le Firth of Forth, à l'est par la mer du Nord, au sud par les collines des Borders et à l'ouest par le Lanarkshire, dans les confins de l'agglomération de Glasgow. Sa campagne est aussi paisible que verdoyante et ses villes côtières sont très appréciables en été. Le patrimoine architectural y est grand, avec plusieurs riches demeures et ruines médiévales. On y accède très facilement en train ou en voiture depuis la capitale.

Roslin est devenu célèbre, car elle abrite Rosslyn Chapel, citée dans *Da Vinci Code* (et vue dans le film). Cette chapelle, richement décorée, est un site très visité, tant par les amoureux d'ésotérisme, les fans de Dan Brown, que par les amateurs d'art et histoire ou les passionnés de symboles. Ne soyez pas étonné, on y vient par cars du monde entier.

Les Borders sont d'une grande richesse architecturale et culturelle, avec leurs belles abbayes, leurs châteaux et leurs magnifiques demeures. Leur campagne est plus vallonnée et sauvage que celle du Lothian et elles possèdent de très belles falaises à l'est. A jamais attachées au génie Sir Walter Scott, elles furent aussi le terrain de jeux des architectes de la famille Adam, qui y ont laissé leur marque en plusieurs endroits. Mais la grande particularité de cette région, c'est aussi son histoire martiale intense. A la frontière directe de l'Angleterre, elle fut au premier plan de toutes les guerres et connut maintes dévastations.

ÉDIMBOURG - EDINBURGH

La capitale écossaise est une cité magique, intrigante et romanesque, qui fascine chaque visiteur. Il y en a ici pour tous les goûts. Édimbourg a mille visages : celui de la jeunesse noctambule et des vieux bardes en kilt, celui de l'histoire gravée dans le marbre et de l'innovation permanente, celui des traditions défendues et de l'ouverture sur le monde… Ce savant mélange de styles lui vaut même d'être doublement classée à l'Unesco : au patrimoine mondial de l'Humanité et comme ville de la Littérature. On s'y sent parfois dans un petit village chaleureux, souvent dans une capitale effervescente et toujours plus ou moins à la maison. Les fans d'architecture se délecteront du contraste entre New Town et Old Town, entre modernité et architecture victorienne. Les gourmets raviront leurs papilles grâce à un terroir foisonnant. Édimbourg vous envoutera avec son ambiance mistique, ses bars animés et ses vieilles pierres.

SCOTTISH NATIONAL PORTRAIT GALLERY
Queen Street
Multrees Walk
Elder Street
Thistle Street
St Andrew Square
St Andrew Square
Leith Street
21ST CENTURY KILTS
VOODOO ROOMS
CAFE ROYAL CIRCLE BAR
THE GUILDFORD ARMS
Waterloo Pl
George Street
TILES BAR
Hanover Street
ABBOTSFORD BAR
Meuse Lane
THE BALMORAL
BRASSERIE PRINCE BY ALAIN ROUX
Frederick Street
Rose Street
Princes Street
SCOTT MONUMENT
North Ramp
Waverley Bridge
North Bridge
East Princes Street Gardens
Princes Street
THE ROYAL SCOTTISH ACADEMY
The Mound
THE EDINBURGH DUNGEON
CITY ART CENTRE
THE SCOTTISH NATIONAL GALLERY
THE ROYAL EDINBURGH MILITARY TATTOO
SCOTSMAN HOT
THE MILK MAN
Cockburn Street
BAKED POTATO SHOP
West Princes Street Gardens
MUSEUM ON THE MOUND
North Bank Street
WHISTLE BINKIES
Mound Place
High Street
REAL MARY KING'S CLOSE
THE WRITERS' MUSEUM
THE JOLLY JUDGE
THE GLOBE
Blair Street
Lawnmarket
ST GILES' CATHEDRAL
CAMERA OBSCURA
THE WITCHERY
Castlehill
WHISKY SHOP
George IV Bridge
THE CABARET VOLTAIRE
South Bridge
EDINBURGH CASTLE
AMBER RESTAURANT
THE LIQUID ROOM
STRAMASH
SCOTCH WHISKY EXPERIENCE
Cowgate
FINNEGAN'S WAKE
THE BOW BAR
BREW DOG EDINBURGH
Johnston Terrace
CASTLE ROCK HOSTEL
GEORGE IV BAR
THE LAST DROP
Chambers Street
THE WHITE HART INN
FABHATRIX
Candlemaker Row
Grassmarket
CADIES AND WITCHERY TOURS
NATIONAL MUSEUM OF SCOTLAND
MARY'S MILK BAR
GREYFRIARS KIRK & KIRKYARD
BREW LAB
Potterrow
Bristo Place
Vennel
SANDY BELL'S
BISTRO DU VIN
Lothian Street
Heriot Place
Covenanters' Prison
Forrest Road
Keir Street
Teviot Place
Lauriston Place
Charles Street Lane
George Square
Nightingale Way
Lauriston Gardens
Chalmers Street
Simpson Loan
Middle Meadow Walk
George Square Lane
Buccleu

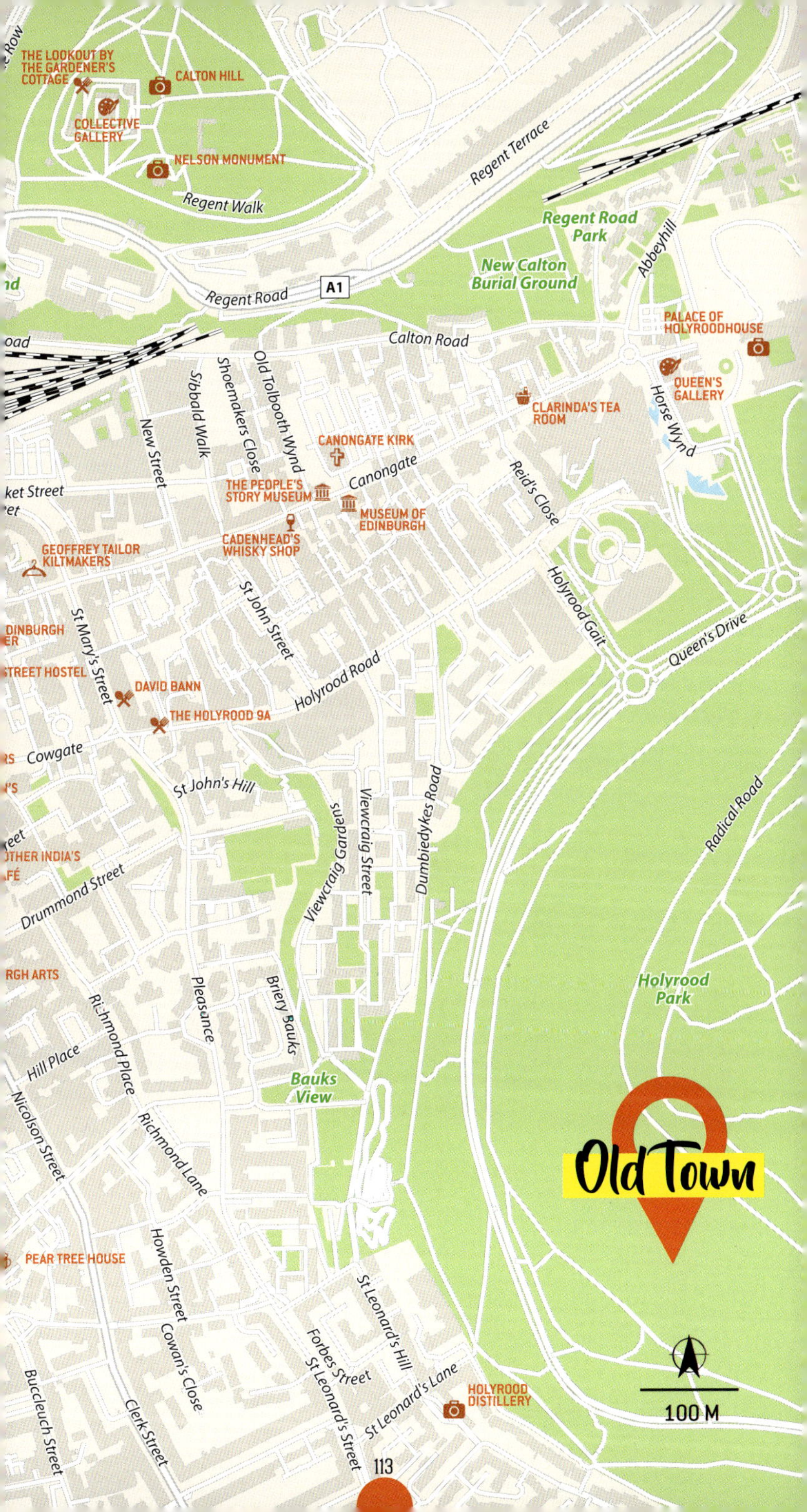

THE LOOKOUT BY THE GARDENER'S COTTAGE
CALTON HILL
COLLECTIVE GALLERY
NELSON MONUMENT
Regent Walk
Regent Terrace
Regent Road Park
New Calton Burial Ground
Abbeyhill
Regent Road
A1
Calton Road
PALACE OF HOLYROODHOUSE
QUEEN'S GALLERY
Horse Wynd
CLARINDA'S TEA ROOM
Sibbald Walk
Shoemakers Close
Old Tolbooth Wynd
New Street
CANONGATE KIRK
Canongate
THE PEOPLE'S STORY MUSEUM
MUSEUM OF EDINBURGH
Reid's Close
CADENHEAD'S WHISKY SHOP
GEOFFREY TAILOR KILTMAKERS
St John Street
Holyrood Gait
Queen's Drive
St Mary's Street
DAVID BANN
THE HOLYROOD 9A
Holyrood Road
Cowgate
St John's Hill
Viewcraig Gardens
Viewcraig Street
Dumbiedykes Road
Radical Road
Drummond Street
Holyrood Park
Richmond Place
Pleasance
Briery Bauks
Hill Place
Bauks View
Nicolson Street
Richmond Lane
Old Town
PEAR TREE HOUSE
Howden Street
St Leonard's Hill
Cowan's Close
Forbes Street
St Leonard's Lane
HOLYROOD DISTILLERY
100 M
Buccleuch Street
Clerk Street
St Leonard's Street

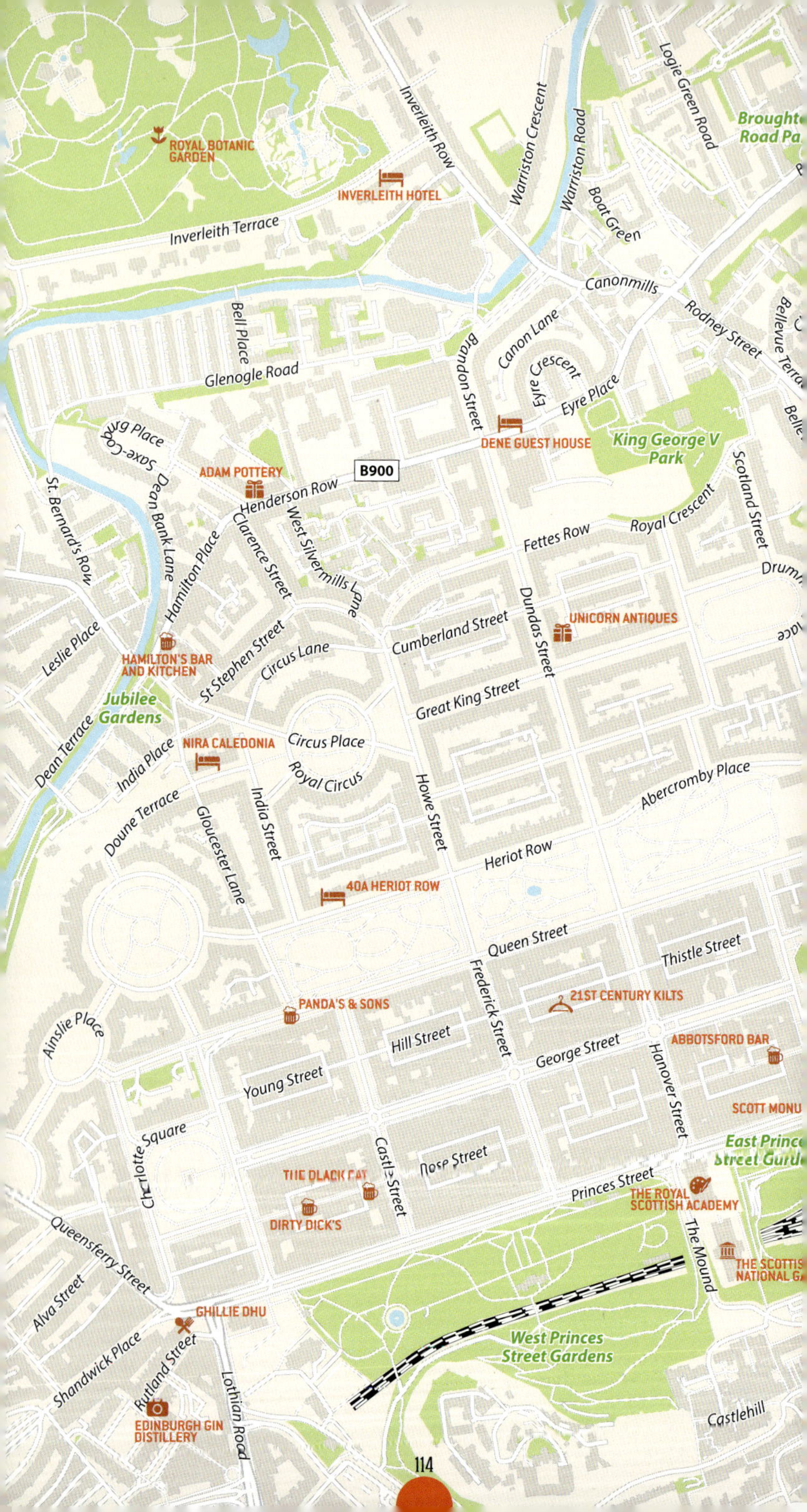
ROYAL BOTANIC GARDEN
INVERLEITH HOTEL
Inverleith Row
Inverleith Terrace
Warriston Crescent
Warriston Road
Logie Green Road
Broughton Road Pa
Boat Green
Canonmills
Rodney Street
Bellevue Terra
Bell Place
Glenogle Road
Brandon Street
Canon Lane
Eyre Crescent
Eyre Place
DENE GUEST HOUSE
King George V Park
Saxe-Coburg Place
ADAM POTTERY
B900
Henderson Row
St. Bernard's Row
Dean Bank Lane
Hamilton Place
Clarence Street
West Silvermills Lane
Scotland Street
Royal Crescent
Fettes Row
Drum
Leslie Place
HAMILTON'S BAR AND KITCHEN
St Stephen Street
Circus Lane
Cumberland Street
Dundas Street
UNICORN ANTIQUES
Jubilee Gardens
Great King Street
Dean Terrace
India Place
NIRA CALEDONIA
Circus Place
Royal Circus
Howe Street
Abercromby Place
Doune Terrace
Gloucester Lane
India Street
Heriot Row
40A HERIOT ROW
Queen Street
Thistle Street
Frederick Street
21ST CENTURY KILTS
Ainslie Place
PANDA'S & SONS
Hill Street
George Street
Hanover Street
ABBOTSFORD BAR
Young Street
SCOTT MONU
Charlotte Square
Castle Street
Rose Street
East Princes Street Gard
THE BLACK CAT
DIRTY DICK'S
Princes Street
THE ROYAL SCOTTISH ACADEMY
The Mound
THE SCOTTIS NATIONAL GA
Queensferry Street
Alva Street
GHILLIE DHU
West Princes Street Gardens
Shandwick Place
Rutland Street
EDINBURGH GIN DISTILLERY
Lothian Road
Castlehill

New Town
FAVORITA
BEN CRUACHAN
VALVONA & CROLLA
Gayfield Square Garden
ESCARGOT BLEU
JOEY D
B901
A900
GLASSHOUSE
TREACLE BAR & KITCHEN
THE THEATRE ROYAL
THE GARDENER'S COTTAGE
London Road Gardens
THE LOOKOUT BY THE GARDENER'S COTTAGE
CALTON HILL
COLLECTIVE GALLERY
NELSON MONUMENT
GALLERY
VOODOO ROOMS
CAFE ROYAL CIRCLE BAR
THE GUILDFORD ARMS
Old Calton Burial Ground
THE BALMORAL
Regent Road Park
A1
A7
Dryden Gait
Dryden Street
Pilrig Street
Spey Terrace
Spey Street
McDonald Road
Shrubhill Walk
Leith Walk
Buchanan Street
Albert Street
East Claremont Street
Bellevue Road
Bellevue Street
Hopetoun Street
Green Street
Annandale Street
Hopetoun Crescent
Annandale Street Lane
Brunswick Street
Allanfield
Brunswick Road
Bellevue Place
East London Street
Montgomery Street
Broughton Street
Elm Row
Windsor Street
Hillside Crescent
Barony Street
Union Street
Forth Street
London Road
Albany Street
Blenheim Place
York Lane
Picardy Place
Royal Terrace
York Place
St. James Place
Elder Street
Greenside Row
Regent Terrace
Leith Street
Calton Hill
Waterloo Place
Regent Road
Princes Street
Calton Road
North Bridge
Sibbald Walk
New Street
Canongate
Jeffrey Street
Market Street
Holyrood Gait
Cockburn Street
High Street
St Mary's Street
St John Street
Niddry Street
Holyrood Road
Cowgate
300 M

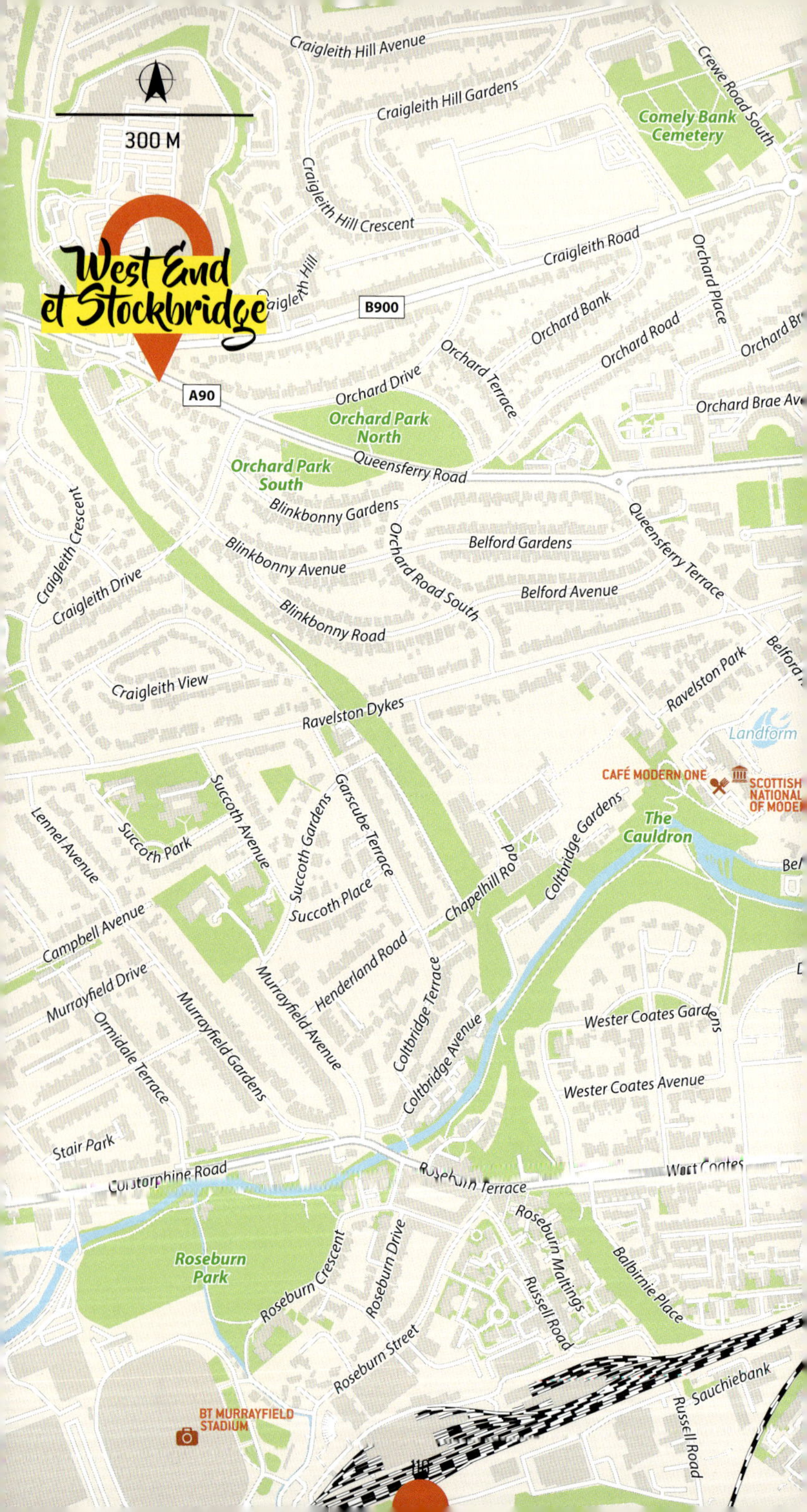
300 M
West End et Stockbridge
Craigleith Hill Avenue
Craigleith Hill Gardens
Craigleith Hill Crescent
Craigleith Hill
Comely Bank Cemetery
Crewe Road South
Craigleith Road
Orchard Place
B900
Orchard Bank
Orchard Road
Orchard Terrace
Orchard Drive
Orchard Brae Av
A90
Orchard Park North
Orchard Park South
Queensferry Road
Blinkbonny Gardens
Belford Gardens
Queensferry Terrace
Orchard Road South
Craigleith Crescent
Craigleith Drive
Blinkbonny Avenue
Belford Avenue
Blinkbonny Road
Ravelston Park
Craigleith View
Ravelston Dykes
Landform
CAFÉ MODERN ONE
SCOTTISH NATIONAL OF MODE
The Cauldron
Succoth Avenue
Garscube Terrace
Succoth Gardens
Lennel Avenue
Succoth Park
Coltbridge Gardens
Chapelhill Road
Succoth Place
Campbell Avenue
Henderland Road
Murrayfield Drive
Murrayfield Avenue
Coltbridge Terrace
Wester Coates Gardens
Ormidale Terrace
Murrayfield Gardens
Coltbridge Avenue
Wester Coates Avenue
Stair Park
Roseburn Terrace
Roseburn Maltings
Roseburn Park
Roseburn Crescent
Roseburn Drive
Russell Road
Balbirnie Place
Roseburn Street
Sauchiebank
BT MURRAYFIELD STADIUM

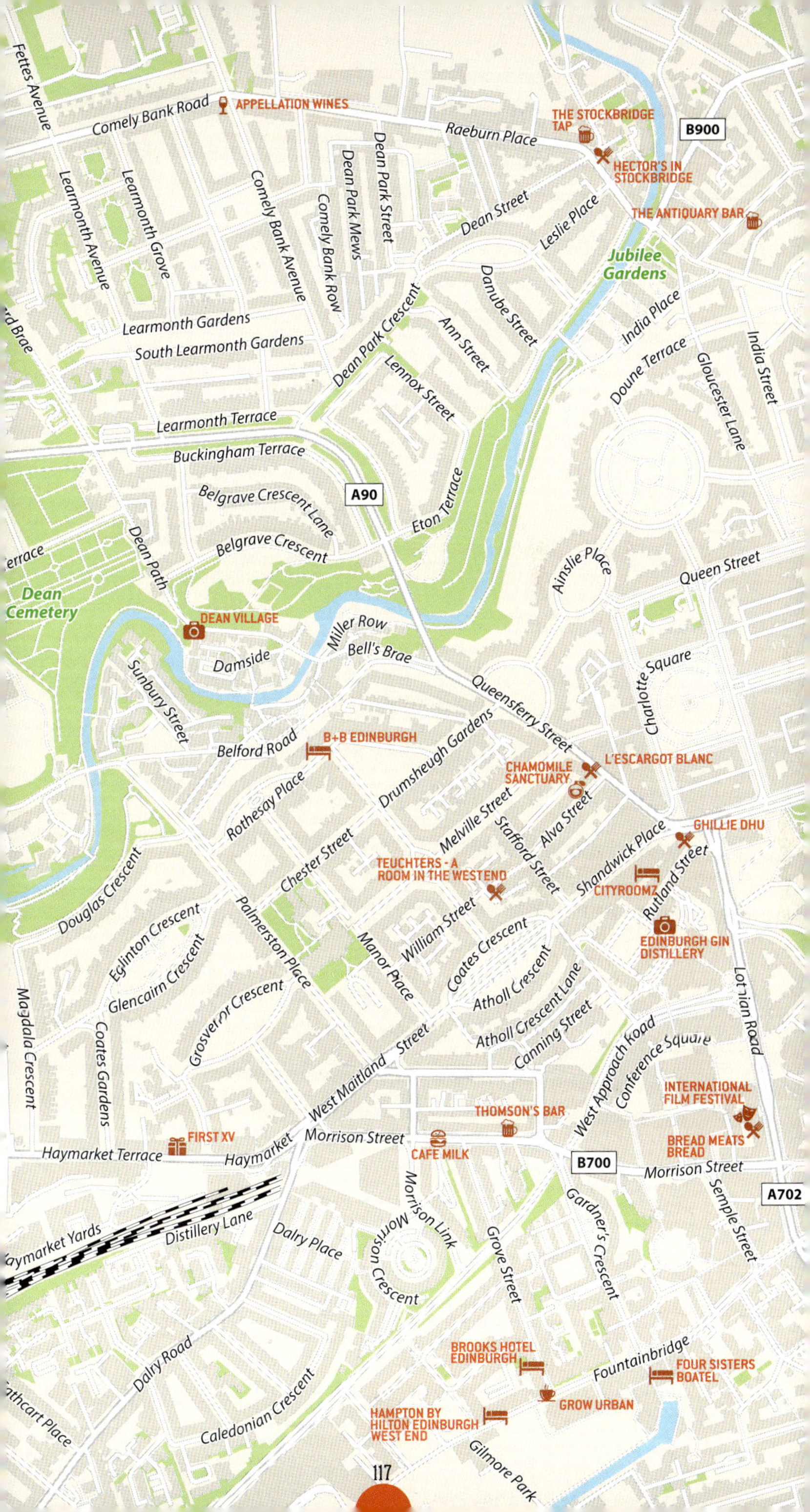

Fettes Avenue
Comely Bank Road
APPELLATION WINES
Raeburn Place
THE STOCKBRIDGE TAP
B900
HECTOR'S IN STOCKBRIDGE
THE ANTIQUARY BAR
Learmonth Avenue
Learmonth Grove
Comely Bank Avenue
Comely Bank Row
Dean Park Mews
Dean Park Street
Dean Street
Leslie Place
Jubilee Gardens
Danube Street
India Place
India Street
Learmonth Gardens
South Learmonth Gardens
Dean Park Crescent
Ann Street
Lennox Street
Doune Terrace
Gloucester Lane
Learmonth Terrace
Buckingham Terrace
A90
Belgrave Crescent Lane
Belgrave Crescent
Eton Terrace
Dean Path
Ainslie Place
Queen Street
Dean Cemetery
DEAN VILLAGE
Miller Row
Bell's Brae
Damside
Sunbury Street
Charlotte Square
Queensferry Street
Belford Road
B+B EDINBURGH
Drumsheugh Gardens
L'ESCARGOT BLANC
CHAMOMILE SANCTUARY
Alva Street
Rothesay Place
Melville Street
Stafford Street
GHILLIE DHU
Shandwick Place
Rutland Street
CITYROOMZ
Chester Street
TEUCHTERS - A ROOM IN THE WESTEND
Douglas Crescent
William Street
EDINBURGH GIN DISTILLERY
Palmerston Place
Eglinton Crescent
Glencairn Crescent
Manor Place
Coates Crescent
Atholl Crescent
Atholl Crescent Lane
Lothian Road
Grosvenor Crescent
Canning Street
West Approach Road
Conference Square
Magdala Crescent
Coates Gardens
West Maitland Street
INTERNATIONAL FILM FESTIVAL
THOMSON'S BAR
BREAD MEATS BREAD
FIRST XV
Haymarket Terrace
Haymarket
Morrison Street
CAFE MILK
B700
Morrison Street
A702
Semple Street
Haymarket Yards
Distillery Lane
Dalry Place
Morrison Link
Morrison Crescent
Grove Street
Gardner's Crescent
BROOKS HOTEL EDINBURGH
Fountainbridge
FOUR SISTERS BOATEL
GROW URBAN
Dalry Road
Caledonian Crescent
HAMPTON BY HILTON EDINBURGH WEST END
Gilmore Park

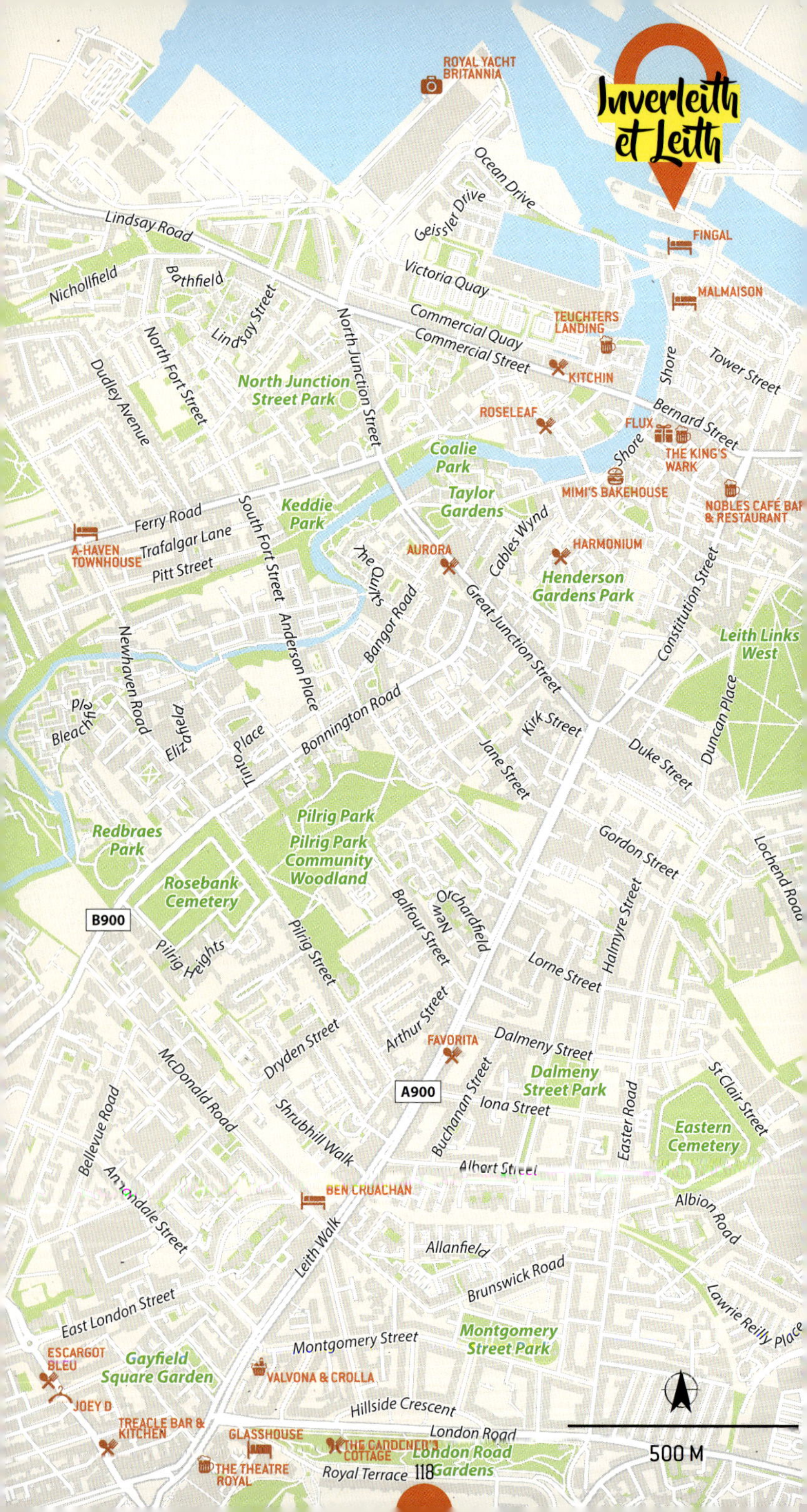

Inverleith et Leith
ROYAL YACHT BRITANNIA
FINGAL
MALMAISON
TEUCHTERS LANDING
KITCHIN
ROSELEAF
FLUX
THE KING'S WARK
MIMI'S BAKEHOUSE
NOBLES CAFÉ BAR & RESTAURANT
HARMONIUM
AURORA
A-HAVEN TOWNHOUSE
FAVORITA
BEN CRUACHAN
ESCARGOT BLEU
JOEY D
TREACLE BAR & KITCHEN
VALVONA & CROLLA
GLASSHOUSE
THE GARDENER'S COTTAGE
THE THEATRE ROYAL
Ocean Drive
Geissler Drive
Victoria Quay
Commercial Quay
Commercial Street
Lindsay Road
Nichollfield
Bathfield
Lindsay Street
North Fort Street
Dudley Avenue
North Junction Street
North Junction Street Park
Shore
Tower Street
Bernard Street
Coalie Park
Taylor Gardens
Keddie Park
Ferry Road
Trafalgar Lane
Pitt Street
South Fort Street
Cables Wynd
The Quilts
Bangor Road
Great Junction Street
Henderson Gardens Park
Constitution Street
Leith Links West
Anderson Place
Newhaven Road
Bonnington Road
Tinto Place
Kirk Street
Jane Street
Duke Street
Duncan Place
Redbraes Park
Pilrig Park
Pilrig Park Community Woodland
Rosebank Cemetery
Gordon Street
Lochend Road
B900
Pilrig Heights
Pilrig Street
Balfour Street
New Orchardfield
Halmyre Street
Lorne Street
Dryden Street
Arthur Street
Dalmeny Street
Dalmeny Street Park
McDonald Road
A900
Buchanan Street
Iona Street
St Clair Street
Eastern Cemetery
Easter Road
Bellevue Road
Shrubhill Walk
Albert Street
Albion Road
Leith Walk
Allanfield
Brunswick Road
Lawrie Reilly Place
East London Street
Montgomery Street
Montgomery Street Park
Gayfield Square Garden
Hillside Crescent
London Road
London Road Gardens
Royal Terrace
500 M

SE REPÉRER SE DÉPLACER

Édimbourg est une ville qui se parcourt très facilement et agréablement à pied. C'est sans doute même la meilleure manière de la découvrir et de débusquer, çà et là, un jardin dissimulé au regard, un pub sympathique, un joyau d'architecture ou une boutique insolite. Édimbourg est bien pourvue en transports en commun, avec des lignes de bus et une ligne de tramway. Le prix du ticket sera d'environ £1.80. Attention, l'appoint est nécessaire ! Il est aussi très facile de prendre un taxi (environ £3/km). Pensez au pourboire : arrondir la somme ou 10 %.

- **Edinburgh City Pass.** Ce pass vous permet la gratuité à de nombreuses attractions + le trajet aller-retour entre l'aéroport et le centre-ville. Bus touristique : Le ticket est valable 24h et permet d'aller et monter dans le bus touristique et panoramique (avec visite commentée) à volonté. C'est évidemment plus cher qu'un ticket de bus, mais ça allie la visite guidée et le déplacement.

EDINBURGH AIRPORT

Jubilee Road
✆ +44 844 448 8833
www.edinburghairport.com
Vols intérieurs et internationaux. Parking très cher, y compris le dépose-minute.

Édimbourg est très bien reliée au reste de l'Europe par avion. Flybe assure des liaisons avec Bergerac, Jet2.com avec Chambéry et Genève, Ryanair avec Béziers, Bordeaux, Marseille, Poitiers, Nantes et Bruxelles, Easyjet avec Grenoble, Lyon, Nice, Paris et Genève. Paris est également reliée par Air France et Vueling, et Bruxelles par Brussels Airlines. Le site Internet de l'aéroport liste aussi toutes les entreprises de location de voiture présentes. Pour le quitter : bus et tram sont immédiatement accessibles, en sachant que le bus est moins cher.

WAVERLEY STATION

Waverley Bridge
www.scotrail.co.uk
Trains pour l'ensemble de l'Ecosse et le reste de la Grande-Bretagne.

On y accède par Waverley Bridge, Princes Street et Market Street. Elle est absolument immanquable, à cheval entre New Town et Old Town. D'ici, les trains rejoignent toute l'Écosse et le reste de la Grande-Bretagne. Scotrail gère la plupart des services écossais (www.scotrail.co.uk), tandis que Virgin Trains (www.virgintrains.co.uk), First TransPennine Express (www.tpexpress.co.uk) et Crosscountry (www.crosscountrytrains.co.uk) assurent les lignes vers l'Angleterre. Une seconde gare, plus petite, se trouve sur Haymarket Terrace : Haymarket Station.

ARNOLD CLARK

Lochrin Place, Tollcross
✆ +44 845 607 45 00
www.arnoldclark.co.uk
Bus pour s'y rendre : 10, 11, 16, 23 ou 27. Depuis l'aéroport, appeler pour la navette.

Le loueur Arnold Clark est sans doute la référence en matière de location de voiture tant pour sa qualité de service que pour son sérieux. On est bien accueilli, tout est clair et sans mauvaise surprise. Bien qu'il semble plus cher de prime abord, il a l'avantage d'éviter, au moment de la prise de voiture, les mauvaises surprises (caution exorbitante, carte de crédit non conforme...). Même s'il est beaucoup plus agréable de découvrir les splendides paysages écossais en train, le *Petit Futé* recommande ce loueur de véhicules très sérieux.

ONE-TICKET

✆ +44 845 055 1770
www.one-ticket.co.uk
Vous pouvez acheter votre pass à la gare routière de St Andrew Square ou dans l'un des Lothian Buses travelshops.

Grâce à One Ticket, vous pouvez acheter des pass de bus valables toute la journée ou toute la semaine sur un secteur désigné, au départ d'Édimbourg. Cinq zones sont disponibles et avec l'option journalière la plus chère, on peut voyager librement et de manière illimité jusqu'à Perth et Dundee, au nord, et la frontière anglaise, au sud. L'offre se prête particulièrement à une visite des principales villes des Borders sur une journée. La grande majorité des transporteurs sont partenaires, mais certaines entreprises de bus peuvent ne pas y avoir adhéré.

LES QUARTIERS D'ÉDIMBOURG

Classée au patrimoine mondial de l'Unesco, Old Town est le cœur historique d'Édimbourg, avec son château en point d'orgue, Holyrood House à l'opposé et le superbe Royal Mile entre les deux. Elle a conservé tout son charme médiéval, ses venelles mystérieuses, ses passages voûtés, ses courettes secrètes et ses ruelles souterraines... New Town, fondée au XVIIIe siècle pour pallier la surpopulation de la capitale, est elle aussi classée pour son élégance géorgienne sans pareil. Très vite, elle s'est développée autour de trois artères principales : Queen Street, George Street et Princes Street. Comment parler d'Édimbourg sans mentionner sa rivière, qui traverse le faubourg d'Inverleith avant de se jeter dans le port de Leith ? Les deux vedettes en sont, sans conteste, le *Royal Yacht Britannia*, ancien navire de Sa Majesté, et l'enivrant Royal Botanic Garden. Et enfin, Jouxtant New Town et Old Town à l'ouest de la ville, West End a une petite touche de Marais parisien. C'est un lieu de flânerie où l'on prend le temps de vivre dans un cadre *trendy* entretenu par des bars et cafés branchés.

Old Town

C'est le cœur historique et touristique d'Édimbourg, où se concentre la majorité des attractions. Il se développe tout autour du Royal Mile, l'artère la plus populaire de la capitale, qui se divise en quatre rues : Castlehill, Lawnmarket, High Street et Canongate, qui fut d'ailleurs un village à part entière jusqu'à être annexé, en 1856. On trouve le château, à l'ouest, point culminant et grand rendez-vous des visiteurs, et le palais de Holyrood, à l'est, résidence officielle de Sa Majesté en Écosse. Si le pouvoir politique a, en grande partie, quitté ces deux lieux symboliques, il ne siège guère loin de là, au Parlement écossais. C'est l'édifice le plus moderne de Old Town, avec Our Dynamic Earth, et il contraste grandement avec la myriade de maisons médiévales et les nombreuses closes, ces petites allées piétonnes inquiétantes où courent des volées de marches pour relier les rues entre elles. Il ne faudra pas non plus manquer la très colorée Victoria Street, qui a la particularité d'avoir une longue promenade surplombant sa façade nord, ni le Grassmarket, place animée où avaient autrefois lieu les exécutions publiques. Cowgate et ses environs, dans les entrailles de la vieille ville, sont quant à eux la scène des virées nocturnes étudiantes. L'autre grande particularité du coin est bien sûr la présence d'Arthur's Seat, écrin de nature ravissant, à la fois si proche et si loin de tout.

- Bruntsfield : au sud-ouest de Lauriston Place, c'est le quartier qui s'étend de chaque côté du parc de Bruntsfield Links. Assez branché et résidentiel, ce quartier accueille une population plutôt jeune, grâce à la proximité de deux des universités de la ville (Édimbourg et Napier). On y trouve de nombreux coffee shops, petits restaurants et bed & breakfast.

- Southside : au sud-est de Old Town, après le National Museum of Scotland, Southside s'étend tout autour du campus de l'Université d'Édimbourg. Il fourmille de bonnes adresses pour manger ou boire un coup et the Meadows, la vaste pelouse en son centre, est envahie aux beaux jours. Middle Meadows Walk est une agréable rue piétonne qui la relie à Forest Road et George IV Bridge.

New Town

New Town est un joyau d'architecture et d'élégance géorgienne qui s'oppose diamétralement et historiquement à Old Town. Et pourtant, ces quartiers se complètent, tous deux classés par l'Unesco. Sa surpopulation ayant atteint un seuil critique en 1767, Édimbourg lança un appel à projet d'urbanisme qui fut remporté par James Craig, jeune prodige de 23 ans. On lui doit cette structure géométrique, harmonieuse et aérée, qui s'étend en grid entre Chralotte Square et St Andrew Square. Les rues périphériques furent ensuite ajoutées au XIXe siècle. Nor Loch, le lac qui se situait au pied du château, fut asséché pour créer les Princes Street Gardens, un vaste parc agréable au cœur de la capitale, où l'on admire notamment le Scott Monument, à la mémoire du célèbre auteur écossais. Il s'étire face à Princes Street, la longue avenue fourmillante de la nouvelle ville, où se pressent les bus et les badauds en quête de shopping. Érigées sur un versant seulement, ses façades se tournent respectueusement vers leurs voisines médiévales. C'est sur Georges Street que l'on apprécie le mieux le

© GEORGECLERK - ISTOCKPHOTO.COM

Architecture georgienne dans le quartier de New Town.

patrimoine du quartier. Plus calme et séduisante, cette rue est une succession de ravissements grâce à ses devantures chics, ses multiples statues et ses grandes places à chaque extrémité. Castle Street en est la plus belle intersection, avec la vue plongeante sur le château d'un côté, et le lointain Firth of Forth de l'autre. Il faut aussi se rendre dans les petites allées tranquilles que sont Rose Street ou Thistle Street. Leurs immeubles bas et la quasi absence de voitures leur confèrent un petit air de village très attrayant. Comment, enfin, ne pas mentionner la sublime Calton Hill, à qui Édimbourg doit en partie son surnom d'Athènes du Nord. Très facilement conquis, son sommet offre l'un des panoramas les plus stupéfiants de la ville, au milieu d'édifices remarquables. Le seul regret que l'on puisse avoir, en définitive, c'est que certaines parties de New Town restent privées et inaccessibles, à l'image des immenses Queen Street Gardens.

Inverleith et Leith

Inverleith et Leith portent tous les deux le nom de la rivière d'Édimbourg, la Water of Leith (Inver provient du gaélique *inbhir* : embouchure).

▶ Inverleith : au nord-ouest de New Town, ce vaste faubourg aisé est majoritairement paisible et résidentiel, avec plusieurs parcs, dont le jardin botanique. L'architecture y est intéressante et la présence de la Water of Leith Walkway est un réel plus pour des balades au vert.

▶ Leith : au nord-est de New Town, le port de Leith n'a plus réellement de vocation commerciale, mais conserve son visage résolument maritime. Intégré à la ville d'Édimbourg en 1920 seulement, on ne s'y sent toujours pas vraiment dans la capitale. L'activité touristique est centrée sur the Shore, où se trouvent plusieurs pubs et restaurants et vers Ocean Terminal, avec le plus grand centre commercial de la ville et le *Royal Yacht Britannia*. Autrefois zone fortement défavorisée, ayant notamment inspiré le film *Trainspotting*, Leith est désormais un secteur en évolution constante, porteur de nombreux projets immobiliers.

▶ Leith Walk : c'est l'avenue qui relie Leith au centre-ville. Elle est parsemée de cafés, *takeaways* et quelques bonnes adresses, ainsi que de nombreux B&B sur son versant nord, en direction de Ferry Road.

West End et Stockbridge

▶ West End : comme son nom l'indique, le West End se situe à l'ouest d'Édimbourg. Sa partie nord, entre Queensferry Street, Shandwick Place et Haymarket est le prolongement de New Town. Des terrasses géorgiennes harmonieuses, des rues piétonnes coquettes et des petites adresses tendance en font le charme et lui confèrent une ambiance chaleureuse. Ce secteur est intégré à la zone classée au patrimoine mondial et inclut également le pittoresque Dean Village, le Water of Leith Walkway et la Galerie nationale d'art moderne. Le sud accueille quant à lui le nouveau Financial District de la capitale, entre Shandwick Place, Lothian Road et Fountainbridge. Au-delà, on rejoint un quartier pavillonnaire très calme où la concentration de bed & breakfast est grande, entre Gilmore Place et le quartier de Bruntsfield. Derrière la gare de Haymarket, les rues sont essentiellement résidentielles, mais l'on y trouve tout de même l'imposant et légendaire Murrayfield Stadium.

▶ Stockbridge : au nord de New Town, Stockbridge est un quartier élégant et branché, dont l'appellation provient du pont éponyme, construit en 1801. Gastro-pubs, pubs à bières, bons cafés et restaurants de qualité en font l'identité et l'on vient ici pour profiter d'une architecture et d'une atmosphère éminemment édimbourgeoises, sans les foules de touristes. Comme au West End, la Water of Leith serpente en ses entrailles et le walkway qui la suit est fort agréable et pittoresque.

À VOIR / À FAIRE

Classée au patrimoine mondial de l'Unesco, Édimbourg offre un patrimoine fabuleux, une histoire passionnante et des attractions aussi riches que nombreuses. On y découvre le passé mouvementé au château médiéval, au palais de Holyroodhouse ou au Museum of Scotland, ainsi que son goût pour l'Art à la Scottish National Gallery, la National Portrait Gallery ou la National Gallery of Modern Art. Pour des visites plus ciblées et originales, on peut se rendre au Royal Yacht Britannia, the Real Mary King's Close, la Scotch Whisky Experience et le charmant Dean Village. Si c'est la nature qui vous intéresse, direction Holyrood Park ou le Royal Botanic Garden. Edinburgh City Pass : Pour 1, 2 ou 3 jours (£45, £55 et £65/adulte), ce pass vous donne accès gratuitement à 22 sites dont Edinburgh dungeon, le Harry Potter Tour, le Scott Monument, le Nelson Monument, DynamicEarth, la magnifique Georgian House, John Knox House...

THE NATIONAL TRUST FOR SCOTLAND

5 Cultins Road
✆ +44 131 385 7490
www.nts.org.uk
Association caritative : sites payants ou sur donations.

The National Trust for Scotland (NTS) est une association caritative qui s'occupe de la conservation et de la promotion du patrimoine national écossais. De nombreux sites bénéficient de son soutien. Il est possible de devenir membre donateur de l'association et d'entrer, gratuitement ou à tarif réduit, sur les sites pendant un an pour £66/adulte (paiement en ligne). Le site, très bien fait, met en valeur les sites par catégories, ambiances, etc : parfait pour trouver l'inspiration !

AULD REEKIE TOURS

45 Niddry Street
✆ +44 131 557 4700
www.auldreekietours.com
Tours de 60 min à 1h30, 7j/7, 10h-22h. De £18 à £22/adulte. Enfants accompagnés seulement.

C'est sans doute ce qui se fait de mieux en termes de *ghost tour*. Vos guides vous mènent à travers Old Town pour vous en conter les légendes les plus inquiétantes à la tombée de la nuit. 4 tours vous conduisent dans les entrailles de la ville, vers les souterrains de South Bridge : the Vaults tour (60 min), the Haunted vaults tour (60 min), the Ghost & torture tour (pour groupes privés seulement) et the Terror Group (à 22h, adultes seulement). Ici eut lieu les pires atrocités, perpétrées par les criminels et les sorcières. Âmes sensibles s'abstenir !

E-CITY

✆ +44 131 2100 114
www.e-citychauffeur.com
Visites guidées privées : environ £195 pour 4h dans Édimbourg.

Nicolas Loisel, votre guide français, est tombé amoureux de l'Écosse après quelques voyages et s'y est installé il y a 10 ans. Avec E-City, il se fait votre guide et chauffeur (en Tesla électrique) pour découvrir, à la demi-journée (pour Édimbourg), journée ou pour tout un séjour, l'Écosse de manière totalement personnalisée. Il vous emmènera aussi bien sur les sites les plus emblématiques que dans des sites insoupçonnés et plus époustouflants encore ! Il vous proposera des expériences insolites et originales, 100 % sur mesure, pour un séjour unique.

FRENCH KILT

www.frenchkilt.com
Visites pour petits groupes en français dès £130 en groupe privé, dès £20 en groupe public.

Française installée à Édimbourg après un coup de foudre instantané pour la ville, Sarah fait découvrir sa capitale de cœur en visites guidées en français. Elle propose différents circuits, à arpenter en groupes privés ou publics : « Sur les Traces de Harry Potter à Édimbourg », « Les incontournables d'Édimbourg », une apéro-balade, une visite « Crimes et châtiments » et des visites sur mesure, selon les demandes des participants. Elle se fera aussi un plaisir de donner ses bonnes adresses pour boire un verre, bien manger ou découvrir les joyaux cachés de la ville.

THE REAL MARY KING'S CLOSE ★★

2 Warriston's Close ✆ +44 131 225 0672
www.realmarykingsclose.com
7j/7 : 9h30-19h30 (21h vendredi-dimanche). Adulte : £21, 5-15 ans : £15. Audioguide français gratuit.

The Real Mary King's Close est un ensemble de ruelles et d'habitations souterraines qui étaient au cœur de Old Town au XVIIe siècle. Elles ont pris le nom d'une des filles de l'avocat Alexander Close qui y possédait plusieurs propriétés. Au XVIIIe siècle, elles sont partiellement démolies et ensevelies pendant la construction des City Chambers. C'est à partir de ce moment-là, dans les entrailles de la ville, que le dédale est entré dans les mystères et les légendes les plus sombres d'Edimbourg ; et ce, pendant 400 ans. Les recherches d'archéologues ont permis de comprendre comment certaines familles pauvres y ont trouvé refuge face à la surpopulation de la capitale. C'est aussi ici que l'on isolait les malades de la peste pour qu'ils meurent cachés de tous. L'évocation de la maladie est alors l'occasion de démêler le vrai du faux et de combattre de nombreuses idées reçues. Les histoires de fantômes sont légions, comme celle d'une petite fille nommée Annie qui aurait été vue par une médium et à laquelle nombre de visiteurs apportent aujourd'hui encore des présents, ou celles des nombreuses victimes des légendaires meurtriers Burke et Hare, qu'ils auraient cachées avant de les vendre aux hôpitaux. Rouvert au public en 2003, The Real Mary King's Close lève le voile sur de sombres heures et des destins maudits, dans un univers lugubre qui ne laisse pas indifférent. La visite dure une heure et prend tout son sens grâce à des comédiens en costumes pour une immersion réussie.

MERCAT TOURS

28 Blair Street
✆ +44 131 225 5445
www.mercattours.com
Visites 7j/7, différentes thématiques. Visites possibles en français. A partir de £20 par adulte.

Mercat Tours proposent plusieurs visites différentes sur l'histoire et sur les fantômes de la ville. Des tours couplés avec le châteaux sont possibles. Une option est disponible en français : « Fossoyeur d'Histoire ». Le *ghost tour* réputé le plus effrayant de la ville. Il se passe intégralement sous les pavés de la vieille ville. Entre les murs sombres et humides, on y est témoin d'histoires mises en scène avec un réalisme à donner la chair de poule. Pour une exploration éprouvante des entrailles de la vieille ville, c'est ici.

CAMERA OBSCURA ★

Castlehill

✆ +44 131 226 3709

www.camera-obscura.co.uk

Ouvert 7j/7. £20,95/adulte, £16,95/enfant (gratuit -5 ans), tarif réduit : £18,95. Enfants de -12 ans accompagnés.

On vient ici depuis 1835 pour admirer Édimbourg via la lorgnette d'un périscope dont les panoramas sont projetés sur une grande table-écran. Cette visite est un particulièrement courue des enfants qui en apprécient l'aspect ludique. Sur six étages, un dédale d'attractions et d'expositions livre également tout un monde d'illusions d'optique et de curiosités à base de sons, lumières, miroirs et tunnel, pour les amateurs du genre. Au sommet, la Outlook Tower offre également de belles vues sur les alentours et notamment le château, qui est juste en face.

CANONGATE KIRK

153 Canongate

www.canongatekirk.org.uk

Entrée libre et gratuite. Dons bienvenus. Explications en version française.

Cette église, qui avait entamé des travaux de rénovation depuis 1991, est particulière à bien des égards. Le fameux roi David, qui vit un cerf blanc couronné d'une croix, est ici partout représenté, ce qui donne l'occasion parfaite d'en (re) découvrir le récit. Elle accueille aussi une chapelle mémorielle de la Seconde Guerre mondiale où est exposé un coffret de verre avec du sable de Dunkerque, en commémoration du Débarquement. Enfin, elle est reconnue comme l'église militaire de la capitale et est celle qu'a adopté le Royal Scots (régiment royal) en 1983.

CITY ART CENTRE

2 Market Street

✆ +44 131 529 3993

www.edinburghmuseums.org.uk

Ouvert tous les jours de 10h à 17h. Entrée libre.

Le City Art Centre est spécialisé dans la peinture écossaise du XVIIe siècle à aujourd'hui, avec plus de 4 500 œuvres d'artistes majeurs tels que William McTaggart, Joan Eardley, George Henry, Edward Hornel, William George Gillies, Anne Redpath et Elizabeth Blackadder. Au palmarès des contemporains, on peut compter sur Christine Borland, Rosalind Nashashibi ou encore Toby Paterson. Édimbourg fait bien sûr l'objet de nombreux sujets, tout comme les Highlands, la mer ou les portraits. Des expositions temporaires sont également organisées.

CRAIGMILLAR CASTLE

Craigmillar Castle Road

✆ +44 131 661 44 45

7j/7. Avril-septembre : 9h30-17h30. Octobre-mars : 10h-16h. Adulte : £7,50, enfant : £4,50. -16 ans accompagnés.

Craigmillar Castle est surnommé « l'autre château d'Édimbourg », situé à tout juste 1 mile des murs extérieurs d'Old Town. Mary Queen of Scotts l'a utilisé comme refuge en 1566, mais, un an plus tard, son propriétaire, Sir Simon Preston, devenait geôlier de la reine. Parmi ses points d'intérêt, on notera la vue splendide depuis la tour, mais aussi l'aspect presque labyrinthique du château, conféré par la multiplication des pièces, ou encore les vestiges d'un étang. Comme souvent, un quiz pour les enfants permet d'agrémenter la visite en famille.

Camera Obscura.

EDINBURGH CASTLE ★★★★

Castlehill

✆ +44 131 225 9846

www.edinburghcastle.scot

7j/7 avril-septembre 9h30-18h, octobre-mars jusqu'à 17h. Adulte : £19,50 / réduit : £15,50 / 5-15 ans : £11,40.

Dressé sur un ancien volcan éteint, le château d'Édimbourg est le cœur de la capitale écossaise. Il est bâti au XIIe siècle par David Ier. Il sert rapidement de bastion politique et militaire quand le roi d'Angleterre, Edward Ier, tente de saisir le trône vacant d'Écosse. Entre 1296 et 1341, il passe tantôt d'un camp à l'autre et subit d'importants dégâts. Il est en grande partie reconstruit par David II mais fait l'objet d'un nouveau siège en 1571, pour écraser les fidèles retranchés de Mary Queen of Scots. Les hostilités sont connues sous le nom de « Lang Siege » (le long siège) et durent deux ans. En 1650, le château est à nouveau saisi par les Anglais lorsque les troupes de Cromwell envahissent le pays. Après la restauration de 1660, il demeure sous l'autorité de Londres qui y conserve des troupes en permanence. Les Jacobites essayent de s'en emparer dès leur premier soulèvement en 1688, en vain. Leur seconde révolution menée par Bonnie Prince Charlie ne sera pas plus efficace, malgré leur capture de la ville en 1745. Ils sont chassés en novembre de la même année et le colosse demeure dès lors une forteresse anglaise. **Dès l'entrée du château**, deux statues rappellent le passé tumultueux de l'Écosse : William Wallace et Robert the Bruce, les héros de l'indépendance. Une fois passées la Portcullis Gate, après la billetterie, un panneau sur la droite vous indique quand aura lieu la prochaine visite guidée. Un guide s'y trouve souvent déjà et le signale aux nouveaux arrivants. Suivez-le, c'est une bonne entrée en matière, c'est gratuit et assez court. À votre droite, les canons d'Argyle Battery offrent de superbes vues sur la ville. À quelques pas, le One O'clock Gun est un L118 de 105 mm. Entré en service en 2001, il perpétue une tradition en vigueur depuis 1861. Tous les jours sauf le dimanche, à 13h, quand la sphère du Nelson Monument est abaissée sur Calton Hill, un coup de canon est tiré au château pour annoncer l'heure aux marins de Leith.

Le National War Museum se trouve un peu plus loin. Il couvre 400 ans d'histoire martiale de manière très vivante grâce à de nombreux objets, armes, uniformes, témoignages, images et films. Sur terre, sur mer et dans les airs, les Écossais se sont forgé une identité de combattants dans le monde entier. Les deux guerres mondiales sont bien sûr largement traitées, mais aussi les conflits plus récents.

Les Royal Scots Dragoon Guards Museum et Royal Scots Museum se situent plus haut en poursuivant l'ascension du Castle Rock. Pour les rejoindre, vous passerez devant la maison du gouverneur et la caserne du Royal Regiment of Scotland, deux bâtiments de l'armée toujours en usage. À l'intérieur des deux musées, l'histoire de ces régiments emblématiques est narrée, de leurs créations à nos jours.

En poursuivant vers Crown Square, vous passerez successivement par plusieurs monuments majeurs. Les prisons militaires furent très utilisées pendant les guerres napoléoniennes et la guerre d'indépendance américaine. La minuscule chapelle Sainte-Marguerite du XIIe siècle est le plus vieil édifice du château et très certainement d'Édimbourg. Derrière elle se trouve Mons Meg, un énorme canon du XVe siècle construit dans les Flandres. Si vous vous penchez par-dessus les remparts au même niveau, vous apercevrez un petit cimetière pour chiens qui n'est pas accessible. C'est là que les soldats ont enterré leurs amis canins à partir de 1840. Plus loin, Half-Moon Battery est une vaste esplanade en demi-lune, érigée de canons. Construite à partir de 1573, elle a pris la place de la David's Tower (1368), détruite lors du « Lang Siege ».

Crown Square est le cœur du château et son point le plus élevé. Le Scottish National Memorial est un superbe édifice rendant un hommage vibrant aux soldats écossais tombés au combat. Juste en face, le Great Hall arbore des dimensions gigantesques et un intérieur magnifique, de 29 m sur 12,5 m. La star de cette grande place, c'est le Palais royal. Construit au XVe siècle, réaménagé au XVIIe, on y visite la chambre où Mary Queen of Scots a donné naissance à James VI. On y voit aussi et surtout les joyaux de la couronne écossaise et la Stone of Scone.

La Stone of Scone est une pierre de 152 kg qui servait au couronnement des rois écossais avant d'être volée par les Anglais en 1296. Elle est alors placée sous la King Edward's Chair, sur laquelle s'assoit chaque nouveau souverain anglais. En décembre 1950, des étudiants glaswégiens décident de la dérober dans la Westminster Abbey pour la ramener en Écosse. En la retirant du trône, ils la font tomber et la brisent en deux. Craignant de manquer de temps, ils dissimulent le plus gros morceau dans un champ du Kent et le plus petit dans l'une de leurs voitures, qu'ils laissent chez un ami dans les Midlands. Quand les autorités découvrent le vol, elles ferment la frontière anglo-écossaise pour la première fois en 400 ans. Un peu plus tard, les jeunes nationalistes retournent chercher leur butin et font réassembler la pierre à Glasgow en y glissant un mot dont personne ne connaît le contenu à ce jour. En avril 1951, la police retrouve la Stone of Scone à l'abbaye d'Arbroath (Angus) et coince les voleurs qui confessent leurs actions. Ils ne seront pas poursuivis de peur de répercussions politiques et la relique est retournée à Westminster. En novembre 1996, le gouvernement britannique décide de la rendre à son pays d'origine pour satisfaire les demandes grandissantes, à condition qu'elle soit présente à Londres pour chaque couronnement.

GREYFRIARS KIRK & KIRKYARD ★

Greyfriars Place
✆ +44 131 225 1900
www.greyfriarskirk.com
Entrée libre. Cimetière ouvert toute l'année. Visites guidées possibles.

Cette église de 1620 n'est pas seulement célèbre pour son monument dressé à la mémoire des Covenantaires, ces presbytériens écossais qui luttèrent contre l'imposition du culte anglican. Son cimetière si mystérieux, parsemé de mousse et de vieilles pierres, est la dernière demeure du chien le plus dévoué de la culture écossaise : Greyfriars Bobby. Après le décès de son propriétaire, un policier du nom de John Gray, ce petit Skye Terrier est venu dormir près de la dépouille de son maître pendant 14 ans, jusqu'à sa propre mort en 1872. Aujourd'hui, les deux amis sont enterrés côte à côte et une statue honore la mémoire du fidèle Bobby sur George IV Bridge. Plus récemment, d'autres tombes sont entrées dans l'histoire pour avoir inspiré J. K. Rowling alors qu'elle écrivait régulièrement depuis le café voisin The Elephant House. Les Potterheads ou simples curieux trouveront ainsi le poète William McGonagall, la famille Potter, mais aussi Thomas Riddell, qui serait à l'origine du nom de naissance de Voldemort. Comme ce dernier est souvent le plus recherché, on va vous faire gagner un peu de temps : une fois dans le cimetière, contournez l'église et pénétrez dans une annexe murée vers la Georges Heriot's School. La tombe est au fond à droite.

De manière plus cachée, vous trouverez également Sirius Black, Slughorn et Alastor Moody. Si vous le souhaitez, il existe des visites guidées 100 % Harry Potter ! Il s'agit du cimetière le plus célèbre d'Écosse.

HOLYROOD PARK & ARTHUR'S SEAT ★★

Queen's Drive
✆ +44 131 557 4685
Parc en accès libre. Petit centre d'information au Holyrood Lodge, ouvert tous les jours de 9h30 à 15h.

Toutes les capitales du monde ne peuvent pas se targuer d'avoir un volcan en plein centre-ville. Édimbourg en a deux. Si Castle Rock est moins impressionnant est a été couvert par le château, Arthur's Seat est un géant de 251 mètres qui donne un véritable parfum des Highlands à tous ceux qui en font l'ascension. L'origine de son nom est un mystère et nombreux aiment à penser qu'il serait lié au légendaire roi celte, même si cela reste peu probable. À ses pieds, le vaste plateau qui se termine en falaises de 46 mètres face au Queen's Drive s'appelle Salisbury Crags. À eux deux, ils forment le Holyrood Park, un parc de 260 hectares, créé en 1541 par James V, sur le terrain d'une ancienne réserve de chasse royale. Le passage le plus direct pour conquérir Arthur's Seat se trouve sur son versant est, mais le sentier le plus populaire est sans doute celui de Radical Road, par l'ouest, à quelques pas du Holyrood Palace. Bâti à l'initiative de l'écrivain Walter Scott, ce petit chantier devait être l'occasion de donner du travail à des tisserands désœuvrés et de faire apprécier aux promeneurs l'héritage naturel et patrimonial du site. En chemin, on peut voir St. Margaret's Loch, un lac artificiel où barbotent oies et canards, ainsi que les ruines de St Antony's Chapel. Une fois là-haut, le panorama est spectaculaire. D'un seul regard, on embrasse Old Town, New Town, le Firth of Forth et le Lothian. Comptez environ 2h pour la randonnée, de bonnes chaussures et de quoi se couvrir.

HOLYROOD DISTILLERY

✆ +44 131 285 8977
www.holyrooddistillery.co.uk
Lundi, jeudi et dimanche : 11h30-19h. Vendredi et samedi : 11h30-20h. Boutique en accès libre. Tours dès £25.

C'est la première fois depuis 1925 que la capitale écossaise refait son single malt. La distillerie a pris place dans un bel édifice historique, âgé de quelque 180 ans, à quelques pas de Holyrood Park et de Old Town. Vous y découvrirez la fabrication de whisky et de gin et pourrez suivre différents tours guidés, selon vos envies de découverte : immersion dans la distillerie, visite et dégustation de whisky ou de gin, masterclass sur le whisky. Explorez aussi la boutique et sa sélection de whiskies rares et vintage, la « Holyrood Prestige Collection » !

MUSEUM ON THE MOUND

The Mound
✆ +44 131 243 5464
www.museumonthemound.com
Ouvert du mardi au vendredi de 10h à 17h, le samedi à partir de 13h. Entrée libre.

Ce musée ouvert en 2006 fait office de jeunot à Édimbourg, tant ses voisins sont implantés depuis longtemps. Il est spécialisé dans l'argent, le système bancaire et l'économie. Cela peut ne pas paraître très sexy, mais son emplacement au cœur de l'ancien siège de la Bank of Scotland et son aspect didactique rendent la visite très instructive. L'histoire de la monnaie, l'essor du capitalisme et de l'assurance, le rôle de la banque au fil de temps et l'immobilier après la Révolution Industrielle sont les principaux thèmes abordés.

MUSEUM OF EDINBURGH ★

142 Canongate
✆ +44 131 529 4143
www.edinburghmuseums.org.uk
Ouvert tous les jours de 10h à 17h. Entrée libre et gratuite. Boutique.

Cette maison chamarrée du Royal Mile est immanquable avec sa façade rouge et ocre. La visite de la capitale écossaise ne prend que plus de sens une fois qu'on en pousse les portes. Le passé d'Édimbourg s'y dévoile de la Préhistoire à nos jours, au travers de maquettes, descriptions, mannequins et objets d'antan. On découvre la capitale sous toutes ses facettes : cité d'art, de culture et d'idées, de pouvoir, de commerce, de contrastes, d'apparat, d'Histoire et d'histoires. On appréhende les heures sombres de la ville, entre politique, religion, guerre et enjeux d'alcool ; mais aussi ses fiertés : sa prospérité, son architecture et ses grandes figures. Les amateurs d'histoire et d'objets rares apprécieront aussi les reliques médiévales, les nombreuses porcelaines, l'argenterie magnifiquement ciselée – dont des pièces spécifiquement écossaises comme un *quaich* ou des *thistle-cups* –, des poteries avec leur atelier reconstitué, ou le manifeste original des Covenantaires. Chaque quartier est détaillé, de Old Town, où Canongate formait un village séparé, à New Town, dont on peut voir les plans originaux de l'architecte James Craig. Une importante section est consacrée au port de Leith, véritable autoroute des colonies et de l'Orient. Le coup de cœur *Petit Futé* va au cabinet de curiosité qui rappelle que les dévotions de fans ne concernent pas que les popstars. On y découvre entre autres un morceau de oatcake cuisiné par l'épouse de Robert Burns, une balle de golf ayant appartenu à Robert Louis Stevenson...

NATIONAL MUSEUM OF SCOTLAND ★★★

Chambers Street
✆ +44 300 123 6789
www.nms.ac.uk
Ouvert tous les jours de 10h à 17h. Entrée libre gratuite.

Ouvert sous sa forme actuelle en 2006 par la fusion de collections plus anciennes, le National Museum of Scotland abrite16 galeries, 8 000 objets et un complexe dont l'architecture est à la fois victorienne et ultra-moderne. On y retrouve, comme dans tout musée généraliste, les traditionnelles sections consacrées à l'anthropologie, aux cultures du monde à travers le temps et à l'histoire naturelle : sarcophage et momie de prêtre égyptien, fresque murale assyrienne, squelette de dinosaure et animaux empaillés, quelques sculptures, peintures et tant d'autres... Les sciences et la technologie ont également voix au chapitre avec la plus vieille télévision couleurs de la planète et le corps de Dolly the Sheep.

Le volet le plus fascinant de la visite est sans nul doute celui qui présente de manière passionnante toute l'histoire de l'Écosse, des origines jusqu'à nos jours. Le plaisir esthétique et les escapades imaginaires du visiteur dans le passé y sont encouragés par la scénographie des pièces et leur approche didactique. Avec de nombreux trésors du patrimoine national, on voyage aux côtés des premiers habitants du pays, des Pictes, des Vikings, des Scots, beaucoup d'anonymes, mais aussi des héros écossais, comme Mary Stuart, dont on découvre la superbe harpe et une réplique du tombeau ; Robert Burns poète de renom, dont on peut lire les lettres manuscrites ; ainsi que Bonnie Prince Charlie, le prince maudit de la cause Stuart, dont on admire l'argenterie de voyage.

THE QUEEN'S GALLERY ★

Canongate
✆ +44 303 123 7306
www.rct.uk
Fermé le mardi et jeudi. 9h30-16h30 (18h en été). Adulte : £8,50 ; 5 à 17 ans : £5,50.

Au cours de ses différents règnes, la famille royale a acquis une collection somptueuse d'œuvres d'art en provenance du monde entier. La Queen's Gallery a été inaugurée par Sa Majesté en 2002 et donne à voir quelques-uns des plus grands maîtres de la peinture classique, baroque ou flamande, mais aussi des pièces acquises lors de voyages à l'étranger. Elle est installée dans une ancienne église victorienne, juste en face du Parlement écossais. Les expositions changent régulièrement et la programmation peut se consulter en ligne.

THE SCOTCH WHISKY EXPERIENCE ★★

354 Castlehill ✆ +44 131 220 0441
www.scotchwhiskyexperience.co.uk
7j/7 10h-17h. Adulte : £21 à £90 selon le tour choisi. Réduit : de £19 à £32. Enfant : £9. Famille : £51.

Voilà une belle étape pour découvrir le whisky. Plusieurs visites sont proposées, en 50 min, 90 min et 90 min + dîner. À la visite guidée s'ajoutent une ou des dégustations commentées. Vous apprendrez à savourer et à identifier le contenu de votre *dram*, l'unité de whisky traditionnelle, dans une pièce abritant la plus grande collection privée du monde. Pas moins de 3 400 bouteilles différentes y sont dorlotées et c'est un régal de l'arpenter pour en contempler les vieilles étiquettes.

PALACE OF HOLYROODHOUSE ★★★

Canongate
✆ +44 303 123 7306
www.rct.uk
7j/7 d'avril à octobre 9h30-18h, de novembre à mars jusqu'à 16h30. Ticket couplé avec la Queen's Gallery.

C'est la résidence officielle de Sa Majesté la Reine, lorsqu'elle séjourne en Écosse. À l'exact opposé du château, en bas du Royal Mile, elle y passe une semaine en début de chaque été pour conduire des réceptions et cérémonies dans la capitale. Le site est occupé dès 1128 par l'abbaye de Holyrood, dont on voit encore les ruines dans les jardins. Au début du XVIe siècle, James IV et V y bâtissent un palais et fixent définitivement le pouvoir politique à Édimbourg. Les différents conflits de la seconde partie du siècle y font de nombreux dégâts. Des rénovations sont entamées à l'arrivée du XVIIe siècle, avant que les troupes de Cromwell ne ravagent une grande partie de l'édifice en 1650. Après la Restauration, une reconstruction intégrale du palace est programmée et le visage qu'il arbore aujourd'hui lui est principalement donné entre 1671 et 1678, avec un plan carré de 70 mètres de côté. Après l'acte d'union entre l'Écosse et l'Angleterre de 1707, Holyrood perd ses principales fonctions. Il est saisi par les Jacobites en 1745 et Bonnie Prince Charlie y tient cour quelques semaines. De 1796 à 1803, le Comte d'Artois, futur Charles X de France, vit ici en exil. La famille royale française y reviendra même de 1830 à 1832, après la Révolution de juillet. A la fin du XIXe et au début du XXe siècle, les intérieurs sont en partie restaurés et s'adaptent au confort de l'époque.

Les *State Apartments* reflètent les influences des monarques qui s'y sont succédé. Ils sont particulièrement fameux pour leurs tapisseries et plafonds décorés. Le clou du spectacle est la superbe *Great Gallery*, la plus grande pièce du palace. Il y figure 89 portraits de rois légendaires et véritables d'Ecosse. Ils furent peints par Jan de Wet entre 1684 et 1686. On y découvre aussi la salle à manger, la salle du trône et les différents salons de réception utilisés à ce jour par la Reine selon les occasions, comme la fastueuse Morning Drawing Room. Le mobilier somptueux de la King's Bedchamber de Charles II est impressionnant et les différentes anti-chambres richement ornementées.

La chambre de Mary Queen of Scots (Mary Stuart) se trouve dans la tour nord-ouest du palais, juste au-dessus des Darnley Rooms où vécut son second époux, Henry Stuart (Lord Darnley). De nombreux objets intimes lui ayant appartenu y sont conservés. On remarque notamment un tragique portrait dépeignant la Reine en costume de deuil, avec en arrière-plan une scène représentant son exécution au château de Fotheringhay, en 1587. L'oratoire en bois de chêne sculpté où elle s'isolait chaque jour pour prier est également là et on retient aussi le splendide Lennox Jewel, pendentif en forme cœur orné d'une émeraude, qui aurait été réalisé pour Margaret Douglas, belle-mère de Mary Stuart, pour commémorer les décès de son mari (Matthew Stuart) et de son fils (Henry Stuart). Ce dernier est d'ailleurs responsable du drame le plus célèbre de Holyrood : le 9 mars 1566, il fait assassiner Davide Rizzio, le conseiller le plus proche de Mary. Le crime a lieu dans la chambre de cette dernière, sous ses yeux, alors que Henry lui-même la retient pendant que ses hommes poignardent 56 fois le malheureux.

Holyrood Abbey se trouve dans les jardins du palais. C'est le premier édifice du site, érigé en 1128 par le roi David Ier. Elle tiendrait son nom de la Sainte Croix, « rood » en écossais ancien. Plusieurs couronnements, mariages et enterrements de membres de la famille royale y ont eu lieu.

Palace of Holyroodhouse.

ST GILES' CATHEDRAL ★★

High Street
✆ +44 131 226 0674
www.stgilescathedral.org.uk
Du lundi au vendredi : 10h-18h. Samedi : 9h-17h. Dimanche : 13h-17h. Entrée libre.

St. Giles' Cathedral est devenue une icône de la skyline d'Édimbourg de par son clocher en forme de couronne. Les premières pierres encore visibles furent posées au XIIe siècle, mais la plupart de l'édifice date du XVe siècle. C'est le plus important lieu de culte de l'église d'Écosse dans sa capitale. Il est dédié à saint Giles, un ermite grec qui vécut notamment en France, entre le VIIe siècle et le VIIIe siècle. Protecteur des lépreux et des boiteux, il était particulièrement populaire au Moyen Âge, si bien qu'il est devenu saint patron d'Édimbourg. À l'intérieur, ne manquez pas les piliers centraux, plus vieux témoins de l'endroit, ni les vitraux qui sont impressionnants. Parmi les éléments à voir, il faut aussi citer le vitrail consacré au poète Robert Burns, la statue de John Knox et cette citation qui résume l'engagement du personnage : « Give me Scotland or I die » (Donnez-moi l'Écosse où je meurs), le « coin » des auteurs ou encore l'orgue. La Thistle Chapel, construite en 1911, offre un plafond richement orné et des boiseries sculptées d'une grande qualité esthétique. On peut par exemple y voir un ange jouer de la cornemuse. Il est aussi possible de prendre de la hauteur avec des visites guidées payantes sur le toit (attention, elles sont vite complètes !). Des guides volontaires sont aussi présents pour tout vous dire des secrets et des beautés de l'édifice. Des messes sont toujours célébrées dans l'édifice (le dimanche à 8h, 10h, 11h30 et 20h) et des concerts sont régulièrement organisés.

THE PEOPLE'S STORY MUSEUM

163 Canongate
✆ +44 131 529 4057
www.edinburghmuseums.org.uk
Ouvert tous les jours de 10h à 17h. E ntrée libre et gratuite.

Comme son nom l'indique, le People's Story Museum raconte l'histoire du peuple d'Edimbourg, du XVIIIe siècle à nos jours. On y voit l'évolution du travail, des conditions de vie, mais aussi des mœurs et des idées. Des mannequins, objets et descriptions relatent le quotidien des gens et celui de leur ville. Le commerce, la subsistance au jour le jour, la guerre, la communauté homosexuelle, l'industrie de l'alcool et de l'imprimerie, les syndicats, la pêche, la marine, les mines, les transports, la domesticité : tout y passe, jusqu'aux mouvements punks des années 1990. L'exposition se déroule sur 3 niveaux, dans un superbe bâtiment historique de 1591, qui fut le siège de la commune indépendante de Canongate. On y découvre aussi l'ambiance de « The Canongate Toolbooth » : prison ayant la réputation d'être l'une des pires que le XVIIIe siècle ait connu. Parmi les points abordés par ce musée, le *Petit Futé* s'est passionné pour les liens entre les émeutes des années 1780 et 1790 à Édimbourg et leur influence sur la Révolution française. Nées de mouvement d'opposition à l'église catholique, de la colère face à l'augmentation du prix des denrées alimentaires, elles ont été réprimées dans le sang et ont fort probablement impulsé le mouvement qui s'est joué en France. D'ailleurs, en témoin de ce lien, une réplique d'une clé de la Bastille est exposée en ces lieux. On y découvre aussi un focus sur la naissance des « unions » dans les années 1800 et des mouvements socialistes.

THE EDINBURGH DUNGEON

31 Market Street
✆ +44 871 423 2250
www.thedungeons.com
7j/7, lundi-vendredi : 11h-16h, samedi 10h-18h, dimanche : 11h-17h. Adulte : à partir de £18,50. Réductions en ligne.

Cette visite animée et effrayante dans les sous-sols de la ville fait autant rire que frissonner grâce à onze acteurs et de nombreux effets spéciaux. Au programme : salle de torture, labyrinthe, tour en barque, mises en scène et personnages historiques comme le cannibale Sawney Bean ou les serial killers Burke et Hare. Les tours partent toutes les 10 min et durent 80 min. Attention : les enfants (- de 15 ans) devront être accompagnés et la visite est déconseillée aux - de 8 ans. Des visites spéciales pour un public adulte sont aussi proposées.

THE WRITERS' MUSEUM

Lady Stair's Close
✆ +44 131 529 4901
www.edinburghmuseums.org.uk
Ouvert tous les jours de 10h à 17h. Entrée libre et gratuite. Exposition en anglais seulement.

Le Writers' Museum a posé ses valises pleines de livres dans la Lady Stair's House, une étroite maison médiévale du Royal Mile (1622). Il retrace les vies de trois illustres hommes de lettres écossais : Robert Burns (1759-1796), Robert L. Stevenson (1850-1894), et Sir Walter Scott (1771-1832). Au travers de manuscrits, peintures, portraits, effets personnels, gravures et photographies, leurs parcours sont retracés. Le dernier étage présente une superbe presse (Ballantyne press), modèle sur lequel a été imprimée la première édition de *Waverley* de Sir Walter Scott.

CALTON HILL

Calton Hill

Libre d'accès.

Pour grimper au sommet de cette petite colline, le mieux est de l'aborder par Leith Walk et de poursuivre sur Royal Terrace et Regent Terrace. ***Au fil de votre ascension, vous verrez d'anciens édifices comme la Royal High School et The Calton Jail,*** une prison ouverte en 1817. Le plus intéressant reste surtout de contempler la ville de ses hauteurs puis, éventuellement, de gagner encore un peu d'altitude en gravissant la tour du Nelson Monument. Carlton Hill offre l'une des plus belles vues de la ville, avec un panorama qui embrase le château comme le Fife of Forth.

COLLECTIVE GALLERY

38 Calton Hill

✆ +44 131 556 1264

www.collective-edinburgh.art

Ouvert du mardi au dimanche de 10h à 16h. Entrée gratuite.

Inspiré du temple athénien des quatre vents, le City Observatory fut un observatoire astronomique de 1776 à 2009. La Collective Gallery s'y est installée en 2018. C'est une galerie d'art contemporain spécialisée dans les arts visuels. Des visites gratuites (en anglais) sont proposées tous les samedis à 14h. Les expositions varient et mettent systématiquement à l'honneur des artistes actuels internationaux, attachés à la réflexion sur l'espace urbain. Testez aussi les audioguides (en anglais) pour découvrir Carlton Hill à travers le regard de différents artistes.

EDINBURGH GIN DISTILLERY

1A Rutland Place

✆ +44 131 656 2810

www.edinburghgin.com

Visites tous les jours de 9h45 à 16h45. Dégustation à partir de £25. Discovery tours (£10) : réservation sur site.

En plein cœur d'Édimbourg, cette petite distillerie produit un gin apprécié des experts et offre des visites en petit groupe pour découvrir cette industrie qui, loin d'égaler les chiffres du whisky, reste l'une des spécialités de l'Écosse. Le tour classique dure 45 minutes et s'achève par une dégustation, avec des guides fins connaisseurs qui vous feront partager leur passion. Quand les visites cessent, le *Heads & Tales* bar prend le relais dans un cadre cosy où l'on déguste cocktails et tapas. La boutique, minuscule, dans un caveau, est accessible hors visites.

SCOTT MONUMENT ★

East Princes Street Gardens

✆ +44 131 529 4068

www.edinburghmuseums.org.uk

7j/7 d'avril à septembre de 10h à 19h, d'octobre à mars jusqu'à 16h. Adulte : £8, réduit : £6, famille : £20.

Haut de 60 mètres, inauguré en 1844, c'est l'hommage d'Édimbourg à l'un de ses plus grands hommes : Sir Walter Scott (1771-1832). En tout, 68 statues le recouvrent et représentent des personnages de ses ouvrages. De son vivant, ses romans étaient des ***best-sellers*** que l'on acheminait en bateau du port de Leith jusqu'à Londres, où ils étaient ensuite répartis dans toute l'Europe. Au palmarès, on peut mentionner ***Ivanhoé, Quentin Durward, Waverley, Rob Roy*** et ***l'Antiquaire.*** Pour monter au sommet, il faudra gravir 287 marches. Sa maison est visible au 25 George Square.

THE ROYAL SCOTTISH ACADEMY

The Mound

✆ +44 131 225 6671

www.royalscottishacademy.org

Ouvert du lundi au samedi de 10h à 17h, le dimanche à partir de midi. Entrée libre.

Les amateurs d'art contemporain ne manqueront de passer par la Royal Scottish Academy après leur visite de la Scottish National Gallery. Ce pavillon voisin donnant sur Princes Street, fruit du même architecte, abrite des expositions temporaires d'artistes écossais, de la peinture, de la sculpture, mais aussi des vidéos et des installations. La collection permanente inclut de nombreuses œuvres des membres historiques de l'académie, qui est financée indépendamment.

THE SCOTTISH NATIONAL GALLERY ★★

The Mound

✆ +44 131 624 6200

www.nationalgalleries.org

Ouvert tous les jours de 10h et 17h, le jeudi jusqu'à 19h. Entrée libre.

Le bâtiment néoclassique dessiné par William Henry Playfair abrite une collection de peintures européennes. Ouverte pour la première fois en 1859, on y contemple des toiles de Gainsborough, Goya, Francis Bacon, William Blake, Vincent Van Gogh ou de Vinci. Côté français, Cézanne, Monet, Delacroix et Ingres sont aussi présents. Ne pas manquer les deux célèbres tableaux de Titien consacrés au mythe de Diane et Actéon et la série des sept sacrements de l'Église réalisée par Poussin.

ROYAL BOTANIC GARDEN ★★

Arboretum Place ✆ +44 131 248 2909
www.rbge.org.uk
7/7j. 10h-16h (novembre-janvier), 10h-17h (février & octobre), 10h-18h (mars-septembre). Tarif entre £15,50 et £24.

Ce jardin botanique est une sortie parfaite par beau temps comme par temps de pluie, puisque vous pourrez profiter d'un climat tropical dans les serres. Amoureux des plantes ou néophytes, chacun trouvera, dans la rareté, la multiplicité et la beauté des spécimens présentés matière à s'émerveiller. C'est tout de même l'une des plus belles collections au monde ! Des visites guidées sont disponibles (en anglais) et des panneaux explicatifs donnent de nombreuses informations passionnantes, tant sur des phénomènes naturels étonnants que sur le travail de préservation.

Les serres (*glasshouses*) sont une visite dans la visite. Leur accès est payant, contrairement au reste du parc, mais elles valent qu'on les découvre. Au nombre de 10, elles correspondent chacune à une zone climatique et à des espèces spécifiques. 10 salles, 10 climats (chauds !), 10 univers floristiques ! On découvre ainsi avec bonheur, un splendide jardin de nénuphars, une collection incroyable d'orchidées, des plantes carnivores, des plantes grasses... Le design des lieux est aussi intéressant, puisque les serres ont été élevées entre 1834, dans une style pré-victorien, et 1967, avec une simplicité plus classique et sage.

Des expositions sont aussi présentées en accès libres, dans le bâtiment qui vous accueille. Vous pourrez y découvrir des expositions photos, d'artistes et des espaces ludico-interactifs œuvrant pour une sensibilisation à l'environnement. Enfin, le Jardin propose des animations thématiques régulières au fil des temps forts de l'année.

ROYAL YACHT BRITANNIA ★★

Ocean Drive ✆ +44 131 555 5566
www.royalyachtbritannia.co.uk
7j/7 avril-septembre 9h30-18h, octobre-mars 10h-17h. Adulte : £18,50, réduit £13,50, 5-17 ans : £9,25, famille : £50.

Terminé en 1953, le Royal Yacht *Britannia* est le dernier d'une longue lignée de 83 navires royaux remontant à Charles II, en 1660. Il a été bâti à Clydebank, à proximité de Glasgow, et mesure 126 mètres pour une capacité de 250 invités et 240 membres d'équipage. En service de 1954 à 1997, il fut une véritable ambassade flottante pour la famille royale qui y a parcouru quelque 2 014 278 km au cours de 696 visites à l'étranger et 272 au Royaume-Uni. Après 44 ans de bons et loyaux services passés sur les mers, il est démobilisé et est amarré au port de Leith. On ne lui commande pas de remplaçant et le mastodonte devient l'une des attractions phares d'Édimbourg. Au programme : les temps forts de l'histoire du bateau, la salle des commandes, les appartements de l'amiral, la chambre de Sa Majesté et sa Rolls Royce qu'elle emmenait partout. On s'immerge aussi dans les dessous de la diplomatie et du protocole, en arpentant les nombreux salons et salles de réceptions, mais aussi les terrasses ou la Reine aimait se détendre.

Le Royal Yacht *Britannia* a récemment été récompensé, puisqu'il compte parmi les meilleurs attractions touristiques et culturelles d'Écosse, selon le site de l'office de tourisme national. Sans doute est-ce dû à l'intérêt historique et culturel, mais aussi à la possibilité – ô combien séduisante pour les admirateurs de la royauté british – de prendre un thé dans le « Royal Deck Tea Room »... Vous pourrez aussi passer une nuit dans l'hôtel luxueux situé dans le navire voisin, amarré à proximité, le Fringal.

Royal Yacht Britannia.

BT MURRAYFIELD STADIUM ★

Roseburn Street
✆ +44 131 346 5106
www.scottishrugby.org
Visite guidée du lundi au samedi.

Les mordus du ballon ovale seront ici chez eux. Ce stade d'anthologie a été inauguré en 1925, alors que l'équipe nationale remportait son premier grand chelem. Il fait pleinement partie du patrimoine écossais et occupe une place toute particulière dans l'imaginaire des fans du monde entier. Entre 1942 et 1944, il est même réquisitionné pour servir de dépôt à la Royal Air Force. S'il peut aujourd'hui accueillir plus de 67 000 spectateurs, il avait une capacité bien supérieure, qui a dû céder de la place à certains aménagements de sécurité. Il détient pourtant le record mondial de fréquentation pour un match de rugby, avec une affluence de 104 000 personnes lors d'une rencontre Écosse-Pays de Galles, en 1975. U2, James Brown et David Bowie l'ont chacun rempli, mais c'est lorsque les joueurs flanqués d'un chardon sur le cœur entrent sur la pelouse que le stade vibre à l'unisson, en entonnant le célèbre « Flower of Scotland ». La visite dure 1h30 et plonge dans les entrailles de l'enceinte, des vestiaires au tunnel des joueurs, en passant par la loge royale, les espaces presse et les studios TV...

Vous visiterez des espaces inaccessibles habituellement et l'on vous racontera moult anecdotes sur l'histoire du rugby, les exploits écossais, les curiosités du stade, mais aussi sur le sport et la préparation des matchs internationaux. Des visites peuvent être privatisées et adaptées à la demande. La réservation est indispensable, car les visites sont limitées en place ou peuvent être annulées selon les événements en cours.

DEAN VILLAGE ★★

Dean Path
Balade du quartier. 20 minutes à pied de Princess Street.

De l'écossais *Dene* qui signifie vallée profonde, le Dean Village, d'abord connu sous le nom de Water of Leith Village, était une communauté de meuniers dont on fait mention dès 1128. Au début du XVIIIe siècle, on y entretenait onze moulins et les « baxters » de la guilde des boulangers y menaient un commerce florissant. De nos jours, le quartier est apprécié pour son cadre reposant en contrebas de la ville. Suivez le Water of Leith Walkway ou rejoignez la Gallery of Modern Art soit par le Dean Path en coupant à travers le très pittoresque Dean Cemetery.

EDINBURGH ZOO ★★

134 Corstorphine Road
✆ +44 131 314 0326
www.edinburghzoo.org.uk
7j/7. Avr-sept 10h-18h ; oct et mars 10h-17h ; nov-fév 10h-16h. Adulte £19,95, réduit £18,10, enfant : £12,50.

Ouvert en 1913, ce zoo de 33 hectares est le foyer de plus de mille animaux, issus de 170 espèces différentes. Ses deux uniques pandas géants, les seuls de Grande-Bretagne, arrivés de Chine fin 2011 : Tian Tian (« Chérie »), la femelle, et Yang Guang (« Lumière du soleil »), le mâle, sont son attraction principale. Les koalas sont eux aussi très populaires, et l'on rencontre de nombreux autres spécimens fascinants, comme des chimpanzés, des pingouins, des lions d'Asie, des tigres de Sumatra, des zèbres, des rhinocéros et bien d'autres.

SCOTTISH NATIONAL GALLERY OF MODERN ART ★★

75 Belford Road ✆ +44 131 624 6200
www.nationalgalleries.org
Ouvert tous les jours de 10h à 17h. Entrée libre.

Ouverte en 1960, la Scottish Gallery of Modern Art est le temple de l'art moderne et contemporain en Écosse. Elle est composée de deux bâtiments le long de Belford Road. Des informations sont disponibles en français et aussi adaptées aux familles, avec des activités, installations et ateliers conçus spécifiquement pour initier le jeune public à l'art. Les plus « branchés » ou « connectés » téléchargeront l'application gratuite dédiée : Smartify. En scannant l'œuvre, vous lirez de nombreuses informations complémentaires sur l'artiste, le contexte de création...

- **Dans Modern One**, tous les grands noms de la fin du XIXe siècle à nos jours sont présents : Henri Matisse, Georges Braque, Pablo Picasso, Andy Warhol, Roy Lichtenstein, Louise Bourgeois, Damien Hirst, Douglas Gordon, Anthony Gormley ou encore Bill Viola. Le tout sur deux étages et 22 salles, avec une boutique et un petit café très prisé.
- **La Modern Two** est quant à elle dédiée aux surréalistes avec René Magritte, Salvador Dali ou Alberto Giacometti. Une autre pièce abrite une reproduction du studio d'Eduardo Paolozzi et l'on peut admirer sa célèbre sculpture *Vulcan* de plus de 7 mètres. C'est aussi ici que l'on trouve les expositions temporaires (parfois payantes, programmation en ligne), ainsi qu'une bibliothèque et un second café.
- **Les jardins entre les deux galeries** sont eux-mêmes l'œuvre de Charles Jenks et accueillent les travaux de sculpteurs comme Barbara Hepworth, Henry Moore, Rachel Whiteread et Nathan Coley.

SE LOGER

Édimbourg est la seconde ville la plus visitée de Grande-Bretagne et l'offre hôtelière s'en ressent grandement. Les auberges de jeunesse, idéales pour les petits budgets, sont extrêmement nombreuses, mais de qualité très variable. Pendant les vacances scolaires, pensez aux logements étudiants. L'offre est bon marché et souvent excellente (www.universityrooms.com). Les B&B forment sont appréciés de tous ceux qui recherchent charme et authenticité. Les hôtels sont aussi représentés par de petits établissements au bon rapport qualité-prix, ainsi que les grandes chaînes classiques et de nombreuses adresses de luxe. Si vous pouvez l'éviter, ne venez surtout pas avec votre voiture. Les places de parking gratuites sont rarissimes et le reste sera inabordable. Bon plan : Venez hors saison ! La plupart des hébergeurs cassent drastiquement leurs prix et c'est l'occasion de visiter, sans la foule, avec un confort optimal à faible coût.

CASTLE ROCK HOSTEL €

15 Johnson Terrace
✆ +44 131 225 9666
www.castlerockedinburgh.com
Lit en dortoir à partir de £20, chambre double à partir de £72. Wifi.

Castle Rock a tout pour plaire : une situation extra au pied du château, une déco médiévale réussie, une ambiance festive et internationale, une propreté irréprochable, des tournois de billard et de *beer pong* et même des *pub crawls* gratuits chaque semaine pour rencontrer les autres voyageurs en compagnie du staff. L'établissement est régulièrement classé parmi les meilleures auberges de jeunesse d'Europe. Les dortoirs et les douches sont confortables et chacun a le droit à son petit casier avec clé, à deux oreillers et à une lumière et prise personnelles.

CITYROOMZ €

25-33 Shandwick Place
✆ +44 131 229 6871
cityroomz.com
Chambre double ou cabin twin avec lits superposés dès £65. Wifi.

Avec son emplacement à 200 m de Princes Street, Cityroomz se trouve juste à l'entrée de West End, tout proche de New Town. Ses 72 chambres sont récentes et assez classiques, toutes pourvues d'une télévision et d'une salle de bain. Les plus petites sont logiquement les moins chères, mais certaines peuvent aussi accueillir des familles. Vous profiterez de deux formules pour le petit déjeuner et d'espaces communs ouverts pour boire un verre. La proximité de la rue peut parfois se faire entendre, mais c'est aussi le prix d'une telle centralité.

DENE GUEST HOUSE €

7 Eyre Place
✆ +44 131 556 2700
www.deneguesthouse.com
Chambre double à partir de £70. Petit déjeuner inclus. Wifi. Parking (2 places) à £10 par nuit.

La Dene Guest House, classée au patrimoine mondial de l'Unesco est une maison victorienne familiale construite dans les années 1840. Les chambres sont cosy et confortables. Un petit-déjeuner anglais complet et continental est servi chaque matin dans la salle du rez-de-chaussée, dans une atmosphère détendue et conviviale. Jean-Pierre et Simone (respectivement Français et Allemande) se feront un plaisir de répondre à toutes vos questions. Bon à savoir : prix réduits et petits-déjeuners anglais offerts si vous réservez directement sur le site internet de l'hôtel.

HIGH STREET HOSTEL €

8-18 Blackfriars Street
✆ +44 131 557 3984
highstreethostel.com
Lit en dortoir à partir de £12. Chambre double à partir de £70. Pas de parking. Wi-fi.

Cette excellente auberge, de la même famille que Castle Rock, se trouve un peu plus bas sur le Royal Mile, dans un très bel édifice vieux de près de 500 ans. Un peu plus calme que sa voisine au pied du château, elle offre un confort similaire et excellent, dans des murs chargés d'histoire et ayant conservé tout l'éclat de leur passé. Les espaces sont conviviaux et bien aménagés et les dortoirs ne manquent aucunement de confort. Cuisine équipée et salles communes sont à disposition et l'on profite aussi d'un billard et de boissons chaudes en libre service.

40A HERIOT ROW €€

40A Heriot Row
✆ +44 131 226 2068
www.heriotrow.com
De £110 à £130 pour une chambre double. Petit déjeuner inclus. Pas de parking. Wi-fi. Pas de CB.

Ce joli B&B a pour décor l'une des plus belles rues géorgiennes d'Edimbourg, dans laquelle R.L Stevenson fut lui-même résident autrefois. Les deux chambres, douillettes et décorées avec soin, concentrent tout l'art de l'hospitalité britannique, à l'image de vos deux hôtes, Diane et Robert. Vous vous sentirez chez eux comme chez vous, surtout si vous aimez les chats. Le traditionnel petit déjeuner écossais est une vraie leçon de savoir-vivre avec quelques recettes à base d'aiglefin et de saumon, dignes de grandes tables. Une adresse délicieuse et authentique.

A-HAVEN TOWNHOUSE €€

180 Ferry Road
✆ +44 131 554 6559
www.a-haven.co.uk
Chambre double à partir de £198. Petit déjeuner inclus. Wifi. Parking.

A-Haven séduit déjà avant même d'en avoir poussé la porte : sa large façade d'angle est couverte de lierres jusqu'au toit. À l'intérieur, 14 chambres de plusieurs tailles offrent tout le confort moderne, des salles de bain privées et quelques vues plaisantes. Le personnel est aussi serviable qu'attentif et il y a un espace salon et bar pour les invités. Au petit déjeuner, c'est un *full Scottish breakfast* qui vous rassasiera jusqu'à l'afternoon tea ! Hors saison, l'hôtel propose des offres avantageuses pour un séjour de trois nuits : consulter le site.

B+B EDINBURGH €€

3 Rothesay Terrace
✆ +44 131 225 5084
www.bb-edinburgh.com
Chambre double à partir de £141. Petit déjeuner inclus. Wifi.

Juste au-dessus de Dean Village, B+B ne cesse d'accroître sa réputation à Edimbourg. Il allie histoire et modernisme entre ses murs victoriens, construits en 1883 pour le propriétaire du quotidien le *Scotsman*. Il s'est depuis trouvé un nouvel avenir dans l'hôtellerie et les affaires marchent plutôt bien. Les 27 chambres sont accessibles par ascenseur et disposent d'une douche ou d'une baignoire. Beaucoup ont aussi une œuvre d'art locale. Le *lounge* et sa librairie sont absolument remarquables et il y a un bar pour les résidents. L'accueil est à la hauteur !

BROOKS HOTEL EDINBURGH €€

70-72 Grove Street
✆ +44 131 228 2323
www.brooksedinburgh.com
Chambre double à partir de £120. Petit déjeuner inclus. Wifi.

Cet hôtel mêle confort et qualité, le tout à un prix abordable. Les 46 chambres ont été récemment rénovées. Les caractéristiques originales de cette maison de caractère ont été soigneusement préservées et sont mises en valeur par des pièces vintages dans une atmosphère fraîche, contemporaine et familiale. Dans l'élégante salle à manger du rez-de-chaussée, vous pourrez savourer chaque matin un excellent petit-déjeuner primé, préparé sur commande par le chef, à base de produits locaux. Bon plan : petit-déjeuner offert en réservation directe via le site !

THE FOUR SISTERS BOATEL €€

Fountainbridge
✆ +44 744 549 4331
www.thefoursisters.co.uk
Location dès £250. Petit déjeuner : £20.

Au sud du West End et à l'est des Meadows, cette péniche amarrée à l'Union Canal offre un emplacement original, proche du centre-ville. Impeccablement meublé, cet appartement sur l'eau se compose de deux cabines pour couple et d'une autre avec lits superposés pour enfants. Le lieu convient autant à un séjour romantique qu'en famille. On y goûte une vie tranquille, avec pour voisins les cygnes et les canards. En été, on apprécie la petite terrasse fleurie posée sur l'eau et le voisinage d'un café sympathique sur les berges, avec son *beer garden* déployé au soleil.

HAMPTON BY HILTON EDINBURGH WEST END €€

166 Fountainbridge
✆ 0131 526 4530
www.hilton.com
Chambre double à partir de £111, petit déjeuner inclus.

Situé dans les quartiers d'affaires, cet hôtel de la chaîne internationale Hilton offre des atouts très appréciables : chambres tout confort (lit de 160 x 200 cm, coffre-fort, TV écran plat, wifi gratuit de bonne qualité...), service impeccable tant au niveau de l'accueil que du bar et du petit déjeuner servi en buffet, et mise à disposition de salles de réunion et de fitness. On apprécie de goûter à un vrai confort avec des prix très abordables (particulièrement en semaine).

THE INVERLEITH HOTEL €€

5 Inverleith Terrace
✆ +44 131 556 2745
www.inverleithhotel.co.uk
Chambres doubles à partir de £99. Petit déjeuner inclus. Pas de parking. Wi-fi.

Ce petit hôtel de charme est joliment placé entre le jardin botanique et la Water of Leith. Adrienne et Stephen, le couple à sa tête, connaissent bien le quartier et sauront vous conseiller sur ses bons pubs et restaurants. Chacune des dix chambres est différente et l'on peut opter pour une simple, une double, une familiale ou une *four-poster* et son lit à baldaquin. Quoi qu'il en soit, toutes possèdent leur salle de bains et les invités ont aussi accès au bar-salon de l'établissement. Plusieurs vins, bières, spiritueux et *single malts* y sont conservés.

MARKET STREET HOTEL €€

6 Market St, Edinburgh EH1 1DE
✆ +44 131 322 9229
www.marketstreethotel.co.uk
Chambre double à partir de £189.

L'emplacement de choix dont jouit le Market Street Hotel, à quelques minutes à pied du château et de Royal Mile, n'est que l'un de ses très nombreux atouts. Ses 98 chambres et suites sont modernes et soigneusement décorées, même les chambres Cozy, qui sont les moins spacieuses. Le personnel est accueillant et aux petits soins. Le petit déjeuner, en supplément, est savoureux et réalisé à partir de produits régionaux. En bref, une belle adresse, qui fait efficacement le lien entre l'héritage de la ville et son présent, incarné par le New Town juste au nord.

KINGSWAY GUEST HOUSE €€

5 East Mayfield ✆ +44 131 667 5029
www.edinburgh-guesthouse.com
Chambre double à partir de £90 la nuit. Petit déjeuner inclus. Wifi. Parking. Séjour minimum de 2 nuits.

La Kingsway Guest House est une maison d'hôtes victorienne établie dans le quartier de Newington, près du parc d'Holyrood. Lizzie & Gary, le couple à la tête de l'établissement, se feront un plaisir de vous conseiller. Les chambres élégantes et confortables disposent d'une connexion wifi et d'une TV LCD. Le fabuleux petit-déjeuner écossais (régulièrement primé) est fraîchement préparé à base de produits locaux : buffet libre-service + petit-déjeuner cuisiné avec variantes chaque jour. Pensez à réserver directement pour bénéficier de tarifs avantageux.

NIRA CALEDONIA €€

10 Gloucester Place
✆ +44 131 225 2720
niracaledonia.com
Chambre double dès £143. Petit déjeuner inclus.

L'hôtel jouit d'une situation enviable en plein cœur de Stockbridge. On y est à 10 minutes à pied du Royal Botanic Garden et à 5 minutes de New Town. 17 chambres sont abritées dans un édifice georgien classé. Les salles de bains dessinées par Philippe Starck donnent envie d'y prolonger le bain plus que de raison pour profiter pleinement du confort. En tant que résident, la salle de remise en forme du Caledonian Hotel, situé sur Princes Street, vous est ouverte. Idéal pour se relaxer en faisant quelques brasses dans la grande piscine ou s'offrir une cure de beauté.

MALMAISON €€

1 Tower Place
✆ +44 131 285 1478
www.malmaison.com
Chambre double dès £87. Petit déjeuner en supplément. Parking et wi-fi.

Malmaison a le chic pour installer ses hôtels dans les plus beaux édifices. Édimbourg ne déroge pas à la règle. Cette enseigne de luxe est ici dans l'ancienne Sailor's Home, un bâtiment de 1883 où les marins passaient autrefois la nuit. Les 100 chambres sont très agréables et la proximité de quelques-uns des meilleurs restaurants de la ville ravira les gourmets. Le service est bien sûr impeccable et une brasserie est accessible à tous. Bon plan : Malmaison propose souvent des prix très intéressants, pour un standing haut de gamme.

BEN CRUACHAN €€€

17 McDonald Road
✆ +44 131 556 0687
www.bencruachan.com
Chambre double à partir de £300, 2 nuits minimum. Petit déjeuner inclus. Wifi.

Jackie Herriott, la propriétaire des lieux, est une épicurienne. Elle aime la vie, le vin et la France : vous serez donc ici en terrain conquis. Elle parle un peu français, ce qui peut être utile pour vous aider à découvrir le quartier et la ville. Les quatre grandes chambres sont superbes, avec une literie excellente et des salles de bains fonctionnelles où rien ne manque. Le petit déjeuner est délicieux et son porridge au whisky est complimenté par les plus fins connaisseurs. C'est une très belle adresse à quelques mètres de Leith Walk et proche de New Town.

FINGAL €€€

Alexandra Dock
✆ +44 131 357 5000
www.fingal.co.uk
Cabines dès £285. Petit déjeuner inclus.

Séjourner dans un yacht ? S'offrir une suite luxueuse dans un édifice d'exception, sur l'eau, et s'imaginer voguer loin de tout, dans le calme et la volupté d'une croisière haut de gamme. Cabines aussi spacieuses que luxueuse, excellence de l'accueil et du service, petit déjeuner écossais authentique et généreux, afternoon tea gourmand, dîner fin et élégant... Que de choses à apprécier ! Et l'on n'a rien dit du bar à whiskies, de la vue imprenable sur le front de mer... Cet hôtel a été plusieurs récompensé, et il suffit d'une visite pour comprendre pourquoi !

THE SCOTSMAN HOTEL €€€

20 North Bridge
✆ +44 131 556 55 65
www.thescotsmanhotel.co.uk
A partir de £280 la chambre.

Donnant sur le château d'Édimbourg et la gare de Waverley, The Scotsman, hôtel 4-étoiles, a été construit en 1905. Sa sublime architecture est de style baroque. L'hôtel abritait jadis les bureaux du quotidien national *The Scotsman*, d'où son nom. Luxueux dans les moindres détails, cet hôtel allie l'hospitalité écossaise au confort des établissements les plus modernes (lecteur de DVD et accès Internet dans les chambres, club de remise en forme et spa, etc.). Il propose 58 chambres et 14 suites ; spacieuses, elles font entre 34 et 80 m².

THE GLASSHOUSE €€€

2 Greenside Place
✆ +44 131 525 82 00
www.theglasshousehotel.co.uk
Chambres doubles dès £192 (variable selon la saison). Petit déjeuner : £25. Pas de parking. Wifi gratuit.

Caché derrière la façade historique de l'église Lady Glenorchy vieille de 172 ans, le Glasshouse Hote combine à la perfection, luxe, classe et élégance. Les 77 chambres confortables et contemporaines, dont 20 suites, possèdent pour la plupart un balcon ou un coin salon privé. L'hôtel dispose du jardin le plus secret d'Édimbourg, un petit havre de paix et de tranquillité situé sur le toit de deux acres vous offrant une vue spectaculaire sur le centre-ville ainsi que sur Calton Hill. On apprécie aussi beaucoup le restaurant et bar à whiskies.

THE BALMORAL €€€

1 Princes Street
✆ +44 131 556 2414
www.roccofortehotels.com
Chambre double à partir de £235. Petit déjeuner et parking en supplément. Wifi gratuit.

Le Balmoral est la quintessence du chic *british* en plein cœur d'Édimbourg. L'édifice est l'un des plus beaux de la ville. Il fut bâti en 1902 et n'a jamais cessé d'être un hôtel depuis. À l'intérieur, 188 chambres doubles, dont certaines communicantes, offrent tout l'éclat attendu d'une telle adresse. Lit immense, bureau, fauteuils, écran plat, salle de bains avec baignoire, tout y est, et plus encore : un spa, une salle de sport, une piscine, un sauna, deux restaurants, un *tea room* et deux bars, dont l'un propose plus de 400 whiskies écossais

PRESTONFIELD HOUSE €€€

Priestfield Road
✆ +44 131 225 7800
www.prestonfield.com
Chambre double à partir de £375. Petit déjeuner inclus. Parking et wi-fi.

Opulence et grandeur font de Prestonfield House une destination hors du commun en Grande-Bretagne. Cette épatante propriété fut construite comme retraite rurale en 1687 et n'a rien perdu de sa splendeur. Convertie en hôtel de luxe dans les années 1960, Margaret Thatcher, Winston Churchill, Sean Connery et Elton John y ont notamment séjourné. Les 23 chambres émanent le grand luxe et leur aménagement très rustique donne au séjour un parfum de château des Highlands en pleine capitale. Le vaste jardin au pied d'Arthur's Seat ajoute beaucoup au cachet des lieux.

EDINBURGH HOLIDAY ACCOMMODATION €€

✆ +44 131 661 6060
Service de location d'appartements sur Édimbourg et ses environs.

Il vous sera facile de trouver le logement qu'il vous faut parmi un très large choix d'appartements tout équipés, *via* le service de réservation en ligne. La plupart des locations ont une durée de séjour minimum de deux nuits (en dehors de la haute saison) à partir de n'importe quel jour de la semaine. Si chacun des appartements est indépendant, la compagnie s'assure cependant du même respect des normes de confort et de propreté pour chacun d'entre eux.

SE RÉGALER

L'offre est pléthorique à Édimbourg et les adresses ne manquent pas. Les takeaways (vente à emporter) et les petits cafés (coffee shop ou salons de thé) sont nombreux et de qualité, tout comme les pubs et les restaurants traditionnels. Il y a plusieurs établissements de luxe, parfaits pour découvrir la fine fleur de la gastronomie écossaise. Par ailleurs, beaucoup de chefs français se sont installés dans la capitale, proposant une cuisine adaptée à l'immense richesse du terroir local. La touche internationale est aussi assurée par les diasporas italiennes, asiatiques, pakistanaises et indiennes. Ces deux dernières se concentrent essentiellement dans le Southside, autour de l'université. À Old Town, évitez juste d'entrer dans le premier restaurant venu : tous ne se valent pas, tant s'en faut, surtout autour du Royal Mile. De manière générale, il y aura moins de monde et plus de locaux en s'éloignant de l'artère mythique.

© FOTOKON - SHUTTERSTOCK.COM

AMBER RESTAURANT €€

354 Castlehill
✆ +44 131 220 0441
www.scotchwhiskyexperience.co.uk
7j/7 de 12h à 19h30 (21h le vendredi et samedi). Menu à £45.

L'Amber Restaurant de la Scotch Whisky Experience est une véritable table écossaise qui met en avant la tradition nationale et cuisine d'excellents plats nationaux. Les *Amber's specials* du midi sont un bon rapport qualité-prix et il vaut mieux préférer les *mains* aux *tapas* pour les grosses faims. La clientèle se compose aussi bien de visiteurs que de locaux et la partie bar attire les amateurs de whisky du monde entier. La sélection est l'une des plus complètes d'Édimbourg à prix intéressants. Les serveurs sont des experts qui sauront vous conseiller.

THE BAKED POTATO SHOP €

56 Cockburn Street
✆ +44 131 225 7572
Ouvert 7j/7 de 16h à 23h. Entre £6,50 et £8,50 selon la taille de la patate et la garniture.

Ne comptez pas repartir avec la faim dans ce minuscule *take-away* où seule une table peut accueillir des clients. La plupart des gens prennent à emporter l'une des énormes pommes de terre garnies, accompagnées au choix d'une ou plusieurs garnitures vegan ou végétariennes (curry, houmous, avocat, coleslaw, chili...). Une formule medium suffit amplement à un gros mangeur et on y profite également de quelques salades et gâteaux, ce qui en fait un point de chute idéal et savoureux à quelques pas du Royal Mile. Un plat réconfortant et emblématique du Royaume-Uni.

BRASSERIE PRINCE BY ALAIN ROUX €€

1 Princes Street
✆ +44 131 557 5000
www.roccofortehotels.com
Ouvert 7j/7 de 12h à 14h30 & de 17h à 22h. Plats à partir de £10,95

La Brasserie Prince est entre les murs du superbe Balmoral. Tenue par Alain Roux, chef dont la renommée n'est plus à faire, il vous propose un mariage de tradition française et anglaise. Nous recommandons l'exceptionnel haggis revisité ici avec une sauce au whisky et présenté avec le plus grand soin, pour une expérience culinaire sans égal. Les moins téméraires se régaleront aussi d'une sélection mêlant les traditions des deux pays et mettant en valeur la richesse du terroir écossais.

DAVID BANN €€

56-58 St. Mary's Street
✆ +44 131 556 5888
www.davidbann.co.uk
Du lundi au jeudi 12h-22h, vendredi 12h-22h30, samedi et dimanche 11h-22h30. Menu £20,50 et £25,50.

Le mobilier boisé et la tonalité vermeil du décor instaurent une atmosphère chaleureuse et raffinée. Des tables éclairées à la bougie, un service discret et attentionné, tout est propice à se détendre pour profiter de mets végétariens innovants. Glanant ses idées aux quatre coins du monde, David Bann manie aussi facilement les épices, le lait de coco et le citron vert que les champignons sauvages ou les fromages bleus anglais pour parfumer ses *ristottos*, *koftas*, soufflés, *puddings*... Un savoir-faire qui émoustille les papilles.

MOTHER INDIA'S CAFÉ €

3-5 Infirmary Street
✆ +44 131 524 9801
www.motherindia.co.uk
Ouvert 7j/7. 12h-21h30 (22h le vendredi et samedi). Tapas et petits plats entre £5,75 et £12,25.

Mother India's Café est certainement le restaurant indien le plus réputé de la capitale. La maison-mère se trouve à Glasgow, mais l'enseigne édimbourgeoise n'a pas à rougir de sons succès et les locaux ne s'y trompent pas. Un large choix de « *tapas* » indiennes y est proposé et l'idée est d'en choisir trois ou quatre pour deux personnes. Le but est de découvrir de nouveaux goûts et de partager plat et expérience en famille ou entre amis. La dégustation réjouit le palais et est pleine de surprises. Des soirées et menus à thème sont parfois proposés.

THE EDINBURGH LARDER €

15 Blackfriars Street
✆ +44 131 556 6922
www.edinburghlarder.co.uk
Ouvert en semaine de 7h30 à 15h, le week-end à partir de 8h30. Plats entre £5,75 et £14,95

Fromage du Loch Arthur, confiture de Galloway, miel des Heather Hills et viandes de Pelham, le Larder Café est absolument immanquable pour s'offrir un délicieux petit déjeuner, un bon repas à midi ou un quatre heures bien mérité. Tout est concocté avec grand soin et assure de superbes saveurs dont on ne se lasse pas, du Scottish Breakfast en passant par le *scone*, les quiches, les soupes et les sandwiches. La petite salle aux teintes jaunes et aux grandes baies vitrées est vite remplie. Il faut donc parfois arriver assez tôt, mais ça vaut vraiment le coup !

THE HOLYROOD 9A €

9a Holyrood Road
✆ +44 131 556 5044
www.theholyrood.co.uk
Du dimanche au jeudi 10h-00h (1h le vendredi et samedi). Plats dès £11,95.

À quelques pas du palace de Sa Majesté, le Holyrood 9A est un gastro-pub qui a fait du burger sa spécialité. La carte en propose 13, avec des formules inventives et copieuses autour du bœuf, du poulet, ou d'alternatives végétariennes. Un joli choix de *real ales* permet d'accompagner votre repas d'une pinte, dans un espace tout à fait classique d'un pub, où l'on retrouve lambris et moulures. On s'y retrouve surtout le soir et le week-end, mais on peut aussi y prendre le petit déjeuner jusqu'à midi. On l'apprécie en famille, avec des menus enfants à petits prix.

THE WITCHERY €€€

Castlehill
✆ +44 131 225 5613
www.thewitchery.com
Tous les jours de midi à 22h30. Menu 2 plats à £29,50 ; à la carte : entre £24 et £75.

À deux pas du château, un écusson inquiétant annonce la couleur : The Witchery fut le siège de la sorcellerie d'Édimbourg au XVIe siècle. Et que l'on opte pour la salle principale ou le Secret Garden, l'ésotérisme suinte des murs et la décoration fait mouche. Aujourd'hui, la magie opère dans les bouches et nombreux sont les curieux et les gourmets à s'y presser, particulièrement en soirée, où l'on peut dîner jusque tard. Il est préférable de réserver. Pour un budget plus serré ou un palais sucré, pensez aux Afternoon teas et leur lot de gourmandises !

TIMBERYARD €€€

10 Lady Lawson Street
✆ +44 131 221 1222
www.timberyard.co
Ouvert du vendredi au dimanche, de 12h à 22h30. Menus de £40 à £75.

Le Timberyard a été créé par la famille Radford dans un ancien entrepôt complètement rénové, même si des éléments du passé ont été intégrés à l'aménagement ça et là. Le résultat est éclectique est très convaincant. On pratique ici une stratégie « de la ferme à l'assiette », donc autant dire qu'on est sur de l'ultra frais, local et qualitatif ! Les menus du soir sont proposés en 4, 6 ou 8 plats. Le midi, c'est menu 5 plats ou à la carte. Dehors, la terrasse procure le même effet surprenant, avec du mobilier en métal et les briques de l'édifice en fond de tableau.

FRENCH CRÊPERIE LE PETIT CAFÉ €

32 Morrison Street
✆ +44 7988 854405
www.lepetitcafe-edinburgh.com
Ouvert tous les jours : 9h-16h30 Weekend : 8h30-17h. Menu à partir de £14,50.

Établissement spécialisé dans le petit déjeuner, brunch et déjeuner. Entre le café et le restaurant ce charmant petit endroit saura vous conquérir. Un petit coin français au cœur de la capitale écossaise. Travaillant les produits frais, vous pouvez vous y rendre pour déguster crêpes et galettes mais aussi des viennoiseries bonnes comme à la maison. Si vous cherchez un lieu cosy et familial, c'est l'endroit idéal. L'établissement compte une trentaine de places. Petit déjeuner copieux à partir de £9,50, galette à partir de £9,50.

© FC

© FC

EDIMBOURG - EDINBURGH

L'ESCARGOT BLEU €€

56 Broughton Street
✆ +44 131 557 1600
www.lescargotbleu.co.uk
Ouvert du mercredi au samedi, 12h-20h30. Plat à partir de £20.

Ce ne sont pas les restaurants français qui manquent à Édimbourg et celui-ci fait mouche. Fred Berkmiller le tient d'une main experte et travaille en contact étroit avec les producteurs écossais pour s'approvisionner en canards, en lapins, en poulets et en bonne chair de la mer, qu'il agrémente d'une touche on ne peut plus écossaise. L'idée est d'exploiter le terroir local. Les cuissons sont parfaites et il n'y a rien à redire.

THE GARDENER'S COTTAGE €€€

1 London Road
✆ +44 131 677 0244
www.thegardenerscottage.co
Fermé mardi et mercredi. Ouverture de 12h à 23h30. Menus du midi dès £45, le soir dès £75.

Il faudra réserver pour cette jolie petite adresse sise dans un ravissant cottage construit en 1836. Les menus changent chaque jour et l'on peut les consulter au préalable sur le site web ou les réseaux sociaux. L'expérience est assez inattendue, très champêtre et familiale, avec la garantie d'ingrédients frais et de saison. On se sent dans la salle à manger de nos hôtes et les assiettes sont principalement garnies de viandes locales, préparées de manière créative, et de poissons. The Gardener's Cottage a deux établissements frères : The Lookout et Quay Commons.

GHILLIE DHU €€

2 Rutland Place
✆ +44 131 222 9930
ghillie-dhu.co.uk
Ouvert vendredi et samedi de 17h à 3h. Plat à partir de £11.

Ghillie Dhu est un pub écossais traditionnel, installé dans ce qui était l'église épiscopale Saint-Thomas. Il offre des produits locaux de grande qualité et première fraîcheur, des bières et des spiritueux haut de gamme, ainsi que des concerts de musique live chaque soir. Son cadre architectural classé en fait un lieu à visiter : hauts plafonds, riches ornementations, parquet authentique… Chaque espace – le bar, l'auditorium, le *beer garden*, les *snugs* – offrent un décor authentique, élégant et ultra soigné. Info en plus : Le pub brasse sa propre Ghillie Ale.

THE LOOKOUT BY THE GARDENER'S COTTAGE €€€

Carlton Hill
✆ +44 131 322 1246
www.thelookoutedinburgh.co
Ouvert du jeudi au dimanche, 12h-23h30. Menu à £75.

The Lookout offre une vue imprenable, puisque panoramique, sur Édimbourg. On y prend le petit déjeuner, le déjeuner, un café ou le dîner en se réjouissant du point de vue et du cadre, tout autant que de la cuisine fine, fraîche et d'inspiration mêlant le local et l'international. L'accueil y est chaleureux, et le personnel aux petits soins pour vous offrir un beau moment. Un dîner, à la nuit tombée, peut se révéler une idée aussi sympathique que romantique.

SAMBUCA €€

101-103 Causewayside
✆ +44 131 667 3307
www.sambucaitalianrestaurant.co.uk
Lundi : 17h-23h ; mercredi-samedi : 12h-14h30 et 17h-23h ; dimanche : 17h-23h. Plats à partir de £9,50.

Restaurant italien ouvert depuis 2001 dans le quartier New Town d'Édimbourg. Business familial qui vous fait voyager en Italie avec des produits frais et des plats faits maison. Vous trouverez un menu varié à base de viande, poisson et mets végétariens. Le restaurant propose également une carte de vin et de bières. Si vous êtes dans la capitale pour les fêtes de fin d'année, Sambuca propose des menus festifs pour vous faire sentir comme à la maison. Bon rapport qualité/prix, c'est le coin des habitués. Restaurant simple et cosy.

TREACLE BAR & KITCHEN €

39-41 Broughton Street
✆ +44 131 557 0627
www.treacleedinburgh.co.uk
Ouvert tous les jours de 10h à 1h. Plats dès £13,95. Sur place et à emporter.

Le Treacle est un bar restaurant à la mode qui sert à manger, dès le matin avec un brunch, toute la journée pour un verre ou un déjeuner sur le pouce et jusque tard le soir. Son imaginaire asiatique se retrouve dans sa grande fresque manga sur tout un pan de mur, mais aussi dans les nouilles, salades et sandwichs accompagnés de frites et de soupe que suggère la carte. Pour la tradition plus *british*, les *pies*, burgers et petits déjeuners ferment la marche. L'ouverture sur Brougthon Street n'est pas désagréable et les cocktails sont très exotiques.

ZOOM

L'EXPÉRIENCE FRANÇAISE AU CŒUR DE LA CAPITALE ÉCOSSAISE

© FB

L'Escargot bleu et Wine Bar est un restaurant français au cœur d'Édimbourg. Il a ouvert en 2009. Lieu convivial et familial, le restaurant a une philosophie bien ancrée. Ce moment de partage autour de la table doit être apprécié avec des produits frais et locaux. Le chef Frédéric Beckmiller fait pousser la majorité de ses légumes dans son propre potager et tous ses fournisseurs sont écossais (agneau des Shetland, escargots de Barra dans les Hébrides, pétoncles des Orcades.) Les ingrédients sont également de saison, car le chef a pour but de prioriser les courts-circuits, soit du producteur à l'assiette.

Il faut le savoir, il s'agit du premier restaurant du Royaume-Uni à être certifié Pasture for Life, ce qui signifie que la viande choisie a été élevée uniquement au pâturage. Non seulement la condition de vie des animaux est améliorée, mais la viande est de bien meilleure qualité.

Le chef tient particulièrement à partager son amour du terroir et à mettre en avant son pays.

Le restaurant est quant à lui spacieux, lumineux et chic. En 2019 et 2021, l'Escargot bleu a été nommé "Meilleur restaurant d'Écosse" aux Slow Food UK Awards. Un parmi ses nombreuses récompenses. Au sous-sol, vous y trouverez le Wine Bar qui est tenu par sa fille. Il possède un menu Bistro évolutif en fonction de la demande. À savoir, le personnel est également français ! Vous pourrez tester des plats français typiques comme les escargots en persillade, le tartare de bœuf ou bien encore une bonne soupe de rouille. À cela s'ajoute une longue liste de vin et de champagne pour accompagner vos plats. Si vous souhaitez suivre les dernières actualités du restaurant, n'hésitez pas à vous abonner à leur newsletter.

© FB

© FB

L'ESCARGOT BLEU

56 Broughton Street
✆ +44 131 557 1600
www.lescargotbleu.co.uk

AURORA €€€

187 Great Junction Street ✆ +44131 554 5537
www.auroraedinburgh.co.uk
Ouvert du lundi au vendredi : 17h-21h30, samedi et dimanche : 12h-14h30 et 17h-21h30. Menu à partir de £65 par personne.

Aurora est un petit restaurant bistro d'une créativité débordante, d'ailleurs saluée par la critique, puisqu'il a reçu le prix « Best Newcomer - Edinburgh Evening News Restaurant Awards 2018 ». Les saveurs écossaises sont ici mises à l'honneur, dans des mariages audacieux, généreux et hauts en couleur. Tous les ingrédients sont sourcés localement, donc frais et de saison. Le décor du restaurant contribue aussi à l'expérience, dans un esprit nordique, brut et moderne. À chaque envie, budget ou moment de la journée son menu, avec des brunchs ou des menus dégustation.

LA FAVORITA €€

325-331 Leith Walk ✆ +44 131 554 2430
www.vittoriagroup.co.uk/lafavorita
Ouvert tous les jours de 16h à 22h. Pizzas dès £11,50. Options de pizzas sans gluten et de « fromages » végans.

Cette pizzeria est souvent décrite comme la plus aboutie de la ville. La carte est appétissante et les portions comme la garniture sont irréprochables. Qui plus est, vous pouvez jouer les apprentis chefs italiens en composant vous-même votre pizza, avec les ingrédients de votre choix : oserez-vous des mariages inédits ? L'équipe a le sourire et s'assure que tout se passe bien dans la salle moderne et confortable, particulièrement fréquentée le soir. La renommée de l'établissement lui a permis d'ouvrir d'autres adresses en périphérie d'Édimbourg et à Glasgow.

HARMONIUM €€

60 Henderson Street
✆ +44 131 555 3160
www.harmoniumbar.co.uk
Du mercredi au vendredi : 16h-23h ; samedi-dimanche : 12h-00h. Plats dès £11,25.

Harmonium est un restaurant-bar convivial végetalien. Le décor est conçu en écho à l'histoire de Leith. Tous les plats servis ici sont végan, c'est-à-dire préparés sans produits d'origine animale. Au menu : pizzas, burgers, steaks de seitan et, à tester, le « no-fish & chips », alternative végétalienne au traditionnel plat britannique. L'occasion est belle, pour les néophytes, de s'essayer à de nouvelles saveurs ! La carte des boissons est au diapason : cocktails de saison, vins bio, café torréfié localement, bières artisanales locales.

THE KITCHIN €€€

78 Commercial Quay
✆ +44 131 555 1755
www.thekitchin.com
Ouvert du mardi au samedi de midi à 14h30 et de 18h à 22h30. Menu à £130 et £180.

The Kitchin a ouvert ses portes en en 2006 et n'a cessé de raflé des prix depuis. Tom Kitchin, son chef étoilé, fut l'élève d'Alain Ducasse, et ses plats d'inspiration française sont élaborés avec les meilleurs produits du terroir écossais. La philosophie de la maison est « de la nature à l'assiette », on ne s'étonne donc pas que l'attention portée à la matière première assure une véritable épopée culinaire. Le cadre est très minéral et marie des nuances de gris, de bleu et de marron. Les menus changent en fonction des saisons.

MIMI'S BAKEHOUSE €€

63 The Shore
✆ +44 131 555 5908
mimisbakehouse.com
Ouvert de 9h à 21h, fermé le dimanche. Brunch entre £6 et £14. Afternoon Tea à partir de £22.

La clientèle est plutôt féminine et familiale chez Mimi. Ses couleurs bleues et blanches sont teintées ici et là d'un lustre rose ou d'un miroir noir assez kitsch. Aussi bien le matin (brunch ou petit déjeuner), que le midi (sandwiches toastés, soupes, plats du jour pour tous les goûts) et l'après-midi (afternoon tea à ne pas manquer !), les pâtisseries sont à tomber et les plats préparés avec soin. Les menus enfants feront plaisir aux familles. Une grande créativité se manifeste dans les propositions plus gourmandes et savoureuses les unes que les autres !

THE ROSELEAF €

23-24 Sandport Place
✆ +44 131 476 5268
www.roseleaf.co.uk
Ouvert tous les jours de 10h à 23h (00h le week-end), service jusqu'à 22h. Plat à partir de £13,95.

Adorable devanture d'un vert profond, papier peint orné de roses, salon confortable et bibelots en porcelaine *so british*, il y a ici un décor *cosy* et plein d'humour dans sa façon de revisiter l'esthétique des *grannies*. Le *brunch* est la spécialité de la maison, mais elle concocte également des mets typiquement écossais et des desserts gourmands. Le côté bar est plus classique et se remplit en soirée. À tester : les « pot-tails » pour cocktail dans un « pot » (théière). Le lieu accueille régulièrement des expositions d'artistes locaux et d'artisans créateurs.

BREAD MEATS BREAD €

92 Lothian Road
✆ +44 131 225 3000
www.breadmeatsbread.com
Ouvert 7j/7, 11h-22h. Burgers et sandwichs dès £8.

Au sud de West End et à l'ouest du château, cette adresse connue des locaux et quelque peu à l'écart des quartiers les plus touristiques affiche une superbe carte de burgers. À prix tout à fait abordables et excellents, ils sont parmi les meilleurs de la ville et le choix est vaste et adapté à tous les goûts. Vous trouverez des versions végétariennes, végans, sans gluten et halal, ainsi que des décadentes poutines. L'endroit attire beaucoup en fin de semaine et la longue salle contemporaine avec baie vitrée se remplit rapidement.

CAFE MILK €

232 Morisson Street
✆ +44 131 629 6022
www.cafemilk.co.uk
7j/7 de 7h30 à 17h30 (16h30 le week-end).

Grand sourire et bonne humeur vous attendent au Café Milk, derrière une devanture discrète parmi tant d'autres. Cette petite caféteria blanche et lumineuse est réputée pour ses bons plats, à l'heure du petit déjeuner comme du déjeuner. Salades, sandwichs, burritos, soupes, nouilles, falafels : les options ne manquent pas, y compris pour les végétariens et intolérants au gluten, et tout est frais et savoureux. À déguster avec un jus de fruits fraîchement pressés, un kombucha ou un chocolat chaud spécial (cacao de Côte d'Ivoire et sel de l'Himalaya).

CAFÉ MODERN ONE €

75 Belford Road
✆ +44 131 332 86 00
www.nationalgalleries.org
Ouvert 7j/7, de 10h à 16h30.

Ultra populaire en été, le bar attire les foules avec ses tables en extérieur donnant sur les somptueux jardins de la galerie. Il faudra donc parfois patienter pour atteindre le plat désiré au buffet et trouver une table, mais c'est peu de chose en comparaison des plats délicieusement préparés et de l'ambiance. Plusieurs mentions spéciales : pour les gâteaux nombreux, originaux et gourmands, pour la fraîcheur des produits, pour les prix très abordables, pour le personnel aux petits soins. Une recette végétarienne est systématiquement proposée.

HECTOR'S IN STOCKBRIDGE €€

47-49 Deanhaugh Street
✆ +44 131 343 1735
www.hectorsstockbridge.co.uk
Du lundi au jeudi 11h-00h, vendredi 12h-13h, samedi 10h-13h, dimanche 10h-00h. Plat à partir de £12.

Parfaitement typique de Stockbridge, Hector's est un gastro-pub branché et détendu, qui a pignon sur rue dans le quartier, avec sa devanture arrondie. On s'y retrouve aussi bien pour manger un bon plat que pour prendre un verre. C'est le *local* – ou la cantine – de beaucoup de riverains. La décoration est celle d'une brasserie moderne et sympathique et l'on y déguste de bons burgers, steaks, lasagnes, *pies*, confits de canard et autres. À tester le dimanche en soirée, pour un rôti traditionnel, dans une ambiance authentique et familiale.

L'ESCARGOT BLANC €€

17 Queensferry Street
✆ +44 131 226 1890
www.lescargotblanc.co.uk
Mercredi-jeudi : 17h30-20h30. Vendredi-samedi : 12h-14h15. Plat dès £14,95.

La règle n°1 de Fred est la qualité des produits. Tous les produits cuisinés ici sont issus de fermes, élevages et fournisseurs locaux, sélectionnés rigoureusement, dans une démarche de développement local et durable, en faveur du goût et de la qualité. Chaque produit cuisiné ici n'est pas là par hasard : il y a toujours une rencontre et une histoire ! Les plats sont simples, traditionnels et en accord avec les saisons. Dans un cadre à l'esprit bistrot, vous aurez le meilleur de l'Écosse retravaillé à la française dans votre assiette.

TEUCHTERS - A ROOM IN THE WEST END €€

26 William Street
✆ +44 131 226 1036
www.teuchtersbar.co.uk
7j/7, 12h-00h (1h le jeudi et vendredi). Fermé le samedi. Plats dès £11,50.

Au rez-de-chaussée, Teuchters est un pub branché, jeune et traditionnel, qui sert une large gamme de bières avec des petits plats et tapas. Parfait pour boire un coup en grignotant. Au sous-sol, a Room in the West End est un restaurant qui propose de nombreux classiques, comme le *haggis*, le bœuf d'Angus ou la soupe de poisson *cullen skink*. Quel que soit votre choix, vous êtes assurés de passer un bon moment, et puisque vous êtes là, pourquoi ne pas essayer les deux ?

FAIRE UNE PAUSE

Il est très rare en Écosse qu'un pub ne soit pas une agréable découverte. Lieu de convivialité où l'on se sent tout de suite à son aise, il se fera vite un incontournable de votre journée, pour un verre comme pour un encas. Les lieux de sortie et pubs où boire un verre se concentrent essentiellement entre Old Town et New Town. La première est plus jeune, plus populaire et plus internationale, en un mot : un peu plus folle. Ses adresses se rassemblent surtout à Cowgate, sur le Royale Mile, le Grassmarket et le quartier de la fac. On y fréquente des pubs traditionnels, des bars à musique et des boites de nuit populaires. La seconde est un peu plus sophistiquée et chic, avec un public plus classe qui se retrouve autour de George Street, derrière les façades géorgiennes. On y trouve une foultitude de pubs victoriens, notamment sur Rose Street, et leurs décors somptueux leur valent souvent d'être des petits musées à eux-seuls.

THE ABBOTSFORD BAR

3-5 Rose Street
© +44 131 225 5276
www.theabbotsford.com
Ouvert du dimanche au jeudi de 11h à 23h, le vendredi et samedi jusqu'à minuit.

L'Abbostford transporte dans le temps à peine sa porte poussée. Son splendide bar central circulaire, en bois sombre sculpté, a été installé en 1902 et n'a pas bougé depuis. Au plafond, de magnifiques moulures vertes et dorées attachent le regard alors que l'on déguste l'une des six bières traditionnelles ou un *dram* de whisky. Beaucoup de locaux viennent bavarder ici, notamment des cols blancs à l'heure de l'*afterwork*. Les quelques tables sur la rue piétonne de Rose Street sont assez prisées. L'étage abrite la partie restaurant, plus chic : pensez-y pour un dîner.

BISTRO DU VIN

19/11 Bristo Place
© +44 131 247 49 00
www.hotelduvin.com
Ouvert 7j/7, 11h-00h (1h le vendredi et samedi).

Au cœur du quartier des bars de la vieille ville, le bar de l'Hôtel du Vin se tient en retrait, dans une cour intérieure. Impossible d'y arriver par hasard ! Quel plaisir de s'installer dans ce salon coquet typiquement british avec sa cheminée, ses fauteuils en cuir à la courbe confortable, ses lampadaires diffusant une lumière douce et sa bibliothèque à whisky. Les amateurs de cigare peuvent également se faire suggérer des associations whisky/ cigare, pour un mélange réussi de parfums. L'adresse jalousement cachée des dandys !

BANNERMAN'S

212 Cowgate
© +44 131 556 3254
www.bannermanslive.co.uk
Ouvert tous les jours de midi à 1h.

Bannerman's est très apprécié des étudiants et des internationaux qui viennent en nombre s'affaler sur ses gros canapés vintage pour profiter de bières pressions dont trois *hand pulled*. Les pierres massives et passages en arcades voûtées assurent la touche Old Town, tandis que la musique rock affirme le côté jeune. Les amateurs de billard peuvent y jouer gratuitement tous les jours avant 18h (payant ensuite) et des sessions *live* sont organisées six soirs par semaines. Le bâtiment se compose de deux salles reliées par un couloir avec plusieurs entrées sur la rue.

BREW DOG EDINBURGH

143 Cowgate
© +44 131 220 6517
www.brewdog.com
Ouvert tous les jours de midi à 00h (1h le vendredi et samedi).

Surfaces métalliques, souffleries apparentes, petits lampions orange, murs et bar en briques : l'enseigne édimbourgeoise de la brasserie Brewdog joue de son image branchée pour attirer une clientèle d'amateurs en quête de qualité. Au menu, une dizaine de pressions et plus de cent bouteilles différentes répondent au slogan de l'établissement : « craft beer for the people ». Les prix sont assez élevés, mais le cadre reste décontracté avec beaucoup de gens accoudés au comptoir et une *playlist* adaptée. Les enfants sont acceptés jusqu'à 20h.

CAFE ROYAL CIRCLE BAR

19 West Register Street
✆ +44 131 556 1884
www.belhavenpubs.co.uk
Ouvert 7j/7 de 11h à 22h.

Voici un véritable petit bijou architectural du patrimoine édimbourgeois. Il possède l'un des intérieurs victoriens les plus épatants et mieux conservés du pays. De splendides fresques en céramique se trouvent sous un plafond joliment décoré et les vitraux, d'une rare beauté, ont été conçus par la même entreprise qui a fourni la Chambre des Lords. Il faudra un peu chercher entre Princes Street et St Andrew Square pour en trouver l'entrée, mais ça vaut le coup. On y boit notamment quatre bières *hand pulled* et la pause déjeuner y est très appréciable.

CLARINDA'S TEA ROOM

69 Canongate
✆ +44 131 557 1888
Ouvert 7j/7. 10h-16h30.

Agnès Maclehose, dit Clarinda, était une bonne amie du poète Robert Burns. Ce salon de thé n'est bien sûr pas aussi vieux, puisqu'il date de 1976, mais il transporte dans le temps avec ses murs recouverts d'assiettes, de peintures et de photographies anciennes. On s'y régale de *scones* faits maison, que l'on peut accompagner de pâtisseries — *carrot cake, gingerbread, shortbread, empire biscuit*, parmi de nombreux autres — en buvant un thé ou un café. Cet établissement, délicieusement kitsch et cosy, est parfait pour une pause *so british* entre deux visites.

DIRTY DICK'S

159 Rose Street
✆ +44 131 260 9920
Ouvert tous les jours de 12h à 1h.

Le Dirty Dick's joue la carte d'une décoration loufoque, au bout de Rose Street. Tableaux, clubs de golf, instruments de musique, ustensiles de cuisine, boîtes de whisky, casquettes, statuettes et bien d'autres : le tout forme un bric-à-brac surchargé, typique d'un pub, dans une ambiance sombre, mais chaleureuse. Des banquettes rouges sont posées sur les grosses dalles du sol pour accueillir les clients venus boire l'une des trois bières *hand-pulled*. On y mange une nourriture de pub copieuse et bien préparée. Attention, l'établissement est vite pris d'assaut.

FINNEGAN'S WAKE

9b Victoria Street
✆ +44 131 225 9348
www.finnegans-wake.co.uk
Du lundi au jeudi de 17h à 1h, du vendredi au dimanche de 12h à 1h.

Ce grand bar irlandais de la populaire Victoria Street a bâti sa réussite sur des *gigs* quotidiens rendus possibles par la présence de groupes tous les soirs. L'ambiance est effervescente et l'on vient plus pour faire la fête que discuter. La salle est d'ailleurs assez sombre et comporte relativement peu de tables. Les étudiants et résidents de la plupart des auberges de jeunesse ont des réductions sur les boissons : pensez à vous renseigner ! Et côté boisson, vous aurez un vaste choix de scottish gins, scottish whiskies (et irish whiskeys), scottish craft beers...

GEORGE IV BAR

54 George IV Bridge
✆ +44 131 225 6936
www.georgeivbar.com
Ouvert tous les jours de 12h à 1h du matin.

Situé sur le pont George IV au cœur de la vieille ville d'Édimbourg, ce magnifique pub écossais traditionnel sert de délicieux produits locaux fraîchement préparés. Cette petite maison pleine de charme et de caractère propose un grand choix de bières locales et artisanales ainsi qu'une large sélection de boissons, (y compris plus de 100 whiskies différents !) ainsi que de délicieux cocktails. À partir de 21h30 tous les soirs venez écouter en *live* des artistes locaux. Le George IV Bar a 2 petites sœurs : *The Royal Mile Tavern* et *The Fiddlers Arms* sur Grassmarket.

GROW URBAN

92 Grove Street
✆ +44 131 466 4117
www.growurban.uk
Ouvert 7j/7, de 10h30 à 18h, 17h le dimanche.

Mettez-vous au vert en plein cœur des quartiers d'affaires... Si vous logez dans West End ou passez dans les parages, faites une halte dans cet établissement atypique, totalement original ! Buvez un café puis achetez des plantes, ou l'inverse. Ou buvez un café au milieu des plantes. Encore mieux, ajoutez-y une part de gâteau fait maison et découvrez de nouvelles essences, des trucs et astuces de jardinier, et prenez le temps de respirer, certes pas au grand air, mais au vert. Le concept est aussi original que séduisant, et réussi !

HAMILTON'S BAR AND KITCHEN

16-18 Hamilton Place
✆ +44 131 226 41 99
www.hamiltonsedinburgh.co.uk
Ouvert 7j/7, de 9h à 00h.

Ce pub restaurant est idéalement situé au cœur de Stockbridge, près du pittoresque pont de même nom. Quelle que soit l'heure à laquelle on passe, on est tenté de se lover dans les gros fauteuils en cuir pour boire un café ou de se rapprocher du bar pour commander une bière. En soirée, on s'attable sous des tapisseries décorées de motifs pop art façon Lichtenstein pour boire cocktails, whiskies ou vins dans une ambiance *arty*, conviviale et décontractée.

PANDA'S & SONS

79 Queen Street
✆ +44 131 220 0443
pandaandsons.com
Ouvert tous les jours de 16h à 1h, dès 15h le samedi et dimanche. Dès £12 le cocktail.

Les pandas ne sont pas à l'honneur qu'au zoo à Édimbourg. Un brin hipster avec une imitation *barber shop* que l'on retrouve sur la façade – non, non, vous ne vous êtes pas trompé... poussez la porte ! C'est un ancien bar caché, comme à l'époque de la prohibition –, le Panda's & Sons est un endroit idéal où se poser pour bavasser en sirotant un cocktail accompagné de pop-corn, la grande force de l'établissement. La déco est éclectique, et affiche un petit côté *saloon* victorien, avec un joli bar en bois. Les cocktail sont originaux et très créatifs.

MARY'S MILK BAR

19 Grassmarket
✆ +44 131 510 7555
www.marysmilkbar.com
Fermé le lundi. Du mardi au samedi, 11h-19h ; dimanche : 12h-19h.

Mary's Milk Bar fait presque office de résistant sur la scène des pubs du Grasssmarket. Et pour cause, ici, on ne vend pas de bière, mais des glaces. Et les amateurs seront comblés par de savoureuses recettes maison concoctées par Mary, diplômée de la *Carpigiani Gelato University* de Bologne, rien que ça ! Elle n'a recourt qu'à des produits frais et de saison, vous pouvez donc y aller les yeux fermés. L'originalité des parfums – et leur nombre – vous fera sûrement revenir... Un petit coin d'Italie, et un moment de *Dolce Vita*, en plein cœur d'Édimbourg !

PEAR TREE HOUSE

38 West Nicholson Street
✆ +44 131 667 7533
www.peartreeedinburgh.co.uk
Ouvert tous les jours de 12h à 1h.

Les bons pubs ne sont pas rares mais un tel *beer garden* est une bénédiction à Édimbourg. Aux beaux jours, particulièrement quand il y a match, ses immenses tables en plein air sont prises d'assaut et l'ambiance est garantie. Pour tout le restant de l'année, la jolie maison du XVIIIe siècle couverte de lierres fait bien plus que l'affaire et les étudiants y sont nombreux à profiter de la cheminée et des jeux proposés, autour d'une bière artisanale, d'un bon burger, de *quesadillas* ou de *nachos* à partager. Un immense classique !

NOBLES CAFÉ BAR & RESTAURANT

44a Constitution Street
✆ +44 131 629 7215
noblesbarleith.co.uk
Ouvert 7j/7 de 9h à 17h.

Nobles Bar est un bel endroit, où le bois règne en maître. Les vitraux, caractéristiques de l'époque victorienne, apportent une touche de majesté et les fresques, tableaux et maquettes mettent en scène des navires. Les chaises et coussins multicolores amènent une petite touche de folie et les plats concoctés sont une réussite. On y vient volontiers pour un brunch, mais aussi pour les concerts : multi-folk le mercredi soir (dès 20h30), 1930's Swing and Gypsy Jazz le dimanche (dès 19h).

SANDY BELL'S

25 Forrest Road
✆ +44 131 225 2751
www.sandybellsedinburgh.co.uk
Ouvert du lundi au samedi de midi à 1h.

Ce petit *local* d'angle ne laisse rien paraître par sa devanture bleue, mais on y joue de la musique live depuis 1942 ! Tous les soirs et parfois même en journée, les amoureux de folk et d'authenticité peuvent s'y régaler. Plusieurs instruments sont logiquement brandis derrière le bar et beaucoup de photos sont réparties dans la salle. Si vous n'êtes pas encore convaincus, Sandy Bell's sert six *real ales* et plusieurs autres bières à la pression. Il y a aussi une belle sélection de *single malts* et le *malt of the month* offre un bon rapport qualité-prix.

ÉDIMBOURG - EDINBURGH

STRAMASH

207 Cowgate
✆ +44 131 623 4353
www.stramashedinburgh.com
Ouvert du lundi au jeudi de 17h à 3h, du vendredi au dimanche de 13h à 3h.

Situé sur Cowgate le Stramash est un pub à musique *live* situé dans une superbe église datant du XVIIIe siècle. Ce lieu unique offre une scène principale pour des concerts en *live* et retransmet la plupart des événements sportifs sur les plus grands écrans géants d'Écosse. Avec son architecture impressionnante, son intérieur rustique fait de briques apparentes et de murs en bois associé à un design contemporain, ce pub est un lieu incontournable. Le bar sert de la nourriture jusqu'à minuit. Ne ratez pas le désormais célèbre Cèilidh Club le mercredi dès 21h30.

TEUCHTERS LANDING

1a-1c Dock Place
✆ +44 131 554 7427
www.teuchtersbar.co.uk
Ouvert tous les jours de 10h30 à 1h.

Cette petite maison en briques fut autrefois la salle d'attente d'une liaison en ferry entre Leith et Aberdeen. Elle a conservé son caractère et a profité de son emplacement pour installer sa terrasse au bord de l'eau et prendre possession des plusieurs pièces. Une immense ardoise déroule le choix des vins et la très complète sélection de whiskys. À l'image de son enseigne sœur à West End, Teuchters met le paquet sur les *real ales* et comprend aussi une partie restaurant : *A Room in Leith.* Coup de cœur assuré pour les deux adresses !

THE ANTIQUARY BAR

72-78 St. Stephen Street
✆ +44 131 225 2858
www.theantiquarybar.co.uk
Lundi-mardi : 16h-23h ; mercredi : 14h-00h ; jeudi : 12h-00h ; samedi : 12h-1h ; dimanche : 11h-22h30.

Ce véritable *local* est dissimulé dans un sous-sol du petit quartier de Stockbridge. Recouvert de parquet et de lambris, il a tout de traditionnel, y compris un portrait de Sir Walter Scott qui veille au-dessus de la cheminée et à qui il doit son nom, tiré du roman éponyme. La salle est chaleureuse et les pintes s'y remplissent d'une grosse douzaine de pressions, bières comme cidres. Le mardi soir appartient aux joueurs de poker et le mercredi aux férus de quiz, mais c'est le jeudi dès 21h que les visiteurs sont les plus nombreux avec les sessions musicales folk.

THE BLACK CAT

168 Rose Street
✆ +44 131 225 3349
theblackcatbar.com
Ouvert tous les jours de 11h à 1h. Musique live.

Jeune, branché et urbain, ce bon bar cosy de Rose Street dénote avec les adresses historiques du quartier qui attirent souvent une clientèle un peu plus âgée. De la musique *live* et des événements y sont programmés régulièrement : lundi, mercredi et jeudi de 21h30 à 00h30 et dimanche de 16h à 19h, et des quiz le jeudi dès 19h. La sélection de *single malts* est très complète et intéressante, avec plus de 120 bouteilles. On trouve aussi quelques bières qui changent régulièrement. Bref, l'endroit est fort agréable pour se poser quelques instants ou pour une soirée.

THE BOW BAR

80 West Bow
✆ +44 131 226 7667
www.thebowbar.co.uk
Ouvert 7j/7 de 12h à 00h.

Le Bow Bar n'a plus sa réputation à faire parmi les *public houses* de la capitale. Adoubé par la CAMRA et les consommateurs, il a été créé en 1987 et offre toujours environ 200 single malts et une quinzaine de *real ales*. Il tient même son propre festival de bière pendant l'été. Décoré de vieilles publicités et de miroirs, sa petite salle unique manque de place en fin de semaine et il faut souvent rester debout. Sa situation dans la sympathique West Bow est très appréciable. Bon plan : les « whisky wednesdays » avec des whiskies disponibles uniquement les mercredis.

THE CANNY MAN'S

237 Morningside Road
✆ +44 131 447 14 84
www.cannymans.co.uk
Ouvert 7j/7 de 12h à 15h.

Encombré comme il l'est de centaines d'objets hétéroclites, ce bar aurait pu gagner le prix du décor le plus sublime. S'il n'y a qu'un pub où aller dans la capitale, ce serait peut-être bien celui-là. Même s'il serait dommage de ne faire qu'un pub pendant son séjour édimbourgeois ! The Canny's Man, ouvert depuis 1871, a à sa carte quelque 250 malt whiskies. Leur *Bloody Mary* ainsi que leurs cocktails à base de gin sont fameux... On peut même y siroter du champagne ! L'établissement est aussi très apprécié pour sa carte de pub traditionnelle et ses fruits de mer.

THE GUILDFORD ARMS

1-7 West Register Street
✆ +44 131 556 4312
www.guildfordarms.com
Ouvert tous les jours sauf le lundi de 11h à 23h (22h le dimanche). Plat à partir de £12,50.

Ce petit *local* d'angle, détenu par la même famille depuis 1896, à deux pas de Princes Street est un festival de dorures et de bon goût. La balustrade de la mezzanine donne un air de salle de spectacle du XIXe siècle et le plafond ouvragé est très harmonieux. Il y a un choix d'une douzaine de draught keg beers, une dizaine de cask ales (à la tireuse) et une carte très impressionnantes de craft beers et autres bières en bouteille (près de 450 !). La proximité du Café Royal permet de faire un mini pub crawl très esthète et épicurien.

THE LAST DROP

74-78 Grassmarket
✆ +44 131 225 4851
www.nicholsonspubs.co.uk
Ouvert tous les jours de midi à minuit.

Comme son nom l'indique, le Last Drop est situé juste à côté du site où l'on menait autrefois les exécutions publiques sur le Grassmarket. Il paraît même que des serveurs auraient entendu des fantômes appeler leur nom lorsqu'ils s'y trouvaient seuls… Il y a cependant peu de chances que cela vous arrive, car à l'image de sa pléthore de voisins, ce pub est particulièrement populaire à toute heure de la journée et ne désemplit pas le soir. Son intérieur est un témoin du passé, avec une fresque rappelant l'histoire des lieux et sa vieille charpente en bois.

THE JOLLY JUDGE

7 James Court
✆ +44 131 225 2669
www.jollyjudge.co.uk
Ouvert 7j/7 de 12h à 21h, de 12h à 22h le vendredi et samedi, de 14h à 20h le dimanche.

C'est sans l'ombre d'un doute le meilleur pub du Royal Mile. Au calme d'une impasse, les gens de passage le voient moins souvent, mais les locaux savent bien qu'il est là. Sa terrasse est forte agréable par beau temps et sa salle chaleureuse partiellement en sous-sol, avec un plafond bas, nous vient tout droit du Moyen Âge. Petit et convivial, les habitués viennent y bavarder au coin du feu. Le staff est connaisseur et serviable et pourra vous aider à choisir dans sa grande variété de whiskys, de *ales*, de *stouts* et de cidres.

THE MASH HOUSE

37 Guthrie Street ✆ +44 131 220 2514
www.themashhouse.co.uk
Ouvert de 19h à 3h du vendredi au dimanche et à partir de 22h30 le mercredi et jeudi. Fermé le lundi et mardi.

Il se dégage du Mash House une atmosphère unique ; un vaste espace réparti sur trois étages avec des murs en briques, des échafaudages industriels, du bois naturel, le tout sublimé par un éclairage contemporain. Un véritable bijou caché : vous aurez surement du mal à trouver ce trésor. À mi-chemin des marches de la clôture de Hastie, cet endroit festif s'anime pour tout ce qui concerne la musique et l'art : concerts, soirées dansantes mais aussi peinture, cours de danse en passant par des cours d'échecs, ce lieu est un véritable terreau pour talents créatifs.

THE KING'S WARK

36 Shore
✆ +44 131 554 9260
www.kingswark.co.uk
Ouvert du lundi au vendredi de 12h à 22h, jeudi à samedi : de 12h à 23h.

Le plafond bas et les énormes pierres apparentes trahissent l'ancienneté de cet édifice, l'un des plus vieux du port de Leith. Construit au XVe siècle, il a vu passer quantité de marins en son antre pour se sustenter, dormir et arroser leurs soirées. Aujourd'hui, son atmosphère intimiste et chargée d'histoire est toujours aussi réputée. On y profite de quatre *real ales*, mais aussi d'une bonne nourriture (fournisseurs locaux, produits frais). Les tables y sont logiquement vite prises d'assaut et l'on peut s'installer dehors quand le temps le permet.

THE MILK MAN

7 Cockburn St
✆ +44 7772 077920
www.themilkman.coffee
Ouvert 7j/7, 9h-17h (18h le week-end). À emporter et sur place.

The Milk Man se tient dans l'une des rues adjacentes du Royal Mile et est de ces petites adresses que l'on aime, « petites » car le lieu est en effet exigu avec seulement une quinzaine de places, et la devanture quasi invisible pour qui ne prête l'œil. Ce café à l'esprit *hype* et *indus* propose, dans un décor fait de vieilles pierres, de béton ciré et de bois, des cafés sélectionnés avec soin pour la richesse de leurs saveurs. Ils s'accompagnent volontiers de très appétissants gâteaux faits maison, à prix autorisant volontiers le craquage.

THE STOCKBRIDGE TAP

2-6 Raeburn Place

✆ +44 131 343 3000

Ouvert 7j/7 de 12 à 00h (1h le vendredi et samedi).

Élu pub de l'année à Édimbourg par la célèbre CAMRA en 2017, le Stockbridge Tap ne propose pas moins de 17 pressions, plus de 70 single malts et plus de 20 gins. Comme son nom l'indique, il est situé dans l'agréable quartier de Stockbridge et n'est qu'à quelques mètres de la Water of Leith. Beaucoup de bières proviennent de petites brasseries dans toute la Grande-Bretagne et il lui arrive d'organiser des *beer festivals*. La longue salle est lumineuse et ne manque pas de place. On y mange aussi très bien : de belles planches avec des burgers bien généreux.

THOMSON'S BAR

182-184 Morrison Street

✆ +44 131 228 5700

www.thomsonsbaredinburgh.co.uk

Ouvert 7j/7 de 12h à 23h30, 12h-00h jeudi et samedi, 12h-1h vendredi, 16h-23h30 le dimanche.

Salué par la CAMRA pour ses six *real ales* changeantes, le Thomson's bar est un pub très traditionnel à West End, pas très loin de la gare Haymarket et de la partie business du quartier. Il peut se targuer d'un style on ne peut plus authentique, avec son joli mobilier en chêne gravé et beaucoup de photos et publicités d'époque. Les *real ales* changent régulièrement, des bières de la semaine sont proposées, et la carte des boissons permet un vaste choix, notamment en whiskies. Les *pies* (tourtes à la viande) sont ici une spécialité très appréciée.

THE THEATRE ROYAL

25-27 Greenside Lane

✆ +44 131 557 2142

www.thetheatreroyalbar.co.uk

Ouvert tous les jours de 11h30 (12h30 le dimanche) à 00h, 1h vendredi et samedi.

Des fleurs à n'en plus finir et des petites statues colorées sonnant leurs trompettes vous signalent ce pub donnant sur le commencement de Leith Walk. La thématique cinéma et théâtre se retrouve dans les affiches encadrées sur les murs rouges, mettant en scène *Mamma Mia* ou *Mary Poppins*. Le comptoir en bois foncé est richement travaillé en carré, au centre de l'espace, et des lustres en cristal pendent tout autour. Comptez cinq *real ales* et une trentaine de single malts. Quelques tables sont dehors, à l'entrée, pour les fumeurs.

TILES BAR

1 St Andrew Square

✆ +44 131 557 3228

www.tilesbar.co.uk

Ouvert tous les jours de 11h à 23h, 00h les vendredis et samedis.

Imprégné d'une opulence digne des plus beaux édifices géorgiens de New Town – il est d'ailleurs l'un d'eux –, le Tiles fait l'angle de St Andrew Square, sur lequel il s'ouvre *via* ses longues fenêtres arrondies. Le comptoir carré au centre de la salle est cerclé de voûtes et la fréquentation est hétéroclite, pour une bière, un cocktail, ou même un repas. La carte des spiritueux – notamment gins et whiskies – est vaste, celle des vins internationaux aussi, et les cocktails, traditionnels simples, revisités ou créations uniques sauront vous ravir.

THE WHITE HART INN

34 Grassmarket

✆ +44 13 1226 2806

www.whitehart-edinburgh.co.uk

Ouvert du lundi au dimanche de 11h à 00h, 1h le samedi.

L'un des plus anciens pubs de la ville doit son nom à l'une des créatures les plus mystérieuses des Highlands, à moins que ce soir à la légende du grand cerf blanc qui aurait désarçonné le roi David Ier lors d'une partie de chasse en 1128, sans le blesser. Avant de disparaitre, une croix d'argent serait apparue sur le front de l'animal, entre ses bois... Le pub, lui daterait de 1516, sert un excellent haggis et un propose un choix de whiskys assez conséquent. Tous les soirs dès 21h, des groupes musicaux viennent réchauffer l'ambiance jusque tard dans la nuit.

THE VOODOO ROOMS

19A West Register Street

✆ +44 131 556 7060

www.thevoodoorooms.com

Ouvert du lundi au vendredi de 10h à 18h. Payant pour les concerts et certains évènements.

À la fois bar, restaurant, boite et salle de concert, Voodoo arbore ses dorures, dans le faste somptueux d'une décoration d'époque victorienne. Rien que le lieu vaut la visite ! Électro jazz légère, funk *groovy* ou R'n'B pêchue sont à attendre en fonction des passages, mais aussi des live de groupes de rock et de pop soigneusement choisis dans une scène musicale indépendante. La salle principale accueille jusqu'à 200 personnes. Le bar a été primé à maintes reprises : pour ses cocktails, pour son décor, pour ses concerts, pour sa carte de spiritueux...

(SE) FAIRE PLAISIR

Édimbourg a son offre de centres commerciaux — avec son Ocean Terminal, sur le port de Leith — mais laisse aussi la place aux jeunes créateurs, artistes et artisans. Pour la mode, il faudra se rendre sur Princes Street, qui accueille les grandes marques. Pour une destination plus chic, George Street séduit avec ses devantures élégantes, comme Multrees Walk à côté de St Andrew Square. On découvre les créateurs indépendants à New Town autour de Broughton Street, au sud du Royal Mile, vers le Grassmarket, Victoria Street et Candlemarket Row. Pour l'artisanat, très réputé en Écosse avec ses influences celtes, il y a Cockburn Street, le Grassmarket, Victoria Street et St Mary's Street qui concentrent plusieurs boutiques, joailliers et antiquaires. Ceux en quête du bibelot ou de la perle rare peuvent monter jusqu'à Reaburn Place, à Stockbridge. Il y a là-bas tout de nombreux charity shops qui proposent aussi de vieux objets à petit prix.

APPELLATION WINES

63 Comely Bank Road
✆ +44 131 261 7656
www.appellationwines.co.uk
Fermé le dimanche et lundi. Ouvert de 12h à 20h.

Plus de 200 bières artisanales du Royaume-Uni, quelque 350 vins provenant d'Afrique du Sud, d'Espagne, de Californie, d'Argentine, bref de partout dans le monde : voilà ce que vous propose ce caviste. Exclusivité, rareté, conseils, découvertes : et pourquoi ne pas assister à une session de dégustation ? D'autant plus qu'en tant que Français, on a peu d'occasions de s'essayer à la dégustation de vins internationaux... Il y en a une par semaine : consultez leur site pour en savoir plus, et initiez vos papilles à d'autres cépages.

VALVONA & CROLLA

19 Elm Row
✆ +44 131 556 6066
www.valvonacrolla.co.uk
Ouvert de 9h à 18h, fermé le dimanche.

Inaugurée en 1934, la maison Valvona & Crolla est l'un des premiers *delicatessen* à avoir été ouvert par des immigrés italiens. L'enseigne est depuis devenue une épicerie de référence. On y trouve de tout, et surtout, bien sûr, des produits italiens et écossais. Au fond de l'épicerie, on accède au salon de thé. Familles avec enfants, couples et groupes d'amis se retrouvent à toute heure de la journée pour manger un morceau. On peut y faire un brunch le matin, manger un bout à l'heure du déjeuner avec un bon verre de vin, ou s'offrir une douceur à l'heure du thé.

CADENHEAD'S WHISKY SHOP

172 Canongate
✆ +44 131 556 5864
www.cadenhead.scot
Ouvert du lundi au samedi de 10h30 à 17h30.

En bas du Royal Mile, près du Parlement écossais, ce *whisky shop* est en place depuis 1842. Beaucoup de visiteurs restent près du château et l'ignorent à tort, mais une fois visité, on le tient en haute estime ! Et pour cause, Cadenhead's ne se contente pas de stocker, il met lui-même en bouteilles les produits qu'il reçoit directement par fûts, ce qui en fait l'embouteilleur indépendant le plus ancien d'Écosse ! Dans ses rayons, on trouve également des gins et des rhums. Le personnel est très attentif et saura vous conseiller.

WHISKY SHOP

28 Victoria Street
✆ +44 131 225 4666
www.whiskyshop.com
Ouvert de 10h à 19h du lundi au samedi et le dimanche de 11h à 18h.

Cette boutique intimiste et coquettement arrangée propose la boisson nationale sous toutes ses formes : petits coffrets de dégustation, bouteilles de différentes dimensions, mais également des whiskies conservés en fût dont l'âge et les noms font rêver. Choisir un whisky est une entreprise tout aussi délicate et complexe que de choisir un parfum. Que ceux qui n'y connaissent rien se rassurent, on les aidera à trouver celui qui convient le mieux à leur palais. Ils trouveront aussi tous les accessoires liés à la dégustation de ce spiritueux *so scottish* !

21ST CENTURY KILTS

48 Thistle Street
✆ +44 7774 757222
www.21stcenturykilts.com
Ouvert du mardi au samedi de 10h à 18h. Uniquement sur RDV.

Le styliste Howie Nicholsby vous accueille en personne dans la boutique où sont exposés les kilts de sa création, entre modernisme et tradition. La fameuse étoffe à plis se décline ici en cuir, en jean et pourquoi pas en tweed rose bonbon : tout est possible. Vin Diesel, Robbie Williams et Madonna se sont déjà offerts ce plaisir et peuvent vanter eux-mêmes les talents du maître des lieux. Un coup d'œil à la boutique, mais aussi au site web et à la page Facebook s'imposent pour embrasser l'élégance et la créativité de ce styliste multirécompensé.

FABHATRIX

13 Cowgatehead Grassmarket
✆ +44 131 225 9222
www.fabhatrix.com
Ouvert du lundi au vendredi, de 10h30 à 18h, 17h30 le samedi et dimanches de midi à 17h.

Edinburgh qui est une ville très dandy se devait de compter au moins un chapelier à la hauteur. C'est chose faite. Les chapeaux sont suspendus à de longues cannes de bambou, esthétiquement exposés dans l'espace de la boutique. Borsalinos, hauts-de-forme, voilettes, chapeaux cloches ornés de plumes ou de fleurs en tissu et autres couvre-chefs… Toutes les têtes devraient trouver leur bonheur. C'est forcément un peu cher, quoique la qualité du travail soit certaine et les chapeaux fort bien dessinés. Alors pourquoi ne pas s'offrir une petite folie ?

FIRST XV

6-8 Haymarket Terrace
✆ +44 131 337 47 46
www.rugbystuff.com
Ouvert de 10h à 16h, fermé le samedi et dimanche.

Sur la route du *Murrayfield Stadium*, cet autre temple du rugby détient tout l'attirail du parfait supporter. Maillots, casquettes, ballons, chaussures, T-shirts officiels, objets exclusifs aux couleurs des équipes et des tournois emblématiques... Vous n'aurez que l'embarras du choix ! Un temple de l'achat irrépressible pour les fans de rugby, quelle que soit l'équipe supportée, et le lieu où se rendre pour faire plaisir aux amoureux de ce sport. Ils trouveront aussi tout le matériel sportif nécessaire à la pratique de leur passion.

SUMMERHALL DISTILLERY

1 Summerhall
✆ +44 013 129 02901
pickeringsgin.com
Expérience à partir de £25. Boutique ouverte de 10h à 16h du lundi au vendredi. Réserver son créneau pour les tours.

Summerhall Distillery a été construite de toute main en 2013. Ce fut la première distillerie de gin établie au cœur d'Édimbourg en plus de 150 ans. Ils ont proposé plus de 350 bouteilles pour leur lancement officiel. Après seulement 4 mois d'existence, la distillerie est devenue le partenaire officiel du festival Royal Edinburgh Military Tattoo. Sa signature est le Pickering's Gin et ces dernières années, ils ont sorti leur premier whisky : The Broody Hen Scotch Whisky. Plusieurs expériences vous sont proposées lors de votre visite.

© S

© S

GEOFFREY TAILOR KILTMAKERS

57-59 High Street
✆ +44 131 557 0256
www.geoffreykilts.co.uk
Ouvert tous les jours de 9h à 17h30, 10h30 à 17h30 le dimanche.

Les puristes vous diront que les kilts bas de gamme de magasins de souvenirs donnent à ceux qui les portent l'air d'un clown... On ne sait pas si c'est vrai — sans doute... —, mais si vous êtes prêts à mettre le prix pour la qualité, vous pouvez rendre visite à ce tailleur de renom, dont la réputation n'est plus à faire. Les reventes de kilts anciennement en location sont souvent des bons plans. Vous lancerez-vous dans l'aventure vestimentaire du kilt ?

EDINBURGH ARTS

1-3 Nicolson Street
✆ +44 131 668 1255
www.edinburgharts.com
Ouvert du lundi au samedi de 9h30 à 17h30, 18h le jeudi et de 11h à 17h30 le dimanche.

Cette galerie d'art vend des tableaux et des imprimés en édition limitée d'artistes locaux à l'imagination débordante depuis bientôt 40 ans. Les sujets sont surtout liés à l'Écosse ou à Édimbourg et donnent des résultats variés et très convaincants. Ne manquez pas l'univers coloré de Rob Hain, celui fantastique de Matylda Konecka ou le monde animal de Georgina McMaster. Un espace carterie vous permettra de craquer à prix léger et, par un achat modeste, de soutenir l'artiste que vous avez apprécié. Une très bonne adresse pour un aperçu de l'art écossais !

JOEY D

54 A Broughton Street
✆ +44 131 557 6672
Ouvert tous les jours de 10h30 à 18h.

Joey D assemble de vieux habits en une suite de collages insolents pour leur donner une seconde vie. Un sac paramilitaire se transforme en baise-en-ville, une ceinture de balle en accessoire de mode. Il mélange le jean, la toile de jute et le cuir en un patchwork insolite pour créer des sacs à main uniques ou des kilts ornés de grosses boucles de ceintures montées par trois. Des créations étonnantes à voir dans sa boutique-atelier. Ses pièces originales sont fréquemment présentées à New York lors du « Dressed to kilt » show.

FLUX

55 Bernard Street
✆ +44 131 554 4075
www.get2flux.co.uk
Ouvert tous les jours de 10h à 18h et de 12h à 17h le dimanche.

Flux est une boutique indépendante, unique en son genre pour sa sélection d'objets réalisés par des artisans britanniques, écoresponsables et éthiques. Décorations, accessoires, jeux, vêtements pour enfants ou simples cartes postales, chaque pièce étonne par son originalité et sa qualité de fabrication. Certaines sont réalisées avec des matériaux de récupération pour protester contre le consumérisme. On trouve aussi un choix intéressant de bijoux faits main. Une adresse à ne surtout pas manquer à Leith, pour des achats qui font sens !

THE ADAM POTTERY

76 Henderson Row
✆ +44 131 557 3978
www.adampottery.co.uk
Ouvert du lundi au samedi, de 11h à 18h (17h de janvier à mars). Entrée libre.

Des créations de céramistes contemporains sont exposées dans cette galerie, ouverte par Janet Adam en 1983, qui est aussi un atelier. Six artistes résidents réalisent des pièces au design contemporain et à la technique traditionnelle, et le lieu accueille toute l'année des artistes internationaux en résidence. On peut les regarder travailler et même se joindre aux cours de poterie qu'ils organisent. Les amateurs d'artisanat d'art trouveront toujours de belles surprises à cette adresse. Les prix des créations s'échelonnent de £5 à £1 500.

UNICORN ANTIQUES

65 Dundas Street
✆ +44 131 556 7176
www.unicornantiques.co.uk
Ouvert du lundi au samedi de 11h à 18h.

Vases asiatiques, tirelires fleuries, porcelaines anglaises, sets à thé complets, anciennes poignées de portes, miroirs et miniatures fantaisistes : l'un des plus incroyables rassemblements d'antiquités du quartier vous attend à cette adresse. « Nous stockons tout ce qui est ancien, curieux et utile », annonce la boutique. Les découvertes se poursuivent dans l'immense sous-sol qui a des allures de marché aux puces ou de caverne d'Ali Baba à lui tout seul ! À parcourir avec curiosité, en prenant son temps, ne serait-ce que pour le plaisir des yeux.

BOUGER & BULLER

Le golf est né en Écosse, alors pourquoi ne pas profiter de votre séjour pour, si vous êtes néophyte, vous initier à ses rudiments, et si vous êtes déjà joueur, pour découvrir un parcours emblématique, dans un club pluriséculaire ? Vous pourrez ainsi découvrir le Bruntsfield, fondé en 1761 : un lieu à visiter absolument si l'on est amateur de ce sport. Les fans de rugby s'offriront un match au Murrayfield Stadium ou une visite guidée du stade et de ses installations (voir site web : www.scottishrugby.org). Édimbourg se fait aussi cité du bien-être et de la détente avec ses spas indépendants ou dans les hôtels de luxe. Beaucoup sont accessibles même aux non-clients de l'hôtel : pourquoi ne pas s'évader dans une bulle de douceur, entre soin détente, longueurs de piscine, hammam et bain bouillonnant ? Pour ce qui est des activités sportives et ludiques, pensez aussi, pour défouler les enfants par exemple, au Gravity Trampoline Park.

BRUNTSFIELD LINKS GOLFING SOCIETY

32 Barnton Avenue
✆ +44 1313 361479
www.bruntsfieldlinks.co.uk
Green fees : de £45 à £90 selon la saison pour un parcours. £130 pour la journée, en haute saison.

Fondé en 1761, le club de golf de Bruntsfield Links est le quatrième club le plus ancien au monde. Il bénéficie d'une situation enviable dans un parc de plus de 150 hectares. Bruntsfield a été le théâtre de nombreuses compétitions, nationales et internationales. Bien que la Société soit un club, les visiteurs sont les bienvenus. Le club-house a subi de nombreuses rénovations qui font de ce lieu, un lieu historique mais moderne. Un lieu qu'il vous faut visiter au moins une fois !

SCRAPHEAP & WIZARDS GOLF

12 Blair Street
Dès £10 le parcours (9 trous).

Ici, c'est le mini-golf qui est revu et corrigé, à la sauce fantaisiste, avec humour et décalage. Ce minigolf insolite propose des parcours à thèmes loufoques pour s'amuser sans se prendre au sérieux en famille ou entre amis. Le *Scraphead golf* parodie le thème du chantier avec tous les dangers, matières toxiques et machineries lourdes, tandis que le *Wizard golf* fait intervenir les sorciers et sorcières pour plonger les joueurs dans un univers aussi magique qu'étrange. Un café sur place permet une collation (hot-dogs forains et nachos) en fin de parcours.

MURRAYFIELD STADIUM

Roseburn Street
✆ +44 131 346 5160
www.scottishrugby.org
Visites du lundi au samedi.
Réservation sur le web.

Découvrez le BT Murrayfield, la maison du Scottish Rugby, en visite guidée. Vous serez emmené à l'intérieur des différentes zones et espaces du stade — non visible habituellement par le public — et on vous dévoilera des anecdotes et secrets sur l'édifice, le rugby et les préparatifs des matchs internationaux. Vous verrez certains objets emblématiques et historiques du rugby écossais, y compris la Calcutta Cup, monterez sur le plateau TV. La visite se termine par un passage à travers le célèbre tunnel, les vestiaires et le terrain.

CHAMOMILE SANCTUARY

4 Alva Street
✆ +44 131 220 10 00
chamomilesanctuary.com
Ouvert 7j/7, 10h-18h le lundi, 20h mardi-mercredi-jeudi, 19h le vendredi ; 9h-16h le samedi ; 11h-16h le dimanche.

L'élégance est au rendez-vous dans ces salons où l'on se fait masser de la tête aux pieds pour se relaxer ou retrouver toute son énergie physique. Ouvert en 2010, cet espace est devenu en quelques années l'une des adresses phare de la détente, de la beauté et du bien-être à Édimbourg. Une sélection de fragrances, d'huiles essentielles et de produits cosmétiques est proposée dans la boutique. On s'y évade, on prend son temps, on se ressource entre deux visites de musée et trois boutiques. On peut aussi profiter de son passage pour une manucure.

SORTIR

À Édimbourg, la fête n'est pas un vain mot. Les Écossais ne manquent pas d'énergie lorsqu'il s'agit de faire la fête et leur capitale reflète bien ce phénomène. Elle est chez elle dans les pubs traditionnels ou aux ambiances fantaisistes, voire extravagantes, les bars à musique live, les boîtes délurées, ainsi qu'aux événements populaires, comme le Fringe et le Festival international, au mois d'août. Pour savoir quel groupe se produit à quel endroit, procurez-vous un exemplaire du gig guide dans les établissements concernés, ou rendez-vous sur le site gigguide.co.uk. La scène LGBT d'Édimbourg pourrait gagner en dynamisme, mais est bel et bien existante. On trouve quelques adresses sympathiques du côté du Pink Triangle : autour de Broughton Street et à l'est de New Town. On citera des établissements comme CC Blooms, considéré comme la seule vraie boîte gay de la capitale, ou encore Regent Bar.

OLD TOWN PUB CO.

53 George IV Bridge
✆ +44 131 226 1402
www.oldtownpubco.com
Franchise regroupant plusieurs bars.

Créé en 1998, Old Town Pub Co. regroupe les dix meilleurs bars du quartier historique de Old Town. Du bord du Grassmarket jusqu'au pont George IV, des profondeurs du Cowgate jusqu'à la Royal Mile, que vous vouliez écouter de la musique en live, tester une liste interminable de whiskies, regarder six matchs de football différents en même temps, si vous cherchez un endroit où agiter vos bras et taper du pied ou tout simplement un lieu où prendre un verre, OTPC a un établissement à vous proposer. Plongez dans les tanières cachées de la célèbre vieille ville !

THE GLOBE

13 Niddry Street
✆ +44 131 557 4670
Ouvert tous les jours de 17h à 1h, 17h-1h le samedi et dimanche. Tenue correcte exigée.

Le Globe est un bar sportif reconnu, situé juste à côté du Royal Mile. Vous trouverez dans ce lieu animé un savant mélange de globe-trotters, d'étudiants et de locaux. 6 écrans plasmas et 2 écrans géants diffusent en permanence les sports du monde entier. Avec un très vaste choix de bières internationales et des collations variées, l'atmosphère y est toujours bon enfant. Entre le Quiz Night le lundi, le karaoké le jeudi et les mix des DJs le vendredi et le samedi, le Globe est un bar international et diversifié où il se passe toujours quelque chose.

THE CABARET VOLTAIRE

36-38 Blair Street
✆ +44 131 247 4704
www.thecabaretvoltaire.com
Mardi-samedi : 17h-3h, dimanche : 12h-18h. Entrée : de £5 à £10 selon les événements, parfois gratuite.

C'est sans doute la boîte de nuit la plus connue de la capitale, avec des soirées tous les jours. Les entrailles de Old Town se prêtent admirablement aux nuits les plus chaudes et des DJs pointus assurent le *show*. La musique et donc l'ambiance change chaque soir. On y vient pour une ambiance jeune et délurée, avec beaucoup de recoins et toujours du monde. Les consos ne sont pas trop chères, les cocktails bien préparés et l'équipe aussi sympathique que serviables. Bon plan : selon les soirées, l'entrée peut être gratuite. Dans tous les cas, elle est à petit prix.

THE HIVE

15-17 Niddry Street
www.clubhive.co.uk
Lundi-samedi : 22h-3h, dimanche : 21h-3h. Entrée gratuite ou dès £2 selon soirées et programme.

Ce véritable labyrinthe souterrain jouit d'un immense succès à Édimbourg grâce à ses petits prix et son activité incessante toute la semaine. On y trouve plusieurs bars et salles pour écouter aussi bien de la pop, de l'indie, de l'électro, du rock, du metal ou du drum and bass. Il y en a pour tous les goûts et ça ne désemplit pas en fin de semaine. Beaucoup de soirées sont gratuites, et si elles sont payantes, elles ne le sont souvent qu'à partir de 23h. À chaque jour de la semaine son programme : *mixed up Mondays, trash Tuesdays, cookie Wednesday*...

THE LIQUID ROOM

9C Victoria Street
✆ +44 131 225 2564
www.liquidroom.com

Ouvert tous les jours de 23h à 3h. Entrée de £3 à £6 pour les soirées classiques, plus pour les concerts.

The Liquid Room est l'une des scènes préférées de la jeunesse édimbourgeoise qui s'y retrouve jusqu'à 800 sur deux étages et un grand balcon. Le *dance floor* est immense et de nombreux artistes hip hop, dont certains des meilleurs DJ et groupes mondiaux (Calvin Harris, Kaiser Chiefs, Black Eyed Peas...) s'y sont produits en *live*. Il faut dire que l'établissement, né en 1997, a eu le temps de se bâtir une belle réputation ! Les *club nights* sont très classiques et rameutent toujours beaucoup de fêtards. Tous les genres sont bienvenus : techno, dubstep, drum & bass.

KING'S THEATRE

2 Leven Street
✆ +44 131 529 6000
www.capitaltheatres.com

Salle de théâtre ouverte du lundi au samedi de 11h à 15h. Fermé le dimanche.

King's Theatre a été construit en 1905 par William Stewart Cruikshank. C'est devenu une des salles de théâtre les plus populaires de la capitale. Avec une architecture edwardienne, il offre un auditorium de 1 300 places. Il a eu la chance d'accueillir des stars telles que Stanley Baxter, Rikki Fulton et Jimmy Logan. Malgré sa popularité, il reste un théâtre communautaire. Le programme est varié, il y en a pour tous les goûts, au King's Theater vous aurez l'occasion de voir des comédies musicales, de la danse, de l'opéra et des pièces uniques.

THE MASH HOUSE

37 Guthrie Street ✆ +44 131 220 2514
www.themashhouse.co.uk

Ouvert de 19h à 3h du vendredi au dimanche et à partir de 22h30 le mercredi et jeudi. Fermé le lundi et mardi.

Il se dégage du Mash House une atmosphère unique ; un vaste espace réparti sur trois étages avec des murs en briques, des échafaudages industriels, du bois naturel, le tout sublimé par un éclairage contemporain. Un véritable bijou caché : vous aurez surement du mal à trouver ce trésor. À mi-chemin des marches de la clôture de Hastie, cet endroit festif s'anime pour tout ce qui concerne la musique et l'art : concerts, soirées dansantes mais aussi peinture, cours de danse en passant par des cours d'échecs, ce lieu est un véritable terreau pour talents créatifs.

STRAMASH

207 Cowgate
✆ +44 131 623 4353
www.stramashedinburgh.com

Ouvert du lundi au jeudi de 17h à 3h, du vendredi au dimanche de 13h à 3h.

Situé sur Cowgate le Stramash est un pub à musique *live* situé dans une superbe église datant du XVIIIe siècle. Ce lieu unique offre une scène principale pour des concerts en *live* et retransmet la plupart des événements sportifs sur les plus grands écrans géants d'Écosse. Avec son architecture impressionnante, son intérieur rustique fait de briques apparentes et de murs en bois associé à un design contemporain, ce pub est un lieu incontournable. Le bar sert de la nourriture jusqu'à minuit. Ne ratez pas le désormais célèbre Cèilidh Club le mercredi dès 21h30.

WHISTLE BINKIES

4-6 South Bridge
✆ +44 131 557 5114
www.whistlebinkies.com

Dimanche à jeudi 17h-3h, dès 13h vendredi et samedi. Gratuit du dimanche au jeudi, le vendredi et samedi avant minuit.

Ouvert tous les soirs le Whistle Binkies est une véritable institution de la scène musicale *live* de la capitale. Niché au cœur des voûtes sous le pont de South Bridge, c'est le lieu parfait ou se réunissent une population d'habitués et de touristes pour tester le meilleur de ce que la ville a à offrir en termes de concerts. Chaque jour, plusieurs groupes s'y produisent en *live*, jusqu'à 4 par soir en semaine et 6 le vendredi et samedi soir. On peut entrer gratuitement si l'on arrive assez tôt (ou en payant un petit supplément après minuit).

USHER HALL

Lothian Road
✆ +44 131 228 1155
www.usherhall.co.uk

Salle de concerts.

Une programmation musicale hétéroclite attend les oreilles curieuses dans ce bel édifice construit en 1914. Opéras classiques et actuels, concerts pop, jazz, rock, spectacles familiaux et pointures de la musique contemporaine, le Usher Hall les reçoit tous, avec pas moins de 2 200 spectateurs. La programmation est riche et variée : pensez à la consulter et à intégrer un concert à votre planning de séjour ! Le dimanche, des concerts de musique classique sont proposés. Le Usher Hall accueille aussi d'autres événements et salons annuels.

LINLITHGOW ★

À 29 km d'Édimbourg et 54 km de Glasgow, cette ville est facilement accessible, en bus ou en train. Compter environ 20 minutes en train d'Édimbourg. Désignée comme bourg royal par David Premier, cette ville allait devenir le lieu de villégiature des Stuarts. La ville est essentiellement connue pour son palais où James V naquit en 1512 et sa fille, Marie, en 1542. La St. Michael Parish Church, ravissante église médiévale dédiée à l'archange saint Michel, mérite également une visite. On peut également contempler le long de High Street un ensemble de maisons datant du XVIIe siècle. Vous pouvez voir la pittoresque Fountain of St. Michael qui date de 1720.

HOUSE OF THE BINNS

Binns View

✆ +44 1786 812664

Ouvert 7j/7, domaine : 9h-19h30. Visite guidée à 10h30 et 14h30. Adulte : £11. Réduit : £9,50. Famille : £27.

Propriété de la famille Dalyell depuis 1612, cette intéressante demeure reflète bien la tendance architecturale de l'époque, où l'on cherchait à allier les fortifications défensives avec l'espace et le confort. Sa grande façade blanche est rehaussée de tourelles et derrière les fenêtres se cachent des pièces d'une grande qualité esthétiques. On y voit notamment des tableaux raffinés, des porcelaines et un mobilier cossu de la fin du XIXe et du début du XXe siècle. Horaires spécifiques pour les visites guidées à vérifier. Le domaine est quant à lui plus accessible.

LINLITHGOW CANAL CENTRE

Manse Road

✆ +44 150 667 1215

www.lucs.org.uk

11/04 au 30/09 : ouvert le week-end. 7j/7 en juillet-août. Entrée du musée gratuite. Croisières et location de bateau.

Le Linlithgow Canal Centre se situe à quelques pas du centre-ville, là où coule l'Union Canal, qui relie Édimbourg à Glasgow depuis 1822. Ce petit musée, le seul sur les canaux en Écosse, en retrace l'histoire et propose également plusieurs sorties en bateau, de 20 minutes à 4h (horaires en ligne). Les plus avertis pourront aussi profiter de locations pour voguer au gré de leurs envies. Il y a également un salon de thé sur place. La balade en bateau, mais aussi aux alentours, est charmante et convient très bien à une sortie en famille.

LINLITHGOW PALACE ★★

Kirkgate

✆ +44 150 684 2896

En rénovation, jardins accessibles. Vérifier horaires.

En 1424, le roi James Ier lance la construction de ce palace sur les rives du Loch Linlithgow, après qu'un incendie a rasé le précédent château de la ville. Il devient rapidement une résidence royale de premier choix pour les Stuart, qui y apprécient la tranquillité et le cadre champêtre. C'est aussi une halte idéale entre Stirling et Édimbourg, où la cour se rendait régulièrement. James V et Mary Queen of Scots sont tous les deux nés ici. Néanmoins, quand le fils de cette dernière, James VI, unit les couronnes d'Écosse et d'Angleterre en 1603, il part vivre à Londres et Linlithgow Palace perd son usage royal. Il est tout de même maintenu en état, jusqu'à ce que le feu le détruise partiellement en 1743, si bien qu'on y voit aujourd'hui principalement les ruines. Il n'en est pas moins romanesque et sa fontaine centrale est un chef-d'œuvre. Elle a notamment inspiré celle que l'on trouve au palais d'Holyrood, dans la capitale. Un détour s'impose à la St Michael's Church médiévale, qui se tient à ses côtés. On aime aussi le superbe paysage qui place le palais dans un écrin, entre végétation luxuriante et eaux bleu profond du loch éponyme. La balade dans le jardin est aussi très appréciable.

Infos futées : Il existe des guides et quiz en français pour tout savoir du site et le parcourir en s'amusant, entre adultes comme en famille. Et si vous êtes dans les parages fin juin, assistez aux fêtes annuelles, le Spectacular Jousting at Linlithgow Palace ! (Réservations possibles et recommandées en ligne.)

BO'MAINS FARMHOUSE €

Bo'mains Farm

✆ +44 150 6822 188

www.bomains.co.uk

Chambre double à partir de £80. Petit déjeuner inclus. Parking et Wi-fi.

Ce petit *bed & breakfast* douillet et plein de cachet se trouve à quelques minutes au nord de Linlithgow, au sein d'une ferme en activité. On y jouit du charme de la campagne, à deux pas du village et guère très loin d'Édimbourg et de Glasgow (à mi-chemin). Toutes les commodités sont là et les chambres sont décorées de manière rustique et avec goût. Certaines ont leur salle de bains sur le palier et sont donc les moins chères. Il y a une rivière pour la pêche et un golf juste au bout de la route. L'après-midi, prenez le temps d'un thé et d'une pâtisserie...

GLENAVON HOUSE €€

Linlithgow Bridge

✆ +44 150 684 8115

www.glenavonhouse.com

Chambres à partir de £175, petit déjeuner inclus. Ouvert de février à novembre.

Glenavon House est une très belle demeure seigneuriale écossaise de style Victorien construite en 1886. Elle se situe juste en face de la rivière : les amateurs de pêche ne pouvaient rêver meilleur emplacement. L'intérieur est vraiment splendide avec de très jolis meubles et une décoration très en adéquation avec la maison. Les chambres sont lumineuses et donnent sur un superbe jardin. Vous avez la possibilité de louer un appartement avec deux chambres et une cuisine, ce qui en fera le logement idéal pour une petite famille.

THE FOUR MARYS €

65-67 High Street

✆ +44 150 684 2171

www.fourmarys-linlithgow.co.uk

Service tous les jours de 12h à 21h, bar jusqu'à 23h.

À deux pas du palais des Stuart, ce sympathique pub de la franchise Belhaven a pignon sur rue dans le centre de Linlithgow. Il est presque aussi ancien que son voisin, puisqu'il fut bâti autour 1500. Il a pu conserver beaucoup de ses caractéristiques d'antan, tout en instaurant une touche résolument cosy. On y sert une nourriture classique et sans chichi à petit prix, en intérieur ou dans le beer garden. La sélection de 8 *cask ales* est aussi très bonne, et celle de 70 whiskies, 45 gins et 18 rhums particulièrement appréciable.

SOUTH QUEENSFERRY ★★

Sur les rives du Firth of Forth, Queensferry tient son nom de la reine Margaret qui a instauré une liaison fluviale entre les deux rives de l'estuaire. Celle-ci perdura jusqu'en 1964, quand le pont routier fut inauguré et ouvert aux automobiles. Ce fut le second à relier le Lothian au Kingdom of Fife, après le célèbre Forth Bridge, colosse rouge pimpant, réservé au trafic ferroviaire. Achevé après 8 ans de travaux en 1890, il a nécessité 55 000 tonnes d'acier et est classé par l'Unesco. En 2017, un troisième édifice, le Queensferry Crossing, fut achevé et enjambe les eaux de ses 2 700 m. C'est aussi pour ses belles demeures que la ville est célèbre.

DALMENY HOUSE

Dalmeny Estate

✆ +44 131 331 1888

roseberyestates.co.uk

En rénovation, vérifier la date d'ouverture.

Dalmeny House fut bâtie en 1817 dans un style gothique et appartient à la famille Primrose de Rosebery. Elle abrite de très beaux intérieurs décorés de portraits et de porcelaines, ainsi qu'une intéressante collection d'objets napoléoniens, l'une des plus grandes du genre en Grande-Bretagne. Le tout a pour jolie toile de fond un vaste parc et le Firth of Forth. L'entrée dans la demeure se fait uniquement par petites groupes, en visite guidée (en anglais). En haute saison et pour être assuré de voir l'intérieur de la maison, pensez à réserver.

QUEENSFERRY MUSEUM

53 High Street

✆ +44 131 331 5545

www.edinburghmuseums.org.uk

Ouvert 7j/7, de 10h à 17h. Entrée gratuite.

Ce petit musée de village est installé au bord du Firth of Forth, dans l'ombre du très célèbre Forth Bridge. Il relate l'histoire de Queensferry et de sa population, à travers ses ponts et sa situation stratégique entre le Lothian et le Kingdom of Fife. Il intéressera les amateurs d'histoire locale et sociale, de traditions folkloriques, mais aussi d'ingénierie civile (histoire du pont, le chantier...). À ses expositions permanentes s'ajoutent des expositions temporaires, régulièrement renouvelées. À noter : le site offre une vue imprenable sur l'estuaire.

HOPETOUN HOUSE ★★

Queensferry
✆ +44 131 331 2451
www.hopetoun.co.uk
Réouverture le 7 avril 2023.
Tarifs et horaires à vérifier sur le site.

Ce magnifique monument, bâti de 1699 à 1701 par Sir William Bruce, a été depuis agrandi de façon conséquente par un architecte, William Adam. Robert et John, ses fils, architectes eux aussi, se sont occupés du luxueux agencement intérieur. Hopetoun House n'a depuis pas changé, qu'il s'agisse de son grand raffinement ou de ses attributs géorgiens.

Les *drawing rooms* et la vue du toit sont immanquables, tout comme l'impressionnant escalier et ses peintures en trompe-l'œil. Le parc et les jardins à l'anglaise sont eux aussi magnifiques et les cervidés y gambadent joyeusement. La famille du marquis de Linlithgow vit toujours ici, mais c'est une association qui se charge de préserver le patrimoine des lieux. De nombreuses œuvres d'art et somptueuses décorations sont à découvrir et c'est aussi l'occasion de prendre un thé dans la féerique *tea room* ou d'acheter quelques bons produits issus de sa ferme du domaine. **Avis aux familles** : Les enfants adoreront le lieu, puisque plusieurs espaces et activités leur sont dédiés. Ils arpenteront un chemin spécialement pensé pour leur faciliter la visite de la maison, s'habilleront comme autrefois dans le Butler's panty, s'adonneront à une chasse aux insectes, tenteront une chasse au trésor (géocaching) ou une course d'orientation (supplément de £2), ou encore s'amuseront dans les jeux du parc.

Infos pratiques : Lors de votre visite, selon vos envies ou votre budget, vous pourrez choisir de visiter les jardins seuls (moitié prix) ou jardins + demeure. Le parking est gratuit.

INCHCOLM ABBEY ✝ ★

Inchcolm Island
✆ +44 138 382 3332
7j/7, avril-septembre : 9h30- 17h30 et octobre-mars : 10h-16h. Ferry en supplément.

Surnommée l'Iona de l'est, cette abbaye est située sur une île du Firth of Forth. Inchcolm Abbey fut fondée comme prieuré en 1215 par David Ier, mais Alexandre Ier avant lui rêvait déjà d'y bâtir un lieu de culte après s'y être réfugié lors d'une tempête. Étonnamment bien conservée, elle est l'un des édifices monastiques les mieux préservés d'Écosse. On y trouve, entre autres objets remarquables, une pierre tombale à bosse datée du Xe siècle, mais aussi une fresque superbe d'un cortège funèbre et une salle capitulaire octogonale (années 1200) ou encore de remarquables écrans de pierre. Le cloître est le plus complet d'Écosse, d'où une ambiance émouvante et propice au recueillement. Du XIVe au XVIe siècles, les raids anglais y sont nombreux pendant les différentes guerres anglo-écossaises. En 1560, la Réforme met un terme à son activité religieuse mais le site reste occupé, notamment militairement. L'île est aussi réputée pour sa faune, ses phoques et des défenses de la Première et Seconde Guerres mondiales.

L'une des plus belles vues est sans doute celle que l'on a depuis l'eau, quand le bateau accoste.

Infos pratiques : Inchcolm Abbey se visite en ferry au départ de South Queensferry. Deux compagnies la desservent et proposent des croisières, avec ou sans escale sur l'île : Forth Boat Tours et Maid of the Forth. Comptez une excursion de 3h pour environ £15 par adulte, auxquels s'ajoutent le tarif de la visite du site. Des visites guidées sont disponibles, ainsi qu'un quiz pour la rendre plus ludique.

Inchcolm Abbey.

MUSSELBURGH

Aux portes est d'Édimbourg, Musselburgh est la plus grande ville de l'East Lothian. Elle tient son nom de sa culture des fruits de mer. Les Romains furent les premiers à s'y installer pour des raisons militaires. Avec le temps, elle a été rattrapée par la banlieue de la capitale et l'on y trouve même l'une de ses universités : la Queen Margaret University. On s'y rend principalement pour les terrains de golf et le Musselburgh Racecourse. Musselburgh est à cinq minutes de train depuis Édimbourg, mais il faudra marcher un peu, car la gare n'est pas dans le centre. On peut également s'y rendre en bus sur les services 30 et 45 de Lothian Buses.

MUSSELBURGH MUSEUM

65 High Street
✆ +44 131 665 6642
www.musselburghmuseum.org.uk
Ouvert du jeudi au samedi de 10h30 à 16h, fermé de décembre à mars. Entrée gratuite.

Le Musselburgh Museum change ses expositions tous les ans ou tous les deux ans, sur des thématiques liées à la ville ou au Lothian. Son emplacement et ses accès aux ressources naturelles ont contribué à faire de la ville une cité d'émulation et de dynamisme, prenant ainsi une part active à l'histoire de l'Écosse. Dans le passé, le musée a traité de la guerre, de l'Empire romain, de l'industrie de la pêche ou de l'éducation. Attention, il peut parfois fermer ses portes le temps des installations. La programmation est consultable en ligne.

NEWHAILES HOUSE & GARDENS

Newhailes Road
✆ +44 131 653 5599
Ouvert 7j/7 d'avril à octobre, 10h-16h. Tours de la demeure à partir de 12h. £12/adulte, £6/enfant.

Newhailes est une agréable villa du XVIIe siècle sur un vaste parc arboré. Si sa devanture peut paraître un peu austère, elle a été finement décorée, notamment grâce à la famille Dalrymple qui était influente dans le mouvement des Lumières. Les éléments décoratifs sont originaux, à l'image des papiers peints chinois. La visite guidée dure 75 min. Il existe une version de 45 min à prix réduit (réservations possibles). Le Parc Weehailes est amusant pour les enfants.

GULLANE

La ville est surtout connue pour ses trois terrains de golf dont celui de Muirfield, quartier général du Hon, the Honourable Company of Edinburgh Golfers. Si le golf est votre objectif en venant dans les parages, ne laissez rien au hasard et réservez pour être certain de pouvoir jouer. L'itinéraire de la côte vous fera passer par une succession de plages, golfs, petits ports de pêche ou de plaisance et de magnifique paysages. Les plages sont très appréciées des véliplanchistes. Juste avant Édimbourg se trouve le village de Prestonpans, site d'une importante bataille entre les Jacobites et les Anglais qui eut lieu en 1745, pendant le second soulèvement.

GREYWALLS HOTEL & CHEZ ROUX €€€

Muirfield
✆ +44 1620 842144
www.greywalls.co.uk
Chambre double dès £312. Hôtel, restaurant, bar, salon de thé, spa, golf.

Parfaitement situé en bordure du parcours de golf de Muirfield, cet hôtel a la réputation – méritée ! – d'être un paradis pour golfeurs. L'établissement, conçu par l'architecte édouardien Sir Edwin Lutyens, est sorti de terre en 1901 et a conservé, au fil du siècle amplement écoulé, tout son charme et son authenticité. Vous apprécierez le restaurant de gastronomie française, le spa, le jardin clos, le terrain privé de croquet et la tranquillité hédoniste du lieu.

THE HONOURABLE COMPANY OF EDINBURGH GOLFERS

Duncur Road
✆ +44 162 084 2123
www.muirfield.org.uk
Ouvert aux visiteurs le mardi et jeudi, hors férié, sur réservation. Green fees dès £270.

Offrez-vous un swing légendaire dans ce club de golf, l'un des plus anciens d'Écosse. Il a été créé en 1744 à Leith avant de se déplacer à Muirfield en 1891.Il accueille désormais des championnats amateurs et professionnels, nationaux et internationaux, de renom. Muirfield est un défi légendaire pour les grands golfeurs du monde, et certainement pour vous aussi, si vous êtes amateur de ce sport. Le clubhouse, de style élisabéthain, est traditionnel et authentique. À découvrir...

NORTH BERWICK ★★

North Berwick est la cité côtière la plus charmante du Lothian. Son superbe emplacement face à la mer est rendu exceptionnel par Bass Rock, une île en forme de cloche qui abrite une gigantesque colonie de fous de Bassan. Le port fut fondé au XIIe siècle et le préfixe *North* ajouté pour différencier la ville de sa voisine du sud, Berwick-upon-Tweed. C'est un point de chute parfait pour explorer la région, avec ses châteaux et ses musées de qualité. Les plus courageux pourront profiter de sa belle plage pour se baigner et une section est aménagée en bassin protégé pour les enfants. Depuis Édimbourg, comptez 35 minutes en train pour gagner North Berwick.

DIRLETON CASTLE

Dirleton Ave
✆ +44 162 085 0330
www.historicenvironment.scot
7j/7, 9h30-17h30 d'avril à fin septembre et 10h-16h les autres mois. Adultes £7,50, réduits £6, enfants £4,50.

Érigé au XIIe siècle, le château-fort de Dirleton fut la résidence de trois familles nobles pendant 400 ans : les de Vauxes, les Haliburtons et les Ruthvens. Ces derniers fomentèrent ici plusieurs complots contre Mary Stuart et James VI. C'est pendant les guerres d'indépendance qu'il entra le plus au cœur de l'histoire écossaise. Il est en grande partie ravagé pendant la guerre civile de Cromwell, avant que le terrain ne soit racheté dans les années 1660 pour construire un manoir. De beaux jardins victoriens et Arts & Crafts y sont également aménagés.

NATIONAL MUSEUM OF FLIGHT ★★

East Fortune Airfield
✆ +44 300 123 6789
www.nms.ac.uk
Ouvert 7j/7 avril-octobre, 10h-17h ; le week-end 10h à 16h novembre-mars. £12,50/adulte, £7,50/enfant, £10,50/réduit.

C'est le musée national de l'aviation en Écosse. Il prend place sur l'ancienne base de la Royal Air Force de East Fortune. L'emplacement n'est pas anodin, car cette dernière fut en service pour les deux guerres mondiales et est l'une des mieux préservées de tout le Royaume-Uni. L'histoire de la conquête du ciel y est racontée en présence de ses principaux témoins que sont des avions de tous genres et toutes époques. Plusieurs hangars se concentrent sur différents aspects de l'industrie avec, entre autres, les célèbres Spitfire, Météor, Tornado et Jaguar pour le volet militaire ; et le Twin Pioneer, le Jetstream 31 ou le Boeing 707 pour le volet civil. Toute une partie est également réservée au fameux Concorde, l'avion malheureux de l'Europe. Le musée explique aussi les mécanismes de vol, les techniques de construction, l'invention des parachutes, et tant d'autres. Vous pourrez aussi la jouer jet-setteur en découvrant les avions dans lesquels volaient les vedettes quand les vols commerciaux ont vu le jour. Les enfants (comme les grands !) apprécieront l'aspect très concret du musée, mais aussi ses bornes interactives, qui invitent à mieux comprendre comment volent les avions, les compétences des pilotes, l'art d'un atterrissage réussi... Vous pourrez même apprendre à construire un avion dans votre maison ! C'est une bonne occasion de visiter quelque chose qui diffère un peu du patrimoine de la région et permet de mettre les pieds dans un vrai cockpit.

Fous de Bassan sur l'île de Bass Rock.

Tantallon Castle.

SCOTTISH SEABIRD CENTRE ★

The Harbour
✆ +44 162 089 0202
www.seabird.org
7j/7, 10h-18h juillet-août, 16h ou 17h février, mars, septembre et octobre. £11,95, réduit £9,95, enfant £7,95.

Très couru des enfants, des familles et des amateurs d'ornithologie en général, le Seabird Centre fait office de référence en Grande-Bretagne pour son approche réaliste du monde des oiseaux de mer. Plusieurs webcams permettent de voir en direct des colonies dans leur vie de tous les jours sur les îles voisines, notamment Bass Rock, unique en son genre et peuplé de quelque 100 000 Fous de Bassan. Le staff très serviable et les nombreux jeux pour enfants rendent les choses assez clairs et ludiques. Les plus passionnés pourront s'offrir une virée en mer.

TANTALLON CASTLE

Tantallon Castle
✆ +44 162 089 2727
www.historicenvironment.scot
7j/7, 9h30-17h d'avril à septembre et 10h-16h d'octobre à mars. Adultes : £7,50, réduits : £6, enfants : £4,50.

Cette puissante forteresse fut dressée face à la mer au XIVe siècle par la dynastie Douglas, qui ne manqua pas à maintes reprises de s'opposer à la couronne. James IV et V l'ont tous les deux assiégée et endommagée, tout comme Oliver Cromwell lors de son invasion du pays. Elle a ensuite été abandonnée aux oiseaux et aux fleurs sauvages. Aujourd'hui, ses belles ruines aux pierres rouges s'arpentent en haut des falaises pour de splendides vues sur Bass Rock et un petit saut dans le passé sulfureux du site. Il est aussi un lieu de tournage connu des cinéphiles.

THE GLEBE HOUSE €€

Law Road
✆ +44 162 089 2608
www.glebehouse-nb.co.uk
Chambre double à partir de £200. Petit déjeuner inclus. Parking et Wi-fi.

Gwen et Jake vivent ici depuis plus de 35 ans et ils ont bien de la chance. Cette épatante maison géorgienne est un *bed & breakfast* haut de gamme au décor exceptionnel. Les trois chambres, doubles ou *twin*, sont magnifiques est l'une d'elles a même un lit à baldaquin. Toutes ont bien entendu leur salle d'eau privative et les trois pièces communes sont un régal pour se détendre au milieu des antiquités et porcelaines au coin du feu. Le petit déjeuner est cuisiné par Gwen, qui se fait d'ailleurs un plaisir de répondre aux régimes spéciaux.

JP'S DELI & CAFE €

96 High Street
✆ +44 162 089 0245
jpsdeli.co.uk
Ouvert 7j/7, de 10h à 16h. Mini quiche à partir de £3,50.

Ce délicieux *deli* met dans l'assiette les meilleurs produits écossais pour prendre un déjeuner ou un en-cas à petit prix. Sur place comme à emporter, la cuisine y est excellente et les amateurs d'épicerie fine s'attarderont sur les thés, cafés et pains. Le service se fait avec un grand sourire dans un bel espace lumineux chargé d'ustensiles de cuisine et de tableaux d'artistes locaux. Soupe du jour, divers sandwiches, petite sélection de plats (avec de très bons saumons fumés), rolls : vous trouverez de quoi vous sustenter. Le café est lui aussi très bon.

DUCK'S INN €€

Main Street

✆ +44 1875 870 682

www.ducks.co.uk

7j/7, horaires différents selon les jours. Plat à partir de £14,50. Chambre double à partir de £145.

Le propriétaire de l'établissement a souhaité marier le meilleur de l'Écosse à la cuisine traditionnelle française. Pour notre plus grand régal bien sûr ! Une réussite. Il faut dire qu'il a travaillé dans des établissements étoilés Michelin et collaboré notamment avec le médiatique Gordon Ramsay. Le midi, la carte fait la part belle à l'esprit pub, mais le soir, le menu enchaîne 5 plats, façon gastronomie. Vous pourrez même prolonger l'expérience gustative avec un accord mets-vin, une dégustation de whisky ou encore aller vers des cigares.

THE GRANGE €€

35 High Street

✆ +44 162 089 3344

www.grangenorthberwick.co.uk

Fermé le dimanche et le lundi. Ouvert de 16h à 23h (12h-15h et 16h-23h le samedi). Plat à partir de £15.

Voici un restaurant spécialisé dans la viande qui fait tourner l'économie locale en achetant son bœuf dans les fermes du Lothian ou des Borders et ses homards et maquereaux sur les étalages de North Berwick. La carte propose une quinzaine de burgers différents, des steaks, quelques poulets ou poissons, ainsi qu'un plat de pâtes pour les végétariens. Plusieurs offres sont alléchantes, du point de vue du prix comme de la recette : wings & frites à volonté, menu hot-dog & bière... Pour le déjeuner comme le dîner, l'ambiance est détendue et le staff à l'écoute.

THE SHIP INN €€

7-9 Quality Street

✆ +44 162 089 0676

www.theshipinnnorthberwick.com

Ouvert tous les jours de 12h à 00h, 1h du jeudi au samedi. Service jusqu'à 20h. Plats à partir de £10,95.

Ce pub à la touche maritime assumée et aux banquettes cramoisies est un véritable *local* populaire. Aux murs, les cadres et les tableaux mettent en scène des navires d'une autre époque et des poissons de toute sorte. Il y a une terrasse et un *beer garden* pour les beaux jours et des groupes jouent régulièrement les soirs de week-end. La sélection de bières est bien fournie et beaucoup viennent aussi pour y manger. Vous aurez le choix entre des pizzas, des burgers et les classiques des pubs, dont le fish & chips ou le Mac 'N' Cheese.

ROSLIN

Outre *Da Vinci Code*, Roslin est aussi connu pour une autre particularité : c'est dans l'institut de la ville qu'est née Dolly, la première brebis clonée, en 1997. Elle est enfin une destination verte, avec Roslin glen, vallée où il fait bon se promener et exercer des activités de plein air. Vous pourrez observer une nature verdoyante, et les ornithologues avertis chercheront pics verts et bruants jaunes.

Balade

- À proximité : Pentland Hills Regional Park. Pour faire des marches agréables en montagne, vous pouvez faire halte aux Pentlands Hills (610 m). Prendre l'A72 ou le bus 100 à Édimbourg et commencer la randonnée au village de Flotterstone. www.pentlandhills.org

ROSSLYN CHAPEL ✝

Rosslyn chapel

✆ +44 131440 2159

www.rosslynchapel.com

7j/7, visites guidées à partir de 9h et 12h le dimanche. Adulte : £9,50, enfant : £7,50.

Rosslyn Chapel est à faire pour les amoureux d'histoire de l'art, d'ésotérisme, de symbolisme, pour les férus de religion et pour les fans du *Da Vinci Code*. Elle vous surprendra par la multiplicité de ses histoires : celle de l'homme vert notamment. On y apprend que le visage de l'homme vert n'est autre que celui d'Adam nous rappelant que nous avons en nous les graines du bien et du mal, et que nous détenons la liberté de les cultiver. Vous comprendrez très vite pourquoi la chapelle est décrite comme « un poème de pierres, érigé par les étoiles » (Thomas Ross) et que la reine Victoria a déclaré qu'elle était un joyau à préserver absolument. Vous découvrirez aussi que le lieu n'a pas inspiré que Dan Brown, mais qu'avant lui, les grands poètes écossais l'avaient louée : Sir Walter Scott dans *The Lay of the Last Ministrel*, mais aussi Robert Burns. Vous rencontrerez le chat de la chapelle qui a lui aussi son histoire... qui plaira aux enfants ! D'ailleurs, ils ont, eux aussi, leur parcours de la chapelle avec un quiz et des bornes interactives dédiées.

La chapelle propose toujours des services religieux : le dimanche à 10h30 et, entre avril et octobre, des messes à 17h15, ainsi que de courtes prières à midi les lundis, mercredis et vendredis.

- **Avertissement** : Préparez-vous à affronter la foule, car c'est un lieu hautement touristique et fréquenté. L'organisation et le site sont toutefois à la hauteur du nombre de visiteurs : *visitor centre* multilingue et interactif, visites commentées, café et boutique, grand parking gratuit.

DUNBAR ★★

Dernière ville littorale du Lothian avant les Borders, Dunbar était une place défensive importante au Moyen Âge, comme en témoignent les restes de son château, surplombant le port. Elle fut incendiée deux fois au XVIe siècle par les Anglais, puis occupée par les troupes cromwelliennes au XVIIe siècle. Dans le monde, elle est avant tout connue pour être le lieu de naissance du naturaliste John Muir, le père des parcs nationaux américains, dont l'héritage est très prégnant dans la région. Sur 215 km entre Dunbar et Helensburgh, le John Muir Way traverse les Lowlands d'est en ouest, à la rencontre du patrimoine et des paysages écossais (johnmuirway.org).

Port et château de Dunbar.

BELHAVEN BREWERY

Brewery Lane
✆ +44 136 886 9200
www.belhaven.co.uk

Visites du lundi au vendredi. 10h-17h. Adultes : £15. Enfant -14 ans non acceptés. Sur réservation.

Belhaven est l'une des principales marques de bière implantées en Écosse et vous l'avez forcément déjà croisée au comptoir d'un pub dans le pays. Elle brasserait à Dunbar depuis 1719, où se trouvent encore ses locaux. Sa forte activité restreint les visites à des groupes de 12 et il est nécessaire de réserver sur leur site internet ou par téléphone. Les amateurs en prendront tout de même la peine, car le tour ne dure pas moins de 2 heures et plonge au cœur de l'histoire du site et de son processus de fabrication. Une dégustation est bien sûr organisée à la fin !

JOHN MUIR'S BIRTHPLACE ★

126 High Street
✆ +44 136 886 5899
www.jmbt.org.uk

7j/7, 10h-17h, 13h-17h le dimanche d'avril à septembre. Fermé lundi et mardi d'octobre à mars. Entrée gratuite.

Si John Muir n'est pas très connu en France, c'est une grande star en Écosse, mais surtout aux États-Unis, où il émigra en 1849 avec ses parents et où il devint grand défenseur des parcs nationaux. C'est en partie à lui que l'on doit les parcs nationaux californiens Yosemite National Park ou Sequoia National Park. Dans cette maison où il vit le jour, on découvre sa vie, ses voyages et le vaste héritage qu'il nous a légué. Certains extraits de ses journaux permettent de marcher dans ses pas et partager son amour pour la nature et le monde sauvage.

THE ROCKS €€

13 Marine Road
✆ +44 136 886 2287
therocksdunbar.co.uk

Chambre double : dès £120. Petit déjeuner inclus. Parking et Wi-fi. Restaurant ouvert midi et soir.

Dans la plus pure lignée des *inns* britanniques, la famille Findlay tient ici un établissement qui fait à la fois office de charmant hôtel et de très bon restaurant. Les chambres ont toutes de jolies vues sur le large, les ruines du château ou le terrain de golf à proximit, et ont chacune leur salle de douche. Côté restauration, la carte est celle d'une cuisine traditionnelle travaillée avec soin. Chacun y trouvera son compte, les « early birds », les familles avec un plat traditionnel du dimanche ; et les dames, le premier mercredi du mois, lors des Ladies nights…

VOLUNTEER ARMS

17 Victoria Street
✆ +44 136 886 2278
www.volunteerarmsdunbar.co.uk

Ouvert 7j/7, 12h-23h, 00h le jeudi, 1h vendredi-samedi. Service jusqu'à 21h. Plats à partir de £9,95.

Ce sympathique petit pub de village à la devanture rouge a adopté la thématique de la pêche et du sauvetage en mer. On s'y rend aussi bien pour une *real ale* que pour une bonne nourriture classique à l'excellent rapport qualité-prix. Il est très populaire chez les locaux, comme les touristes, à deux pas du port. Sa réputation de pub convivial n'est en effet plus à faire : personnel sympathique, bons plats avec produits locaux, menu pour les enfants, terrasse pour profiter du beau soleil écossais (plus fréquent qu'on ne le croit !).

EYEMOUTH ★

Battue par les flots, Eyemouth est à cheval entre l'Écosse, le large et l'Angleterre. Son héritage maritime est très présent, aussi bien dans les activités que les mentalités. Le 14 octobre 1881, une catastrophe terrible s'abat sur la communauté, alors qu'une gigantesque tempête entraîne la mort de 189 pêcheurs. Vers le nord, on découvre une côte sauvage superbe autour de St Abbs. La Coldingham Bay est un spot de surfeurs très fréquenté aux beaux jours. Depuis Édimbourg, Eyemouth est accessible par le bus Border Buses 253 (1h50) ou en train par Berwick-upon-Tweed, avant de poursuivre sur l'une des lignes qui relient les deux villes (1h15).

GUNSGREEN HOUSE

Gunsgreen Quay ✆ +44 189 075 2062
gunsgreenhouse.org

7j/7, avril-novembre, 11h-17h (dernière admission : 16h). Adultes : £6,80, réduits : £5,80, enfants : £4,20.

Cette belle maison du port fut l'œuvre de l'architecte John Adam en 1753, commandée par le marchand et contrebandier John Nisbet. Aujourd'hui, sa visite retrace les activités illégales de Eyemouth, qui était un point de chute important en mer du Nord pour le marché noir. Gunsgreen House a été restaurée dans son cadre de l'époque et offre aux visiteurs de jolis intérieurs, ainsi que ses caves où l'on cachait les marchandises incriminées. Découvrez comment son architecture dissimule des cachettes secrètes ! Les enfants vont adorer s'habiller en contrebandiers...

THE HOME ARMS €€

High Street
✆ +44 189 075 1316
www.thehomearms.com

Chambre double dès £85. Petit déjeuner inclus. Parking public gratuit. Wi-fi.

Juste en face de la mer du Nord et à 400 mètres du port, le Home Arms possède dix chambres, basiques, mais agréables et à très bon prix. Elles ont toutes une douche, sauf les familiales, qui ont une baignoire, et sont équipées avec le confort moderne. Le bâtiment est historique et la vocation hôtelière de l'établissement est ancrée dans le temps, puisqu'il fonctionne comme hôtel et maison d'hôtes depuis la fin des années 1880. Certaines vues sur le large sont très appréciables et les propriétaires seront heureux de vous aider dans vos visites.

ST ABB'S HEAD NATIONAL NATURE RESERVE ★

Northfield ✆ +44 844 493 2256
www.nts.org.uk

Accès libre et gratuit. Centre d'informations ouvert 7j/7 d'avril à octobre, 10h-17h. Parking : £2.

Formées par une série d'éruptions volcaniques il y a 400 millions d'années, les falaises de St Abb's sont les plus romantiques de la région. La réserve naturelle gérée par la National Trust y a consacré 78 hectares de nature préservés, où l'on peut arpenter les sentiers côtiers à la rencontre de nombreux oiseaux. En tout, 30 000 guillemots nichent dans leurs roches, avec, entre autres, des petits-pingouins, des cormorans et des fulmars. Les vues sont spectaculaires et les plus chanceux pourront peut-être apercevoir un dauphin ou une baleine. Le centre d'informations à l'accueil apprend beaucoup sur la faune et la flore des lieux, où l'on voit aussi de nombreuses fleurs et papillons. Vous y trouverez aussi un petit café. Nous vous recommandons le détour par le minuscule port de St Abb's en chemin, pour son décor de carte postale.

- **Marcher** : Plusieurs sentiers de découverte, de 30 minutes à 1h15 sont facilement accessibles et praticables, pour profiter pleinement des lieux.
- **Plonger** : Le lieu est un spot de plongée bien connu en Écosse et au-delà, pour la richesse de sa vie sous-marine. Il est considéré comme l'un des meilleurs pour la plongée à moins de 30 m au Royaume-Uni et en Europe. Plusieurs entreprises le proposent sur place, avec des plongées de tout niveau : Dive St Abbs ou St Abbs Diving, par exemple.
- **Naviguer** : Découvrez les falaises depuis l'eau, en bateau. Ce sont majoritairement les mêmes compagnies que celles proposant de la plongée.

© EGOR BALASOV - SHUTTERSTOCK.COM

OBLÒ BAR & BISTRO €€

20 Harbour Road
✆ +44 189 075 2527
www.oblobar.com
Ouvert 7j/7, de 10h à 00h (1h vendredi et samedi). Service de 12h à 21h. Plats à partir de £12,95

Ce restaurant-bar proche du port propose logiquement de nombreuses saveurs de la mer – dont un plateau de fruits de mer à partager à deux –, mais aussi des burgers, risottos, viandes et même pizzas. Ses recettes s'inspirent des gastronomies écossaises et italiennes et le choix est plutôt varié. À l'image du mélange des cultures, tentez la pizza Mama Oblò, avec du haggis et du boudin, ou encore les boulettes de porc et haggis au parmesan. Vous y mangerez à toute heure, du petit déjeuner au dîner. Une partie épicerie fine stocke aussi des produits à la vente.

DIVE ST ABBS

Rock House
✆ +44 7710 961050
http://divestabbs.com
Ouvert 7j/7. Plongées et excursions de pêche sur réservation.

La famille de Paul, le fondateur de Dive St Abbs, est dans la pêche depuis de nombreuses générations. Paul a d'ailleurs été pêcheur pendant 10 ans. Il a ainsi acquis l'expérience de la mer et s'est passionné pour la plongée, jusqu'à se lancer dans un autre métier : celui de faire découvrir les beautés de St Abbs et Eyemouth aux plongeurs et touristes. Son excellente connaissance de l'environnement naturel et de l'histoire des lieux en font un très bon guide. Il propose plusieurs excursions de plongée et des sorties pêche en mer.

ST ABBS DIVING

Priory View
✆ +44 18907 71525
www.stabbsdiving.com
Ouvert 7j/7, 7h-21h. Sur réservation.

Paul, votre skipper ; vous emmène en croisière ou en plongée à la découverte des trésors de St Abbs. Plusieurs excursions sont disponibles, selon que vous soyez fou de nature ou d'épaves, ou des deux ! Découvrez de splendides paysages sous-marins de coraux, d'anémones... Allez à la rencontre des congres, étoiles de mer. Partez à la recherche d'un trésor espagnol jamais retrouvé à Fast Castle ou tentez le passage dans le Ty Tunnel. Et si vous ne voulez pas vous mouiller, pensez aux croisières panoramiques : 2h pour découvrir, des flots, grottes et falaises.

DUNS

Le petit bourg de Duns est très typique d'un village des Scottish Borders. On y vient surtout pour Manderston House, son palace édouardien, même s'il possède aussi un château qui n'est pas ouvert au public et son champs de bataille. Ses plus vieilles pierres remontent à 1320 et il a été entièrement rénové dans un style gothique au début du XIXe siècle. On aime aussi observer la superbe Marchmont House, ouverte quelques jours dans l'année au public (à guetter sur le site web) et privatisable pour des mariages et séminaires. On pourra aussi gravir la colline de Duns Law (213 m) pour une vue imprenable sur la mer et les riches terres de la région.

MANDERSTON HOUSE

Manderston
✆ +44 136 188 3450
www.manderston.co.uk
Ouvert jeudis et dimanches de mai à septembre.

Érigée en 1905 pour le baron de Palmer, Manderston House est un somptueux exemple du style édouardien. Quand John Kinross, l'architecte, a demandé quel était son budget, il s'est vu répondre que cela n'avait aucune importance... Le résultat est là pour en témoigner : cette luxueuse résidence est tout aussi cossue que ses jardins sont charmants. Ne manquez pas la salle de bal, les sols en marbre, l'aménagement très en avance des cuisines, et l'unique escalier en argent du monde. Les jardins à la française (56 ha) aussi sont superbes et méritent que l'on s'y balade.

ALLANTON INN €€

Main Street
✆ +44 1890 818260
www.allantoninn.co.uk
Ouvert 7j/7. Hôtel, restaurant et pub.
Dès £133 la nuit en chambre double.

The Allanton Inn jouit d'une belle réputation. Accueil chaleureux, ambiance conviviale, calme, confort : cette auberge au charme indéniable, édifiée au XVIIIe siècle, a su séduire les voyageurs. L'établissement familial est tenu par Katrina et William depuis 2010, qui mettent tout en œuvre pour offrir à leurs hôtes un séjour agréable. Le pub propose une carte traditionnelle, avec de très beaux plateaux de fruits de mer (à réserver) qui raviront les amateurs. Réservez votre nuit sur le site de l'établissement et profitez de tarifs avantageux et d'offres spéciales.

KELSO ★★

Considéré par Walter Scott comme le plus beau village d'Écosse, Kelso doit sa naissance à son abbaye du XIIe siècle, qui fut très influente au Moyen Âge, avant d'être détruite par les troupes anglaises au XVIe siècle. La place centrale The Square en est le cœur et arbore de charmantes maisons géorgiennes. On vient ici pour la douceur de vivre et un grand patrimoine, incarné par Floors Castle, la Smailholm Tower ou les vestiges de Roxburgh castle et son golf. Pour se rendre à Kelso, on peut prendre le bus Borders Buses 52 depuis Edimbourg (2h), Perrymans 67 depuis Galashiels ou Melrose (50 min) et Peter Hogg 20 depuis Jedburgh (25 min).

Abbaye de Kelso.

KELSO ABBEY ✝

Bridge Street

✆ +44 131 668 8600

www.historicenvironment.scot

En rénovation, visite extérieure uniquement.
Entrée gratuite.

Sortie de terre en 1128, l'abbaye de Kelso fut l'une des plus fortunées du pays pendant le Moyen Âge. Son style roman était d'une grande qualité et elle possédait de nombreuses églises, écoles et fermes dans les Cheviot Hills. Malheureusement, les raids du roi anglais Henry VIII lui causèrent de nombreux dommages dans les années 1540, alors que l'union de son fils avec la jeune Mary Stuart avait été annulée. S'il ne reste désormais plus qu'une partie de sa superbe d'antan, on peut toujours profiter de son architecture unique et de son cloître.

FLOORS CASTLE ★★

Roxburghe Estates Office

✆ +44 157 322 3333

www.floorscastle.com

Ouvert 7j/7 de mai à septembre de 10h30 à 16h.
Adulte : £18.

Floors Castle est un fleuron du patrimoine écossais et est aussi actuellement le plus grand château encore habité. Construit en 1721 par William Adam pour le duc de Roxburghe, il a été embelli par William Playfair au XVIIIe siècle. Le moins que l'on puisse dire, c'est que les deux architectes de renom ont fait un travail admirable. Tout, ici, est une ode à la grandeur et au bon goût. Depuis plus de 40 ans, les visiteurs y admirent un riche mobilier français des XVIIe et XVIIIe siècles, des tapisseries belges du XVIIe siècle, mais aussi une tapisserie des Gobelins, des porcelaines raffinées et des pièces de Beaux-Arts en tous genres... Les amateurs de toiles de maîtres aimeront croiser deux tableaux d'Henri Matisse, un d'Augustus John et un autre de Pierre Bonnard. Côté littérature, un original du poète Robert Burns est également conservé ici. En tout, il y a 154 salles, dont on visite les plus belles, et pas moins de 365 fenêtres : une pour chaque jour de l'année. Le jardin clos est lui aussi fort attrayant. En effet, il renferme l'un des plus beaux jardins potagers victoriens, et les espaces floraux sont régulièrement recomposés, offrant ainsi des toiles paysagères de maîtres, variant au gré des saisons et des inspirations topiaires. Vous serez aussi sans aucun doute séduit par le pavillon d'été, baptisé Queen's House, suite à la visite de la reine Victoria en 1867. Enfin, il vous faudra vous offrir un déjeuner ou un *afternoon tea* dans ce décor superbe ! Justement, deux sympathiques cafés sont là pour cela...

MELLERSTAIN HOUSE ★

Mellerstain ✆ +44 157 341 0225

www.mellerstain.com

Ouvert du vendredi au dimanche, d'avril à septembre. Visite guidée uniquement à 12h et 14h. Jardins : 11h-17h.

William Adam est à l'origine de ce témoin séduisant de l'architecture écossaise au XVIIIe siècle. Débutée en 1725, la construction de Mellerstain House fut conduite à terme par son fils, Robert Adams. Les intérieurs sont élégants et harmonieux, grâce à un décor géorgien très abouti et à plusieurs œuvres de grands peintres, comme Aikman, Gainsborough, Ramsay et Van Dyck. Les ravissants jardins paysagers permettent de profiter d'agréables panoramas sur le lac et les Cheviot Hills. Un parc de sculptures contemporaines offre une autre dimension à l'ensemble. Superbe !

SMAILHOLM TOWER ★

Sandyknowe Farm
✆ +44 157 346 0365
www.historicenvironment.scot
Ouvert 7j/7 d'avril à septembre de 9h30 à 17h30. Adulte : £7,50, réduit : 6 €, enfant : £4,50.

Sir Walter Scott vint ici régulièrement pendant son enfance et Smailholm Tower était alors sur le terrain de la ferme de son grand-père. Elle a d'ailleurs beaucoup inspiré l'artiste et apparaît dans son poème *Marmion*. Cette tour fortifiée du XVe siècle, perchée sur un rocher au-dessus d'un lac, est une image très évocatrice des Borders, dont elle est un symbole. Haute de 20 mètres et dotée de murs épais de 2,50 mètres, elle est répartie sur quatre étages. Depuis son imposant sommet, on peut voir jusqu'au château anglais de Bamburgh par temps dégagé.

BELLEVUE GUEST HOUSE €€

Bowmont Street
✆ +44 157 322 4588
www.bellevuehouse.co.uk
Chambre double à partir de £90, simple £70. déjeuner inclus. Wifi. Parking.

L'établissement est situé au calme d'une rue pavillonnaire proche du centre. Le petit déjeuner est aussi fameux que l'accueil dans cette coquette maison de ville victorienne. Les six chambres sont doubles, *twin* ou familiales et ont une touche rustique apportée par un mobilier et des peintures d'époque. Le confort est lui pourtant bien moderne, avec douche, TV, boissons chaudes et de nombreux conseils prodigués sur Kelso et sa région par des propriétaires attentionnés. Bon à savoir : des réductions sont possibles hors saison, dès 3 nuits.

CROSSHALL FARMHOUSE €€

Crosshall Farmhouse
✆ +44 189 084 0220
www.crosshallfarm.co.uk
Chambre double à partir de £75. Petit déjeuner inclus. Parking et Wi-fi.

Crosshall séduira tous ceux qui cherchent un véritable séjour à la campagne et un cadre tout à fait champêtre. Les trois chambres, doubles ou *twin*, sont cosy et ravissantes. Elles incluent toutes une salle de bains privative, parfois sur le palier, mais toujours très pratique. Il y a également une salle à manger et un salon avec cheminée pour discuter avec les autres convives. Jim et Judy sont des hôtes aux petits soins et élèvent essentiellement des moutons sur leur ferme. Ils servent un petit déjeuner cuisiné maison, qu'ils changent chaque jour.

SCHLOSS ROXBURGHE HOTEL €€€

Heiton ✆ +44 157 345 0331
roxburghe-hotel.net
Chambre double à partir de £270. Réductions en ligne. Petit déjeuner inclus. Parking et Wi-fi.

Le duc de Roxburghe en personne a veillé à la décoration des 22 chambres de cet établissement considéré comme l'un des plus charmants hôtels de luxe du Royaume-Uni. Un parc, une rivière, des chevaux, des collections de tableaux, un bar installé dans l'ancienne bibliothèque, une fabuleuse cave à vin, un restaurant et deux fantômes font le faste de cette demeure de campagne à l'écossaise. Bonnie Prince Charlie y aurait lui-même planté des roses blanches. Et pour les amateurs de golf, le *green* de l'établissement est l'un des plus réputés des Borders.

THE TOWNHOUSE €€€

2 Oven Wynd
✆ +44 771 115 7060
www.thetownhousekelso.co.uk
Chambre double dès £100. Petit déjeuner inclus. Parking (rue) gratuit. Wi-fi.

La jolie maison géorgienne de the Townhouse est cachée dans une petite allée discrète donnant sur la place principale de Kelso. On la reconnaît à sa porte grise, derrière laquelle se trouvent trois chambres vastes, chics et lumineuses. Chacune possède une grande salle d'eau privée dans la maison et le charme de l'ancien règne partout. Voilà un *bed & breakfast* d'une très grande qualité pour se faire plaisir. Attention : l'établissement n'accueille pas les jeunes enfants. Ce sera donc une adresse à privilégier pour une excursion romantique !

THE COBBLES €€

7 Bowmont Street
✆ +44 157 322 3548
www.thecobbleskelso.co.uk
Du jeudi au samedi : 12h-23h ; mercredi : 16h-23h ; Dimanche : 12h-19h. Plat à partir de £12.

Recommandé par tous les habitants, c'est le *local* de Kelso, souvent désigné comme le meilleur pub, mais aussi le meilleur restaurant du coin. Il a été déclaré *Scottish pub of the year* en 2013 par la CAMRA et pour cause, il produit lui-même cinq bières sur place et en propose huit d'autres brasseries. La nourriture est classique du pays, avec des burgers, des *fish & chips*, des salades, des steaks, des *pies* et des pâtes. Côté ambiance, la clientèle est du cru et la playlist ne déçoit pas. Et quant au lieu, c'est un ancien relais de poste !

JEDBURGH ★

La sympathique bourgade Jedburgh s'est implantée sur les rives de la Jed Water, aux confins des Borders. Toute proche de la frontière anglaise, c'est la première ville que l'on croise en Écosse si l'on voyage entre Newcastle et Édimbourg. On y trouve l'une des plus belles abbayes de la région. Sa prison est à voir par les chasseurs de fantômes : en effet, elle serait un observatoire connu d'ectoplasmes ! Un espace muséographique est aussi dédié à Mary Queen of Scots. On vient à Jedburgh en bus avec le service Borders Buses 51 depuis Édimbourg (2h15), Peter Hogg 20 depuis Kelso (25 minutes), ou Borders Buses 68 depuis Melrose et Galashiels (50 minutes).

JEDBURGH ABBEY ★

4-5 Abbey Bridge End
✆ +44 183 586 3925
www.historicenvironment.scot

Ouvert 7j/7. En rénovation, visite de l'extérieur uniquement.

Fondée en 1138 par David Ier, Jedburgh Abbey est l'une des quatre grandes abbayes construites dans les Borders au Moyen Âge. C'est aussi l'une des mieux préservées et son influence fut telle qu'elle a possédé jusqu'à vingt églises dans les environs. Sa situation à deux pas de la frontière ne lui a cependant pas portée chance et elle fut une cible de choix pendant les multiples conflits avec l'Angleterre, comme les guerres d'indépendance. On apprécie encore la qualité de son architecture romane et gothique malgré les dégâts du temps.

JEDBURGH CASTLE JAIL & MUSEUM ★

Castle Gate
✆ +44 183 586 4750
www.liveborders.org.uk

Ouvert de fin mars à octobre du lundi au samedi de 10h à 16h, le dimanche jusqu'à 15h. Entrée gratuite.

Ce magnifique édifice aux allures de forteresse a vu le jour comme prison en 1823, sur le site d'un ancien château détruit en 1409. Des prisonniers y ont vécu jusqu'à sa fermeture, en 1868. On y découvre la vie carcérale au XIXe siècle et l'histoire des condamnés qui durent la subir. Certains prétendaient d'ailleurs que c'était le pénitencier le plus confortable d'Écosse... En son centre, le petit musée historique raconte le passé de la ville, ses gens et ses traditions.

MARY QUEEN OF SCOTS' VISITOR CENTRE ★

Queen Street
✆ +44 183 586 3331
www.liveborders.org.uk

Ouvert 7j/7, 10h-15h. Entrée gratuite.

La reine malheureuse Mary Stuart a passé ici un mois en octobre 1566. Elle rendait visite à son conseiller, amant secret et futur époux, le comte de Bothwell, dans le Hermitage Castle. Cette belle maison en pierres du XVIe siècle retrace sa vie, aussi tragique que fascinante. On découvre par exemple l'un de ses cheveux, un masque mortuaire, et ses dernières pensées dans la *Last letter room*. Le tout est très informatif, sur fond de politique, de trahisons, de meurtres et de mensonges.

Jedburgh Abbey.

ALLERTON HOUSE €€

Oxnam Road
✆ +44 183 586 9633
www.allertonhouse.co.uk
Chambre double dès £121. Petit déjeuner inclus. Parking et Wi-fi.

Sur les hauteurs de la ville et de sa rivière, Allerton House est une très belle maison dans laquelle Chris et Carol Longden proposent six chambres. Elles offrent chacune un bel espace et des coloris clairs qui se marient à la perfection avec le mobilier en bois massif. Toutes ont soit une douche, soit une baignoire, et ont la particularité d'être dotées d'un petit réfrigérateur et d'un évier. Les vues sont appréciables et le *lounge* se prête parfaitement à la détente avec sa cheminée, ses journaux et ses alcools. Le jardin est aussi un plus par beau temps.

THE CAPON TREE TOWN HOUSE €€

61-63 High Street ✆ +44 183 586 9596
www.thecapontree.com
Restaurant ouvert du mercredi au samedi, de 16h à tard. Plats à partir de £13. Chambre double à partir de £92.

Cet excellent restaurant, élu *French Restaurant of The Year* en Écosse en 2018, à la décoration sombre et actuelle est assez chic mais abordable et décontracté. Les recettes sont globalement inventives et chaque détail compte, du service, à la présentation en passant par l'eau qui est aromatisée à la violette. À chaque assiette son expérience multisensorielle ! Les plats sont superbement préparés avec de très bons ingrédients. Le staff est très souriant et il y a aussi une partie bar.

THE CANON

8 Exchange Street
✆ +44 183 586 3243
Ouvert lundi, mercredi, jeudi, dimanche : 15h-00h, vendredi 15h-00h, samedi 15h-1h.

Aussi appelé Exchange Inn, the Canon est un petit pub animé qui attire les faveurs des amateurs de sport et de bières, avec deux *real ales* au minimum. Les murs de pierres et le plafond en bois foncé sont d'époque et la cheminée réchauffe en hiver. On peut y manger quelques snacks, hot-dogs et autres plats typiques de pub fraîchement cuisinés. L'accueil y est chaleureux et le staff toujours sympathique. Le wi-fi est gratuit. La décoration se base sur le rugby et l'histoire locale, les enfants ne sont pas acceptés, mais les chiens, si.

MELROSE ★★

L'adorable village de Melrose a vu le jour autour de son abbaye, qui fut la victime d'une histoire martiale mouvementée. Il est aussi à jamais lié à son plus illustre résident : Sir Walter Scott, qui y bâtit un palace. Il est enterré à Dryburgh, et l'un de ses points de vue favoris se trouve tout proche de sa dernière demeure. Scott's View, comme on le désigne désormais, est symbolisée par un parking et une plaque sur la B6365, à 750 m au nord de Bemersyde.
Un autre panorama exceptionnel peut s'apprécier du haut des Eildon Hills. Certains pensent que le roi Arthur y reposerait. Le sentier pour s'y rendre débute sur Dingleton Road (B6359). Un simple panneau vert l'annonce entre deux maisons, entre Newlyn Road et Dundas Terrace.

▸ Découvrez la Tweed Valley. Vous serez ici en plein cœur de la Tweed Valley : prenez le temps de rouler, marcher... selon votre mode de transport et le temps dont vous disposez, mais surtout, laissez-vous porter par la magie de ces paysages, tout de douceur et de beauté. Faites des haltes, au fil des kilomètres, pour admirer un point de vue (panoramas signalés) ou vous offrir une visite improvisée : vous ne le regretterez pas !

Transports

Pour rejoindre Melrose depuis Édimbourg ou Peebles, vous pouvez prendre le bus Borders Buses X62 (2h40 et 1h15). Il faudra choisir le Borders Buses 68 depuis Jedburgh (30 minutes), le Borders Buses 72 depuis Selkirk (30 minutes) et le Borders Buses 67 depuis Kelso (30 minutes). De nombreux services font aussi la liaison avec Galashiels (www.travelinescotland.com).

DRYBURGH ABBEY ★

St. Boswells
✆ +44 183 582 2381
Ouvert 7j/7 d'avril à septembre, 9h30-17h30, d'octobre à mars 10h-16h. Adulte : £7, réduit : £5,50, enfant : £4.

Fondée en 1150, l'abbaye de Dryburgh n'a pas atteint les niveaux de richesse de ses voisines, à Melrose, Kelso et Jedburgh. Elle fut néanmoins tout aussi accablée par les guerres. En 1322, alors que l'armée du roi Edward II se retirait vers le sud, les soldats y mirent le feu. Ce fut l'un des trois incendies de son histoire. Il demeure d'envoûtantes ruines. Le cloître et certains murs peints ont admirablement traversé les âges, mais l'attraction principale, c'est peut-être le tombeau de Sir Walter Scott, qui repose ici non loin de sa fastueuse demeure.

© BILL SPIERS - SHUTTERSTOCK.COM

Dryburgh Abbey.

MELROSE ABBEY ✝ ★

Abbey Street
✆ +44 189 682 2562
www.historicenvironment.scot
Ouvert 7j/7. En rénovation, visite extérieure uniquement.

Créée en 1136 par les moines cisterciens, l'abbaye de Melrose fut fortement endommagée par les troupes anglaises de Richard II en 1385. Elle est ensuite complètement reconstruite et la plupart des vestiges visibles datent de cette époque. À l'extérieur, certaines sculptures sont très surprenantes, à l'image de cuisiniers gobelins et d'un cochon qui joue de la cornemuse. À l'intérieur, plusieurs rois écossais sont enterrés, comme Alexander II. Surtout, on y trouve le cœur de Robert the Bruce, ce qui en fait un lieu de pèlerinage important dans le pays.

THIRLESTANE CASTLE

Situé à Lauder, proche de Melrose.
✆ +44 1578 722430
www.thirlestanecastle.co.uk
Ouvert de mai à octobre. Réservations en ligne. Adulte : £15. Enfant : £5. Famille : £35. Visite privée : £25.

Ce somptueux château à la curieuse architecture trouve ses racines au XIIIe siècle. Il fut longtemps un puissant donjon défensif avant de se transformer en palace nobiliaire au fils des ans. Bonnie Prince Charlie y a séjourné en 1745 après la bataille de Prestonpans et l'on peut voir la chambre qui l'a accueilli. L'ensemble des intérieurs est très plaisant à visiter, grâce à des plafonds peints, un mobilier rare, de nombreux tableaux, des porcelaines et une collection de jouets d'époque. Vous pourrez même y louer des appartements de luxe.

BRAIDWOOD B&B €€

Buccleuch Street
✆ +44 189 682 2488
www.braidwoodmelrose.co.uk
Chambre double à partir de £60, 2 à 3 nuits minimum selon la période. Petit déjeuner inclus.

Tout proche de l'abbaye et ultra-centrale, cette maison de ville géorgienne pratique des prix attractifs pour ses quatre chambres doubles, propres et classiques. Deux d'entre elles ont leur salle de bains privative sur le palier et sont donc les moins chères. Les hôtes sont discrets, mais pourront vous conseiller sur vos visites, notamment nature. Le petit déjeuner est typiquement écossais et bien copieux, avec même une option intégrant des harengs fumés grillés. Des tarifs réduits sont possibles au-delà de deux nuits consécutives hors saison.

WHITEHOUSE COUNTRY HOUSE €€

St Boswells ✆ +44 157 3460 343
www.whitehousecountryhouse.com
Chambres avec petit déjeuner à partir de £75. Wi-Fi. TV câblée. Plateau dîner à £17, panier repas dès £8.

Située dans la campagne, cette belle bâtisse du XIXe siècle, construite pour la duchesse de Sutherland se trouve en dehors de Melrose. Elle a pour décor les magnifiques paysages vallonnés des Borders et la rivière Tweed. Les chambres sont très spacieuses, au décor légèrement suranné mais où rien ne manque. L'établissement accueille aussi... les chevaux ! Si vous voyagez à cheval, cette halte sera parfaite pour vous, puisque en plus d'accueillir comme il se doit votre monture, on vous conseillera les meilleurs itinéraires de randonnée équestre.

ABBOTSFORD ★★★

Abbotsford

✆ +44 189 675 2043

www.scottsabbotsford.com

Ouvert de mars à octobre. Du mercredi au dimanche de 10h à 16h.

Les passionnés de littérature, d'histoire et de belles pierres se retrouveront tous ici, dans la splendide demeure gothique que Sir Walter Scott a façonnée à son image. En tant que Sheriff du Selkirkshire, il se devait de passer du temps à proximité de la cour de Selkirk, quand il ne résidait pas à Édimbourg. Pendant un certain temps, il se contente de louer une maison à un cousin, à Ashestiel. En 1811, il s'offre une petite ferme à proximité de Melrose. Il la renomme Abbotsford et s'empresse dès lors de convertir les lieux à son bon goût. Pour commencer, l'idée n'est pas de bâtir un gigantesque palace, mais juste d'agrandir la bâtisse existante et d'acquérir plus de terrain. En quelques années, avec l'argent de sa réussite, il passe de 44 hectares à 567 et plante de nombreux arbres. Il fait appel dès 1817 à plusieurs amis architectes, designers et artistes pour créer toujours plus de nouvelles pièces. George Bullock, James Skene, Edward Blore en font partie, mais c'est le très célèbre William Atkinson qui apporta la plus grosse contribution. Scott revoit rapidement ses projets à la hausse et profite d'une longue visite à Londres, entre 1819 et 1820, pour discuter avec lui de la destruction de la ferme d'origine, au profit du colosse que l'on voit aujourd'hui. En 1824, le gros des travaux est terminé et David Ramsay Hay, qui redécora plus tard le palais de Holyroodhouse pour la reine Victoria, s'est chargé d'aménager les magnifiques intérieurs. Trois nouveaux jardins clos voient également le jour. L'auteur les perçoit comme les chapitres d'un roman et les définit comme son antidote à de longues heures de travail à son bureau. Après son décès en 1832, Abbotsford est ouvert au public. Un *visitor centre* moderne retrace la vie et l'œuvre de l'écrivain de génie, avant de pouvoir marcher dans ses pas à la rencontre de sa salle d'écriture, sa bibliothèque, son salon, son armurerie, sa salle de réception ou encore sa chapelle.

En tant que visiteurs francophones, vous serez ravis de trouver des audioguides en français (sans supplément) : à chaque salle ses bornes et son lot d'explications, toujours percutantes et étonnantes... qui vous permettront de saisir toute la magie de ce « château à énigmes », comme il Walter Scott l'avait nommé et conçu.

À ne surtout pas manquer lors d'un passage dans les Borders !

Vous pouvez désormais loger à Abbotsford. L'aile Hope Scott a ouvert et propose 7 chambres pour accueillir jusqu'à 15 personnes, et des activités pour vivre quelques jours à la manière du grand écrivain écossais !

THE TOWNHOUSE HOTEL €€€

Market Square

✆ +44 189 682 2645

www.thetownhousemelrose.co.uk

Chambre simple double dès £146. Petit déjeuner inclus. Parking et Wi-fi.

Cet hôtel moderne de grande qualité se trouve dans un superbe bâtiment du centre-ville et offre onze très belles chambres. Le cadre est agréable : décoration raffinée, éclairage subtil, pièces d'art moderne, mobilier somptueux... Et le lieu est calme, pour un séjour serein ! La taille des chambres diffère, mais les caractéristiques restent les mêmes, adaptées à un séjour réussi, avec bureau, armoire, télévision et salle de bains. L'établissement fait également brasserie et restaurant, midi et soir, et offre à la dégustation de nombreux vins et whiskies.

MARMIONS BRASSERIE €€

5 Buccleuch Street

✆ +44 189 682 2245

www.marmionsbrasserie.co.uk

Ouvert du lundi au samedi de 9h à 21h. Plats à partir de £11,95.

Marmions est un bistrot écossais familial où des peintures chamarrées veillent sur la salle aux murs de lambris. Dans l'assiette, le terroir est à son avantage, avec du porc, du poulet, du chevreuil, des poissons ou un risotto pour les végétariens. Le midi, les sandwiches permettent de déjeuner sur le pouce, mais toujours avec une touche écossaise (sandwich haggis, oignons caramélisés et cheddar, ou sandwich au saumon fumé d'Écosse), et toujours l'option soupe. Les plats enfants raviront les familles. On y passe aussi au petit déjeuner ou à l'heure du thé.

KINGS ARMS HOTEL

High Street

✆ +44 189 680 0335

www.kingsarms-melrose.co.uk

Ouvert tous les jours de 11h (12h le dimanche) à 23h, 1h vendredi et samedi. Chambre double à partir de £144.

Ce pub d'hôtel date de 1793 et s'inscrit dans la longue tradition des *inns*, avec une thématique locale et orientée sur le ballon ovale. Rouvert en 2019 après des travaux, il offre toujours une atmosphère authentique, mais rajeunie et modernisée. Le sport y est diffusé sur grand écran et il y a trois *real ales*, ainsi que d'autres bières à la pression. Un espace *lounge* se veut plus calme et il y également une partie restaurant. Vous pourrez aussi loger sur place, dans l'une des 10 chambres (avec salles de bains) de l'établissement.

PEEBLES ★

Peebles est une ville plaisante et tranquille, encerclée de collines mystérieuses et boisées. Jusque dans les années 1960, elle fut au cœur de l'industrie de la laine, avant de devenir une villégiature appréciée, notamment des Édimbourgeois. La Glentress Forest, qui s'étend au nord, est particulièrement sympathique pour la randonnée et on y trouve aussi l'un des parcs d'accrobranches de Go Ape, qui possède plusieurs sites en Grande-Bretagne (goape.co.uk). Lieu idéal pour les weekend nature à proximité de la capitale.

Le bus Borders Buses X62 relie Peebles à Edimbourg (1h10), Melrose (1h15) et Galashiels (45 minutes), (www.travelinescotland.com).

GREAT POLISH MAP OF SCOTLAND

Barony castle hotel UK

✆ +44 1721 730395

www.mapascotland.org

Accès libre et gratuit.

Dans les jardins du Barony Castle Hotel, un spectacle très étrange attend les visiteurs : une carte en trois dimensions de l'Écosse, fabriquée en pierre et d'une taille de 50 m sur 40 m. Construite entre 1974 et 1979 par un petit groupe de Polonais dont des étudiants, elle est le fruit de l'imagination de Jan Tomasik, un vétéran de guerre d'origine polonaise, né à Cracovie. Désormais en accès libre et gratuit, elle est à voir si vous passez dans le coin.

DAWYCK BOTANIC GARDEN

Stobo

✆ +44 172 176 0254

Ouvert 7j/7, d'avril à octobre. Tour guidé à 11h. £8 par personne.

Sur 26 hectares nichés entre les collines des Borders, le Dawyck Botanic Garden dépend directement du Royal Botanic Garden d'Édimbourg, dont il est une antenne délocalisée. Le climat continental du site permet de cultiver des perce-neiges, des jacinthes, des rhododendrons, des azalées, des pavots bleus de l'Himalaya et tant d'autres espèces. Il détient aussi une des plus belles collections d'arbres anciens d'Écosse. Plusieurs sentiers sont délimités pour profiter au mieux des jardins et chaque visite est différente selon les saisons.

KAILZIE GARDENS

Kailzie

✆ +44 1721 720007

www.kailziegardens.com

Jardin ouvert 7j/7 toute l'année, café & boutique le week-end hors saison, 10h-16h. £4/adulte.

Les Jardins de Kailzie vous convient à une journée de découverte naturaliste dans le Tweed Valley. Arpentez les jardins et découvrez les essences qui y fleurissent au fil des saisons : perce-neige, jonquilles, jacinthes, mais aussi explosion colorée de rhododendrons et rosiers. Admirez le jardin sauvage, la serre, le mélèze planté en 1725 (le plus vieux d'Écosse). Marchez sur les sentiers du parc paysager et forestier. Admirez les balbuzards du parc, ici sous protection et surveillance. Enfin, un café ou encas s'impose dans le charmant café du parc !

© JULIETPHOTOGRAPHY - SHUTTERSTOCK.COM

Peebles.

THE TONTINE HOTEL €€

High Street
✆ +44 1721 720892
www.tontinehotel.com
Parking et wi-fi gratuits. Chambre double dès £107, petit déjeuner inclus. Restaurant et bar.

La Tontine est un hôtel de charme où l'esprit nature est partout. Envie de faire du golf, de la randonnée, du vélo ou d'aller pêcher ? Ici, on saura vous conseiller... et vous accueillir chaleureusement quand vous rentrerez épuisés de votre journée en plein air. Un verre dans le bar : vins, cocktails et bières locales vous attendent. Quant au restaurant, il fait la part belle aux produits frais, pour des saveurs gourmandes et authentiques. Les 36 chambres ont chacune leur salle de bains, une literie grand confort et certaines une superbe vue sur la Tweed.

CRINGLETIE HOUSE HOTEL €€€

Eddleston
✆ +44 1721 725 750
www.cringletie.com
Chambre double dès £340. Réductions et offres spéciales sur le site. Restaurant The Sutherland.

Ce manoir de style victorien avec terrasses, tourelles, jardin, bosquets offre une vue superbe sur la campagne depuis les chambres. Il a appartenu au colonel Cringletie, auquel le Québec s'est rendu après la mort du général Wolfe. Vous y admirerez le plafond en trompe l'œil et les jardins de la cuisine ceinturés de murs. Le jardin clos, datant de 1666, est classé et vous pourrez vous promener dans le sentier à travers bois. Le restaurant de l'hôtel a été récompensé en 2019 de 2 Rosettes AA et d'une récompense comme Expérience gastronomique de l'année 2019.

NEIDPATH CASTLE €€€

Neidpath castle
✆ +44 1721 720333
www.neidpathcastle.com
3 logements. Dès £330. 3 nuits minimum. Petit déjeuner inclus.

Passer une nuit dans un château en Écosse est parmi les désirs de nombreux voyageurs. Ici, vous pouvez dormir là où Mary Queen of Scots aurait séjourné en 1563. Pendant que le feu crépite dans l'âtre, explorez le château à votre guise. Vous pourrez aussi loger dans la Barns Tower : lit king size, baignoire sur pieds, feu de cheminée prêt à être allumé, panier petit déjeuner : idéal pour un séjour romantique ! Et si vous êtes en famille ou entre amis, choisissez Neidpath Barmkin, un cottage avec vue sur la rivière Tweed et le majestueux château.

COLTMAN'S KITCHEN, DELI & BAR €€

71-72 Hight Street ✆ +44 1721 720 405
www.coltmans.co.uk
Ouvert 7j/7, de 10h à 16h (17h le dimanche, 23h le vendredi et samedi). Plats entre £9,60 et £18,25.

Un restaurant moderne et authentique dans un établissement dont la tradition de restauration remonte à 1711... C'est déjà un début prometteur ! Le lieu est accueillant, et la cuisine exclusivement locale, saisonnière et faite maison, par le chef Kenny Coltman. Vous déjeunerez ou dîner avec vue sur la rivière Tweed. Ici tout est simple, abordable, convivial... Une partie épicerie vous permettra de trouver les meilleures spécialités locales, ou de déguster scones et tartes avec un thé.

THE CROWN HOTEL €€

54 High Street
✆ +44 172 172 0239
www.crownhotelpeebles.co.uk
Restaurant : de 17h30 à 20h30.
Dimanche : 12h30-14h30 et 16h-20h.
Chambre double à partir de £100.

Dans un hôtel du début du XVIIe siècle, ce pub populaire offre une nourriture écossaise classique et réussie. La première partie de l'établissement est réservée au bar et l'on y trouve quelques peintures de scènes locales. Le restaurant se trouve au fond et est aménagé avec beaucoup de bois clair et une véranda. Une bonne adresse pour une bière, comme pour un repas, puisque ici tout est local, frais et cuisinés maison. Un beer garden vous accueille aux beaux jours. L'établissement, très animé, retransmet matchs et compétitions sportives.

STOBO CASTLE HEALTH SPA

Stobo
✆ +44 1721 725300
www.stobocastle.co.uk
Spa, hôtel, restaurant. Ouvert toute l'année, 7j/7. Offres dès £199.

Un spa dans un château ? La tentation est grande, surtout quand le lieu est superbe, paisible, qu'il offre une vue panoramique sur la campagne alentour... Le spa est ultramoderne, avec un vaste choix de soins, mais aussi d'installations type sauna, hammam, hydrospa, etc., mixtes et exclusivement féminines. Il est possible de séjourner sur place, dans des chambres de haut standing, ainsi que de déjeuner ou de dîner, dans le restaurant du site. Un café est aussi à disposition, ainsi qu'un cocktail lounge (avec carte de gins), donnant sur la piscine.

INNERLEITHEN

Innerleithen est une petite ville située près de Peebles. On peut observer les vestiges d'un fort remontant à l'âge du fer au sommet de la colline de Caerlee et des fossés défensifs sur celle de Windy Knowe. Un camp romain a aussi été découvert dans les parages. Walter Scott la citait dans son roman *Roman's Well*. Elle est cité de culture avec son musée de l'Imprimerie, présentant l'une des plus anciennes presses encore en fonctionnement, ou encore, à proximité immédiate, Traquair House, la plus ancienne maison habitée d'Écosse. Elle est aussi cité sportive avec une piste de descente en VTT renommée dans tout le Royaume-Uni : 7stanes Innerleithen.

TRAQUAIR HOUSE ★

Traquair
✆ +44 189 683 0323
www.traquair.co.uk
7j/7 d'avril à septembre, 11h-17h. Adulte : £14, enfant : £7.

Tantôt une retraite pour roi en temps de paix, tantôt un refuge pour catholiques en temps de guerre, les Stuart de Traquair ont toujours été fidèles à la cause de Mary Queen of Scots et des Jacobites. On découvre à Traquair House près de mille ans d'histoire. Le parc arboré est propice aux flâneries, ou aux aventures dans son labyrinthe de plus de 2 000 m². Le + : la brasserie qui existait jusqu'au XVIIIe siècle a relancé sa production en 1965 et l'on peut déguster les produits. Et... L'établissement fait aussi B&B, pour une nuit dans un décor hors du commun !

ROBERT SMAIL'S PRINTING WORKS

7-9 High Street
✆ +44 1896 830 206
www.nts.org.uk
Ouvert d'avril à fin octobre, lundi, mardi, vendredi et samedi de 11h à 17h. Entrée : £7,50.

Ce musée reconstitue une imprimerie de l'ère victorienne. Elle présente les plus anciennes presses typographiques du Royaume-Uni et permet de visiter le bureau de Robert Smail, l'imprimeur, à peine modifié depuis 1866. Ce musée est l'occasion rare de voir une presse de cette époque en fonctionnement. À faire pour les amateurs de livres et les férus de tourisme industriel, d'autant plus que le musée a été primé en 2017 comme « meilleure expérience touristique du patrimoine ».

CADDON VIEW €€

14 Pirn road
✆ +44 1896 830208
www.caddonview.co.uk
Chambre double dès £106. Wi-fi et parking gratuit.

Caddon View est une maison victorienne construite en 1850. Vous logerez dans des chambres dites « classiques » et « supérieures » (8 au total), décorées avec goût, confortables et pleines de charme. Toutes ont la TV avec lecteur DVD, espaces de rangement, sèche-cheveux, plateau de courtoisie et une salle de bains attenante ou privative. En mai 2019, Lisa et Steve, les propriétaires, ont ouvert le Café Sitooterie, proposant ainsi une sélection de produits écossais, des déjeuners légers (100 % local et fait maison) et des *afternoon teas*.

Tunnel formé par des ifs à Toll Wood, Innerleithen.

GLASGOW ET LE SUD-OUEST

Glasgow et la région sud-ouest de l'Écosse ont un charme irrésistible. Plus grande ville d'Écosse (mais pas capitale), Glasgow est renommée pour sa richesse et sa diversité culturelle, son dynamisme et sa forte personnalité. Consacrez-lui quelques jours au moins, entre musées, concerts, street art et street food. Puis plongez-vous dans l'atmosphère douce de ses paysages environnants. Vous marcherez dans les pas du poète et barde Robert Burns, figure nationale du pays. La Clyde Valley et les Dumfries & Galloway sont encore peu envahies par le tourisme et regorgent de mille merveilles, entre châteaux, paysages, parcs nationaux et jardins multicolores... Allez jusqu'au Mull of Galloway, randonnez, à pied ou à vélo, dans le Galloway Forest Park, le Clyde Muirshiel Regional Park ou dans les Moffat Hills. Cette région est idéale pour randonner, explorer les vieilles pierres et se reposer dans des jardins multicolores.

Bannatyne
Rothesay
Isle of Bute
Sound of Bute
Lochranza
Millport
Largs
Fairlie
Clyde Muirshiel Regional Park
Lochwinnoch
Kilbarchan
Johnstone
Paisley
Rutherg
Barrhead
Clarkston
Beith
Dunlop
Dalry
West Kilbride
Stewarton
Kilwinning
Kilmaurs
Fenwick
Irvine
Dreghorn
Hurlford
KILMARNOCK
Firth of Clyde
Brodick
Lamlash
Blackwaterfoot
Whiting Bay
TROON
Monkton
Prestwick
AYR
Patna
Kirkmichael
Maidens
Crosshill
Dalmellingt
TURNBERRY
Dailly
10 KM
Girvan
Barr
Galloway Forest Park
Ballantrae
Barrhill
Irish Sea
NEWTON STEWART
STRANRAER
Glenluce
Creetown
Wigtown
PORTPATRICK
Luce Bay
VERS WHITHORN

Glasgow et le sud-ouest
ASGOW
Bargeddie
Chapelhall
Whitburn
West Calder
Roslin
Penicuik
Uddingston
Fauldhouse
Holytown
BOTHWELL
Blantyre
Newmains
Wishaw
Hamilton
Motherwell
West Linton
Stonehouse
LANARK
Carstairs
BIGGAR
Lesmahagow
Douglas
Muirkirk
Leadhills
Kelloholm
SANQUHAR
Moffat
THORNHILL
Lochmaben
Lockerbie
Heathhall
DUMFRIES
VERS GRETNA GREEN
Annan
CASTLE DOUGLAS
Dalbeattie
Gatehouse of Fleet
Solway Firth
Silloth
KIRKCUDBRIGHT
ANGLETERRE

Le coeur du poète Robert Burns bat dans le Sud-Ouest de l'Écosse, sur cette immense terre qui sépare Glasgow de l'Angleterre. Souvent délaissée des visiteurs, on y trouve pourtant un héritage considérable, incarné par des villages historiques, comme New Lanark — dont le patrimoine fascinant a été classé par l'Unesco — ou Kirkcudbright, et des édifices à couper le souffle, tels que Culzean Castle, Drumlanrig Castle, ou la très élégante Dumfries House. La nature y arbore aussi son plus charmant visage. Elle fait le gros dos dans l'immense Galloway Forest Park ou les Moffat Hills et revêt son séduisant masque maritime au Mull of Galloway, point le plus méridional du pays, où ses hautes falaises rencontrent la mer d'Irlande. Les amoureux des paysages littoraux pousseront jusqu'aux côtes de l'Ayrshire. Aux portes-mêmes de Glasgow, l'Ayrshire et la Clyde Valley attirent principalement pour des escapades historiques depuis l'immense agglomération écossaise, mais aussi des épopées nature, pour la découverte d'un patrimoine industriel et culturel très riche, ou encore pour des activités de plein air comme, notamment, le golf.

Au cœur du South Lanarkshire, cette agréable ville était une cité commerciale importante à l'époque médiévale. C'est aussi ici que William Wallace a débuté son combat pour l'indépendance en tuant le shériff anglais Haselrig, en mai 1297. Une statue du héros se dresse d'ailleurs à l'entrée de l'église St Nicholas, sur High Street.

Éloignée de tous les grands pôles touristiques, Dumfries & Galloway est souvent perçue comme « le recoin oublié de l'Écosse ». Ce serait pourtant une grosse erreur de l'ignorer ! On y trouve des châteaux et palais superbes, ainsi qu'une nature exceptionnelle. Du Mull of Galloway aux majestueuses collines boisées du Galloway Forest Park ou des Moffat Hills, l'émerveillement est partout.

GLASGOW

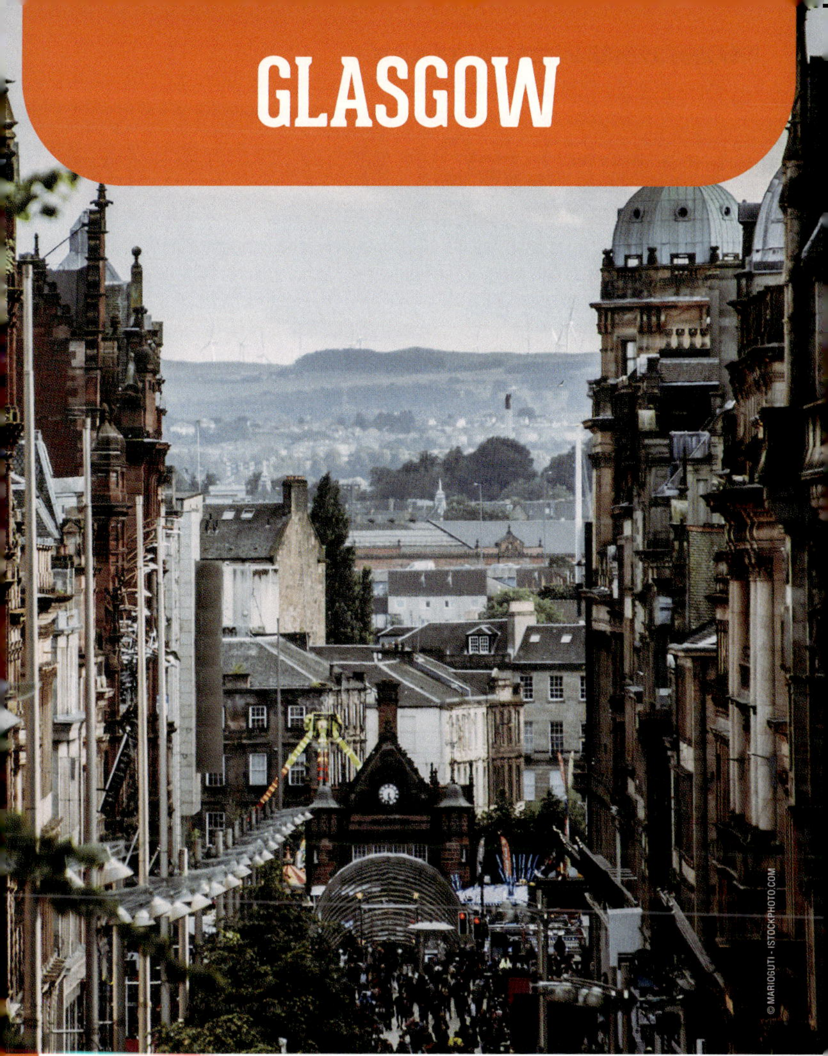
© MARIOGUTI - ISTOCKPHOTO.COM

Cela surprend toujours beaucoup de visiteurs, mais Glasgow est bien plus grande et plus peuplée qu'Édimbourg. Cela tient à son histoire industrielle. Il y a assez peu de très vieilles pierres ici, si ce n'est du côté de la cathédrale. L'architecture est essentiellement issue de la Révolution industrielle et de l'ère victorienne. Avec les années 1950 et 1960, la désindustrialisation frappe durement ses habitants. Glasgow devient synonyme de pauvreté, de chômage et de violence. Des plans de développements audacieux sortent la métropole du marasme et ses quartiers renaissent à la fin des années 1980 pour devenir un pôle culturel, commercial, festif et universitaire en proue de la société britannique. On ne se lasse pas de cette ville passionnante et passionnée, désignée *City of music* par l'Unesco. Capitale culturelle, la métropole est animée par sa scène musicale, ses nombreux restaurants de différentes nationalités et ses nightclubs.

SE REPÉRER SE DÉPLACER

Glasgow est très bien connecté au reste de la Grande-Bretagne et de l'Europe, grâce à ses gares et son aéroport. Les bus et le métro permettent de se rendre partout. Les différents quartiers de Glasgow se parcourent facilement et agréablement à pied, mais il vous faudra sûrement prendre le bus ou le métro pour prendre la direction de West End depuis le centre-ville. La plupart des bus sont opérés par First et circulent dans toute l'agglomération. Le plus simple sera cependant de prendre le métro, qui ne comporte qu'une ligne. Un ticket simple coûte £1,80 (£3,60/AR, £4,80 la journée). Si vous restez quelques jours à Glasgow, il peut être utile de se procurer une smartcard pour avoir des réductions et des pass semaine (£14). Vous la payerez £3 en station, elle est gratuite en ligne, mais seulement livrable en Grande-Bretagne (www.spt.co.uk). Les taxis noirs sont faciles à repérer avec leur lumière jaune. Prévoir en moyenne £2/km.

GLASGOW AIRPORT

Glasgow Airport
✆ +44 344 481 5555
www.glasgowairport.com
Vols intérieurs et internationaux.

Glasgow est assez bien reliée au reste de l'Europe par avion, avec les compagnies régulières ou *low cost*. Le site Internet de l'aéroport liste aussi toutes les entreprises de location de voiture qui y sont présentes. Un second aéroport se trouve à Prestwick, à 50 kilomètres de Glasgow (www.glasgowprestwick.com). Il est essentiellement utilisé par Ryanair et ne propose des vols qu'avec l'Europe du Sud.

De l'aéroport de Glasgow au centre-ville. Il faudra prendre le Glasgow Airport Express qui circule 24h/24, avec un service toutes les 10 minutes en journée.

BUCHANAN BUS STATION

10 Killermont Street
✆ +44 141 333 3708
www.spt.co.uk
Le hall est ouvert du lundi au samedi de 6h à 23h.

La gare routière de la ville sur Killermont Street (juste au-dessus de la gare de Queen Street). Les bus y partent pour toute l'Écosse et l'ensemble de la Grande-Bretagne. Citylink (✆ +44 871 266 3333 – www.citylink.co.uk) et National Express (✆ +44 871 781 8181 – www.nationalexpress.com) sont les deux principales compagnies présentes, mais pensez aussi à vérifier le site de Megabus (uk.megabus.com), d'où l'on peut réserver certaines grandes lignes (y compris d'autres transporteurs) à prix cassé (exemple : Édimbourg ou Perth dès £1).

CENTRAL STATION

1 Gordon Street
M° St Enoch.

Tous les trains urbains et grandes lignes pour le Sud. Glasgow possède deux gares ferroviaires majeures dans son centre-ville : Glasgow Queen Street (George Square) et Glasgow Central (Gordon Street). La première dessert l'est et le nord de l'Écosse (dont Édimbourg) via Scotrail (www.scotrail.co.uk). La seconde relie tout le sud du pays, ainsi que le reste de la Grande-Bretagne, avec Scotrail (www.scotrail.co.uk), Virgin Trains (www.virgintrains.co.uk), First Transpennine Express (www.tpexpress.co.uk) et Crosscountry (www.crosscountrytrains.co.uk).

SCOTTISH CITY LINK COACHES

10 Killermont Street
✆ +44 870 550 5050
www.citylink.co.uk
Pour les liaisons bus avec le reste du pays.

Citylink Coaches est un réseau de bus à travers le pays. Vous pourrez facilement rejoindre Inverness depuis Glasgow ou autres lieux touristiques. Il existe différents types de pass selon vos besoins. Que ce soit un ticket à la journée, un multi-ticket ou un pass pour mieux explorer l'Écosse sur plusieurs jours ou semaines. Vous pouvez même prendre le bus jusqu'à Belfast, en Irlande du Nord. Ils sont tous équipés de toilettes. Tarifs très avantageux en réservant par Internet.

LES QUARTIERS DE GLASGOW

Les différents quartiers de Glasgow se parcourent facilement et agréablement à pied, mais il vous faudra sûrement prendre le bus ou le métro pour prendre la direction de West End depuis le centre-ville. La plupart des bus sont opérés par First et circulent dans toute l'agglomération. Le plus simple sera cependant de prendre le métro, qui ne comporte qu'une ligne effectuant une boucle atour du centre et de West End. Les premiers services partent tous les jours à 6h30 des terminus (10h le dimanche) et les derniers entre 23h15 et 23h30 (18h le dimanche). Un ticket simple coûte £1,65 (£3,10 l'A/R, £4 la journée). Si vous restez quelques jours à Glasgow, il peut être utile de se procurer une smartcard pour avoir des réductions et des pass semaine (£13). Vous la payerez £3 en station, elle est gratuite en ligne mais seulement livrable en Grande-Bretagne. Toutes les informations sur le réseau de bus et de métro sont accessible sur : www.spt.co.uk

Centre

C'est logiquement l'épicentre de Glasgow, plein de vie et d'animation. Son plan en grid à l'américaine peut surprendre et ses élégantes façades redoublent de beauté à chaque coin de rue. Il est bordé par la Clyde au sud, la M8 au nord et à l'ouest et High Street à l'est. George Square, la place centrale, est le cœur du centre-ville. C'est là que se dressent les superbes City Chambers : la mairie de la ville. Pendant le vote sur l'indépendance de septembre 2014, ce fut le point de rassemblement des supporters du « oui ». Entre Cochrane Street et Trongate se trouve Merchant City, un district qui appartenait aux magnats du tabac pendant la Révolution industrielle et qui a était redéveloppé en une zone sympathique qui regorge de restaurants, de bars, de fresques murales et où se concentrent les adresses LGBTQ de la ville. Glasgow Cross, l'intersection entre Trongate, Gallowgate, London Road et High Street marque le début de l'East End. Il s'y tient une tour du XVIIe siècle : le Tollboth Steeple, seuls restes d'un bâtiment municipal démoli. Tout autour de Buchanan Street s'étend le Mile Style : cœur du shopping glaswégien. Ne ratez surtout pas cette belle artère aux bâtiments magnifiques. Les boutiques, les galeries et les centres commerciaux y attirent une foule constante de badauds et de nombreux musiciens de rue s'y produisent chaque jour. En allant vers l'ouest, on découvre un secteur plus calme et résidentiel du centre, avec des petites adresses de quartiers et quelques bureaux. Plus au nord, Sauchiehall Street est le rendez-vous des nuits les plus déjantées grâce à quelques-unes des meilleures boîtes de nuit d'Écosse.

Buchanan Street, centre de Glasgow.

Pollok Country Park.

East End

À l'est de High Street, l'East End comporte quelques visites intéressantes mais est essentiellement pavillonnaire. En fait, on se cantonne souvent à sa frange la plus proche du centre-ville, où l'on trouve la séduisante cathédrale et Provand's Lordship, les deux plus vieux monuments de la ville. C'est aussi là que l'on peut découvrir la mystérieuse et envoûtante Necropolis et deux des distilleries de la région. En se dirigeant vers la Clyde, le Glasgow Green est un agréable et vaste parc qui accueille le People's Palace et son Winter Garden.

Le quartier ne compte cependant pas réellement de bons restaurants, bars ou hébergements. Ce n'est pas, à proprement parler, un lieu de vie pour les visiteurs. En poussant un peu plus à l'est, on arrive même dans des zones qui contribuent à la mauvaise réputation de la ville, comme Calton, où l'espérance de vie est bien plus basse qu'ailleurs dans le pays... Il n'y a pas de dangers directs, mais mieux vaut s'en tenir aux sites touristiques.

Southside

Au sud de la Clyde, c'est une zone historiquement industrielle et majoritairement résidentielle. Comme dans l'East End, il n'y a pas beaucoup d'adresses concernant la restauration et l'hébergement. On y visite tout de même un bon nombre d'attractions, comme la très acclamée Burrell Collection ou la House of an Art Lover de Mackintosh. L'immense Pollok Country Park se trouve également ici et les amateurs de ballon rond ne rateront pas le Scottish Museum of Football.

West End

West End est un petit peu à Glasgow ce que le Ve arrondissement est à Paris. On le trouve logiquement à l'ouest de la ville, de l'autre côté de la M8. C'est un quartier attachant et étudiant, où l'on prend le temps de vivre, de se retrouver et d'apprécier des bars et restaurants branchés. Traversé par la rivière Kelvin et sa promenade, il accueille deux espaces verts majeurs et populaires : le Kelvingrove Park et les Botanic Gardens. Mais ses deux stars, ce sont sans nul doute l'époustouflante université et le sublime Kelvingrove Museum. Tous deux incarnent ce qui se fait de mieux en matière d'architecture dans la cité et ce sont aussi des attractions culturelles de premier plan. Leurs collections sont fascinantes et immanquables. Les deux artères principales en termes de restaurants et de B&B sont Gibson Street et Great Western Road. Ashton Lane est une petite ruelle aux allures de village assez inattendue, à laquelle on accède depuis Byres Road. Dans l'ensemble du quartier, les bâtiments victoriens sont omniprésents et d'une grande valeur esthétique. Ne ratez surtout pas cette région de Glasgow qui offre un visage complètement différent de celui du centre, trop souvent ignorée par manque de temps.

Vue aérienne du quartier de West End.

À VOIR / À FAIRE

Il y a assez peu de très vieilles pierres à Glasgow, si ce n'est du côté de la cathédrale. L'architecture est essentiellement issue de la Révolution industrielle et de l'ère victorienne. Cela lui a donné de superbes façades d'une grande beauté, le long de ses rues en quadrillage, ainsi que des trésors stylistiques, comme l'Université ou le Kelvingrove Museum. Charles Rennie Mackintosh, l'architecte de génie, construit quelques-uns de ses plus beaux édifices comme la School of Art ou the Lighthouse. Ses musées rivalisent de créativité, son shopping est l'un des meilleurs du Royaume-Uni et sa population jeune sait s'amuser dans les innombrables pubs et boîtes de nuit à la réputation sans pareil. Nombreux sont les touristes qui n'y passent qu'une journée. Sachez que vous pouvez y prendre votre temps, les attractions sont pléthore et on ne se lasse pas de cette ville aussi passionnante que passionnée.

CITY SIGHTSEEING GLASGOW

153 Queen Street
✆ +44 141 204 0444
www.citysightseeingglasgow.co.uk
Ticket journée : £16 par adulte, £15 en tarif réduit, £9 par enfant et £35 par famille. De 9h30 à 16h30.

C'est la compagnie de bus de tourisme classique de Glasgow. On monte et l'on descend autant que l'on veut le long des 21 arrêts qui recoupent tous les sites importants de la ville. Comptez 1h20 pour le circuit complet. Idéal lorsque l'on a peu de temps ! La compagnie propose plusieurs types de tours : le Music Tour qui retrace les lieux musicaux iconiques de la ville, Pokémon Go Glasgow pour partir à la recherche des Pokémon à travers la ville. Vous avez aussi le Isle of Bute Tour – à la découverte de cette sublime île –, ainsi qu'un tour de l'île de Mull.

RABBIE'S TOURS

266 George Street
www.rabbies.com
Visites guidées en minibus de 16 personnes maximum à travers l'Écosse tout au long de l'année.

Depuis 1993, Rabbie's Tours propose des visites éthiques en petits groupes à travers l'Écosse. Les chauffeurs-guides qui connaissent les histoires, les curiosités et les secrets des régions suivent des itinéraires hors des sentiers battus, créés et testés par des passionnés de voyages. C'est l'occasion de soutenir les communautés locales. Un large éventail d'options s'offre à vous, pour des aventures d'une journée à deux semaines à travers des visites des distilleries, de châteaux ou même des itinéraires privés à la carte...

UN PEU D'HISTOIRE

L'architecture essentiellement issue de la Révolution industrielle et de l'ère victorienne lui a donné de superbes façades d'une grande beauté, le long de ses rues en quadrillage, ainsi que quelques trésors stylistiques, comme l'Université ou le Kelvingrove Museum. Aux XVIIIe et XIXe siècles, la ville se revendiquait seconde cité de l'Empire, même si le titre était rudement disputé à l'époque, notamment par Liverpool. C'était alors l'une des portes d'entrée principale du commerce avec les colonies américaines, grâce à sa situation privilégiée face au Firth of Clyde. Avec la guerre d'indépendance, son port s'oriente vers la construction navale et sa prospérité attire de nombreux travailleurs venus des Highlands et d'Irlande. La confrontation entre catholiques et protestants déclenche dès lors et pour longtemps une animosité connue sous le simple nom de *sectarism*. C'est au même moment que Charles Rennie Mackintosh, l'architecte de génie, construit quelques-uns de ses plus beaux édifices comme la School of Art ou the Lighthouse. Suite à la Grande Guerre et la dépression des années 1930, les faubourgs glaswégiens s'empreignent de socialisme et la condition ouvrière commence à poser de nombreuses questions, tandis que la situation économique se détériore. Quand le second conflit mondial éclate, l'agglomération a retrouvé un peu de sa vitalité et joue un rôle important dans la guerre totale, de par son industrie militaire et les bombardements fréquents qu'elle subit.

CENTRE FOR CONTEMPORARY ARTS [CCA]

350 Sauchiehall Street ✆ +44 141 352 4900

www.cca-glasgow.com

Mardi-samedi, 11h à 18h, dimanche 12h-18h. Centre ouvert 7j/7 jusqu'à minuit ou 1h selon programmation. Entrée libre.

Établi en 1992, le CCA est le hub culturel et créatif de la ville de Glasgow. Six expositions majeures sont organisées chaque année, promouvant des artistes contemporains, nationaux et internationaux. Le calendrier prévoit aussi du théâtre, de la danse, des films, des arts visuels, de la littérature et beaucoup d'autres performances artistiques. Le mieux est encore de consulter leur site web pour voir ce qui se passe pendant votre passage. Un café sur place, le Saramago.

GLASGOW SCHOOL OF ART ★★

167 Renfrew Street

✆ +44 141 353 4500

www.gsa.ac.uk

Attention, suite à un incendie important survenu en juin 2018, l'ouverture n'est pas assurée.

Perçue par tous comme la plus belle réalisation architecturale de Charles Rennie Mackintosh, la Glasgow School of Art a été dessinée et construite entre 1896 et 1909. L'édifice a été malheureusement endommagé par un incendie en 2014 ayant entrainé des travaux de rénovations importants qui devaient durer initialement jusqu'en 2019.

La visite de la Glasgow School of Art n'est malheureusement plus assurée, suite à un nouvel incendie, beaucoup plus grave, ayant eu lieu en juin 2018. Avant cet événement, un tour d'une heure était possible.

GALLERY OF MODERN ART ★

Royal Exchange Square

✆ +44 141 287 3050

www.glasgowlife.org.uk

Ouvert 7j/7, 10h-17h. Entrée gratuite.

GoMa, comme on l'appelle à Glasgow, est la seconde galerie d'Art moderne la plus populaire d'Écosse, après celle d'Édimbourg. On y rencontre David Hockney, Sebastiao Salgado, Andy Warhol et des Écossais comme John Bellany et Ken Currie. Le bâtiment lui-même date de 1778 et une statue lui fait face. C'est le Duc de Wellington, sur la tête duquel est placé un cône de signalisation routière. Cette tradition locale, vieille de plusieurs décennies, a failli mourir quand la mairie a voulu rehausser le monument. L'homme au cône est l'une des fiertés de la ville.

THE LIGHTHOUSE

11 Mitchell Lane

✆ +44 141 276 5365

www.thelighthouse.co.uk

Fermé depuis juin 2022. Date d'ouverture en attente. À vérifier sur le site.

Installé dans l'ancienne rédaction du Glasgow Herald, l'édifice de la Lighthouse fut la première commande réalisée auprès de l'incontournable Mackintosh, en 1893. Il est désormais le siège du Scotland's Centre for Architecture & Design, réparti sur cinq étages. Le Mackintosh Centre se consacre au bâtisseur phare de la ville et à son travail, tandis que les autres niveaux font l'objet d'expositions temporaires et changeantes. Un point d'observation au sommet offre de jolies vues sur Glasgow. Possibilité de faire une visite guidée les samedis.

GLASGOW CITY CHAMBERS ★

82 George Street

✆ +44 141 287 4018

www.glasgow.gov.uk

Visites guidée du lundi au vendredi à 10h30 et 14h30, environ 45 min. Entrée libre.

Le superbe bâtiment qui trône sur George Square n'est autre que la mairie : City Chambers. Construit en 1888, c'est un exemple très fin d'architecture civique victorienne, que l'on doit à William Young. En 1923, il s'est étendu vers John Street et 1986, la Custom House sur George Street porta sa surface totale à 14 000 m². Son classicisme d'une grande beauté lui a valu d'être choisi pour incarner le Kremlin ou encore le Vatican lors de tournages de films. La salle de banquet, la *council chamber* et l'escalier de marbre sont les points d'orgue de la visite

THE TENEMENT HOUSE

145 Buccleuch Street

✆ +44 141 333 0183

Ouvert 7j/7. Mars-octobre 10h-17h, novembre-février, du samedi au lundi, 11h-16h. Adulte £8,50, famille £20,50.

Réaménagée par la National Trust et ouverte au public, cette maison de ville témoigne de la vie dans un immeuble victorien au début du XXe siècle. Miss Agnes Toward y a habité pendant un demi-siècle et de nombreux objets lui ayant appartenu sont toujours présents. L'éclairage au gaz est encore en service et l'on est bien loin des installations que l'on connaît dans nos sociétés actuelles. Parmi les curiosités et objets insolites : un pot de confiture de prunes fabriqué en 1929, des cuisinières au charbon, des lampes à gaz toujours fonctionnelles...

Glasgow City Chambers.

GLASGOW CATHEDRAL & NECROPOLIS ★★

Castle Street © +44 141 552 6891
www.glasgowcathedral.org
Avril-septembre : lundi-samedi, 9h30-17h. Octobre-mars, lundi-samedi, 10h-15h30. Dimanche 13h-16h30. Entrée libre.

La première pierre de la cathédrale de Glasgow fut posée en 1136, en présence du roi David Ier, et l'édifice qui se dresse fièrement au-dessus de la ville aujourd'hui fut terminée en 1197. Depuis lors, c'est un lieu de culte de premier plan et jamais son toit n'a été détruit, ce qui très est rare pour de si vieux murs. Il est dédié à saint Mungo, aussi connu sous le nom de saint Kentigern, premier évêque de l'ancien royaume de Strathclyde, enterré dans la crypte. En Écosse, il s'agit du bâtiment religieux le mieux conservé du XIIe siècle, qui n'a été altéré ni par la Réforme, ni par les conflits.

Sur la colline d'à côté s'étend la nécropole victorienne de la ville. Installée sur quinze hectares en 1832, 50 000 personnes y ont été mises en terre et quelques 3 500 monuments s'y tiennent actuellement. Certains sont d'une grande beauté, et les croix celtes ainsi que les statues valent le détour. C'est un lieu assez poignant et mystérieux, qui commande un joli panorama sur les alentours. Plusieurs monuments sont à observer : John Knox Monument, imposant monument surplombant le cimetière érigé pour rendre hommage à l'homme de foi, et The Bridge of Sights, décrit comme « la séparation entre le temps et l'éternité », ainsi qu'un monument plus discret et plus récent érigé en l'honneur de William Wallace, marqué de cette citation célèbre : « *I am Scotland's Guardian. Though my body has been broken, my spirit will rise again to the sound of freedom* ».

© JAROSLAV MORAVCIK - SHUTTERSTOCK.COM

PEOPLE'S PALACE AND WINTER GARDENS

Green
© +44 141 276 0788
www.glasgowlife.org.uk
Ouvert 7j/7, 10h-17h, vendredi et samedi, 11h-17h. Entrée gratuite.

Au centre du populaire Green Park d'East End, le People's Palace raconte l'histoire des gens de Glasgow, de 1750 à l'époque actuelle. Les grands faits sociaux sont ramenés à la vie par des peintures, des photographies, des films, des archives et des écrans interactifs. Le passé industriel et les mouvements ouvriers sont racontés en détails. Le Winter Garden adjacent procure un petit voyage dépaysant au milieu des plantes tropicales, pour chasser le mauvais temps de certains jours.

PROVAND'S LORDSHIP

3 Castle Street
© +44 141 276 1625
www.glasgowlife.org.uk
Ouvert du mardi au dimanche, 10h-17h, vendredi et dimanche 11h-17h. Entrée gratuite.

Juste à côté de la cathédrale, Provand's Lordship est la plus vieille maison de Glasgow, construite en 1471. Ce fut la résidence du chapelain du *Saint Nicholas Hospital* et elle donne un aperçu très intéressant de ce qu'était le quotidien au Moyen Âge. Entièrement réaménagée comme à l'époque, les meubles ont été offerts par William Burrell, le philanthrope de la *Burrell Collection*. Les chaises, coffres et armoires en bois sculpté, ainsi que la quantité d'objets domestiques donnent une dimension très authentique à cette attraction.

ST. MUNGO MUSEUM OF RELIGIOUS LIFE & ART

2 Castle Street
© +44 141 276 1625
www.glasgowlife.org.uk
Ouvert du mardi au dimanche, 10h-17h ; 11h-17h vendredi et dimanche. Entrée gratuite.

Érigé à l'image des anciens appartements de l'évêque qui se trouvaient au même endroit, cet établissement a pour sujet les principales religions à travers le monde. L'idée est d'en montrer les similitudes et les différences grâce à l'étude de certaines thématiques et l'appui de nombreux objets cultuels, pour ainsi inviter à plus d'ouverture d'esprit. On peut compter sur un jardin zen, des calligraphies islamiques sculptées, des vitraux chrétiens ou encore des statues hindoues.

GLASGOW TOWER

50 Pacific Quay

Ouvert de fin mars à début novembre, 7j/7, 11h-16h30. Entrée : £6,50 seul, £3,50 en complément du Science Centre.

La tour de Glasgow offre une vue panoramique imprenable. Rien que les chiffres donnent le vertige : elle tourne à 360°, elle est référencée au *Guinness des records* comme la structure autoportante entièrement rotative la plus haute au monde, elle mesure 127 m de hauteur... Avant de monter, vous découvrirez l'histoire de la tour et toutes les péripéties et prouesses de son ingénierie. Monter en haut de la tour prend à peine plus de 2 minutes. Les personnes sujettes au vertige pourront tenter l'expérience en réalité augmentée géolocalisée sur iPad.

SCOTLAND STREET SCHOOL MUSEUM

225 Scotland Street

✆ +44 141 287 0500

www.glasgowlife.org.uk

Ouvert du mardi au dimanche de 10h à 17h (11h vendredi et dimanche). Entrée gratuite.

Elle aussi dessinée par Mackintosh entre 1903 et 1906, cette école fut ouverte aux élèves jusqu'en 1979. Elle accueille dorénavant un musée sur la vie scolaire et l'éducation en Écosse au siècle dernier. Outre le bâtiment, qui vaut le détour à lui seul, comme chaque édifice du célèbre architecte, on y est plongé dans le quotidien des écoliers : les enfants des familles travaillant dans la construction navale, sous le règne de la reine Victoria et jusque dans les années 1960.

HOUSE FOR AN ART LOVER

10 Dumbreck Road

✆ +44 141 353 4770

www.houseforanartlover.co.uk

Horaires variables à consulter en ligne. Adulte : £8 / enfant : £6,50 / famille : £22. Café et boutique.

Basée sur des plans de Charles Rennie Mackintosh de 1901, cette ravissante demeure ne fut en réalité bâtie qu'entre 1989 et 1996. Les matériaux ont été choisis pour coller le plus près possible au monde de l'architecte et à celui de son épouse, qui avait pensé les intérieurs. Les fans ne manqueront pas de s'y pencher, donc, pour en apprécier la *dining room*, la *oval room* ou le *main hall*, très typiques et fidèles à leur designers. Le tout se situe au milieu d'un environnement arboré, au Bellahouston Park. Elle est aussi galerie d'art et lieu d'exposition.

THE SCOTTISH FOOTBALL MUSEUM ★

Hampden Park ✆ +44 141 616 6139

www.scottishfootballmuseum.org.uk

Lundi-samedi, 10h-17h ; dimanche à 11h. Adulte : £8, enfant : £3. £13/£5 avec visite du stade (11h, 12h30, 14h et 15h).

Revendiqué comme la plus grande attraction touristique liée ballon rond dans le monde, il possède quelques 2 500 objets, dont le plus vieux trophée d'une compétition nationale de l'Histoire : la coupe d'Écosse. En tout, 14 salles se suivent. On traverse le « hall of fame », avec ses 89 portraits des joueurs les plus populaires d'Écosse, dont Sir Alex Ferguson ou le Kenny Dalglish. Le site ne pouvait être mieux choisi : le *Hampden Stadium* est le stade de l'équipe écossaise,

POLLOK HOUSE

2060 Pollokshaws Road

✆ +44 141 616 6410

www.nts.org.uk

Ouvert tous les jours de 10h à 16h. Adulte : £8,50 / réduit : £6 / famille : £20,50.

Mackintosh nous en ferait presque oublier les autres grands architectes écossais, comme William Adam, à qui l'on doit cette charmante villa de 1752. Outre ses verdoyants jardins aux 1 000 rhododendrons, elle renferme un bon nombre de toiles de maîtres. Les italiens sont bien représentés, avec Francisco Goya, El Greco et Bartolomé Esteban Murillo, mais il y aussi le Britannique William Blake, aux travaux si inspirés. Ce fut la demeure de la famille Maxwell, dont le style de vie édouardien est toujours bien prégnant dans chaque pièce.

THE TRAMWAY

25 Albert Drive

✆ +44 845 330 3501

www.tramway.org

Exposition ouverte du mardi au vendredi de 12h à 17h, le week-end jusqu'à 18h. Entrée gratuite.

C'est Peter Brook qui le premier a attiré l'attention sur cet entrepôt où s'assemblaient autrefois les tramways de l'agglomération. Son volume de « cathédrale industrielle » lui donna envie d'y monter un spectacle à l'échelle tout aussi audacieuse, *Mahabharata*. En 1989, c'était au sculpteur britannique Andy Goldsworthy de s'approprier les lieux pour y réaliser son installation *Snowballs*. Aujourd'hui, on y produit aussi bien des spectacles que des expositions temporaires. Un café et un charmant jardin se trouvent également sur place.

CLYDE ARC

Cutty Sark Place
www.clydewaterfront.com
Traversée en voiture, à pied, à vélo ou avec le Bus 26.

Appelé affectueusement le « Squinty Bridge » (le pont de travers) par les habitants de Glasgow, le Clyde Arc impressionne par sa courbe élégante, résolument contemporaine, qui traverse la Clyde River de biais. Ouvert officiellement le 18 septembre 2006, il a été designé par le cabinet Edmund Nuttall Ltd., qui, par son inventivité, a pu décrocher en 2002 ce contrat monumental. Le Clyde Arc, autant par son asymétrie futuriste que parce qu'il a permis de désenclaver les rives de la Clyde, est devenu le symbole de la renaissance urbanistique de Glasgow.

GLASGOW BOTANIC GARDENS

730 Great Western Road
✆ +44 141 276 1614
www.glasgowbotanicgardens.com
Jardin 7j/7, de 7h au crépuscule ; serres botaniques 10h-18h, jusqu'à 16h d'octobre à mars. Entrée gratuite.

Très appréciés des riverains, les jardins botaniques de Glasgow sont un point de rencontre de premier plan dans le West End. Sur les berges de la rivière Kelvin, nombreux sont ceux qui s'y donnent rendez-vous pour d'agréables marches, un footing, ou même un pique-nique. On y trouve des plantes du monde entier, notamment des orchidées et des bégonias, mais surtout le Kibble Palace. Ces immenses serres victoriennes de 1873 sont parmi les plus grandes du royaume et couvrent 2 137 m². Une brochure vous permettra d'optimiser votre visite.

KELVINGROVE ART GALLERY & MUSEUM ★★★

Argyle Street
✆ +44 141 276 9599
www.glasgowlife.org.uk
Ouvert du lundi au dimanche de 10h à 17h, le vendredi et dimanche à partir de 11h. Entrée gratuite.

Ce musée est le plus célèbre de la ville, et sans doute le plus fascinant d'Écosse, avec le National Museum of Scotland d'Édimbourg. Inauguré en 1901, il a été rouvert en 2006 par la Reine Elizabeth après trois ans de rénovations. Son style baroque époustouflant n'est qu'un avant-goût de tout ce qu'il a à offrir : à l'intérieur, 22 galeries thématiques contiennent 8 000 objets d'Art et d'Histoire. La pièce centrale est sans doute Le Christ de saint Jean de la Croix, peint par Salvador Dali en 1951, mais il faut aussi mentionner la section sur Mackintosh et le style local, où l'on retrouve des meubles et éléments décoratifs issus des designers de la région. La panoplie d'armures médiévales ravira les petits comme les grands et certaines datent du XVe siècle. Dans la Dutch Gallery, vous verrez des peintures des écoles hollandaises et flamandes, représentées notamment par Rembrandt et Gérard de Lairesse. Dans la French Gallery, on contemple des impressionnistes comme Monet, Renoir et Pissarro, mais aussi Van Gogh et Mary Cassatt. Deux ailes sont consacrées aux Glasgow Boys et aux Scottish Colourists. Des expositions temporaires y ont aussi souvent lieu (payantes la plupart du temps). Ces dernières années, l'attention a été portée sur les costumes du XIXe siècle, l'émergence de Glasgow de 1714 à 1837, l'artiste contemporain Jack Vettriano, le football en Écosse, l'art italien, ou encore les pharaons. Bon à savoir : des visites guidées gratuites sont proposées chaque jour.

Kelvingrove Art Gallery and Museum.

RIVERSIDE MUSEUM

✆ +44 141 287 2720

Ouvert 7j/7 : 10h-17h ; vendredi & dimanche : 11h-17h. Entrée gratuite. Parking payant : £1,60/h.

Le gigantesque musée des Transports de Glasgow est sis dans un bel espace moderne. 3 000 pièces y sont à admirer : des locomotives, des voitures, des bus, des tramways, des vélos, des skateboards et même un Stormtrooper ! Vous découvrirez une reconstitution d'une rue de la ville, avec des boutiques de 1895 aux années 1980. Vous monterez à bord d'un train, d'un tramway ou d'un bus. Vous aiderez un pompier interactif à éteindre un feu. Entre réel et virtuel, l'interactivité est partout dans ce musée immersif où l'on touche à tout.

THE MITCHELL LIBRARY

North Street

✆ +44 141 287 2999

www.mitchelllibrary.org

Ouverte du lundi au jeudi, de 9h à 20h ; vendredi et samedi de 9h à 17h. Entrée libre.

Cette bibliothèque est un pur joyau. Bibliophiles, amoureux de littérature ou d'histoire, il vous faut pénétrer ce haut lieu de culture, qui s'étend sur 5 étages. Il abrite quelques-unes des plus belles collections nationales, notamment l'une des plus grandes collections mondiales de manuscrits de Burns. Elle organise de nombreux événements. Il est aussi possible aux amateurs de généalogie de faire des recherches sur leurs ancêtres écossais grâce au Family History Centre. Un café et une boutique en ligne vous permettront de prolonger l'immersion.

THE TALL SHIP AT RIVERSIDE ★

150 Pointhouse Road

✆ +44 141 287 2720

www.thetallship.com

Ouvert 7j/7, 10h-16h (novembre-février), 17h (mars-octobre). Entrée gratuite. Parking payant (1h : £1,60).

Sur les quais, le Tall Ship est un trois-mâts du nom de Glenlee, construit à Port Glasgow et lancé en mer en 1896. Il a fait quatre fois le tour du monde, a survécu à de redoutables tempêtes avant d'être racheté par la marine espagnole et de devenir voilier-école de 1922 à 1969, puis école de formation jusqu'en 1981. Redécouvert en 1990 et entièrement restauré, ce navire est accessible de fond en comble et mérite largement un passage, avant ou après le Riverside Museum.

UNIVERSITY OF GLASGOW ★★

University Avenue ✆ +44141 330 5360

www.gla.ac.uk

Entrée gratuite, sauf Mackintosh House - adulte : £6, réduit : £3, gratuit -18 ans. Tours guidés payants.

L'Université de Glasgow est une petite merveille architecturale. Fondée en 1451, c'est la quatrième plus ancienne des pays anglophones et l'une des meilleures du monde. D'abord installée près de la cathédrale, dans le centre-ville, elle a déménagé dans ses locaux actuels en 1870. Ses étudiants se vantent souvent d'étudier à Poudlard tant son style est particulier. Si vous ne souhaitez pas faire la visite guidée, venez au moins jeter un œil à ses bâtiments et ses cours intérieures. Elle possède en outre quelques musées excellents, qui contribuent à l'attractivité du quartier. Ils tirent leur nom de William Hunter, célèbre anatomiste et grande figure académique locale. **Au fil de vos pas** : marchez à travers le Professor Square, visitez la chapelle universitaire avec ses superbes vitraux, montez le Lion and Unicorn Staircase, flânez dans les *quadrangles* (et découvrez la tradition-superstition locale concernant ses parterres) et, surtout, ne manquez les les superbes cloîtres, emblématiques de l'édifice et aperçus dans de nombreux films et séries, dont *Outlander*.

- **Hunterian Museum** (University Avenue, du mardi au samedi de 10h à 17h, le dimanche de 11h à 16h) : il étudie la géologie et l'anatomie, avec beaucoup de minéraux rares, de fossiles et de spécimens sous verre. On y parle aussi de différentes cultures dans le monde, de l'Écosse romaine et de la médecine à Glasgow. Il peut s'enorgueillir de détenir 1,5 million de pièces dans sa collection, avec notamment un sarcophage avec corps momifié, une patte de diplodocus ou une armure en fibre de noix de coco rapportée du Sud Pacifique.
- **Hunterian Art Gallery** (82 Hillhead Street, du mardi au samedi de 10h à 17h, le dimanche 11h à 16h) : versant artistique de l'attraction précédente, c'est ici que viendront tous les amateurs d'Art, pour voir des œuvres de Rembrandt, Rubens, Chardin, Whistler ou Stubbs.
- **Mackintosh House** (82 Hillhead Street, du mardi au samedi de 10h à 17h, le dimanche 11h à 16h) : juste à côté de la Hunterian Art Gallery, cette maison est une reconstitution de celle où vécut Charles Rennie Mackintosh. Détruite lors d'une extension du campus, elle n'avait pas été dessinée par l'architecte lui-même, mais permet se plonger dans son quotidien, reproduit à l'identique.
- **Hunterian Zoology Museum** (82 Hillhead Street, du lundi au vendredi de 9h à 17h) : à l'ouest de l'Hunterian Museum sur le campus, ce petit musée de zoologie présente de nombreuses pièces de taxidermie, mais aussi quelques espèces vivantes, comme des insectes, des lézards, des serpents et des invertébrés.

SE LOGER

En tant que métropole majeure, à la fois économique et touristique, Glasgow possède un parc hôtelier conséquent. On est à peu près assuré d'y trouver la formule que l'on recherche, de l'auberge de jeunesse au B&B, en passant par l'hôtel de chaîne ou l'établissement de luxe. Pour plus de calme et de petites adresses, orientez-vous vers le West End. Le centre-ville est majoritairement réservé aux grandes enseignes. Les prix sont très variables selon la saison ou les événements sportifs et culturels. Pendant les vacances scolaires, pensez à vérifier la disponibilité des chambres étudiantes. Le site www.universityrooms.com recense ce service dans le monde entier, mais pour plus de choix, vous pouvez directement consulter ceux des universités de la ville ou des résidences privées. Certaines mettent d'ailleurs leurs offres en ligne sur les centrales de réservations d'hôtellerie et d'auberges classiques.

GLASGOW

AMADEUS GUEST HOUSE €

411N Woodside Road
✆ +44 141 339 8257
www.amadeusguesthouse.co.uk
Chambre simple dès £50, double dès £70. Petit déjeuner inclus. Wi-fi. Parking : £4/jour, gratuit le week-end.

Idéalement positionnée à deux pas de la station de métro Kelvinbridge et des nombreux restaurants de West End, Amadeus Guest House est une adresse coquette et cosy. Les neuf chambres ont toutes une salle de bains et certaines peuvent accueillir jusqu'à trois personnes. Le petit déjeuner est continental mais offre du jambon, des œufs, des céréales, des *rolls*, du porridge et autres. Il y a aussi deux appartements, tout confort, l'un avec une chambre, l'autre avec deux, ainsi que des canapés-lits, avec tout le nécessaire pour être indépendant.

EURO HOSTEL €

318 Clyde Street
✆ +44 845 539 9956
www.eurohostels.co.uk
Lit en dortoir à partir de £20.

Pour les très nombreux *backpackers* traversant l'Écosse ! Avec 115 chambres, cette gigantesque auberge en plein cœur de Glasgow est une destination idéale pour rencontrer des *backpackers* du monde entier. Les dortoirs sont classiques de ce type d'établissement et il ne faut pas avoir trop peur de la promiscuité. Les chambres privatives peuvent être une bonne alternative moins chère qu'un hôtel ou un *B&B*, à condition d'être prêts à composer avec les couche-tard. Il y a bien entendu une cuisine partagée, mais aussi un bar sur place.

CLAREMONT HOUSE B&B €

2 Broompark Circus
✆ +44 141 554 7312
www.claremont-guesthouse.co.uk
Dès £28/personne/nuit. Petit déjeuner inclus. Parking et wifi gratuits.

Ce B&B possède 3 chambres, dans une agréable maison à 15 minutes à pied de la cathédrale. Vous êtes ici particulièrement choyé par les propriétaires, natifs et amoureux de leur ville. Tout est mis en œuvre pour votre confort, votre tranquillité (avec notamment le parking gratuit sur place), et aussi votre gourmandise, avec un savoureux petit déjeuner écossais traditionnel et de nombreux conseils pour bien déjeuner et dîner en ville. Vos hôtes seront d'excellents conseils pour toutes les activités à faire à Glasgow et les bons plans.

KELVINGROVE HOTEL €

944 Sauchiehall Street
✆ +44 141 339 5011
www.kelvingrove-hotel.co.uk
Chambre double dès £55, petit déjeuner en supplément. Wi-fi. Promotions fréquentes sur Internet.

Au cœur du quartier branché de Finnieston, cet hôtel offre un excellent rapport qualité-prix. L'accueil y est très agréable, les 25 chambres sont simples, confortables, lumineuses et spacieuses. Elles disposent de tout le nécessaire : TV, salle de bains attenante, plateau de courtoisie... On se fera un plaisir de vous recommander bars, restaurants, sites à visiter. Le petit déjeuner est servi dans la salle à manger sous forme d'un grand buffet continental, et la version typiquement écossaise (petit déjeuner cuisiné) est servie sur demande.

PREMIER INN GLASGOW CITY CENTRE BUCHANAN GALLERIES €

141 West Nile Street
✆ +44 333 321 9268
www.premierinn.com
Chambre double dès £70. Parking à proximité : £8,24/24h. Wi-fi gratuit.

Le rapport qualité-prix et emplacement de cet hôtel est tout à son honneur. De style contemporain, il est entouré de boutiques, restaurants et pubs. Les chambres sont équipées tout confort, avec literie de qualité, salle de bains attenante, bureau, plateau de courtoisie et connexion wi-fi. Le petit déjeuner est présenté en buffet libre-service. Il dispose également d'un restaurant, Thyme Bar & Grill. L'hôtel n'a pas de parking, mais vous fait bénéficier de prix réduits.

SETON GUEST HOUSE €

6 Seton Terrace
✆ +44 141 556 4377
www.setonguesthouse.co.uk
Dès £75 pour une chambre double, dès £60 pour une simple. Petit déjeuner compris. Wi-fi et parking gratuits.

Séjournez dans une belle maison victorienne. Seton Guest House dispose de 7 chambres, dont 6 avec salles de bains attenantes et individuelles. Toutes sont équipées d'une literie de qualité, TV avec lecteur DVD, plateau de courtoisie, et l'on vous servira, le matin, un petit déjeuner écossais complet. Vous profiterez aussi du petit parc devant la propriété et de la bibliothèque. Vous recevrez ici un accueil chaleureux : n'hésitez pas à solliciter vos hôtes pour des conseils de visites, balades, restaurants, pubs... le tout à quelques minutes à pied.

THE Z HOTEL €

36 North Frederick Street
✆ +44 141 212 4550
www.thezhotels.com
Chambre double à partir de £60, simple dès £55. Wi-fi. Parking à proximité (avec prix réduit).

Difficile d'imaginer une situation plus centrale que celle du Z Hotel, à l'angle de St. George Square. Ses 104 chambres ont toutes une salle d'eau, l'air-conditionné, une télévision et des installations modernes. Le Z Café propose aussi des plats et boissons. Attention : les offres les moins chères, « inside single », « inside double » et « inside queen », ne disposent pas de fenêtres. Ce n'est pas réellement un problème si l'on compte juste y dormir et profiter à fond de l'emplacement, mais ça peut l'être si l'ont veut se sentir comme chez soi.

15GLASGOW €€

15 Woodside Place
✆ +44 141 332 1263
www.15glasgow.com
Chambre double à partir de £165. Petit déjeuner inclus. Wi-fi. Parking sur réservation.

Dans une charmante demeure du XIXe siècle, ce *Bed & Breakfast* de grand standing s'inscrit de manière ravissante dans l'environnement chic de cette partie de West End. Les intérieurs sont design, entre ancien et moderne, les cinq chambres offrent des teintes unies et sont spacieuses. Les lits super king size, les grandes salles de bains modernes et le copieux petit déjeuner écossais sont de vrais atouts. Les clients ont accès au parc privatif des riverains et la présence de quelques places de stationnement est un plus, même si elles sont limitées.

ALAMO GUEST HOUSE €€

46 Gray Street
✆ +44 141 339 2395
www.alamoguesthouse.com
Chambre double dès £159. Petit déjeuner inclus. Parking de rue à £4 par jour, gratuit le week-end. Wi-fi.

Ce petit havre de paix propose douze magnifiques chambres, toutes différentes et agrémentées avec brio. Leur cadre rustique est plein de charme, à l'image du bâtiment victorien, donnant sur le Kelvingrove Park. Les moins coûteuses partagent leurs salles de bains, qui sont tout de même vastes et bien aménagées. Chacune a son plateau de courtoisie et le wifi. La salle à manger à des allures de grand restaurant et l'on y sert un bon petit déjeuner en buffet. L'emplacement, au cœur du quartier le plus *hype* de Glasgow, est idéal.

CITIZENM €€

60 Renfrew Street
✆ +44 203 519 1111
www.citizenm.com
Chambre dès £79. Parking à proximité, prix réduit (£15/24h).

CitizenM est l'établissement du luxe accessible et branché à Glasgow. Les 198 chambres sont toutes très modernes, avec cabines de douche translucides, baies vitrées offrant une belle vue sur la ville, prises internationales, multitude de films, chaînes et radios sur la TV, tablette avec appli domotique pour tous les réglages (lumières, volets, chauffage...). L'agencement est design et optimisé pour offrir un coin bureau et des rangements pratiques, tout cela en privilégiant un immense lit pour un vrai confort. Un bar-cafétéria est accessible non-stop.

HILTON GLASGOW GROSVENOR €€

1-9 Grosvenor Terrace
✆ +44 141 339 8811
www3.hilton.com
Dès £123 la chambre double. Petit déjeuner inclus.

Plus petit que le Hilton du centre-ville, celui-ci permet de se relaxer en bénéficiant d'une vue imprenable sur les Botanic Gardens. Il reste cependant à proximité immédiate des restaurants, pubs et l'on se rend facilement en centre-ville grâce au métro. En outre, vous ne manquerez pas d'être séduit par sa façade classée, en passant une soirée au piano-bar à moins que ce soit l'imposante cheminée du salon, les hauts plafonds ou les fenêtres d'époque qui vous fassent tourner la tête ? L'établissement dispose aussi de deux restaurants et d'un bar spécialiste du gin.

IBIS STYLES GLASGOW CENTRE GEORGE SQUARE €€

Millert Street
✆ +44 141 428 3400
Chambres doubles dès £82. Petit déjeuner inclus. Parking privé à proximité (payant). Wi-fi.

Cet hôtel de chaîne bénéficie d'un excellent emplacement et est très apprécié des voyageurs pour toutes les facilités qu'il offre : réception 24h/24, chambres confortables, parking disponible. Les chambres sont aménagées avec tout le confort (literie confortable, TV, salle de bains attenante). L'hôtel dispose aussi d'un bar et d'un restaurant, ainsi que d'un espace jeux, avec billard, jeux rétro et juke-box revisité. Le personnel, très agréable, est aux petits soins.

NUMBER 10 HOTEL €€

10-16 Queens Drive
✆ +44 141 424 0160
www.10hotel.co.uk
Dès £162 la nuit en chambre double, petit déjeuner inclus.

Cet hôtel victorien dispose de plusieurs chambres, de la simple à la familiale ou suite à deux chambres. Chacune a sa salle de bains attenante et tout le nécessaire pour un séjour confortable : TV, plateau de courtoisie, sèche-cheveux, climatisation, espace de travail, wi-fi... Un bar et un restaurant complètent l'offre, avec des classiques intemporels modernisés, des produits locaux et une belle inventivité. Laissez-vous tenter par un dîner ou un *afternoon tea* (pour les palais sucrés) : vous pourrez même le prendre avec verre de pétillant ou un cocktail !

THE SHERBROOKE CASTLE HOTEL €€

11 Sherbrooke Avenue
✆ +44 141 427 4227
sherbrookecastlehotel.com
Chambre double, petit déjeuner et dîner dès £181. Parking gratuit. Nuit en B&B dès £128.

Le Sherbrooke Castle Hotel propose 18 chambres sur son domaine de Pollokshields : dans son château et dans son parc. Le château victorien vous accueille dans son bar-salon, mais aussi son restaurant, dans ses jardins et en terrasse. Le cadre, superbe, vous donnera envie de vous attarder sur place. Construit en 1896, il a été hôtel avant la Seconde Guerre mondiale, avant de devenir un centre de formation pour les officiers marins, puis de retrouver son statut.

BLYTHSWOOD SQUARE HOTEL €€€

11 Blysthswood Square
✆ +44 141 248 8888
www.kimptonblythswoodsquare.com
Chambre double à partir de £156. Petit déjeuner en supplément. Parking payant. Wi-fi.

Datant de 1828, voici l'un des hôtels les plus luxueux de Glasgow. Ses 100 chambres fastueuses mesurent de 27 à 65 m² pour la plus grande. En plus d'une literie en coton égyptien et de salles de bain en marbre, elles disposent d'un mobilier contemporain et d'un très grand confort. Concierge 24h/24, spa, salle de soins, salle de fitness, café et belles pièces communes font aussi partie du standing haut de gamme affiché ici. Une adresse hyper centrale pour se faire plaisir, et pour lier connaissance, avec, tous les soirs (17h-18h) un temps de rencontre.

BOUTIQUE 50 €€€

50 Bentinck St
✆ +44 141 338 66 66
www.boutique50.co.uk
Chambre double à partir de £160. Petit déjeuner continental servi entre 7h30 et 10h.

Boutique50 est un hôtel unique imaginé par l'architecture d'intérieur Robbie Crocker. L'hôtel se compose de 10 chambres, du standard à la familiale. Il se situe au cœur de Glasgow, à moins de 500 mètres de la galerie d'art et du musée Kelvingrove. Boutique50 veut offrir une réelle expérience à ses clients et un vrai confort. Par exemple, l'hôtel vous met à disposition un guide touristique de la ville afin découvrir Glasgow comme il se doit. Vous retrouverez également une carte de vin sélective. De l'accueil à la visite de la ville, l'offre est complète.

SE RÉGALER

La scène culinaire de Glasgow est immense est éclectique, entre le centre-ville effervescent et le charmant quartier de West End. Les points forts sont certainement les gastronomies écossaises et indiennes, qu'il ne faudra pas manquer. Il y a une vraie culture de la gastronomie inventive, créative, innovante et conviviale à Glasgow, avec de nouveaux restaurants qui ouvrent régulièrement. Vous trouverez aussi d'excellents petits cafés où manger sur le pouce et, contrairement à Édimbourg, les adresses françaises ne sont pas très nombreuses. La streetfood est un must à Glasgow, avec des marchés entiers qui s'y consacrent et de jeunes chefs créatifs qui viennent là tester leur concept et leur cuisine avant d'ouvrir leur restaurant.

© HAPPY AUER - SHUTTERSTOCK.COM

GLASGOW

CAFE GANDOLFI €€

64 Albion Street
✆ +44 141 552 6813
www.cafegandolfi.com
Ouvert 7j/7, 8h-22h (17h le dimanche et lundi). Plats à partir de £13.

Une adresse, deux concepts : au rez-de-chaussée, la partie café ouvre dès le petit déjeuner et offre un cadre branché et boisé, typique des établissements *brunch*. À l'étage, l'espace bar propose une ambiance plus bistrot et nocturne, sous les toits du bâtiment. La cuisine est écossaise, mais aussi méditerranéenne et internationale, avec des salades, des viandes, du haggis, des pâtes, des plats grecs et des pizzas (seulement au bar). Gandolfi a également ouvert un excellent restaurant de poissons juste à côté, qui a aussi une section *take-away*.

PAESANO PIZZA €

94 Miller Street
✆ +44 141 258 5565
paesanopizza.co.uk
Ouvert du dimanche au mercredi, 12h-22h30, le jeudi jusqu'à 23h, le vendredi et samedi jusqu'à 00h. Entre £6 et £11.

On ne plaisante pas avec les pizzas dans cette bonne adresse urbaine et moderne du centre de Glasgow. Elles ne sont pas chères, mais que l'on ne s'y trompe pas : elles sont excellentes, concoctées avec talent et garnies avec soin. Tous les produits viennent d'Italie, et même le four à pizzas, construit à Naples. L'authenticité est ici le maître mot : une pizza authentique et traditionnelle, sinon rien ! La grande salle affiche ses soufferies apparentes et l'on s'assied à de grandes ou petites tables en bois. Il existe une autre enseigne vers West End.

CHAAKOO BOMBAY CAFE €

79 St. Vincent Street
✆ +44 141 229 0000
www.chaakoo.co.uk
Ouvert 7j/7, de 12h à 20h30. Sur place et à emporter. Curry à partir de £5,95.

Des rues de Bombay à celles de Glasgow, cette table indienne gourmande a franchi le pas et ne manque guère de fidèles en ville. Ses intérieurs et sa décorations font honneur à l'architecture traditionnelle du centre-ville, mais le contenu des assiettes n'est pas écossais et l'on s'y régale de bons currys, de salades, de kebabs et autres spécialités. Si les prix sont bas, les quantités sont plus celles de tapas généreuses que de plats principaux. Saisissez l'occasion pour découvrir plusieurs saveurs et partager votre repas : c'est encore meilleur !

RAB HA'S €€

81 Hutcheson Street
✆ +44 141 572 0400
www.rabhas.com
Ouvert tous les jours de 12h à 22h. Plat à partir de £11.

Un des restaurants de Glasgow intégrant à sa carte le très folklorique haggis que les Écossais se plaisent à railler. L'équilibre délicat des épices parfumant la farce en fait une expérience gastronomique à tenter. Une subtile alchimie de saveur caractérise aussi la crème au citron et aux herbes accompagnant le filet de saumon. Le caractère à la fois traditionnel et innovant du décor est aussi convaincant que le contenu de l'assiette. On apprécie la variété de la carte, le fait que tout soit fait maison, avec des produits frais, et l'option assiettes à partager.

KCAL KITCHEN €

130 W Regent St
✆ 0141 212 0861
kcalkitchen.co.uk
Ouvert 7j/7 de 10h à 20h (16h le dimanche). Smoothies : £4 ; plats : £7,95 à £14,95. Plats à emporter : £6 environ.

Kcal Kitchen s'appuie sur une devise qui ôte tout complexe : « manger avec plaisir sans culpabiliser ». Ici, vous déjeunez ou dînez sain et fun, avec un choix de plats végétariens, végans, sans gluten, mais aussi avec de la viande, composés sainement, mais surtout pas sans saveur ni sans gourmandise. Au contraire, elles sont bien là : dans les smoothies comme dans les assiettes ! La simplicité et l'accueil chaleureux sont de mise. Voilà une adresse qui tombe à pic quand on veut se donner bonne conscience après avoir abusé de burgers, fish & chips...

THE WEE CURRY SHOP €€

7 Buccleugh Street
✆ +44 141 353 0777
www.weecurryshopglasgow.co.uk
Ouvert 7j/7, 12h-14h et 17h30-22h30 (23h vendredi et samedi), dimanche 17h-22h. Plat à partir de £6.40

Cette bonne table indienne n'a plus sa réputation à faire auprès des locaux à Glasgow. Les recettes y sont tout à fait traditionnelles, avec des plats végétariens ou à base de poulet, d'agneau et de crevettes. La carte n'est pas immense, mais elle fait mouche et à bon prix. Il y a peu de places et il est parfois utile de réserver à l'avance. Il est possible d'acheter à emporter, si vous ne souhaitez pas vous attarder. Bon à savoir : vous pouvez venir avec votre bouteille de vin ou de champagne (seuls les frais de bouchon seront appliqués).

CAIL BRUICH €€€

725 Great Western Road G12 8QX Glasgow
✆ +44 141 334 6265
www.cailbruich.co.uk
Mardi-jeudi : 18h30-00h / Vendredi-samedi : 12h-17h et 19h-00h. Fermé le dimanche et lundi. Chef's Table : £235.

Cail Bruich vous transporte dans une cuisine britannique et de saison. Les produits sont frais et locaux. Certains ingrédients proviennent du jardin du chef. Lorna McNee, est la seule femme chef à posséder une étoile Michelin et à l'avoir eu en seulement 5 mois. Elle prit son poste en 2020 et depuis vous offre une expérience gastronomique complète. Vous aurez également la possibilité de tester du gin. Avec la collaboration de The Garden Shed Drinks Co, ils ont créé un gin à base d'ingrédients botaniques et d'ingrédients trouvés dans la cuisine du chef.

OX AND FINCH €€

920 Sauchiehall
✆ +44 141 339 8627
www.oxandfinch.com
Ouvert 7j/7, de 12h à 21h. Plats à partager : £28 environ pour un repas.

Ox and Finch est parmi les restaurants les plus encensés actuellement à Glasgow... et ce succès est amplement mérité ! Ouvert au printemps 2014 et tenu par une équipe jeune et dynamique, il se différencie par un concept intéressant puisqu'il met la curiosité gustative à l'honneur. Il réinterprète la sortie au restaurant en véritable expérience culinaire, le tout dans un décor moderne mêlant éléments industriels, bois et cuir. Pas d'entrée, plat et dessert, mais des assiettes à mettre au milieu de la table et à partager entre convives.

GAMBA €€€

225a West George Street
✆ +44 141 572 0899
www.gamba.co.uk
Du mercredi au samedi, 12h-14h et 17h-21. Plat à partir de £29. Menu : £28 (2 plats) ; £45 (3 plats).

Si vous êtes amateur de fruits de mer, c'est sûrement dans ce restaurant que vous serez le mieux servi. Le cadre allie raffinement et style méditerranéen. Récompensé à de multiples reprises et encore en 2020 (*Michelin* et *Good Food Guide*), l'établissement est réputé pour valoriser comme nul autre les crustacés et poissons. À cela s'ajoute une sélection rigoureuse de produits locaux et saisonniers, sublimés par un art de la gastronomie à la pointe de la maîtrise et de la créativité. Pour les petits budgets, l'idéal est de venir le midi ou entre 17h et 18h.

THE GANNET €€

1155 Argyle Street G3 8TB Glasgow
✆ +44 141 204 2081
www.thegannetgla.co
Mercredi-jeudi : 17h20-20h45 / Vendredi-samedi : 12h-14h et 17h30-21h15. Menu : £80 - végétarien : £60.

The Gannet a ouvert en 2013 par un groupe d'ami. Le nom est un symbole à leur séjour dans les Hébrides Extérieures et leur tradition iconique d'observation d'oiseaux.

Vous trouverez des menus avec des produits frais de nos producteurs locaux (fermiers, producteurs et cueilleurs). Ce restaurant gastronomique utilise une méthode à la fois moderne et traditionnelle. La cuisine y est raffinée et le cadre enchanteur. Vous pouvez aussi organiser des dégustations de menu jusqu'à 8 plats. Vous y découvrirez également une belle carte de vin.

MOTHER INDIA €

28 Westminster Terrace
✆ +44 141 221 1663
www.motherindia.co.uk
Du lundi au jeudi, 17h30-21h45, du vendredi au dimanche 13h-21h45. Entre £4,95 et £8,95.

À l'image de son enseigne sœur à Édimbourg, Mother India à Glasgow offre ce qu'il se fait de mieux en matière de savoir-faire indien, avec d'excellents produits frais et de saison, et ce, depuis 1990. Poissons, poulet, currys, crevettes, agneau, plats végétariens et autres, tout est assaisonnés aux saveurs de l'Inde et le voyage gustatif est assuré. D'ailleurs, le restaurant a été plusieurs fois récompensé. Les prix sont mini et les portions permettent de goûter plusieurs plats et saveurs. L'intérieur est assez sombre et cosy, avec des coloris bordeaux.

UBIQUITOUS CHIP €€€

12 Ashton Lane
✆ +44 141 334 5007
www.ubiquitouschip.co.uk
7j/7, 12h-00h (1h vendredi-samedi). Service jusqu'à 22h. Espace brasserie à prix pub. Menu 2 plats à partir de £35.

Il compte parmi les rendez-vous les plus courus de la ville, ouvertement adulé par tous. En 40 ans, Ubiquitous Chip a eu tout loisir de se tailler la part du gâteau sur la scène culinaire écossaise. Ses plats sont issus du terroir national et l'on y trouve l'incontournable haggis, mais aussi du poisson, du porc, du bœuf, du faisan, ou encore des moules, parmi la multitude de l'offre. L'environnement est très végétal, avec beaucoup de plantes entre les nappes blanches. Le menu brasserie est plus accessible que celui du restaurant.

FAIRE UNE PAUSE

Glasgow a un goût prononcé de la fête, à l'image d'autres grandes villes britanniques comme Manchester, Birmingham, Liverpool ou Leeds. La communauté étudiante n'y est pas pour rien, mais la population locale aime, de manière générale, se retrouver en fin de journée pour discuter et boire un verre. On trouve logiquement de nombreux pubs traditionnels, offrant real ales et whiskies, ainsi que d'excellentes boites de nuit assurant une vie nocturne mouvementée. Pour la musique live, procurez-vous un exemplaire du *gig guide* dans les établissements concernés, (ou rendez-vous sur le site gigguide.co.uk). La ville est l'une des *Cities of Music* de l'Unesco, un titre qui récompense sa grande vitalité dans le domaine. En effet, la musique live, partout dans les bars, tous les jours de la semaine, est dans l'ADN de la ville ! Musique traditionnelle, pop, techno… Quels que soient vos goûts, vous trouverez votre bonheur.

13TH NOTE

50-60 King Street
✆ +44 141 553 1638
www.13thnote.co.uk
Ouvert 7j/7, 12h-00h. Concert la plupart des soirs. Environ £8 le billet. Enfants interdits après 20h.

Des groupes indépendants se produisent quasiment tous les jours sur la petite scène en sous-sol de ce bar à musique réputé, qui n'est accessible qu'aux personnes majeures. La programmation est assez variée et l'on retrouve aussi bien du rock que des DJs. Certaines soirées sont parfois consacrées à l'humour ou au théâtre. La salle se fait lieu d'exposition pour les artistes. Vous y mangerez aussi très bien, puisqu'en 2018, l'établissement a été récompensé pour la qualité de sa nourriture végétarienne, mais aussi pour préparer le meilleur Bloody Mary !

DELMONICAS

68 Virginia Street
✆ +44 141 552 4803
www.delmonicas.co.uk
Ouvert tous les jours de midi à minuit, 12h30 le dimanche.

Ce bar est l'un des repères de la communauté gay de Glasgow depuis 1991. Son ambiance *lounge* et relax, ainsi que sa carte de cocktails, se prêtent particulièrement aux débuts de soirées, idéal avant de se diriger vers les clubs voisins. Il est connu sous le diminutif de « Dels ». C'est un lieu parfait, pour un karaoké. Chaque soir a son animation : scène ouverte le lundi, jeux & quiz le mardi, drag queens et jeux coquins le mercredi, quiz le jeudi, DJ le vendredi et samedi, et bingo le dimanche, histoire de ne pas rester seul, avec karaoké à 21h.

SPEAKEASY

10 John Street
✆ +44 845 166 6036
www.speakeasyglasgow.co.uk
Ouvert le mercredi et jeudi de 17h à 1h, jusqu'à 3h du vendredi au dimanche (ouvre à 18h).

Dans une atmosphère de bar des années 1970, Speakeasy se remplit en fin de semaine pour sa belle sélection de bourbon et ses cocktails. L'esprit est volontairement *chill-out* et l'on peut aussi s'y restaurer. C'est un endroit parfait pour déguster bières, cocktails et autres boissons. Selon les soirées, c'est karaoké, variété, DJ, spectacles en tous genres. On y sert une carte typique de pub, avec ses burgers, sandwiches, nachos, salades, hot-dogs et quelques desserts bien sympathiques comme le lemonade cheesecake ou le vegan chocolate et orange cake.

THE BON ACCORD

153 North Street
✆ +44 141 248 4427
www.bonaccordpub.com
Ouvert du lundi au samedi de 11h à minuit, le dimanche à partir de 12h30.

Voici le pub à bières par excellence de Glasgow, une véritable institution. Avec pas moins 800 bières et environ 400 whiskys – il a remporté le UK Whisky Bar of the Year –, il est difficile de se tromper en poussant ses portes, même s'il est un brin excentré, à cheval entre le centre et West End. Côté restauration, c'est leur viande qui jouit d'une excellente réputation. L'intérieur est assez classique et il y a quelques tables en extérieur. Pour la musique *live*, c'est le samedi à 21h. Il y a aussi des quiz le mercredi dès 20h.

THE HORSESHOE BAR

17-19 Drury Street
✆ +44 141 248 6368
www.thehorseshoebarglasgow.co.uk
Ouvert tous les jours de 10h à minuit.

Tout près de la gare de Glasgow Central, le Horseshoe revendique le plus long bar de Grande-Bretagne, voire d'Europe ! On vous laisse mener l'enquête, mais le leur fait tout de même près de 32 mètres… Les mosaïques au sol, les miroirs et les petits lustres ajoutent au charme de l'endroit, où l'on peut boire quelques bonnes pintes. Les soirées karaoké sont très animées. Les amateurs de sport adoreront les lieux, avec 11 écrans et des retransmissions en direct. Côté nourriture, c'est une carte classique de pub qui est servie, du petit déjeuner au dîner.

THREE JUDGES

141 Dumbarton Road
✆ +44 141 337 3055
www.greatukpubs.co.uk
Ouvert tous les jours de 11h à minuit.

Ce petit *local* très plaisant du sud de West End est un *must* dans le quartier. Les habitués y viennent pour se retrouver, bavarder et déguster l'une des neuf *real ales* disponibles, mais aussi une formidable gamme de cidres (quasiment autant bu que la bière au Royaume-Uni). Côté bières, on saura vous guider pour que vous goûtiez celle qui sera bientôt votre préférée. Les amateurs de gin et de whisky apprécieront aussi le lieu. On s'y sent tout à son aise et il fait bon y traîner, surtout pendant les sessions de jazz le dimanche après-midi et soir.

THE POT STILL

150 Hope Street
✆ +44 141 333 0980
thepotstill.co.uk
Ouvert tous les jours de 11h à minuit.

Avec plus de 700 whiskies différents et une belle sélection changeante de *real ales*, on ne peut guère se tromper en poussant les portes de cette institution. Datant du XIXe siècle, le Pot Still a conservé de très beaux intérieurs, derrière sa petite devanture verte et discrète. Le lieu est idéal pour découvrir les nombreux *single malts* du pays et les whiskies du monde entier, d'autant plus que l'établissement a reçu le prix « Icon of Whiskey Scotland Whisky Bar of the Year 2019 », faisant suite à bien d'autres ! À goûter aussi : ses tartes exceptionnelles.

UNDERGROUND

6a John Street
✆ +44 141 553 2456
Ouvert tous les jours de 12h à minuit.

Dans un sous-sol de St John's Street, the Underground se tourne vers une population de trentenaires qui souhaitent se retrouver dans un espace chaleureux, avec billard et juke-box. Beaucoup de fidèles l'ont adopté et il y a des événements variés selon les jours. Les touristes du monde entier sont les bienvenus, et l'atmosphère conviviale, dans un décor très coloré et vintage. L'accueil est chaleureux, et personnel sympathique. Des événements sont organisés plusieurs fois par semaine : karaoké, musique live, cabaret, danse, drag queens…

THE TCHAÏ OVNA

42 Otago Lane
✆ +44 141 357 4524
tchaiovna.com
Ouvert tous les jours de 11h à 23h.

Ce *tearoom* alternatif niché au fond d'une impasse est parfait pour se réchauffer. On s'y love dans des fauteuils et canapés couverts de coussins, autour de petits poêles électriques. La carte propose des thés du monde entier dont elle décrit soigneusement les saveurs. Au menu également, une sélection de pâtisseries, des assiettes végétariennes gourmandes et un curry indien authentique. Le décor d'influences à la fois britannique, asiatique et orientale, ainsi que l'ambiance musicale très *seventies* donnent à ce lieu un véritable cachet.

WAXY O'CONNOR'S

44 West George Street
✆ +44 141 354 5154
www.waxyoconnors.co.uk
Ouvert du lundi au jeudi de midi à 23h, le vendredi jusqu'à minuit, le samedi de 10h à minuit, le dimanche de 11h à 23h.

Ce gigantesque pub irlandais vaut largement le détour rien que pour sa décoration. Dans un dédale de mezzanines, de salles et d'escaliers, chaque recoin est féerique, avec du bois absolument partout. Les troncs d'arbres noueux qui supportent les plafonds voûtés donnent l'impression d'être dans le palais d'un royaume perdu et l'on y passe aisément plusieurs heures, en journée comme le soir. À la pression, on retrouve quelques stars habituelles venues de l'île voisine, mais rien de bien original. La nourriture est très correcte.

(SE) FAIRE PLAISIR

Glasgow est le paradis du shopping en Écosse. Toutes les grandes marques sont présentes dans le Style Mile, le quartier des boutiques autour de Buchanan Street, qui ne désemplit pas en fin de semaine. En plus des nombreuses adresses, on y trouve plusieurs arcades et vastes galeries (Buchanan Galleries, Argyll Arcade, Princes Square, St Enoch Centre...). Les adresses vintage ont aussi la part belle et se trouvent en s'éloignant un peu de l'hyper centre, en se dirigeant vers West End. Vous recherchez la perle rare dessinée par un créateur ou un designer à la mode ? Marchez vers Great Western Road ou Ingram Street. Pour une ambiance « puces » et « brocante », ne manquez pas The Barras market : vous y trouverez de tout, à petit prix, dans un joyeux désordre. C'est tous les week-ends, dès 8 heures, dans East End. Pour plus de bons plans, la rubrique shopping du site peoplemakeglasgow.com est assez complète.

ST ENOCH CENTRE

55 St Enoch Square
✆ +44 141 204 3900
www.st-enoch.com
Ouvert tous les jours de 9h à 19h, 18h le samedi, de 10h à 18h le dimanche.

Avec près de 90 magasins, le St Enoch Centre est le plus grand centre commercial de Glasgow, mais aussi d'Écosse. C'est un point central du shopping dans la ville et plusieurs enseignes bien connues y ont installé leurs quartiers, tels que Superdry, Disney, Topshop, HMV, Fossil, Burton, H&M ou Arran Aromatics. On y trouve aussi le Glasgow Museums Store. Il y a bien sûr largement de quoi combler un petit creux : cafés, restaurants... La galerie se fait aussi le théâtre d'animations et d'événements réguliers gratuits, notamment pour les enfants.

TUNNOCK'S

34 Old Mill Road ✆ +44 1698 813551
www.tunnock.co.uk
Ouvert du mercredi au samedi : 7h30-16h30 (15h30 le samedi). Commande en ligne possible.

La première pâtisserie est créée en 1890 par Thomas Tunnock. En 1912, il rajoute un salon de thé. À sa mort, son fils Archie ouvre une nouvelle pâtisserie en son honneur en 1921. Ce n'est qu'en 1952 qu'il crée ses fameuses « Caramel Wafers », signature de l'enseigne. Dans les années 1950, il crée de nouveaux produits qui sont aujourd'hui légendaires, comme la « Snowball » à base de meringue, le « Caramel Log » et le « Teacake ». La pâtisserie est reprise en 1981 par son fils Boyd. Ses produits s'exportent dans le monde entier.

GRUNTING GROWLER

51 Old Dumbarton Rd
✆ +44 141 258 4551
gruntinggrowler.com
Ouvert de 12h à 20h du mardi au dimanche, jusqu'à 22h le vendredi et samedi.

Grunting Growler est le n°1 de la vente de *craft beers* à Glasgow. L'établissement peut être fier de son choix de plus de 120 bières artisanales, mais aussi de ses 6 bières à la pompe changées très régulièrement, à déguster dans son petit espace bar. Que vous soyez un novice ou un fin connaisseur, vous apprécierez le lieu, les conseils personnalisés, les infos sur la bière, mais aussi les prix très abordables, ou encore les événements régulièrement organisés dans la boutique. Simplicité, convivialité, joie de vivre : que du bonheur !

I.J. MELLIS

492 Great Western Road
✆ +44 141 339 8998
www.mellischeese.net
Ouvert 7j/7. Lundi-vendredi : 9h30-19h. Samedi : 9h-18h. Dimanche : 11h-18h.

Les Français connaissent trop peu, et mal, les fromages britanniques. Pourtant, les Britanniques, et *a fortiori* les Écossais ont d'excellents fromages. Les fromagers Mellis en sont plus que convaincus et proposent dans leurs boutiques, des fromages fermiers de grande qualité, et affinés à la perfection. Initiez-vous aux différences entre les différents cheddars, les différents bleus... Isle of Mull cheddar, Loch Arthur cheddar, Lanark Blue, Clava Brie... Vous serez aussi étonnés qu'agréablement surpris. Une découverte incontournable !

Je pense que l'équipe Britannique est sous Tunnock's Caramel Wafers!
TUNNOCK'S
MILK CHOCOLATE COATED
CARAMEL
WAFER BISCUIT
Net 30g
MADE BY T. TUNNOCK LTD.
UDDINGSTON, SCOTLAND.
TUNNOCK'S
MADE IN SCOTLAND SINCE 1890
Everyone's a winner
email: sales@tunnock.co.uk
www.tunnock.co.uk

BOUGER & BULLER

Glasgow propose de nombreuses activités, des plus classiques aux plus originales. Le football est quasiment une religion dans cette métropole, avec ses deux clubs frères ennemis. Chacun a son stade à visiter : le Celtik Park comme l'Ibrox Stadium. Parmi les activités insolites que vous pourrez pratiquer à Glasgow, il y a les sports de glisse au Glasgow Ski and Snowboard Centre, mais aussi le lancer de hache en intérieur pour jouer aux guerriers viking et se défier entre amis, grâce à Axe Hurling. En cas de mauvais temps, vous pourrez aussi vous réfugier pour geeker au café d'arcade de jeux rétro R'Cade et vous plonger dans une ambiance japonisante. Parmi les activités emblématiques de l'Écosse, il faudra aussi compter avec le golf, pourquoi pas au château de Haggs ? Enfin, si vous avez envie de détente, on vous a trouvé un spa qui allie les soins, les modelages et la réflexologie au gin, avec des forfaits incluant des cocktails.

CELTIC PARK

Celtic park
✆ +44 871226 1888
www.celticfc.net
Visites 7j/7, voir horaires sur site, visites toutes les heures. Réservation en ligne.

Le Celtic Park est à l'est de la ville et voit évoluer le Celtic. Il dispose de 60 000 places. Pour le visiter, vous aurez le choix entre plusieurs formules : visite guidée simple, visite avec petit déjeuner, « combo café tour » (avec collation et boisson), visite et dîner (avec repas au Number 7) et visite couplée avec la brasserie Tennents. Le stade est l'un des plus grands d'Europe. La visite vous permettra de pénétrer ses secrets, de vous sentir au cœur de l'action (vestiaire, tunnel...), et aussi de tout apprendre du célèbre club de Glasgow.

IBROX STADIUM

150 Edmiston Dr
✆ +44 871 702 1972
https://rangers.co.uk/club/ibrox
Visites guidées les vendredis, samedis et dimanches, 10h30, 12h30 et 14h30. Sur réservation.

IBrox Stadium, où évoluent les Rangers de Glasgow, se situe à l'ouest de la Ville et possède 51 000 places. Il se visite en fin de semaine, en réservant d'un des créneaux dédiés. Vous aurez un accès exclusif aux différents espaces : vestiaires, escalier en marbre, salle des trophées. Vous pourrez aussi descendre dans le tunnel et fouler la pelouse du stade. Vous pourrez avoir votre photo avec la mascotte. Attention, les horaires de visites sont modifiés les jours de matchs : il n'y aura qu'une visite spéciale, qui débutera à 9h.

HAGGS CASTLE GOLF CLUB

70 Dumbreck Rd
✆ +44 141 427 1157
www.haggscastlegolfclub.com
Golf ouvert aux visiteurs sur réservation. Contacter Campbell Elliot au +44 141 427 3355 ou c_elliottpga@hotmail.com.

Le Haggs Castle Golf Club assure à tout visiteur passionné de golf un accueil chaleureux. Il faudra tout de même réserver sa session et sa formule en amont, mais vous pourrez profiter des différentes installations (practice, clubhouse, vestiaires, douches, magasin professionnel) et d'un magnifique green (18 trous). En effet, le château de Haggs jouit d'une excellente réputation, dont celle d'être l'un des plus beaux aménagements de l'ouest de l'Écosse. Le calme qui règne ici contraste complètement avec l'effervescence de la ville voisine.

THE GIN SPA

2 Virginia Court
✆ +44 141 471 0419
https://ginspa.co.uk
Ouvert 7j/7, de 10h à 18h, 19h le dimanche. Soin à partir de £40.

Le Gin Spa est le premier spa botanique inspiré du gin. Des forfaits de luxe sont proposés à la journée, pour une détente totale, et incluent un gin tonic offert. Selon les forfaits, vous constaterez d'autres extras de ce type. Ils peuvent combiner des modelages corps – modelage aux pierres chaudes, détente dos cou et épaules, réflexologie – et/ou visage, des traitements détox, des manucures et des soins spécialement conçus pour les femmes enceintes. Des forfaits sont aussi prévus pour la gente masculine. Chaque soin peut aussi être demandé à la carte.

Glasgow, ville étudiante, est un haut lieu de fête et cela, toute l'année. C'est bien pour cela que Glasgow est la capitale culturelle. La musique live est présente partout, dans tous les pubs, tous les soirs de la semaine, dans tous les styles, ce qui fait de cette métropole la ville la plus stimulante d'Écosse. Les pubs et clubs sont réunis autour de SauchiehallSteet, Union Street et Clydeside, ce qui permet d'aller à pied d'un club à l'autre, pour en tester toutes les ambiances. La scène LGBT de Glasgow est bien plus animée que celle de sa voisine, à Édimbourg. Les bars et clubs y sont nombreux et fréquentés. Le Pink Triangle en est l'épicentre, autour de Merchant City, entre Argyll Street et George Square. Si vous êtes présents au mois d'octobre ou novembre, le Glasgay ! Festival pourra vous intéresser. Côtés pubs et boîtes gays, il faudra vous diriger vers Delmonicas, Speakeasy, The Waterloo Bar et Underground.

THE GARAGE

490 Sauchiehall Street
✆ +44 141 332 1120
www.garageglasgow.co.uk
Ouvert 7j/7, gig et club. Entrée dès £5.

Ouvert depuis près de 30 ans, ce club immense est l'un des favoris de la jeunesse de la ville, notamment pour ses verres bon marché. Il ne compte pas moins de huit salles et onze bars, qui assurent des nuits chaudes et animées où se rencontrent jusqu'à 750 personnes. La musique varie du rock, à l'indie, en passant par la funk, la dance et le R'n'B, selon où vous vous trouvez. Prince y a tout de même fait un concert entré dans la légende en 1995. Depuis, il a accueilli d'autres stars ayant raflé quelques disques d'or : Panic at the Disco, Fallout Boy...

SGW3

100 Eastvale Place
✆ +44 141 337 1731
www.swg3.tv
Horaires et prix très variables selon la programmation à consulter en ligne.

Au sein d'un grand hangar réaménagé au sud de West End, SWG3 est à la fois un centre d'exposition artistique, une salle de concert et une boite de nuit. Le calendrier est très varié et il faut se tenir au courant sur leur site web pour ne pas rater la venue d'un bon groupe ou d'un DJ réputé. La programmation est extrêmement riche avec des événements tous les jours. Vous aurez toujours une découverte à faire ! Vous pouvez aussi venir hors concerts découvrir les expositions de grande qualité, boire un verre ou manger un morceau au Acid Bar.

NICE'N'SLEAZY

421 Sauchiehall Street
✆ +44 141 333 0900
www.nicensleazy.com
Ouvert tous les jours de 18h à 3h. Entrée à partir de £5.

Les *gigs* et les soirées club s'enchaînent depuis 1990, dans ce très célèbre rendez-vous de Sauchiehall Street. La sélection est électrique, très rock'n'roll, et met beaucoup de nouveaux talents à l'honneur. Les sessions *live* et acoustiques du lundi sont souvent gratuites et jusqu'à 400 personnes peuvent se réunir ici. Vous pourrez aussi y manger un morceau, pas d'inspiration pub, mais d'inspiration japonaise, puisque l'on vous sert nouilles et autres plats traditionnels revisités, avec un choix vaste de plats végans et végétariens. Sympa, non ?

STEREO

22 Renfield Lane
✆ +44 141 222 2254
www.stereocafebar.com
Ouvert tous les jours de 12h à minuit, jusqu'à 3h du jeudi au samedi. Entrée à partir de £5.

Stéréo est la coolitude incarnée, avec ses petits plats végans et alcools bio au rez-de-chaussée, et ses nuits consacrées à la house et la techno au sous-sol. La programmation est de qualité et attire de nombreux *aficionados* de bons sons. Les performances live, entre sets de DJ, pop et rock, ont lieu plusieurs fois par semaine. Vous trouverez toutes les informations sur leur site web, avec possibilité d'acheter vos entrées en ligne. La salle peut en accueillir jusqu'à 300 et le bâtiment a été conçu par Charles Rennie Mackintosh lui-même.

SUB CLUB

22 Jamaica Street
✆ +44 141 248 4600
www.subclub.co.uk
Ouvert vendredi et samedi de 23h à 4h. Entrée à partir de £5.

Créée dans en 1987 par deux DJ en vogue, Sub Club est souvent présenté comme la meilleure adresse de la ville en terme d'acoustique et de qualité des invités. Il a aussi souvent reçu des récompenses internationales et est réputé être parmi les meilleurs clubs mondiaux. Sa réputation n'est plus à faire, ce qui lui permet de tout s'autoriser. On y fait jouer les labels les plus branchés et des artistes venant du monde entier devant 400 personnes. Au club s'ajoutent une maison de disque Nautilus Rising et un festival Sub Club SoundSystem.

SHARMANKA KINETIC THEATRE

103 Trongate
✆ +44 141 552 7080
www.sharmanka.com
Mercredi, 17h ; jeudi 17h30 et 19h ; vendredi 16h ; samedi et dimanche 15h30 et 17h. Plein tarif : £10.

Bienvenue dans un microcosme magique. Sharmanka est né à Saint-Pétersbourg en 1989 de l'imagination d'Eduard Bersudsky et, après avoir fasciné l'Europe entière, s'est enraciné à Glasgow. Pendant 55 minutes, vous vous évadez dans une uchronie steampunk où évoluent des personnages de bois et ferraille. La chorégraphie poétique invite à la rêverie pour les grands comme les petits. Musique envoûtante, jeux de lumières, ambiance incroyable sont au programme. Le spectacle est en anglais.

THE HOWLIN' WOLF

100 Bath Street
✆ +44 141 332 3224
www.thehowlinwolf.co.uk
Ouvert tous les jours de 12h à 3h.

Inspiré tout droit du Sud des États-Unis, ce bar de nuit met régulièrement à l'honneur le rock, le blues et la soul. La musique *live* y est fréquente et l'on peut aussi y manger un morceau, pizzas et tacos notamment. Une fois n'est pas coutume à Glasgow, on y trouve beaucoup de whiskies américains, mais aussi des cocktails et des *craft beers*, avec des références locales, mais aussi des bières importées du monde entier. Les cuisines sont ouvertes jusqu'au bout de la nuit (2h) pour satisfaire les fringales nocturnes. Des sessions *live* ont lieu tous les soirs.

THEATRE ROYAL

282 Hope Street
✆ +44 844 871 7627
www.atgtickets.com
Salle de théâtre, concerts, ballets et opéras. Tarifs préférentiels sur site web.

Inauguré en 1867 et doté d'un auditorium victorien, il est un haut lieu des arts et de la musique à Glasgow. Le Theatre Royal de Glasgow joue aussi bien des pièces de renom, écrites par Oscar Wilde, que des productions plus récentes. On y programme aussi de l'opéra, de la musique classique et des ballets, d'auteurs comme Dvorak ou Tchaïkovski. Le Scottish Ballet et le Scottish Oprera y sont régulièrement à l'affiche. Bon à savoir : les enfants de 16 ans doivent obligatoirement être accompagnés d'un adulte, et les enfants de moins de 5 ans ne sont pas admis.

ROYAL CONSERVATOIRE OF SCOTLAND

100 Renfrew Street
✆ +44 141 332 4101
www.rcs.ac.uk
Académie de musique et d'arts dramatiques. Salle de concert.

Ouvert en 1045, le *Guardian* l'a désigné en 2009 comme la meilleure académie de musique de Grande-Bretagne. C'est aussi la salle de spectacle la plus active d'Écosse, avec pas moins de 500 représentations par an. Que l'on s'y rende pour un concert, un opéra, un ballet ou du théâtre, on est assuré de voir de véritables talents sur scène. Ce conservatoire est classé parmi les 10 meilleurs mondiaux, donc les artistes que vous verrez sur scène seront probablement les grands noms de demain.

R-CADE

146 Saltmarket ✆ +44 141 552 4905
www.rcadeglasgow.com
Du jeudi au dimanche : 12h-19h. Week-end : 10h-22h (+18 ans). Tarifs en fonction des pass et âges.

R-Cade est un concept unique et insolite à Glasgow, puisque le premier café d'arcade de jeux rétro dans l'esprit japonais en Écosse. Sa spécialité va faire frémir les *geeks* : les jeux informatiques de ces 5 dernières décennies. Ils retrouveront des noms comme Atari, Nintendo, Sega, PlayStation, Xbox & Co. L'accès aux jeux se fait par zones payantes. Des tournois, des rencontres et des journées à thèmes déguisées sont régulièrement organisées. Le lieu a aussi son café librement accessible, même aux non-joueurs, avec une carte typique de snack-bar japonais.

LANARK ★★

La postérité de Lanark lui vient principalement du petit village adjacent de New Lanark. Dès le début du XIXe siècle, on y trouvait la plus importante production de coton d'Écosse et Robert Owen en fit un laboratoire mondialement connu du Socialisme Utopique. En 2001, les anciens sites industriels et les logements ont été classés au patrimoine mondial de l'Unesco, pour leur grande valeur historique.

Transports

Lanark se situe à 55 minutes de la gare de Glasgow Central par le train (www.scotrail.co.uk). Une fois dans le bourg, on est à 2,5 km des attractions de New Lanark. Le bus 135 (Stuarts of Carluke) part une fois par heure à côté de l'Office de tourisme.

CRAIGNETHAN CASTLE

Lesmahagow

✆ +44 155 586 0364

7j/7 d'avril à septembre, 9h30-17h30 (dernière admission à 17h). Adultes : £6, réduits : £4,80, enfants : £3,60.

Construit au début du XVIe siècle, ce château était très en avance sur son temps. Son créateur et propriétaire, Sir James Hamilton of Finnart, avait passé ses jeunes années à l'étranger pour parfaire ses connaissances en architecture et fortification. Quand son père mourut en 1529, il revint en Écosse pour devenir l'un des plus puissants lords du sud et ami du roi James V. Il tomba en disgrâce et fut exécuté en 1540. Ses descendants occupèrent Craignethan Castle jusqu'en 1579. L'édifice fut immortalisé par Sir Walter Scott dans *Les Puritains d'Écosse* (1816).

FALLS OF CLYDE WILDLIFE RESERVE ★

New Lanark Road

✆ +44 155 566 5262

www.scottishwildlifetrust.org.uk

Visitor Centre ouvert tous les jours de 10h à 16h. Entrée : £3.

Ce *visitor centre* délivre de précieuses informations sur la réserve naturelle de la vallée et son histoire. Plusieurs espèces comme des blaireaux, des chauves-souris et des faucons y vivent notamment et sont observables selon les saisons et le moment de la journée. Ses cascades ont inspiré les peintres Turner et Wordsworth dans leur art. Dundaff Linn, Corra Linn et Bonnington Linn sont notamment accessibles. On s'y rend via plusieurs sentiers pédestres qui sillonnent la zone.

NEW LANARK WORLD HERITAGE SITE ★★

New Lanark Road

✆ +44 155 566 1345

www.newlanark.org

7j/7. Novembre-mars : 10h-16h ; avril-octobre : 10h-17h. Adulte : £13,50, réduit : £10, enfant : £6.

Classé au patrimoine mondial de l'Unesco en 2001, le village de New Lanark fut fondé en 1786 par David Dale, qui y implanta une usine de coton et des logements. En 1799, le site était déjà devenu le plus important producteur cotonnier d'Écosse et l'un des plus vastes groupes industriels du monde, avec 2000 employés. Il s'appuyait sur la rivière de la Clyde pour lui fournir son énergie. En 1800, Robert Owen, le beau-fils de Dale, en devint le manager. Ce philanthrope gallois était très influencé par les mouvements réformistes et fut l'un des grands défenseurs du Socialisme Utopique, dont l'Owénisme est un courant. Il instaura à New Lanark un modèle social très poussé pour venir en aide aux 2 500 personnes qui vivaient sur place. Il s'occupa tout particulièrement des enfants, pour qui il a ouvert la première école maternelle de Grande-Bretagne, en 1817. Le grand succès économique de New Lanark contribua à en faire un modèle dans toute l'Europe, si bien que de nombreux penseurs et décideurs s'y rendirent pour constater qu'une autre réalité était possible. En 1825, la famille Walker prit contrôle de la production. À partir de 1881, plusieurs entreprises s'y succédèrent jusqu'à la fermeture de l'usine qui n'était plus rentable, en 1968. Aujourd'hui, l'admission donne accès au *visitor centre*, qui retrace l'épopée du village, la maison de Owen, à celles de travailleurs dans les années 1820 et 1930, à l'école et aux ateliers. Il y a également une boutique d'époque et un café.

DANS LES PAS DE WILLIAM WALLACE

Étape 1 du circuit : St Kentigerns Church.

✆ +44 1555 661661

http://lanark.co.uk

Livret de visite disponible sur le web et dans le Visitor centre de Lanark.

Pour les amoureux d'histoire, la ville de Lanark a créé un parcours historique sur les traces du héros écossais. Vous marcherez dans ces pas et découvrirez l'église de St Kentigerns : c'est là que William Wallace a vu pour la première fois Marion Cornelia Braidfute. Vous visiterez ensuite l'église St Nicholas, qui détient la plus vieille cloche d'Europe, puis la maison où le couple a vécu (en haut de Castlegate), les vestiges du château de Lanark, et la grotte où il se serait réfugié.

New Lanark World Heritage Site.

WEE ROW HOSTEL €

Wee Row
✆ +44 155 566 6710
www.hostellingscotland.org.uk
De mars à octobre. Chambre double à partir de £70. Petit déjeuner complet à £9,95/personne. Wifi. Parking.

Au cœur du site classé de New Lanark, cette auberge de jeunesse occupe des habitations ouvrières restaurées du XVIIIe siècle. Elle propose plusieurs types de chambres – avec lits jumeaux, chambres doubles, triples et quadruples – ou dortoirs (18 espaces au total), un studio avec kitchenette, ainsi que des espaces communs : salles à manger et salons. Chaque chambre a sa salle de bain et les draps et serviettes sont fournis à l'arrivée. Le petit déjeuner est à la carte ou en buffet à volonté. Le *visitor centre* de l'Unesco est juste à côté.

NEW LANARK MILL HOTEL €€

1 New Lanark Mills
✆ +44 155 566 7200
newlanarkhotel.co.uk
38 chambres. Chambres doubles dès £127. Petit déjeuner inclus. Parking et Wi-fi.

Le New Lanark Mill Hotel a habilement pris avantage de ses murs chargés d'histoire, dans un ancien bâtiment de production du village, pour aménager 38 belles chambres, doubles et familiales, avec salles de bain et mobilier contemporain. Les vues sur la Clyde sont imprenables et l'établissement possède également un restaurant, une salle de sport, un sauna, un hammam et une piscine de 16 m. On trouve même une grande terrasse sur le toit. Vous pourrez aussi choisir l'un des 8 cottages indépendants surplombant la rivière Clyde (séjour de 2 nuits minimum).

ROUTE 36 €

36 Wellgate
✆ +44 155 566 1600
www.route36lanark.co.uk
Ouvert 7j/7 10h-13h30 et 17h30-21h, samedi 10h-21h, le dimanche 10h-20h. Plats de £7 à £12.

Route 36 clame haut et fort ses influences américaines et sert une nourriture d'outre-Atlantique appréciée par les locaux et les voyageurs. Les burgers de toutes sortes sont le fer de lance de la carte, mais l'on peut aussi opter pour un sandwich, un hot-dog, des nachos, des fajitas ou une salade. Le tout est à prix très raisonnable et dans une ambiance relax. Les enfants ont des plats spécialement pour eux à prix encore plus petits. Gardez un peu de place pour un *milkshake* en dessert : parfum *banoffee* ou *toffee waffle* ? Pensez à regarder les bons plans du jour.

INN ON THE LOCH €€

179 Hyndford road
✆ +44 1555 663638
www.innontheloch.com
Ouvert 7j/7, 10h-22h, 23h le vendredi et samedi. Plats dès £11,95.

Vous pourrez déjeuner dans le restaurant du Inn on the Loch, qui se situe à l'étage du bâtiment, avec une vue surplombant le parcours de golf et le loch, à moins que vous ne préfériez le décor moderne du pub. Les plats proposés valorisent le terroir écossais et la culture culinaire du pub. Plusieurs menus sont disponibles : une carte généraliste, une carte enfants et une carte spécialement conçue pour les personnes intolérantes au gluten, au lactose et végans. Le dimanche, c'est un menu spécial qui est proposé, avec le traditionnel rôti et des desserts typiques.

BIGGAR ★

À la frontière des Borders, Biggar occupe un emplacement stratégique, à proximité directe des rivière Tweed et Clyde. Elle fait un excellent point de départ pour découvrir la région, puisque la Clyde Valley Tourist Road y passe. Vous suivrez la rivière en direction de la côte en passant par une série de villes et de sites naturels ou historiques. La traversée des Borders peut durer d'une après-midi à plusieurs jours. La ville est connue pour son Biggar Little Festival en octobre (danse, arts, artisanat, théâtre et littérature), son feu de joie pour Hogmanay et son théâtre permanent de marionnettes. Les fous d'histoire suivront le Heritage Trail.

BIGGAR PUPPET THEATRE

Dene Park

✆ +44 1899 220631

www.purvespuppets.com

Programme en ligne. Entrée adulte dès £12, enfant dès £10. Musée : £6 (sur réservation, 4 personnes minimum).

Le Biggar Puppet Theatre est une institution qui dépasse de loin les frontières de Biggar, puisqu'elle est connue dans le monde entier et tourne régulièrement à l'international. Il est aussi le seul établissement du genre en Écosse. Depuis 40 ans, les spectacles font vibrer l'âme d'enfant de leurs spectateurs et les invitent à des voyages poétiques. Il s'agit de spectacles avec des marionnettes de grande taille, manipulées dans le style Bunraku, conçus certes pour les enfants, mais largement appréciés et plébiscités par les adultes.

BIGGAR & UPPER CLYDESDALE MUSEUM

156 High Street

✆ +44 189 922 1050

www.biggarmuseumtrust.co.uk

Avril-déc : mardi-samedi 10h-17h, dim. 13h-17h. Janv.-mars : samedi 10h-17h & dim. 13h-17h. Adulte £5. Enfant £2.

Ouvert à l'été 2015, c'est le musée de toute une région, dans la vallée de la Clyde. Ses collections diverses explorent 14 000 ans d'histoire en zone rurale et dans les petits villages des environs, de la Préhistoire au milieu du XXe siècle. Les premiers hommes d'Écosse, les fermiers du Néolithique, les âges de Bronze et de Fer, les Romains, le Moyen Âge, l'ère victorienne, les guerres mondiales sont ici abordés, au travers d'objets d'époque et de reconstitutions.

BRAEFIELD BED & BREAKFAST €€

Cormiston Road ✆ +44 189 922 1313

www.braefield.me.uk

Chambre simple à partir de £55, double à partir de £90. Petit déjeuner inclus. Wifi. Parking. Dîner dès £15.

Dans une grande maison de campagne, Braefield dispose de deux belles chambres doubles avec, avec TV, plateau de courtoisie, salles de bains privatives, dont une sur le palier. Caroline et David s'y sont installés en 2007 et ont procédé à d'importantes rénovations pour rendre l'espace toujours plus appréciable. Le petit déjeuner est particulièrement salué, de même que la literie très confortable. Envie d'un panier-repas ou d'un pique-nique ? Caroline vous le prépare sur demande.

BIGGAR GASWORKS MUSEUM

Gasworks Road

✆ +44 189 922 1070

Ouvert d'avril à septembre, samedi et dimanche, 13h-17h. Adultes : £5,50, réduit : £4, enfant : £2.50

En service de 1839 à 1973 – parmi les premières à voir le jour et les dernières à avoir fermé –, cette usine de gaz de houille en Écosse est présentée dans cette attraction tournée vers le passé industriel de Biggar. Inchangée depuis sa fermeture, on y découvre une activité capitale de l'ère victorienne, pour éclairer les rues et les logements. Les pelles et les brouettes n'ont pas bougé, et l'on peut aussi voir les machines, dont certaines en fonctionnement, appréhender les techniques de production et respirer cette odeur particulière qu'on ne connaît plus.

THE KIRKSTYLE HOTEL €€

72 Hight Street

✆ +44 1899 220552

www.kirkstylehotel.com

Dès £85 la chambre double avec salle de bains. Wi-fi gratuit. Petit déjeuner inclus.

Cet hôtel de Biggar est situé en plein cœur de Biggar. Ancien bâtiment victorien, il détient un charme indéniable. Chaque chambre est unique, avec une décoration conçue avec élégance et simplicité, dans une recherche permanente d'authenticité et de confort. Les chambres sont avec vue sur jardin ou sur rue, et calmes. Le stationnement peut se faire à proximité, dans la rue, et est gratuit. Si vous souhaitez dîner ou prendre un verre, vos hôtes pourront réserver pour vous un restaurant à 2 minutes à pied, qui est aussi un excellent pub : The Crown Inn.

CORNHILL CASTLE HOTEL €€€

Coulter Road
✆ +44 1899 220001
www.cornhillcastle.co.uk
Chambres dès £243 avec petit déjeuner. Parking et wi-fi gratuit. Restaurant gastronomique.

Ce magnifique hôtel prend place dans un château sur la Clyde. Il accueille ses visiteurs à la nuitée, mais aussi pour des séjours thématiques : séjour cyclisme, séjour pêche et séjour campagne, pour profiter pleinement du cadre et se détendre dans un décor somptueux. Chaque chambre prend le nom d'un château écossais de renom, et l'hôtel dispose même d'une suite nuptiale, baptisée Balmoral. En effet, il est aussi lieu de mariage et établissement prisé pour les lunes de miel. À s'offrir pour un séjour au comble du romantisme !

BIG RED BARN €

Elsrickle
✆ +44 1968 682291
www.thebigredbarncompany.co.uk
Ouvert du mardi au dimanche, de 17h à 22h15 (à partir de 12h le week-end).
Plat à partir de £8,95.

Faites une pause dans un sympathique café de campagne. Il est situé dans un hangar à la toiture rouge et offre une carte simple et efficace de plats à petits prix pour tous les appétits. Tout a été sélectionné avec attention et l'on ne vous servira que des produits locaux, de saison et du fait-maison. Le lieu est plus qu'un café : vous pourrez aussi prendre un pique-nique à emporter et aller vous balader dans les bois environnants (80 ha) et profiter des superbes vues sur les Pentland Hills. À cela s'ajoute une boutique avec des idées cadeaux 100 % scottish.

THE CROWN INN €€

109-11 High Street
✆ +44 189 922 0116
www.thecrownbiggar.co.uk
7j/7, 11h-Tard. Cuisine ouverte 11h-20h.
4 tapas : £25.

Le Crown Inn est le pub favori des gens du coin pour manger ou boire un coup. La carte est assez variée, avec de grands classiques, tels le *fish & chips* ou les pâtes au fromage, mais aussi des viandes, des burgers et même des pizzas. La déco est on ne peut plus écossaise et l'atmosphère est aussi conviviale que locale. Les amateurs de bière ne seront pas non plus en reste. En effet, l'établissement a été désigné par la CAMRA Pub de l'année 2016 du Lanarkshire, vainqueur régional 2017 pour l'Ouest & Glasgow et a été finaliste des Great British Pub Awards en 2019.

KILMARNOCK ★

Si c'est la quinzième ville la plus peuplée d'Écosse, Kilmarnock est notamment connue pour être le lieu de naissance du whisky Johnnie Walker. Bien que vous ne pourrez pas visiter la distillerie, car elle a fermé en 2012 après 192 ans de fonctionnement, la ville et ses environs valent le détour et regorgent de sites historiques, naturels et culturels intéressants : Dean Castle, le Burns Monument Centre, le Dick Institute (galerie et musée), Dundonald Castle, ses parcs (Kay Park, Howard Park) et son viaduc. Le centre-ville est très agréable, avec de nombreuses boutiques indépendantes. Kilmarnock FC est le plus vieux club professionnel écossais.

BURNS MONUMENT CENTRE

Burns Monument Centre, Kay Park, Kilmarnock,
https://burnsmonumentcentre.co.uk
Du lundi au jeudi de 9h15 à 16h45 (15h45 le vendredi). Le samedi de 10h à 16h. Fermé le dimanche. Gratuit.

Ce lieu sera à privilégier pour les férus de patrimoine de pays ou les généalogistes en herbe. Il dispose de nombreuses ressources sur l'histoire de la région, avec journaux, cartes, photographies, livres, archives officielles et non officielles. Si vous devez faire des recherches en généalogie, vous êtes au bon endroit. En son cœur est érigée la statue de Robert Burns, pièce maîtresse du monument original érigé en 1879. Le seul lieu d'Écosse à regrouper des archives vieilles de plus de 500 ans. Pour £15, vous pouvez même faire des recherches généalogiques.

CLYDE MUIRSHIEL REGIONAL PARK

✆ +44 150 584 2803
Parking gratuit.

Clyde Muirshiel Regional Park est le plus grand parc régional d'Écosse. Il s'étend sur 280 km², à l'ouest de Glasgow. S'il comporte une frange côtière sympathique à Lunderston Bay, l'essentiel de ses activités se trouve dans les terres, où les collines, qui culminent à 522 m, sont propices à la marche et aux sorties vélo. Trois routes parcourent le parc : les Single Track Roads de Greenock à Largs et de Dalry à Fairlie, ainsi que l'A760 de Kilbirnie à Largs.

DEAN CASTLE COUNTRY PARK

Dean Road
✆ +44 156 355 4736
eastayrshireleisure.com
7j/7, 9h30-15h30 (dimanche : 10h30-16h30). Gratuit.

On vient aussi bien au Dean Castle pour son joli parc arboré de 80 hectares, très fréquenté des familles, que pour ses vieux murs du XIVe siècle. Siège de la famille Boyd, on y trouve d'intéressantes collections d'armes, d'armures, de tapisseries et d'instruments de musique. Idéal pour une sortie à la fois bucolique et historique. Il y a une *tearoom* au *visitor centre*. Entre la visite du château, les balades dans l'immense parc, le Adventure Play Space pour les enfants et la ferme aux animaux, on peut facilement y passer la journée.

DUNDONALD CASTLE

Winehouse Yett
✆ +44 1563 851489
Ouvert 7j/7. D'avril à octobre : 9h30-17h30. De novembre à mars : 10h-16h. £7/adulte. £6/réduit. £5/enfant.

Ce château en ruine haut perché a été construit par Robert II dans les années 1370, peu de temps après son accession au trône. De par sa situation sur un promontoire, il offre une superbe vue sur la campagne environnante et le Firth of Clyde. La visite permet de découvrir l'histoire du lieu et l'édifice, de pièce en pièce. Les alentours aussi sont intéressants et méritent que l'on chausse de bonnes chaussures : Dundonald Woodland (grande forêt de feuillus), accès au château d'Auchans (vestiges), marche sur Smuggler's Trail (dépliants au château).

THE DICK INSTITUTE

Elmbank Ave
✆ +44 1563 554057
Ouvert du mardi au samedi. Parking gratuit. Café. Entrée gratuite. Horaires à vérifier.

Le programme des expositions du Dick Institute est très varié. La galerie principale accueille des expositions itinérantes mises à disposition par les institutions nationales, ainsi que des spectacles réguliers. Les autres galeries sont semi-permanentes et valorisent le patrimoine social et naturel de l'East Ayrshire. En 2023, le musée fête les 10 ans de l'exposition printanière. À cette occasion, elle mettra en avant le travail des artistes régionaux, permettant aux visiteurs d'avoir un aperçu des pratiques contemporaines aux travers des plus belles œuvres.

THE WESTON TAVERN & RESTAURANT €€

25-27 Main Street
✆ +44 1563 538 805
westontavern.co.uk
Ouvert 7j/7, 8h-00h. Plat dès £12,95.

Le Weston est un lieu chargé d'histoire, puisqu'il était la demeure des Kilmaurs, notamment du ministre réformiste David Smyton. L'édifice a été transformé avec soin en un magnifique pub et restaurant authentique. John Cairns et son équipe vous accueillent toute la journée et la soirée pour un petit déjeuner, un verre, un burger, une assiette à partager... Le bar a été désigné Meilleur Pub indépendant d'Écosse et a été finaliste pour le meilleur restaurant familial en 2018.

Kilmarnock.

TROON

Cette ville portuaire est une station balnéaire prisée. Elle est très vivante l'été, avec une belle esplanade le long de la plage, un port animé avec un marché aux poissons renommé, des boutiques et pubs originaux... The Royal Troon Golf Course est réputé pour son 18-trous accueillant des tournois internationaux. C'est la première gare ferroviaire en Écosse à avoir ouvert ses portes au transport des passagers : construite au XIXe siècle en tant que station côtière de la toute première ligne de chemin de fer, Kilmarnock–Troon, elle assurait le lien avec la gare maritime. Les accros à la série *Outlander* retrouveront les paysages de la fin de la saison 1.

SANDHILL HOUSE B&B €€

✆ +44 1292 311801

www.sandhillhouse.com

Dès £40/nuit/personne, petit déjeuner inclus. Gîtes et chambres.

Cette belle maison de campagne contemporaine vous reçoit dans un superbe édifice avec vue spectaculaire sur le parcours de golf et la mer. L'établissement a été primé parmi les meilleurs B&B du pays. Les chambres sont décorées et agencées avec goût et un vrai souci de confort : elles sont spacieuses et mettent à votre disposition peignoir, sèche-cheveux, plateau de courtoisie, TV [avec Netflix]. Le Mews Cottage est la solution parfaite pour un séjour entre amis ou en famille [3 chambres, coin salon, salle à manger et cuisine], en toute autonomie.

SOUTH BEACH HOTEL €€

73 South Beach

✆ +44 129 231 2033

www.southbeach.co.uk

Chambre simple à partir de £110, double à partir de £80. Petit déjeuner inclus. Wifi. Parking.

Cet hôtel, facile d'accès, est situé dans le quartier touristique de la ville, à deux pas de la plage et du centre. Il dispose de 32 chambres [simples, doubles, twin et accessibles PMR, suites, vue sur mer], simples et confortables. Toutes ont une salle de bains privative attenante et sont équipées de TV, plateau de courtoisie, sèche-cheveux. Les résidents ont accès au salon, qui donne sur le jardin. L'établissement a aussi son restaurant où produits frais et locaux sont à l'honneur, de même qu'une belle carte de bières et whiskies écossais.

PIERSLAND HOUSE HOTEL €€€

Craigend Road

✆ +44 129 231 4747

www.piersland.co.uk

Chambre double à partir de £126. Petit déjeuner inclus. Wifi. Parking.

Construit en 1899, c'est l'une des meilleures demeures d'Écosse pour goûter aux fameux malts. Logique, quand on sait que c'était la résidence de la famille Johnnie Walker [fondatrice du whisky éponyme] ! L'hôtel dispose de deux restaurants : Pierslan's Walker Bar & Restaurant et Red Bowl Restaurant, pour deux ambiances différentes. Les chambres ont un style très classique, comme l'ensemble de l'établissement. Profitez de votre séjour pour flâner dans le magnifique parc de l'établissement. Le lieu, très réputé, est souvent réservé pour des mariages.

Parc public de la ville de Troon.

THE HARBOUR BAR €

169-173 Templehill
www.harbourbartroon.co.uk
Ouvert 7j/7, 11h-1h, samedi et dimanche : 9h-1h. Plat à partir de £9.

The Harbour Bar est une institution à Troon. Établissement familial, il est apprécié aussi bien des habitants de Troon que des visiteurs qui tous sont unanimes sur la qualité de son accueil, la convivialité et le bon rapport qualité-prix des plats. Le bar se distingue notamment par un vaste choix de bières, cidres, rhums, whiskies et gins. Des concerts avec de la musique live sont régulièrement organisés, de même que des retransmissions de matchs ou des soirées quiz. Si vous venez en famille, sachez que les enfants ne sont plus admis après 21h.

SCOTTS BAR & RESTAURANT €€

Harbour Road ✆ +44 1292 315 315
www.scotts-troon.co.uk
Du lundi au vendredi à partir de 9h. Plat à partir de £8,95.

Vous aurez l'impression de monter à bord d'un navire en pénétrant dans ce pub-restaurant. Le décor est élégant et raffiné et l'on se laisse volontiers embarquer par la carte, très variée, qui conviendra à tous les budgets. Le midi, vous choisirez entre des snacks ou les plats à la carte mettant en valeur les produits locaux et de saison. Carte et menus sont régulièrement revus, toujours avec des ingrédients de premier choix. Côté boissons, vous pourrez vous laisser tenter par l'un des nombreux cocktails maison, ou par des bières et gins produits localement.

ROYAL TROON GOLF CLUB

Craigend Road
✆ +44 129 231 1555
www.royaltroon.com
Greenfee à partir de £55. Réservations en amont obligatoire.

Sport et traditions se conjuguent parfaitement dans ce club. Il a ouvert ses portes en 1878 et a obtenu le statut royal un siècle plus tard en 1978. En 2006, il accueillait le 145e Open Championship. On le considère comme l'un des parcours les plus exigeants et les plus prestigieux. Old Course, très venteux, est une véritable épreuve à relever. Le parcours de Portland est plus accessible. Les visiteurs sont les bienvenus, mais à certaines conditions : âge minimum de 12 ans, niveau minimum, code vestimentaire à respecter. La réservation en amont est obligatoire.

AYR ★★

Capitale historique de l'Ayrshire et plus grande ville du sud de l'Écosse, Ayr a été officiellement fondée en 1205. Elle a accueilli la première session du Parlement écossais en 1315, mais sa renommée est surtout due à Robert Burns, le plus célèbre barde écossais, né en 1759 dans le quartier d'Alloway. Elle attire de nombreux habitants des environs pour son shopping, son université, mais aussi sa longue plage qui s'étire sur sa côte ouest. Les activités touristiques n'y sont cependant pas légion et elle séduit principalement les amateurs de littérature. Il faudra quitter le centre pour aller découvrir le patrimoine architectural de son arrière-pays.

CULZEAN CASTLE & COUNTRY PARK ★★

Maybole ✆ +44 165 588 4455
www.nts.org.uk
Ouvert tous les jours d'avril à octobre de 10h30 à 16h30. Adulte : £9,75, réduit : £7,15, famille : £25,15.

Le Culzean Castle est une petite merveille architecturale qui se dresse fièrement sur les falaises dominant le Firth of Clyde. Place forte de la famille Kennedy depuis le XIVe siècle, il fut entièrement remodelé entre 1770 et 1792 par l'éblouissant Robert Adam. La transformation devait refléter la richesse de son propriétaire, qui n'a pas lésiné sur les moyens engagés. Malheureusement, ni lui, ni l'architecte n'ont survécu pour voir l'œuvre arriver à son terme. Pourtant, la place de l'édifice est telle dans le patrimoine écossais qu'on le retrouve même sur certains billets de £5. On passe facilement la journée à arpenter ses pièces et son parc de 260 hectares, où se trouvent une orangerie, un jardin clos, des serres, un lac, un parc avec des cerfs, des falaises, plages et même une grotte. Le général et président américain Eisenhower lui-même y a séjourné plusieurs fois et s'y est vu offrir des appartements à vie, pour son rôle décisif dans la Seconde Guerre mondiale. Lors de votre visite, ne manquez pas le splendide escalier ovale, l'armurerie avec sa collection de pistolets et d'épées militaires et la Round Drawing Room.

▶ **Avec des enfants** : Deux aires de jeux devraient faire leur bonheur : Adventure Cove et Wild Woodland. Cabanes, toboggans, labyrinthe, escalade, aventure dans les arbres : ils en redemanderont !

▶ **Parc seul** : Il est aussi possible, selon le temps dont vous disposez, de ne visiter que le parc du domaine. Vous bénéficierez alors d'un tarif réduit (£3/adulte).

© LOUISE MCGILVIRAY - FOTOLIA

Château Culzean.

DUMFRIES HOUSE ★

Cumnock ✆ +44 129 042 5959

www.dumfries-house.org.uk

Parc en accès libre. Visites guidées pour la demeure.

Villa palladienne des années 1750, Dumfries House fut construite par les incontournables John et Robert Adam, avec des intérieurs décorés par Thomas Chippendale. Certaines pièces ont été estimées à 4 millions de £ ! Initialement commandée pour William Dalrymple, comte de Dumfries, elle passa aux mains des marquis de Bute en 1814. Quand le 7e marquis décida de vendre la demeure en 2007, son sort et celui de son remarquable mobilier fut plus qu'incertain. Le Prince Charles lui-même, duc de Rothesay, se mobilisa pour sa préservation et son ouverture au public. On voit d'ailleurs certaines de ses aquarelles dans l'un des salons. Depuis 2008, quatre visites différentes (toutes en anglais) sont organisées dans cet édifice symbolique des Lumières écossaises, qui comprend, en outre, 200 hectares du parc original, avec promenades et un jardin clos.

- **Coup de cœur spécial** : Un encas s'impose dans le café de Dumfries House, puisqu'il vous sera servi dans les anciennes écuries, les tables étant disposées dans les box où étaient autrefois les chevaux. On peut encore même lire leurs noms.
- **Côté parc** : Vous pourrez passer une journée entière ici, entre la maison et l'immense parc. Les familles profiteront du parc d'aventure pour enfants et de la ferme éducative. Les amoureux de jardins arpenteront le jardin d'inspiration chinoise (avec son pont), l'arboretum, les Rothesay gardens et le Queen Elisabeth Walled Garden.
- **Séjourner à Dumfries House** : 22 magnifiques **guest rooms** sont désormais disponibles à la nuitée, (B&B dès £170/nuit).

DUNURE CASTLE

Dunure

Accès libre.

En ruines depuis plus de 300 ans, ce château n'en demeure pas moins particulièrement imposant et impressionnant, en surplomb de la mer. Il était autrefois plus important que Culzean Castle, son célèbre voisin. Ses origines remonteraient à 1200. La famille Kennedy y prospéra. Mary Queen of Scots y aurait séjourné 3 jours à partir du 4 août 1563, comme invitée de Gilbert Kennedy. Le château a été le théâtre de combats et l'objet de nombreux conflits. Il devient une ruine vers 1700 et est utilisé comme carrière avant de devenir un site romantique.

ROBERT BURNS BIRTHPLACE MUSEUM ★★

Murdoch's Lone

✆ +44 129 244 3700

www.burnsmuseum.org.uk

Musée : 7j/7 10h-17h. Cottage : 11h-17h
Adulte : £11,50, réduit : £8,50, famille : £20,50.
Cottage : 11h-17h.

Considéré comme un pionnier du romantisme, Robert Burns fut très longtemps un paysan et un jardinier. Il puise dans ce lien à la nature et à son terroir pour écrire des œuvres de renom, comme *Ce n'est qu'un au revoir* ou *Tam O'Shanter*. Le vaste musée réunit quelque 5 000 objets qui lui sont liés : manuscrits, portraits ou effets personnels. On y visite aussi le cottage qui l'a vu naître, le 25 janvier 1759, et où il a passé sept ans de son enfance.

BYTHESEA GUEST HOUSE €

16 Queen's Terrace
✆ +44 7515 286171
www.bytheseaayr.com
Parking gratuit. Petit déjeuner inclus. Chambre double dès £100.

Cette guest house récemment rénovée offre un confort **** pour des prix très accessibles. Elle est idéalement située à une rue de la plage d'Ayr et de sa promenade, et à 5 min à pied du centre-ville et de son animation. L'établissement est familial, et vous êtes accueillis chaleureusement. Des espaces communs (salon et terrasse) permettent de lier connaissance avec les hôtes et entre résidents. Les chambres ont toute leur salle de bains privative, leur plateau de courtoisie, la TV, un réfrigérateur, un coffre-fort, et certaines ont vue sur la mer.

INVERLEA GUEST HOUSE €

42 Carrick Road
✆ +44 129 226 6756
www.inverlea.co.uk
Chambre double à partir de £80. Petit déjeuner inclus. Parking et Wi-fi.

À une dizaine de minutes de marche de l'hyper-centre, Inverlea Guest House est une maison de ville typique avec huit chambres simples, doubles, triples et quadruples, tout confort. Certaines partagent leur salle de bains, mais toutes offrent le standing attendu d'un bed & breakfast digne de ce nom. L'aménagement est moderne, mariant l'authenticité d'un B&B écossais et la modernité, et l'accueil est chaleureux. Vos hôtes se feront un plaisir de vous recommander pubs, restaurants, excursions, pour vous permettre de profiter de toutes les richesses de l'Ayrshire.

ABBOTSFORD HOTEL €€

14 Corsehill Road
✆ +44 1292 261 506
www.abbotsfordhotel.co.uk
Chambre double à partir de £80. Petit déjeuner inclus.

Situé à 10 minutes du centre-ville et proche des terrains de golf, cet hôtel, avec sa façade blanche rehaussée de vigne vierge et ses tourelles, dispose de 14 chambres dont 2 familiales. Toutes ont leur salle de bains attenante et privative.

Le restaurant Bell's Wynd restaurant a été reconnu pour la qualité de ses mets et ses portions généreuses. Le Copper Bar, au rez-de-chaussée, est un haut lieu de convivialité locale, apprécié par les habitants d'Ayr comme par les touristes, pour son large choix de *real ales* et de whiskies écossais.

SAVOY PARK HOTEL €€

16 Racecourse Road
✆ +44 129 226 6112
www.savoypark.com
Chambre double à partir de £102. Petit déjeuner inclus. Wifi. Parking.

L'excellent Savoy Park Hotel est l'un des établissements les plus cotés du coin depuis plus de 50 ans. Depuis un demi-siècle, c'est la même famille, la famille Henderson, qui est à sa tête. Sa devanture aux aires de manoir renferme 15 chambres de qualité, avec salles d'eau et une décoration de goût. Il y a également un restaurant à disposition – avec d'excellents plats faits maison –, une réception 24h/24 avec portiers et un jardin sur place. Les chambres sont confortables, avec une décoration élégante. Le centre-ville et la plage ne sont qu'à quelques pas.

WESTERN HOUSE HOTEL €€€

66 Craigie Road
✆ +44 1292 294 990
www.westernhousehotel.co.uk
Compter £179 pour une chambre double avec petit déjeuner.

Entouré de terrains de golf, à proximité d'un des plus réputés champs de courses et à 5 km seulement de l'aéroport de Prestwick, cet hôtel possède un restaurant de très bonne qualité ainsi qu'un espace bar. Il dispose de 49 chambres tout confort, décorées avec goût et nommées selon le nom de célèbres hippodromes. Tout est pensé pour rendre votre séjour agréable : plateau de courtoisie, peignoirs, chaussons, sèche-cheveux, coffre-fort, mini-bar. En tant que client de l'hôtel, vous pourrez accéder gratuitement à la salle de gym The Gym Group, à Heathfield park.

THE TREE HOUSE €

67-69 Sandgate
✆ +44 1292 288 500
www.thetreehouse-ayr.co.uk
Ouvert 7j/7, de 9h à 23h (10h le dimanche). Plat à partir de £12,50.

À la fois glamour et décontracté, le Tree House a tout pour plaire. Son décor très moderne le rend très agréable pour une pause gourmande ou désaltérante à tout moment de la journée. Vous pourrez y prendre un déjeuner rapide à prix midi, découvrir une carte gastro-pub le soir ou passer la soirée dans l'espace pub, où la sélection de boissons mêle authenticité et modernité. Dans l'assiette, c'est produits frais, production locale et inspiration aussi bien territoriale qu'internationale. Les animations au pub sont régulières : sessions live, quiz...

STAGE DOOR CAFE €€

12 Carrick Street
✆ +44 129 228 0444
www.stagedoorcafe.co.uk
Du lundi au dimanche de 10h à 23h, 21h les mardis et mercredis. Plats à partir de £12.

Au sein du Gaiety Theatre, voici un restaurant un peu plus sophistiqué que l'offre de Ayr, pour bien manger à n'importe quelle heure de la journée. On y vient aussi bien pour le petit déjeuner que pour un repas le midi ou le soir et la carte mixe les influences, sans oublier son ancrage écossais. Tout est fait maison, avec des produits locaux rigoureusement sélectionnés, le tout servi en portions généreuses. Le menu change régulièrement et l'ambiance demeure décontractée, dans une décoration épurée, avec un personnel très sympathique.

THE FOX & WILLOW €€

46 Carrick Road
www.thefoxandwillow.co.uk
Ouvert 7j/7, de 9h à 00h30. Plat dès £15,50.

Ce restaurant est aussi un pub et un hôtel de charme. Côté pub, vous pourrez déguster cocktails, bières artisanales & Co. Côté restaurant – baptisé No22 –, la carte s'étend du petit déjeuner au dîner, avec ses variantes : menu végétarien, menu « rôti du dimanche », « steak night » le mercredi, « pizza vs pasta » le mardi... La carte allie les saveurs écossaises traditionnelles aux touches multiculturelles : un peu d'inspiration italienne, des épices d'Inde, une pincée de gastronomie française, mais surtout de la gourmandise et de la générosité dans les assiettes !

THE RUPEE ROOM €€

26A Wellington Square
✆ +44 1292 283002
www.therupeeroom.com
Ouvert 7j/7, du dimanche au jeudi : 14h-23h, vendredi & samedi : 12h-23h. Réservation en ligne. Entre £5,50 et £17,50.

Ce restaurant indien bénéficie d'une excellente renommée, en faisant l'un des meilleurs de la côte Ouest. La carte offre un très vaste choix, et les plats, tout de couleurs et d'épices, sont particulièrement savoureux. Les portions sont généreuses et l'on sent qu'on ne lésine pas sur la qualité des produits. Le personnel est à l'écoute et sait conseiller les néophytes sur les plats à tester, selon leur sensibilité. L'établissement propose des offres spéciales *tea time* et un tarif réduit pour un repas pris entre 14h30 et 18h.

VITO'S €€

25 Burns Statue Square
✆ +44 129 229 0777
www.vitosayr.co.uk
Du mercredi au dimanche de 10h30 à 20h. Plat à partir de £10.

Cette adresse italienne classique se trouve sur la place centrale de la ville, à quelques mètres de la gare. Elle n'a l'air de rien de l'extérieur, mais elle sait séduire et fidéliser ses clients. On y sert des pâtes, des pizzas, des burgers, des viandes et des poissons, avec des offres très attractives le midi. Les plats ne sont pas forcément très inventifs, mais il y a beaucoup de choix et à bons prix, le tout avec des saveurs au rendez-vous. La salle à l'étage se prête plus aux dîners. Le staff est sympathique et chaleureux.

TURNBERRY

En suivant l'A77, on arrive à Turnberry, réputé surtout pour ses greens où se déroulent les plus prestigieux championnats internationaux de golf. Créé en 1906, ce complexe sportif transformé en luxueux resort de golf appartient désormais à l'ancien président américain Donald Trump, d'où son nom (Trump Turnberry). Pour les voyageurs voulant s'offrir une luxueuse escapade golf, c'est ici ! L'A719 se dirige ensuite vers Ayr en passant par le fameux Electric Brae, entre Drumshang et Knoweside : une pente où les lois de la gravité semblent s'inverser. Effet garanti ! On peut faire un petit détour du côté de la mer pour voir les ruines de Dunure Castle.

© SIMON MCKEE - SHUTTERSTOCK.COM

Le phare à Turnberry.

STRANRAER ★

Stanraer est la seconde ville de la région. Parmi les sites à visiter, il faut citer les Castle Kennedy Gardens, le jardin botanique de Logan, le Castle of St John ou encore le phare de Mull of Galloway. Les familles avec jeunes enfants s'offriront une halte à Agnew Park : mini-bateaux, kart, « île aux jeux »... À ne pas manquer en septembre : le célèbre Oyster Festival (fête de l'huître), qui jouit d'une excellente réputation !

Transports

- En train, comptez 2h15 pour rejoindre Stranraer depuis Glasgow Central (www.scotrail.co.uk). En bus, le service Citylink 923 relie la ville à Glasgow en 2h35 et à Édimbourg en près de 4h (www.citylink.co.uk). Pour les lignes locales, prenez le Stagecoach 500 pour Castle Douglas (1h20) et Dumfries (2h25), (www.travelinescotland.com).
- Bon plan transports dans les Dumfries. Si vous n'êtes pas motorisé et comptez passer quelques jours dans la région, les bus Stagecoach mettent à votre disposition un pass : « Dumfries & Galloway Megarider ». Pour £29,50, vos trajets seront illimités sur les lignes régionales de la compagnie pendant 7 jours. Faites attention, car il existe aussi des tickets pour des secteurs plus restreints (ville de Dumfries, Carlisle). Il est aussi possible d'étendre la zone de voyage à tout l'Ouest, y compris jusqu'à Glasgow et Édimbourg avec des offres plus larges. Votre pass ne sera pas valide sur les services des autres transporteurs, mais Stagecoach est ici largement majoritaire.

CASTLE KENNEDY GARDENS

Sheuchan
✆ +44 177 670 2024
castlekennedygardens.com
Ouvert 7j/7, avril-oct., 10h-17h ; fév.-mars : week-ends. Adultes : £7, enfants : £2,50

Romantiques jardins de 75 hectares, les Castle Kennedy Gardens sont très réputés pour les sorties en famille dans la région et pour les amateurs d'art paysager. Ils furent créés dans les années 1730 par le comte de Stair et le résultat est très plaisant : azalées, rhododendrons et jardins clos y sont présents, entourés de deux lochs et de deux châteaux. Cinq promenades ont été tracées pour permettre de mieux découvrir les trésors cachés de ce jardin (brochures disponibles sur le site web ou à l'entrée). À voir aussi : le magnifique étang rond, le canal...

CASTLE OF ST. JOHN

Charlotte Street
✆ +44 177 670 5088
Ouvert du mardi au samedi de juin à septembre de 10h à 13h et de 13h30 à 16h30.
Entrée libre.

Érigé en plein cœur de Stranraer aux alentours de 1500 par Ninian Adair de Kilhurst, l'un des Lairds les plus puissants du Wigtownshire, ce donjon a servi tour à tour d'habitation, de tribunal, de prison et de garnison, durant la persécution des Covenantaires. Transformé en attraction dans les années 1980, on y apprend désormais son histoire et ses usages au fil des temps. La vue depuis le sommet couvre toute la ville et ses environs. Vous pourrez prendre le château comme point de départ du Town Trail, qui vous fera découvrir les richesses de Stranraer.

Stranraer.

MULL OF GALLOWAY EXPERIENCE

www.mull-of-galloway.co.uk

Ouvert avr-juin et sept-oct. Le week-end 11h-17h. Juillet-août, 7j/7. Expo : £3/adulte. Montée : £3. Les 2 : £5.

L'expérience Mull of Galloway, c'est se retrouver au point le plus au sud de l'Écosse et monter les 115 marches jusqu'au sommet du phare. Là, par temps clair, vous observerez un panorama époustouflant sur l'Écosse, l'Irlande et l'île de Man. Vous aurez peut-être aussi la chance d'apercevoir des fous de Bassan, des marsouins et des dauphins. Visitez aussi l'exposition pour en apprendre plus sur les phares. Vous pourrez profiter, à certaines dates, d'une démonstration de corne de brume !

MULL OF GALLOWAY TRAIL

Entre Stranraer et de Portpatrick.

www.mull-of-galloway.co.uk

Randonnée de 41 km qui commence près de Stranraer.

Le Mull of Galloway se situe au bout de la péninsule du Rhins of Galloway. Cette bande de terre déchiquetée s'étend au sud de Stranraer et de Portpatrick. Ses côtes sont jalonnées de petits ports, de belles plages et de plusieurs sentiers de randonnée, dont le Mull of Galloway Trail, qui relie la pointe à Stranraer. Tout autour du phare, la RPBS possède une réserve ornithologique où les amateurs pourront observer des milliers d'oiseaux via les chemins entretenus à cet effet. Un centre d'informations s'y trouve, ainsi qu'un petit café.

THE MERLIN TRAIL

merlintrail.com

Informations et plans sur le site web. Gratuit. Stanraer peut être un point de départ.

Le Merlin Trail est un itinéraire sur 7 jours, organisé en 4 thèmes et pouvant être décomposé en excursions d'une à deux journées. Il intègre les principaux sites de la région remontant aux Ve, VIe et VIIe siècles, époque où aurait vécu le célèbre enchanteur. Le parcours est l'occasion de redécouvrir l'histoire et d'explorer des lieux et monuments du patrimoine moins connus. Histoire, archéologie, étymologie, topographie, botanique et mémoire populaire se mêlent pour une vraie plongée dans le temps et les origines des légendes que nous connaissons toujours.

DRIFTWOOD RESTAURANT €

46 Driftwood Restaurant

✆ +44 1776 706361

Ouvert de 11h à 16h, tous les jours sauf le mercredi. Plat à partir de £24.

Carte variée, portions copieuses, accueil sympathique : ce café a tout pour plaire, et il plaît beaucoup ! Le lieu est parfait pour un déjeuner en famille, avec sa terrasse accessible par beau temps. Les gros points forts sont son inventivité, la fraîcheur de ses produits, avec une mention spéciale pour ses pâtisseries. Avec un thé ou un café, pour une pause gourmande, c'est parfait ! D'autant plus que l'environnement est sympathique sur Agnew Park et le Loch Ryan, et que le personnel est chaleureux et particulièrement agréable.

FIG & OLIVE €

99 George Street

www.figandolivecafe.co.uk

Ouvert 7j/7, 9h-17h ; dimanche : 10h-15h. Entre £2,90 et £7,90.

Ici, vous pouvez bruncher, luncher, prendre un café... L'objectif de cet établissement est clair : vous tenter ! Et cela fonctionne d'autant plus que les plats sont aussi appétissants que savoureux, et à des prix qui autorisent toutes les folies. Produits frais et locaux, préparations maison inspirées du monde entier : le chef s'est donné l'objectif d'éveiller vos papilles, de vous surprendre, mais surtout de vous régaler. Pour le café, même traitement : aucune concession sur les saveurs et les provenances. On vous sert le meilleur !

HENRYS BAY HOUSE BAR & RESTAURANT €€

Cairnryan Road ✆ +44 177 670 7388

www.henrysbayhouse.co.uk

Ouvert du mercredi au samedi, 12h-14h et 17h-23h, le dimanche 12h-20h. Plat à partir de £15.95

Henry's Bay est une adresse très raffinée où l'on vous fait patienter dans le *lounge* du bar pendant que l'on prépare votre commande et votre table. La cuisine est inventive et goûteuse. La carte offre des poissons, viandes et options végétariennes. Côté service, tout est impeccable et les petits plats sont mis dans les grands. Le cadre est clairement un plus, grâce aux belles vues sur la baie et une décoration en noir & blanc, agrémentée de quelques lustres et tableaux.

PORTPATRICK ★

À l'extrémité ouest de la région, sur la péninsule du Rhins of Galloway, Portpatrick est une petite bourgade côtière reposante. Elle peut être un bon point d'exploration pour découvrir les nombreuses plages et falaises du coin. C'est aussi ici que débute le Southern Upland Way, chemin de grande randonnée qui continue jusqu'à Cockburnspath, dans les Borders. Comme presque partout en Écosse, on y trouve aussi les ruines d'un château : le Dunskey Castle, datant du XIIe siècle. On s'y rend via un court sentier de 800 m au sud du port, après le Boardwalk Cafe and Takeaway. On pourra aussi aller observer les Kirkmadrine Stones et les vestiges de l'église St Andrews.

KNOCKINAAM LODGE HOTEL & RESTAURANT €€€

Portpatrick
✆ +44 1776 810471
www.knockinaamlodge.com
Chambre double à partir de £410 et chambre simple à £240.

Knockinaam Lodge est un hôtel de luxe, dans l'esprit d'une riche maison de campagne au XIXe siècle. Entièrement restauré, il offre un décor superbe, tant à l'intérieur des édifices qu'à l'extérieur. Il dispose de 10 chambres, toutes bénéficiant du plus grand confort. Le lieu est historique : c'est dans son pavillon de chasse (visitable) que Churchill et Eisenhower planifièrent secrètement le Débarquement. Vous pourrez aussi profiter d'une crique privée et d'un restaurant gastronomique.

LOGAN BOTANIC GARDEN

Port Logan
✆ +44 177 686 0231
www.rbge.org.uk
Ouvert tous les jours de mars à octobre de 10h à 17h (16h le week-end et début février). Adulte : £8 ; réduit : £7.

Sur la longue péninsule du Rhins of Galloway se trouve également ce jardin botanique, antenne du Royal Botanic Garden d'Édimbourg. Il a pu voir le jour grâce au Golf Stream qui souffle sur la pointe sud de l'Ecosse. Son exotisme est unique dans le pays et il accueille de nombreuses essences en provenance de l'hémisphère sud. Il y règne un véritable parfum de paradis tropical qui en surprendra plus d'un, à quelques pas des falaises secouées par les flots de la mer d'Irlande. Le jardin clos coloré et les palmiers assurent un dépaysement total.

CONNOR'S €€

1 South Crescent
✆ +44 177 681 0314
Ouvert du dimanche au mercredi de midi à 20h, du jeudi au samedi jusqu'à 21h. A partir de £14.

Connor's est le restaurant le plus adulé de Portpatrick, notamment pour ses excellents plats de poisson et de fruits de mer, mais aussi pour ses viandes et ses sautés. La nourriture est fraîche et bien présentée, ce qui en fait une adresse idéale pour découvrir les saveurs et le savoir-faire de la région, dans une version simple et classique. À cela s'ajoute un large choix de bières et de spiritueux. La situation sur le port, face aux falaises, ne gâche rien non plus. L'accueil chaleureux et l'ambiance conviviale sont aussi à mentionner.

HARBOUR HOUSE HOTEL €

53 Main Street
www.theharbourhousehotel.co.uk
Dès £170 la nuit en chambre double.

Le Harbour House Hotel est à la fois un hôtel, un restaurant et un pub. Il dispose de chambres doubles tout confort, avec salle de bains attenante et privative, mais propose aussi trois appartements. Baptisés Anglesea Apartments, ils ont une ou deux chambres, se situent juste à côté de l'hôtel, et ont leur propre entrée, avec une cuisine et un salon indépendants, et même une cheminée. Vous pourrez profiter des bars, du jardin, vous régaler des fruits de mer servis au restaurant, et profiter de soirées concerts au pub le week-end.

THE CROWN HOTEL

9 North Crescent
✆ +44 177 681 0261
www.crownportpatrick.com
7j/7 de 11h (midi le dimanche) à minuit, 1h vendredi et samedi.

En plein sur le port, ce pub sympathique et tout à fait traditionnel est bien agréable pour boire un coup à n'importe quelle saison, que l'on profite de la terrasse en été ou de la cheminée en hiver. Le *bar menu* offre tout ce que l'on peut attendre d'une telle adresse et peut être une alternative à Campbell's. La partie restaurant, est quant à elle, plus chère et plus chic, et a été primée « AA Seafood Pub of Scotland ». Les menus changent tous les jours, et l'on peut être servi en salle ou en terrasse. Des groupes de musique se produisent souvent en fin de semaine.

WHITHORN ★

Whithorn est un fascinant village et ancien *royal burgh* dans la région des Machars, cette péninsule triangulaire au sud de Newton Stewart. Alors que les Romains occupaient toujours la Grande-Bretagne, c'est ici, en 397, que saint Ninian a établi la première église chrétienne d'Écosse. Le monastère, aujourd'hui en ruine, a été construit par-dessus et fut un lieu de pèlerinage très important au fil du temps. Il est instructif d'en visiter les vestiges et les deux musées attenants, tous accessibles avec un même ticket. Withorn et aussi connu pour son port nommé Isle of Withorn. La péninsule a été classée Réserve de la biosphère par l'Unesco.

ISLE OF WHITHORN

Le pèlerinage se déroule dans la grotte de St Ninian.

À quelques kilomètres plus au sud de Withorn, le long de la B7004, se trouve ce charmant minuscule port, bâti à cheval sur une île, rattachée à la terre par une digue, d'où son nom Isle of Withorn. On peut y voir les restes de la chapelle St Ninian du XIIIe siècle et, en poussant plus loin, la St Ninian's Cave (ou grotte), où ce dernier se rendait pour prier. Attention cependant, celle-ci n'est pas facile à trouver, et il vous faudra vous rendre au hameau de Kidsdale, à l'ouest d'Isle of Whithorn, pour trouver le chemin qui y mène.

WHITHORN PRIORY & MUSEUM ★

6 Bruce Street

Actuellement en travaux, vérifier l'ouverture sur le site.

Un simple ticket donne accès à l'essentiel de l'histoire de la commune : le Whithorn Priory et le Whithorn Story Visitor Centre, qui explore le passé de la région. Édifié au XIIe siècle, ce monastère, en l'honneur de saint Ninian, premier saint d'Écosse arrivé là au Ve siècle, occupa une place importante dans l'histoire religieuse du pays. Robert The Bruce, James IV et James V vinrent tous ici en pèlerinage. Vous pourrez voir la pierre de Latinus, premier monument chrétien d'Écosse ! Vous découvrirez aussi les vestiges remarquables de l'église primitive, ce qui donnera un aperçu de la somptueuse cathédrale d'autrefois aujourd'hui en ruine. Laissez parler votre imagination et imprégnez-vous de l'ambiance des lieux et de ce que devaient ressentir les pèlerins qui arrivaient ici par bateau depuis l'Irlande, l'Angleterre ou l'île de Man. Depuis plus de 1 000 ans, ce site attire voyageurs, pèlerins et rois à Whithorn.

Visitez la crypte où sont conservées de superbes pierres et croix celtes des premiers chrétiens, dont probablement le tombeau de saint Ninian. L'espace muséographique met l'accent sur les vestiges archéologiques des environs à travers les différentes époques, et explique aussi comment l'Écosse est devenue chrétienne. Elle va aussi plus loin, en retraçant sa transition à la Réforme. Vous pourrez suivre le même chemin que les pèlerins au Moyen Âge, et faire des haltes dans les autres sites remarquables à proximité : la chapelle Saint-Ninian, la grotte Saint-Ninian et la chapelle Finian.

THE STEAM PACKET INN €€

Harbour Row

✆ +44 198 850 0334

www.thesteampacketinn.biz

Ouvert 7j/7 de 11h à 23h, 00h30 vendredi et samedi. Plat à partir de £13,95. Chambre double à partir de £175.

Ce pub, en plein sur le port d'Isle of Whithorn, est reconnu par la CAMRA pour la qualité de ses bières (pub de l'année de la région en 2013), mais aussi celle de sa nourriture ou encore la variété de sa carte de whiskies et de vins. L'ambiance est on ne peut plus locale et familiale, avec des murs en pierres et une décoration maritime. Il y a une partie restaurant pour un cadre un peu plus formel, et une agréable terrasse au bord de l'eau pour les beaux jours. Le menu change tous les jours et se compose de produits locaux et de saison.

THE WITHORN WAY

Whithorn priory

Sentier pédestre de 239 km, de Glasgow à Whithorn. Itinéraire en ligne.

Whithorn Priory est le point d'arrivée de cet itinéraire de pèlerinage vieux de plus de mille ans et qui a récemment retrouvé une actualité avec la création d'un guide (disponible au prix de £12). Il se déroule en 13 segments, qui seront autant d'idées de randonnée si vous êtes de passage dans la région. Chacun est marqué par des édifices remarquables, tant architecturalement qu'historiquement. L'itinéraire emprunte des chemins de randonnée à pied et à vélo existant, des sentiers côtiers ou passe par des routes secondaires peu fréquentées.

NEWTON STEWART ★

Née sur les berges de la rivière Cree, Newton Stewart est idéalement située pour explorer le Galloway Forest Park et la péninsule de Machars. Les possibilités de randonnées ou de sorties vélo sont nombreuses. C'est donc une destination qui conviendra très bien aux amoureux de nature ! On prend de la hauteur au sommet du Merrick à 843 m et du Cairnsmore légèrement plus petit. La baie de Wigtown est une réserve naturelle prisée des ornithologues qui viennent observer les oies et autres oiseaux migrateurs pendant l'hiver et le printemps. La rivière Cree est un spot de pêche intéressant. La ville est aussi un bon point de départ pour découvrir la région.

CRAFTY DISTILLERY

Wigtown Road
✆ +44 1671 404040
https://craftydistillery.com
Ouvert du mercredi au samedi, 11h-16h.
Visite de la distillerie + dégustation : £21.

Cette distillerie produit un gin 100 % Galloway : le « Hills & Harbour gin ». Elle distille les aiguilles de sapin et les algues marines avec 9 autres plantes, pour un gin doux, aux saveurs surprenantes : fruits tropicaux, épices, agrumes, sorbet acidulé, fragrances marines... C'est un véritable voyage gustatif ! La distillerie se visite (avec dégustation finale), dispose aussi d'un bar, où sont notamment servis des cocktails signature, et un espace café original. On vous invite à prendre une planche et à vous servir votre pique-nique à base de produits locaux.

BRUCE'S STONE

Bruce's Stone
Courte promenade depuis le Bruce's Stone Parking. Environ 10 minutes après Glentrool Visitor Centre.

Cette courte promenade, facile et accessible, vous offre une vue superbe. Bruce's Stone se dresse sur un magnifique point de vue, surplombant les eaux du Loch Trool (rive nord). Il est nommé ainsi en mémoire de Robert The Bruce, roi d'Écosse, et de la bataille de Trool, menée en 1307. Des soldats anglais furent pris en embuscade alors qu'ils marchaient sur les rives du loch. Les hommes de Robert The Bruce les attaquèrent par surprise, à coup de pierres. La victoire a été rapide et sanglante. Bruce's Stone est aussi le point de départ de l'ascension du Merrick.

THE MERRICK HILKWALK

Bruce's Stone
Randonnée de 4 à 5h en accès libre. Informations au centre d'information de Glentrool. Carte sur le site WalkHighlands.

The Merrick est le sommet le plus connu et le plus populaire des Galloway Hills. Il s'agit d'un Corbett (montagne entre 2 500 et 2 999 pieds d'altitude) haut de 843 m. La randonnée menant à son ascension est relativement bien balisée et facile à suivre. Elle commence à Bruce's Stone, à la tête du Loch Trool. Elle offre de splendides vues panoramiques sur la forêt de Galloway et traverse le Ben Yellary. Comme toute ascension et randonnée en montagne, quelques précautions minimum sont de mise : une bonne condition physique, un matériel adapté, une météo favorable.

Newton Stewart.

HOUSE O'HILL HOTEL €€

Bargrennan
✆ +44 167 184 0243
houseohill.co.uk
Chambre double dès £105. Petit déjeuner inclus. Parking et Wi-fi. Restaurant 7j/7, midi & soir.

Aux portes du Galloway Forest Park, près du Loch Trool, ce *inn* traditionnel possède deux chambres doubles avec douches à l'italienne et la possibilité d'ajouter un lit pour séjourner à trois personnes. Le cadre est très paisible et le restaurant est tout autant réputé que l'hôtel, grâce à une nourriture de pub réussie et inventive. Le petit déjeuner écossais complet, fait maison, est parfait pour entamer du bon pied une journée de randonnée ou de sport *outdoor*. Idéal pour séjourner et se restaurer au plus près de la nature !

ROWALLAN GUEST HOUSE €€

Corsbie Rd
✆ +44 1671 402520
www.rowallan.co.uk
Chambre dès £82. Petit déjeuner inclus.

Nicolas et Andrea Deschamps vous accueillent dans leur belle villa victorienne entourée de jardins. Vous profitez du calme d'une élégante maison de campagne à 5 min à pied du centre-ville. La demeure a été entièrement rénovée, tout en conservant le charme et l'authenticité des lieux. Chacune des 6 chambres a sa salle de bains privative. Le petit déjeuner est servi dans le grand salon : petit déjeuner complet cuisiné, avec haggis, mais aussi options végétariennes ou végétaliennes. Et si vous souhaitez des conseils, sachez que vos hôtes parlent français !

STABLES GUEST HOUSE €€

Corsbie Road
✆ +44 167 140 2157
www.stablesguesthouse.com
Chambre double à partir de £180. Petit déjeuner inclus. Wifi. Parking.

Cette adorable maison à proximité du centre est très bien tenue et offre 5 chambres, doubles ou *twin*, avec salle de bains privative, attenante ou sur le palier. Les intérieurs sont propres, simples et lumineux, avec une grande salle à manger et une véranda. Il y a aussi un petit jardin et les propriétaires, Fay et Dane, sont très serviables. Vous pourrez dîner sur place, sur réservation. Vous trouverez dans le salon mis à disposition des résidents toutes les brochures et cartes touristiques utiles pour peaufiner votre programme d'excursions.

THE CROWN HOTEL €€

102 Queen Street
✆ +44 1671 402727
www.the-crown-hotel.com
Ouvert 7j/7, plat dès £10,95. Chambre double dès £100.

The Knight restaurant, situé dans le Crown Hotel est un établissement traditionnel, bien implanté à Newton Stewart. Hôtel également, il régale les touristes de passage comme les locaux avec une carte simple, mais variée, typique des pubs écossais. Vous trouverez donc les grands classiques du genre, auxquels s'ajoutent quelques inspirations internationales. Le pub est tout aussi sympathique, avec sa sélection de spiritueux, de bières, cidres et son billard. Enfin, l'hôtel*** offre 15 belles chambres avec salles de bains privatives (£80/nuit en chambre double).

KIRKCOWAN CYCLES

Victoria Lane
✆ +44 167 140 1529
www.kirkcowancycles.co.uk
Ouvert du lundi au samedi de 9h à 16h. Location de vélo : £30 la journée, tarif dégressif sur plusieurs jours.

Le Galloway Forest Park se découvre très bien à vélo, d'autant plus qu'il est un spot de VTT : pistes, descentes, itinéraires spéciaux pour vélo... Les circuits et idées de randonnée sont nombreux dans la région ! Ainsi Kirroughtree et Glentrool, deux sites de Newton Stewart, comptent parmi les célèbres 7stanes, connus des amateurs de VTT de montagne. Il existe des sentiers pour tous les niveaux, balisés comme les pistes de ski, du vert au noir. En famille, on préférera un départ de Glentrool, qui offre une balade accessible sur route forestière.

NEWTON STEWART GOLF CLUB

2 Kirroughtree Avenue ✆ +44 1671 402172
www.newtonstewartgolfclub.co.uk
Ouvert aux visiteurs. Dès £15 le parcours (entre 16h et 18h) ou £25.

Grand ouvert aux visiteurs extérieurs, ce golf a l'avantage d'offrir des prix très abordables pour qui veut s'offrir une partie pendant ses vacances. Superbe parcours de 18 trous, avec à chaque étape des vues imprenables, il est connu pour son superbe décor naturel. Vous pourrez même apercevoir des chevreuils sur le parcours. Le clubhouse est ouvert aussi au visiteur et aucune tenue formelle n'est exigée.

▸ **Bon à savoir** : *Le golf bénéficie de partenariats avec des hôtels locaux. Si vous venez dans la région pour jouer, ce peut être un bon plan !*

GALLOWAY FOREST PARK ★★

Le Galloway Forest Park est le plus grand parc forestier de Grande-Bretagne, créé en 1947. Il ne couvre pas moins de 800 km², avec un million d'arbres, 250 lochs de toute taille et une situation exceptionnelle qui lui a valu le titre de Dark Sky Site en 2009, pour son absence de pollution lumineuse. Lors d'une nuit bien dégagée, on peut y observer quelque 7 000 étoiles dans le ciel. Ses paysages sont exceptionnels et c'est le cœur sauvage de Dumfries & Galloway. Les hautes collines venteuses et les forêts profondes s'y côtoient d'une manière merveilleuse, pour le plus grand plaisir des randonneurs, amateurs de VTT et autres sports outdoor. Une visite dans la région ne serait pas complète sans la découverte de ce magnifique parc naturel.

Balade

La randonnée est assez logiquement l'activité principale. Vue l'étendue du parc, les possibilités sont quasi infinies et d'une très grande beauté. Le Southern Upland Way le traverse notamment, entre Bargrennan et St John's Town of Dalry. Pour tous ceux qui comptent y passer quelques jours ou effectuer de longues marches, il est fortement conseillé de se munir d'une carte OS Landranger Map 77 Dalmellington & New Galloway. Disponible sur Internet, en librairie ou aux offices de tourisme, elle vous permettra de profiter à fond des environs, grâce à sa grande précision et son tracer pointu des routes, sentiers, reliefs et éléments géographiques. Elle couvre la majorité du site, mais si ce sont les franges ouest et sud qui vous intéressent, il vous faudra vous procurer les cartes OS Landranger Map 76 Girvan ou 83 Newton Stewart & Kirkcudbright.

Quoi qu'il en soit, faites un saut aux *visitor centres*, leurs informations seront précieuses et de nombreux chemins y trouvent leur point de départ. Ils possèdent tous un parking mais vous demanderont £3 pour vous y garer toute la journée. Glentrool est sans doute le plus intéressant et le mieux placé. Pensez à emmener une carte, une boussole, des vêtements et des vivres adaptés. Consultez aussi la météo, assurez-vous d'être en bonne condition physique et, autant que possible, prévenez quelqu'un de votre itinéraire.

- Les mordus de vélo trouveront, eux aussi, leur bonheur, avec deux des 7stanes Trails : parmi les sept plus célèbres parcours VTT de Grande-Bretagne, qui s'étendent de Dumfries & Galloway aux Borders. Elles se situent à Glentrool et Kirroughtree (www.7stanesmountainbiking.com). Il y a également une portion de la Route 7, piste cyclable nationale qui longe le parc à l'ouest, en reliant Newton Stewart à Ayr (www.sustrans.org.uk).
- Si vous manquez de temps pour vous attarder sur toutes ces activités, parcourez au moins l'A712 (Queen's Way) entre Newton Stewart et New Galloway en voiture, pour avoir un aperçu de la richesse des lieux.

Faune et Flore

Pour les amateurs de faune, une réserve de cerfs rouges (*red deer range*) est située entre Newton Stewart et le Clatteringshaws Visitor centre, sur l'A712. Elle est signalée par un panneau et un parking. Les rangers du parc y proposent des marches d'observation les mercredis et jeudis, d'avril à juin et en septembre, ainsi que du dimanche au jeudi en juillet-août, à 12h (scotland.forestry.gov.uk).

Pratique

Il existe trois *visitor centres* dans le Galloway Forest Park. Glentrool, le plus fourni, se trouve à 16 km au nord de Newton Stewart (+44 167 184 0302). Kirroughtree est à 5,2 km à l'est de Newton Stewart (+44 167 140 2165) et on peut également y louer des vélos dès £25 la journée (+44 167 140 1303, www.thebreakpad.com). Clatteringshaws est à 20 km de Newton Stewart et 10 km de New Galloway, sur l'A712 (+44 164 442 0285). Les horaires d'ouverture sont très variables pour chaque site d'une saison à l'autre, mais vous trouverez toutes les informations à jour sur le site web du parc.

- Renseignements : scotland.forestry.gov.uk

Se loger

Il n'y a pas réellement d'offre de logement dans le Galloway Forest Park et il faudra se rabattre sur les villes voisines comme Newton Stewart. Cependant, comme dans tout le pays, le camping sauvage est autorisé dans la nature et c'est encore le meilleur moyen pour profiter des belles nuits étoilées.

Transports

Le seul *visitor centre* accessible en bus est celui de Glentrool. Depuis Newton Stewart, comptez 25 minutes avec le service Stagecoach 359 (www.travelinescotland.com).

KIRKCUDBRIGHT ★★

C'est sans conteste l'une des plus attachantes cités de Dumfries & Galloway. Son petit château, son port, son architecture, sa vie artistique, ses hébergements de qualité et ses bonnes adresses en font une destination privilégiée si vous séjournez dans la région. Sa richesse culturelle complète le tableau, grâce à de nombreux artistes historiques ou actuels, ainsi qu'une programmation festive variée, à l'image du Jazz Festival de juin (www.kirkcudbrightjazzfestival.co.uk - www.kirkcudbright.co.uk).

Transports

Pour venir en bus à Kirkcudbright, il faudra emprunter la ligne Stagecoach 502 depuis Castle Douglas. Comptez 25 minutes (www.travelinescotland.com).

KIRKCUDBRIGHT GALLERIES

St. Mary Street
www.kirkcudbrightgalleries.org.uk
Ouvert 10h-16h mardi-samedi, dimanche 12h-16h. Entrée libre. Café et boutique.

Kirkcudbright Galleries a ouvert ses portes en 2018, dans l'ancien hôtel de ville entièrement rénové. Cette toute nouvelle galerie d'art écossaise célèbre le patrimoine écossais à travers notamment le prisme de Kirkcudbright, ville – et au-delà, région –, qui a inspiré de nombreux artistes et créateurs. Les expositions temporaires sont autant de focus sur des mouvements artistiques nationaux et internationaux, et toutes sont reconnues pour leur qualité. Le site accueille aussi des ateliers culturels et artistiques participatifs, ainsi que des conférences.

BROUGHTON HOUSE AND GARDEN

12 High Street
✆ +44 155 733 0437
www.nts.org.uk
Ouvert tous les jours du 20/03 au 01/10 de 10h à 17h. Adulte : £8, réduit : £7, famille : £17,50.

Construite en 1734, cette maison a accueilli l'artiste E.A. Hornel de 1901 à 1933. E.A. Hornel était membre du courant des Glasgow Boys, plusieurs de ses œuvres sont exposées ici, ainsi que des poteries, des céramiques, des sculptures, des bronzes et des meubles de ses acolytes. La maison et le studio sont de style édouardien. La bibliothèque est probablement la plus belle pièce – il était un collectionneur passionné – et les jardins japonais valent aussi le détour.

MACLELLAN'S CASTLE

Castle Street
✆ +44 131 668 8600
En rénovation, horaires à vérifier.

Bâti à la fin du XVIe siècle, ce château en plein cœur de Kirkcudbright fut la résidence de la famille MacLellan jusqu'au XVIIIe siècle, quand il passa aux mains du comte de Selkirk. Aujourd'hui entretenu par Historic Scotland, ses ruines donnent à voir les conditions de vies des serviteurs dans les sous-sols, ainsi que le curieux *Laird's Lug*, un trou secret dans la cheminée d'où l'on espionnait les invités... Profitez de votre visite pour la prolonger en découvrant Greyfriars church, qui abrite le mémorial de Sir Thomas & Lady Grissel macLellan.

Kirkcudbright.

TOLBOOTH ART CENTRE

High Street
✆ +44 155 733 1556
www.dumgal.gov.uk
Ouvert 7j/7 de 10h à 16h. Entrée libre.

Il fut autrefois une mairie, un tribunal, puis une prison, le Tolbooth de Kirkcudbright est désormais le poumon artistique de cette cité tant attachée à la culture. Plusieurs artistes locaux y sont exposés, comme E.A. Hornel, Jessie M. King, E.A. Taylor, Charles Oppenheimer, ou les aquarellistes S.J. Peploe et David Gauld. Le dernier étage accueille une programmation tournante, avec art contemporain, artisanat d'art de la région comme du monde entier. Le café, avec ses pâtisseries délicieuses, compte parmi les atouts de ce lieu insolite.

SELKIRK ARMS HOTEL €€€

High Street
✆ +44 155 733 0402
www.selkirkarmshotel.co.uk
Chambre à partir de £236. Petit déjeuner inclus. Wifi. Parking. Restaurant.

Le Selkirk Arms peut se targuer d'avoir la double réputation du meilleur hôtel et du meilleur restaurant de Kirkcudbright. Dans sa bâtisse du XVIIIe siècle, les seize chambres sont toutes différentes, très modernes et dotées d'une salle de bain. Le service est attentionné, dans l'hébergement comme la restauration, où l'appétissante carte présente des classiques écossais, mais aussi des choses plus inventives, d'inspiration française ou asiatique. On s'installe, au choix, dans la partie bar ou restaurant. Un incontournable de la région !

ANCHORLEE GUEST HOUSE €€

95 St Mary Street
✆ +44 155 733 0197
www.anchorlee.co.uk
Chambre double dès £80. Petit déjeuner inclus. Parking et Wi-fi.

Anchorlee Guest House est une magnifique maison victorienne du XIXe siècle où quatre grandes chambres avec salles de bain sont proposées par Olive et Alastair. La décoration est très coquette et des boissons chaudes ainsi que du lait frais sont à disposition des convives, qui peuvent aussi se relaxer dans le jardin. L'accueil est charmant et le petit déjeuner se choisit sur un menu la vieille, pour assurer qu'il soit cuisiné avec succès le matin. Réservez par téléphone pour voir si des prix inférieurs à ceux en ligne sont disponibles.

THE CASTLE RESTAURANT €€

5 Castle Street
✆ +44 155 733 0569
www.thecastlerestaurant.net
Ouvert 7j/7, de 12h à 14h30 & de 18h30 à 21h30. Plats à partir de £15.

Coquilles Saint-Jacques locales avec *black pudding*, poulet au bacon, au haggis et au whisky, rôti de canard à l'orange et au triple-sec : le choix laisse rêveur et les locaux ne s'y trompent pas. C'est l'un des restaurants les plus plebiscités, tant pour la qualité des mets préparés à base de produits locaux que pour l'accueil sympathique et le service impeccable. Le Castle Restaurant est une adresse très réputée pour dîner en ville dans un cadre détendu, juste en face du château. Il est préférable de réserver les soirs d'affluence.

CASTLE CREAVIE €€

Castle Creavie Cottage
✆ +44 155 750 0238
www.castlecreavie.co.uk
Logement pour 2 dès £110/2nuits, pour 6 dès £360/semaine. Wifi. Parking.

La très sympathique ferme de Castle Creavie ouvre ses portes aux visiteurs toute l'année, avec plusieurs types d'hébergement. Charlie et Elaine sont des hôtes serviables qui continuent à gérer leur exploitation, en plus d'accueillir leurs convives. La partie auberge de jeunesse ressemble plus à un gîte et consiste en une grande pièce avec quatre lits, un salon et la cuisine attenante. Pour plus de confort, deux logements sont à louer pour deux ou six personnes et l'on y trouve toutes les commodités attendues. L'offre est idéale si vous voyagez entre amis.

MASONIC ARMS

19 Castle Street
✆ +44 155 733 0517
www.masonic-arms.co.uk
Ouvert du lundi au samedi de midi à minuit, le dimanche à partir de 12h30.

C'est le *local* par excellence, installé dans l'enceinte d'une ancienne loge maçonnique. L'ambiance est bon enfant, aussi bien avec les habitués qu'avec le staff. L'espace s'articule autour de deux salles, qui se caractérisent par une grosse cheminée, d'imposantes dalles au sol et de massives pierres aux murs. Les lustres et les miroirs entretiennent un petit côté *saloon* et il est bien sympathique de s'attabler à d'anciens tonneaux pour boire son verre. Une table de billard est également disponible. Les -18 ans ne sont pas autorisés.

CASTLE DOUGLAS ★

Créée en 1792 par le riche commerçant William Douglas, cette ville connut un plan en quadrillage, autour de King Street, à l'image de New Town, à Édimbourg. L'architecture n'est cependant pas vraiment comparable et Castle Douglas est une petite ville de campagne qui jouit de l'attraction exercée par ses environs. Le Threave Castle, qui lui préexistait, fut l'un des sièges des comtes « Black » de Douglas, après avoir quitté Hermitage Castle, dans les Borders. Leur opposition à l'autre branche de leur famille, les « Red », leur valurent d'être déchus en 1455. On citera aussi Cardoness Castle, maison des McCulloch. Néanmoins, c'est sans doute la nature qui amène le plus de monde ici.

GALLOWAY ACTIVITY CENTRE

Loch Ken
✆ +44 155 650 2011
www.lochken.co.uk
Ouvert 7j/7, 8h30-19h30. Activités entre £20 et £60 par personne. Possibilités d'hébergements en camping et insolites.

Ce centre d'activités très variées propose des sessions thématiques sur les rives du loch Ken, à l'orée du Galloway Forest Park. Elles durent toutes 1h30 et débutent à 10h, 11h30, 14h et 15h30. Un horaire supplémentaire est ajouté en fin de journée l'été. Que vous choisissiez le *laser game*, l'escalade, le VTT, la voile, le kayak, le tir à l'arc, la planche à voile, le *paddle* ou le parc aquatique, la formule est la même. Le prix baisse si vous êtes plusieurs, et/ou enchaînez les activités. Une sortie sympathique par beau temps, pour s'initier à de nouveaux sports !

THREAVE CASTLE

Threave Castle
✆ +44 771 122 3101
En rénovation, horaires à vérifier.

Sur une île au milieu de la rivière Dee, ce donjon fut construit au XIVe siècle par Archibald the Grim, Lord of Galloway. Assiégé par James II en 1455, ses hauts murs de 30 m sont toujours impressionnants, malgré les dégâts infligés par le temps. Pour y accéder, il faut se garer à la ferme de Kelton Mains et marcher 800 m jusqu'à l'embarcadère. Vous y utiliserez une sonnette pour que l'on vienne vous chercher, n'hésitez pas à appeler en cas de problème. Attention cependant, les conditions de transport ne sont pas adaptées aux personnes à mobilité réduite.

THREAVE GARDENS

Threave Estates
✆ +44 1556 502 575
20/03 au 01/11 : 10h-17h, 02/11 au 23/12 : 10h-16h. Jardin : £4/adulte, £11/famille. Jardin + Maison : £12/£26.

Ce domaine offre de nombreux attraits, surtout quand on aime la nature et que l'on a un gros faible pour l'art paysager. Il est le site d'apprentissage de l'École de jardinage du patrimoine depuis 1960, ce qui lui permet de présenter l'art topiaire dans tous ses états et selon toutes ses inspirations, des plus classiques aux plus modernes, en passant par une roseraie, un jardin de rocailles et un jardin clos. Le site est aussi une formidable réserve naturelle : on y jouit d'une vue imprenable sur les collines de Galloway et la vallée de la Dee, et l'on peut y observer des balbuzards, faucons pèlerins, échassiers, oies… La star du lieu est tout autre : c'est la chauve-souris ! En effet, elles sont ici chez elles, dans un espace protégé. Huit espèces de chauves-souris vivent ici et sont à observer lors de promenades guidées.

Manoir : Le manoir baronnial est aussi un point fort de la visite. Threave House a été restaurée pour partie en musée, redonnant vie au décor de ce qui était un pavillon de chasse victorien. Des visites guidées sont possibles pour plus d'informations.

Balade à pied : Si vous souhaitez prolonger votre séjour dans ce domaine magnifique, sachez que plusieurs itinéraires de balades, d'1h30 à 2h, sont disponibles sur place ou téléchargeable sur Internet. **Encas** : Le Threave's Terrace Café, rénové à l'hiver 2018 est une destination à part entière, avec ses gâteaux et plats maison et non nouvel intérieur ultra design conçu avec des matériaux recyclés. Ou arrêtez-vous au centre du jardin, au Stables café.

THE KING'S ARMS HOTEL €€

21-33 St Andrew Street
✆ +44 1556 502 626
www.galloway-golf.co.uk
Chambre double à partir de £115.

Cela fait plus de 200 ans que cet établissement accueille des voyageurs. Auberge devenue hôtel et restaurant, elle offre de 10 belles chambres aménagées avec soin, disposant de salles de bains privatives et attenantes, TV et plateau de courtoisie. Elle possède aussi un appartement indépendant, composé de deux chambres doubles, d'une cuisine, d'une buanderie tout équipées, d'une salle de bains et d'un salon. Le Courtyard Restaurant est ouvert midi et soir. Une option table d'hôte est proposée. Le restaurant étant très fréquenté le week-end, réservez votre table.

CARLO'S RESTAURANT €€

211 King Street
✆ +44 155 650 3977
www.carlosrestaurant.co.uk
Ouvert du mardi au samedi, 18h30-21h. Plats à partir de £11,25.

Cette adresse italienne familiale a su s'attirer les faveurs des riverains, avec une cuisine fraîche et soignée. Ici, pas de pizzas, mais des plats issus du savoir-faire transalpin : des pâtes, des viandes, des poissons… Établissement créé en 1988 par Carlo et Heather, il importe l'Italie en Écosse pour une expérience culinaire différente. Les produits sont locaux, autant que possible, et le chef est intraitable sur la grande fraîcheur du poisson et des fruits de mer, le bar au four et les moules étant parmi ses spécialités. La réservation peut être utile.

MR POOK'S KITCHEN €€

38 King Street
✆ +44 1556 504000
www.mrpooks.co.uk
Du mardi au samedi de 12h à 14h30 et de 17h à 21h. Plats dès £17,50.

Mr Pook s'est lancé un défi : traduire la beauté et la diversité des Dumfries & Galloway dans l'assiette. Il travaille donc en étroite collaboration avec des fournisseurs locaux, et cherche constamment à sublimer les aliments et leurs saveurs. Le menu change régulièrement, au gré des arrivages et des saisons. Ed Pook en est le chef et il s'est associé à Chris Brain, qui gère avec brio et passion la carte des vins. Il saura vous conseiller le vin qui s'accorde au mieux avec le mets dégusté, et vous proposera aussi une sélection de bières et d'excellents spiritueux.

SULWATH BREWERY

209 King Street
✆ +44 155 650 4525
www.sulwathbrewers.co.uk
Ouvert du lundi au samedi de 10h à 18h.

Envie de découvrir comment on fabrique une bière artisanale ? Faites un tour à cette brasserie locale qui réalise en moyenne huit bières traditionnelles, vendues dans une centaine de lieux différents en Grande-Bretagne. Elles sont brassées de manière traditionnelle et avec la recherche constante d'un goût authentique et savoureux. Des visites guidées sont organisées deux fois par semaine, mais il est possible de passer tout simplement pour goûter les produits au bar, comme dans un pub classique. Au choix : *ale*, *lagers*, bières légères, IPA…

THORNHILL

Le petit village de Thornhill est niché au cœur des collines de Dumfries & Galloway. On s'y rend pour le Drumlanrig Castle, un ravissant château à quelques kilomètres au nord. C'est aussi un haut lieu de loisirs sportifs de plein air, avec de nombreux itinéraires de randonnée et un beau parcours de golf. Le site est aussi très prisé des pêcheurs. Profitez des environs : Morton Castle, le petit hameau de Durisdeer, niché au pied des Lowther Hills, ou encore le Museum of Lead Mining, situé dans le village pittoresque de Wanlockhead, à 461 m d'altitude, et permettant notamment de faire un voyage souterrain dans une mine (www.leadminingmuseum.co.uk).

MORTON CASTLE

GPS indispensable pour trouver ce château non indiqué.
Accès libre et gratuit.

Ce château a ceci de confidentiel qu'il n'est indiqué nulle part ou presque. Il est signalé dans quelques itinéraires de randonnée, notamment depuis Dramlanrig castle, mais pas depuis la route. Il vous faudra emprunter en voiture des routes non goudronnées, mais cette belle ruine vaut le coup d'œil. En effet, elle bénéficie d'un superbe décor, sur un promontoire triangulaire au-dessus de l'eau. Plusieurs panneaux explicatifs vous permettent de découvrir ce qu'il a pu être du temps de son faste, et aussi de comprendre son architecture.

NITHBANK COUNTRY ESTATE €€€

Nithbank House ✆ +44 7823 773211
nithbank.co.uk
Chambre dès £200. Wi-fi gratuit. Petit déjeuner inclus.

Comment ne pas tomber amoureux de Nithbank ? C'est ce qui est arrivé à Mélanie et John, les propriétaires, qui vous accueillent dans leur sublime maison de campagne. Elle était autrefois la résidence du duc de Queensberry. Ici, la tranquillité et le confort sont rois : chambres spacieuses, équipements modernes, calme… Des éléments d'époque ont été conservés dans chaque pièce et s'associent à des installations de qualité. On saura vous chouchouter avec moult attentions : scones faits maison à votre arrivée et autres gourmandises…

DRUMLANRIG CASTLE

Drumlanrig Castle ✆ +44 184 833 1555
www.drumlanrigcastle.co.uk
Parc d'avril à septembre, 10h-17h. Château : juillet-août, 11h-16h. £18, réduit £15, enfant £9. Parking : £2,50.

Le Drumlanrig Castle est un unique exemple d'architecture du XVIIe siècle. Construit entre 1679 et 1689, il a été commandé par William Douglas, le duc de Queensberry. Ses belles façades de grès rose supportent 120 pièces, 17 tourelles et quatre tours. On y contemple quelques précieuses œuvres d'art, comme *Vieille femme lisant*, de Rembrandt et *La Madone aux fuseaux,* de Léonard de Vinci. Les visites ont lieu exclusivement en été, et pour une visite guidée, il faudra être sur place à 11h (et prévoir de réserver).

▸ **Domaine et jardins** : Les visiteurs peuvent aussi profiter de 16 hectares de jardins et 48 000 hectares de parc, à travers le Queensberry Estate. Plusieurs sentiers y sont praticables et les rangers du site y conduisent aussi des marches guidées. On peut louer des vélos sur place. Les itinéraires de balades et de randonnées sont nombreux à partir du domaine ou à le traverser.

▸ **Parc de jeux** : L'entrée à l'*adventure playground* est comprise dans celle du parc, ce qui laisse aux enfants de longues heures d'amusement, pendant que les parents profitent du décor somptueux.

▸ **Village et boutiques artisanales** : Drumlanrig castle abrite une communauté d'artisans créateurs, qui ont là, dans cet emplacement privilégié, leur boutique. C'est dans ce même espace, d'esprit villageois, que vous pourrez louer un VTT pour aller arpenter la montagne.

▸ **Salon de thé** : On vous sert, dans les anciennes cuisines du château, des produits locaux, certains provenant même du potager. Palais sucré ou salé, vous trouverez de quoi vous sustenter.

© WINS75 - FOTOLIA

DUMFRIES ★

La ville principale du grand Sud écossais a pris une ampleur considérable après être devenue *royal burgh* en 1186. Un château y fut construit au XIIIe siècle, mais a complètement disparu depuis. Sa situation à la frontière anglaise en fit un point névralgique des conflits entre les deux pays. Lors de son invasion en 1300, le roi Edouard Ier assiégea longuement Caerlaverock Castle, avant de prendre Dumfries. C'est ici que Robert the Bruce assassina son principal rival, John III « the Red » Comyn, en 1306. Le meurtre eut lieu dans la Greyfriars Church, que l'on peut visiter, et entraîna l'excommunication du futur souverain écossais. La cité est à jamais liée au talent du poète Robert Burns, qui s'y installa en 1791 et y mourut en 1796.

Balade

▸ **Marcher dans les Moffat Hills.** Les superbes collines de Moffat Hill se trouvent au nord du petit village de Moffat, qui se situe à 37 km au nord-est de Dumfries par l'A701. Elles s'étendent jusqu'à Tweedsmuir au nord et au St Mary's Loch à l'est. On a de très belles vues sur l'ensemble de la région en parcourant l'A708, qui rejoint Selkirk. C'est depuis cette route que l'on rejoint la réserve naturelle de Grey Mare's Tail. Elle est signalée par un panneau et un parking. Un chemin de randonnée mène en 2 km au loch Skeen, d'où l'on peut voir une cascade de 60 m. Le White Coomb (821 m), point culminant des environs, se dresse juste à côté. Informations : www.nts.org.uk (cherchez Grey Mare's Tail).

▸ **Un détour à New Abbey.** À quelques encablures du Firth of Solway et de l'Angleterre, New Abbey est un minuscule village entouré de forêts et de collines qui offre deux beaux sites à visiter.

▸ **Sweetheart Abbey** : construite en 1273 par Lady Dervorgilla de Galloway, cette abbaye était dédiée à son époux défunt, John Baliol.

▸ **New Abbey Corn Mill** : anciennement un moulin à eau, cette bâtisse fut construite au XVIIIe siècle et a été entièrement restaurée pour montrer aux visiteurs comment l'on travaillait en milieu rural autrefois.

Histoire

▸ **Le drame de Lockerbie.** C'est au-dessus de la ville de Lockerbie, à 20 kilomètres à l'est de Dumfries, qu'a eu lieu le terrible attentat du vol Pan Am 103. Le 21 décembre 1988, une bombe explose à bord d'un avion long-courrier opérant une liaison entre New York et Londres. 270 personnes meurent lors du crash, dont onze habitants touchés par des débris de l'appareil. Si l'identité des commanditaires a fait couler beaucoup d'encre, le drame reste immense, notamment la communauté locale, qui a érigé une stèle et un jardin en mémoire des victimes.

Transports

Dumfries se trouve à 1h40 de Glasgow Central par le train (www.scotrail.co.uk) et à 2h par le bus, sur le service Stagecoach X74. Pour venir depuis Edimbourg, on peut prendre les Stagecoach 101 et 102 (2h45). La ligne Stagecoach 500 relie également la ville à Castle Douglas en 50 minutes, à Newton Stewart en 1h30 et à Stranraer en 2h25 (www.travelinescotland.com).

CAERLAVEROCK CASTLE

Caerlaverock
✆ +44 131 668 8600
www.historicenvironment.scot
En rénovation, on peut le voir de l'extérieur gratuitement.

L'impressionnante forteresse de Caerlaverock semble imprenable, avec sa structure triangulaire posée au milieu de l'eau. Pourtant, elle fut capturée deux fois et l'un des sièges a duré treize semaines. Construite au XIIIe siècle, ce fut la place forte de la famille Maxwell jusqu'à ce qu'elle abandonne les lieux, au XVIIe siècle. Le site, partiellement en ruines, garde un intérêt historique considérable pour son architecture novatrice et son rôle dans les guerres contre l'Angleterre. Ce qui séduit au-delà de l'histoire ? Son aspect féerique et romantique !

ANNANDALE DISTILLERY

À 30 min en voiture de Dumfries, vers le sud.
✆ +44 1461 207817
https://annandaledistillery.com
Visites de la distillerie dès £18. Réservation en ligne. Café et boutique.

Annandale Distillery est l'une des rares distilleries du Sud de l'Ecosse. Le site a été racheté en 2007 par des passionnés, qui souhaitent lui redonner vie. En 2018-2019, ils ont sorti leur tout premier single malt. Le succès a été immédiatement au rendez-vous, puisqu'il a été désigné en 2020 « *Best Single Cask, Single Malt Scotch Whisky - 10 Years and Under* » (Jim Murray's *2019 et 2020 Whisky Bibles*). La distillerie se visite. Elle dispose aussi d'une belle boutique et d'un très agréable café, The Malting Coffe Shop, où il fait bon s'installer.

DUMFRIES & GALLOWAY AVIATION MUSEUM

Tynwald Downs Road ✆ +44 138 725 1623
www.dumfriesaviationmuseum.com
Mercredi-samedi (+dim. juillet & août) : 11h-16h, 17h le week-end. Basse saison : cf. site. Adulte : £6, enfant : £5.

Comme son nom l'indique, ce petit musée est spécialisé dans l'aviation. Il est situé sur l'ancienne base de la Royal Air Force : RAF Dumfries. Outre la tour de contrôle qui expose des uniformes et objets liés à l'armée de l'air, on peut voir plusieurs modèles réels d'avions et de moteurs de différentes époques. Il a dans ses collections quelques spécimens d'avions impressionnants, mais aussi des tenues d'aviateur des deux guerres mondiales et différents objets qui feront leur effet.

Caerlaverock Castle.

© ALAMER - ICONOTEC

Route des environs de Dumfries.

DUMFRIES MUSEUM

Rotchell Road ✆ +44 138 725 3374

www.dumgal.gov.uk

De Pâques à septembre : 7j/7 10h-17h, dimanche 14h-17h. D'octobre à Pâques 10h-13h & 14h-14h. Gratuit.

Le Dumfries Museum relate l'histoire de Dumfries & Galloway depuis la Préhistoire jusqu'à des années pas si lointaines ! Des fossiles, des ustensiles des premiers habitants, des pierres gravées par les Chrétiens, la vie dans une ferme victorienne : la visite se veut un voyage dans le passé de la région. Le musée accueille des expositions temporaires tout au long de l'année. Au dernier étage du musée, vous aurez accès à la Camera Obscura (payant : £3,40/adulte, £1,70/enfant), instrument optique qui offre une vue panoramique sur la ville et la campagne environnante.

GRACEFIELD ARTS CENTRE

28 Edinburgh Road

✆ +44 138 726 2084

www.exploreart.co.uk

Ouvert du mardi au samedi de 10h à 17h. Entrée gratuite.

600 œuvres d'art d'artistes écossais, des années 1880 à nos jours, sont stockées dans cette galerie qui les présente au gré de ses expositions temporaires. Il y a bien sûr des tableaux, notamment des célèbres aquarellistes locaux, mais aussi des sculptures et des travaux très contemporains. Les expositions varient régulièrement : les Scottish Boys, la peinture écossaise moderne... Artistes et artisans sont aussi à l'honneur dans la boutique du centre d'art : une très bonne idée pour s'offrir un souvenir unique ! Un café est également ouvert sur place.

ELLISLAND MUSEUM & FARM

Holywood Road

✆ +44 1387 740426

Avr-sept : lun-sam 10h-17h, dim 14h-17h. Oct-nov & janv-mars : lun/mar/mer/sam : 10h-17h. £5/adulte. Gratuit -16 ans.

Ellislad Farm est la ferme où Robert Burns a vécu de 1788 à 1791. C'est ici qu'il a écrit certains de ses poèmes sur la nature les plus appréciés. Vous serez plongé dans une atmosphère paisible et tranquille. Rien ou presque n'a bougé depuis que le poète et barde a quitté la demeure. Vous prendrez plaisir à voyager dans un temps révolu et découvrirez la vie quotidienne au XVIIIe siècle, les bâtiments de la ferme, l'écurie et le verger... Vous pourrez aussi vous promener sur les rives de la Nith et vous laisser porter par des inspirations bucoliques...

MOAT BRAE

✆ +44 1387 255549

www.peterpanmoatbrae.org

Du mardi au dimanche : 10h-16h. Ouvert le lundi en vacances scolaires. £8/adulte. £6/enfant.

Moat Brae est le lieu de naissance de Peter Pan... On aurait envie de d'écrire que tout est dit ! Ouvert en 2019, il est le centre national de la littérature jeunesse et des contes pour enfants : un espace où l'imagination est la reine des vertus, où la créativité et le jeu sont au cœur de tout. Le lieu célèbre Peter Pan et son créateur, J.M. Barrie. Vous explorerez le jardin de Neverland avec son bateau pirate et le lagon de la sirène, verrez la fée Clochette qui a inspiré la fée de l'histoire. Animations et expositions sont régulièrement organisées.

ROBERT BURNS HOUSE

Burns Street
✆ +44 138 725 5297
www.dumgal.gov.uk
De Pâques à septembre, 7j/7 10h-17h, dimanche 14h-17h. D'octobre à Pâques, du mardi au samedi 10h-13h/14h-17h. Gratuit.

C'est dans cette petite maison de ville, simple et sans apparat, que Robert Burns passa les dernières années de sa vie, jusqu'à sa mort, en 1796. Les intérieurs nous donnent une bonne idée de comment le barde écossais vivait avec sa femme, Jean Armour, et leurs enfants. On pénètre dans le bureau où il a écrit quelques-unes de ses œuvres les plus adulées, ainsi que les différentes pièces de son quotidien. La maison est devenue un véritable lieu de pèlerinage par la suite : Wordsworth, Coleridge et Keats y sont tous passés pour se recueillir.

THE CAIRNDALE HOTEL & LEISURE CLUB €€

English Street
✆ +44 1387 254 111
www.cairndalehotel.co.uk
Chambre double dès £190 avec petit déjeuner. Parking, wi-fi, spa, restaurant.

Le Cairndale Hotel et Leisure Club offre de belles prestations, dans un splendide édifice, pour des tarifs qui restent abordables. Il dispose de 91 chambres, toutes avec salle de bains privative et attenante, aménagées et décorées avec élégance, pour un séjour confortable et agréable. Profitez de votre escapade pour vous détendre au spa – à moins que vous ne préfériez vous dépenser dans la salle de fitness ? –, qui a une carte assez complète de soins esthétiques et de bien-être.

GLENALDOR HOUSE €€

5 Victoria Terrace
✆ +44 138 726 4248
www.glenaldorhouse.co.uk
Chambre double à partir de £90. Petit déjeuner inclus. Parking et Wi-fi.

Construite en 1860, cette maison victorienne classée et ses quatre chambres (double supérieure, twin, executive et de luxe) ne manquent pas de charme. Toutes comptent une salle de bains privative, attenante ou sur le palier, et leur mobilier mêlent brillamment le moderne avec l'ancien. Elle a gardé des caractéristiques originales et authentiques : escalier en fonte, cheminées, corniches décorées. Le jardin est très agréable et la gare ne se trouve qu'à trois minutes à pied. J.M. Barrie, l'auteur de *Peter Pan*, vivait à l'adresse voisine.

HUNTINGDON HOUSE HOTEL €€

18 St. Marys Street
✆ +44 138 725 4893
www.huntingdonhotel.co.uk
Chambre double à partir de £80. Petit déjeuner inclus. Wifi. Parking.

À deux pas de la gare, à l'est de la ville, cet établissement, classique et confortable, propose 8 chambres avec salles de bain privative, matelas grand confort, télévision, plateau de courtoisie, sèche-cheveux, fer à repasser, double vitrage et chauffage central. Un lecteur DVD et des films sont disponibles sur simple demande. La belle maison victorienne est d'une propreté irréprochable et les hôtes accueillent leurs clients ici depuis 2005. Il y a également un salon-bar, ouvert aussi aux non-résidents, parfait pour une soirée au coin du feu.

CAVENS ARMS €€

20 Buccleuch Street
✆ +44 138 725 2896
www.cavensarms.com
Ouvert 7j/7, 11h-00h ; 11h-23h lundi-mardi, 12h-23h dimanche. Plat à partir de £11,95.

Le Cavens Arms est une adresse d'anthologie à Dumfries ! Réélu systématiquement meilleur pub local tous les ans par la Camra, il a détenu le titre de 2006 à 2012, et l'a à nouveau remporté en 2015. La nourriture est aussi typique que généreuse, avec de belles portions de viandes, poissons, curry, burgers et autres. Au bar, on trouve jusqu'à dix *real ales*, ce qui en fait *the place to be*, aussi bien pour manger que boire un coup. La déco est simple mais classique, avec moquette, banquettes et tableaux. Attention : pas de service restaurant le lundi.

THE GLOBE INN €€

56 High Street
✆ +44 13873 23010
www.globeinndumfries.co.uk
Mercredi-dimanche. Cuisines : 12h-15h et 18h-19h30 (12h-16h dimanche). Plat à partir de £30.

Ce lieu était l'un des préférés de Robert Burns lorsqu'il séjournait à Dumfries. Certes il a évolué et a été rénové depuis, mais il a su conserver son âme et une belle authenticité. Les admirateurs inconditionnels du poète pourront même prendre place là où il s'asseyait et réciter quelques vers de sa plume, comme il le faisait lui-même. En cuisine, l'établissement a fait appel à des chefs familiers des restaurants étoilés, pour une qualité très appréciable. Côté bar, on mentionnera les quelque 250 whiskies, mais aussi le large choix de bières et cocktails.

GRETNA GREEN

Gretna Green est célèbre, car il était le seul village à permettre aux couples mineurs de se marier dans autorisation parentale. C'est l'un des lieux les plus populaires où se marier : 5 000 mariages par an ! La ville est résolument romantique et tout se rapporte à l'amour. Un musée de l'histoire des mariages raconte l'histoire de ce village rendu célèbre par une particularité administrative (entrée payante : £7,30/adulte). Si l'histoire vous intéresse, dans un autre registre, il vous faudra faire une halte au Devils Porridge Museum à Eastriggs, qui vous dit tout sur les armes et munitions de la Première Guerre mondiale (£7/adulte).

SANQUHAR

Sanquhar est peu touristique... et pourtant ! Elle a de nombreux attraits, dont sa situation au cœur des Dumfries, d'une nature verdoyante et d'un riche patrimoine, et à mi-chemin entre Ayr et Dumfries. Elle a son musée, Tolbooth Museum, qui conte l'histoire de la ville, son projet de land art, le Crawick Multiverse, et une curiosité amusante : le plus ancien bureau de poste du monde. En effet, il fonctionnerait sans interruption depuis... 1712 ! Vous pourrez aussi vous approcher des vestiges du château de Sanquhar. La ville a de nombreux petits commerces, ses restaurants et hôtels, dont des pépites. Elle est le lieu parfait où faire une halte.

CRAWICK MULTIVERSE

✆ +44 1659 50242

www.crawickmultiverse.co.uk

Ouvert 7j/7. Adulte : £6. Réduit et enfant : £3. Famille : £15.

Crawick Multiverse est un projet de land art géant. Niché au cœur des collines, il a métamorphosé une ancienne mine de charbon à ciel ouvert en un espace artistique spectaculaire. L'œuvre de Charles Jencks réinterprète l'espace à la lumière de l'astronomie et de la cosmologie : déambulations à travers les galaxies, les univers et les comètes sont ici tracées. Que vous soyez sensible ou non à cet art, le site vaut que l'on s'y promène tant il est impressionnant. Il accueille régulièrement des spectacles et est désormais entretenu par le Crawick Multiverse Trust.

SANQUHAR TOLBOOTH MUSEUM

✆ +44 1659 50186

www.dumgal.gov.uk

Ouvert d'avril à septembre, du mardi au samedi : 10h-13h & 14h-17h ; dimanche : 14h-17h. Entrée gratuite.

Sanquhar est connue mondialement pour son tricot et les traditions qui vont avec. C'est ce que vous allez découvrir dans ce musée, et bien plus encore. Consacré à la vie locale de l'Upper Nithsdale au XVIIIe siècle, il décrit les traditions et l'histoire de la ville. Vous serez plongés dans la vie des mineurs d'autrefois, quand ils travaillaient dans les mines environnantes. Vous pourrez aussi constater qu'il n'était pas enviable d'être prisonnier dans la prison de la ville.

BLACKADDIE COUNTRY HOUSE HOTEL €€€

Blackaddie Rd

✆ +44 1659 50270

www.blackaddiehotel.co.uk

Chambre double à partir de £210. Petit déjeuner compris. Chiens bienvenus.

Cet établissement multirécompensé, tant pour sa partie hôtel que restaurant, est une pépite. Ici, tout est soigné et orchestré pour que votre séjour soit le plus agréable possible. Les chambres, spacieuses, bénéficient de lits super king sized et de tout le confort et les petites attentions qui font que l'on s'y sent immédiatement bien. Un espace bar, au rez-de-chaussée, ou encore une bibliothèque bien garnie, avec fauteuils moelleux, vous invitent à la détente.

BLACKADDIE COUNTRY HOUSE HOTEL €€€

Blackaddie Rd

✆ +44 1659 50270

www.blackaddiehotel.co.uk

£62,50 et £80 le menu du soir. Restaurant ouvert dès 18h30. Accessible aux non résidents de l'hôtel, sur réservation.

Ce restaurant vous mettra des étoiles plein les yeux. Les mets sont d'une exquise finesse et d'une généreuse gourmandise. Sans doute est-ce la passion de Ian McAndrew, le chef multi-récompensé de l'établissement, et son indéniable talent à sublimer les produits locaux ? Le saumon fumé est une explosion de saveur, le bœuf Angus est incroyable de tendreté... S'il fallait donner une adresse où découvrir la gastronomie à l'écossaise, ce serait sans doute celle-ci !

CENTRE ET CÔTE OUEST

Certains décrivent la région du centre, réunissant le Loch Lomond, les Trossachs, Stirling et la vallée de la Forth, comme une porte d'entrée des Highlands. Ce serait pourtant bien dommage de ne l'envisager que comme un point de passage et non pas comme une destination à part entière. On tombe sous le charme de cette partie de l'Écosse. Sont-ce ses couleurs si chatoyantes ? Le doux vallonnement de ses paysages ? Les étendues bleutées de ses lacs ? Ici, on a l'impression de toucher les légendes et l'histoire. Ici, on voyage dans le temps –période néolithique à Kilmartin, châteaux médiévaux, luttes de clans… – tout autant qu'on aimerait l'arrêter. Amoureux de nature, amoureux d'histoire, gastronomes et épicuriens : préparez-vous à tomber amoureux !

OBAN
Locha
Pennyghael
Uisken
Cuan
Dalavich
Furnace
KILMARTIN
COLONSAY
Scalasaig
JURA
Oronsay Farm
Lochgilphead
Tarbert
Ruantallain
Achahoish
Ardmenish
Tarbert
TARBERT
Rothesay
Keills
Craighouse
Skipness
GREA
Bowmore
Clachan
Ardtalla
Catacol
LOCHR
Tayinloan
Cor
Port Ellen
ÎLE D'ARRAN
CARRADALE
BR
Glenbarr
L
Torbeg
BLACKWATERFOOT
Glenashdale Woo
Centre et côte ouest
CAMPBELTOWN
Southend
10 KM

DALMALLY
Crieff
Strathyre
Portnellan
CALLANDER
ARAY
Arrochar
ABERFOYLE
DUNBLANE-DOUNE
OCHGOILHEAD
Kippen
STIRLING
LUSS
BALMAHA
Garelochhead
Balfron
TROSSACHS NATIONAL PARK
Helensburgh
BALLOCH
Gourock
Cumbernauld
N
Greenock
Clydebank
GLASGOW
Coatbridge
Paisley
Largs
AE
Newton Mearns
East Kilbride
Beith
A 737
Strathaven
Saltcoats
Irvine
Kilmarnock
Lesmahagow
Troon
Douglas
Mauchline
Ayr
Cumnock
Hayhill
New Cumnock
Maybole
Kirkoswald
Dalmellington
Dalgonar
G
Girvan

PAGES

Bienvenue dans des paysages merveilleux ! Merveilleux par leur beauté époustouflante, entre lochs, montagnes et forêts, leur nature verdoyante, leurs couleurs éclatantes. Merveilleux aussi car les Trossachs sont un pays de fées et de légendes. La région, avec notamment Stirling, est aussi un haut lieu de l'histoire écossaise, terre connue notamment pour son héros, William Wallace.

Point d'accès principal du parc national par le sud, Balloch se trouve à cheval sur les berges du Loch Lomond et de la rivière Leven. Grâce à sa situation très accessible, c'est devenu, en quelque sorte, le village de vacances de Glasgow, dont la vaste aire urbaine vient se terminer ici.

© MUNRO1 - ISTOCKPHOTO.COM

Trossachs National Park.

●● LA CÔTE OUEST

La côte ouest d'Argyll & Bute est un défilée de montagnes, falaises, lochs, îlots et de perspectives superbes sur Mull, Jura et Islay. Au nord, Oban en est la capitale touristique. Pour les férus d'Histoire, un détour par Kilmartin s'impose, dans un glen incroyablement riche en patrimoine archéologique. Au sud, la péninsule de Kintyre s'étire entre Tarbert et Campbeltown, berceau du whisky.

●● LES ÎLES DU FIRTH OF CLYDE

Plurielles, séduisantes et riches en patrimoine, les îles du Firth of Clyde sont à la fois si proches et si lointaines du tumulte glaswégien que c'en est étonnant. Toutes sont accessibles depuis l'immense agglomération écossaise par un court voyage en train et en ferry. Bute charme pour ses collines verdoyantes et son architecture pleine d'histoire. Great Cumbrae attire par sa proximité, sa taille compacte et ses reliefs doux. Arran est un trésor immanquable, une Écosse miniature où l'on retrouve aussi bien les Highlands que les Lowlands. Holy Isle et Ailsa Craig, enfin, surprennent par leurs formes mystérieuses et escarpées, au large des côtes. Véritable petit archipel dans une mer intérieure, n'oubliez pas ce coin du pays qui peut aisément se placer sur la route des Highlands. Les liaisons maritimes permettent d'y faire étape en chemin pour les péninsules de Cowal et Kintyre, il serait dommage de s'en priver.

ÎLE D'ARRAN

Certains disent que les plus beaux paysages d'Écosse sont là. Le dépaysement est assuré. Avec 433 km² de nature préservée, vous trouverez votre petit coin de paradis.

CENTRE ET CÔTE OUEST

TROSSACHS NATIONAL PARK ★★★★

Le Loch Lomond & the Trossachs National Park est l'un des deux parcs nationaux du pays. Créé en 2002, s'étendant sur 1 865 km², il affiche des contrastes variés et impressionnants. Deux immenses forêts protégées s'y étendent : Queen Elizabeth et Argyll Forest Parks. Au nord, les altitudes s'accroissent à mesure que l'on avance avec de superbes *munros* à gravir. Partout la randonnée est une activité privilégiée, avec des sentiers réputés comme le West Highland Way, le Cowal Way, le Great Trossachs Path ou le Rob Roy Way. Il est aussi le pays des fées… Les croisières en bateau sont aussi une bonne idée pour découvrir autrement ces paysages somptueux.

Balade

▸ Le Loch Lomond & Cowal Way mesure 92 km et se parcourt en moyenne en 4 à 5 jours. Il part de Portavadie, sur les rives du Loch Fyne, et se termine sur celles du Loch Lomond, à Inveruglas. Il est relié à trois autres grands itinéraires : le Kintyre Way, le Three Lochs Way et le West Highland Way. Ce circuit est surnommé « l'Écosse en 57 miles » pour ses paysages incroyablement variés et la splendeur des panoramas qu'il fait découvrir. La moitié de son parcours s'arpente dans le Loch Lomond & Trossachs National Park.
L'itinéraire a l'avantage d'être entièrement balisé (et plutôt bien, avec des sections récemment améliorées pour une meilleure expérience des randonneurs) et relativement aisé, même pour des marcheurs inexpérimentés. Cela n'empêchera pas les dénivelés – trois petits sommets à gravir, de 360, 350 et 500 m –, une prudence incontournable et une grande attention portée à la météo pour ne pas être pris au dépourvu par une tempête ou un brouillard occultant. Le circuit passe par plusieurs villages, permettant de se loger facilement : Tighnabruaich, Glendaruel, Strachur, Lochgoilhead et Arrochar. Le camping sauvage est aussi autorisé, dans le respect évident des lieux. Carte interactive : https://www.lochlomondandcowalway.org/map-page/

▸ Loch Katrine. Objet du poème *La Dame du Lac* de Sir Walter Scott (1810), le Loch Katrine est l'une des plus belles destinations du parc national. Long de 13 km, il offre une nature admirable et est explorable essentiellement à pied ou en bateau. Le village principal se nomme Stronachlachar, accessible via la B829 depuis Aberfoyle. Un sentier couvre tout le versant nord du loch pour les randonneurs, mais l'attraction principale se trouve sans doute au Trossachs Pier. De là partent des croisières touristiques entre mars et janvier. Deux ferries, dont le navire à vapeur *SS Sir Walter Scott*, proposent des croisières à l'heure. Informations : www.lochkatrine.com, ✆ +44 187 737 6315.

▸ **Le nord du Loch Lomond** & the Trossachs National Park. Le nord du parc national est assez peu peuplé et très sauvage. On y trouve tout de même quelques villages et, bien entendu, des attractions liées à la nature magnifique des lieux.

▸ **À l'ouest du Loch Lomond** : les bourgs voisins d'Arrochar & Tarbet possèdent une gare commune qui les relie à Glasgow. Beaucoup de randonneurs viennent aussi ici pour s'offrir l'ascension du féerique Ben Arthur, aussi appelé the Cobbler (884 mètres), qui débute au lieu-dit de Succoth, juste à côté d'Arrochar. En poursuivant sur l'A82, Ardlui est le dernier village du loch et possède également une gare.

▸ **À l'est du Loch Lomond** : c'est sur ces rives que passe le West Highland Way, avant de filer jusqu'à Fort William. En provenance de Balmaha, la route s'arrête à Rowardennan. C'est le point de départ du sentier menant au Ben Lomond, l'une des plus célèbres montagnes de tout le pays (974 mètres), dont le sommet offre un panorama époustouflant. Quelques maisons et de belles vues sont accessibles plus au nord, à Inversnaid, mais il faut passer par la B829 et Aberfoyle pour s'y rendre.

▸ **Au nord du Loch Lomond** : les confins nordiques du parc national sont assez désertiques et annoncent la couleur des paysages qu'ils précèdent. À Balquhidder, les férus d'Histoire trouveront la tombe du célèbre Rob Roy, dans le cimetière de l'église. Crianlarich et Tyndrum marquent la limite de la région et ont un petit air de bout du monde.

▸ **La péninsule de Cowal.** La péninsule de Cowal est un écrin d'Écosse sauvage et isolé. Les deux splendides routes conduisant d'Arrochar à Lochgoilhead et Cairndow valent un détour a elles seules (A83 et B828). Elles relient notamment le Glen Kinglas au Glen Croe et se croisent à un carrefour dont le panorama est à couper le souffle : le Rest and Be Thankful. La région s'apprécie pour sa nature préservée et les amateurs de randonnée se régaleront du Cowal Way, un sentier de grande randonnée de 75 km (www.cowalway.co.uk), ainsi que des bois profonds de l'Argyll Forest Park, le plus vieux parc forestier de Grande-Bretagne, établi en 1935. Pour plus d'informations : *www.wildaboutargyll.co.uk*

Trossachs National Park.

BALLOCH ★

À Balloch, les attractions liées à la nature sont nombreuses et un passage par son office de tourisme est très utile. Il est facile de se loger ou d'y faire ses courses avant d'accéder au parc. Laissez-vous porter par une croisière sur les eaux calmes du Loch Lomond. S'il pleut, direction le Sea Life Loch Lomond Aquarium.

Transports

Depuis Glasgow Queen Street, les trains sont très fréquents (www.scotrail.co.uk). En bus, l'arrêt principal se trouve sur Balloch Road, à côté du supermarché, de l'autre côté de la rivière en venant de la gare. Le service Garelochhead Coaches 305 conduit à Luss en 20 minutes et le 309 mène à Drymen en 20 minutes et à Balmaha en 30 minutes.

BALLOCH CASTLE COUNTRY PARK

20 Park Avenue
✆ +44 138 975 2977
www.west-dunbarton.gov.uk
Parc en libre accès. Parking et WC.

Sur 81 hectares de nature arborée, ce parc offre des balades très agréables au bord et en surplomb du Loch Lomond et autour du château de Balloch (non visitable). Trois sentiers – 1,5 km, 2 km et 3 km – sont aménagés et détaillés sur la brochure, disponible sur place en saison et à l'office de tourisme toute l'année. Le jardin chinois, le jardin à la française et le jardin clos sont autant de découvertes agréables, et l'on côtoie par ailleurs une faune et une flore charmantes.

LOCH LOMOND BIRD OF PREY CENTRE

Ben Lomond Way
✆ +44 138 972 9239
www.llbopc.co.uk
7j/7, de mars à sept : 10h-17h ; d'oct à fev : 10h-16h. Adulte : £9,50 ; réduit : £7,50 ; enfant : £5.

Plus de 35 oiseaux de toutes les tailles vivent sur les berges du Loch Lomond, au Bird of Prey Centre. Des chouettes, des aigles, des faucons, des buses ou encore des crécerelles, que l'on peut approcher au plus près et observer dans leur quotidien. Plusieurs espèces sont assez rares et il y a possibilité de réserver certaines activités à l'avance. Un *must* pour tous les amoureux de nos amis ailés. Attention, les ouvertures peuvent dépendre des conditions climatiques.

LOCH LOMOND SEALIFE AQUARIUM

Ben Lomond Way ✆ +44 138 972 1500
www.visitsealife.com
Ouvert 7j/7 ; mars-novembre : 10h-17h ; décembre-février : 10h- 16h. Entrée : £19, réductions importantes en ligne.

La célèbre chaîne d'aquariums possède une attraction jusqu'au Loch Lomond, avec ce sanctuaire marin de quelques 1 500 animaux aquatiques. À travers sept zones thématiques, on rencontre des tortues, des requins, des pieuvres, des raies, des hippocampes, des poissons colorés et bien d'autres. Vous pourrez aussi voir des loutres et caresser des étoiles de mer. Il est même possible, sur réservation, de nourrir les requins, ou encore de passer une nuit dans l'aquarium.

SWEENEY'S CRUISES

Balloch Road
✆ +44 138 975 2376
www.sweeneyscruiseco.com
Croisière d'1h dès £15,50/adulte, £10/enfant, £46/famille. Réservation en ligne.

Quoi de mieux pour découvrir le Loch Lomond qu'une croisière ? Au départ de Balloch, Sweeney's Cruises lève l'ancre pour plusieurs virées sur les flots de durées variées, ainsi que des navettes Balloch-Luss et Luss-Balmaha. L'Experience Cruise d'1h est la seule qui fonctionne chaque jour de l'année, les autres, comme les dîners sur l'eau, sont parfois réduites aux week-ends et aux vacances hors saison. Consultez les plannings en ligne. Bon à savoir : le commentaire de la croisière peut être écouté en plusieurs langues, dont le français.

GOWANLEA GUEST HOUSE €

Drymen Road
✆ +44 138 975 2456
www.hotelatlochlomond.co.uk
Chambre double à partir de £75. Petit déjeuner inclus. Wifi. Parking.

Dans une belle rue aux façades traditionnelles, les quatre chambres de cette *guest house* sont compactes et confortables, avec chacune sa salle de bains, le wi-fi, une TV... Le petit déjeuner réalisé avec des produits locaux. Vous aurez aussi accès à des places de parking et à une bibliothèque ou un salon où vous délasser après une journée de marche. Andrea et John font de l'accueil une priorité et on se sent rapidement chez eux comme à la maison. Si vous souhaitez passer du temps sur place, sachez qu'une remise de 20 % est proposée dès 7 jours.

QUEEN OF THE LOCH €

Old Luss Road
✆ +44 1389656070
www.queenofthelochpublochlomond.co.uk
Chambre double dès £65, petit déjeuner en supplément. Wi-fi gratuit.

Cet hôtel bénéficie d'une situation idéale, ce qui en fait un point de départ parfait pour explorer les beautés du Loch Lomond. Il dispose de 27 chambres, toutes aménagées avec une salle de bains privative, TV, wi-fi, plateau de courtoisie, sèche-cheveux... Un parking est accessible aux clients. L'hôtel est aussi un pub-restaurant, qui sert une cuisine typiquement britannique, et une vaste sélection de bières en fût, provenant des brasseries Marston. Une remise est appliquée sur l'addition du repas du soir pour toute réservation (via web ou à l'accueil).

CUCINA €€

Balloch Road
✆ +44 138 975 5455
www.cucinaballoch.com
Ouvert 7j/7 de 12h à 21h. Pizza dès £6,50.

Restaurant contemporain d'inspiration italienne, Cucina a su s'inscrire sur le devant de la scène culinaire locale grâce à une carte appétissante et variée. Il y a bien sûr des pizzas, mais aussi des pâtes, des salades, quelques viandes et poissons. Amateurs de vins italiens, vous trouverez ici quelques propositions qui devraient vous faire plaisir ! Le rapport qualité-prix est assez intéressant, surtout pour les menus du midi et du début de soirée. La décoration est sobre et moderne. Le lieu est très prisé des locaux comme des visiteurs de passage.

THE BALLOCH HOUSE

Balloch Road
✆ +44 138 975 2579
www.vintageinn.co.uk
Ouvert du lundi au vendredi de 7h à 23h, le samedi à partir de 8h, le dimanche de 8h à 22h30. Menus à partir de £16,95.

Au bord de la rivière Leven, de l'autre côté du pont en venant de la gare, ce pub est un bon spot pour s'arrêter boire un verre quelques instants. L'intérieur est joliment rustique et cosy, avec une cheminée et des poutres apparentes. Le lieu a toute une histoire, puisque l'établissement est né au début du XVIIIe siècle, quand les ferries traversaient la rivière, puis il est devenu un hôtel où a séjourné notamment l'impératrice Eugénie (épouse de Louis-Napoléon Bonaparte) en 1860. Plusieurs bières dont trois *hand-pulled* sont disponibles.

LUSS ★★

Luss est un minuscule village plein de caractère, niché sur les rives du Loch Lomond. Ses maisons pittoresques en grès et ardoise et la silhouette de Ben Lomond en toile de fond en font un décor de carte postale. Vous pourrez visiter, si vous êtes amateurs de lieux de spiritualité et de patrimoine, l'église paroissiale du XIXe siècle avec son plafond en chevrons de pin et ses vitraux victoriens. Luss est aussi connu pour ses nombreux golfs. Vous pouvez en compter 26 dans le village et ses alentours comme Loch Lomond Golf Club.
C'est aussi le départ de croisières. Luss est accessible en 20 minutes depuis Balloch avec le bus Garelochhead Coaches 305.

CULAG LOCHSIDE GUEST HOUSE €€

Culag
✆ +44 791 813 7021
www.culag.info
Chambre double à partir de £180. Petit déjeuner inclus. Parking et Wi-fi.

Il est bien difficile de rêver meilleur emplacement que celui de cette adorable *guest house*, sur les rives du Loch Lomond et face à Ben Lomond. Les dix chambres sont pour la plupart doubles, mais peuvent aussi accueillir des familles ou personnes à mobilité réduite. Toutes possèdent leur salle de bains et l'on peut aussi se détendre dans le salon commun ou se balader dans le jardin. Les propriétaires proposent aussi un cottage à louer : Culag Lochside Cottage.

GLENVIEW LUSS €€

Main Road
✆ +44 138 952 8878
www.glenview-luss.co.uk
Chambre double à partir de £115. Petit déjeuner inclus. Wifi. Parking.

Avec seulement trois chambres, Glenview joue la carte du confort et de la proximité dans sa grande maison au cœur de Luss. Le style de chacune est unique, avec de belles salles de bains et un petit coin salon. L'une a un lit à baldaquin, l'autre un poêle à bois, la troisième une véranda... Le moins que l'on puisse dire, c'est que la place ne manque pas, que l'on se sent bien ici et que l'hospitalité est un point fort. Le petit déjeuner est continental mais inclut des produits locaux, dont des viandes et confitures. Un cottage, Glenview House, peut aussi être loué.

THE VILLAGE REST €

Pier Road

✆ +44 143 686 0220

www.the-village-rest.co.uk

Ouvert du lundi au vendredi : 10h-16h (18h samedi et dimanche). Sandwichs à partir de £9,25.

L'ambiance est celle d'une cantine joyeuse dans cette charmante petite maison de village. On y profite de nombreux classiques écossais comme le *haggis*, le *fish & chips*, des *pies*, des burgers, mais aussi une sélection gourmande de sandwichs, de wraps et de *jacket potatoes* pour le déjeuner. Quelques plats de pâtes et de salades sont également à la carte. Vous trouverez aussi des douceurs sucrées, parfaites pour l'*afternoon tea* ! Tout est préparé à la demande, frais et fait maison. C'est un endroit populaire et animé, où des peintures et des photos décorent les murs.

THE LODGE ON LOCH LOMOND €€

Luss ✆ +44 1436 860 201

www.loch-lomond.co.uk

7j/7. Plats à partir de £13,50. Chambre double à partir de £180.

Ce lieu est parmi les plus romantiques que l'on puisse trouver pour se délecter des abords du Loch Lomond. La partie restaurant a été baptisée Colquhoun's restaurant et propose, dans une vaste salle avec vue sur le loch, une carte typique de la gastronomie britannique. On peut y déjeuner ou juste y boire un verre au coin du feu sur des canapés confortables en contemplant ses rives. L'établissement est aussi un hôtel **** : les 48 chambres luxueuses sont une ode à la détente. Le séjour parfait ? Un Munro ou une belle randonnée, puis un délassement au spa.

LOCH LOMOND ARMS HOTEL

Main Road

✆ +44 143 686 0420

www.lochlomondarmshotel.com

Ouvert 7j/7 de 7h jusqu'en fin de soirée. Chambre double à partir de £125, petit déjeuner inclus.

Le Loch Lomond Arms est un petit peu le cœur du village, avec son vaste bar qui attire aussi bien pour boire un verre que pour manger un plat de pub. L'atmosphère est très traditionnelle, avec une cheminée, des tableaux, des bibliothèques et quelques canapés. On y sert une cinquantaine de whiskys et plusieurs bières, dont certaines issues de la brasserie locale Loch Lomond Brewery. Le lieu est aussi un charmant hôtel, disposant de chambres tout confort à la décoration romantique. Vous pourrez aussi louer, selon vos besoins ou envies de séjour, un cottage.

BALMAHA ★★

L'adorable hameau de Balmaha est parfait pour explorer la rive est du Loch Lomond. L'offre d'hébergement y est bonne et l'on profite d'un excellent pub. La présence du National Park Visitor Centre, pour ne jamais manquer d'informations sur la région, est un atout. De jolies plages sont à proximité, comme la Milarrochy Bay, à 2 km vers le nord, le long de la B837. Elle est appréciée des photographes lorsque ses arbres ont les pieds dans l'eau, à marée haute. Pour prendre un peu de hauteur, ne manquez pas Conic Hill, une colline de 361 m dominant les environs. On y accède depuis un sentier au fond du parking du visitor centre. À voir aussi dans le même secteur : Rowardennan.

Balade

▸ **Le West Highland Way.** Sur 154 km, c'est l'un des sentiers de grande randonnée les plus connus et les plus beaux d'Europe. Ouvert en 1980, c'est historiquement le premier d'Écosse et le plus populaire. Il relie Milngavie à Fort William, dans la région des Highlands. Il rejoint les rives du Loch Lomond à Balmaha pour ne plus les quitter jusqu'en leur extrémité nord. Le parcours typique s'effectue en 8 jours, mais chacun peut le faire à son rythme. Le West Highland Way s'adresse à des randonneurs en bonne condition physique, bien équipés et initiés à l'orientation en pleine nature. De nombreux livres et cartes ont été publiés sur le sujet et un site y est consacré (*www.westhighlandway.org*).

Transports

Le bus Garelochhead Coaches 309 conduit à Drymen en 10 minutes et à Balloch en 30 minutes (www.travelinescotland.com).

Loch Lomond.

BEN LOMOND

Rowardennan

Accessible toute l'année. Parking payant : £1/1h ou £3/24h. WC au départ.

Quatre heures *a minima* sont nécessaires pour atteindre le sommet de cette montagne qui offre une vue spectaculaire sur le loch. L'itinéraire est bien balisé et le dénivelé, un peu raide au départ, évolue ensuite plus doucement, jusqu'aux 974 m du sommet. La randonnée est accessible et très populaire, et parmi les classiques à gravir pour les collectionneurs de Munros. Cependant, la prudence est de mise : le sommet peut être très venteux et pluvieux, donc glissant et dangereux. Ne tentez l'ascension qu'avec un bon équipement et en bonne condition physique !

CONIC HILL

Balmaha

Parking au Balmaha Visitor Centre.

Cette montagne de 358 m est accessible à partir du parking du Visitor Centre. Prévoyez 2 heures de marche pour la gravir et vous jouirez d'une vue splendide sur cette partie du loch Lomond ponctué de nombreuses petites îles boisées. C'est une très bonne alternative pour qui serait intimidé par l'ascension du Ben Lomond ! Attention, la montée courte demeure cependant assez raide : on ne dit pas que c'est facile... juste plus accessible ! Dans tous les cas, les vues tout au long de la randonnée sont sublimes et autant de récompenses pour les efforts fournis.

CASHEL CAMPSITE €

Cashel

✆ +44 136 087 0234

www.campingintheforest.co.uk

Ouvert de mars à fin octobre. Caravanes, camping-cars et tentes. Dès £18,50/nuit/2personnes.

C'est certainement l'un des meilleurs campings de tout le parc, avec 168 emplacements au bord du Loch Lomond. Que vous soyez en caravane, en camping-car, ou avec votre tente, vous aurez accès à toutes les commodités que sont les W.C, les douches, l'eau potable, ainsi que l'électricité et la laverie, moyennant supplément. Il y a même une petite supérette et une aire de jeux. Le site est parfait pour attaquer l'ascension du Ben Lomond à l'aube et profiter d'une vue splendide au lever du soleil. Vous pourrez aussi louer un bateau et aller explorer le Loch.

OAK TREE INN €€

Balmaha

✆ +44 136 087 0357

www.theoaktreeinn.co.uk

Chambre simple à £85, double à partir de £110. Petit déjeuner inclus. Wifi. Parking.

On exagérerait à peine en disant que le Oak Tree Inn possède la majorité du village de Balmaha. Pourtant, avec un hôtel comportant plusieurs chalets, un pub, un restaurant, un café et une supérette, on s'en approche quand même un peu. Une ambiance de retraite en montagne règne sur l'ensemble des lieux et les chambres proposent un confort moderne et fonctionnel, avec salles de bains, thé, café et TV. Au rez-de-chaussée, un bar et un restaurant sont ouverts à tous pour un repas de pub ou une *real ale*. Une micro-brasserie s'est également développée sur place.

ROWARDENNAN HOTEL €€

Rowardennan

✆ +44 1360 870 273

www.rowardennanhotel.co.uk

Dès £170 pour une chambre double, petit déjeuner écossais inclus.

Cet hôtel entouré de collines boisées et donnant sur le loch Lomond promet un dépaysement total. Ses propriétaires ont de plus choisi de le meubler dans un style écossais traditionnel… L'hôtel compte un restaurant où l'on cuisine à base de produits frais et son *Clansman Bar* au cadre confortable, avec vue spectaculaire sur le Ben Lomond, où l'on sert de bons malt whiskys. Envie d'un hébergement en toute indépendance ? C'est aussi possible avec les chalets à louer (type mobile-home en bois) dans un espace village à part, ou encore avec une offre de gîtes de luxe.

BALMAHA BOATYARD

Balmaha

✆ +44 136 087 0214

www.balmahaboatyard.co.uk

7j/7 de 9h à 17h l'été ; 9h-16h hors saison. Ferry A/R pour Inchcailleach : £5/adulte, £2,50/enfant.

Son accueil est situé sur la jetée, on peut profiter d'une navette pour aller vers l'île voisine de Inchcailleach. L'avantage ? Pas besoin de se fier à un horaire... C'est à la demande ! Profitez-en pour aller sur l'île. Là-bas, compter au minimum une heure pour visiter les lieux, mais vous pouvez aussi y passer la journée. En effet, c'est l'une des îles du loch les plus grandes (52 hectares) et les plus hautes. Très vite, vous aurez l'impression d'avoir abordé un autre monde, loin de tout. Il existe plusieurs sentiers, pour des balades de 30 à 45 minutes.

ABERFOYLE ★★

Aberfoyle est au carrefour de plusieurs routes du parc national et le berceau de la féerie, puisque c'est la ville du révérend Kirk, auteur du premier traité de féerie. Quelques très bons B&B vous assurent un séjour réussi et l'excellent Forth Inn promet des repas et soirées sous le signe de la tradition. Les possibilités de randonnées sont séduisantes, le long du Rob Roy Way et dans le Queen Elizabeth Forest Park, vers le Glen Finglas, le Loch Ard et le Loch Katrine. On trouve deux centres d'activité en plein air : Go Ape ou Go Country. Aberfoyle est à 45 minutes de Stirling sur la ligne de bus First C11 (www.travelinescotland.com).

ÉGLISE DE BALQUHIDDER

Balquhidder

Accès libre et gratuit.

On peut aller voir la tombe de Rob Roy et de sa femme Mary dans le cimetière du hameau de Balquhidder, près de la plaque proclamant « *MacGregor despite them* » (« MacGregor malgré eux tous »). L'église est un véritable trésor pour les amoureux de patrimoine et d'histoire religieuse. En effet, on y trouve la pierre tombale du premier saint ayant évangélisé le territoire, le représentant avec la *salvation cup* entre les mains. On y découvre aussi des copies des pages de la Bible traduites par le révérend Kirk et une exposition d'objets ayant appartenu à Rob Roy.

DOON HILL FAIRY TRAIL

Main Street

Accès libre et gratuit. Départ près du Visitor Centre : plans disponibles gratuitement sur place et sur le web.

Cette promenade vous emmène au sommet de la mystérieuse et mythique Doon Hill, réputée pour être le berceau du monde féerique. C'est là, d'ailleurs, que le révérend Kirk aurait reçu l'*elfshot*. La magie est ici au rendez-vous et les amoureux de légendes adoreront parcourir ces sentiers. La balade de 6,5 km se fait en 2 heures et passe près du cimetière où repose le révérend, avant de monter à travers un bois de feuillus et de s'aventurer dans la forêt. Le lieu étant associé à l'existence de fées, ouvrez l'œil et laissez-vous porter par la féerie du lieu !

GLENGOYNE DISTILLERY

Dumgoyne ✆ +44 136 055 0254

www.glengoyne.com

Ouvert 7j/7, mars-octobre, 10h-17h ; novembre-février : 10h-16h. Boutique. Visites guidées à partir de £18.

Ici, on se vante de prendre son temps dans la confection du *single malt*. Entre Glasgow et le Loch Lomond, on y propose plusieurs types de visites, dont la plus courte dure 45 minutes et s'achève par un *dram* du Glengoyne 12 ans d'âge. Cette distillerie a ouvert ses portes en 1833 et a la particularité de produire un whisky des Highlands, qui mature dans les Lowlands, son site de production étant à cheval entre les deux régions. Des visites sont possibles en français (sur demande en amont).

Bon plan : déduisez le prix de votre visite d'un achat de bouteille.

INCHMAHOME PRIORY ✝

Port of Menteith

✆ +44 187 738 5294

Actuellement en rénovation, vérifier sur le site. Réservation conseillée.

Fondé au XIIIe siècle sur une île du lac de Menteith, le prieuré d'Inchmahome est accessible par un petit ferry depuis le village de Port of Menteith. La traversée est comprise dans le ticket, qui permet de visiter ce site historique qui a vu passer le roi Robert the Bruce et Mary Queen of Scots. Aujourd'hui partiellement en ruines, il conserve tout de même un charme certain, grâce à son emplacement et ses pierres sculptés dans la *chapter house*. Ce havre de paix mérite que l'on prenne le temps de s'y promener et d'en découvrir les secrets.

LOCH KATRINE

Callander FK17 8HZ,

On peut passer un après-midi entier sur les rives de ce loch absolument splendide situé au nord d'Aberfoyle (suivre l'A821) pour y faire une promenade ou pique-niquer. C'est le moment de se détendre et de se laisser aller à la contemplation de cette étendue d'eau transparente où se reflètent des collines boisées. Elle inspira le poème de Walter Scott, *The Lady of the Lake*.

Lieu idéal pour les familles, vous pouvez faire des balades à pied et à vélo le long du loch. L'activité phare est la croisière sur un ancien bateau à vapeur.

THREE LOCHS FOREST DRIVE

A821

Itinéraire en voiture sur route non goudronnée. Fermé le soir. Brochure gratuite au Visitor Centre et sur le web.

Cet itinéraire de 7 miles, à parcourir en voiture, vous permettra, faute de randonnée ou en complément, de découvrir des paysages encore totalement sauvages depuis votre voiture. Vous traverserez des paysages de forêts et découvrirez tour à tour les trois magnifiques lochs : Loch Drunkie, Loch Venachar et Loch Achray. Il est possible aussi de bivouaquer sur place (payant) ou de s'arrêter pour effectuer de courtes balades (moins d'une heure à chaque fois) dans ce magnifique site : Little Drunkie Trail, Loch Drunkie Trail et Pine Ridge Trail.

CORRIE GLEN BED & BREAKFAST €€

Manse Road

✆ +44 187 738 2427

www.corrieglen.co.uk

Ouvert de mars à octobre. Chambre double dès £99. Petit déjeuner inclus. Wifi. Parking.

Les chevaux qui paissent tranquillement dans le jardin rappellent que la proximité avec la nature prévaut dans ce coin de l'Écosse. Sur les hauteurs d'Aberfoyle, Corrie Glen met trois chambres à disposition et la propriétaire, Pauline, redouble de gentillesse pour satisfaire ses hôtes. Les salles de bains privées sont attenantes ou sur le palier et il y a une véranda ainsi qu'un salon pour se prélasser. Ce B&B est référencé « Welcome Walkers », « Welcome Cyclists » et « Welcome Bikers ».

GARTMORE HOUSE €€

Gartmore

✆ +44 187 738 2991

www.gartmorehouse.com

Chambres à partir de 75 €. Petit déjeuner inclus.

Envie de loger dans un château écossais à prix très raisonnable ? Cette demeure historique du XVIIIe siècle vous accueillera dans un site au charme incroyable. Outre l'authenticité et le paysage superbe qui l'entoure, vous apprécierez ce lieu pour son ambiance familiale. Les portes du magnifique salon-bibliothèque vous sont grand ouvertes, et l'on prend soin de vous tout au long de votre séjour. Bon à savoir : l'établissement propose des stages toute l'année pour s'initier ou se perfectionner dans différents loisirs créatifs.

THE FAERIE TREE €€

A821

✆ +44 1877 382191

thefaerietree.co.uk

Ouvert 7j/7 de 12h à 00h, jusqu'à 1h les vendredi et samedi. Plats dès £9.

Vous pourrez manger toute la journée au Faerie Tree. Ce restaurant-pub propose une cuisine classique britannique, avec plats typiques de pub, burgers, pies et pizzas. Le décor est sympathique, tout en bois, et l'ambiance très familiale. Un feu de cheminée réchauffe l'ambiance l'hiver et l'été, une belle terrasse invite à profiter du soleil. Les soirées du vendredi sont animées par des quiz dès 21h et le pub propose régulièrement des événements à thème. Voilà un endroit où on se sent bien, que ce soit pour boire un verre, pour déjeuner ou pour dîner !

THE FORTH INN €€

Main Street

✆ +44 187 738 2372

www.forthinn.com

Ouvert du mercredi au dimanche. 12h-16h et 17h-19h45. Plats dès £12,50.

C'est le cœur du petit village d'Aberfoyle. À la fois pub et restaurant, il est très apprécié des gens du coin pour sa grande terrasse et ses nombreuses *real ales* écossaises. Les amateurs apprécieront pouvoir commander trois 1/3 de pinte pour varier les plaisirs. Au sol, moquette aux motifs de tartan et grosses dalles de pierres répondent aux photos d'époque et dessous de verres ornant les murs pour créer une atmosphère tout à fait traditionnelle. La *pub food* est excellente et l'on ne saurait que trop recommander le copieux *fish & chips*, cuisiné à merveille.

BENVIEW GARDEN CENTRE

Benview Garden Centre Ward Toll
www.benviewgardencentre.co.uk
Ouvert 7j/7, 9h30-17h

Un salon de thé dans une jardinerie… Et pourquoi pas ! D'autant plus quand le salon de thé en question prend place dans une agréable véranda et qu'il offre une vue imprenable, d'où son nom. On vous sert en toute simplicité des sandwiches, quiches, soupes ou salades le midi, ainsi qu'un bel assortiment de pâtisseries maison. L'ambiance est familiale, et la simplicité de mise. Profitez de votre passage pour faire un peu de shopping dans la boutique attenante : entre objets de déco haut en couleur et produits locaux, il y a du craquage dans l'air…

GO APE ABERFOYLE

Forest Visitor Centre Queen Elizabeth Forest Park
✆ +44 1603 895500
Zip line à partir de £15. Parking à la journée : £5.

Le centre d'aventures Go Ape vous propose, dans son site d'Aberfoyle, plusieurs activités qui conviendront aussi bien aux enfants qu'aux adultes. Plusieurs parcours dans les arbres sont mis en place, pour s'adapter au niveau des enfants (ou des grands débutants) comme des sportifs et casse-cou. Le centre possède aussi des Segways et scooters électriques pour des sorties en forêt, des sessions de « trekking aventure » avec tyrolienne, du lancer de hache. Envie d'une dose d'adrénaline supplémentaire ? Tentez ces activités au coucher du soleil !

GO COUNTRY

Kinlochard
✆ +44 1877 387 750
gocountry.co.uk
Ouvert 7j/7. D'avril à septembre : 9h-17h ; d'octobre à mars : 10h-16h.

Ce centre offre bon nombre d'activités de plein air, sur le loch ou en forêt. Au programme : exploration du loch Ard en bateau à voile et moteur, canoë ou planche à voile, après-midi de pêche, canyoning, paddle, descente en VTT, escalade, tir à l'arc... Les sportifs et amateurs de sensations fortes peuvent faire du quad cycling, du 4x4 en forêt ou affronter cascades et cours d'eau en kayak. Le centre possède aussi un parc aquatique et des « hamster balls » pour évoluer dans une bulle et marcher sur l'eau. Vous pourrez aussi louer votre équipement : VTT, kayak...

CALLANDER ★

Callander marque l'entrée du Loch Lomond & the Trossachs National Park depuis Stirling. Les collines verdoyantes et les sommets rocheux donnent l'ambiance de la région, à la limite entre les Highlands et les Lowlands. Si c'est avant tout un point de chute ou de passage pour explorer les alentours, on y profite quand même de deux jolies cascades : les Bracklinn Falls et les Falls of Leny. Plusieurs itinéraires de randonnées sont au départ de Callander ou dans les environs : sentier le long de la rivière Keltie, piste cyclable sur l'ancienne voie de chemin de fer reliant Callander à Oban, ascension des Callander Crags. Une large gamme d'hébergements.

BRACKLINN FALLS

Bracklinn Road
Accès libre et gratuit.

La promenade balisée démarre du parking sur les hauteurs du village de Callander. On passe d'abord sous de spectaculaires rochers avant de longer une rivière qui mène à ces impressionnantes cascades courant à travers une gorge avant de se jeter dans le Keltie Water. Le lieu a ceci de curieux qu'il est sur la ligne de frontières entre deux espèces qui ne se mélangent pas : les écureuils roux et les écureuils gris. Facile d'accès, cette petite randonnée de 5,25 km se parcourt en 1h30. L'itinéraire est en téléchargement gratuit sur walkhighlands.co.uk.

WHEELS CYCLING CENTRE

Invertrossachs Rd
✆ +44 1877 331100
http://scottish-cycling.com
Octobre-mars : ouvert du vendredi au lundi, 10h-16h. Avril-sept : 7j/7, 10h-17h. Tarif à partir de £30 la journée.

Louer un vélo dans les Trossachs est une excellente idée, car la région se visite très bien en deux-roues, grâce à de belles pistes cyclables (ancienne voie de chemin de fer transformée en voie douce pour les cyclistes et piétons). À cela s'ajoute la piste nationale Sustrans. Ce centre loue des 2-roues qui s'adapteront à toutes vos envies de balades ou d'activités sportives : VTT standard, VTT premium, hybrides, électriques, VTC. Les enfants ont aussi leur vélo et des remorques sont aussi proposées à la location. On trouvera aussi des tandems ou des trikes.

CALLANDER MEADOWS - RESTAURANT WITH ROOMS €€

24 Main Street
✆ +44 1877 330181
www.callandermeadows.co.uk
Chambre double dès £110. Petit déjeuner inclus. Parking et wi-fi gratuits.

Le Callander Meadows B&B est un établissement familial chaleureux situé au cœur de Callander, dans une belle maison de ville construite dans les années 1800. Nick et Susannah vous accueillent dans la simplicité d'un B&B, mais avec l'esprit et la générosité du luxe. Les chambres sont claires, spacieuses, décorées avec goût, dans un souci de confort et d'élégance. Le soir, sur réservation, vous pourrez profiter d'un savoureux dîner, cuisiné à partir de produits locaux.

ROMAN CAMP HOTEL €€€

128 Main Street
✆ +44 187 733 0003
www.romancamphotel.co.uk
Chambre simple à £140, double à partir de £180. Petit déjeuner inclus. Wifi. Parking.

Sur huit hectares de terrain à Callander, le *Roman Camp Hotel* figure parmi les établissements les plus luxueux de la région. Érigés en 1625, ses vieux murs renferment 15 chambres pleines de cachet et de confort. Toutes ont, bien entendu, une salle de bain et les plus grandes proposent aussi une baignoire spa et un espace salon. L'agréable bibliothèque n'est que l'une des plusieurs salles communes et il y a même une petite chapelle. Le restaurant de l'établissement est quant à lui primé (3 Rosettes AAA), et ce, depuis plus de 20 ans.

THE LADE INN €€

Kilmahog
✆ +44 187 733 0152
www.theladeinn.com
Jeudi, samedi et dimanche : 12h-21h ; lundi, mercredi, vendredi : 12h-18h. Plats dès £13,50.

Légèrement excentré, le Lade Inn est placé à la sortie ouest de Callander, au lieu-dit Kilmahog. L'établissement existe depuis 1935 et s'appelait autrefois Wayside Tearooms. Pub réputé, il sert ses propres bières, qui plus est exclusives. Le menu est à l'image de l'ambiance : authentique et écossais, mais aussi bien généreux. Des groupes de musique s'y produisent la plupart des samedis, ainsi que les vendredis en saison. Un festival de la bière y a lieu chaque année entre fin août et début septembre, avec dégustation de bières et musique traditionnelle *live*.

LOCHGOILHEAD ★

À la pointe du Loch Goil, ce village niché dans une nature superbe est une base d'exploration idéale pour la péninsule de Cowal. À dix kilomètres au sud du bourg, sur la rive ouest du loch, se dresse le Carrick Castle, une tour du XIIe siècle qui fit office de résidence royale pour la chasse. On ne peut pas y pénétrer, mais quelques belles photos sont possibles. Certains passages du film *Bons Baisers de Russie* (Terence Young, 1963) ont été tournés dans les environs. La faune sauvage de la région est également incroyablement riche, vous pourrez voir: des écureuils roux, la martre des pins, des loutres, des cerfs et des blaireaux qui sont communs.

FALKIRK

En chemin pour Stirling depuis Édimbourg ou Glasgow, vous passerez probablement près de Falkirk. Assez peu touristique, cette ville est tout de même connue pour the Helix, un parc urbain où l'on trouve the Kelpies, deux immenses statues équestres de 30 m de haut (www.thehelix.co.uk). Toujours dans le gigantisme, la Falkirk Wheel est un assesseur à bateaux qui les soulève sur 24 m au-dessus des canaux (www.scottishcanals.co.uk). La Callendar House propose des expositions d'art contemporain et revient sur le Mur d'Antonin, vestige de l'Empire romain qui passait sur le site actuel de son parc.

HELIX PARK ★★★

The Helix ✆ +44 1324 590600
www.thehelix.co.uk
Ouvert 7J/7 de 9h30 à 16h. Kelpies Tour à 11h, 11h30, 13h30 et 14h30. Adulte : £7,50.

Immense parc de 300 hectares, le long du canal entre Falkirk et Grangemouth. Cet écoparc connecte plus de 16 communautés locales. Il est principalement connu pour être la maison des Kelpies. Il s'agit des plus grandes sculptures équines au monde ! Ces deux immenses têtes de cheval qui font 9m de haut sont inspirées par des créatures écossaises mythiques. Vous pouvez aller à l'intérieur si vous réservez une visite guidée.

Lieu idéal pour les familles avec des bateaux vélocipèdes, des sentiers cyclables, la zone de jets d'eau et un parc de jeux d'aventures.

CENTRE ET CÔTE OUEST

DUNOON ★

Dunoon n'est pas à proprement parler dans les limites du Loch Lomond & the Trossachs National Park. Toutefois, à 7 km à peine de sa frontière, c'en est l'une des portes d'entrée principales depuis l'agglomération de Glasgow, avec Balloch. C'est aussi la plus grande ville de la Péninsule de Cowal. Station balnéaire, elle s'est particulièrement développée pendant l'ère victorienne comme villégiature bourgeoise. Vous pourrez même prendre un bain de soleil sur la plage de Lunderston Bay. Située sur le Firth of Clyde, elle offre de superbes paysages, notamment ceux de l'Argyll Forest Park, ou le très photogénique phare de Cloch Point.

Transports

- Avec Western Ferries, comptez £20,10 pour une voiture et son conducteur, puis £5,30 par adulte et £2,70 par enfant. Des réductions sont possibles en ligne (www.western-ferries.co.uk). Les départs se font de Hunter's Quay, à 3 km au nord de Dunoon, et à McInroy's Point, à 3 km au sud de Gourock.
- Calmac proposent quant à eux des traversées pour piétons et cyclistes (pas de véhicules) et relient directement les deux centres-villes. Comptez £5,10 par adulte et £2,55 par enfant. (https://www.calmac.co.uk/summer-timetables/Gourock-Dunoon).

© CHRISTOPHER RANKIN - SHUTTERSTOCK.COM

Dunoon.

BENMORE BOTANIC GARDEN

4 Uig
✆ +44 136 970 6261
Ouvert 7j/7, de mars à octobre : 10h-17h ; d'avril à septembre : 10h-18h. Adulte £8, réduit £7. Gratuit -15ans.

Membre du *Royal Botanic Garden* d'Édimbourg, ce jardin abrite des essences rares et magnifiques, à l'image de ses voisins du sud : les Logan et Dawyck gardens. Sur ses 121 hectares protégés, on admire quelques 300 espèces de rhododendrons (en fleurs au printemps et au début de l'été), de gigantesques séquoias géants et certains arbres vieux de plus de 150 ans. Le Bhoutan, le Chili et la Tasmanie ont ici de véritables petites enclaves de leurs flores, en plus d'une vue spectaculaire sur la vallée, le loch et les montagnes. Il y a aussi un café sur place.

CASTLE HOUSE MUSEUM

3 Argyll Street
✆ +44 1369 701422
castlehousemuseum.org.uk
Ouvert du lundi au samedi de Pâques à mi-octobre, de 10h à 16h. Adulte : £3. Réduit : £2,50.

Castle House invite à plonger dans l'histoire de la péninsule de Cowal tout en visitant un site magnifique. Depuis le jardin et les pièces du château, vous profiterez d'une vue imprenable sur la Clyde. Les expositions retracent l'histoire locale depuis l'arrivée des premiers colons au Néolithique, en passant par les batailles de clans des Highlands, l'époque victorienne, les « Clyde steamers » et les guerres mondiales, le tout à l'aide de reconstitutions historiques et de documents d'archives. Le château, quant à lui, date du XIIe siècle.

ST IVES HOTEL €€

58 Victoria Parade
✆ +44 1369 704 825
www.stives-hotel.co.uk
Chambres à partir de £95.

Tenu par Jon et Katia, cette maison d'hôtes offre un accueil chaleureux. Ses 7 chambres sont propres et confortables, aménagées avec soin et lumineuses. Chacune a sa salle de bains privative, une connexion wi-fi haut débit, une TV connectée et un plateau de courtoisie plein d'attentions. Le petit déjeuner est typiquement écossais et préparé à base de produits locaux. Le salon offre une superbe vue sur la mer : pourquoi ne pas vous y relaxer avec un livre, emprunté dans la bibliothèque, et un gin ou whisky local servi au bar ?

STIRLING ★★

Peu de villes écossaises peuvent se targuer d'être au centre de l'histoire nationale comme Stirling. L'emplacement de ce *royal burgh*, à la croisée des routes du pays, en fait une place forte primordiale, entre Edimbourg et les Highlands. Pendant les guerres d'indépendance, deux batailles décisives y ont lieu : Stirling Bridge (1297) et Bannockburn (1304). Le château fait l'objet de nombreux sièges, avant de devenir un palais privilégié des Stuart. Les conflits religieux de la guerre des Trois Royaumes et les soulèvements jacobites n'épargnent pas la cité, objet de maintes convoitises. Aujourd'hui, sa grande université et son centre médiéval font son attractivité. On y visite le fameux Stirling Castle et l'église de Holy Rude.

Sortir

Les pubs à Stirling sont pléthores et cette liste n'en propose que quelques-uns offrant un caractère particulier. Pour un choix encore plus grand, rendez-vous sur Baker Street où l'offre est très fournie.

Tourisme

Outre les visites à suivre, vous pouvez aussi jeter un œil à Mar's Wark, une ruine du XVIe siècle, sur Castle Wynd, qui fut la résidence de John Erskine, comte de Mar et régent du jeune James VI. Les passionnés d'histoire pousseront également jusqu'à la Cambuskenneth Abbey, assez proche de la gare, sur l'autre rive de la Forth. Fondée au XIIe siècle, peu de pierres tiennent encore debout, si ce n'est celles de sa belle tour. C'est la dernière demeure du roi James III et de son épouse Margaret, dont l'on peut voir ici les tombeaux. On y pénètre en libre accès tous les jours d'avril à fin septembre de 9h30 à 17h30. Si vous faites un saut au centre commercial Thistles Shopping Centre, ne manquez pas, dissimulé entre les magasins, de jeter un œil au Bastion, un trou où étaient jetés les voleurs !

Transports

Stirling est très facile d'accès en transports en commun. Les gares ferroviaires et routières se trouvent toutes deux sur Goosecroft Road, à quelques pas l'une de l'autre. En train, les services sont très fréquents pour Edimbourg, Glasgow, Perth, Aberdeen et Dundee. Les bus font également les liaisons avec ces villes et d'autres sur Citylink, pensez à consulter les tarifs proposés par Megabus. Les lignes locales et régionales partent du même endroit.

BATTLE OF BANNOCKBURN VISITOR CENTRE ★

Glasgow Road
✆ +44 178 681 2664
battleofbannockburn.com
7j/7, avril-septembre, 9h30-18h ; octobre-mars : 10h-17h. Adulte : £11,50, famille : £30,50. Réservation nécessaire.

Le 24 juin 1314, les forces de Robert the Bruce ont vaincu ici les troupes anglaises d'Édouard II, lors de la première guerre d'indépendance. À cette époque, le château de Stirling était tenu par l'Angleterre et le frère du roi écossais, Edouard II, le tenait en état de siège. Il conclut avec ses ennemis que s'ils n'étaient pas secourus avant le milieu de l'été, ceux-ci lui céderaient la place forte, porte d'entrée des Highlands. Londres, ne pouvant ignorer cet accord, fit marcher ses hommes vers le nord. Les Écossais, à un contre deux ou trois, parvinrent à remporter la victoire au bout de deux jours, malgré leur infériorité numérique et matérielle. Ce succès leur ouvrit la route pour des raids militaires vers le sud et mit un terme aux premiers conflits d'indépendance. Le centre de découverte qui occupe maintenant le site propose une immersion dans ce moment clé de l'histoire nationale. Grâce à ses technologies 3D et imageries interactives, il recrée les conditions de la bataille. L'immersion est totale ! Et ludique aussi : vous pourrez prendre le contrôle de votre champ de bataille virtuel pour tenter de recréer le combat... Le vainqueur restera, dans tous les cas, le vaillant Bruce ! L'attraction a été primée à plusieurs reprises pour son caractère pédagogique et innovant, qui implique les visiteurs dans l'histoire, la rendant plus que jamais vivante. À l'extérieur, ne ratez pas la statue du roi Robert et découvrez le lieu où Robert the Bruce a élevé son étendard.

CASTLE CAMPBELL

Castle Road
✆ +44 125 974 2408
En rénovation, horaires à vérifier.

Castle Campbell ou Castle of Glooms – c'est le même, appelé autrement – surplombe Dollar. Ce château du XVe siècle domine la vallée de sa silhouette médiévale. Demeure des comtes d'Argyll – les chefs du clan Campbell –, il est impressionnant par le panorama qu'il offre et son donjon central, haut de 20 mètres. Il appartenait d'abord au clan Stuart. Mary Queen of Scots et John Knox y ont séjourné. On se gare en contrebas et on y accède en remontant une cascade, par un espace boisé et verdoyant de toute beauté. Les jardins sont également très jolis.

CHURCH OF THE HOLY RUDE ✞

St. John Street
✆ +44 178 647 5275
www.holyrude.org
Ouvert tous les jours de mai à septembre de 11h à 16h. Entrée libre, donations sollicitées.

N'allez surtout pas penser que c'est l'église de la Saint Méchant ! Ici, *rude* provient de l'écossais *rood*, qui signifie croix, comme à l'abbaye d'Holyrood. Fondée au XIIe siècle, l'édifice qui se tient aujourd'hui ici date du XVe siècle, ce qui en fait le plus ancien de la ville après le château. James VI y fut couronné par John Knox en 1587 et ses caractéristiques sont magnifiques. L'orgue, tout d'abord, mais aussi le toit médiéval en bois, les vitraux épatants et les imposants piliers. Un petit morceau d'histoire qui vaut que l'on s'y attarde.

NATIONAL WALLACE MONUMENT ★

Hillfoots Road ✆ +44 178 647 2140
www.nationalwallacemonument.com
7j/7. Nov-fév : 10h-16h. Avr-juin & sept-oct : 9h30-17h. Juil-août : 9h30-18h. Adulte : £10,75, enfant : £6,75.

Érigée en 1869, cette superbe tour de 67 m n'est dédiée à autre que le célèbre héros national du XIIIe siècle : Sir William Wallace. Elle a pu voir le jour grâce à une collecte de fonds en plein mouvement de résurgence de l'identité écossaise. Son style victorien gothique élaboré contraste avec l'Université très moderne de Stirling, en bas de la colline depuis laquelle elle domine les environs. Ce serait ici que le farouche guerrier aurait regardé l'armée d'Édouard Ier se mettre en branle, avant la bataille de Stirling Bridge, le 11 septembre 1297. En gravissant le 246 marches jusqu'au sommet, on dispose d'une vue magnifique sur les alentours. La visite permet aussi de voir les armes employées au combat contre les Anglais, quelques bustes de grands noms écossais et l'épée de Wallace lui-même.

▸ **Bon à savoir** : L'accès au monument (extérieur) est entièrement gratuit. Un parking non payant est disponible en bas du site et vous pouvez monter en suivant un sentier qui passe dans les bois ou la petite route, fréquentée seulement par la navette du site. Le site à lui seul offre de magnifiques panoramas.

▸ **Visites guidées avec acteurs** : En haute saison, des visites guidées sont proposées par des acteurs en costume. Toute l'année, des conférences et animations sont programmés.

▸ **Pause au café des légendes** : Pour vous rafraîchir et reprendre des forces après avoir marché jusqu'au monument, laissez-vous tenter par le Legends Coffee House. Il est cosy et tout est local.

OLD JAIL TOWN

St John Street
✆ +44 131 237 9685
http://oldtownjail.co.uk
Ouvert pendant les vacances scolaires (voir site). Tours toutes les 30 min, de 10h15 à 17h15. Adulte : £12, enfant : £7.

La prison de la vieille ville se parcourt en visite guidée avec un acteur en costume, jouant tour à tour différents rôles. Plongé dans l'ambiance lugubre de l'édifice, désigné comme l'une des pires prisons de Grande-Bretagne, vous découvrirez l'histoire des crimes et des châtiments dans le Stirling d'autrefois. Vous irez à la rencontre du bourreau Jock « The Happy Hangman » Rankin, mais aussi des meurtriers et des suppliciés. Arrivés en haut de la tour, vous profiterez d'une belle vue sur la ville historique et la campagne environnante.

STIRLING DISTILLERY

9 Lower Castlehill
✆ +44 1786 596496
https://stirlinggin.co.uk
Ouvert 7j/7, de 11h à 17h (10h le samedi et dimanche 12h-17h). Visites à partir de £25.

Créée en 2015, cette distillerie a ouvert ses portes au public au printemps 2019. Elle vous invite à découvrir la fabrication du gin à travers 3 visites. Elles vous font découvrir les lieux, les techniques de fabrication, la recette parfaite du gin tonic et vous permet de déguster un ou plusieurs breuvages, selon la formule choisie. Les tours guidés ont ceci de particulier qu'ils vous parlent aussi de Stirling, de son histoire et de ses légendes : celle du Red Cap et de la Green Lady notamment. Vous pourrez aussi suivre un atelier de 2h pour distiller votre gin.

THE ENGINE SHED

Forthside Way
✆ +44 1786 234800
www.engineshed.scot
Ouvert du lundi au samedi, de 10h à 16h. Entrée gratuite.

The Engine Shed vous convie à explorer le patrimoine bâti d'Écosse. Des expositions classiques et interactives permettent de comprendre l'architecture au fil des siècles, d'en saisir leur histoire pour devenir incollable sur le patrimoine bâti écossais. Les espaces muséographiques sont très modernes : théâtres 3D, réalité augmentée, ateliers participatifs... Cette visite, très concrète, vous met en situation et vous fait découvrir les bâtiments dans tous leurs états : plans, matériaux, savoir-faire, ingénierie, technologies, et même conseils pratiques.

STIRLING CASTLE ★★★

Castle Esplanade ✆ +44 1786 450 000
www.stirlingcastle.scot
Ouvert 7j/7, avril-sept : 9h30-18h, oct-mars : 17h. Adulte : £18, réduit : £13, enfant : £10. Réduction en ligne.

Peu d'édifices sont au cœur de l'histoire écossaise comme celui-ci. Les premières traces écrites remontent au XIIe siècle, quand le roi Alexander Ier y fit construire une chapelle. Il semblerait qu'il en ait fait le siège de son pouvoir, puisque c'est ici qu'il est mort avant que son successeur, David Ier, ne consacre la ville comme *royal burgh*. Au moment où Alexandre III décède en 1286, c'est un centre administratif et stratégique de premier plan. Quand Édouard Ier d'Angleterre envahit le pays en 1296, il trouve la forteresse abandonnée et y place une garnison, qui sera délogée l'année d'après par Andrew Moray et William Wallace. L'été suivant, la victoire anglaise de Falkirk pousse les indépendantistes à abandonner la cité, avant de la reprendre en 1299. Ils la perdent pourtant à nouveau en 1304, tandis que les Anglais y déploient 17 engins de siège. Leur nouveau monarque, Édouard II, ne parvint pas à protéger Stirling qui retrouve l'autorité de Robert, depuis couronné King of Scots, après la bataille de Bannockburn en 1314. La ville est anglaise de 1236 à 1242, avant de tomber aux mains du futur Robert II, garantissant son avenir écossais. Le pays étant finalement pacifié, les Stuart y bâtissent un véritable palace et y multiplient les travaux pendant la Renaissance. Mary Queen of Scots y fut sacrée reine avant son départ pour la cour de France. Elle prit pour habitude de s'y rendre régulièrement et y fit baptiser son nouveau-né, James, futur souverain d'Écosse et d'Angleterre, qui y passa son enfance. Suite à l'Union des deux couronnes en 1603, le rôle de Stirling accusa un fort déclin et le château devint essentiellement une place défensive pendant les troubles religieux. Aujourd'hui, sa visite replonge dans ce passé riche et mouvementé.

▶ **À voir** : On découvre la chapelle historique, l'impressionnant *Great Hall*, mais aussi le palais royal. Les appartements de la reine et du roi sont d'une grande beauté. Ne manquez pas non plus les cuisines, l'exposition de tapisseries et le *Regimental Museum* des Argyll & *Sutherland Highlanders*. Le tout est ramené à la vie par un *staff* costumé, ainsi que des visites guidées gratuites toutes les heures entre 10h et 17h.

▶ **Verrez-vous les fantômes du château ?** Il est dit que des fantômes vivraient ici… L'un serait en tenue de Highlander, en kilt donc, et qu'il pourrait s'approcher de visiteurs pour leur parler et disparaîtrait aussitôt. Dans d'autres versions, des visiteurs penseraient à un guide, l'aborderaient et il s'évanouirait dans la nature. On parle aussi d'une dame verte…

THE STIRLING SMITH ART GALLERY & MUSEUM

40 Albert Place
✆ +44 1786 471917
www.smithartgalleryandmuseum.co.uk
Ouvert du mercredi au dimanche, 10h-17h. Entrée gratuite.

Le Stirling Smith Art Gallery and Museum détient dans ses collections quelque 40 000 objets et œuvres d'art – peintures, photographies, sculptures, objets d'art divers – représentant Stirling à travers le monde et montrant ce qu'est Stirling. Trois galeries alternent les expositions temporaires. Vous rencontrerez peut-être, dans les espaces du musée ou dans la bibliothèque, Oswald Clingan-Smith, le chat maître des lieux. Le lieu dispose aussi d'un café et d'une boutique.

STIRLING YOUTH HOSTEL €

St. John Street
✆ +44 178 647 3442
www.hostellingscotland.org.uk
Lit en dortoir à partir de £23, chambre double à partir de £56. Petit déjeuner à £7. Wifi. Parking.

Sur la rue qui mène au château, cette auberge, située dans un édifice somptueux, est un bon point de chute pour explorer Stirling et les environs. Sa belle devanture historique précède un espace entièrement réaménagé, avec 30 chambres modernes et confortables. Certaines sont bien sûr des dortoirs, mais il y a aussi des options privées – chambres pour 2 ou pour 4 – pour plus d'intimité et de tranquillité. Les espaces communs sont vastes et bien équipés, à l'image de la cuisine, de la salle à manger, ou du salon. Des dîners et paniers repas sont aussi disponibles.

CASTLECROFT €€

Ballengeich Road
✆ +44 178 647 4933
www.castlecroft-uk.com
Chambre double à partir de £90 (simple : £80). Petit déjeuner inclus. Parking et Wi-fi.

Au nord de la colline sur laquelle trône le Stirling Castle, Castlecroft est un excellent *B&B* de 3 chambres, dont l'une peut loger 3 personnes. Chacune a sa salle de bains privative et un mobilier cosy. Difficile de ne pas s'y sentir chez soi et ce n'est pas l'accueil ravissant qui fera dire le contraire. L'art est ici partout. Le *guest lounge* est parfait pour se détendre entre convives et sa cheminée réchauffe les soirées d'hiver. Pour l'été, on préférera sûrement le jardin, la terrasse et son panorama. On est tout près du centre-ville.

RAVENSWOOD GUEST HOUSE €€

94 Causewayhead Road ✆ +44 1786 475 291

www.ravenswoodguesthouse.com

Chambre double dès £170, 2 nuits minimum. Petit déjeuner inclus. Parking et wi-fi gratuits.

Stuart Wilson vous accueille dans les 4 chambres de son B&B. Situé proche de la gare et de l'université, il permet un accès facile au centre-ville et aux différentes attractions locales. Votre hôte est un amoureux de Stirling et un grand sportif (*Ironman*, marathons...) : si vous voulez parler sport, avoir des conseils sur les meilleures pistes VTT, des randonnées à pied ou à vélo, il sera votre homme. Il a même pensé un séjour spécialement conçu pour les cyclistes, avec circuits journaliers de différents niveaux et excursions touristiques !

STIRLING HIGHLAND HOTEL €€

Spittal Street

✆ +44 178 627 2727

www.thecairncollection.co.uk

Chambre double à partir de £95. Petit déjeuner inclus. Parking et Wi-fi.

D'importantes rénovations ont fait de cet ancien lycée de 1854 un hôtel de grand standing avec beaucoup de charme, tout près du château. Ses 96 chambres se répartissent sur trois étages et sont décorées dans un style moderne. Elles possèdent toutes une baignoire avec douche au dessus. Certaines sont plus grandes et disposent d'une vue très plaisante. L'une d'entre elles est destinée aux personnes à mobilité réduite et des ascenseurs permettent de circuler dans le bâtiment. Il y a également un restaurant sur place, un grand spa, un sauna et un bain à remous.

THE OLD TRAM-HOUSE €€

42A Causewayhead Road

✆ +44 1786 449774

wwww.theoldtramhouse.com

2 nuits minimum, dès £230 pour les 2 nuits. Appartement jusqu'à 6 personnes.

Cet ancien B&B, maison victorienne autrefois bureau de la Stirling Tram Company, a changé de forme pour proposer non plus des chambres, mais des appartements indépendants. Ils sont donc deux à louer, l'un au rez-de-chaussée, l'autre à l'étage, et peuvent accueillir jusqu'à 6 personnes. Chacun se compose de deux chambres, d'une cuisine équipée, d'un espace repas, d'un salon confortable. La décoration est très soignée, mêlant authenticité, charme écossais et modernité. Vous aurez aussi accès à un stationnement et au wi-fi gratuits.

VICTORIA SQUARE GUEST HOUSE €€

12 Victoria Square

✆ +44 178 647 3920

www.victoriasquare.scot

Chambre simple double à partir de £110. Petit déjeuner inclus. Wifi. Parking.

Dans une grande demeure pavillonnaire victorienne, cette *guest house* est un établissement de très grande qualité avec 7 belles chambres. Leurs salles de bain sont bien pratiques et les meubles anciens ne font qu'accentuer l'attrait des lieux. Le confort est aussi au rendez-vous et des mini-réfrigérateurs sont à disposition. À tout moment, vous pourrez vous prélasser dans le magnifique salon où l'on passerait des heures. Les enfants (-12 ans) ne sont pas admis.

BREA €€

5 Baker Street

✆ +44 178 644 6277

www.brea-stirling.co.uk

Ouvert du dimanche au jeudi de 12h à 21h, le vendredi et samedi jusqu'à 22h. Plats à partir de £18.

Pour de bons plats écossais typiques et faits maison, rendez-vous à Brea, un petit établissement qui source ses ingrédients aussi localement que possible. Depuis quelques années, il cumule les prix et distinctions, récompensant la qualité de sa cuisine, de son restaurant et de son bar, tout autant que l'attention qu'il porte aux produits locaux. Du haggis, des burgers, des viandes, des poissons et même des plats *vegan*, le choix est complet et efficace. On peut accompagner le tout d'une bière ou d'un vin dans une atmosphère décontractée.

CURLY COO BAR

51 Barnton Street

✆ +44 178 644 7191

www.curlycoobar.com

Ouvert du dimanche au jeudi de 16h à minuit, le vendredi et samedi jusqu'à 1h.

Ce tout petit bar passe facilement inaperçu, mais c'est le paradis des amateurs de la *water of life* à Stirling. Les locaux du cru aiment bien s'y retrouver pour descendre quelques *drams* parmi les 130 whiskys proposés, ou même une pinte de bière artisanale pour varier les plaisirs. On s'installe volontiers au bar pour discuter avec Mandy, la gérante, ou bien avec les habitués qui n'ont pas la langue dans leur poche. Demandez conseil avant de commander : ce sera l'occasion de découvrir de nouvelles saveurs !

THE SETTLE INN

91 St Mary's Wind
✆ +44 178 647 4609
Ouvert tous les jours de 15h à minuit, 1h vendredi et samedi.

C'est le plus vieux pub de la ville, fondé en 1733. Il assure un voyage dans le temps avec ses énormes pierres, ses espaces voûtés et son poêle à chauffer. Situé en contrebas du château, avant les espaces les plus touristiques, il se fait discret, ce qui en fait une adresse plus confidentielle et moins prise d'assaut par les visiteurs d'un jour. On y croise beaucoup de riverains et la musique *live* y est fréquente. Vous y dégusterez des *real ales* et d'excellents spiritueux. L'ambiance y est toujours très conviviale et chaleureuse.

DEANSTON DISTILLERY

Teith Rd
✆ +44 178 684 3010
deanstonmalt.com
Ouvert tous les jours de 10h à 17h. Visite à partir de £12,50 à £35.

Sur les berges de la rivière Teith, cette ancienne usine de coton du XVIIIe siècle est devenue une distillerie très connue dans la région. En production depuis les années 1960, son bâtiment, conçu par Richard Arkwright, abrite désormais toute la technologie nécessaire à la réalisation d'un *single malt*. La visite classique dure 50 min et inclut un *dram*, mais il existe d'autres formules : avec dégustation de 3 whiskies à même le fût, avec visite de la salle de dégustation, visite et patrimoine pour en savoir plus sur l'histoire locale, whiskies et chocolat...

THE PORTCULLIS

Castle Wynd
✆ +44 178 647 2290
www.theportcullishotel.com
Ouvert du dimanche au jeudi de 11h30 à minuit, le vendredi et samedi jusqu'à 1h. Plats à partir de £9,70.

Le Portcullis est un pub populaire et sympathique qui fut autrefois une école et le moins que l'on puisse dire, c'est qu'il a perdu sa vocation initiale... On ne va pas s'en plaindre, car ses intérieurs d'époque et sa cheminée sont bien plaisants pour aller boire une bière ou manger un morceau. L'établissement est très fréquenté des gens du coin comme des touristes, car situé à côté du parking du château. Chacun y trouvera son bonheur et à toute heure, entre le café fraîchement moulu, la sélection de *single malts* et la connexion wi-fi.

DOUNE CASTLE ★

Castle Hill
✆ +44 178 684 1742
www.historicenvironment.scot
7j/7 avril-fin septembre, 9h30-17h30, 10h-16h le restant de l'année. Adultes : £9, réduits : £7,20 et enfants : £5,40.

Malgré son activité militaire pendant les guerres d'indépendance et la Guerre des Trois Royaumes, Doune Castle est resté presque intact et a servi à plusieurs tournages de film, comme *Sacré Graal* des Monty Python ou, plus récemment, la série *Game of Thrones*, dans laquelle il a parfois servi de décor à Winterfell, ainsi que la série *Outlander*. Ce fut la demeure de Robert Stuart, duc d'Albany. Fils du roi Robert II et frère du roi Robert III, il fut régent du pays pendant la maladie de son père et garda les rênes du pouvoir pendant le règne de son frère.

DUNBLANE-DOUNE ★

À quelques kilomètres au nord de Stirling, ces deux petites communes qui se jouxtent valent un arrêt, en chemin vers le nord. Dunblane est célèbre pour sa cathédrale gothique et le tennisman star Andy Murray, qui y a grandi. Son centre remonte au VIIe siècle, à la fondation de la ville en 602 par le missionnaire saint Blane, au niveau d'un gué. Sa voisine, Doune, plus petite, se visite pour son château et sa distillerie. Son centre-ville est assez touristique, avec des édifices remarquables comme l'église paroissiale de Kilmadock érigée en 1822, le Moray Institute et le Bridge of Teith, construits en 1533, ou encore la Market Cross, datée de 1620.

DUNBLANE CATHEDRAL

The Cross ✆ +44 178 682 5388
www.dunblanecathedral.org.uk
Ouvert 7j/7, avril-sept : 9h30-17h30 (14h dimanche) ; 10h-16h (14h dim) oct-mars. Entrée libre, donations bienvenues.

Cette cathédrale couvre plusieurs périodes, du XIe au XVe siècle. Cela lui procure un mélange de styles intéressant, avec certaines parties pré-romanes, comme la base de sa tour, qui contrastent avec le reste du bâtiment, à majorité gothique. Andy Murray s'est marié ici et l'on trouve aussi une stèle commémorative, en mémoire des victimes du massacre du 13 mars 1996. On peut voir la tombe de Mary Drummond, une maîtresse de James VI, et de ses deux sœurs, qui auraient toutes été empoisonnées... Des visites guidées sont proposées le dimanche en été (14h et 16h).

OBAN ★★★

Du gaélique « petite baie », Oban est une ville portuaire au charme envoûtant. Tout entière tournée vers sa baie romantique aux reflets d'aquarelle, ses eaux miroitantes s'embrasent aux beaux jours et les couchers de soleil y sont d'un rare éclat. C'est un passage indispensable pour qui se rend dans les îles Hébrides. Depuis le port, Kerrera, Mull et Lismore vous tendent déjà les bras. Très facile d'accès par la route comme par les transports en commun, cette cité victorienne s'est développée autour de sa distillerie mondialement connue. C'est un havre de paix qui bourdonne avec l'arrivée des touristes, mais demeure toujours à taille humaine. L'offre hôtelière y est excellente et la scène culinaire profite d'un terroir riche.

Transports

Oban est un véritable hub de transports en Écosse. La gare se trouve sur Shore Street, à côté du terminal de ferry, et relie Glasgow en un peu plus de 3h, en passant par le Loch Lomond & the Trossachs National Park. Pour rejoindre Glasgow en car, il faudra opter pour le service Citylink 976, qui fait le trajet en un peu moins de 3h et passe aussi par Inveraray (1h10). Pour le nord, le bus West Coast Motors 918 conduit à Ballachulish (à 2,5 km de Glencoe) en 1h et à Fort William en 1h30. Cette dernière est également accessible par le train, via un trajet magnifique dans les Highlands et à travers Rannoch Moor, mais prend beaucoup plus de temps : au moins 3h via Crianlarich. Oban est aussi, bien sûr, le port des îles et permet d'embarquer vers Mull, Colonsay, Islay, Coll, Tiree, Lismore, Barra et South Uist, grâce aux ferries Calmac.

ARDCHATTAN PRIORY GARDENS

✆ +44 1796 481355

www.ardchattan.co.uk

Ouvert 7j/7, d'avril à octobre : 9h30-17h30. Adulte : £5 (prévoir la monnaie). Gratuit -16 ans.

L'existence d'un jardin à Ardchattan remonte à plus de 700 ans... Il a été installé par les moines de Valliscaulian quand ils se sont installés sur le site. Cependant, le jardin que l'on admire aujourd'hui est plus récent et remonte à un peu plus d'un siècle : 110 ans ! On retrouve ses origines et son inspiration monastiques, mais il a été restructuré avec une roseraie, un jardin de fleurs sauvages, des arbres d'ornement... Les ruines de la chapelle sont accessibles depuis le jardin.

ARDUAINE GARDEN

Près de Loch Melfort Hotel & restaurant.

✆ +44 1852 200366

www.arduainegarden.org

7j/7. 10h-17h. Fermé du 24/12 au 02/01 et février. £8/adulte.

Ce jardin exotique, situé à une vingtaine de minutes d'Oban, offre une escapade colorée dans un monde de fleurs et d'arbres foisonnants et spectaculaires. Rhododendrons, azalées, magnolias, lys gérants, sont ici rois. Parfait pour une promenade bucolique, le lieu vous fait passer de la composition dense du jardin paysager aux espaces boisés, puis au panorama imprenable sur la côte et les îles. Plusieurs itinéraires sont possibles, pour des balades adaptées à tous, et des explications sont disséminées dans le parc, pour vous faire découvrir les secrets du lieu.

CASTLE STALKER

Appin

✆ +44 163 173 0354

www.castlestalker.com

Ouvert l'été uniquement et sur réservation. Voir site web pour dates. Adultes : £25, enfants : £12.

Perché sur une île au milieu du Loch Laich, une anse du Loch Linnhe, cette forteresse fut construite au XIVe siècle par le clan McDougall et servit au tournage d'une scène du film des Monthy Python, *Sacré Graal* (1975). Les visites durent environ deux heures, traversée en bateau incluse, et sont conduites par la famille Stewart Allward, actuelle propriétaire des lieux. Vous pouvez aussi profiter de la superbe vue sur le château depuis le café Castle Stalker View, qui offre une vue imprenable sur l'édifice, ou en marchant quelques mètres vers le rivage.

DUNSTAFFNAGE CASTLE

Dunbeg

✆ +44 163 156 2465

Ouvert 7j/7, avril-sept, 9h30-17h30 ; oct-mars, samedi-mercredi, 10h-16h. Adulte : £7,50, réduit : £6, enfant : £4,50.

Sorti de terre au XIIIe, cet édifice médiéval est l'un des plus vieux châteaux en pierres du pays. Placé à l'embouchure du Loch Linnhe, il fut l'œuvre des comtes McDougall, avant de passer aux mains du clan Campbell au XVe siècle. Assiégé par Robert the Bruce pendant les guerres d'Indépendance, c'est un témoin de l'histoire du pays. Très bien conservé, il offre à voir d'imposantes murailles, les restes de son *great hall* et les résidences de la *new house*, ainsi qu'une chapelle. Montez sur les remparts pour embrasser une superbe vue !

Castle Stalker.

DUNOLLIE MUSEUM, CASTLE AND GROUNDS

Dunollie House
✆ +44 1631 570550
www.dunollie.org
D'avril à octobre : 7j/7, 10h-16h. Adulte : £9 ; réduit : £8 ; enfant : £4,50.

Visiter Dunollie, c'est visiter 3 sites. D'abord, Dunollie Castle : ses ruines, avec une dernière tranche de rénovation achevée en 2019, offrent une vue panoramique superbe sur la baie d'Oban. Puis la maison-musée : une maison de 1745 dont chaque pièce a été réhabilitée et aménagée pour exposer des objets anciens (XIXe siècle) témoignant de la vie quotidienne de ses occupants. De la cuisine aux chambres d'enfants, on découvre tout de la vie d'une famille dans les années 1800. Le musée raconte aussi l'histoire du clan MacDougall et, à travers l'épopée de ce clan, retrace toute l'histoire de l'Écosse. Ensuite, le parc : son parcours invite à mieux comprendre les différentes invasions qui ont marqué l'histoire de l'Écosse. C'est ainsi l'occasion d'en savoir plus sur la civilisation et la mythologie des Vikings.

Régulièrement pendant les vacances scolaires, le site propose des ateliers pratiques et manuels d'1h pour les enfants (comptez £5), ce qui peut être une excellente idée pour les familiariser à l'anglais. On citera aussi la possibilité de suivre un tour guidé sans supplément de prix ou encore celle d'organiser des visites spécifiques : adaptées aux enfants, mettant l'accent sur la découverte des jardins, en vous intéressant de plus près aux textiles anciens…

Vous pourrez déjeuner, pique-niquer ou faire un encas sur place, grâce au café The Kettle et à sa carte, toute de produits maison, très gourmande et à prix mini.

INVERAWE SMOKERY & FISHERIES

Taynuilt
www.inverawe-fisheries.co.uk
Ouvert de Pâques à novembre. Boutique, café, musée, itinéraires de promenade, pêche et gîtes.

Inverawe a de multiples attraits. Rien que la route a quelque chose de féerique ! Une fois votre véhicule stationné, plusieurs choix s'offrent selon vos envies : découvrir, à travers l'espace muséographique, comment sont fumés les saumons, s'initier aux techniques de pêche, aller marcher en suivant les circuits proposés (courtes marches) ou déguster du saumon fumé sur place dans l'espace café et boutique. Dans tous les cas, ne repartez pas le ventre vide, ce serait bien dommage !

MCCAIG'S TOWER

Duncraggan Road
Accès libre.

L'étonnante McCaig's Tower est le plus connu des monuments d'Oban. Trônant au sommet de la ville, sur Battery Hill, ses 92 m de circonférence rappellent le Colisée romain, qui en fut la principale source d'inspiration. On doit ce projet surprenant à John Stuart McCaig, un banquier philanthrope soucieux de sa postérité et du sort des maçons locaux en manque de travail. Il a lui-même dessiné les plans, qui furent mis en œuvre entre 1897 et 1902, l'année de sa mort. L'ascension s'avère un peu raide, mais mérite un petit effort pour la vue magnifique sur la baie.

OBAN DISTILLERY ★

Stafford Street
✆ +44 163 157 2004
https://www.obanwhisky.com/distiller
Ouvert 7j/7. Mars-avril & oct-nov : 9h30-17h ; mai-sept : 19h30 ; déc-fev : 12h-16h30. Tours : dès £12. Boutique & bar.

Fondée en 1794, cette distillerie est l'une des seules que vous trouverez en centre-ville d'une destination très touristique, ce qui en fait un ***must-see*** lors d'un passage à Oban. Son site de production ne s'est jamais vraiment étendu faute de place et les techniques sont fidèles aux principes de cette industrie fascinante. La visite à £12 est particulièrement complète et instructive et inclut une première dégustation de whisky, directement prélevé du fût, et une seconde, une fois le produit embouteillé. Vous découvrirez le 14 ans d'âge, qui se marie remarquablement avec le gingembre et le chocolat noir. Ce *single malt* ne compte plus ses adeptes dans le monde, grâce à une identité entre mer et terre, qui se retrouve dans ses saveurs iodées, fruitées et légèrement fumées. Deux autres visites sont proposées aux plus passionnés : le « Exclusive Distillery Tour » de 2h, avec découverte des entrepôts et dégustations, et le « Distillery Manager's Tour & Tasting » avec le responsable du site.

Le site est aussi très agréable à visiter même sans tour guidé, avec une boutique qui permet d'embouteiller soi-même un whisky exclusif, et de graver sa bouteille pour la rendre unique. À l'étage, l'espace bar offre une exposition sur l'histoire d'Oban et de sa distillerie, et vous plonge dans l'ambiance d'un vieux gréement. Vous pourrez y déguster le whisky Oban de votre choix ou tester les cocktails. Pourquoi pas le Oban old fashion : Oban 14, sirop, bitter et glaçons ? Ou le Oban Hot Toddy : Oban 14, miel, épices, jus d'orange chaud ?

OBAN WAR & PIECE MUSEUM

Old Oban Times Bldg
✆ +44 1631 570007
www.obanmuseum.org.uk
Ouvert 7j/7. Mars-avril & nov : 10h-16h. Mai-oct : lundi-jeudi, 10h-18h ; ven-dim : 10h-16h. Nocturnes en été. Gratuit.

Entièrement créé et tenu par des bénévoles, ce petit musée, à l'ancienne, cumule un nombre incalculable d'objets et photographies du siècle dernier, dont même un morceau du câble transatlantique. Ils racontent tous l'histoire d'Oban, en temps de paix et de guerre. Vous en saurez plus la vie des pêcheurs, les industries maritimes, l'arrivée des trains, les sports locaux, l'industrialisation, le rôle d'Oban pendant les années de guerre alors que la ville accueillait les équipages australiens, canadiens et américains, les opérations menées dans la baie...

SEALIFE ADVENTURES

Clachan-Seil ✆ +44 163 157 1010
www.sealife-adventures.com
Sorties de 3h à 5h. Adulte : de £68 à 119, enfant : de £55 à £109. Réservations en ligne. Excursion privée : £220/h.

Sealife Adventures est implanté dans la baie d'Oban depuis plus de 30 ans. La société propose des sorties en mer à la découverte de l'incroyable nature des eaux écossaises. Chaque option inclut un passage par le Corryvreckan whirlpool et vous verrez peut-être des oiseaux rares, des dauphins, des baleines, des requins pèlerins et des phoques. Les bateaux sont accessibles aux personnes à mobilité réduite et aux enfants de tous âges. On vous fournira gratuitement boissons chaudes et collations à bord, ainsi que des jumelles, pour ne rien manquer du spectacle.

ST JOHN'S CATHEDRAL

129 George Street
✆ +44 1631 562323
www.stjohnsoban.org.uk
Ouvert 7j/7. Entrée libre et gratuite.

L'édifice est relativement récent, puisqu'il a été pensé en 1846 et achevé seulement en 1910. D'abord simple église, il est devenue cathédrale du diocèse d'Argyll en 1920. Cette cathédrale n'impose pas de l'extérieur. Elle n'est pas non plus absolument grandiose de l'intérieur. Pourtant, elle mérite que l'on s'y arrête tant elle mêle, de manière originale et émouvante, la dimension spirituelle et l'architecture industrielle. On ne voit pas souvent une église gothique avec des éléments industriels, poutre rivetées en lieu et place des colonnes de pierres.

ASPEN LODGE €€

Glencruitten Rd
✆ +44 1631 770230
aspenlodgeoban.co.uk
Bed & Breakfast. Stationnement sur place. Chambre double à partir de £110.

Le B&B de Carol, Aspen Lodge, vous invite à vous éloigner un peu d'Oban (5 min en voiture) pour profiter d'un paysage à couper le souffle et d'un cocon de douceur. Les 3 chambres sont aménagées dans une extension de la maison, toutes spacieuses, très confortables et joliment décorées. Une vaste documentation touristique est mise à votre disposition et votre hôtesse ne manque pas de bons conseils : restaurants ou salons de thé gourmands, châteaux, randonnées. Elle fait du petit déjeuner un moment de grande gourmandise avec, notamment, de délicieuses gaufres maison.

DUNHEANISH GUEST HOUSE €€€

Ardconnel Road
✆ +44 163 156 6556
https://dunheanish.uk.com/
4 nuitées minimum. £420 par nuit.

Surplombant toute la ville et sa magnifique baie, Dunheanish Guest House se fait fort de vous accueillir dans son élégante villa victorienne avec la plus grande hospitalité. Les six chambres ont toutes une salle de bains et quatre d'entre elles possèdent même un lit à baldaquin. Certaines offrent des cheminées et de beaux meubles en bois sculpté. Des jumelles ou télescopes permettent d'admirer Kerrera et les environs. Vous serez à 5 min à pied du centre-ville, avec ses restaurants, pubs et commerces. Le jardin est accessible l'été.

THE MANOR HOUSE HOTEL €€€

Gallanach Road
✆ +44 1631 562 087 - www.manorhouseoban.com
Chambre double à partir de £200. Petit déjeuner inclus.

Cette maison, qui date de 1780, a été construite pour les ducs d'Argyll. Elle trône sur la baie d'Oban depuis laquelle on aperçoit l'île Kerrera. Son intérieur est somptueux et élégant, et son excellente cuisine (il faut goûter à la soupe de poisson) est due au chef propriétaire. Un jardin, un bar et un salon-bibliothèque sont à votre disposition. Les prix étant très variables selon les périodes, il est vivement recommandé de consulter le site Internet. À savoir aussi : les tarifs sont dégressifs dès 2 nuits et l'établissement dispose d'offres demi-pension.

LITTLE BAY CAFÉ €

9 Stafford Street
✆ +44 1631 569583
7j/7. De 9h à 17h du lundi au vendredi, dès 8h le week-end. Pas de toilettes. Sandwichs à partir de £6,95.

Ce tout petit café fait dans la simplicité, et c'est parfait comme cela. Une vitrine et un tableau vous présentent les snacks, gâteaux, sandwichs et plats du jour. Café, boissons fraîches et chaudes sont aussi à la carte. C'est frais, sans chichis, et c'est bon ! Vous pourrez prendre place dans la salle (nombre de places limité), mais le mieux est de profiter d'un grand et beau soleil pour s'assoir en terrasse et observer la vie d'Oban : les bateaux dans le port, mais aussi le flux de passants, continu sur cette petite place centrale.

OBAN FISH & CHIP TAKEAWAY/RESTAURANT €

116 George Street
✆ +44 163 156 7000
www.obanfishandchipshop.co.uk
Ouvert tous les jours de midi à 21h. Plats à partir de £10.

C'est l'un des *fish & chips* les plus célèbres et adulés de la ville. Sur place ou à emporter, on peut choisir entre les incontournables morues et aiglefins, mais aussi des poissons plus rares, comme la sole, le merlu, ou le flétan. Des burgers, pizzas, quelques plats traditionnels (haggis, black pudding, steak pie...) et végétariens sont également disponibles. La carte du restaurant est un peu plus sophistiquée et se déguste dans une salle assez sobre.

COAST RESTAURANT €€

104 George Street
✆ +44 1631 569900
www.coastoban.co.uk
Ouvert du mardi au samedi, 12h-14h et 17h30-21h. Enfants -10 ans non admis après 20h. Plats à partir de £24.

Ce restaurant, ouvert en 2004, a su se faire apprécier des habitants de Oban comme des touristes, mais aussi des critiques gastronomiques. Le décor est moderne et épuré, et l'on met tout en œuvre pour vous offrir un bon moment, en toute intimité. La carte et l'assiette réunissent le meilleur des produits du terroir et de la mer, associés au meilleur du savoir-faire écossais en matière de saveurs et de créativité. Les classiques ont aussi leur place, revisités ou parfaitement exécutés. Les menus changent régulièrement pour s'adapter aux saisons.

EE-USK €€

North Pier
✆ +44 163 156 5666
www.eeusk.com
Ouvert 7j/7, 12h-15h (14h45 l'hiver) et 17h30-21h. Pas d'enfants de -12 ans le soir. A partir de £14,95.

Ee-Usk a les pieds dans l'eau et sert parmi les meilleurs poissons de la région Les mets sont sourcés localement, préparés et cuits sur place avec talent, pour le plus grand plaisir des gourmets qui viennent ici autant pour les plaisirs de la bouche que pour le cadre face à la mer : vue sur Kerrera, Lismore, Mull et Morven, les ferries et les bateaux de pêche qui sillonnent la baie... Tenu par la même famille depuis plus de 25 ans, ce restaurant est une véritable institution, reconnue mondialement. Les amateurs du genre ne regretteront pas.

THE BARN BAR €€

Cologin
✆ +44 163 156 4501
www.cologin.co.uk
Lundi & jeudi : 12h-14h & 17h-22h. Du vendredi au dimanche : 12h-00h. Menus à partir de £21.

Si vous êtes prêt à vous perdre en campagne pour sortir quelque temps du centre d'Oban, the Barn est un *inn* authentique qui cuisine des plats écossais réussis et sert quelques bonnes bières. Il est d'ailleurs reconnu par la CAMRA – mais pas seulement ! Il a cumulé, au fil des années, plusieurs récompenses – et propose des produits de la brasserie Fyne Ales voisine. La moquette, les murs en pierre ou lambrissés et l'imposant bar engendrent un cadre chaleureux. Si vous êtes là un 2e dimanche du mois, profitez d'une animation traditionnelle autour d'un rôti !

SEA KAYAK OBAN

6-8 Argyll Street ✆ +44 163 156 5310
www.seakayakoban.com
Mardi-samedi, 9h30-17h. Location de kayak de mer 1/2 journée : £65. 1 journée : £105.

Sea Kayak Oban propose des excursions à la journée (dès £105/adulte) ou à la demi-journée (dès £65/adulte), pour admirer toute la splendeur de la baie depuis l'eau. Il est aussi possible de prendre part à des expéditions sur plusieurs jours, adaptées à différents niveaux, à la condition toutefois d'être en bonne condition physique. Mull, Iona, Colonsay, Lismore s'offrent à vous ! Les kayakistes expérimentés pourront louer leur kayak de mer (pagaie comprise) simple ou tandem, et aller s'aventurer indépendamment sur plusieurs jours. Sur place aussi le plus grand magasin de kayaks et matériel d'Ecosse

THE WATERFRONT FISHOUSE RESTAURANT €€

1 Railway Pier
✆ +44 163 156 3110
www.waterfrontfishouse.co.uk
Ouvert 7j/7, 12h-14h & 17h30-21h30 (21h). Plats dès £13,45.

Avec plus de 20 ans de présence à Oban, cet établissement tient toujours lieu de référence sur la scène culinaire locale. En travaillant les meilleurs produits des mers de la côte ouest, il assure un résultat superbe dans l'assiette, pour des textures savoureuses et préservées. L'atmosphère est chic et la présentation soignée, avec un menu garantissant un rapport qualité-prix intéressant. Ceux qui le souhaitent peuvent aussi opter pour un plat de viande ou végétarien.

OBAN CHOCOLATE COMPANY

34 Corran Esplanade
✆ +44 163 156 6099
www.obanchocolate.co.uk
Ouvert tous les jours de 10h à 17h. Boissons chaudes autour de £3.

Cette chocolaterie sera incontournable pour les gourmets en tous genres : un véritable palais de la goumandise ! On peut voir les artisans travailler au quotidien, se faire plaisir dans la boutique, mais surtout : s'installer dans le café pour déguster quelques réalisations de la maison, face à la mer. Il y a des chocolats, bien sûr, mais aussi des pâtisseries à foison et des boissons chaudes. L'ambiance est très familiale et les canapés vite pris d'assaut : comment ne pas avoir envie d'y rester des heures et de goûter à tout ?

AULAY'S BAR

8 Aird's Crescent
✆ +44 163 156 2596
www.aulaysbar.com
Ouvert 7 j/7 de 11h à 1h.

Ce *local* typique réparti sur deux salles attire de nombreux riverains et touristes en soirée. Ses vitres décorées, son plafond bas et son inspiration maritime instaurent un style sympa et les quelques bières et *single malts* font le reste. Il est aussi possible de déjeuner sur place entre 12h et 14h30 : *pub food* au menu et à petit prix ! L'établissement se revendique « vrai pub écossais », alors installez-vous et profitez du lieu, en faisant, pourquoi pas, une partie de fléchettes ou de dominos. Venez aussi vous imprégner de l'ambiance sportive les soirs de matchs.

THE CORRYVRECKAN

2 Railway Pier
✆ +44 163 156 8910
Fermé le mercredi. Du lundi au jeudi : 7h-00h. Du vendredi au dimanche : 7h-1h

Membre de la grande famille Wetherspoon, ce pub est bien plus vaste et moins traditionnel que ses homologues, mais c'est un excellent spot sur le port, juste à côté du terminal de ferry. Ici, vous êtes assurés de trouver de la place et, surtout, le plus grand choix de *real ales* écossaises de la ville, au meilleurs prix. Les amateurs de *single malts* ne seront pas non plus en reste et en auront pour leur argent. L'établissement est idéal pour s'initier aux bières et whiskys des îles et des Highlands, ou pour manger un morceau à petit prix.

THE LORNE BAR

Stevenson Street
✆ +44 163 157 0020
www.thelornebar.co.uk
Ouvert tous les jours de 12h à 1h, 2h du jeudi au dimanche. Pour manger : 12h-21h.

Cette belle maison fleurie renferme un pub assez classique, avec un joli bar, plus de 40 *single malts* et plusieurs bières, dont deux *real ales*. Le *beer garden* est plaisant aux beaux jours et des DJs ou groupes de musique se produisent le soir, en fin de semaine. Que ce soit pour les soirées DJ ou de musique traditionnelle *live*, l'entrée reste gratuite. Aux horaires d'ouverture des cuisines, vous pourrez vous sustenter avec quelques classiques de pub fraîchement préparés avec les produits locaux (dont poisson tout juste pêché et fruits de mer de la baie).

GLENCRUITTEN GOLF CLUB

Glencruitten Rd
✆ +44 1631 562868
https://obangolf.com
Billet journée : £30 (-18 ans : £10), semaine : £80.

Le golf de Grencruitten est un joyau vert dissimulé en périphérie immédiate d'Oban, en allant vers les terres. Joliment vallonné, il dessine un paysage tout de courbes et de douceurs. Il se vante d'être l'un des plus beaux d'Écosse et il y a sans doute du vrai dans cette affirmation, car il est magnifique, notamment au printemps. Ouvert aux visiteurs, il propose des accès à la journée ou à la semaine au practice et au 18-trous, avec location de clubs et chariots. Les visiteurs ont accès au club house, au bar lounge et restaurant et à la boutique.

OBAN CYCLES

87 George Street
✆ +44 163 156 6033
www.obancyclescotland.com
Ouvert du mardi au samedi de 10h à 17h.
Location de vélo à la journée : £30.

Et si vous exploriez Oban et ses environs à vélo ? Vous trouverez chez Oban Cycles des VTC, VTT et vélos électriques qui conviendront à toute la famille et à tous les niveaux sportifs. Le loueur propose plusieurs options et services : sacoches, fichiers de route GPX, location de GPS à la semaine, panier, équipement de camping... Vous pourrez partir d'Oban et rallier Stornoway, Inverness ou Fort William et y restituer votre vélo. Aventurez-vous sur la Sustrans 780 ou sur la Great Glen Way : avec Oban Cycles, tout est possible !

KILMARTIN ★★

Avec plus de 350 monuments historiques dans un rayon de moins de 10 km, ce petit village possède l'un des plus riches patrimoines néolithiques du pays. Son héritage fascinant se découvre au fil du Kilmartin Glen, le long de l'A816, qui s'étend vers le nord et vers le sud. Carnasserie Castle, un château à 2,5 km au nord du village auquel on accède par un chemin fléché depuis la route, vaut aussi une halte. Bâti au XVIe siècle, il se visite gratuitement et en libre accès. Arpentez le cimetière de l'église de Kilmartin, où des stèles gravées et des croix celtiques datent du Moyen Âge. Un *visitor centre* et un espace muséographique sont à votre disposition.

KILMARTIN CHURCH & GRAVEYARD

Kilmartin
www.kilmartin.org
Visite libre et gratuite.

L'église, en elle-même, est assez simple et épurée. On trouve dans le cimetière de cette église de belles stèles sculptées et des croix celtes. C'est d'ailleurs davantage le cimetière qui attire les visiteurs, qui admirent les pierres gravées, dont certaines sont particulièrement anciennes : XVe ou XVIe siècle. Certaines, restaurées, sont présentées dans l'église, d'autres dans un espace dédié au sein du cimetière et d'autres encore demeurent à même le sol.

KILMARTIN STONE CIRCLES

www.kilmartin.org

Accès libre et gratuit.

Vous trouverez des cercles de pierres, pierres dressées, tumulus et autres édifices néolithiques dans plusieurs sites autour du village de Kilmartin et dans la vallée de Kilmartin. L'idéal, pour les parcourir, sera d'avoir une voiture ou de randonner à vélo. Des cartes sont disponibles au *Visitor Centre* ou espace boutique du musée et des panneaux, sur chaque site, vous permettent de vous repérer et de découvrir les spécificités de chaque construction.

Au lieu dit Dunadd, à 6,5 km au sud du village, se trouvent notamment les fondations d'un ancien fort du royaume de Dal Riata, au sommet d'une colline. Les vestiges les plus impressionnants sont sans doute formés par une succession de cinq cairns autour du bourg. Le Glebe Cairn se tient directement à l'ouest, dans un champ, tandis que le Nether Largie North Cairn, le Nether Largie Mid Cairn et le Nether Largie South Cairn sont alignés sur la route de la Kilmartin Primary School. On la rejoint en suivant la direction de Slockavullin, au sud de Kilmartin. Une fois au carrefour, il y a deux cairns à 450 m sur la droite, ainsi qu'un cairn et quelques menhirs à 350 m sur gauche : le Temple Wood. Le quatrième site, le Ri Cruin Cairn, se situe sur la B8025, peu après le croisement avec l'A816, à proximité d'autres pierres levées : les Nether Largie Standing Stones. Le cinquième, le Dunchraigaig Cairn, est visible depuis la route, à 2,5 km au sud de Kilmartin.

Dispersés dans des champs, vous pouvez faire le tour à pied. Attention, cela peut être boueux.

KILMARTIN MUSEUM CAFÉ €

Kilmartin

www.kilmartin.org

Fermé jusqu'en 2023. Vérifier les horaires sur le site.

L'espace boutique et le *Visitor Centre* vous donnent toutes les informations utiles à la visite de la vallée. Le midi (entre 12h15 et 15h), vous trouverez des plats chauds, et pour le reste de la journée, ce sera snacks, sandwiches, gâteaux faits maison, scones, boissons chaudes et fraîches… Le lieu est aussi agréable pour son environnement que pour la qualité des produits préparés et servis. Vous trouverez également un stand de café à emporter sur le parking du musée nommée Lucy's Ardfern. Il sert des boissons froides et chaudes.

INVERARAY ★★

Inveraray est bercée par les flots du Loch Fyne dans un environnement verdoyant, à mi-chemin entre la péninsule de Cowal et la côte ouest. Jolie bourgade portuaire avec ses maisons aux façades blanches, elle dispose d'une riche offre culturelle et touristique. Elle est principalement connue pour son château néogothique, mais il a d'autres attractions à offrir. En été, l'imposante Inveraray Bell Tower est ouverte au public. La prison d'Inveraray est aussi un site apprécié et plusieurs fois récompensé pour la qualité et l'originalité de ses mises en scène et expositions. Enfin, Inveraray est un lieu de villégiature pour amoureux de la nature.

AUCHINDRAIN TOWNSHIP

Auchindrain ✆ +44 149 950 0235

www.auchindrain.org.uk

7j/7. D'avril à octobre, 10h-17h. De novembre à mars, du lundi au vendredi 10h-16h. Adulte £8, réduit £7, enfant £5,50.

Les Highlands ont longtemps été une terre d'agriculture où les familles d'éleveurs et de fermiers vivaient dans de petites communautés appelées *townships*. Au XIXe siècle, les *Highland Clearances* eurent raison de nombre d'entre elles, si bien qu'en 1850, la plupart avaient disparu. Celles qui survirent mutèrent avec les nouvelles technologies et la Révolution industrielle. Ici, à Auchindrain, le changement se fit bien moins ressentir qu'ailleurs et la zone fit l'objet de préservations pour la conserver sous son visage d'origine. Un vrai voyage dans le temps !

CRARAE GARDEN

Sur l'A83, en direction de Lochgilphead

✆ +44 1546 886 614

www.nts.org.uk

7j/7. D'avril à octobre 9h30-17h. De novembre à mars 9h30-16h. Fermé du 24/12 au 02/01. Adulte £7,50. Réduit £5,50.

Crarae Garden est considéré comme le plus bel exemple de jardin de style himalayen en Grande-Bretagne. Vous n'y verrez pas le yéti, mais des variétés d'arbres exceptionnelles, ainsi que des azalées et des rhododendrons éclatants. Le jardin se dessine entre gorges, vallées, cascades et falaises, pour une balade paisible et onirique, dans un ailleurs étonnant et détonant de couleurs et d'exotisme. La faune y est aussi riche et, avec un peu de chance, vous apercevrez des écureuils roux, des cerfs, des pics, des buses ou des faucons pèlerins.

INVERARAY BELL TOWER

The Avenue
www.inveraraybelltower.co.uk
Ouvert en été de 10h30 à 16h30, du lundi au vendredi. Adulte : £4. Réduit : £3. Enfant : £2. Exposition gratuite.

Découvrez ici le plus bel ensemble de cloches d'Écosse (il y en a 10) et la seconde collection du monde (en poids). On peut y découvrir les sonneurs de cloches ainsi que les mécanismes de ces dernières. Au rez-de-chaussée, une exposition gratuite raconte l'histoire des cloches, coulées en 1920, de leur sonnerie et révèle leurs petits noms. Il est possible de gravir les 176 marches de l'escalier en colimaçon pour prendre de la hauteur sur Inveraray et admirer le magnifique carillon, tout autant que la vue panoramique sur les montagnes et le Loch Fyne.

INVERARAY CASTLE ★

Inveraray ✆ +44 149 930 2203
www.inveraray-castle.com
Ouvert 7j/7, d'avril à octobre, 10h-17h. Adulte £16, réduit £14, enfant £12, famille £47 (prix achat en ligne).

Demeure des ducs d'Argyll, ce romantique château néo-gothique est le fruit du génie de William Adam et Roger Morris. Construit entre 1745 et 1790, il se dresse sur 6,5 ha de jardins au centre d'un domaine de 24 000 ha. Sa grande beauté lui a valu de servir de décor à un épisode de la série *Downtown Abbey*. Outre ses salles finement meublées et ornementées, il renferme plus de 1 300 armes. Vous admirerez la riche State Dining Room et la Tapestry Drawing Room. Baladez-vous dans les splendides jardins et prenez un encas dans l'élégant et traditionnel *tearoom*.

INVERARAY JAIL

Church Square
✆ +44 149 930 2381
www.inverarayjail.co.uk
Ouvert 7j/7. 10h-17h. Adulte £13,50 ; réduit £11,95 ; enfant £8,25.

Cette attraction vivante et haute en couleur s'est développée dans une ancienne prison construite en 1819. Grâce à des acteurs en costume et une mise en scène fidèle à la réalité, on s'immerge dans le quotidien des détenus, de leur procès jusqu'aux cellules. L'attention est portée sur chaque détail et l'on ne reste pas indifférent aux histoires de torture et de travail forcé. De nombreux hommes les ont subis, mais aussi des femmes et des enfants. L'audioguide est compris dans l'entrée, et il existe une version française de la visite guidée.

BRAMBLES OF INVERARAY €€

5 Main Street West
✆ +44 1499 302252
www.inverarayhotel.com
Chambre double dès £140. Petit déjeuner inclus.

Brambles possède deux types d'hébergement : des chambres et deux appartements, pour les voyageurs souhaitant séjourner à Inveraray en toute indépendance. L'hôtel allie parfaitement l'authenticité et la modernité, avec une décoration traditionnelle et des équipements modernes. Toutes les chambres ont leur salle de bains attenante, avec aussi TV et wi-fi gratuit. L'établissement est aussi un bar et restaurant, qui sert une cuisine britannique revisitée. Tout est fait maison, avec des produits locaux, pour une qualité au rendez-vous.

Inveraray.

THE GEORGE HOTEL €€

1 Main Street East
✆ +44 149 930 2484
https://www.thegeorgehotel.co.uk
Chambre double dès £150. Petit déjeuner inclus. Wifi. Parking. Pub et restaurant.

En étant à la fois l'un des meilleurs hôtels, pubs et restaurants des environs, le George Hotel est devenu une référence pour les locaux comme pour les touristes. On trouve 17 chambres dans le bâtiment principal et 8 de plus dans la maison adjacente. Toutes possèdent leur salle de bains privative et offrent une décoration unique, rustique et très réussie. La même famille tient l'établissement depuis six générations et gère également le pub traditionnel où l'on profite de plus de 100 *single malts*, quelques *real ales* et une nourriture écossaise classique.

NEWTON HALL GUEST HOUSE €€

Foulis Road ✆ +44 149 930 2484
www.newtonhallguesthouse.co.uk
Chambre double à partir £90. Petit déjeuner inclus. Parking et Wi-fi.

Dans ce qui serait une ancienne église bâtie en 1895, cette adresse accueillante propose six chambres aménagées avec goût, avec salles de bains privatives et toutes les commodités d'une véritable guest house. Le confort est au rendez-vous avec une literie de qualité. Cet établissement de luxe bénéficie d'un emplacement privilégié au bord du loch, et se fera un point de départ idéal pour des excursions sportives ou culturelles. La décoration moderne et colorée est très réussie. Le sourire des hôtes est au rendez-vous et le petit déjeuner est un régal.

LOCH FYNE HOTEL & SPA €€€

Inveraray
✆ +44 1499 302 980
www.crerarhotels.com
Chambre double à partir de 204 €.
Les 71 chambres sont pourvues d'une salle de bains.

Cet hôtel a été récemment rénové et agrandi et il peut se vanter d'avoir abrité le cabinet de guerre de Winston Churchill pendant la préparation du débarquement allié. L'établissement a reçu plusieurs prix et l'on comprend pourquoi : outre le site fabuleux, il offre un accueil chaleureux et de belles prestations, dont un espace spa (avec piscine, sauna, hammam, bain à remous et soins détente ou beauté à la carte), un restaurant réputé et un bar très agréable. Les chambres sont aussi très confortables et élégamment aménagées pour un séjour détente idéal.

SAMPHIRE SEAFOOD RESTAURANT €€

6 Arkland ✆ +44 1499 302 321
http://samphireseafood.com
Fermé en hiver. Ouvert du mercredi au dimanche, de 12h à 14h30 et de 17h à 20h45. Plats à partir de £13,95.

Samphire fait honneur aux produits locaux, qu'ils viennent de la mer (crustacés et poissons pêchés dans le Loch Fyne) ou des terres environnantes (gibiers ou élevages de proximité). La fraîcheur et la qualité des produits sont de mise dans des plats simples et généreux en saveurs. L'établissement est aussi engagé dans une démarche de consommation responsable et durable, et va donc privilégier des approvisionnements éthiques. Bon, dans tous les sens du terme !

LOCH FYNE WHISKY

Main Street East
✆ +44 1499 302 219
www.lochfynewhiskies.com
Ouvert 7j/7, 10h-17h30 (18h le dimanche).

Les bouteilles de whisky s'exposent du sol au plafond où elles sont artistiquement suspendues. Cette boutique a la réputation d'être tenue par de fins connaisseurs et attire les passionnés de whiskies qui font parfois des centaines de kilomètres pour s'y approvisionner. On trouve ici le *Loch Fyne whisky*. D'un parfum doux et légèrement fumé, il a remporté de nombreux prix. Amoureux de whiskies, vous trouverez là des interlocuteurs enthousiastes, prêts à vous faire découvrir une perle rare ou à trouver le whisky qui comblera toutes vos attentes.

ARGYLL ADVENTURE

Dalchenna Farm ✆ +44 1499 302 611
www.argylladventure.com
Ouvert toute l'année (d'avril à octobre pour certaines activités). Balade à cheval dès £30/h. Paintball dès £20.

Argyll Adventure offre un large panel d'activités sportives et ludiques. En tant que centre équestre, il vous invite à des balades à poney (pour les enfants) et à cheval, sur 1h ou 2h. C'est une bonne manière de découvrir autrement les rives du Loch Fyne et les superbes collines environnante. Plusieurs formules existent selon le niveau des cavaliers, qu'ils soient novices ou confirmés. Vous pourrez aussi vous essayer au tir à l'arbalète, au paintball (6 zones de jeu dans les bois) ou au laser game en salle. Un café et une aire de pique-nique sont à disposition.

TARBERT ★

Aux portes de la péninsule de Kintyre, Tarbert est installée sur le petit bout de terre qui empêche cette région d'être une île. C'est un village portuaire authentique et apprécié, plein de charme, d'où l'on explore facilement les environs et qui est relié à Cowal par un ferry. Les ruines de son château défient la mer du haut de leur colline et c'est ici que démarre le Kintyre Way, un chemin de grande randonnée qui rejoint Machrihanish, au sud. Son port abrite une flotte de pêche toujours active, avec un festival annuel des fruits de mer en juillet. Il est aussi à proximité de quatre terminaux de ferries, reliant notamment les îles d'Islay et Jura.

ROYAL CASTLE OF TARBERT

Rive sud de Tarbert Bay.
www.tarbertcastle.info
Accès libre et gratuit.

Site emblématique de Tarbert, son château est un monument classé d'importance nationale, grâce au passage et à l'action de Robert The Bruce, roi d'Écosse en 1325. C'est lui qui l'a fait élargir et renforcer. Si le site est une ruine depuis le XVIIIe siècle, il est très agréable à visiter pour sa vue sur le Loch Fyne et son parc, très apprécié des familles pour un pique-nique, une sortie nature ou pour observer les moutons des Hébrides en plein travail de tonte d'herbe. C'est lui que vous verrez, illuminé, la nuit, depuis le port de Tarbert.

SKIPNESS CASTLE AND CHAPEL

Ouvert 7j/7 d'avril à septembre : 9h30-17h30. Accès libre et gratuit.

Skipness Castle est un vestige de château, situé en face de l'île d'Arran et accessible depuis la côte est de Kintyre, au sud du village de Skipness. Il est l'un des plus anciens châteaux encore debout. Il date du début du XIIIe siècle et a été reconstruit plusieurs fois au fil des siècles. Appelé aussi MacSween Castle, du nom du clan qui l'a érigé, il était composé de deux étages avec un modeste hall d'entrée et d'une chapelle consacrée à saint Columba.

TARBERT HOLIDAY PARK €

Corranbuie
www.tarbertholidaypark.co.uk
Dès £90 la nuit en pod. Accueil de caravanes et camping-cars.

Tarbert Holiday Park, situé sur les rives du Loch Fyne, à 10 min du port de Tarbert, propose du camping, mais aussi du *glamping* dans des *pods* ! Ces petites structures arrondies en bois accueillent de deux à quatre personnes, dans un espace certes mini, mais cosy et bien agencé. Les pods sont chauffés et disposent chacun d'un espace aménagé extérieur. Il en existe deux catégories : les simples équipés de lits pour une personne et sans salle de bains, les « luxe » avec leur lit double, leur salle de bains privative, TV, réfrigérateur et bouilloire.

Le château de Tarbert.

KNAP GUEST HOUSE €€

Campbeltown Road

✆ +44 188 082 0015

www.knapguesthouse.co.uk

Chambre double à partir de £150. Petit déjeuner inclus. Wi-fi. Parking gratuit dans la rue à proximité.

En plein centre de ce joli village de pêcheurs, Knap Guest House propose, dans une belle maison victorienne, quatre chambres au mobilier en bois massif et avec un cachet certain. Chacune est décorée différemment et reprend des motifs de tartan dans sa moquette ou ses dessus-de-lit. Toutes ont une salle d'eau et trois d'entre elles disposent même d'un petit réfrigérateur. Les larges canapés et le poêle à chauffer font du salon un endroit de détente attrayant. L'accueil est chaleureux et vos hôtes se feront un plaisir de vous conseiller sur vos visites de la région.

THE MOORINGS B&B €€

Pier Road

✆ +44 188 082 0756

www.themooringsbb.co.uk

Chambre double à partir de £80. Petit déjeuner inclus. Parking et Wi-fi. CB non acceptées.

Dans un cottage de pêcheur face au Loch Fyne, ce *bed & breakfast* marie accueil chaleureux et décoration soignée. Les chambres sont simples, doubles ou familiales et possèdent toutes leur salle de bains privative, leur TV et leur plateau de courtoisie. Elles ont soit une vue sur le port, soit une vue sur le château de Tarbert, où est passé notamment Robert the Bruce. Il y a également un salon d'où l'on peut contempler l'horizon. Le petit déjeuner est aussi typique que copieux. L'établissement est à deux minutes à pied des commerces et restaurants.

STONEFIELD CASTLE €€€

A83 ✆ +44 844 815 9833

www.bespokehotels.com/stonefieldcastle

Chambres doubles dès £119.
Petit déjeuner inclus. Réductions en ligne et pour les réservations en avance.

Si vous deviez vous offrir un coup de folie pendant votre voyage et séjourner dans un établissement luxueux, Stonefield Castle serait parmi nos premières suggestions. Ce château construit en 1837 est un édifice magnifique, sis en bord de loch dans un écrin de 60 ha de jardins boisés. Les chambres sont aménagées tout confort et spacieuses. L'hôtel dispose d'une superbe bibliothèque avec livres anciens, d'un bar à whisky, d'un salon, d'une salle de billard et d'un restaurant gastronomique avec vue panoramique, où déjeuner, prendre le thé et dîner. Un enchantement !

THE KILBERRY INN €€

Kilberry

✆ +44 1880 770 223

www.kilberryinn.com

Ouvert de Pâques à octobre, du jeudi au dimanche, à partir de 18h. Plat dès £17. Chambre en demi-pension : £285.

Cette confortable chaumière, près du vieux Kilberry Castle, vous reçoit dans une ambiance authentique et chaleureuse. À la carte, les produits locaux sont à l'honneur, avec notamment du poisson frais issu de la pêche locale. Côté viandes, place est faite aux races écossaises et élevages de proximité. Les plats sont agrémentés avec les herbes du jardin et les légumes du potager. Ils s'accompagnent d'une belle sélection de vins. La salle étant petite, il est préférable de réserver. L'établissement fait aussi B&B avec 5 chambres.

SKIPNESS SEAFOOD CABIN €€

Skipness

✆ +44 1880 760 207

www.theseafoodcabin.co.uk

Ouvert de fin mai à fin septembre de 11h à 19h (fermé le samedi). Plats à partir de £10.

Ce restaurant est à découvrir, autant pour les mets que pour l'emplacement. Son histoire a commencé en 1988, sous forme d'une caravane près du château de Tarbert. En 1990, il a trouvé son emplacement actuel et le bouche-à-oreille a fait son œuvre. Le restaurant s'est fait une bonne réputation et a grandi. Il offre des fruits de mer frais, snacks et salades dans un environnement qui oblige à sortir des sentiers battus. Tout ce qui est à la carte provient de producteurs locaux, dans une démarche de soutien de la pêche durable.

STARFISH TARBERT RESTAURANT & GALLERY €€

Castle Street

✆ +44 188 082 0733

www.starfishtarbert.com

Fermé le lundi et mercredi. 11h-14h et 17h-23h. La cuisine ferme à 21h. Plats à partir de £13.

Si vous aimez le poisson, vous aimerez Starfish ! Ce délicieux restaurant en a fait sa spécialité et cuisine avec talent les pêches du jour, dans une ambiance décontractée et conviviale. La carte varie selon les disponibilités, mais ne déçoit jamais. Le staff est très agréable et les assiettes sont bien présentées. Des plats végétariens sont également disponibles. Le restaurant accueille aussi des expositions, faisant de sa salle de réception une véritable galerie d'art.

KAYAK MAJIK

Campbeltown Road
✆ +44 7891 861393
https://kayakmajik.co.uk

Excursions en kayak dès £25/personne. Location de canoë (£15/1h, £25/2h) et paddle (£12,50/h, £20/2h).

Kayak Majik vous invite à découvrir Tarbert et le Loch Fyne depuis l'eau. Même si vous n'avez jamais touché une pagaie de votre vie, vous trouverez dans ce centre des sorties accessibles. En famille, entre débutants ou entre amis habitués ou confirmés, différentes excursions sont possibles. Vous pourrez ainsi passer une demi-journée ou une journée en mer, avec guide, à admirer le paysage et à observer sa riche faune sauvage : phoques, loutres, oiseaux de proie... Vous pourrez aussi louer à l'heure canoë (une place ou trois places) ou paddle.

CARRADALE

Petit village de pêcheurs aux allures pittoresques et authentiques, Carradale a des airs de paradis. Sans doute est-ce l'atmosphère paisible qui s'en dégage. Sa magnifique baie de sable blanc et fin y est sans doute pour quelque chose, de même que la vue imprenable sur le détroit d'Arran. Carradale offre de magnifiques établissements pour séjourner quelques jours et profiter de ses paysages. Les golfeurs y trouveront leur bonheur, et les amoureux de nature et de balades arpenteront les bois ou la plage jusqu'au Carradale Point et sa réserve naturelle. Gérée par le Scottish Wildlife Trust, elle abrite des chèvres sauvages et d'autres animaux.

ASHBANK HOTEL €€

Carradale
www.ashbankhotel.com

Chambre double dès £79,95, simple dès £45. Petit déjeuner compris. Wi-fi.

Ashbank Hotel dispose de 5 chambres tout confort, chacune avec sa salle de bains privative et une superbe vue, soit sur le golf, soit sur la mer ou encore le village ou la forêt. Il est situé à quelques pas des plages de sable fin et du port, au cœur de Carradale. Une salle à manger et un espace bar sont ouverts dès 12h30 et dès 18h, et proposent des encas à grignoter le midi, des gâteaux et du thé, ou des repas plus consistants le soir. Tout est fait ici pour que vous soyez au calme, dans un environnement relaxant et paisible.

CARRADALE HOTEL €€

3 Aird's Place
✆ +44 1583 431 223
www.carradalehotel.com

Chambre double à partir de 108 €. Petit déjeuner inclus. Wi-fi. Parking.

Rhona et Caroline Erskine mettent un point d'honneur à accueillir chaleureusement leurs hôtes. Les chambres sont propres et confortables, avec salle de bain privative. On déguste poissons et fruits de mer au restaurant. Le bar de l'hôtel invite à se laisser aller à un verre de whisky de malt dans le jardin, en contemplant l'île d'Arran. Le truc en plus de cet hôtel est son salon de thé glacier : depuis 2018, il intègre en son sein un espace gourmand où sont servis de la crème glacée artisanale (fabriquée localement), ainsi que friandises, gaufres et pancakes.

CARRADALE BIKES AND BUGGIES

Network Carradale ✆ +44 1583 431296
www.carradalebikesandbuggies.co.uk

Ouvert 7j/7, 10h-16h. Location VTT : £6/1h/adulte, £10/3h/adulte, £20/24h/adulte. Tarifs enfants : £15/24h.

Carradale et ses environs disposent de très beaux sentiers de randonnée à arpenter à pied et en VTT. Ils sont à louer, avec tout le matériel de sécurité ou pratique nécessaire. Des buggies spécifiques sont aussi proposés pour convenir aux personnes à mobilité réduite et leur permettre de profiter aussi des paysages. Vous pourrez aussi pratiquer le géocaching et explorer la nature environnante en mode « chasse aux trésors » : parfait pour marcher sans s'en rendre compte !

CARRADALE GOLF CLUB

Carradale
✆ +44 7751 691966
www.carradalegolf.com

Ticket jour : £25. Parcours 9 trous : £15. Ouvert 7j/7.

Fondé en 1906, ce club de golf est très apprécié des connaisseurs, mais reste encore confidentiel. On ne s'en plaindra pas : moins fréquenté, il est d'autant plus accessible avec des tarifs très raisonnables. Ce 9 trous, décrit comme le plus sportif d'Écosse, donne ses chances à tout le monde, mais même le golfeur expérimenté peut se retrouver en difficulté. Parsemé d'affleurements rocheux, il peut donner du fil à retordre et s'avère délicat. Golf familial, il accueille aussi les enfants et le lieu est apprécié des familles l'été.

DALMALLY

Située près du Loch Awe, sur la route d'Oban vers le nord des Trossachs et sur la Coast to Coast Walk, cette petite ville possède de nombreux attraits. Outre l'écrin paysager dans lequel elle se situe, entre montagnes, lochs et rivières, elle jouit d'une riche histoire. Son existence est liée au château de Kilchurn situé à proximité : le village s'est développé à côté. Il n'est pas le seul édifice historique à appeler une excursion : Old Ruined Village et Paddys Point valent que l'on prenne le temps d'y faire une halte, comme Duncan Ban Monument, la Old Military road, l'église et le pont du XVIIIe siècle, St Conan's Kirk et des dolmens.

SAINT CONAN'S KIRK

www.stconanskirk.org.uk

Ouvert 7j/7. Avril-sept : 8h-18h. Oct-mars : 9h-17h. Entrée libre et gratuite, don suggéré. Explications en français.

Cette petite église, édifiée en surplomb du loch, est aussi discrète qu'elle est visitée. Vue de la route, elle semble assez banale, mais en y entrant et en l'admirant depuis le loch, on rend compte qu'elle est un vrai bijou d'architecture religieuse et un joyau du patrimoine. Les sculptures et détails sont légion pour des jeux de symboles et de lumières omniprésents. On y observe notamment un magnifique gisant, qui n'est autre que Robert the Bruce. En effet, l'église détient une relique – un fragment d'os – de ce grand personnage historique.

CRUACHAN POWER STATION - THE HOLLOW MOUNTAIN

Cruachan Visitor Centre ✆ +44 1866 822618

www.visitcruachan.co.uk

Ouvert lundi-vendredi. Avr-oct : 9h15-16h45. Nov-mars : 9h15-15h45. Adulte : £7,50. Réduit : £6,50. 5-15 ans : £2,50.

La station hydroélectrique de Cruachan, surnommée « *the Hollow Mountain* », se visite en tours guidés. D'abord, un temps libre dans l'exposition – qui aborde l'énergie sous tous ses aspects : écologie, techniques, ingénierie, mais aussi histoire du site et histoire sociale – vous familiarise avec le sujet. Un espace est spécialement dédié aux enfants. Puis votre guide vous emmène en navette dans la montagne. L'observation du site se fait depuis une plateforme à travers une baie vitrée.

KILCHRENAN INN €€

Taynuilt

✆ +44 1866 833000

www.kilchrenaninn.co.uk

Chambre double dès £130. Petit déjeuner inclus. Restaurant et pub.

Cet ancien relais de poste du XVIIIe siècle est une auberge de charme, alliant confort, modernité et authenticité. À proximité d'Oban, au cœur d'une nature verdoyante et paisible, il dispose de chambres joliment aménagées et décorées. Chacune des trois chambres a sa salle de bains, un accès wifi, sa machine à café et son plateau de courtoisie. Le restaurant sert une cuisine classique britannique, concoctée à partir de produits frais et locaux. Le pub, convivial et cosy, offre une belle sélection de bières écossaises, cidres, whiskies et gins.

KILCHURN CASTLE ★★

Ouvert 7j/7 d'avril à septembre : 9h30-17h30. Accès libre.

Kilchurn castle est l'un des châteaux les plus photographiés d'Écosse. Il faut dire que ses ruines sont particulièrement photogéniques, face au loch et au creux des montagnes. Sa construction date des années 1400. Il a été le fief du clan Campbells de Glenorchy pendant 150 ans. Après le premier soulèvement jacobite de 1689, il est devenu bastion de garnison, avant d'être abandonné à la fin du XVIIIe siècle. Actuellement, on le visite uniquement de l'extérieur. Un parking à quelques centaines de mètres permet de s'y arrêter facilement.

LOCH AWE HOTEL €€

Lochawe

✆ +44 1838 200261

www.lochawehotel.com

Chambre double dès £94. Petit déjeuner inclus.

Loch Awe Hotel est un établissement spécialisé dans l'accueil des voyageurs en autocars, mais il reçoit aussi les voyageurs individuels. Il jouit d'un emplacement privilégié au-dessus du Loch Awe. Créé pour célébrer l'arrivée du chemin de fer dans la région, il a tout du rêve écossais. Décor authentique, accueil chaleureux, chambres confortables et modernes (avec salles de bains privatives, TV, plateau de courtoisie), pièces communes conviviales avec cheminées et salon-bar : il est parfait pour se ressourcer, mais aussi comme point de départ d'excursions.

CENTRE ET CÔTE OUEST

THE TAYNUILT INN €€

Taynuilt
✆ +44 1866 822437
https://taynuiltinn.com
Ouvert 7j/7. 11h-14h30 et 17h30-21h. Fish & chips à emporter : 17h30-20h30. Plats à partir de £8.

Cette auberge, qui fait hôtel, restaurant et pub, existe depuis 1610 ! Récemment rénovée, elle est restée une halte agréable, que l'on s'y arrête pour un repas ou pour une nuit. Côté repas, elle sert une cuisine 100 % locale, préparée maison, et reprenant les classiques de la cuisine britannique et de pub. On y déguste donc les traditionnelles *pies*, mais aussi du saumon pêché localement ou des viandes de venaison, en plus des *fish & chips*, macaroni cheese ou burgers. Le midi, une carte de sandwiches et snacks permet de manger à prix très raisonnable.

CAMPBELTOWN ★

Située à la pointe sud de la péninsule de Kintyre, Campbeltown en est la plus grande ville. Au XIXe siècle, on trouvait ici un port de pêche dynamique et une trentaine de distilleries de renommée mondiale. On en parlait alors comme de la capitale du whisky, mais la prohibition américaine et la Grande Dépression infligèrent un violent coup d'arrêt à son succès. Les visiteurs y viennent pour jouir d'une belle nature vallonnée et d'une côte sans fin. Les plus aventureux pourront marcher jusqu'à l'île Davaar, où une peinture du Christ a été trouvée en 1887 dans l'une des grottes. Ne passez pas à côté des petits villages de Machrihanish et Southend.

Transports

Le bus Citylink 926 relie Campbeltown à Tarbert en une heure, à Inveraray en deux heures vingt et à Glasgow en quatre heures quinze (www.citylink.co.uk). Les plus pressés peuvent aussi opter pour l'avion afin de rejoindre cette dernière en seulement 45 minutes sur Loganair (www.loganair.co.uk). Entre mai et fin septembre, un ferry fait la liaison avec Ardrossan en deux heures quarante-cinq, une fois par jour, du jeudi au dimanche. Comptez £4,20/£8,40 par passager et £17,10/£34,20 par voiture. La traversée du samedi passe également par Brodick, sur l'île d'Arran (www.calmac.co.uk).

CAMPBELTOWN HERITAGE CENTRE

3 Big Kiln Street
✆ +44 773 348 5387
www.campbeltownheritagecentre.co.uk
Ouvert de mai à septembre du mardi au vendredi de 11h à 16h. Entrée gratuite.

Aux beaux jours, le Campbeltown Heritage Centre ouvre ses portes pour raconter l'histoire locale et celle de la péninsule, par le prisme social et économique. Trois cents ans sont ici narrés, avec de nombreux objets témoignant du passé. Vous découvrirez ainsi l'histoire de l'agriculture à Kyntire, les secrets de la construction navale, la tradition de pêche et la vie des communautés de pêcheurs, mais aussi que l'extraction du charbon a commencé dès la fin du XVe siècle.

DAVAAR ISLAND AND THE CRUCIFIXION CAVE

Point de départ de randonnée : Doirlinn parking.
Accès libre et gratuit.

Il est possible de rejoindre l'île de Davaar à pied et à marée basse lors d'une petite randonnée de 6,5 km, sans gros dénivelé. Vous pourrez explorer les grottes marines, dont celle de la célèbre peinture de la crucifixion. Vous rejoignez ensuite le phare plus au nord. L'itinéraire est disponible gratuitement sur le site walkhighlands.co.uk.

▶ **Prudence** : Cette randonnée ne peut être faite qu'à marée basse, sous peine de rester bloqué. Renseignez-vous impérativement avant de partir !

GLENGYLE KILKERRAN DISTILLERY

9 Bolgam Street
✆ +44 1586 555468
https://kilkerran.scot
Tours du lundi au samedi. A partir de £12. Le tour guidé selon durées et options.

Cette distillerie a été fondée par William Mitchell en 1872. Il avait précédemment détenu Springbank avec son frère John. Vous pourrez apprendre l'histoire de cette famille ainsi que les différents noms de whiskies qui se sont imposés ici. Plusieurs tours sont proposés. Celui à £10 dure une heure : il vous raconte la genèse de la distillerie et vous dit tout de la fabrication du whisky. Il se termine par la dégustation d'un dram de spiritueux et le cadeau d'une miniature.

SPRINGBANK DISTILLERY

9 Bolgam Street
✆ +44 158 655 2009
www.springbank.scot
Visites du lundi au samedi, 10h-17h30. Tours guidés à partir de £12.

Springbank est l'une des dernières distilleries toujours en activité à Campbeltown. Présente dans ses locaux actuels depuis 1828, elle affirme conduire 100 % de sa production sur place, ce qui est extrêmement rare en Écosse. La visite dévoile donc le processus de A à Z et s'achève par une dégustation du 10 ans d'âge, un *single malt* aux goûts d'agrumes, d'épices et de fumée de tourbe, avec une note de vanille. Vous repartirez avec votre miniature en cadeau pour prolonger le plaisir ou simplement en profiter si vous devez conduire.

GRAMMAR LODGE GUEST HOUSE €€

32 St. John Street
✆ +44 158 655 3355
www.grammarlodge.co.uk
Chambre simple à partir de £80, double à partir £100. Petit déjeuner inclus. Wifi. Parking.

À seulement deux minutes du centre-ville, la *Grammar Lodge Guest House* a été entièrement rénovée il y a quelques années. Ses sept chambres sont contemporaines et lumineuses, avec des teintes boisées et chocolat. Chacune possède une salle de bains et l'on déguste l'excellent *breakfast* dans une grande pièce au plafond vitré. Vous pourrez aussi vous détendre dans le beau jardin paysager. Les hôtes sont très agréables et leurs petites attentions font toute la différence.

THE BLACK SHEEP PUB €€

1 Kinloch Road
✆ +44 158 681 0032
www.machrihanishdunes.com
Ouvert tous les jours de 7h30 à 22h. Plats entre £11 et £25.

Sis dans l'enceinte du Royal Hotel, ce pub central revêt un cadre traditionnel, avec cheminée, banquettes et un joli bar, où quelques bières sont proposées. La carte est simple mais efficace, grâce à ses pizzas, burgers et son *fish & chips*. On apprécie la vue sur le front de mer, l'ambiance conviviale et la simplicité du lieu, qui se prête parfaitement à une sortie entre amis, après une journée d'excursions. Pour quelque chose d'un peu plus classe, mais aussi plus cher, le Harbour View Grille voisin est géré par la même équipe.

MACHRIHANISH DUNES

Machrihanish
https://machrihanishdunes.com
De £60 à £150 la journée, prix réduits pour les résidents de l'hôtel.

Ce golf se dessine dans un décor spectaculaire, au gré des vents du large et dans une nature qui n'est pas là pour vous faciliter la tâche, mais au contraire, vous pousser à vous dépasser. Son parcours de 18 trous est tracé dans le respect des courbes du terrain, mais aussi de la flore rare qui y pousse. Voilà ce qu'en dit son architecte, David McLay Kidd : « Nous avons suivi le terrain et contrairement à la plupart des parcours du monde, nous n'avons pas tracé le parcours et fait évoluer le terrain avec lui, nous avons conçu chaque trou autour du terrain naturel. »

CENTRE ET CÔTE OUEST

Campbeltown.

BUTE ★

De taille moyenne comparée à ses voisines, Bute fait tout de même 122 km. Elle est une mise au vert appréciée des citadins et l'on peut y passer la journée ou plus. Cette île, à l'instar d'Arran, se situe à cheval entre la faille géologique séparant les Highlands des Lowlands. On s'en rend compte à ses reliefs plus élevés au nord, mais ceux-là ne culminent pas à plus de 278 m (Windy Hill). Rothesay est la ville principale, villégiature victorienne construite autour de son château médiéval, bastion de la dynastie Stuart. Les ruines de chapelles, du côté de la St Mary's Chapel et la St. Blanes Church, sont parmi les sites intéressants. Les baies de Ettrick, Kilchattan et Scalpsie raviront les amateurs de plages de sable blanc.

Balade

- **La West Island Way.** Le sentier « West Island Way » permet de découvrir toute l'île de Bute à pied. Son itinéraire traverse une grande variété de paysages et passe par les lieux emblématiques de l'histoire de l'île. Si l'itinéraire est bien balisé, il faudra tout de même prévoir une carte et une boussole. Il se parcourt soit sur deux jours, soit sur quatre demi-journées. La première étape est circulaire : elle commence et finit sur la baie de Kilchattan (8 km). La deuxième va jusqu'à Port Bannatyne (18,5 km), la troisième rejoint Rhubodach (13,75 km) et la dernière revient à Port Bannatyne (8,5 km). La carte est disponible au Discovery Centre de Rothesay.

Tourisme

Victorian Toilets : entre l'office et l'embarcadère, ne ratez pas les toilettes victoriennes de Rothesay. Malgré sa nature, ce lieu est devenu l'une des attractions principales de la ville. Entrée : £0,40 par personne.

Transports

Rothesay est accessible en ferry depuis Wemyss Bay, qui se trouve à moins d'1h de Glasgow Central en train. La traversée dure 35 minutes et il y a de nombreux trajets quotidiens toute l'année. Comptez £3,45/£6,90 par personne selon la saison et £12,45/£24,90 par voiture. Une autre option de seulement 5 minutes est possible entre Colintraive, au sud de la péninsule de Cowal, et Rhubodach, au nord de Bute. Pour les bus, West Coast Motors assure les services sur l'île et fait même des liaisons avec Dunoon et Portavadie, sur la péninsule de Cowal.

BUTE MUSEUM

7 Stuart Street
✆ +44 170 050 5067
www.butemuseum.org.uk
Avr-sept, 7j/7, 10h30-15h30 (13h30 le dimanche) ; oct-nov : mardi-mercredi-jeudi-samedi, 13h30-15h30. £4/adulte.

Ce petit musée est une bonne approche pour mieux comprendre cette île avant de l'explorer en profondeur. Son histoire est relatée depuis l'arrivée des premiers hommes, mais aussi sa nature, sa faune et sa flore. Des excavations archéologiques, des maquettes, des animaux empaillés, des objets de collection et bien d'autres sont autant de témoins du patrimoine et de la diversité insulaires. Le château de Rothesay se trouve juste en face du musée : vous pourrez y accéder facilement. Le musée expose des objets qui y ont été trouvés.

MOUNT STUART ★

Mount Stuart ✆ +44 170 050 3877
www.mountstuart.com
Avril-nov : 7j/7, 10h-18h. Tours guidés : voir horaires sur site web. £13/adulte. £11/réduit. £7,50/enfant.

Mount Stuart est un remarquable palace victorien néogothique construit entre 1879 et 1900. Destiné au marquis de Bute, il a succédé à un édifice de 1719, parti en fumée lors d'un incendie en 1877. On doit sa grande beauté à l'architecte Robert Rowand Anderson, qui a cherché à refléter le bon goût de son commanditaire, descendant du roi Robert the Bruce. Les intérieurs, aussi mystérieux que raffinés, s'accordent avec sa passion pour l'Art, l'astrologie, la mythologie et la religion. Pourtant, il n'eut pas le temps de s'y installer, sa mort étant survenue juste avant que la demeure ne soit achevée. Avec les visites guidées (moyenne saison) et la visite libre (haute saison : juillet et août), les visiteurs peuvent profiter de sa grande valeur architecturale et stylistique. Il est difficile de ne pas succomber à l'élégance de la chapelle, de l'escalier en marbre, de la *drawing room* et de l'intrigante *horoscope room*. Le palais se fait aussi lieu artistique avec des expositions d'art contemporain renouvelées chaque année.

Outre le palais, les jardins ont aussi une haute valeur artistique. Faits pour être explorés, ils offrent de nombreux trésors sous la forme de collections arboricoles et horticoles d'importance mondiale, avec une touche surprenante d'essences tropicales. Il faut dire que la famille Bute était passionnée de plantes, et cela se sent : art paysager à son paroxysme, arboretum et *pinetum* (800 conifères !).

Et si vous avez envie d'un encas, le Courtyard Cafe & shop sera parfait avec ses produits frais et locaux.

ROTHESAY CASTLE ★

Castlehill Street
✆ +44 170 050 2691
www.historicenvironment.scot
En rénovation, horaires à vérifier.

© MARIUSZ OLSZAK - SHUTTERSTOCK.COM

Ce colosse du XIIIe siècle ne manque pas de singularité avec son plan circulaire, ses quatre tours massives et ses hautes murailles encerclées d'eau. Aujourd'hui partiellement en ruines, il fut l'une des résidences de choix des rois Stuart. Il connut un destin mouvementé pendant les guerres d'indépendance et la Guerre des Trois Royaumes en passant régulièrement d'un camp à un autre. Après être tombé dans l'oubli, il fit l'objet d'importantes restaurations au XIXe siècle et est désormais ouvert au public. Le Bute Museum, à côté, revient aussi sur son histoire.

ROTHESAY'S VICTORIAN TOILETS

Près du terminal de ferry et du Visitor Centre.
Ouvert 7j/7, de 8h à 19h15. £0,40.

Des toilettes, il s'agit bien de toilettes publiques... Recommander des toilettes dans un guide n'est pas commun, mais il ne faudrait pas que vous les manquiez... Entre l'office et l'embarcadère, les toilettes victoriennes de Rothesay sont plus qu'un lieu d'aisance, une étape de visite devenue immanquable et même très attractive. Ouvertes en 1899, ces toilettes sont un bel exemple du style de l'époque, avec leurs céramiques ornées et leurs mosaïques.

BUTE BACKPACKERS HOTEL €

36 Argyle Street
✆ +44 170 050 1876
www.butebackpackers.co.uk
Lit en chambre partagée à £20, chambre simple à £25, double dès £50, familiale dès £60. Wifi. Parking.

En plein centre-ville, avec vue sur mer, cette auberge ne fonctionne pas sur un système classique à base de grands dortoirs, mais plutôt sur des petites chambres de deux à six occupants. C'est une offre idéale pour les *backpackers* et les petits budgets, mais aussi pour les familles et les groupes, qui peuvent ainsi rester ensemble à petit prix. Les installations sont modernes et pratiques, avec cuisine commune et salon, thé et café offerts, remise à vélo sécurisée. Il y a même un barbecue pour l'été. Le personnel est là pour vous conseiller lors de votre séjour.

THE ARDYNE GUEST HOUSE €€

38 Mounstuart Road
✆ +44 170 050 2052
www.theardyneguesthouse.co.uk
Chambre double à partir de £80. Petit déjeuner inclus. Parking et Wi-fi.

Cette maison coquette du bord de mer abrite dix chambres dont sept donnent directement sur l'horizon et la mer. Simples ou doubles, le bien-être y est réel, avec d'agréables salles de bains et des coloris pastel reposants. Elles sont équipées avec tout le confort moderne : TV, lecteur DVD, et bien sûr le plateau de courtoisie qui permet de se préparer un bon chocolat chaud après une journée un peu fraîche ! En fin de journée, on apprécie bien la salle à manger où un petit espace *lounge* se prête à la détente et à la contemplation du large.

THE BOAT HOUSE SUPER SUITES B&B €€

15 Battery Place
✆ +44 170 050 2696
www.theboathouse-bute.co.uk
Chambre double à partir de £240, simple dès £210. 3 nuits minimum. Petit déjeuner inclus. Wifi. Parking.

Un grand sourire vous attend à la Boat House où l'ambiance décontractée n'est pas contradictoire avec le souci du détail et du service de qualité. Le design des suites est sobre et élégant, avec quelques panoramas magnifiques sur la baie. Toutes incluent une salle d'eau, un espace cuisine et un petit déjeuner continental sur place, proposé en panier repas. La suite n°1 est adaptée aux personnes à mobilité réduite. Un appartement est aussi disponible.

BRECHIN'S ON BRIDGEND STREET €€

2 Bridgend Street
✆ +44 1700 502922
www.brechins-bute.com
Ouvert du mercredi au samedi : 10h30-15h. Sandwichs à partir de £4,95 et les burgers à £7,95.

Cet établissement a ceci d'original qu'il a su mêler ses deux passions. On y sert une cuisine britannique classique, mitonnée à partir de produits frais et locaux, ainsi qu'une gamme variée de cafés, thés, bières et vins. Quelques gâteaux maison bien gourmands sont aussi à l'honneur... et ils ne sont pas les seuls ! Ils partagent la vedette avec des instruments de musique : guitares, ukulélés, etc. Des concerts de jazz sont régulièrement donnés dans le restaurant.

HARRY HAW'S €€

25 High Street
✆ +44 170 050 5857
www.harryhawsbute.co.uk
Ouvert tous les jours de midi à 20h30. Pizza à partir de £8,50.

Ce charmant petit établissement au service attentionné n'a pour autre voisin que le château de Rothesay. Il s'est imposé comme rendez-vous incontournable des locaux pour un déjeuner rapide ou un long dîner en famille. On y déguste une nourriture à la fois copieuse et savoureuse, avec une carte plus sophistiquée en soirée. N'hésitez pas à y faire un saut le midi pour des assiettes gourmandes à petits prix : jacket *potatoes*, baguettes, pâtes, pizzas et autres. Vous pourrez aussi prendre à emporter. Vous ne pouvez pas vous tromper !

THE BLACK BULL INN

3 West Princes Street
✆ +44 170 050 2366
theblackbullrothesay.com
Ouvert tous les jours de 11h (12h30 le dimanche) à 23h, minuit vendredi et samedi. Plats à partir de £12.

C'est le local de beaucoup d'habitants à Rothesay. On y déguste plusieurs bières pressions et trois *hand-pulled*, dont une de la brasserie de Bute. Des photos d'époque et d'aujourd'hui mettent l'île à l'honneur et le cadre a tout d'un pub typique, avec une épaisse moquette en tartan, du bois partout et plusieurs petits espaces séparés par le bar tout en longueur. La nourriture est classique de ce genre d'établissement : fish & chips, burgers, pies, poissons, pâtes... Le staff est sympathique et l'atmosphère chaleureuse, comme il se doit !

ROTHESAY GOLF CLUB

Glebelands Road
✆ +44 1700 503554
www.rothesaygolfclub.co.uk
Ouvert toute l'année, 7j/7. Green fees de £10 à £30, selon la saison et le jour.

Le golf de Rothesay est l'un des trois de l'île de Bute, avec Bute Golf Course et Port Bannatyne Golf Club. Tous offrent des vues magnifiques et leurs spécificités de jeux. Celui de Rothesay a la réputation d'être parmi les plus pittoresques du pays. Il offre une vue panoramique et imprenable sur les 7 comtés environnants. D'une longueur de 5 419 m, ce 18-trous est aussi connu pour sa difficulté, et son 4e trou a été désigné par le champion Eric Brown, comme l'un des plus corsés d'Europe. Le parcours offre aussi l'avantage d'un prix très raisonnable.

AILSA CRAIG

Ce morceau de granit jeté au large de l'Écosse trône fièrement à l'entrée du Firth of Clyde. Il porte le nom, en écossais, de Creag Ealasaid, soit Elizabeth's Rock : le Rocher d'Élisabeth. D'une superficie de 99 hectares, son sommet atteint néanmoins 338 m et résulte de la nature volcanique de la région. On aperçoit sa drôle de forme depuis la côte et ses hautes falaises sont l'habitat naturel de la troisième plus grande colonie de fous de Bassan en Grande-Bretagne. La zone est logiquement protégée par la RSPB et, si personne ne vit ici, quelques croisières y sont possibles, notamment à bord du MFV Glorious d'Ailsa Craig Trips. Les lieux sont sauvages.

AILSA CRAIG TRIPS

7 Harbour Street
✆ +44 1465 713219
www.ailsacraig.org.uk
Tarifs sur demande.

Montez à bord du *M.F.V. Glorious* pour une croisière sur Ailsa Craig. Vous observerez une faune étonnante (phoques gris, marsouins, requins pèlerins), mais surtout de nombreuses colonies d'oiseaux de mer : fous de Bassan, goélands, guillemots, macareux... Ornithologues amateurs, ne manquez pas une excursion et une randonnée sur cette île. Cela est valable aussi pour les amoureux de nature, car la flore y est aussi d'une grande richesse. La compagnie propose aussi des traversées quotidiennes depuis le port de Girvan ainsi que des excursions de pêche à la demande.

HOLY

Sur cette île, visible du village de Lamlach (Arran), se trouvait autrefois un monastère chrétien. Le roi norvégien Haakon IV y largua les amarres en 1263 et découvrit dans une grotte les reliques de saint Molaise, ermite du VIIe siècle. Des inscriptions vikings y sont toujours visibles. La vocation mystique de l'île se poursuit encore aujourd'hui. Elle accueille désormais une communauté bouddhiste et le Mandala Garden d'un centre de retraite spirituelle. L'été, il est possible de venir à la journée pour une retraite spirituelle ou randonner. On y accède en ferry en passant d'abord par l'île d'Arran et en prenant le ferry à Lamlash Pier.

GREAT CUMBRAE ★

La petite île de Great Cumbrae est toute proche de la côte et se parcourt facilement en une journée. Peu fréquentée des automobilistes, la route qui l'encercle sur 18 km est très appréciée des cyclistes pour ses doux reliefs et ses panoramas sur la région. Millport est l'unique village que vous trouverez. La Cathedral of the Isles y fut érigée en 1848 et renferme quelques beaux éléments décoratifs, comme ses vitraux colorés. Si vous souhaitez en apprendre plus sur l'histoire locale, faites un saut au Museum of Cumbraes (College Street, gratuit). Pour manger un morceau ou boire un verre, le Frasers Bar est un excellent pub, tant pour la nourriture que les real ales (7 Cardiff Street, ouvert 7j/7 de 11h à 00h, 1h du jeudi au samedi).

Transports

Le ferry pour Great Cumbrae se prend à Largs, qui se trouve à moins d'une heure de Glasgow Central en train (www.scotrail.co.uk). La traversée ne dure que dix minutes, mais attention, le port de l'île est situé sur son versant nord-est et non pas à Millport même. Les départs sont quotidiens et très fréquents, entre toutes les 15 et 30 minutes du matin au soir. Comptez entre £3,60 par personne selon la saison et £13,90 par voiture. Réductions sur les tickets A/R (www.calmac.co.uk).

ÎLE D'ARRAN

Arran est un véritable joyau dans la couronne des îles du Firth of Clyde. À cheval sur la faille géologique des Highlands, sa partie nord dresse son extraordinaire chaos minéral vers le ciel, avec des reliefs atteignant les 874 m à Goat Fell. Au sud, ce sont les amples collines boisées et les glens sans fin qui en occupent la surface. Un château, quelques ruines médiévales, des vestiges néolithiques vous assurent de passer un séjour riche en découvertes.

Balade

- **Goat Fell & Glen Rosa.** Goat Fell est la plus haute montagne d'Arran, avec un sommet à 874 m d'altitude. Il est difficile de manquer ce noble mastodonte, que l'on aperçoit dès l'arrivée en ferry et qui veille sur la baie de Brodick. Le sentier le plus simple et le plus populaire débute à Cladach, derrière le château. L'aller-retour fait 10 km et il faut compter entre 4h30 et 6h de marche, selon votre rythme. La vue une fois en haut est époustouflante et l'on peut apercevoir l'Irlande si le ciel est dégagé. Une ascension plus longue ou même une boucle sont possibles depuis le Glen Rosa, la plus belle vallée de l'île. Un panneau indique la route sur la B880, juste après le croisement avec l'A841, à la sortie de Brodick. Quelques places de stationnement sont disponibles à son extrémité, mais elles sont vite occupées. Même si vous ne souhaitez pas conquérir Goat Fell ou ses voisins, ne manquez pas l'occasion de parcourir ce glen si calme et féerique, qui est un véritable petit jardin d'Eden. Pensez à vous me munir d'une carte (l'OS Landranger Map Isle of Arran couvre toute l'île), d'une boussole et d'un équipement adapté à toutes les situations (soleil, pluie, vent, tempête).
- **Marcher à Whiting Bay.** Au sud-est de l'île, le village de Whiting Bay et ses plages sablonneuses sont le lieu de départ d'une marche mémorable. Avant la sortie sud du bourg, un petit pont sur une rivière, quelques places de stationnement et un panneau annoncent le sentier menant aux *Glenashdale Falls* et aux *Giants » Graves*. Les premières sont des chutes d'eau et les secondes des vestiges de tombes néolithiques. Le chemin offre de belles vues sur Holy Isle. Comptez 5 km pour faire la boucle. Sur le chemin, visitez la *Arran Art Gallery* (ouverte tous les jours de 10 h à 17 h). Un peu plus bas, vers Kildonan, le littoral doux attire les phoques. La perspective entre ruines et îles est superbe.

BRODICK ★★

Brodick est le plus grand village d'Arran et sa porte d'entrée principale. Bâti face à sa baie et au pied de Goat Fell, la plus haute montagne de l'île, c'est un lieu de séjour agréable, grâce à une offre hôtelière de qualité, quelques bons restaurants et des opportunités de visites ou de randonnées variées. La plupart des commodités se trouvent ici, avec des commerces égrenés le long de la route principale du bourg. Randonnée, cyclisme, équitation, golf sont sans doute les meilleures options pour découvrir Brodick et ses environs.

Balade

Pour des randonnées guidées dans la nature sauvage d'Arran, sachez que les rangers de la NTS, basés au Brodick Castle, organisent plusieurs événements chaque mois de l'année. Vous trouverez la programmation sur leur page Facebook ou en les appelant au +44 177 030 2462.

Pratique

Pour le shopping et les détails pratiques, prenez soin de faire l'essentiel à Brodick, où vous trouverez une banque, une poste et une pharmacie. Il est également possible de retirer de l'argent dans les hôtels centraux des villages (système de cash back).

Transports

Le principal port d'Arran se trouve à Brodick et est relié à Ardrossan Harbour, qui est à 45 minutes de Glasgow Central en train. La traversée dure 55 minutes et il y a des départs quotidiens toute l'année. Comptez £4,20/£8,40 par personne selon la saison et £17,10/£34,20 pour une voiture. De mai à fin septembre, un passage par Brodick est effectué le samedi sur le service Campbeltown-Ardrossan. Un second port est situé à Lochranza et propose des liaisons avec la Péninsule de Kintyre. En hiver, le ferry rejoint Tarbert en 1h25, une fois par jour et sur réservation. D'avril à fin octobre, il relie Claonaig en 30 minutes avec plusieurs trajets quotidiens. Selon la saison, comptez £3,20/£6,40 par personne et £10,65/£21,30 par voiture.

▶ Le réseau de bus est assez efficace sur Arran et compte quatre lignes opérées par Western Buses (321 à 324), qui font tout le tour de l'île ou la traversent d'est en ouest. Toutes passent par Brodick et ont leur terminus à l'embarcadère. Le pass journée « Arran Day Rider » est assez rentable.

ARRAN BREWERY

Cladach ✆ +44 177 030 2353

www.arranbrewery.co.uk

7j/7 avr-sept, 10h-17h (12h30-16h30 dim). Oct-mars : lundi-samedi, 10h30-16h30. Tours à partir de £14.

Ouverte en 2000, la brasserie d'Arran s'est rapidement fait une place dans le cœur des amateurs de bière. On peut désormais boire ses réalisations dans tout le pays et découvrir ici son site de production. Les visites n'ont lieu que deux fois par jour et durent en moyenne 45 minutes. Elles permettent de voir le processus de fabrication et de terminer par une séance de dégustation. Si vous manquez de temps, vous pouvez toujours faire un saut à la boutique et centre d'accueil, créée pour permettre de découvrir l'art du brassage via des fenêtres d'observation.

ARRAN HERITAGE MUSEUM

Rosaburn

✆ +44 177 030 2636

www.arranmuseum.co.uk

Avril à octobre, 7j/7, 10h30-16h30. Février-mars, du mercredi au vendredi, 11h-15h30. £5/adulte, £4/réduit, £3/enfant.

Tous les secrets de la fascinante île d'Arran sont ici narrés aux curieux qui souhaitent en savoir plus sur la culture insulaire, à travers l'archéologie, mais aussi l'histoire sociale. Une tombe de l'âge de Bronze, une réplique de navire viking, des reproductions d'intérieurs d'époque, des costumes, des photographies et des vidéos redonnent vie au patrimoine local, qu'il date d'il y a 3 000 ans ou du siècle dernier. Un café se trouve sur place. Des événements y sont organisés tous les ans : salon de la moto, du tracteur, journée de l'artisanat, des enfants...

MOGABOUT ARRAN SAFARI

Brodick

✆ +44 779 955 5287

www.mogabout.com

Sortie observation de 3h30 minimum, dès £45/adulte. Plusieurs formules. Réservation en ligne.

En partenariat avec la *Forestry Commission*, Alex organise des sorties safari à bord de son 4×4 qui peut accueillir jusqu'à 16 personnes. Les excursions se font au départ de Brodick, soit vers la forêt – observation de la faune avec jumelles, passage auprès des Glenashdale Falls, découverte d'un cairn de plus de 5 000 ans... – ou vers la côte avec des sites emblématiques comme le Devil's Punchbowl, le Witches' Step ou le Arran's « Big Five ». Des sorties incluant les distilleries (Lagg Distillery et Lochranza Distillery) sont aussi au programme.

BRODICK CASTLE, GARDEN & COUNTRY PARK ★★

Cladach

✆ +44 177 030 2202

7j/7, d'avril à octobre, 10h-17h. Adulte : £14,50. Parc en accès libre toute l'année.

Assis dans l'ombre de Goat Fell, le château de Brodick est incontournable lors d'un séjour sur Arran. La fortification du site remonte au Ve siècle, quand les Gaels y ont étendu leur royaume depuis la région irlandaise d'Antrim. Au Xe siècle, c'était au tour des Norvégiens de s'accaparer les lieux, avant que l'île de fasse partie du Kingdom of Mann & the Isles, au milieu du XIIIe siècle. À l'orée du XIVe siècle, elle avait été rattachée à la couronne écossaise et avait déjà connu les guerres d'indépendance. Les comtes d'Arran commencèrent à y bâtir l'édifice que l'on voit aujourd'hui en 1510. La Guerre des Trois Royaumes ne l'épargna pas et il passa de familles en familles selon les conflits et les allégeances.

▸ **Château.** Les intérieurs sont l'incarnation du faste victorien et renferment des pièces et éléments décoratifs d'une grande valeur. Le *grand entrance hall* et ses trophées de chasse rappellent les activités propres à l'aristocratie de l'époque, tandis que les chambres à coucher et la *dining room* redoublent d'élégance. Une visite interactive du château, avec des acteurs en costume, des effets de sons et d'éclairage est désormais mise en place, pour une découverte plus ludique.

▸ **Parc.** Les jardins valent également le détour et sont particulièrement agréables par beau temps. Jardins à la française, ils offrent une escapade paisible entre cascades, étangs et sentiers boisés.

▸ **Activités pour les enfants.** Ils adoreront l'espace jeux *Isle Be Wild* et le *Fairies & Legends Trail*.

© JOHN MALTWOOD - FOTOLIA

HUNTERS GUEST HOUSE €€

Shore Road

✆ +44 177 030 2211

www.huntersguesthouse.com

Chambre double à partir de £230, minimum 2 nuits. Petit déjeuner inclus. Parking et Wi-fi.

Cette jolie maison victorienne traditionnelle se trouve sur la promenade, juste en face de la mer. Les cinq chambres varient en taille et donc en prix, mais elles possèdent toutes les commodités que l'on puisse attendre, avec salle de bains et un petit charme très plaisant. Les plus vastes sont remarquables, tant pour leurs vues que pour leurs intérieurs. À l'étage, un petit coin salon avec réfrigérateur et micro-ondes est accessible à tous, pour se poser ou se préparer un snack. Attention, selon les périodes, les réservations se font pour deux nuits minimum.

BELVEDERE GUEST HOUSE €€€

Alma Road

✆ +44 177 030 2397

www.belvedere-guesthouse.co.uk

Chambre double à partir de £110, simple dès £75. Petit déjeuner inclus. Wifi. Parking.

Les cinq chambres de la Belvedere Guest House sont aussi cosy que confortables et certaines disposent de des panoramas imprenables sur l'île. Toutes possèdent leur salle de bain attenante, sauf la simple, qui a la sienne sur le palier. Les rangements sont nombreux et le confort est certain, avec un accueil digne de ce nom et un *lounge* fort agréable pour se détendre. Le petit déjeuner se choisit la veille pour être cuisiné avec perfection le matin. Si vous voyagez en famille ou entre amis, le cottage indépendant à louer sera une excellente option.

BRODICK BAR & BRASSERIE €€

Alma Road

✆ +44 177 030 2169

Du mardi au samedi, 12h-15h15. Bar : 12h-00h (vendredi & samedi : 1h, dimanche : 12h30-00h). Plats à partir de £23,95.

Réputé comme l'un des meilleurs restaurants de l'île, la nourriture y est savoureuse et présentée avec soin. Au programme des réjouissances : du poisson, avec le traditionnel *fish & chips*, mais aussi de la sole, du flétan et des noix de Saint-Jacques. Il y a aussi quelques viandes, un plat végétarien et des pizzas maison. Le midi ou tôt en soirée, les prix se font plus petits avec des formules du midi et Early Bird. Côté atmosphère, la décoration est simple, mais le cadre bistrot assure l'ambiance et le service est sympathique.

CENTRE ET CÔTE OUEST

KILDONAN HOTEL €€

Kildonan
✆ +44 1770 820 207
www.kildonanhotel.com
*Dîner pour environ £30. L'établissement fait aussi hôtel*** et bar.*

L'emplacement géographique du restaurant à la toute pointe de l'île en fait un lieu exceptionnel. Un restaurant à l'atmosphère raffinée a été aménagé dans la large baie vitrée, construite avec goût dans le prolongement de l'ancienne bâtisse. On peut y prendre, le midi, snacks et sandwiches. Le soir, on y dîne en face d'une mer immense, avec pour horizon le phare de la petite île de Plada. Idéal pour un dîner romantique… Le bar possède lui aussi une vue superbe, à admirer en dégustant un whisky ou une real ale brassée à Arran.

ORMIDALE HOTEL

Knowe Road
✆ +44 177 030 2293
www.ormidale-hotel.co.uk
Ouvert 7j/7, lundi-vendredi 16h-00h, samedi 12h-1h, dimanche 12h-00h. Repas jusqu'à 21h. Burgers à partir de £9,75.

Un brin excentré, c'est un pub sympathique dont la playlist est bien choisie et où la sélection de bières est intéressante. On profite de quelques produits de la *Arran Brewery*, que l'on peut déguster dans la salle à la moquette épaisse et aux murs recouverts de nombreuses peintures et photographies. La cheminée réchauffe en hiver et l'accueil est souriant pour les habitués comme les visiteurs. Un grand panneau annonce l'hôtel depuis la route. Pour les petits et gros creux, une carte *Pub food* est servie. Des animations sont proposées tous les soirs.

ARRAN CHEESE SHOP

Home Farm
✆ +44 177 030 2788
www.arranscheeseshop.co.uk
Ouvert tous les jours de 9h à 17h..

Juste à côté d'Arran Aromatics, cette adresse éminemment locale et artisanale est à visiter si vous êtes amateur de fromage. On y conçoit de délicieux fromages écossais et il est possible de déguster sur place tout en regardant les crémiers à l'œuvre. Au choix, en plus des cheddars classiques : cheddar aux herbes, au gingembre, au whisky, aux oignons caramélisés, à la moutarde d'Arran, au chili… Vous trouverez aussi des chutneys, *oatcakes* et autres produits parfaits pour une dégustation dans les règles de l'art, ou encore des paniers garnis.

AUCHRANNIE RESORT

Auchrannie Road
✆ +44 177 030 2234
auchrannie.co.uk
Complexe de tourisme et de loisirs avec hôtel, spa, restaurants et activités indoor + outdoor.

Ce complexe touristique et de loisirs bien implanté et reconnu organise des sorties sportives et thématiques pour apprécier Arran dans toute sa splendeur. Enfants et adultes sont invités à choisir leur activité et leur niveau de pratique, accompagnés par des moniteurs expérimentés. Vous pourrez louer vélos et Segways, mais aussi faire de la descente de rivière ou du tir à l'arc. En cas de mauvais temps, il vous restera la piscine, le badminton, le tennis de table, le bowling… Pas envie de faire du sport ? Il y a aussi un spa !

LOCHRANZA ★★

Niché au fond d'une anse, entouré de belles montagnes et construit autour des ruines d'un château médiéval, le tout petit village de Lochranza est la quintessence du pittoresque. Il est impossible de se lasser de ses moutons tranquilles, de ses quelques voiliers au mouillage, de ses cottages fleuris ou encore de la superbe Catacol Bay. Le soir venu, les cerfs descendent des collines pour venir y paître, sur le terrain de golf et dans les prairies. C'est un spectacle inoubliable. Lochranza a aussi sa distillerie – elle se visite – et un beau parcours de golf (9 trous). Attention cependant, il n'y a aucun supermarché, faites vos courses avant d'aller vous balader. L'été, un ferry relie Lochranza à Claonaig (péninsule de Kintyre).

Se restaurer

Si vous souhaitez boire un coup et n'avez pas de moyen de transport pour pousser jusqu'à Brodick, vous pouvez faire un saut au Lochranza Hotel (+44 177 083 0223 – www.lochranzahotel.co.uk. Ouvert tous les jours, de 12h à 23h). Pour une boisson chaude ou un en-cas, the Sandwich Station est un minuscule café face à l'embarcadère (+44 781 079 6248 – thesandwichstation.weebly.com. Ouvert en été du mardi au vendredi de 7h30 à 16h et à partir de 8h45 le week-end).

Lochranza.

ISLE OF ARRAN / LOCHRANZA DISTILLERY

✆ +44 177 083 0264
www.arranwhisky.com
En travaux, rouvre en mai 2023. 7j/7, 10h-16h30. Café : mercredi-dimanche, lunch 12h-15h. Tours guidés à partir de £15.

C'est ici la demeure du single malt de l'île d'Arran ; véritable fierté insulaire. Vous pouvez en apprécier les principes d'élaboration lors d'une visite de 45 minutes, ponctuée de deux dégustations : une liqueur de crème de whisky et le très populaire 14 ans d'âge. Ce dernier titre à 46 % et présente des arômes ronds et fruités. Bon plan : le « drop inn tour » pour une découverte express (film) avec dégustation. Il y a également un café sur place pour boire ou manger un morceau.

LOCHRANZA CASTLE

Accès libre et gratuit.

Érigé et détenu par les MacSweens, Lochranza Castle remonte au XIIIe siècle pour sa partie la plus ancienne, et aux XVe et XVIe pour le reste. Robert the Bruce y serait passé en 1306. Il a été utilisé vers 1490 par James IV, puis par Cromwell en 1650. En 1705, il passe sous le joug de la famille Hamilton, avant de se délabrer au cours du XVIIIe siècle. Il est désormais protégé par Historic Scotland. Si vous êtes tintinophile, la silhouette de ce château vous parlera sûrement : il a inspiré le mystérieux château en ruine de Ben More de l'album *L'Île Noire*.

LOCHRANZA CARAVAN & CAMPING SITE €

Lochranza
✆ +44 177 083 0273
www.arran-campsite.com
D'avril à octobre. Pod à partir de £45. Camping-car : £22. Tente : de £10 à £36. Parking et Wi-fi.

Il serait bien malaisé d'imaginer un meilleur emplacement que celui de ce camping : entre les collines, proche du loch et du château, à deux pas de la distillerie... Les cerfs viennent même s'y promener en fin de journée, sur le terrain de golf adjacent. Les tentes, caravanes et camping-cars sont les bienvenus et l'on peut aussi opter pour un *pod*, sorte de petite cabane où l'on loge entre deux et quatre personnes. Douches, toilettes, micro-ondes et réfrigérateur sont à disposition.

LOCHRANZA YOUTH HOSTEL €

A841
✆ +44 177 083 0631
www.hostellingscotland.org.uk
Lits en dortoir dès £27 et £74 en chambre double. Petit déjeuner à £6,50. Wifi. Parking.

Cette vaste et sympathique auberge de jeunesse est sise dans une impressionnante demeure aux murs blancs. Les dortoirs comme les chambres privées sont confortables et les installations sont récentes et pratiques. L'endroit ne manque pas d'espaces communs et l'on retrouve, bien sûr, une cuisine partagée où se préparer ses repas. Vous aurez aussi accès à des casiers avec cadenas, une buanderie, un local à vélos sécurisé et deux salons confortables. L'accueil vend quelques provisions de base. Proche d'un arrêt de bus, l'auberge est facilement accessible sans voiture.

CASTLEKIRK ARTHOUSE €€

Lochranza
✆ +44 177 083 0202
www.castlekirk.co.uk
Chambre double à partir de £70. Petit déjeuner inclus. Parking et Wi-fi.

Dans une ancienne église face au château et aux bateaux, ce *B&B* cosy jouit d'un cadre unique et propose trois chambres aux visiteurs. Il y a une double, une *twin* et une simple. Les deux dernières peuvent avoir à partager une salle de bain, ce qui fait légèrement baisser le prix de la twin. Elles ont tout le confort attendu : un plateau avec bouilloire, un sèche-cheveux, une TV, et un monte-escalier pour les gros bagages. La décoration rustique est en harmonie avec la nature du bâtiment et la vue depuis la salle à manger est fort plaisante au petit déjeuner.

KINCARDINE LODGE €€

Lochranza
✆ +44 1770 830 267
www.kincardinelodge.co.uk
£500 la semaine.

Situé dans le plus charmant village de l'île, la villa donne sur la baie de Lochranza. Le capitaine de navire qui l'a fait construire en 1900 n'envisageait sans doute pas de ne pas voir l'eau... Les vues de chaque chambre, sur le loch ou sur les collines, sont imprenables. Le jardin paisible invite à la détente, à admirer les couchers de soleil ou encore à observer les dauphins au loin. Le salon donne sur la baie, et permet un repli sympathique, entre livres et jeux de société. Le lieu est parfait pour partir en excursion à pied ou à vélo.

THE SANDWICH STATION €

A841

✆ +44 7393 602 806

https://thesandwichstation.weebly.com

Ouvert d'avril à septembre, 7j/7, de 7h30 à 16h (8h45-15h30 le dimanche). A partir de £7.

De délicieux sandwichs dans un environnement incroyable... C'est ce que propose la Sandwich Station, qui est très fière de proposer des préparations fraîches, à base de produits locaux de grande qualité et de saison. Son défi ? Faire les meilleurs sandwiches possible. Le pain est pétri et cuit par le boulanger (Blackwater Bakehouse) et chaque ingrédient peut être relié à un producteur local ou à une recette maison. Vous pourrez aussi déguster une délicieuse soupe (la recette change chaque jour), afin de vous réchauffer quand la météo est au vent et à la pluie.

LOCHRANZA HOTEL COUNTRY INN €€

Lochranza

✆ +44 1770 830 223

www.lochranzahotel.co.uk

Bar ouvert de 12h à 23h. Services 12h-14h et 17h-19h. Sandwichs à partir de £5,25.

Cette grande maison blanche donnant sur la baie est la seule du village à servir des repas le soir. Le steakpie y est délicieux… Le bar est surtout réputé sur l'île pour son excellente sélection de whisky où l'on trouve celui de la distillerie du village. Une guitare est fixée au mur, sur laquelle les gens de passage jouent souvent entre deux verres. L'ambiance est ici vraiment chaleureuse et l'on peut jouir aux beaux jours de la terrasse surplombant le jardin.

STAG'S PAVILION €€

✆ +44 177 083 0600

www.stagspavilion.com

Vendredi-samedi : 17h30-20h, dimanche : 12h30-14h30. Plats à partir de £12,95.

Le Stag's Pavilion a pris place dans une toute salle en longueur, face au golf et au camping. Valérie Anne, écossaise, et Rino Pisano, chef italien, sont aux manettes de cet établissement salué. Ils sont tombés amoureux d'Arran en 2011, et le coup de cœur a donné naissance à une belle aventure. La cuisine excellente met à l'honneur des tartes au poireau et au fromage, des risottos aux champignons, des saumons au parmesan ou encore des épaules de mouton au miel et au vin. La réussite est sans équivoque et il vaut mieux réserver le soir en saison.

NORTH SANNOX PONY TREKKING

North Sannox

✆ +44 177 081 0222

www.northsannoxponytrekking.co.uk

Ouvert tous les jours sauf le dimanche, sur réservation. 1h : £35, 2h : £65. Paiement en espèces.

Pour arpenter l'île un peu différemment, ce centre équestre programme des sorties à cheval d'une ou deux heures, dans la vallée du Glen Sannox et sur la plage. L'itinéraire ne suit aucune route. Les débutants sont les bienvenus, comme les cavaliers expérimentés : les balades s'adaptent au niveau de chacun. Il est nécessaire de réserver à l'avance. Les enfants de moins de 5 ans ne sont pas acceptés en balade, mais des baptêmes à poneys sont possibles en paddock pour les 3-5 ans.

LAMLASH ★★

À 5,5 kilomètres en dessous de Brodick, la paisible bourgade de Lamlash déploie un long et verdoyant front de mer en demi-lune. En bas des collines, sa charmante baie est appréciée des plaisanciers et devient parfois le terrain de jeux des phoques qui viennent s'y reposer. N'oubliez pas l'appareil photo ! Profitez de votre passage pour aller découvrir Holy Isle. Juste en face, cette petite île posée dans l'eau est accessible en ferry. Les départs sont quotidiens d'avril à fin octobre. D'une superficie d'à peine plus de 250 hectares, elle culmine à 314 m, dispose de quelques sentiers et abrite un centre spirituel tibétain (www.holyisle.org).

BLACKWATERFOOT ★★

Entre les roches et la mer, ce hameau les pieds dans l'eau est le bourg principal de la désertique côte ouest. Il ne s'en résume pas moins à une simple rue et, comme pour le reste de l'île hors Brodick, il vaut mieux faire ses courses à l'avance si l'on souhaite y séjourner. Ne manquez les Machrie Moor Stone Circles, un ensemble préhistorique de six cercles de pierres levées. Pour plus d'histoire et de légendes, vous pouvez aussi passer par la King's Cave, une grotte du littoral qui aurait servi de refuge au roi Robert the Bruce. On s'y rend via un chemin de 2 km, débutant sur un petit parking à la lisière des bois, à 3 km au nord du village.

KING'S CAVE

De Brodick, prenez le B880 (The String) vers l'ouest à travers l'île jusqu'à Blackwaterfoot. Tournez à droite sur l'A841 et traversez Blackwaterfoot vers le nord sur un peu moins de 4,8 km jusqu'à ce que vous aperceviez le parking sur votre gauche, au numéro de référence NR 898 315.

Accès libre et gratuit. Parking. Itinéraire de randonnée. Bonnes chaussures obligatoires. Passages étroits et abrupts.

La légende dit que Robert the Bruce se serait abrité dans cette grotte avant la bataille de Bannockburn et y aurait rencontré la fameuse araignée qui l'encouragea à poursuivre son combat. Il l'aurait regardé échouer six fois, comme lui avait perdu six fois comme les Anglais. Si la septième était la bonne pour l'araignée, elle le serait pour lui aussi. L'araignée a réussi : Robert the Bruce a combattu. Outre la légende, la grotte est à voir pour son environnement superbe. Un sentier balisé de 4,7 km y mène.

MACHRIE MOOR STONE CIRCLES

A841

Accès libre et gratuit. Parking.

Ce cercle de pierres est un site néolithique impressionnant. Il offre à voir six cercles de pierres. Monolithes dressés, cairns, cistes funéraires et cercles marquant habitation ou parcelles sont visibles. Ils témoignent d'un habitat datant de 3500 à 1500 av. J.-C. Ces cercles de pierres étaient associés à des activités religieuses estimées à -4500. Il faudra marcher un peu depuis le parking pour apercevoir les pierres (balade d'une heure environ).

BEST WESTERN KINLOCH HOTEL €€

Blackwaterfoot

✆ +44 177 086 0444

www.bw-kinlochhotel.co.uk

Chambre double dès £120. Petit déjeuner inclus. Parking et Wi-fi. Restaurant et bar.

À la fois hôtel, bar et restaurant, le Kinloch Hotel est une excellente adresse à Blackwaterfoot. Les 37 chambres sont simples, doubles, *twin* ou familiales. Quelques-unes ont de belles vues sur le large et toutes possèdent leur salle de bain privative. L'aménagement intérieur est sobre, moderne et confortable. Au rez-de-chaussée, les parties pub et restaurant sont appréciés par les résidents, les visiteurs et les locaux, de même que la piscine intérieure et le terrain de squash.

BLACKWATERFOOT LODGE €€

Blackwaterfoot

✆ +44 1770 860 202

www.blackwaterfoot-lodge.co.uk

Chambre double dès £115, avec petit déjeuner. 2 nuits minimum. Ouvert de Pâques à octobre.

L'établissement est presque les pieds dans l'eau, à 50 m du port pittoresque de Blackwaterfront, sur la côte sud-ouest d'Arran. Les commerces et restaurants du village sont accessibles à pied, tout comme la plage et le parcours de golf. Les chambres ont chacune leur salle de bains attenante et privative, ainsi qu'une TV et un plateau de courtoisie avec thé et café. Un salon avec cheminée est ouvert aux hôtes, de même qu'un bar confortable. Le Lodge Bar & Restaurant reçoit résidents et non-résidents (réservation conseillée pour dîner).

Blackwaterfoot.

HÉBRIDES

Les Hébrides (prononcez Hibridiz) se divisent entre les Hébrides Intérieures, le long de la côte (Inner Hebrides), et les Hébrides Extérieures, au large (Outer Hebrides). La présence humaine date du Mésolithique. Elles ont été grandement influencées par leurs occupations successives. Le sud fit partie du royaume gaélique de Dal Riata aux VIe et VIIe siècles, avant que l'archipel ne tombe sous l'influence norroise du Kingdom of Mann & the Isles, qui comprenait toutes les îles, de Man aux Shetland, entre les IXe et XIIe siècles. Intégrées par la suite à la couronne écossaise, elles furent marquées par des luttes de clans et des guerres d'indépendance, mais conservèrent leurs caractéristiques insulaires. Aujourd'hui, les visiteurs s'extasient de leurs paysages singuliers et très variés.

Hébrides
LEWIS
Great Bernera
Stornoway
The Minch
Scalpay
HARRIS
Berneray
NORTH UIST
The Little Minch
UIG
Baleshare
UIST
GRIMSAY
BENBECULA
DUNVEGAN
Kilmuir
RAASAY
PORTREE
SOUTH UIST
KYLEAKIN
Kyle
HÉBRIDES EXTÉRIEURES
MINGINISH
SKYE
BROADFORD
Eriskay
Cuillin Sound
SLEAT
MALLAIG
BARRA
RUM
Vatersay
EIGG
FORT WILLIA
COLL
TOBERMORY
DERVAIG
TIREE
HÉBRIDES INTÉRIEURES
LISMORE
Treshnish Isles
OBA
CRAIGNURE
STAFFA
MULL
KERRERA
IONA
ROSS OF MULL
GARBH EILEACH
Firth of Lorn
LUING
SCARBA
20 KM
COLONSAY
JURA
VERS ISLAY
VERS GIGHA

PAGES

282 ● ● ÎLE DE SKYE

Skye la magnifique collectionne les superlatifs. Avec 1 656 km, c'est la plus vaste île des Hébrides Extérieures, à peine plus grande que la Guadeloupe. Elle est aussi assurément la plus connue et la plus accessible, grâce à son pont et ses nombreuses commodités. Tout ici est sublime et féerique. Où que se pose le regard du visiteur, ses yeux se remplissent d'émerveillement. Les montagnes Cuillin et les reliefs de Trotternish sont un paradis pour randonneurs, qui disposent d'un terrain de jeu immense, intégralement traversé par l'audacieux Skye Trail. Les amateurs d'Histoire s'orienteront eux vers les châteaux de Dunvegan et Armadale, tandis que les férus de whisky ne manqueront pas l'excellente distillerie de Talisker.

Skye est magnifique, mais elle est aussi largement victime de son immense succès. Si vous le pouvez, venez plutôt ici à la mi-saison, notamment en mai, qui offre souvent la meilleure météo en Écosse. En été, il faut absolument et impérativement réserver longtemps à l'avance. Vous ne trouverez rien à la dernière minute.Depuis quelques années, avec sa réputation grandissante, l'île souffre des afflux énormes de touristes pendant la période estivale. Ses installations ne sont pas adaptées et des sites comme Neist Point, the Quiraing ou les Fairy Pools voient leur parking déborder, tant et si bien que de nombreux visiteurs peu scrupuleux se garent dans les passing places, réservées au trafic, voire, même, y passent la nuit. L'offre d'hébergements a aussi beaucoup de mal à suivre et il n'est pas rare de voir la police présente au Skye Bridge pour demander à tous ceux qui n'ont pas de réservation de faire demi-tour. Avec un peu de préparation, en évitant les heures d'affluence et en privilégiant des spots moins pris d'assaut, tout se passera bien et il ne faut pas pour autant vous priver du plaisir de venir ici.

282 **KYLEAKIN** ★

SLEAT ★★

282 Situé à l'extrême sud-est de l'île, la péninsule de Sleat (prononcez Slayte) est un territoire plat et maritime, qui contraste beaucoup avec les paysages montagneux du centre et du nord. Souvent désigné comme « the garden of Skye », c'est un petit coin assez doux et reposant, où se succèdent les fermes et les criques ouvertes sur les Cuillin, Rum ou Lochaber.

283 **BROADFORD** ★★★

284 **PORTREE** ★★★

286 **MINGINISH** ★★★

288 **UIG** ★★★

289 **DUNVEGAN** ★★

291 ● ● ÎLE DE MULL

Mull offre à peu près tout ce que l'on peut imaginer de l'Écosse : des montagnes qui taquinent les nuages, des glens peuplés d'aigles et de cerfs, des criques de sable blanc où musardent les phoques, des falaises verticales sans âge, des petits ports colorés animés et un véritable décor de carte postale. Il y a même un château médiéval et une distillerie. On s'y rend pour ses paysages éclatants et il est bien difficile de ne pas en tomber amoureux. Cette île au charme fou affiche des chiffres qui parlent d'eux-mêmes : 875 km^2 de nature verdoyante, 480 km de côtes déchiquetées, des sommets majestueux jusqu'à 966 m et le tout pour 3 habitant/km. Elle possède la seconde plus grande superficie des Hébrides Intérieures après Skye.

291 **TOBERMORY** ★★★

293 **CRAIGNURE** ★★★

PAGES

●● HÉBRIDES INTÉRIEURES

298

D'Islay au sud et jusqu'à Skye au nord, les Hébrides Intérieures sont une myriade d'îles plurielles et magnifiques, aux surfaces et aux charmes variés. On y enregistre parmi les plus basses densités de population du pays, avec 4,6 personnes par km ? en moyenne. C'est aussi ici que l'on profite de quelques-uns des plus beaux paysages, de la nature la plus sauvage, de la faune la plus riche et des meilleurs whiskies ! Pour le gigantisme dramatique, les falaises à pic, les montagnes sans âge et les glens sans fin, vous tomberez amoureux de Skye et de Mull, les deux trésors de l'archipel. Pour l'insularité à son paroxysme, au coeur de petites communautés soudées et attachées à leur terroir, dirigez-vous vers Coll, Tiree, Colonsay et Gigha. Si c'est la communion avec les éléments qui vous intéresse et l'isolation totale dans un panorama typiquement écossais, ne manquez pas Jura et Rum. Enfin, si vous cherchez la douceur de vivre de la campagne et quelques single malts d'anthologie, Islay la romantique fera votre bonheur.

Au sud de l'île de Skye, les îles de Rum, Eigg, Muck et Canna sont désignées sous le nom de Small Isles. Ce sont parmi les plus isolées, mais aussi les plus belles du pays.

Isle of Eigg : avec une superficie de 31 km, c'est la seconde plus grande des Small Isles après Rum. Elle a été rachetée par ses résidents en 1997, regroupés au sein de l'Isle of Eigg Heritage Trust, dont le site Internet regroupe de nombreuses informations : www.isleofeigg.net. Souvent décrite comme une émeraude pour son vert impeccable et ses eaux limpides, sa silhouette est reconnaissable grâce à sa colline An Sgùrr, sorte de crête rocheuse (393 m) qui n'est pas sans rappeler l'ouest américain. Ici, on vient essentiellement pour se ressourcer et se rapprocher de la nature. Ne manquez pas la Bay of Laigg, longue plage tournée vers les Rum Cuillin.

Isle of Muck : c'est la plus petite de l'archipel, occupant simplement 559 hectares. Il n'y a pas pléthore d'activités ici, si ce n'est profiter du calme, de la solitude et du cadre insulaire. Le site de la communauté recense quelques renseignements utiles, notamment sur l'hébergement : www.isleofmuck.com.

Isle of Canna : la troisième île des Small Isles par sa taille (11,3 km) est aussi la moins peuplée et la plus éloignée de la côte. Elle a été offerte en 1981 au National Trust of Scotland par son précédent propriétaire, l'auteur John Lorne Campbell. Son attrait réside dans ses paysages sauvages et minéraux, avec ses belles falaises de basalte. Le site www.theisleofcanna.com procure quelques informations sur les commodités.

●● HÉBRIDES EXTÉRIEURES

Les Hébrides extérieures sont appelées Outer Hebrides ou Western Isles en anglais, Na h-Eileanan an Iar en gaélique. L'âme gaélique de l'Écosse repose ici, sur ces lointaines terres de l'ouest où plus de la moitié de la population peut s'exprimer en langue celtique. La région s'étend sur une vaste surface d'un peu plus de 3 000 km. Lewis & Harris forment à elles-seules la troisième île britannique de par leur taille, après la Grande-Bretagne et l'Irlande. Les gens d'ici cultivent une tradition vivace, certains habitent toujours les chaumières réaménagées de leurs ancêtres et la religion joue un rôle prépondérant au quotidien. Que l'on soit dans le nord protestant ou le sud catholique, le dimanche est un jour chômé et il est bien rare de trouver un commerce ouvert. Cependant, ce n'est pas là ce qui surprend le plus dans les Hébrides extérieures. Cette facette du pays est un blend surprenant de patrimoine richissime et de nature sauvage. Les cercles de pierres levées et les forts de l'âge de Fer côtoient les phoques et les poneys, tandis que l'on parcourt ce petit monde minéral et rocheux, recouvert de tourbe et gorgé tel une éponge d'une myriade de petits lacs, appelés lochan. Il y a relativement peu de hauts reliefs, si ce n'est à Harris, et la majorité de l'attrait insulaire se trouve logiquement sur la côte. À l'est, elle est déchiquetée et aride, envahie par la mer et sinueuse. À l'ouest, c'est une succession époustouflante de plages de sables blancs parmi les plus belles du monde. Il est bien difficile de prendre conscience de leur beauté enivrante sans les avoir vues de ses propres yeux. Elles s'étirent sans fin et inviolées, au pied de prairies fertiles et couvertes de fleurs sauvages : le machair. Leurs eaux turquoise et limpides ne sont pas sans rappeler celles du Pacifique et ce n'est pas pour rien que le Vanuatu fut baptisé « Nouvelles-Hébrides » par James Cook...Le merveilleux archipel de St Kilda se trouve au large des Hébrides extérieures, à 66 km au nord-ouest de Benbecula. Cette miette d'à peine 855 hectares dans le territoire national est classé au patrimoine mondial de l'Unesco, autant pour son intérêt naturel que culturel. D'origine volcanique, ses falaises sont les plus hautes du Royaume-Uni (430 m) et abritent jusqu'à un million d'oiseaux marins, ce qui en fait la plus importante colonie du nord-est de l'Atlantique et un sanctuaire incomparable en Europe. Les populations de fous de Bassan, de macareux moines et de fulmars boréaux sont particulièrement importantes. Néanmoins, les habitants n'ont pas toujours été qu'animaux. L'homme aussi y a vécu pendant près de 4 000 ans, jusqu'à son départ définitif en 1930. La population a longtemps décliné jusqu'à ce que la trentaine d'insulaires restants demandent eux-mêmes à être évacués, suite à des récoltes infructueuses et des conditions de vie de plus en plus difficiles. Aujourd'hui, des restes d'habitations préhistoriques, médiévales et contemporaines côtoient la nature sauvage, notamment au site de Village Bay, vaste baie anciennement peuplée qui contraste grandement avec la rudesse du reste du littoral. Des croisières touristiques sont organisées par plusieurs compagnies, au départ des Hébrides ou de la côte ouest. En voici quelques-unes : Kilda Cruises (www.kildacruises.co.uk), Sea Harris (seaharris.com), Go to St Kilda (www.gotostkilda.co.uk), Sea Trek (www.seatrek.co.uk) et Island Cruising (www.island-cruising.com).

KYLEAKIN ★

Kyleakin est la principale voie d'accès à Skye, grâce à son pont la reliant à Kyle of Lochalsh. Terminé en 1995, il a rendu obsolète la liaison par ferry qui lui préexistait. Jusqu'en 2004, un péage rendait la traversée payante, mais il fut retiré suite aux protestations des habitants. Désormais, il fait de l'île la seule destination touristique des Hébrides accessible par la route et gratuitement. Faites un arrêt dans ce village pour vous restaurer et admirer son petit port où les bateaux mouillent dans l'ombre des ruines médiévales du Caisteal Maol (ou Dunakin Castle). Logez-vous plus loin afin d'être véritablement au cœur des paysages insulaires.

ARMADALE CASTLE, GARDENS & MUSEUM ★

Armadale Sleat
✆ +44 1471 844 305
www.armadalecastle.com
Avril-oct : 7j/7, 9h30-17h30. Adulte : £13, réduit : £11, enfant : £7, famille : £35.

Le château d'Armadale était le siège des MacDonald of Sleat, branche du très puissant clan Donald. Il a été acheté par le Clan Donald Land Trust en 1971. Le Museum of the Isles y retrace 1 500 ans d'histoire clanique dans les îles et les Highlands, avec des portraits de grands chefs, des pierres sculptées, des reconstitutions et tout un tas d'informations, réparties sur sept galeries modernes et didactiques. Il y a d'agréables jardins, où de nombreuses balades sont possibles.

SLEAT ★★

Le siège historique du puissant clan MacDonald of Sleat se trouve à Armadale et est désormais une attraction touristique de premier plan. Au sud, les amateurs de marche ne manqueront pas le Point of Sleat, pour ses falaises et ses belles vues. Comptez 8 km aller-retour depuis le hameau de Aird.

▶ www.visitsleat.org

Transports

Sleat possède l'un des deux ports d'entrée de Skye en ferry, à Armadale qui est relié en 30 minutes à Mallaig, sur la route des îles. Il y a plusieurs traversées quotidiennes toute l'année. Comptez £3-6 par personne selon la saison et £10-21 par voiture (www.calmac.co.uk). Au nord de l'île, Uig qui ouvre la porte des Hébrides Extérieures.

OFF THE HILL B&B €€

1 Duisdale Beag
✆ +44 147 183 3305
www.offthehillskye.com
Chambre double dès £198. 2 nuits minimum. Petit déjeuner inclus. Parking et wifi.

Dans le calme imperturbable de la péninsule de Sleat, ce petit *B&B* propose deux chambres doubles aux surfaces généreuses et lumineuses, avec un bureau et un canapé dans chacune. Elles possèdent une baignoire ou une douche, avec W.C. et beaucoup de rangements. Le petit déjeuner est préparé avec soin et bien copieux. Il se déguste dans une belle salle à manger, lumineuse, s'ouvrant sur une superbe vue. Elaine, la propriétaire, est une photographe passionnée qui a à cœur de faire découvrir sa région. Les enfants ne sont pas admis.

Lever du soleil sur le cô te, depuis Sleat.

BROADFORD ★★★

Le village de Broadford s'étend le long de sa large baie, observant les îlots des alentours et la lointaine Applecross. Parce qu'il est assez étendu et disparate, on peut regretter son absence de véritable centre et un charme moins authentique qu'à Portree. Cependant, l'on vient surtout à Skye pour la nature et elle n'est ici jamais loin, avec Strathaird à portée de main et les Cuillin à courte distance. Côté commodités, le supermarché central de l'île et une station essence en font un point de passage très utile avant un séjour en des recoins isolés et paisibles. La ville à ne pas rater pour manger du bon saumon, vous y trouverez plusieurs restaurants !

BELLA JANE BOAT TRIPS

Elgol

✆ +44 147 186 6244

www.bellajane.co.uk

Sorties en bateaux de £15 à £98 par personne à réserver en ligne. Fermé de fin octobre à avril.

Bella Jane Boat Trips et ses croisières AquaXplore proposent des sorties en mer au départ d'Elgol en haute saison. L'offre est très variée et inclut aussi bien de courtes traversées jusqu'au Loch Coruisk et aux Cuillin, que des virées de quelques heures ou d'une journée en direction de l'île de Soay et des Small Isles. Vous devriez voir beaucoup d'animaux marins, dont des phoques, et des paysages à couper le souffle. Thé, café, chocolat chaud ou jus de fruits sont offerts pendant le voyage. Les excursions se font à 40 personnes maximum.

MISTY ISLE BOAT TRIPS

Elgol

✆ +44 1471 866 288

www.mistyisleboattrips.co.uk

Sorties en bateaux d'avril à octobre. 7j/7. Adulte : de £20 à £38, réduit : de £18 à £35, enfant : de £10 à £19.

Que vous soyez intéressés par la faune maritime, par les paysages de Skye, ou par une croisière vers Rum et Canna, Misty Isle Boat Trips a quelque chose pour vous. Chaque sortie inclut un passage par le magnifique Loch Coruisk, au cœur des Cuillin, et de simples navettes sont également disponibles. Plusieurs durées sont à choisir, selon votre temps et votre budget. Il y a fort à parier que vous verrez des requins pèlerins, des dauphins, des orques et des rorquals. En été, il est même possible d'observer des macareux, car ils nichent sur l'île de Canna.

HOTEL EILEAN IARMAIN €€€

Sleat Peninsula

✆ +44 1471 833 332

www.eileaniarmain.co.uk

Chambre double à partir de £139. Petit-déjeuner inclus.

Eilean Iarmain est un hôtel de charme qui se situe dans un cadre idyllique, niché entre les montagnes et le Loch Hourn dans le sud de l'île. Il est à environ 15 minutes en voiture de Distillerie Torabhaig et du terminal du ferry d'Armadale.

Composé de 16 chambres, chacune avec une vue panoramique sur les montagnes ou la mer, cet hôtel propose une réelle expérience gaélique à travers des activités culturelles et outdoor. Vous pourrez même déguster des gins et whiskeys locaux. N'hésitez pas à tester les safaris que propose l'hébergement.

TIGH AN DOCHAIS €€€

13 Harrapool

✆ +44 1471 820 022

www.skyebedbreakfast.co.uk

Chambre double à £120. Petit déjeuner inclus. Wifi. Parking.

Pour se faire plaisir à Broadford, c'est ici qu'il faudra venir. Cette étonnante maison d'architecte au design soigné fait face à la baie et s'ouvre vers la mer. Les trois chambres doubles sont vastes, très modernes et identiques, avec de larges vitres dévoilant l'horizon, pour être en communion avec la nature tout en restant au chaud. Les grandes salles de bains sont immaculées et incluent une baignoire ou une douche. Le salon-salle à manger est tout aussi appréciable avec ses vues sublimes et Neil, le propriétaire, est toujours encline aux bons conseils.

DELI GASTA €

Harrapool

✆ +441471 822646

www.deligasta.co.uk

7j/7, 9h-17h. Sandwichs améliorés à partir de £8,50.

Deli Gasta est idéal pour une pause rapide à l'entrée de Skye. Cosy et plein de charme, le restaurant se situe dans un ancien moulin. Vous pouvez manger à l'intérieur comme emporter. Vous y trouverez des sandwichs revisités à base de poissons et produits frais. Le saumon fumé y est recommandé : il s'agit du meilleur de l'île. Sous disponibilité, vous pouvez en acheter au restaurateur. Vous y trouverez de délicieuses pâtisseries faites maison et différents types de cafés.

Petit parking sur place, autrement il faudra se garer dans la rue.

CAFE SIA & SIAWAY €€

Ford Road

✆ +44 1471 822 616

www.cafesia.co.uk

Ouvert tous les jours de 10h à 17h (20h le week-end). Brunch à partir de £8 et pizzas à partir de £11,95.

Café Sia a fait des pizzas sa spécialité et en propose d'excellentes, avec des ingrédients variés, et cuites au feu de bois. Il y a aussi des salades, des sandwichs, de quoi bruncher et un café réputé. La salle est assez moderne et animée, notamment en soirée où elle peut vite se remplir l'été. On peut également y boire des cocktails, des smoothies, des milkshakes et des laits frappés, ou encore des bières artisanales écossaises sélectionnées pour leurs qualités indiscutables. La terrasse est bien pratique et appréciée aux beaux jours.

RED SKYE RESTAURANT €€

Breakish

✆ +44 1471 822 666

www.redskyerestaurant.co.uk

Ouvert de 12h à 14h30 et de 17h30 à 21h. Fermé le dimanche. Plats de £15.

C'est l'un des meilleurs restaurants de l'île, installé dans une ancienne école de 1876. Les menus y sont créatifs, et mettent à l'honneur aussi bien des viandes que des poissons, avec la présence permanente d'un plat végétarien. L'ensemble est cuisiné avec grand soin, pour des saveurs étudiées qui font mouche. La présentation est distinguée et la salle revêt une certaine élégance, grâce à ses coloris rouges et ses matériaux en bois. Pensez bien à réserver en saison, car les places sont comptées et le restaurant très demandé.

SKYE GUIDES

Luib

✆ +44 147 182 2116

skyeguides.co.uk

Randonnées avec un guide à réserver en ligne.

Skye Guides programme des sorties escalade ou randonnée de tout niveau avec des guides professionnels pour arpenter l'île en toute sécurité. C'est la solution idéale pour tous ceux qui ne souhaitent pas s'aventurer seuls sur les sommets. Avec eux, vous pourrez arpenter la chaîne Black Cuillin en toute sécurité. Créée en 1995, l'entreprise connaît par cœur les sentiers et falaises de l'île. Elle privilégie les guidages personnalisés, attentionnés et en petits groupes, pour respecter le niveau et les envies de chacun. À chacun son excursion !

PORTREE ★★★

Portree tient lieu de capitale à Skye, en sa qualité de village le plus grand et le plus dynamique. C'est un petit port au cachet historique, dont les maisonnettes chamarrées se tournent vers le Loch Portree et le Sound of Raasay. Les bateaux de pêche et de plaisance y circulent toujours. On y trouve quelques restaurants et l'Office de Tourisme principal de la région, ce qui en fait un passage obligatoire à un moment ou à un autre. L'offre d'hébergement est plutôt qualitative — entre hôtels, B&B et auberges — et séjourner ici à l'avantage de la proximité des commodités et des nombreux lieux de visites, puisque l'on est quasiment au centre de l'île.

DRUMORELL €€

15 Fraser Crescent

✆ +44 147 861 3058

www.drumorell.co.uk

Chambre double à partir de £80. Petit déjeuner inclus. Parking et Wi-fi.

Sur les hauteurs tranquilles de Portree, cette petite adresse familiale coquette et douillette en ravira plus d'un. Les deux chambres sont doubles et *twin*, avec salles de bains et une décoration très *british*. Le petit déjeuner se prend sous la véranda et le jardin comme la terrasse sont délectables aux beaux jours. Les hôtes chouchoutent leurs invités et parlent gaélique. Ils vous donneront toutes les informations, bons plans et conseils pour profiter du meilleur de Skye, découvrir ses sites emblématiques et ses balades plus confidentielles.

PORTREE YOUTH HOSTEL €€

Lisigarry Court

✆ +44 1478 612 231

www.hostellingscotland.org.uk

Dortoir : £35 / Chambre double dès £85. Wifi. Parking.

Ouverte à l'été 2015, cette auberge de jeunesse est l'une des plus modernes de la *Hostelling Scotland*, idéalement placée au centre de la capitale de l'île. Dans un bâtiment aux murs rouges, tout y est récent et moderne, avec 60 lits que l'on choisit en dortoir ou en chambres privées (doubles, triples, quadruples et quintuples) selon les besoins. Il y a bien sûr une cuisine et un salon pour se retrouver et se faire à manger, ainsi qu'une salle de séchage et une buanderie. On trouve aussi sur place un espace épicerie où acheter des provisions de base.

CUILLIN HILLS HOTEL €€€

Scorrybreac Road
✆ +44 147 861 2003
www.cuillinhills-hotel-skye.co.uk
Chambre double à partir de £110. Petit déjeuner inclus et £200 avec le repas. Parking et wifi.

Voici l'établissement le plus prestigieux de Portree et peut-être de l'île. Il porte son nom des montagnes Cuillin sur lesquelles il possède des panoramas romantiques. Les 27 chambres sont un modèle de confort et le bar à whisky ne manquera pas de régaler les amateurs. Il y a également un restaurant sur place et le tout se situe au calme, à un kilomètre du centre. La vue sur la baie est inoubliable ! En 2020, l'établissement a fêté ses 25 ans de prestige, d'excellence, de récompenses et de recommandations par différents labels, organismes et publications.

CHARGRILL - MARMALADE HOTEL €€

Home Farm Road
✆ +44 1478 611 711
www.marmaladehotel.co.uk
Ouvert tous les jours. Plat principal autour de £20.Chambre double à partir de £94.

Ambiance jeune, plutôt chic et branchée, mais très relax dans cette grande demeure victorienne. On vient ici pour passer un bon moment. À midi, une carte simple avec au menu des salades, des hamburgers, des *fish & chips*, des plats de pâtes. Le soir, la carte change et propose des plats plus élaborés. L'établissement est aussi un hôtel : il a rouvert en 2020 après des travaux d'agrandissement et propose des chambres élégantes, modernes et très confortables.

SEA BREEZES €€

2 Marine Buildings
✆ +44 147 861 2016
Ouvert tous les jours d'avril à octobre de midi à 14h et de 17h à 21h30. Plats à partir de £20.

En plein sur le port, le poisson et les fruits de mer y sont frais et délicieux, comme on en rêve sur une île comme Skye. Les produits viennent massivement des eaux de Raasay, du Loch Eishort ou de Uist et Barra, dans les Hébrides Extérieures. Dans l'assiette, on retrouve du saumon, des moules, des huîtres, des noix de Saint-Jacques, de la truite, mais aussi quelques viandes et options végétariennes. La décoration est de circonstance, avec des objets liés à la navigation, des peintures de bateaux et des cartes maritimes. Réservez en été.

ISLE OF SKYE BAKING COMPANY

Dunvegan Road
✆ +44 147 861 2669
isleofskyebakingco.co.uk
Ouvert du lundi au vendredi de 9h30 à 16h30. Fermé le mardi.

La boulangerie de Portree n'a plus sa réputation à faire pour ses pains savoureux et ses pâtisseries gourmandes débordantes de crème. C'est un lieu où il fait bon passer le matin comme à 16 heures, mais l'on peut aussi s'y restaurer le midi, dans l'espace café dédié à cet effet. Il y a des sandwichs, des soupes, des tartes, des fromages et des pains fourrés. Tout est frais, gourmand, généreux et souvent original, voire audacieux pour nos palais français.

THE GRANARY RESTAURANT & COFFEESHOP

Somerled Square
✆ +44 1478 612 873
www.granary-skye.co.uk
Ouvert tous les jours de 9h à 17h. Fermé le week-end. Sandwichs à partir de £8,95.

Ce café populaire propose de bons petits en-cas tout au long de la journée. Le menu est créatif et complet, avec des *toasties*, des salades et plusieurs gâteaux. On peut aussi y venir le matin pour le petit déjeuner. À chaque jour ses suggestions indiquées sur un grand tableau, qui s'ajoutent à une carte déjà bien variée. La belle maison en pierres cache une salle agréable au coloris pastel, qui se scinde sur deux espaces, avec une terrasse en plus à l'avant.

THE MERCHANT BAR

13 Bosville Terrace
✆ +44 1478 612 846
www.bosvillehotel.co.uk
Ouvert tous les jours de midi à 23h30. Plats à partir de £16.

Le Merchant Bar de l'hôtel Bosville est sans doute le meilleur pub de Portree pour le cadre et les bières servies. On y profite de plusieurs produits de la Skye Brewery et d'un bon nombre de *single malts*, dans une petite salle tout en longueur où les grosses pierres et les poêles à chauffer plantent le décor. Vous trouverez aussi une excellente sélection de gins écossais et, bien sûr, de single malts de l'île. Vous pourrez goûter aussi le très apprécié – également primé – Thistly Cross farmhouse Cider, à la pression, bien évidemment.

SKYE ADVENTURE

13 Balmoral Road
✆ +44 7785 962 391
www.skyeadventure.co.uk
Activités variées à réserver en ligne.

Quel que soit votre âge, votre niveau ou votre envie d'activités, Skye Adventure propose une large palette de possibilités : treks sur la côte, dans les gorges, en montagne, sur les Cuillin, escalade, canyoning, coastering, cours d'aptitudes et d'orientation, ainsi que des sessions adaptées aux familles. Rendez-vous sur leur site pour choisir et réserver. Les activités se font évidemment en toute sécurité et selon le niveau du groupe, avec des moniteurs diplômés et un équipement (casques, combishort, gilets de sauvetage, etc.) fourni aux participants.

SKYE WILDERNESS SAFARIS

Portree ✆ +44 147 055 2292
www.skye-wilderness-safaris.com
Randonnées guidées d'une journée à £95.
Fermé de septembre à mai.

Qui dit safari dit observation, pas massacre de magnifiques animaux sauvages, évidemment ! Loch Coruisk, les Cuillin, Trotternish et the Quiraing : tous sont à découvrir lors de journées de randonnée guidée, à la rencontre des plus beaux paysages de l'île. Les départs ont lieu à Portree et la petite taille des groupes (4-6) est un plus. L'objectif de vos guides est simple : vous faire sortir des sentiers battus et vous faire découvrir une île de Skye secrète et confidentielle. Il est possible de faire des excursions photos avec des photographes spécialisés.

THE OLD MAN OF STORR

Sur la route A855
Randonnée à seulement 10 minutes de Portree.
Toilettes payantes sur place. Tarif parking : £3,50.

Old Man of Storr est une randonnée iconique de l'île de Skye. Le trail, en partant du parking, vous emmène jusqu'au sommet de ces étranges formes géologiques. Attention, il ne s'agit pas d'une boucle et il faudra revenir sur vos pas. Il faut compter environ 2h30 pour cette randonnée. Le panorama que vous offre le monolithe du Old Man Storr est à couper le souffle. Il est conseillé de le faire le matin afin d'éviter la foule qu'attire ce petit bijou à l'état brut. Selon la légende, ce menhir de 54 m de haut serait le pouce du géant qui dépasserait de la terre.

MINGINISH ★★★

La péninsule de Minginish est une vaste région de Skye, à l'ouest du Glen Sligachan et au sud du Loch Harport. Beaucoup des plus ravissants paysages de l'île s'y dévoilent, comme les Cuillin et les Fairy Pools. Deux endroits fëeriques à découvrir à pied. À l'est, ne manquez pas Sligachan, ses petits ponts, son incroyable et sympathique pub, et sa vue splendide vers les montagnes à gravir. À l'ouest, un passage par Talisker Bay s'impose, pour ses imposantes falaises dont la cascade se jette dans la mer. Qui dit Talisker, dit whisky et donc distillerie : le village est aussi charmant que la halte est incontournable pour les amateurs de spiritueux.

CUILLIN HILLS & LOCH CORUISK ★★★

Cuillin Hills
Loch Coruisk Circuit à partir de Elgol.

© STOCKER1970 - SHUTTERSTOCK.COM

Les montagnes des Cuillin figurent parmi les plus époustouflantes et immanquables du pays. Leur ascension spectaculaire est souvent une consécration mais demande une préparation rigoureuse, une maîtrise excellente de l'orientation et un effort considérable. Il n'y a pas réellement de sentier pour y grimper, si bien que certains passages relèvent quasiment de l'escalade. Quelques itinéraires sont cependant plus praticables avec de la volonté et une bonne carte.

TALISKER DISTILLERY ★★

Carbost

✆ +44 1478 614 308

Bar ouvert 7j/7, 11h-16h. Visites 7j/7 mars-oct, 10h-17h. Nov-fév, lun-sam, 10h-16h30. Tours guidés à partir de £20.

La Talisker Distillery est la star de l'île et l'une de ses attractions principales. Célébrée dans le monde entier, elle fut fondée en 1830 et était très appréciée de Robert Louis Stevenson. La visite simple dure environ 45 minutes et est très complète, à travers l'ensemble du processus de fabrication. Elle s'achève par la dégustation du 10 ans d'âge, un *single malt* qui titre à 45,8 % et se distingue par un caractère corsé, tourbé, épicé et agréablement iodé. Une autre visite allie whisky et chocolat, et une troisième propose une dégustation guidée avec un expert.

THE FAIRY POOLS ★★

Glen Brittle

Le parking le plus proche est payant, mais celui en haut de la route est gratuit.

La sublime vallée de Glen Brittle est aussi magique qu'elle est populaire. C'est aussi ici que se trouvent les célébrissimes Fairy Pools, succession de petites cascades et piscines naturelles aux eaux translucides étonnament bleutées. Très appréciées des photographes pour leurs belles couleurs et leur aspect tropical, elles sont devenues un véritable *must-see* lors d'un séjour à Skye. Venez-y assez tôt ou assez tard pour éviter les fortes affluences et plus vous avancerez, moins il y aura de monde. Comptez 6-7 km aller-retour pour la totalité de l'itinéraire.

THE CROFT BUNKHOUSE €

7 Portnalong

✆ +44 7834 827 524

www.skyehostels.com

Lit en dortoir à £30, chalet double à £50/personne. Location 6 personnes à £140/personne. Wigwam à £50/personne Parking.

Ce ravissant petit établissement se caractérise par un confort optimal, une grande propreté et un excellent rapport qualité-prix. L'offre y est multiple, avec un espace principal composé de deux dortoirs, d'un salon-salle à manger, d'une cuisine, ainsi que de douches et W.C. C'est un choix très convivial qui pourrait ressembler à une grande colocation. Des extensions à l'extérieur accueillent de deux à quatre personnes et incluent un petit coin cuisine, pour plus d'intimité. Theresa, la responsable, est une femme adorable qui déborde de bonne humeur.

THE OYSTER SHED €

Carbost

✆ +44 7751 025 074

www.theoysterman.co.uk

Ouvert du lundi au samedi de 12h à 17h. Plats à partir de £18,50 et sandwichs à partir de £9,50.

The Oyster Shed n'aura aucun mal à trouver une place dans le cœur des férus de fruits de mer. Dans sa boutique à Carbost, on peut choisir des petits plats à manger sur les tables à l'extérieur (aire de pique-nique) ou à emporter, avec des huîtres, des langoustines, des noix de Saint-Jacques, du crabe, du homard, des sandwichs et bien d'autres... Ou l'on peut acheter de bons produits du terroir – fromages, chutneys... – pour se les cuisiner soi-même. On peut aussi déguster des huîtres sur place en discutant avec le producteur lui-même.

SEUMAS' BAR - SLIGACHAN HOTEL €€

Sligachan Hotel

✆ +44 1478 650 204

www.sligachan.co.uk

Ouvert d'avril à octobre. Service du mercredi au dimanche de 11h à 22h. Plats à partir de £11,95.

Siège de la micro-brasserie Cuillin Brewery, situé dans un cadre superbement isolé, à l'entrée du Glen Sligachan et de celles qui figurent parmi les plus belles montagnes du pays, le Seumas' Bar du Sligachan Hotel est incontestablement l'un des meilleurs pubs de l'île. Il a un bon choix de *real ales*, principalement locales, et plus de 300 *singles malts* en réserve. L'espace ne manque pas mais l'adresse est extrêmement populaire et se remplit vite.

THE OLD INN & WATERFRONT BUNKHOUSE €€

Carbost

✆ +44 1478 640 205

Ouvert tous les jours de midi à 21h30. Bar ouvert jusqu'à 1h. Plats à partir de £15.

Les produits locaux, frais, et cuisinés avec talent sont le point fort de ce gastro-pub de Carbost, non loin de la Talisker Distillery. Dans la petite salle d'une maison au bord de l'eau, on y choisit entre le *fish & chips*, le *haggis*, le poisson du jour, le steak des Highlands, les pâtes aux légumes, ou plusieurs bons burgers, sans oublier l'excellent *sticky toffee pudding* en dessert. Les bonnes bières sont aussi là et l'ensemble est très réussi.

BOG MYRTLE SKYE

Struan

✆ +44 1470 572782

Ouvert d'avril à octobre. A partir de £10.

Cet adorable café-salon de thé est situé à mi-distance entre la distillerie Talisker et Dunvegan Castle & Gardens : il est donc la halte parfaite entre deux visites sur Skye. Le charme opère grâce à une décoration entre *vintage* et *girly*, mais sans doute aussi parce que le lieu est une librairie. Dans l'assiette, il n'est plus question d'être séduit : on est conquis par les scones maison, les pâtisseries et gâteaux divers, les encas, soupes et plats. Tout est fraîchement préparé et savoureux, le tout dans une ambiance familiale et chaleureuse.

UIG ★★★

Uig n'est pas le village le plus pittoresque de l'île, mais la péninsule de Trotternish sur laquelle il se trouve est un émerveillement permanent. Elle est très fréquentée en été, ce qui peut créer d'importants embouteillages. Son emplacement en fait une bonne base d'exploration et c'est aussi un point de départ pour les Hébrides extérieures en ferry. De là, on peut partir à la découverte de Fairy Glen avec sa magnifique double cascade, son vallon profond et ses collines en forme conique. On apercevra aussi les ruines d'un château. Bien que la Skye Brewery ne se visite pas, sa boutique est, quant à elle, ouverte au public (www.skyeale.com).

SKYE MUSEUM OF ISLAND LIFE

Kilmuir

✆ +44 1470 552 206

www.skyemuseum.co.uk

Ouvert d'avril à septembre du lundi au samedi de 10h à 17h. Adulte : £5, -15 ans : gratuit.

Le musée livre un aperçu de ce que fut la vie dans un village insulaire sur Skye au XIXe siècle. On pénètre dans le quotidien des gens d'alors, à travers leur vie professionnelle, sociale et familiale. On visite une cuisine avec ses ustensiles d'époque, son violon, sa cornemuse et sa bible en gaélique, une chambre au confort rudimentaire, avec un lit de paille, et un atelier à tisser, où l'on confectionnait vêtements et couvertures. Il y a également la forge et la *ceilidh house*.

TROTTERNISH ★★★

Trotternish

La route A855 permet de faire le tour de cette péninsule au départ de Portree jusqu'au port de Uig.

Véritable décor de carte postale, la péninsule de Trotternish est une image d'Epinal de l'Ecosse telle qu'on en rêve. Ses reliefs ont des airs de Far West et l'érosion y a créé un spectacle d'un autre monde, peuplé de hauts plateaux rocheux et de monolithes naturels. Elle s'étend au nord de l'île, accessible par la route, sur l'A87 et l'A855 qui en font le tour. Plusieurs spots sont à découvrir :

- **Le nord-ouest :** Fairy Glen est une belle étape pour débuter son escapade sur Trotternish. Suivez la route « Sheader & Balnaknock » depuis l'A87, à l'entrée sud de Uig. Sur 2,5 km, vous y traverserez une vallée verdoyante qui porte bien son nom. Plus au nord, Duntulm Castle se situe sur le lieu-dit éponyme. Ce château en ruine fut bâti au XIVe siècle et devint le siège des MacDonald of Sleat au XVIIe siècle. Il n'en reste plus grand chose, mais il demeure très photogénique. Un peu plus haut, la pointe de Rubha Hunish est l'extrémité nord de l'île. Un sentier y mène entre Duntulm et Kilmaluag. Sur l'A855, au niveau d'une cabine téléphonique, suivez Shulista et garez-vous au petit parking. Le chemin débute un peu plus loin à gauche, juste après la grille de bétail. Comptez environ 7 km aller-retour. Plus l'on approche de la côte, plus le panorama sur les falaises et les Hébrides Extérieures est impressionnant.
- **The Quiraing :** ces magnifiques plateaux rocheux surplombant la baie de Staffin sont le résultat d'un glissement de terrain d'origine volcanique. La Terre y a fait un travail extraordinaire. Le meilleur moyen pour en profiter, c'est de prendre la route fléchée « Staffin via the Quiraing », depuis l'A855, à la sortie nord de Uig. Vous grimperez sur les hauteurs de la péninsule jusqu'à atteindre un petit parking d'où la vue est renversante. De là partent plusieurs sentiers de randonnée le long des lignes de crête, au fil du Trotternish Ridge.
- **Kilt Rock :** à 2,5 km au sud de Staffin, sur l'A855, un parking sur la côte est accessible au niveau d'un loch. C'est le point d'observation de Kilt Rock, où les Mealt Falls, une superbe cascade, se jettent du haut des falaises pour plonger dans la mer. En été, l'endroit est pris d'assaut mais le spectacle vaut définitivement un arrêt.
- **The Old Man of Storr :** c'est le vieil homme le plus connu de Skye ! Ce monolithe naturel de 55 m de long se dresse fièrement à 137 m d'altitude. C'est l'icône incontestée de l'île. On la rejoint depuis à parking à 11,5 km au nord de Portree et à 16 km au sud de Staffin, sur l'A855. Comptez environ 4 km pour l'aller-retour, *via* un tracé assez simple et visible.

GARYBUIE BED & BREAKFAST €€

4 Balmeanach
✆ +44 147 054 2310
Chambre double à partir de £90. Petit déjeuner inclus. Parking et Wi-fi. Fermé d'octobre à avril.

Dans les terres, sur les hauteurs de Uig, Garybuie offre deux chambres, une double et une *twin*, entourées par un environnement bucolique à souhait. Beaucoup de quiétude vous y attend, avec un accueil souriant. Les chambres avec salle de bains attenantes sont équipées d'un plateau de courtoisie – offrant des produits écossais et équitables – d'un sèche-cheveux, et sont spacieuses pour inviter à se détendre et profiter de l'environnement. Il n'y a pas de télévision par choix, afin de mieux s'évader. Il est aussi possible d'y manger le soir pour les résidents.

WOODBINE HOUSE €€

Staffin Road
✆ +44 1470 542 243
www.woodbineskye.co.uk
Chambre simple à partir de £75, double à partir de £90. Petit déjeuner inclus. Wifi. Parking.

Dans le village de Uig, Woodbine se compose de cinq confortables chambres avec salles d'eau privatives ainsi qu'un salon commun où l'on se réchauffe au feu de cheminée. Il y a aussi un jardin pour les beaux jours et le petit déjeuner fait l'objet de toutes les attentions en utilisant spécifiquement des ingrédients locaux. C'est un endroit idéal pour passer du temps en famille ou entre amis, dans un cocon chaleureux. Vos hôtes seront ravis de partager avec vous leur amour de l'île de Skye et de vous donner de bons conseils pour des randonnées ou visites.

UIG HOTEL €€

Sur l'A87 à l'entrée sud du village.
✆ +44 1470 542 205
www.uig-hotel-skye.com
Chambre double à partir de £90. 7j/7, 12h-14h45 et 17h30-20h30. Bar en continu. Plats à partir de £14,95.

Le Uig Hotel possède le seul véritable restaurant du village, dans une salle sobre aux nappes blanches. La nourriture y est tout ce qu'il y a de plus écossais, avec du *fish & chips*, du saumon, de l'agneau, du porc, du cerf et du bœuf. Si vous êtes présent un dimanche, réservez votre repas traditionnel avec un menu complet : entrée, rôti, poisson, dessert. Il y a également une partie pub où l'on profite de plusieurs bières de l'île et d'une centaine de *single malts*. La partie hôtel est aussi très qualitative, avec des chambres confortables.

WHITEWAVE : SKYE'S OUTDOOR CENTRE

Linicro
✆ +44 147 054 2414
www.white-wave.co.uk
Demi-journée d'activité à partir de £35.

Le centre de Whitewave organise un panel d'activités variées dans le nord de l'île. Pour une demi-journée, on peut choisir entre le kayak, l'escalade, la descente en rappel et la randonnée, ou encore le tir à l'arc. Vous pourrez même tenter de passer des obstacles sur une planche à roulettes tout terrain, plus larges et avec de plus grosses roues, conçue pour être utilisée sur l'herbe et passer des obstacles. Tous les âges et niveaux sont acceptés.

DUNVEGAN ★★

La paisible bourgade de Dunvegan est avant tout connue pour son célèbre château, demeure du puissant clan MacLeod. Un point infos de Visit Scotland y est accessible, pour plus de renseignements sur cette partie de l'île. Si vous séjournez dans les environs, faites un saut au Colbost Folk Museum et au Giant MacAskill Museum, qui sont portés sur l'histoire et la culture locales. Côté nature, les péninsules du nord-ouest Duirinish et Waternish sont à voir. Duirinish attire pour Neist Point, une magnifique pointe rocheuse surmontée d'un phare, que l'on rejoint après une petite marche de 2 km aller-retour à Waterstein. Attention à bien vérifier la météo.

DUNVEGAN CASTLE & GARDENS ★

MacLeod Estate ✆ +44 1470 521 206
www.dunvegancastle.com
Ouvert 7j/7, du 1er avril au 31 septembre, 10h-17h30. Adulte £16, réduit £13, enfant £11, famille £37. « Seal trip » £12.

Sa silhouette rectangulaire domine le Loch Dunvegan depuis le XIVe siècle et ses belles murailles se sont refait une beauté entre les XVIIe et XVIIIe siècles. Siège du clan MacLeod, c'est le plus vieux château continuellement habité du pays. Un passage s'y impose pour en apprécier les élégants intérieurs. Les jardins qui entourent l'édifice sont eux magnifiques. Profitez de votre passage pour un « seal trip » et embarquez à la rencontre des phoques ou en courte croisière d'observation.

HÉBRIDES

KILMUIR PARK €€€

Kilmuir park
✆ +44 1470 521 586
www.kilmuirpark.co.uk
Chambre double à partir de £160. Petit déjeuner inclus. Wifi. Parking.

Kilmuir Park est une maison familiale agréable, où l'on se sent tout de suite bien. Elle met à disposition des voyageurs de belles chambres aménagées avec soin et incluant toutes une salle de bains. Toutes sont au rez-de-chaussée. Le mobilier en bois instaure une atmosphère de confort qui n'est pas contredite par la literie ou le grand salon. Rien ne manque et le petit déjeuner, à l'instar de l'accueil, répond à toutes les attentes que l'on peut avoir d'un *bed & breakfast* digne de ce nom : produits locaux, cuisine maison, petites attentions...

THE OLD SCHOOL RESTAURANT €€

✆ +44 1470 521 421
www.oldschoolrestaurant.co.uk
Ouvert de mi-mars à octobre 7j/7, 12h-15h et 18h-21h.Fermé mercredi et jeudi. Plats à partir de £14,50.

C'est un plaisir de retourner à l'école à cette adresse de Dunvegan. Les assiettes sont dressées avec attention et leur contenu manque rarement de ravir les visiteurs, comme les habitués. Le cadre est assez classe et sobre, avec parquet au sol, pierres aux murs et plafond lambrissé. Les enfants sont particulièrement les bienvenus avec un menu qui leur est dédié, à des prix riquiquis. Il vaut mieux réserver à l'avance tant cette adresse est populaire.

THE THREE CHIMNEYS AND THE HOUSE OVER-BY €€€

Colbost
✆ +44 147 051 1258
www.threechimneys.co.uk
Ouvert 7j/7, 12h30-13h30 et 18h-21h. Menu 2 plats : £55, 3 plats : £68.

Il compte parmi les meilleurs restaurants de l'île, avec ses trois rosettes et son savoir-faire irréprochable. L'expérience culinaire est assurée par des saveurs éclatantes et une maîtrise parfaites des ingrédients, des goûts et des textures. Le tout est particulièrement inventif et fait appel à d'excellents produits locaux. Une tenue correcte est préférable. L'établissement est aussi un hôtel haut de gamme, parfait pour une escapade romantique !

STEIN INN

MacLeod's Terrace
✆ +44 147 059 2362
www.steininn.co.uk
7j/7, ouvert de 12h à 23h. Plats à partir de £7.

Dans le petit village de Stein, au nord de Dunvegan, ce pub habitait déjà son cottage blanc au XVIIIe siècle. Il est la plus ancienne auberge de l'île et est fier de ce titre. Aux mains de la même famille depuis une vingtaine d'années, on y profite d'un cadre traditionnel et de sympathiques vues sur le loch. 125 *single malts* sont présents au bar, ainsi que des *real ales* locales et parfois des Cairngorms. L'établissement fait aussi hôtel et restaurant, pour un séjour avec une vue imprenable sur la baie du Loch et une détente assurée.

HÉBRIDES

© JAROSLAV MORAVCIK - SHUTTERSTOCK.COM

Dunvegan.

TOBERMORY ★★★

Le village principal de Mull est une bonne base d'exploration pour l'ensemble de l'île. Son adorable petit port multicolore a beaucoup de cachet et l'offre d'hébergement est de qualité. Il y a aussi quelques bons pubs et restaurants, ainsi que la très célèbre Tobermory Distillery. Les commodités sont ici les plus nombreuses, notamment en termes de supermarché.

Transports

Les services de bus locaux sont assurés par West Coast Motors et relient la plupart des villages en se calquant sur les arrivées de ferry. Le 95/495 Craignure-Tobermory est la liaison la plus fréquente. Le 96/496 relie Craignure à Fionnphort et 494 assure la liaison entre Tobermory, Dervaig et Calgary.

- Trois ports d'entrée à Mull pour les liaisons en ferry : Tobermory, Craignure et Fishnish, tous sur la côte est.
- Craignure : de loin le plus fréquenté. Au départ d'Oban, il offre des traversées quotidiennes toute l'année de 45 minutes.
- Tobermory : la capitale de l'île est aussi accessible depuis Kilchoan, sur la péninsule d'Ardnamurchan. Plusieurs traversées quotidiennes toute l'année (sauf dimanche en hiver)
- Fishnish : situé entre Craignure et Tobermory, le petit port de Fishnish est relié en 18 minutes à Lochaline, sur la péninsule de Morvern. Il y a plusieurs traversées quotidiennes toute l'année

Réservations et horaires : www.calmac.co.uk

Tobermory sur l'île de Mull.

THE MULL MUSEUM

Main Street ✆ +44 1688 301 100
www.mullmuseum.org.uk
Ouvert d'avril à octobre du lundi au samedi de 11h à 15h. Traductions en français. Entrée libre. Donation suggérée.

Le petit musée de Mull est un vivier d'informations sur l'histoire et le patrimoine insulaires. Son aventure a commencé en 1970 : il n'était alors qu'une exposition temporaire pour l'été. En 1986, il prenait ses quartiers dans l'édifice actuel, toujours porté par des bénévoles passionnés. Des premiers habitants aux événements récents, en passant par les guerres de clans, le passé riche de l'île nous est dévoilé par des objets d'époque et des reconstitutions. C'est une étape intéressante pour mieux comprendre la culture locale et son cheminement dans le temps.

TOBERMORY DISTILLERY

Ledaig
✆ +44 1688 302 647
www.tobermorydistillery.com
Ouvert tous les jours de 10h à 16h. Tours guidés : dès £25.

Fondée en 1798, la distillerie de Mull veille sur petit port de Tobermory et lui a offert ses lettres de noblesse dans le monde entier. Malgré 41 ans d'inactivité due à la prohibition américaine et plusieurs changements de propriétaires, elle est aujourd'hui en bonne forme et fidèle à son héritage. La visite dure 45 minutes et se termine par une dégustation du Tobermory 10 ans d'âge, subtil et maritime, légèrement fumé grâce à l'eau des lochs insulaires. Le Ledaig 10 ans d'âge offre un tout autre visage, tourbé et plus corsé. Tobermory a désormais aussi son gin.

MULL EAGLE WATCH

Isle of Mull
✆ +44 168 081 2556
scotland.forestry.gov.uk
Visites d'avril à septembre. Adultes : £10, enfants : £5 et familles : £25.

Les amateurs d'oiseaux s'orienteront vers cet organisme qui propose des marches à la rencontre des aigles à queue blanche et autres rapaces de l'île. Elles sont menées par des rangers avertis, en partenariat avec la Forestry Commission et la RSPB. Les événements peuvent avoir lieu dans tout Mull et sont annoncés sur le site web. Les réservations sont obligatoires, et le point de départ de l'excursion est communiqué à ce moment. Il est recommandé de prévoir des chaussures de marche, des jumelles si possible, et des vêtements étanches.

SEA LIFE SURVEYS

Taigh Solais
✆ +44 1688 302 916
www.sealifesurveys.com
7j/7, d'avril à octobre. Tarifs enfants et famille. Réservation en ligne. A partir de £70.

Choisissez cet organisme pour aller observer des baleines, des phoques, des dauphins, des requins pèlerins et bien d'autres. D'une durée de 1h30 ou 4 heures, cette entreprise propose des croisières sur les eaux de l'île pour en découvrir la faune extraordinaire. La première, nommée « Ecocruz », est idéale pour les familles, car elle reste sur les eaux calmes. La seconde s'aventure plus loin et peut permettre d'apercevoir des baleines. Rendez-vous sur le site web pour voir les offres et réserver votre choix. Les départs ont lieux sur les quais après la distillerie.

TOBERMORY YOUTH HOSTEL €

Main Street
✆ +44 1688 302 481
www.hostellingscotland.org.uk
Avril-sept. Lit en dortoir dès £27 chambre double à partir de £54. Wifi.

Cherchez une maison rose vers l'extrémité du port (à l'exact opposé de la distillerie) car il n'y a pas réellement de panneau pour l'annoncer. Avec seulement 30 lits, cette petite auberge se remplit sans trop tarder en haute saison, d'autant plus que son emplacement est idéal face la mer, en plein cœur de Tobermory. Un salon et une cuisine sont à disposition au rez-de-chaussée et l'on traverse une petite cour intérieure pour rejoindre les chambres à l'étage. Outre les dortoirs, il est possible de réserver des chambres privées (doubles, triples, familiales...).

HARBOUR GUEST HOUSE €€

59 Main Street
✆ +44 168 830 2209
www.harbourguesthouse-tobermory.com
Chambre double à partir de £100, Petit déjeuner inclus. Parking de rue, Wi-fi.

Comme son nom l'indique, Harbour Guest House se situe face à la mer, à quelques pas de la distillerie et sur le port. Elle est une ancienne maison de pêcheurs, colorée de vert pâle. Les six chambres sont simples, doubles ou familiales et offrent un confort certain, avec salles de bain et une décoration soignée. L'aménagement cosy et boisé est plutôt agréable, à l'instar de la salle à manger. Les hôtes, qui vivent ici depuis 2014, sont serviables et disponibles. Ils partagent volontiers leur passion pour les excursions nature et l'observation de la faune.

BROCKVILLE B&B €€€

Raeric Road
✆ +44 1688 302 741
www.brockville-tobermory.co.uk
Chambre double de £115 à £125. Petit déjeuner inclus. Wifi. Parking.

Cet excellent *B&B* situé dans une zone résidentielle sur les hauteurs du village est d'une grande qualité. Il est à seulement 5 min à pied du port et de ses commerces (dont pubs et restaurants). Avec seulement deux chambres, vastes et équipées de douches et/ou baignoires, l'attention peut être portée sur le bien-être de chaque invité. La place ne manque pas et il y a même un petit coin salon avec une table et deux fauteuils. Helen et Gordon sont des propriétaires charmants et souriants, qui accueillent leurs hôtes comme des amis.

GLENGORM CASTLE €€€

Tobermory
✆ +44 1688 302 321
www.glengormcastle.co.uk
Appartements indépendants et cottages également disponibles.A partir de £500 la semaine.

Bienvenue dans le domaine de ce château qui date de 1860. La vue est superbe, au diapason du reste. L'établissement dispose de plusieurs solutions d'hébergement : chambres en Bed & Breakfast traditionnel, appartements à louer, cottages ou maisons indépendantes. Les chambres de l'espace B&B sont somptueuses, avec tout le confort nécessaire. Au rez-de-chaussée, le salon et la bibliothèque sont ouverts aux hôtes, ainsi que, évidemment, la salle de petit déjeuner. En tant que maison familiale, le château est occupé toute l'année par les propriétaires et leurs enfants.

CAFE FISH €€

23 Main Street
✆ +44 1688 301 253
www.thecafefish.com
Ouvert de mi-mars à octobre tous les jours de 11h à 15h et de 17h30 à 22h. Plats de £18.

Voici sans doute le meilleur restaurant de l'île, spécialisé dans les poissons et les fruits de mer. Il a même été élu « *UK Fish Restaurant of the Year* » en 2012 et, depuis, la qualité est loin d'avoir baissé. La carte est superbe et savoureuse, avec du flétan, de la sole, du merlu, du homard, du saumon, de l'églefin, des noix de Saint-Jacques et bien d'autres. Il y a aussi quelques viandes et un plat végétarien. Les prix sont corrects, avec un savoir-faire et une fraîcheur toujours au rendez-vous. Il est souvent pris d'assaut, donc pensez à réserver.

MACGOCHAN'S €€

Ledaig

✆ +44 1688 302 350

www.macgochans-tobermory.co.uk

Ouvert tous les jours de 11h à 23h. Plats à £15.

Dans l'ombre de la distillerie, ce gastro-pub chaleureux cuisine de grands classiques écossais, comme du *fish & chips*, des *pies*, des burgers et des steaks. Il y a aussi des salades et des sandwichs pour des options légères et le tout peut s'accompagner de bonnes bières du cru. Les plats sont confectionnés à partir de produits locaux, choisis dès que possible sur Mull. Le pain est d'ailleurs livré chaque matin par le boulanger de Tobermory. Il y a parfois de la musique *live* et l'on peut aussi juste venir y boire un coup, en salle ou dans le *garden beer*.

THE MISHNISH

Main Street

✆ +44 1688 302 500

www.themishnish.co.uk

Ouvert tous les jours de 11h à 1h. Service entre 12h et 14h45 et à partir de 17h. Plats à partir de £9,95.

Ce superbe pub, typique des Hébrides, est on ne peut plus traditionnel et populaire. Ses murs lambrissés, sa moquette en tartan, ses drapeaux au plafond, ses poêles à chauffer, sa table de billard et son jeu de fléchettes en font un spot de détente agréable à n'importe quelle heure. Côté boissons, vous aurez le choix entre plusieurs *real ales* et une bonne sélection de whiskys. On peut aussi y manger une *pub food* simple mais très correcte et il y a régulièrement de la musique *live*. Au besoin, sachez que vous pouvez y loger : The Mishnish est aussi un hôtel.

TOBERMORY BAKERY & TEA ROOM

26 Main Street

✆ +44 168 830 2091

Du lundi au samedi de 9h à 16h. Gâteaux à partir de £2,80.

Ce petit café-boulangerie est l'un des rendez-vous favoris des riverains, pour une boisson chaude ou un en-cas. On y sert du café, du thé, mais aussi des pains frais, des pâtisseries débordantes de crème, de délicieux scones, des gâteaux et gourmandises en tous genres et quelques petits plats à l'heure de midi, dont la traditionnelle soupe du jour. Chacun y apprécie la fraîcheur des encas comme des pâtisseries, et même des boissons avec les smoothies.

CRAIGNURE ★★★

Point d'entrée principal de Mull, Craignure se résume à une enfilade de maisons face à la mer, dont quelques hébergements et restaurants. L'arrivée en ferry est assez impressionnante, alors que l'on passe le phare de Lismore et le Duart Castle, siège historique des MacLean. Un second château, celui Torosay, est visible depuis la route au sud du village, mais il n'est pas ouvert au public. Séjournez une nuit ici si vous le souhaitez, mais n'hésitez pas à pousser rapidement vers le reste de l'île. La route de l'ouest qui va vers Tobermory en longeant la côte est somptueuse. Puis dégustez du bon gin dans la distillerie de Tobermory, face au port coloré.

DUART CASTLE ★

Duart Castle ✆ +44 1680 812 309

www.duartcastle.com

Ouvert 7j/7, d'avril à octobre : 10h30-17h (11h-16h en avril). Fermé le jeudi en avril et octobre. Adulte : £9,50.

Cette noble forteresse sera l'un de vos premiers aperçus de Mull, en venant par le ferry d'Oban. Dans l'ombre des montagnes, baignée par les eaux, c'est la demeure historique du clan Maclean, perchée sur son rocher depuis le XIIIe siècle. Elle passe aux mains du clan Campbell en 1661 et est ravagée, avant d'être abandonnée. Revendue en 1911 à Sir Fitzroy Donald Maclean, elle retrouve ainsi sa famille d'origine et est entièrement restaurée. La visite donne notamment à voir le donjon, le *great hall*, les chambres, une exposition historique et le petit jardin.

ISLAND ENCOUNTERS

Ferry Terminal

✆ +44 168 170 0090

www.mullwildlife.co.uk

Sortie journée à £45. Réservations en ligne.

Island Encounters organise des safaris insulaires d'observation de la faune sauvage sur la journée, avec l'embarcadère de Craignure comme point de rencontre. Un autre endroit peut éventuellement être prévu. Des rapaces, des phoques et des cerfs ne sont que quelques exemples de la faune variée qui anime le voyage. Le prix comprend la nourriture et, bien sûr, le transport, qui se fait en minibus de 8 places. Des visites privées sur mesure sont aussi possibles, pour découvrir des sites ou observer des espaces animaliers spécifiques.

HÉBRIDES

MULL WILDLIFE TOURS

Ferry Terminal
✆ +44 168 081 2440
www.mullwildlifetours.co.uk
Sortie journée dès £70. Réservations en ligne.

Peter Hall connaît son île comme sa poche et fait profiter les visiteurs de ses vastes connaissances. Il propose des expéditions d'une journée, au départ du ferry terminal de Craignure, ou exceptionnellement de celui de Tobermory. Le rendez-vous est fixé autour de 10h-10h30, avant d'entamer l'exploration de Mull et de sa population animale. Otaries, phoques, aigles, cerfs, dauphins, oiseaux et rapaces en tout genre sont souvent de la partie et la nourriture comme le transport sont inclus. Les visites se font pour 4 personnes maximum.

SHIELING HOLIDAYS €

Craignure
✆ +44 168 081 2496
www.shielingholidays.co.uk
Tente pour 2, dès £23. Emplacement camping-car : £25. Parking et wifi. Fermé de novembre à mars.

À courte distance de l'embarcadère, ce camping bien équipé propose une offre originale. Outre les emplacements classiques de tentes, caravanes et camping-cars, on peut opter pour un *shieling* : sorte de vaste tente installée de manière permanente qui n'est pas sans rappeler celles d'un camp militaire. On y loge de une à six personnes, et certaines ont même leur propre salle de bains et un petit coin cuisine basique. Les résidents ont accès aux douches et toilettes partagées et à la salle commune. Des cottages à la location sont aussi disponibles.

CRAIGNURE BUNKHOUSE HOSTEL €

Craignure
✆ +44 1680 812 043
www.craignure-bunkhouse.co.uk
Chambre quadruple à £90.
Serviettes : £2 par personne. Wifi. Parking.

Craignure Bunkhouse Hostel est une petite auberge de jeunesse moderne et bien aménagée, avec un intérêt appréciable pour l'environnement, puisqu'elle est éco-conçue. Les quatre dortoirs comportent six ou quatre lits et il y a une agréable salle commune avec poêle et feu de bois, où il est possible de manger en groupe. Le salon est agréable, avec sa grande bibliothèque, ses jeux de société et ses canapés confortables. L'établissement a l'avantage d'être ouvert toute l'année.

CRAIGNURE INN €€

Craignure
✆ +44 168 081 2305
www.craignure-inn.co.uk
Chambre double : £120. Restauration midi et soir en haute saison. Bar ouvert toute l'année. Plats à partir de £11,95.

Le *local* de Craignure fleure bon la tradition avec ses murs en grosses pierres et ses boiseries. La nourriture est classique du pays et l'on retrouve souvent des *pies*, des steaks, des moules, de l'agneau et du porc à la carte qui change régulièrement. Il y a quelques bonnes bières et une terrasse agréable aux beaux jours. L'établissement propose aussi l'hébergement en B&B dans trois chambres avec salle de bains privative et attenante, agréables et à bon rapport qualité-prix. En haute saison, de nombreux touristes y côtoient les locaux en attendant leur ferry.

Craignure.

BEN MORE

Ben More Car Park

Départ : « Ben More car Park ». Randonnée 9,25 km, 5-7h. Itinéraire sur walkhighlands, « Ben More (Mull) from Dhiseig ».

Le toit de Mull est le seul Munro présent sur une île écossaise en dehors de Skye. Avec un sommet à 966 m d'altitude, il offre l'une des plus belles randonnées de l'île et un panorama à couper le souffle. Le sentier le plus simple et le plus direct démarre à Dhiseig, sur la B8073, au niveau d'un petit parking. Il grimpe de manière assez raide, parfois indistincte dans le chaos rocheux, et l'aller-retour fait 10 km (comptez env. 6h). Une fois là-haut, l'île toute entière, le reste des Hébrides et la côte ouest s'offrent à vous.

DUN DA GHAOITHE

Départ : voir point GPS. Randonnée de 15 km, 4h-5h. Itinéraire sur Walkhighlands, « Dun da Ghaoithe, near Craignure ».

C'est la seconde plus haute montagne de Mull, avec un sommet à 766 m. N'importe quel marcheur peut conquérir les 550 premiers m d'altitude. En effet, deux antennes de communication sont desservies par un excellent sentier facile à suivre, même pour ceux que les cartes rebuteraient. Attention, il n'y a pas réellement de places de stationnement. L'ascension jusqu'à la seconde antenne demande de bonnes jambes. La vue épatante sur tout l'est de Mull et sur la côte voisine. Au-delà et pour atteindre Dun Da Ghaoithe, il faudra être un randonneur chevronné.

MACCULLOCH'S FOSSIL TREE

Départ : voir point GPS.
Randonnée de 18,75 km, 5h-7h. Itinéraire sur Walkhighlands, « The Fossil Tree and Burg ».

Cette autre merveille du littoral est un arbre fossilisé dans la roche, sur la péninsule d'Ardmeanach. Il serait apparu il y a 50 millions d'années suite à une éruption de Ben More, qui était alors un volcan. Le sentier débute à Tiroran, un minuscule lieu-dit accessible depuis la B8035 au niveau de Killiemore. Il suit ensuite la côte en direction de l'ouest. Certaines parties sont moins praticables que d'autres mais la vue sur les falaises est imprenable et votre destination finale vaut le détour. La zone est protégée par le *National Trust of Scotland*.

DERVAIG ★★

Le village de Dervaig, prononcé « dervig », remonte à l'époque des Vikings. En effet, le nom de Dervaig signifie « bonne anse » en vieux norrois. Le village est accessible depuis quatre directions : Calgary, Tobermory, Salen, et Torloisk. Toutes les routes sont à voie unique, charmantes et sinueuses. À cheval entre terre et mer, Dervaig est peut-être le village à l'aspect le moins insulaire de Mull. Il n'est pas directement situé sur le littoral et est entouré de reliefs doux et verdoyants, à proximité du large Loch Frisa. Le village de Tobermory et la côte ouest ne sont guère loin et c'est un endroit reposant d'où explorer le nord de l'île.

THE OLD BYRE HERITAGE CENTRE

Dervaig

✆ +44 168 840 0229

www.old-byre.co.uk

Ouvert du lundi au vendredi d'avril à novembre de 10h30 à 17h30. Adultes : £4 et enfants : £2.

Ce petit musée sur l'histoire et la nature de l'île est un arrêt intéressant quand le temps ne permet pas d'activités en plein-air. Avec deux vidéos de 30 minutes chacune, il explore l'histoire de Mull et de ses gens, ainsi que sa biodiversité riche et diverse. Il y a également une partie exposition sur la géologie et la faune insulaire. Le lieu a aussi son charmant salon de thé, apprécié et reconnu pour ses bons petits plats et ses pâtisseries maison.

DERVAIG HOSTEL €

Dervaig Village Hall

✆ +44 168 840 0411

www.dervaigbunkrooms.co.uk

Hébergement sur AirBnB - à partir de £54. Parking et Wi-fi.

La petite auberge de Dervaig est simple, mais bien équipée, avec un dortoir de quatre lits et un autre de six. L'un comme l'autre comporte sa propre douche, ses toilettes et il y a une cuisine commune ainsi qu'une salle à manger. Le rapport qualité-prix est intéressant lorsque l'on réserve un dortoir entier. Elle dispose de toutes les commodités d'usage : casiers et rangements extérieurs (pour vélos ou matériel de sport), cuisine aménagée et équipée, salon. Elle a aussi des installations sportives, dont un terrain de football sur gazon.

ARDBEG GUEST HOUSE €€

Dervaig
✆ +44 1688 400 254
www.ardbeghouse-mull.com

Chambre double à partir de £85. Petit déjeuner inclus. Wifi. Parking. Chiens acceptés, £3.

Cette charmante maison campagnarde jouit d'un agréable jardin. Elle compte 3 chambres doubles et 1 familiale pouvant accueillir 4 personnes. Chacune a sa salle de bain privative et attenante et tout l'équipement classique : plateau de courtoisie, TV avec lecteur DVD, mini-réfrigérateur, sèche-cheveux. On peut faire du feu dans le salon. Les petits-déjeuners sont soigneusement préparés à base de produits locaux. Des menus végétariens peuvent aussi être cuisinés sur commande. Les animaux sont les bienvenus, à condition de prévenir à l'avance.

DRUIMNACROISH GUEST HOUSE €€

Druimnacroish ✆ +44 1688 400 274
www.druimnacroish.co.uk

Chambre double entre £95 et £115. Petit déjeuner inclus. Wifi. Parking. Séjour minimum de trois nuits.

Avec un isolement certain au milieu de la nature, ce *B&B* attire les voyageurs en quête de calme dans six chambres, dont certaines sont immenses. Chacune possède sa salle de bains ainsi qu'un ameublement basique mais suffisant. Les pièces communes comme la véranda sont plaisantes et il y a un système de *honesty bar* où l'on paye soi-même ce que l'on consomme. Chambres et vérandas offrent toutes de superbes vues sur la vallée. Attention : le séjour est de deux nuits minimum.

AM BIRLINN €€

Dervaig
✆ +44 168 840 0619
www.ambirlinn.com

Du mercredi-jeudi : 16h-19h, vendredi à dimanche : 12h-14h et 17h-21h. Plats de £13 à £25,50.

C'est sans doute le meilleur restaurant de l'île avec le *Café Fish* de Tobermory. Sis dans un bâtiment en bois, spacieux et contemporain, la cuisine est excellente et marie des ingrédients de qualité avec talent. Les produits sont le plus possible locaux, grâce au richesses du terroir de l'île et à la pêche. Les inspirations sont écossaises et picorent ça et là dans d'autres traditions culinaires européennes. Que l'on choisisse une viande, un poisson ou un plat végétarien, la présentation est travaillée et le contenu ne déçoit pas.

THE BELLACHROY INN €€

Dervaig
✆ +44 1688 400 314
www.thebellachroy.co.uk

Chambre double : £270, 2 nuits minimum. Plats à partir de £10,95. 18h-20h. Réservation conseillée.

Présente à Dervaig depuis 1608, plus vieille auberge de Mull, le Bellachroy Inn est le roc du village et un lieu de rencontre privilégié des locaux et des visiteurs.Il y a une partie bar décontractée, avec jeu de fléchettes, et une autre restaurant, où l'on sert une nourriture écossaise inventive et savoureuse. Quelques *real ales* pimentent le tout et l'on peut venir simplement pour un verre. L'hôtel est aussi très apprécié pour son confort et son standing. Il accueille ses voyageurs dans des chambres simples, doubles ou familiales, ainsi que dans son grand salon.

HÉBRIDES

Dervaig.

ROSS OF MULL ★★★

Le merveilleux Ross of Mull est une péninsule longue de 28 km, au sud de l'île. On y jouit de quelques-uns des plus beaux paysages insulaires, mais aussi des plus tranquilles et oubliés. Et pour cause, son isolement est réel et implique un détour pour en apprécier la beauté. Les falaises du sud sont particulièrement épatantes et l'on en a un bel aperçu depuis la baie de Carsaig. Pour de jolies plages de granit rose et de sable blanc, rendez-vous à Ardalanish Bay ou sur tout le littoral ouest, autour de la charmante bourgade de Fionnphort. C'est un petit port pittoresque et touristique, grâce à son offre d'hébergement et sa proximité avec l'île de Iona.

Ross of Mull.

SEAVIEW BED & BREAKFAST ACCOMODATION €€

Fionnphort

✆ +44 1681 700 235

www.iona-bed-breakfast-mull.com

De fin mars à octobre. Chambre simple à partir de £55, double à partir de £80. Petit déjeuner inclus. Wifi. Parking.

Jane, John et leurs chiens (Megan et Lainie) accueillent chaleureusement chaque invité dans leur beau cottage à deux pas de la côte. Leur amour de la mer et de l'hospitalité les a amenés à ouvrir ce B&B au franc succès, dont les quatre chambres doubles avec salle de bains portent le nom d'une île locale. On s'y sent comme à la maison et les bons conseils sont nombreux et avisés. Ce B&B est aussi reconnu Tourisme Vert et s'engage pour une hôtellerie écoresponsable.

STAFFA HOUSE BED & BREAKFAST €€

Fionnphort

✆ +44 168 170 0677

www.staffahouse.co.uk

Chambre double dès £90. Tarifs dégressifs selon le nombre de nuits. Petit déjeuner inclus. Parking et Wi-fi.

Confort, charme et bonne cuisine ont fait de cet établissement un *must* à Fionnphort. Ses quatre chambres sont doubles, *twin* ou familiales et comptent une salle de bain privative pour chacune. Les propriétaires redoublent de bonnes attentions et leur petit déjeuner est excellent. La véranda avec vue sur Iona est particulièrement agréable, et l'on s'y attarde volontiers. Il est possible commander des paniers pique-nique pour partir en excursion à la journée.

THE CREEL SEAFOOD BAR €

Fionnphort

✆ +44 7864 605 682

Ouvert tous les jours d'avril à octobre de de 8h30 à 19h, jusqu'à 18h le lundi. Plats et en-cas de £2,50 à £12,50.

Cette petite baraque en bois sert des fruits de mer pêchés dans les eaux environnantes de Mull et Iona. On peut se poser sur les tables en plein air ou prendre à emporter. Le Creel sert des fruits de mer frais, tout juste pêchés par le propriétaire ou rapportés par des plongeurs et des fournisseurs locaux. Difficile donc de faire plus frais ! Des thés et des cafés sont également servis, ainsi que des boissons fraiches. L'établissement a été nommé aux Food Awards Scotland 2020, et avait déjà été repéré et recommandé par la même institution en 2019.

THE NINTH WAVE €€€

Fionnphort

✆ +44 168 170 0757

www.ninthwaverestaurant.co.uk

Ouvert de mai à octobre, du mercredi au dimanche, pour dîner sur réservation. Menus à partir de £66.

The Ninth Wave est un restaurant gastronomique où l'on vient de toute l'île et plus loin encore pour se délecter de bons poissons. Il ne compte plus ses récompenses et il est nécessaire de réserver. Le menu change tous les jours et se compose exclusivement des ingrédients locaux les plus frais. La carte associe les influences du Canada et le meilleur des produits écossais pour créer des plats aux saveurs audacieuses. Vous goûterez au Mull Highland Beef ou encore aux excellents fromages de Mull. La réservation est fortement conseillée.

GIGHA ★

Au large de la péninsule de Kintyre, Gigha est une petite île paisible où l'on prend le temps de vivre. Ses longues plages immaculées et ses eaux turquoise en ont fait la célébrité et l'on y vient principalement pour profiter de son isolement et de ses colonies d'oiseaux. L'attraction principale se trouve aux Achamore Gardens, un jardin botanique romantique (ouvert tous les jours du matin au crépuscule, donations sollicitées). Les ruines de la chapelle de Kilchattan sont aussi à découvrir. On accède à Gigha en prenant le ferry de Tayinloan (37 km au sud de Tarbert). Des vélos sont disponibles en location au (seul) village de l'île : Ardminish.

ISLAY ★★★

Celle que l'on surnomme la reine des Hébrides est la cinquième plus grande île d'Écosse. Le charme est ici celui du terroir et de la douceur de vivre. Les petits villages aux murs blancs de Port Charlotte, Port Ellen ou encore Bowmore ne sont pas sans rappeler la tranquillité insulaire bretonne et le nom d'Islay résonne avec goût dans l'oreille des amateurs de whisky. Les touristes viennent presque tous pour la même chose : l'amour de la *water of life*. Les amateurs de randonnée iront du côté des collines centrales ou de Finlaggan, où l'on arpente les quelques ruines de l'ancienne demeure des Lords of the Isles, qui possédaient un immense territoire dans l'ouest du pays et furent parmi les plus grands seigneurs britanniques.

Se restaurer

Les restaurants sont assez dispersés et vite pleins en haute saison, si bien qu'il vaut souvent mieux réserver pour dîner. Pensez aussi à vérifier les distilleries qui proposent à manger, à Bowmore, Ardbeg et Kilchoman. Elles peuvent être une bonne alternative entre deux visites.

Transports

Il y a deux ports de départ pour Islay. Oban rejoint Port Askaig en 4h, avec un passage par Colonsay et un terminus à Kennacraig. Cette traversée a lieu dans les deux sens le mercredi (sauf en hiver) et le samedi. Comptez £10,35/£20,70 par personne selon la saison et £56,25-112,50 par voiture. Le second port et celui de Kennacraig, sur la péninsule de Kintyre. Il relie Port Ellen et Port Askaig en environ 2h, avec entre 2 et 6 départs quotidiens. Selon la saison, comptez £7,25-14,50 par personne et £36,70-73,40 par voiture. Consultez Calmac pour les réservations : www.calmac.co.uk. Le petit aéroport de l'île propose également des vols de 45 min pour Glasgow sur Loganair (www.loganair.co.uk) et d'1h pour Oban sur Hebridean Air (www.hebrideanair.co.uk).

▶ Sur l'île, les services de bus sont assurés par Islay Coaches et relient la plupart des villages. Ils ont cependant tendance à s'arrêter tôt et ne proposent pas de pass journée. Une pratique courante consiste cependant à utiliser un même ticket en payant pour la destination final à l'achat (ex : demandez un trajet Bridgend-Port Ellen et faites une étape à Bowmore). Horaires sur : www.travelinescotland.com

ARDBEG DISTILLERY

Port Ellen

✆ +44 1496 302 244

www.ardbeg.com

Tours guidés : £10, £25. Visitor center : lundi-vendredi 9h30-17h. Old Kiln Café ouvert de 10h à 16h30.

C'est la distillerie la plus à l'ouest de la côte sud, fondée et commercialisée en 1815 par des fermiers locaux et le maître distillateur John MacDougall. Aujourd'hui en expansion continue, elle a conservé ses méthodes traditionnelles et les dévoile aux passionnés. Le tour classique dure 45 minutes, mais il existe des options plus longues. Leur porte-étendard est le 10 ans d'âge, un *single malt* très tourbé, iodé avec des notes d'agrumes et de céréales. Le Old Kiln Café présent sur les lieux cuisine de bons petits plats pour la pause déjeuner.

ARDHANOE DISTILLERY

Ardnahoe

✆ +44 1496 840777

https://ardnahoedistillery.com

Mardi-samedi, 10h-16h.

Tours guidés à partir de £10.

La distillerie Ardhanoe a ouvert ses portes en 2018. Elle est donc la plus récente des distilleries d'Islay. Son eau est puisée dans le Loch Ardhanoe, tout proche de la distillerie. Le lieu est auréolé de mystère : une profondeur insondable, la légende d'un fantôme de coursier blanc apparaissant à la pleine lune... Son eau, filtrée à travers tourbe et roche, est exceptionnellement douce. L'établissement propose des visites pour tous — du tour express au tour expert avec multi-dégustation — et un café sympathique : *The Illicit Still bar & cafe*.

BOWMORE DISTILLERY

Bowmore
✆ +44 1496 810 441
www.bowmore.com
D'octobre à février : lundi-samedi, 10h-16h. De mars à novembre : 9h30-18h. Tours guidés à partir de £18.

Bowmore est la mère des distilleries d'Islay. Créée en 1779, elle est la plus ancienne présente sur l'île et demeure le cœur du village éponyme. Avec un joli cadre au bord du Loch Indaal, la visite simple dure 1h et permet d'explorer tout le site de production avant de terminer par une dégustation triple : trois échantillons de whiskies Bowmore, dans la salle de dégustation, avec vue spectaculaire sur le Loch Indaal. Vous repartez même avec votre verre de dégustation à l'effigie de la distillerie. D'autres visites proposent la dégustation en fûts.

BRUICHLADDICH DISTILLERY

Bruichladdich
✆ +44 1496 850 190
www.bruichladdich.com
Ouvert du lundi au dimanche, de 10h à 17h (16h et fermé le samedi de novembre à mars). Tours guidés à partir de £12.

Fondée en 1991, la distillerie de Bruichladdich se présente elle-même comme innovante et progressive. Reconnaissable à ses bouteilles bleu turquoise, elle travaille trois types de single malts : le Bruichladdich, non tourbé, le Port Charlotte, très tourbé, et le Octomore, revendiqué comme le plus tourbé au monde. Vous découvrirez notamment que le bleu Bruichladdich a toute une histoire, puisqu'il est présent dans la distillerie et au-dehors, par certaines journée de beau temps, quand le soleil éclaire le Loch. La distillerie fabrique aussi le gin The Botanist.

BUNNAHABHAIN DISTILLERY

Bunnahabhain
✆ +44 1496 840 557
www.bunnahabhain.com
7j/7, 10h-16h, Tours guidés de £35 à £250, selon tour et durée.

Dans un environnement époustouflant, la distillerie de Bunnahabhain (le *bh* se prononce *v*) est isolée au nord de l'île, face aux montagnes de Jura. Elle a ouvert ses portes en 1881. Son whisky est bien plus doux que celui de ses voisines et n'utilise du malt que très peu, voire pas du tout tourbé. Le 12 ans d'âge est léger, frais, avec un parfum d'embrun et de noix. La visite simple dure environ 1heure, mais il existe une version courte plus rapide, pour les plus pressés. Le programme des visites est à consulter sur le site web de la distillerie.

CAOL ILA DISTILLERY

Port Askaig
✆ +44 1496 302 769
www.malts.com
Nov-fev : mardi-samedi, 10h15-16h. Mars-Pâques : 7j/7, 10h15-17h. Pâques-oct : 7j/7, 10h15-17h30. Tours guidés dès £6.

Juste à côté de Port Askaig, cette distillerie de 1846 a malheureusement détruit une grande partie de ses bâtiments d'origine pour reconstruire un complexe plus moderne. L'emplacement n'en est pas moins ravissant face aux Paps of Jura, mais il y a peut-être un peu moins de choses à voir que dans certaines de ses homologues. Le 12 ans d'âge titre à 43 %, il offre des saveurs douces et huilées, avec des nuances légères de tourbes et d'agrumes. Plusieurs visites sont possibles, de la classique à celle alliant whiskies et chocolats.

KILCHOMAN DISTILLERY

Rockside Farm
✆ +44 1496 850 011
www.kilchomandistillery.com
Janvier et février : lundi à vendredi. Mars-octobre : 7j/7. 10h-17h. Café : mêmes heures. Tours guidés à partir de £15.

Distillerie établie en 2005, c'est la petite dernière venue sur la scène insulaire. Sa production est basse du point de vue des critères locaux, mais la visite d'une heure demeure instructive pour tous les amateurs et inclut la dégustation de deux *drams*. Elle a la particularité de produire un whisky que vous ne trouverez qu'à Islay, fait à partir d'un malt exclusivement cultivé dans les fermes de l'île et de la propriété. Le Kilchoman Café propose à manger le midi et toute la journée, ce qui est pratique pour un en-cas gourmand de ce côté de l'île.

LAGAVULIN DISTILLERY

Lagavulin
✆ +44 149 630 2749
Nov-fev : lun-sam, 10h15-16h. Mars-avr/oct : 7j/7, 9h15-17h. Mai-sept : 7j/7, 9h15-18h (17h dim). Tours guidés : £8-£30.

Nichée dans une petite crique sur la magnifique côte sud, la distillerie de Lagavulin trace ses origines jusqu'en 1742, quand son site servait de repaire à la distillation illégale de whisky... Désormais tout est bel et bien aux normes et la visite est l'une des plus complètes et intéressantes d'Islay. Le 16 ans d'âge est un *single malt* complexe à la fois sec, riche, tourbé, légèrement boisé et salé. Vous pourrez aussi faire une halte au Malt Mill Bar pour des dégustations exclusives, ainsi que d'excellents chocolats chauds, cafés, thés et pâtisseries.

LAPHROAIG DISTILLERY ★

Laphroaig
✆ +44 1496 302 418
www.laphroaig.com
Avril-sept, 7j/7, 9h15-17h. Oct-mars : 9h30-16h30. Janv-fév : fermé le week-end. Tours guidés à partir de £18.

© TYLER W. STIPP - SHUTTERSTOCK.COM

Impossible de rester indifférent à cette institution qui a fêté ses 200 ans en 2015. Avec sa superbe distillerie les pieds dans l'eau, Laphroaig est le whisky favori d'un grand nombre d'inconditionnels des *single malts* d'Islay, qui viennent ici en véritable pèlerinage. La visite est aussi captivante que complète, mais si vous n'avez pas le temps d'y prendre part, passez au moins par le *visitor centre* pour déguster un *dram*. Le 10 ans d'âge est le plus connu, avec sa bouche très tourbée, ses saveurs marines profondes, un brin fruitées et épicées.

THE MUSEUM OF ISLAY LIFE 🏛

Port Charlotte
✆ +44 1496 850 358
www.islaymuseum.org
Avril & oct, semaine : 10h30-16h30. Mai-sept : 7j/7, 10h30-16h30 (13h-16h30 dim). Adulte : £5, réduit : £4.

Si vous souhaitez varier vos visites et découvrir la vie d'Islay, ce petit musée local est parfait. Situé dans une ancienne église de Port Charlotte, il retrace l'histoire de l'île avec près de 3 000 objets et quelques milliers de photographies, datant de ces 12 000 dernières années. Le musée rassemble une collection rare d'objets, de livres, de photographies et d'histoires illustrant la vie à Islay de la Préhistoire à notre époque. Les ères victoriennes et édouardiennes sont particulièrement bien représentée. Le musée a sa boutique et sa bibliothèque.

PORT CHARLOTTE YOUTH HOSTEL 🛏 €

Port Charlotte
✆ +44 149 685 0385
www.hostellingscotland.org.uk
Lit dès £28, chambre double dès £76. Wifi. Parking.

Cette auberge de jeunesse est sans doute l'une des meilleures du groupe. Ce n'est pas forcément la plus moderne, mais l'ambiance y est excellente et les deux employés sont adorables. Dans un ancien bâtiment de distillerie, 30 lits sont disponibles, en dortoirs ou chambre privées, et la cuisine comme le salon sont des salles communes idéales pour partager avec les fans de whisky ou de randonnée. C'est l'option la moins chère de l'île et l'une des plus authentiques.

ASKERNISH BED & BREAKFAST 🛏 €€

49 Frederick Crescent
✆ +44 149 630 2536
www.askernishbandb.co.uk
Chambre double dès £90. Petit déjeuner inclus. Parking et Wi-fi.

En plein cœur de Port Ellen, cet établissement ne manque pas de cachet et Joy, sa propriétaire, porte bien son nom pour sa bonne humeur permanente. Les chambres sont aussi impeccables que spacieuses, lumineuses et coquettes. Chacune possède une vaste salle de bains rutilante et le bien-être règne en maître. Le feu de cheminée dans la salle à manger colle à merveille avec l'ambiance cosy des lieux. Bien placé, l'établissement offre en plus de superbes vues.

LAMBETH GUEST HOUSE 🛏 €€

Jamieson Street
✆ +44 149 681 0597
www.lambeth-guesthouse.co.uk
Chambre double dès £100. Petit déjeuner inclus. Wifi.

Les lits sont confortables, l'hospitalité excellente et le petit déjeuner savoureux, dans ce *B&B* du centre de Bowmore. Les chambres varient en taille mais possèdent de belles salle de bains attenantes et sont aménagées avec soin. Les propriétaires sont très agréables et chaleureux et se montrent très serviables. On se sent ici réellement comme à la maison. Au petit déjeuner, tentez la version écossaise du porridge : avec du sel plutôt que du sucre ou du miel ! Les nombreuses commodités voisines en font un bon point de chute.

PERSABUS COTTAGES - FARM - POTTERY €€

Port Askaig
✆ +44 149 684 0243
www.persabus.co.uk
Chambre double dès £100. Petit déjeuner inclus. Parking et Wi-fi.

La famille Fletcher vit sur cette exploitation agricole en activité depuis plus d'un siècle et a décidé d'en ouvrir une partie aux touristes pour partager les charmes d'Islay. Deux chambres doubles avec douches et W.C. y sont proposées, dans un aménagement simple mais adéquat. Un espace salon est également accessible. On peut aussi y louer des cottages ou y planter une tente. La proximité de Port Askaig, Coal Ila et Bunnahabhain n'est pas négligeable.

THE MACHRIE HOTEL AND GOLF LINKS €€€

Machrie Hotel
✆ +44 1496 302310
Chambre double dès £185, petit déjeuner inclus. Parking et wi-fi.

Le Machrie Hotel est situé dans les dunes d'Islay. Son emplacement privilégié est déjà un atout, mais il n'a pas que ça, loin de là ! Entièrement rénové et réouvert à l'été 2018, il offre un hébergement luxueux dans 47 chambres, suites et lodges aménagés avec goût et conçus pour un séjour aussi confortable qu'agréable. Le restaurant de l'hôtel jouit d'une vue panoramique sur le golf, où il est bien sûr possible de jouer. Un spa est aussi à disposition.

BRIDGEND HOTEL €€

Bridgend
✆ +44 149 681 0212
www.bridgend-hotel.com
Cuisine ouverte tous les jours de 11h à 14h et de 18h à 21h. Bar en continu et jusque tard.

L'hôtel de Bridgend, à la croisée des routes d'Islay, abrite l'un des meilleurs pub-restaurants de l'île. L'espace bar – baptisé Katie's Bar, du nom de leur barmaid octogénaire à la retraite – est plus détendu et propose une carte moins chère, tandis que le restaurant se veut plus classique et sophistiqué. Tous deux cuisinent des produits locaux et de saison. Quoique vous choisissiez, les plats sont bien présentés et le contenu est réussi, avec des mets locaux inventifs pour satisfaire tous les goûts. En soirée, la réservation est conseillée.

THE HARBOUR INN €€

The Square
✆ +44 1496 810 330
www.bowmore.com/harbour-inn
Service 7j/7, 12h30-21h (21h30 le week-end). Plats dès £14,50, chambre double dès £125.

Ce restaurant de la distillerie Bowmore et réputé travaille une cuisine soignée et à base de produit frais. La présentation et le service font l'objet de toute les attentions, tandis que les clients se délectent de fruits de mer, de poissons et de viandes de qualité. Tout est frais et local, pour des saveurs généreuses. La décoration surfe sur une thématique maritime et le succès des lieux fait que les tables peuvent vite venir à manquer. L'établissement propose aussi des chambres modernes et confortables en B&B, ainsi que des cottages à louer.

THE CELTIC HOUSE

Main Street
✆ +44 149 681 0304
www.theceltichouse.co.uk
Ouvert du lundi au samedi de 10h à 16h30. Boissons à partir £2.

À l'étage d'une boutique « bric-à-brac » de livres, de vêtements, de bijoux et de souvenirs en tous genre – elle existe depuis 1959 ! –, ce café relax est un spot idéal pour se reposer quelques instants, au chaud. On peut y boire des boissons chaudes ou grignoter un gâteau, tout en se connectant à Internet pour consulter ses mails ou programmer son séjour. Les pâtisseries sont faites maison, au jour le jour, à base de produits locaux, par les deux boulangers de l'équipe : Kate et Gael. Le staff est souriant et la clientèle essentiellement locale.

ISLAY CYCLES

2 Corrsgeir Place
✆ +44 7760 196 592
www.islaycycles.co.uk
Ouvert tous les jours de 9h à 19h. Location de vélos : à partir de £20 la journée, à partir de £70 la semaine.

L'île assez plate se prête très bien à la découverte sur un deux-roues. Vous pourrez louer des vélos VTC, de route ou à assistance électrique, ainsi que des remorques à bagages ou pour enfants. Il y a un vaste choix de tailles de vélo, de même pour les casques. Des sacoches peuvent être réservées si nécessaire, de même que des éclairages supplémentaires. On vous conseillera sur le vélo qui vous convient, mais aussi sur les itinéraires à suivre à vélo, les balades à faire (routes côtières, sentier des trois distilleries...), les lieux à visiter.

JURA ★★

Jura est l'île où vous rendre si vous cherchez le calme inébranlable et magnifique de la nature. Vous ne seriez pas les premiers : George Orwell a fait ce choix plusieurs fois entre 1946 et 1950 pour écrire son chef-d'œuvre *1984* et se reposer à la fin de sa vie. Au sud, les Paps of Jura sont trois montagnes (785 m) à la silhouette particulière. Elles attirent des randonneurs passionnés. Au nord, le Corryvreckan Whirlpool est le 3e maelstrom le plus grand du monde et peut être observé après une longue marche depuis la route, si les marées s'y prêtent. Tout autour, les falaises et les petites criques sont autant de secrets bien gardés.

JURA DISTILLERY

Craighouse
✆ +44 149 682 0601
www.jurawhisky.com
Avril-oct : lundi-samedi, 10h-17. Nov-mars : semaine, 10h-16h. Tours guidés à partir de £15.

Fondée en 1810, Jura est l'une des distilleries les plus isolées d'Écosse. Elle a bien failli tomber dans l'oubli dans les années 1950, avant que deux propriétaires terriens de l'île ne la reprennent en mains. Aujourd'hui, elle est un pourvoyeur d'activité important pour la communauté insulaire et propose des visites de sa production. Deux de ses single malts sont très connus : le Jura Origin est un whisky typique de l'ouest, légèrement fumé, avec un parfum de céréales et une petite touche saumure. Le Jura Superstition est plus onctueux, tourbé et épicé.

THE JURA HOTEL €€

Craighouse
✆ +44 149 682 0243
www.jurahotel.co.uk
Chambre double dès £160, 2 nuitées minimum. Petit déjeuner inclus. Restaurant et pub.

C'est le seul hôtel de l'île et il ouvre également ses portes comme pub et restaurant. La bonne nouvelle, c'est que c'est vraiment un établissement qualitatif ! Les chambres vont de la simple à la familiale, avec ou sans vue mer. Elles comportent chacune une salle de bains et du mobilier à la fois pratique et moderne, ainsi qu'un accès wi-fi. Pour se prélasser et regarder la TV, on peut se rendre dans le salon commun où livres et DVD sont en libre accès. Il y a également un petit espace camping pour des conditions plus spartiates. Un parking est aussi disponible.

THE ANTLERS BISTRO RESTAURANT

Craighouse
✆ +44 1496 820123
Ouvert lundi-samedi de 9h à 16h (19h le vendredi). Plats à partir de £12.

Ce petit établissement est une adresse sympathique et chaleureuse de Jura.Tout y est fait maison : les scones, les cupcakes et autres pâtisseries. De même pour la soupe, les sandwiches et burgers : que du frais ! Pourquoi ne pas s'y offrir un *afternoon tea* ? Le décor est simple et traditionnel, avec du mobilier en bois et des murs où sont parfois exposées photos et œuvres picturales d'artistes locaux. Un espace boutique, avec des objets d'artisanat, complète l'offre.

COLONSAY ★★

Colonsay mérite d'être connue pour ses paysages rocheux et ses douces plages attrayantes. Son nom proviendrait de saint Colomba, qui y aurait fait escale en route pour Iona. À l'approcher en ferry, on la croirait presque une météorite tant ses reliefs sont lunaires et minéraux. C'est sans compter sur son intérieur verdoyant, couvert de fleurs et de praires. Si la marée basse vous le permet (vérifiez bien les horaires), offrez-vous une marche jusqu'à la petite île voisine d'Oronsay, où l'on peut voir les ruines d'une abbaye du XIVe siècle. Pour les amateurs de plantes, les Colonsay House Gardens possèdent de très rares espèces de rhododendrons. Les buveurs de bières devraient également apprécier les produits de la Colonsay Brewery.

Transports

On peut rejoindre Colonsay en 25 minutes de vol depuis Oban sur Hebridean Air (www.hebrideanair.co.uk). Le moyen le plus répandu reste cependant le ferry, en 2h20 de trajet depuis Oban. Il y a une traversée par jour de novembre à avril, le lundi, le mercredi, le vendredi et le samedi (cette dernière passe par Port Askaig). D'avril à novembre, les liaisons sont quotidiennes et font escale à Port Askaig le mercredi et le samedi. Selon la saison, comptez £10,35-20,70 par personne et £56,25-112,50 par voiture (www.calmac.co.uk).

IONA ★

Iona est une petite île magique, mystérieuse, lieu sacré du bout du monde. Saint Colomba s'y installa en 563 pour fonder sa mission. Iona abritait l'une des bibliothèques les plus importantes de la chrétienté, qui fut saccagée par les Vikings puis par les réformateurs au XVIe siècle. Des œuvres littéraires, religieuses et artistiques (les manuscrits de Virgile notamment) ont été détruites, perdues ou cachées. Certains pensent que les trésors de Iona dorment dans le puits d'une île où se rendaient les moines pénitents. L'île se prête aux balades et randonnées, dans des sites marqués par les légendes et l'histoire. Accessible depuis l'île de Mull.

TIREE ★★

Tiree est l'île la plus à l'ouest des Hébrides Intérieures. Plus peuplée que sa voisine Coll, elle a accueilli jusqu'à 4 500 fermiers pour soutenir son agriculture prolifique, mais beaucoup partirent pour l'Amérique au XIXe siècle. Verdoyante, elle est très plate comparé au reste de l'Écosse et accuse plus d'ensoleillement que la plupart du Royaume-Uni, grâce au gulf stream dont elle bénéfice largement. Le vent y est très présent, ce qui a l'avantage de tenir les midges éloignés et les surfeurs heureux. Ne manquez pas ses côtes sablonneuses aux eaux limpides, autour de Gott Bay, Hynish Bay, Vaul Bay, Balephetrish Bay, Balephuil Bay et Hough Bay.

COLL ★★

Sur 20 km de long et 5 km de large, Coll est une vaste étendue de nature sauvage ininterrompue. Ses paysages offrent une succession de falaises, dunes, longues baies immaculées et petits lochs coincés dans la roche. Les plages de Crossapol et Feall au sud sont magiques, à l'instar de celles de Hogh et Cliad. Les criques pittoresques ne manquent pas et les oiseaux sont légion, surtout dans le sud-ouest de l'île, vers Totronald, qui est une réserve ornithologique de la RSPB. Ne manquez pas les deux châteaux de Breachacha, sur les rives du loch éponyme. Le premier est une forteresse du XVe siècle et le second une belle demeure du XVIIIe siècle.

STAFFA

D'origine volcanique, l'île des Piliers se distingue par ses formations géologiques : orgues basaltiques, grottes sous-marines… Mendelssohn fut fasciné par cette surface de basalte sculptée par la pluie et les vagues dont la spectaculaire grotte de Fingal inspira l'une de ses pièces symphoniques. Il semblerait que ce fût l'acoustique incroyable du site qui l'inspira. Il ne fut pas le seul à être conquis par Staffa : la reine Victoria s'y rendit, de même que JMW Turner, Sir Walter Scott et William Wordworth. Le lieu est aujourd'hui une réserve naturelle, où l'on peut apercevoir des macareux (l'été), mais aussi des dauphins, baleines et requins pèlerins.

HÉBRIDES

Loch Sunart.

LISMORE ★

Grande de 23,5 km, Lismore veille sur l'entrée du Loch Lihnne. Son nom signifierait « grand jardin » en gaélique. Sa terre généreuse a nourri jusqu'à 1 500 personnes au XIXe siècle. Sa surface présente de larges plateaux calcaires où baignent quelques lochs. On y trouve plusieurs cairns préhistoriques dispersés sur tout le territoire et les restes d'un fort de l'âge du fer : le Tirefour Castle, sur la côte nord-est. Il y a aussi des ruines médiévales, du côté de l'Achadun Castle, au sud, et du Castle Coeffin, au nord-ouest, ainsi qu'un musée sur l'histoire locale : le Lismore Gaelic Heritage Centre. L'intérêt principal de l'île réside dans ce patrimoine historique et dans les randonnées qui offrent d'agréables points de vue.

Transports

On peut se rendre à Lismore directement depuis Oban en 55 minutes ferry. Il y a plusieurs trajets quotidiens toute l'année. Comptez £3-6 par personne selon la saison et £13-26 par voiture (www.calmac.co.uk). Une seconde navette piétonne est opérée par l'Argyll & Bute Council entre Port Appin (à 30 km au nord d'Oban) et le nord de l'île. Il y a de nombreux trajets chaque jour. Comptez £1,70 par adulte et £1 par enfant (www.argyll-bute.gov.uk).

RUM ★★

Cette petite vitrine des Highlands est la plus grande et la plus envoûtante des Small Isles. Elle était habitée depuis 8 500 ans, mais les *Highland clearances* ont fait des ravages, si bien que la majorité des résidents furent contraints de partir pour le Nouveau Monde au XIXe siècle. En 1888, la famille Bullough rachète l'île comme lieu de vacances et y construit le splendide Kinloch Castle, ainsi que le mausolée de Harris. Ils demeurent les seuls occupants de Rum jusqu'en 1957, quand ils décident de la vendre au Nature Conservancy Council, qui en fait alors une réserve naturelle nationale. En 2007, l'Isle of Rum Community Trust est créée par la petite communauté insulaire pour gérer les activités de l'île, notamment touristiques.

Transports

Rum et l'ensemble des Small Isles sont accessibles depuis Mallaig via un même ferry (1h20 pour Eigg, 1h40 pour Muck, 2h10-2h30 pour Canna et 1h15-3h40 pour Rum selon le trajet). Cela vous permet donc, si vous le souhaitez, de voyager de l'une à l'autre sans forcément repasser par Mallaig. Attention, notez bien que vous ne pouvez pas emporter votre voiture sur les Small Isles ! Plusieurs départs par semaine toute l'année (mais pas tous les jours, donc vérifiez en ligne pour préparer votre itinéraire). Comptez £4,70-9,40 par personne pour Rum selon la saison, £4,35-8,70 pour Eigg, £5-10 pour Muck et £5,90-11,80 pour Canna (www.calmac.co.uk).

KERRERA ★

La voisine d'Oban siège dans sa baie, quasi déserte et indomptée. Longue de 7 km, elle offre des vues imprenables sur Mull et la chance de rencontrer une faune et une flore variées, avec des boucs sauvages, des loutres, des buses et des fous de Bassan. Sa morphologie de collines anguleuses et de hauts plateaux est sillonnée de sentiers bien tracés, ce qui en fait une destination idéale et facile pour une journée de marche au calme. Sur son versant sud, le Gylen Castle arbore de jolies ruines du XVIe siècle et se visite en libre accès. Kerrera est accessible en 5 min de ferry depuis Gallanach. Le site web du ferry fournit beaucoup d'informations.

KINLOCH VILLAGE CAMPSITE €

Kinloch

www.isleofrum.com

Emplacement à £21. Pas de petit déjeuner ni de Wi-fi.

Situé sur les rives du Loch Scresort, à 10 min à pied du terminal de ferry et du château de Kinloch, il offre une solution d'hébergement minimale à peu de frais. Ce camping est basique mais inclut tout de même deux W.C et deux douches. Pas besoin de réserver, on plante sa tente et l'on dépose son argent dans la *honesty box*, et il est aussi possible de réserver sa venue sur le site web. Des cabines ou chalets en bois, ainsi qu'un « *bothy* », sont aussi disponibles pour plus de confort. Le site est géré par le *Isle of Rùm Community Trust*.

RUM BUNKHOUSE €

Kinloch ✆ +44 168 746 0318
https://rumbunkhouse.com

Lits en dortoir à partir de £25. Cabines dès £45. Emplacement en tente dès £15. Pas de petit déjeuner. Wi-fi.

La Rum Bunkhouse est une auberge de jeunesse récente (ouverte en octobre 2014) et parfaitement équipée. Vous pourrez y loger en dortoirs, mais aussi en chambres doubles, chambres de 4 et chambres de 6 personnes. Une cuisine aménagée et équipée sur place permet de se préparer à manger. Le grand salon est confortable et accessible à tous. Il est aussi possible de camper sur place ou de choisir l'un des deux mini-chalets de camping (accès aux sanitaires au camping). Elle est aussi gérée par l'Isle of Rum Community Trust, et située à côté de la réserve naturelle.

IVY COTTAGE GUESTHOUSE €€

Kinloch
✆ +44 168 746 2744
www.ivycottageisleofrum.co.uk

Chambre double à £75, £47 en occupation simple. Wi-fi.

L'unique *bed & breakfast* de Rum offre deux chambres doubles avec salles de bains, pour conserver tout le confort et le charme d'un hébergement traditionnel lors de votre visite. L'une d'entre elles peut être transformée en familiale. L'établissement offre de belles vues sur la baie, grâce à un emplacement à quelques mètres de la mer. Le prix du séjour comprend le dîner (entrée, plat et dessert), et il est possible de commander un panier repas à vos hôtes pour partir en excursion à la journée l'esprit tranquille, sans s'être occupé de rien.

EIGG ★★

Eigg est une île étonnante par son histoire fascinante, sa faune et sa flore d'une grande richesse et sa gestion communautaire. En effet, ce morceau de terre de 8 km par 5 appartient à l'Isle of Eigg Heritage Trust depuis 1997. C'est lui qui gère la vie de la communauté : électricité en énergie renouvelable, entretien du patrimoine… Eigg a quelques boutiques d'artisanat et un salon de thé, ainsi que des solutions de logement en camping, B&B et location pour les touristes. On vient à Eigg pour la beauté des paysages et la tranquillité des lieux. L'exploration en kayak, à vélo ou à pied est le meilleur moyen de la découvrir sous tous ses aspects.

RAASAY ★

Entre Skye et la péninsule d'Applecross, l'île de Raasay est remarquable pour sa colline de Dùn Caan (444 m) à la silhouette curieuse et d'où l'on jouit d'un panorama superbe, une fois son ascension accomplie depuis le sentier qui y mène. Les falaises de la côte est ont aussi beaucoup de prestance et les ruines du Brochel Castle, au nord, évoquent encore la gloire de leur jeunesse passée. Ici, tout est d'un grand repos et d'une quiétude palpable. Il y a quelques itinéraires de randonnée et l'on peut solliciter la Raasay House pour de nombreuses activités de treks guidés, de kayak et de voile (www.raasay-house.co.uk). L'établissement est aussi un hôtel.

GARBH EILEACH

Ce petit archipel, appelé aussi Garvellachs ou An Garbh Eilaicha en gaélique, se trouve au nord-ouest de Scarba. On se sent coupé de la civilisation. Seuls cerfs et oiseaux l'occupent. Des ermites s'isolèrent autrefois pour chercher la paix loin du monde. On y trouve les igloos en pierre du missionnaire Brendan qui fonda un monastère en 542 et apprit aux rois d'Écosse à lire et à écrire. Le château dont on peut voir les ruines sur Don Chonnuil, dernier îlot au nord de la péninsule, pourrait avoir appartenu à Conal, roi de Dalriada. John Ier, seigneur des îles, y fut emprisonné en 1365 par MacLean of Duart. On y accède à la journée depuis Oban.

LUING

Luing est située à 25 km au sud d'Oban. On y accède par un court trajet en ferry à travers Cuan Sound depuis l'île de Seil. Cette ancienne île d'ardoise a produit une grande partie de l'ardoise d'Écosse jusqu'aux années 1960. Luing se caractérise par des villages pittoresques et des vues époustouflantes sur les îles de Belnahua, Scarba et des Garvellachs. Elle abrite une grande variété d'animaux sauvages : loutres, lièvres, phoques et dauphins. Vous y trouverez deux forts préhistoriques et le Eye-Well, un puits naturel contenant de l'eau aux vertus thérapeutiques. Vous pourrez passer la nuit en B&B ou maison à louer, ou en camping sauvage (autorisé).

LEWIS ★★

Lewis est la plus grande région des Hébrides extérieures, étendue sur 1 770 km. C'est la plus peuplée, avec trois quarts de la population totale et la ville principale : Stornoway. Son patrimoine historique est immense, incarné par les pierres levées de Callanish et ses vestiges de l'âge de Fer. Le sud du territoire est légèrement vallonné, gorgé d'eau et de tourbe, avec un littoral rude, déchiqueté, mais magnifique, où se succèdent de belles falaises, de petites criques et des îlots déserts. Le nord est plus plat et tranquille, déroulant des paysages épatants le long de ses immenses plages et au Butt of Lewis. On parle parfois de Lewis et de Harris comme deux îles différentes, mais elles n'en forment pourtant bien qu'une.

Transports

Lewis est accessible par Stornoway depuis Ullapool en 2h30 de ferry. Il y a deux traversées par jour toute l'année (une le dimanche de novembre à avril). L'aéroport de Stornoway est également relié à Aberdeen (55 min) sur Eastern Airways, à Benbecula (30 min), Edimbourg (1h), Glasgow (1h05) et Inverness (40 min) sur Loganair (www.loganair.co.uk).

- Il y a des bus pour l'ensemble de Lewis et Harris et la plupart des villages sont desservis. Attention cependant, ils ne fonctionnent que du lundi au samedi. Les lignes au départ de Stornoway ont leur terminus à South Beach Quay, juste à côté du ferry. Il y a un petit point info sur place où l'on trouve tous les horaires.
- Vous pouvez également consulter le site institutionnel des Hébrides Extérieures : www.cne-siar.gov.uk.

ABHAINN DEARG DISTILLERY

Carnish
✆ +44 185 167 2429
www.abhainndearg.co.uk
Ouvert du lundi au samedi de 11h à 13h et de 14h à 16h (fermé le samedi en basse saison). Tour guidé : £10.

Quand elle fut fondée en 2008, cette distillerie, dont le nom signifie « rivière rouge », était la première à s'implanter sur Lewis depuis 200 ans. Son premier véritable *single malt*, le 10 ans d'âge, a fait ses preuves auprès des connaisseurs. Abhainn Dearg Distillery organise des visites de son site de production et des dégustations. Des champs à la bouteille, ce whisky est produit dans les Hébrides. Elle n'en est qu'à ses balbutiements et son nom n'a pas encore fait le tour du monde, mais, qui sait, elle donnera peut-être naissance à votre futur whisky préféré...

CALANAIS STANDING STONES ★★

Callanish ✆ +44 1851 621 422
www.callanishvisitorcentre.co.uk
Site en accès libre.

Les Calanais Standing Stones sont parmi les sites préhistoriques les mieux conservées du pays. Ces pierres furent dressées autour de 3 000 ans avant notre ère, en forme de croix autour d'un cercle de 13 monolithes. Au centre se tient un menhir de 4,8 m, à côté duquel une tombe a été ajoutée des générations plus tard. Si l'on ne sait pas réellement ce qui s'est passé ici, certains archéologues ont avancé l'hypothèse d'un observatoire astronomique. Le Callanish visitor centre se propose d'interpréter l'histoire du site, grâce à sa petite exposition rétrospective.

Phare de Butt of Lewis.

DUN CARLOWAY BROCH

Carloway
✆ +44 1851 710 395
www.visitouterhebrides.co.uk
Site en accès libre. Dun Broch visitor centre ouvert d'avril à septembre du lundi au samedi de 10h à 17h.

Le Dun Carloway Broch est l'une des tours défensives de l'âge de Fer les mieux conservées du pays. En Écosse, elles portent le nom de *broch* et celui-ci fut probablement construit au Ier siècle apr. J.-C. Bien que partiellement en ruines, ses murs atteignent toujours 9 m de hauteur par endroits. Il commande quelques belles vues sur les alentours, y compris en direction de Harris. Juste à côté, le petit Doune Broch Centre ouvre ses portes en moyenne et haute saison pour expliquer l'origine de l'édifice, son histoire et la vie de ses habitants.

GEARRANNAN BLACKHOUSE VILLAGE ★

5A Gearrannan ✆ +44 1851 643 416
www.gearrannan.com
Village en accès libre. Musée ouvert d'avril à septembre du lundi au samedi de 9h30 à 17h30. Entrée : £3.

C'est le dernier hameau de *blackhouses* à avoir été abandonné par ses habitants à Lewis, en 1974. Ces neuf chaumières traditionnelles ont été restaurées et sont un miroir sur le passé. Le cadre y est pittoresque, avec la plage et ses falaises au bout de la route. Le tout est particulièrement photogénique, plein de cachet et d'authenticité. Aujourd'hui, on y trouve plusieurs offres d'hébergement en location, une boutique de souvenirs et un petit musée qui détaille le passé des lieux.

LEWS CASTLE MUSEUM & ARCHIVES

Lews Castle Grounds
✆ +44 1851 822 746
www.lews-castle.co.uk
Avril-septembre : du lundi au mercredi, vendredi et samedi 10h-17h ; octobre-mars 13h-16h. Entrée gratuite.

Cet élégant château de l'autre côté de la baie de Stornoway fut édifié entre 1847 et 1857, pour Sir James Matheson, qui possédait alors tout Lewis grâce à sa fortune, bâtie sur le commerce de l'opium chinois. Depuis 2016, suite à une extension du site, on y trouve un musée sur l'histoire et la culture des Hébrides Extérieures. Il décrit ses gens et leur rapport au terroir, à la terre et à la mer. L'approche gaélique est prédominante, mais les textes sont aussi traduits en anglais.

THE BLACKHOUSE ★

42 Arnol
✆ +44 1851 710 395
Avril-septembre : lun-sam 9h30-17h30. Octobre-mars : (fermé mer & dim) 10h-16h. Adulte £6, réduit £4,80, enfant £3,60.

© GAIL JOHNSON - SHUTTERSTOCK.COM

Cette chaumière de 1880 est un rare témoin d'histoire insulaire et de traditions locales. Ses derniers habitants l'ont quittée en l'état en 1966 et elle est restée inchangée depuis. Il n'y avait pas de cheminée et le feu de tourbe s'évacuait par les fenêtres et le toit de chaume, tout en tenant les insectes éloignés. La *white house* de l'autre côté de la rue est le fruit des régulations d'hygiène instaurées par la suite. Elle est également la propriété de Historic Environment Scotland et affiche un contraste évident avec sa voisine.

HEB HOSTEL €

25 Kenneth Street
✆ +44 1851 709 889
www.hebhostel.com
Lit en dortoir à £23, chambre double à £110. Petit déjeuner inclus. Wifi. Espèces uniquement.

Cette sympathique auberge occupe sa maison typique aux murs roses depuis 2007. Installée dans un bâtiment qui a plus de 200 ans, elle a conservé son caractère victorien et le charme qui va avec. L'ambiance y est familiale et bon enfant, ce qui en fait un choix économique et malin. Qui plus est, elle est très bien placée à Stornoway. Les dortoirs comportent 7 ou 8 lits et il y a une chambre pour 4, à destination des groupes ou des familles. On profite également d'une cuisine pour se faire à manger et d'un salon pour socialiser au coin du feu.

JANNEL BED & BREAKFAST €€

5 Stewart Drive
✆ +44 1851 705 324
www.jannel-stornoway.co.uk
Chambre simple dès £79, double dès £109, suite à partir de £129. Petit déjeuner inclus. Wifi. Parking.

Ce B&B est situé au sein d'une zone pavillonnaire du nord de Stornoway. Cinq chambres de tailles et décorations différentes sont ici proposées. Une suite est également disponible. Une salle d'eau est disponible dans chacune et l'ameublement a été effectué avec goût. Elles sont toutes situées au premier étage [escalier à monter] et équipées d'une TV, d'un plateau de courtoisie avec boissons chaudes, d'un sèche-cheveux et d'un réfrigérateur. Le centre-ville est à 1,5 km et il y a un jardin sur place. Les hôtes sont accueillants et serviables.

SEACROFT BED & BREAKFAST €€

3A Aird ✆ +44 1851 672 753
www.seacroftuig.co.uk
Chambre double à partir de £82, Petit déjeuner inclus. Wifi. Parking.

Situé sur la côte ouest de Lewis, escarpée et battue par les vagues, SEAcroft offre tout le confort contemporain dans ses trois grandes chambres. On peut aussi choisir un SEApod, un chalet indépendant avec vue sur mer. Toutes ont une salle de bain, attenante ou sur le palier, ainsi que de jolies vues sur la mer. Enfin, une maison est aussi en location à la semaine. Le *guest lounge* est propice à la détente et il est possible d'y boire un verre de vin ou de whisky. On peut également y louer des vélos, des kayaks et s'y restaurer le soir.

THE CAFÉ BAR @ AN LANNTAIR €€

Kenneth Street ✆ +44 1851 708 480
www.lanntair.com
Ouvert du lundi mercredi de 10h à 16h30 et du jeudi au samedi de 10h à 17h, fermé le dernier dimanche du mois.

An Lanntair est un complexe culturel dont le café conçoit une nourriture simple mais efficace, avec de bons petits plats inspirés par le terroir insulaire. On retrouve des burgers, des pâtes, des salades et des *fish & chips*, mais aussi quelques spécialités inventives au jour le jour. On peut y venir dès le matin pour le petit déjeuner. La grande salle contemporaine est idéale pour un café ou une pâtisserie à toute heure. Profitez-en pour découvrir les expositions en cours.

HARRIS ★★

Tout comme Lewis, Harris n'est pas réellement une île indépendante, puisqu'elle est reliée à sa voisine par la terre. Elle possède moins de vestiges historiques que cette dernière, mais la nature est ici encore plus époustouflante. Au nord, on trouve les plus hauts sommets des Hébrides extérieures, qui culminent à l'An Clisham, à 799 m d'altitude. Au sud, et particulièrement à l'ouest, quelques-unes des plus belles plages de la région baignent leur sable blanc dans les eaux turquoise, notamment du côté de Scarista. L'A859 suit cette frange du littoral et l'on peut s'offrir une superbe boucle en continuant sur la Golden Road, à l'est, entre Leverburgh et Tarbert, les deux villages principaux, aussi charmants que pittoresques.

Transports

En ferry, Harris est reliée depuis Tarbert à Uig, sur Skye. Le trajet dure 1h50 et il y a au moins une traversée quotidienne toute l'année. Il y a également un service entre Leverburgh et Bernaray, une petite île reliée par un pont à North Uist. Le trajet dure 1h et il y a plusieurs traversées quotidiennes toute l'année.

- Il y a des bus pour l'ensemble de Lewis et Harris et la plupart des villages sont desservis. Attention cependant, ils ne fonctionnent que du lundi au samedi. Les deux arrêts principaux sont à Harris sont Tarbert et Leverburgh.
- Pour les horaires, vous pouvez consulter le site institutionnel des Hébrides Extérieures : www.cne-siar.gov.uk.

CLÒ-MÒR - HARRIS TWEED EXHIBITION

Drinishader
✆ +44 185 951 1189
www.harristweedandknitwear.co.uk
Ouvert du lundi au samedi de 9h à 17h30. Entrée gratuite. Boutique attenante.

L'exposition « Clo Mor » [grand vêtement en gaélique] de la Harris Tweed & Knitwear propose une rétrospective intéressante sur l'industrie locale du *tweed* et son cheminement à travers le temps. Entre photographies et espaces ludo-éducatifs, la visite s'adapte à tous les âges. Des mannequins présentent des habits de tout genre et toute époque, montrant comment Harris Tweed a été honoré sur les podiums mondiaux. Il est possible d'assister à des démonstrations de tissage.

ISLE OF HARRIS DISTILLERY

Tarbert
✆ +44 1859 502 212
www.harrisdistillery.com
Du lundi au samedi, de 10h à 17h. Visites de mars à octobre, horaires en ligne. Tours guidés dès £17,50.

Fondée en octobre 2015, cette distillerie récente s'est lancée dans l'univers du whisky avec un bâtiment flambant neuf et une vingtaine d'emplois à la clé. Si le *single malt* ne va pas être prêt tout de suite, un gin est d'ores et déjà disponible. On y trouve un café-bar et une boutique. Elles sont autant une découverte des techniques de production, du travail des distillateurs, qu'un éveil sensoriel aux parfums des spiritueux et des nombreuses plantes aromatiques qui composent le gin.

SEALLAM ! VISITOR CENTRE

Northton
✆ +44 1859 520 258
www.hebridespeople.com
Ouvert en été du lundi au vendredi de 10h à 17h. Entrée : £3, réduit : £2,50.

Ce centre d'informations est spécialisé dans l'histoire des habitants des Hébrides Extérieures et leur généalogie. Une exposition permanente traite de la population insulaire et de sa terre, de la Préhistoire à nos jours. Elle dit comment se sont formées les communautés et propose des pistes d'études. Des événements ponctuels et expositions temporaires ont lieu toute l'année sur des thématiques variées. Vous trouverez aussi sur place un bar et un café très sympathiques, ainsi qu'une petite boutique proposant des pièces d'artisanat local.

ST CLEMENT'S CHURCH

Rodel
Ouverte tous les jours d'avril à septembre de 9h30 à 17h30, le reste de l'année de 10h à 16h. Entrée libre.

Construite au début du XVIe siècle, cette noble église médiévale est l'œuvre d'Alasdair Crotach MacLeod of Harris & Dunvegan, huitième chef du clan MacLeod. Elle est l'un des bâtiments les plus ambitieux des Hébrides extérieures, et sa forme est imputable aux liens entretenus autrefois par les habitants avec l'Irlande. Il y fut enterré à sa mort, en 1547 et sa tombe est d'une grande beauté. Certains de ses descendants y reposent avec lui et les stèles et sculptures sont impressionnantes. Les amoureux d'histoire seront conquis.

CEOL NA MARA GUEST HOUSE €€

7 Direcleit ✆ +44 185 950 2464
www.ceolnamara.com
Chambre double à partir de £135. Petit déjeuner inclus. Parking et Wi-fi.

À cinq minutes de Tarbert en voiture, Ceol Na Mara Guest House se trouve dans un cadre superbe, au-dessus du Loch Kindebig, entourée de moutons et de chevaux. Les vues sont absolument superbes. Les quatre chambres doubles sont cosy et confortables, avec salles de bains attenantes ou sur le palier. Le tout est très boisé et lumineux, à l'image du *guest lounge* fort sympathique. Le petit déjeuner est un festin de spécialités et mets locaux, avec des produits primés et d'excellents fromages écossais. L'accueil est à l'image du reste : irréprochable.

THE OLD SCHOOL HOUSE €€

Finsbay
✆ +44 1859 530 420
www.theoldschoolhousefinsbay.com
Chambre double à £100. Petit déjeuner inclus. Wifi. Parking. Repas à partir de £23 par personne.

Établi dans une ancienne école de 1876, cet établissement, situé sur la côte est, a presque les pieds dans l'eau. Il propose trois chambres *twin* avec salles de bain et un salon à partager. Il offre la possibilité d'y manger le soir. La nourriture est sourcée localement, et vient parfois même du potager et de la serre du jardin. Des paniers repas peuvent aussi être préparés sur demande (à condition de séjourner deux jours minimum), ce qui sera très pratique pour partir en excursion à la journée et être certain de ne manquer de rien.

HARRIS HOTEL €€€

Scott Road Tarbert
✆ +44 1859 502 154
www.harrishotel.com
Ouvert toute l'année. Dès £120 pour une chambre double, £100 pour une chambre simple. Petit déjeuner inclus.

L'hôtel est tenu par la famille Cameron depuis quatre générations et l'hospitalité est une de leurs qualités. Les chambres sont agréables et lumineuses. Situé à Tarbert, l'hôtel est un point focal idéal pour faire des visites à la journée de Harris, Lewis et même des Uists au sud. C'est aussi un très bon restaurant, où il est possible de manger des plats traditionnels, préparés à partir des meilleurs produits locaux, agrémentés d'une touche de modernité. Un bar est aussi ouvert, et il est également possible d'y manger des sandwiches, snacks et autres le midi.

NORTH UIST ★★

La paisible North Uist est caractérisée par un littoral doux et sablonneux à l'ouest, où de nombreux oiseaux viennent nicher dans la réserve RSPB Balranald, autour de Hougharry. À l'est, la côte est rugueuse et échancrée, notamment dans les environs du Loch Euphoirt. N'y manquez pas Pobull Fhinn Stone Circle, un ensemble de pierres levées que l'on rejoint au bout de la route de Langais, fléchée sur l'A867. Au nord, faites un détour sur la petite île de Bernaray, accessible par la route. Sa baie est un spot apprécié des phoques qui flânent en veillant sur les chaumières blanches, tandis qu'à l'ouest, sa plage est l'une des plus incroyables des Hébrides. On arrive à North Uist par Lochmaddy, autrefois un port de pêche lié au hareng.

Transports

En ferry, North Uist est reliée à Uig, sur Skye, via Lochmaddy. Le trajet dure 1h45 et il y a une à plusieurs traversées quotidiennes toute l'année. Il y a également un service entre Leverburgh (Harris) et Bernaray, une petite île reliée par un pont à North Uist. Le trajet dure 1h et il y a quelques traversées quotidiennes toute l'année. Informations et réservations sur : www.calmac.co.uk

▶ Il y a des bus pour l'ensemble de North Uist, Benbecula et South Uist, en passant par Bernaray et Eriskay. La plupart des villages sont desservis. Attention cependant, ils ne fonctionnent que du lundi au samedi. Les deux arrêts principaux sont à Lochmaddy et Lochboisdale.

TAIGH CHEARSABHAGH MUSEUM & ARTS CENTRE

Lochmaddy
✆ +44 1870 603 970
www.taigh-chearsabhagh.org
Du lundi au samedi, 10h-16h. Le café ferme à 15h en hiver. Entrée gratuite - donation.

Le musée de Lochmaddy explore l'histoire sociale, domestique, économique et religieuse de North Uist, à travers ses gens au fil du temps. Quelques objets des XIXe et XXe siècles y sont présentés, ainsi que des expositions temporaires d'Art et d'artisanat, locales et internationales. Le lieu est aussi un centre d'arts visuels. Des événements et expositions sont régulièrement programmés. Il y a également un café sur place, pour se restaurer ou boire une boisson chaude.

LANGASS LODGE €€€

Loch Eport
✆ +44 1876 580 285
www.langasslodge.co.uk
Avril-octobre 7j/7 12h-14h & 18h-21h. Plats de £17,50 à £24, menus £42 et £50. Chambre double en B&B dès £145.

Langass Lodge cuisine probablement la meilleure gastronomie de North Uist, dans son petit hôtel coupé de tout. Les plats sont préparés comme ils sont présentés : avec grande application. Ce que la terre et la mer ont de plus savoureux à offrir est présent dans l'assiette, avec des poissons, des fruits de mer, des viandes et des plats végétariens. Langass Lodge est aussi un hôtel très agréable, qui dispose de 11 chambres avec salles de bains attenantes, dont 6 plus luxueuses et spacieuses. Des réductions sont possibles à partir de 5 nuits consécutives.

© JOE GOUGH - FOTOLIA

Scolpaig Tower.

HÉBRIDES

Traditionnelle maison de campagne blanchie couverte de chaume.

GRIMSAY

Depuis les années 1960, Grimsay, petite île de 4 miles de long pour 2 miles de large, est reliée à North Uist et Benbecula, ses voisines. Une route principale en fait le tour, ce qui permet de la visiter facilement. La tradition maritime est très forte, comme en témoigne le port animé de Kallin, construit en 1985 pour la flotte de pêche croissante de l'île et point de départ d'excursions vers les îles Monarch et Ronay, ainsi que de croisières à la découverte de la faune locale. Ses boutiques de fruits de mer qui sont les spécialités de l'île, sont incontournables. De même que le site néolithique de Bagh nam Feadg qui remonte à l'âge de fer.

BENBECULA

Benbecula est plus petite et sans doute moins séduisante que ses deux voisines. En effet, Benbecula a une longue histoire militaire. Un aérodrome au nord, construit pendant la Seconde Guerre mondiale, est devenu le centre de contrôle des fusées des Hébrides. Établi pendant la guerre froide, il est maintenant l'aéroport de Benbecula. La base militaire établie en 1958 est l'un des principaux employeurs de l'île, c'est la base de test des missiles South Uist. Benbecula est la porte d'entrée par les airs du sud des Hébrides extérieures grâce à son aéroport. Il est relié à Stornoway (35 min) et Glasgow (55 min) via Loganair (www.loganair.co.uk).

SOUTH UIST ★

South Uist est la seconde plus grande île des Hébrides Extérieures. Son visage est pluriel, avec d'immenses étendues de plages quasi-ininterrompues à l'ouest, bordées de petits hameaux et de prairies aux fleurs colorées ; et un chaos de méandres rocheux à l'est, baigné par de vastes lochs et érigé de hautes collines. La B890 longe la réserve naturelle du Loch Druidibeg et mène à la rencontre de poneys sauvages jusqu'au Loch Sgioport. Sont également plaisantes celles du Loch Eynort et au sud de Lochboisdale, le village principal de South Uist. À la pointe sud, Eriskay, une autre petite île sublime, est accessible par la route. C'est ici que Bonnie Prince Charlie a accosté en Écosse en 1745, au commencement du soulèvement jacobite.

Transports

À South Uist, Lochboisdale est le port principal de Calmac. En hiver, il est relié à Oban (4h50) ou à Mallaig (3h30) plusieurs fois par semaine. En été, il y a un service quotidien avec Mallaig uniquement.
South Uist et Barra sont également joignables entre Northbay et Eriskay en 40 minutes. Il y a plusieurs traversées chaque jour. Il y a des bus pour l'ensemble de North Uist, Benbecula et South Uist, en passant par Bernaray et Eriskay. La plupart des villages sont desservis. Attention cependant, ils ne fonctionnent que du lundi au samedi. Les deux arrêts principaux sont à Lochmaddy et Lochboisdale.

KILDONAN MUSEUM

Kildonan
✆ +44 1878 710 343
www.kildonanmuseum.co.uk
Ouvert tous les jours d'avril à octobre de 10h à 17h. Adulte : £3, gratuit pour les enfants.

Comme d'autres musées dans les Hébrides Extérieures, celui de Kildonan s'attache à redonner vie à l'histoire et aux traditions locales. Le quotidien des *crofters*, les fermiers d'alors, est raconté par le biais d'expositions, de photos en noir et blanc, d'objets d'époque, d'instruments, d'outils, de machines et d'habits, parmi d'autres. Il y a aussi un café sur place, ainsi qu'une boutique vendant des objets issus de l'artisanat local. Le café est accessible même sans visiter le musée et fait un excellent point de ravitaillement.

HERON POINT €€

452 Lochboisdale
✆ +44 1878 700 073
www.heronpoint.co.uk
Chambre double à £95. Petit déjeuner inclus. Wifi. Parking.

Après plusieurs années de vacances à South Uist, les propriétaires de Heron Point ont décidé eux-mêmes de s'y installer avec leurs chiens, afin de rendre l'hospitalité qu'ils ont reçue et de partager leur passion et leur amour de l'île. Les quatre chambres doubles et *twin* ont chacune leur salle d'eau privative et sont aménagées avec un beau mobilier en bois massif. Le salon, sa moquette en tartan et sa cheminée sont tout ce qu'il y a de plus typique. L'établissement est à 1,5 mile du terminal de ferry, mais les hôtes peuvent venir vous chercher sur simple demande.

LOCHBOISDALE HOTEL €€

Lochboisdale
✆ +44 1878 700332
www.lochboisdale.com
Chambre double dès £130, simple dès £90, petit déjeuner inclus.

Cet hôtel remonte aux années 1800, ce qui en fait un établissement plein de caractère et de charme. Il est tenu en famille par Calum et Karen. Situé au terminal du ferry, il surplombe la baie et offre une vue splendide sur Canna et Rhum. Il dispose de 15 chambres, toutes avec leur salle de bains attenante et privative. Certaines ont vue sur la baie. L'établissement fait aussi restaurant et bar. La salle de restaurant offre une vue panoramique sur la baie et les collines, ainsi qu'une carte fraîche, locale et traditionnelle, avec fruits de mer et venaisons.

BARRA

La petite Barra se trouve aux confins sud des Hébrides extérieures. Comme l'ensemble de ses voisines, elle se distingue avant tout pour ses plages de rêve et ses eaux limpides. Castlebay, le village principal, possède un petit château médiéval et Vatersay, la minuscule île voisine, est rattachée par la route. Barra a plusieurs cafés où l'on peut manger un morceau. Le Barra Airport Café du minuscule aéroport au bord de l'eau offre un bon rapport qualité-prix. Le petit aéroport de Barra offre des vols pour Glasgow. Particularité non négligeable : la piste d'atterrissage est sur la plage, à même le sable ! En ferry, Calmac (www.calmac.co.uk) opère depuis South Uist pour se rendre sur Barra.

KISIMUL CASTLE

Castlebay
✆ +44 1871 810 313
www.historicenvironment.scot
Fermé pour des réparations. Vous ne pouvez le voir que depuis l'extérieur.

Kisimul Castle est le seul véritable château médiéval encore visible dans les Hébrides Extérieures. Posé dans la baie de Castlebay, c'est le siège des MacNeil of Barra. Il fut construit au XVe siècle sur son splendide emplacement, mais ces derniers sont arrivés sur l'île dès le XIe siècle. Il a été entièrement restauré par un descendant de la famille au XXe siècle. Vous pouvez arpenter ses 3 étages et effectuer un tour en bateau (inclus dans le prix) quand il est ouvert au public. Attention, il est actuellement en travaux, on ne peut le voir que de l'extérieur.

DUNARD HOSTEL & LODGE €

Castlebay
✆ +44 1871 810 443
www.dunardhostel.co.uk
Lit en dortoir à £32, chambre double à partir de £75, familiale à £105. Wifi. Parking.

Cette petite auberge familiale est une offre basique économique et agréable à Castlebay, le village principal de Barra. Dortoirs ou chambres privées sont disponibles, de même qu'une cuisine partagée et un salon avec poêle. Il est aussi possible de réserver un logement privé dans un *lodge* attenant. Il y a quelques belles vues sur la baie et sur le château. L'établissement est à quelques minutes à pied seulement du terminal du ferry, du bureau d'information touristique, des commerces, pubs et restaurants. Bon plan : on peut louer des kayaks sur place.

HÉBRIDES

HIGHLANDS

Le nom parle de lui-même. Il suffit à abreuver l'imaginaire et à attirer les visiteurs du monde entier. Il est synonyme de lochs profonds et de sommets indomptés, de glens verdoyants et de falaises déchiquetées, de châteaux solitaires et de pubs animés… Car c'est avant tout pour ces terres lointaines que l'on vient en Écosse. Et l'on ne peut guère se le reprocher. Tout, ici, est gigantisme et beauté infinie. C'est le royaume des superlatifs, perché au bout de l'Europe et parsemé de villages de pêcheurs isolés, autrefois meurtris par les *clearances*, aujourd'hui revigorés par le tourisme. Au sud, le Loch Nessne présente plus son monstre et la région de Lochaber cumule la plus grande montagne et la plus belle vallée du pays. Plus haut, la côte du nord-ouest est le théâtre d'un des road-trips les plus merveilleux d'Europe, à travers une nature sauvage et dramatique.

20 KM
Highlands
Cape Wrath
Loch Eriboll
Whiten Head
Strathy Point
DURNESS
BETTYHILL
THURSO
JOHN O'GR
A838
A836
TONGUE
Laxford Bridge
A882
WICK
A894
Kylestrome
ALTNAHARRA
A9
Latheron
Kinbrace
Rubha Cóigeach
LOCHINVER
A836
HELMSDALE
Achiltibue
Ledmore
A835
LAIRG
BRORA
A837
Golspie
ULLAPOOL
Beinn Dearg
1 084 m
A832
DORNOCH
GAIRLOCH
Tain
Easter Ross
Sgurr Mór
1 110 m
Talladale
A9
Invergordon
Wester
Ross
Kinlochewe
Grudie
Moray Firth
Burghead
A832
STRATHPEFFER
Garve
Black
Isle
A96
Elgin
TORRIDON
Achnasheen
A835
Nairn
Shieldaig
Fortrose
A890
Tore
HIGHLANDS
BEAULY
Lochcarron
A82
INVERNESS
KYLE OF LOCHALSH
Loch Ness
A87
DRUMNADROCHIT
GLEN AFFRIC -
GLEN CANNICH
A9
A887
Invermoriston
Aviemore
FORT AUGUSTUS
Knoydart
GRAMPIAN
INVERGARRY
MALLAIG
Kingussie
Laggan
A93
A830
A82
Braemar
Speanbridge
Loch Shiel
FORT WILLIAM
Sunart
Ben Nevis
ACHARACLE
Pass of
Drumochter
Strontian
GLENCOE
TAYSIDE
Ballachulish
A82
Lochaline
Loch Linnhe
A828
Pitlochry
LISMORE
A9
Oban
A85
Tyndrum
Dundee
KERRERA
CENTRAL
A816
A82
Lochearnhead
Perth

PAGES

317 ## ● ● FORT WILLIAM ET LOCHABER

Cette région abrite tout ce que l'Écosse a de mieux à offrir : la plus haute montagne, le plus beau glen, une histoire riche, des lieux de tournages de block-busters à foison, de bons pubs et un hébergement de qualité. La route de Glencoe et celle des îles offrent des panoramas à couper le souffle. Le Lochaber peut aussi se découvrir en train à travers Rannoch Moor et sur le viaduc de Glenfinnan.

331 ## ● ● NORD-OUEST

C'est sur cette côte nord-ouest indomptée que les Highlands révèlent leur visage le plus sauvage, le plus désertique et le plus grandiose. On plonge réellement dans le cœur de ce pays de bout du monde, où tout rend infiniment humble et petit. Les montagnes, les lochs, les plages et les falaises se succèdent pour former un univers intime et fantastique, qu'une vie suffit à peine à explorer.

Kyle of Lochalsh.

PAGES

Ici, les reliefs affichent des chiffres plus modestes et les terres sont couvertes de bois, de landes et de sommets solitaires. Occupant une partie du Sutherland et l'intégralité de Caithness, les paysages sont parfois complètement désertiques. Entre Thurso et Wick, les falaises sont parmi les plus belles de Grande-Bretagne.

Comme son nom l'indique en gaélique, Inverness se trouve à l'embouchure de la rivière Ness, qui la traverse pour se jeter dans la mer. Inverness et ses environs sont un point de ravitaillement et de départ parfait pour aller parcourir la North Coast 500, explorer le Loch Ness, randonner dans les Highlands ou faire du tourisme culturel.

Capitale historique des Highlands, Inverness en est la plus grosse ville et le pôle d'activités principal. Rapidement peuplée par les Pictes, elle se développe au Moyen Âge et est le théâtre de plusieurs batailles. Celle de Culloden (1746) reste la plus illustre, pour avoir mis fin aux prétentions de Bonnie Prince Charlie.

GLENCOE ★★★

À l'est, les immenses plaines de Rannoch Moor annoncent les sommets grandioses des vallées de Glen Coe et Glen Etive, qui affichent certains des paysages les plus spectaculaires du pays. À l'ouest, les eaux des Loch Linnhe et Loch Leven chatouillent le pied des montagnes et sont bordées de plusieurs villages parfaits pour un séjour : Glencoe, Ballachulish et Kinlochleven. Au cœur de tout, l'A82 est une route grandiose, l'une des plus belles d'Europe, et vous êtes assurés de revenir avec les yeux et la tête pleins de magnifiques souvenirs.

Tourisme

▸ **Rannoch Moor.** L'immense région de Rannoch Moor s'étend sur 130 km² à l'est du Glen Coe et du Glen Nevis. C'est l'une des plus vastes zones absolument désertes d'Écosse. Ses paysages de hauts plateaux couverts de lande arborent une désolation magnifique, ponctuée de montagnes et de lochs. Seule la course des cerfs interrompt la paix qui règne ici. Si vous êtes en voiture, l'A82 les longe par le sud et la route du Loch Rannoch y pénètre par l'est. Le train les traverse du sud au nord, avec des vues stupéfiantes entre Bridge of Orchy et Spean Bridge. Corrour Station est une apothéose : ce n'est pas pour rien que le film *Trainspotting* l'a choisie pour ses scènes dans les Highlands. D'ici, on peut rejoindre l'une des auberges les plus isolées du pays, la SYHA Loch Ossian, sur les rives du loch éponyme, à 20 minutes de marche. On n'y trouve aucun accès par la route, seulement 20 lits, mais que de charme et de quiétude ! (Lit en dortoir à partir de £26 -£3 par adhérent, adhésion : £6-10. ✆ +44 139 773 2207 – www.hostellingscotland.org.uk/hostels/loch-ossian/). Le Moor of Rannoch Hotel est également un très bon point de chute, à la sortie de Rannoch Station (chambre double à £390. Petit déjeuner et diner inclus. Parking. ✆ +44 188 263 3238 – www.moorofrannoch.co.uk. Fermé de fin octobre à mi-février).

Transports

Le bus Stagecoach 44 relie Glencoe et Ballachulish à Fort William en env. Trente-cinq minutes et le West Coast Motors 913 relie Ballachulish à Fort William en 30 minutes et à Oban en 1h. Les services Citylink 914/15/16 connectent Glencoe et Ballachulish à Glasgow en environ 2h30 et à Portree en environ 3h30.

© CHRISDS - ISTOCKPHOTO.COM

Buachaille Etive Mòr.

GLENCOE FOLK MUSEUM

Main Street

✆ +44 185 581 1664

www.glencoemuseum.com

De juin à septembre : du lundi au samedi 11h-15h. Avril-mai-octobre : du jeudi au dimanche 11h-15h. Adultes : £3.

Dans une chaumière traditionnelle du XVIIIe siècle, sur la route principale au centre du village, est raconté le passé de la région et de ses habitants. Des costumes, des jouets, des ustensiles domestiques et des objets en tout genre – dont une réplique de la déesse Ballachullish, sculpture en bois datée de 600 av. J.-C. –, révèlent la petite histoire, tandis que des rétrospectives sur le massacre de Glencoe ou le mouvement jacobite relatent la grande. Il y a aussi une exposition temporaire annuelle et des événements programmés toute l'année.

GLENCOE VISITOR CENTRE

Ballachulish

✆ +44 185 581 1307

www.nts.org.uk/visit/places/glencoe

Ouvert 7j/7, de 10h à 16h. D'avril à octobre : 9h30-17h30. Parking : £4/jour.

Chapeauté par la *National Trust*, le *Glencoe Visitor Centre* entend donner un aperçu de l'immense richesse de sa vallée, à travers son histoire, sa faune, sa flore, sa géologie et son occupation humaine. La technologie se met au service de la nature et le tout est assez interactif et didactique. Le Glencoe Massacre n'est pas passé sous silence, mais l'on parle aussi de randonnée et d'alpinisme. Le site est aussi le point de départ de randonnées, d'où un grand parking, un café-snack, un espace d'informations et toutes les commodités.

GLEN COE & GLEN ETIVE ★★★★

Glen Coe : objet de toutes les rêveries et vitrine de l'Écosse dans le monde entier, la vallée de Glen Coe n'a pas fini d'émerveiller. D'origines volcaniques, ses montagnes biscornues en font une région magnifique, souvent considérée, à raison, comme le plus beau *glen* du pays. Il s'étire sur 16 km et est parcouru entièrement par l'A82. À l'est, il est précédé par l'immense Rannoch Moor et ses étendues de landes sans fin. À l'ouest, il se jette dans le Loch Leven, au petit village de Glencoe. C'est un sanctuaire adulé par les amoureux de nature, de randonnée et de plein-air. Une grande partie de sa surface appartient d'ailleurs à la National Trust et l'on recommande de passer au *visitor centre* ou de faire un saut sur leur site Internet (www.nts.org.uk) pour des idées d'itinéraires, ou même des marches guidées, organisées par les rangers locaux. Le West Highland Way passe par ici et grimpe le très célèbre Devil's Staircase, l'un des moments les plus attendus par ses randonneurs pour sa grande beauté, mais aussi son challenge. Plus à l'ouest, les Three Sisters sont parmi les sommets les plus photographiés du pays : Beinn Fhada, Gearr Aonach, and Aonach Dubh. Arrêtez-vous sur les parkings pour des points de vue époustouflants. Pourtant, l'heure n'a pas toujours été à la fête dans le *glen*, loin s'en faut. L'année 1692 reste à jamais marquée dans les esprits comme le jour le plus sombre de son histoire. Au sortir de la Glorieuse Révolution, les MacDonald de Glencoe, qui étaient de fervents jacobites, tardèrent à prêter serment au nouveau au roi William, mais s'y plièrent malgré tout. Quelque temps plus tard, alors qu'ils hébergeaient des hommes du Clan Campbell selon l'hospitalité écossaise, ces dernières reçurent l'ordre royal d'exécuter leurs hôtes. Au matin du 13 février et après plusieurs jours à partager leur table, ils massacrèrent 38 des MacDonald et laissèrent périr de froid 40 femmes et enfants, après avoir incendié leurs maisons. Ce sombre événement est devenu un fait majeur de l'histoire écossaise et de sa culture clanique.

Glen Etive : au sud du Glen Coe, l'immense Glen Etive est moins connu que son voisin, mais cela tend à changer depuis son apparition dans les scènes finales de *James Bond : Skyfall*. On y accède avant l'entrée est du Glen Coe, depuis l'A82. Long de près de 20 km, il offre ce qu'il se fait de mieux à Lochaber : des montagnes grandioses, des cascades, des forêts, une belle faune, quelques sentiers de randonnée, avant de se terminer sur les rives du romantique Loch Etive, qui coule jusqu'aux abords d'Oban.

GLENCOE YOUTH HOSTEL €

Ballachulish

✆ +44 1855 811 219

www.hostellingscotland.org.uk

Lit en dortoir dès £27, chambre double dès £97. Petit déjeuner £5,50, Wifi. Parking.

À mi-chemin entre le village de Glencoe et sa vallée magnifique, cette auberge de Hostelling Scotland a un air de montagne bien affiché, avec ses murs extérieurs couverts de lambris. Il y a 48 lits en chambres et en dortoirs et les installations sont classiques de la chaîne, un peu rustiques, mais tout y est. Depuis 2020, l'auberge est équipée en pods, ces cabanes en bois semi-circulaires propres au glamping (version améliorée du camping), disposées dans le parc de l'auberge. Chaque pod est équipé d'un lit double, d'une douche et de toilettes privatives.

INVERCOE CARAVAN & CAMPING PARK €

Ballachulish

✆ +44 185 581 1210

www.invercoe.co.uk

Emplacement tente et caravane à partir de £31. Semaine en lodge pour 2 : £360 à £680. Parking.

Ce camping est situé juste au-dessus du bourg de Glencoe, sur la B866 de l'autre côté de la rivière Coe. L'offre y est variée, avec des emplacements pour tentes, camping-cars et caravanes, mais aussi des locations de mobil-homes, de cottages, de lodges (mini-chalets), de bungalows et même de pods. Attention : les camping-cars ne sont pas admis. La situation face au Loch Leven est ravissante et l'on peut même y faire de la navigation de plaisance.

RED SQUIRREL CAMPSITE €

Glencoe

✆ +44 185 581 1256

redsquirrelcampsite.co.uk

£12,50 par personne, £3 par enfant. Parking et Wi-fi.

Le Red Squirrel est un petit camping simple pour tentes, camping-cars et caravanes. Proche du Clachaig Inn, il est particulièrement bien placé. Il offre les attraits du camping sauvage – simplicité, grands espaces, paysages magnifiques, calme... – avec un certain confort – douches comme W.C. sont à disposition, wi-fi, électricité. Vous pouvez venir avec votre tente, camping-car, caravane, chevaux. Le camping est ouvert aussi aux groupe, avec un tarif réduit au-delà de 25 personnes, et un tarif encore plus mini pour les associations.

ARDNO HOUSE €€

Ballachulish

+44 185 581 1830

ardnohouse.co.uk

Chambre double de £120 à £145. 2 nuits minimum. Petit déjeuner inclus. Parking et Wi-fi.

Cette belle et grande maison moderne profite d'un joli cadre avec de superbes vues, même selon les critères du coin. Elle est nichée au creux d'une montagne boisée, sur les rives du Loch Linnhe, avec vue sur l'eau et les Ardgour Hills. On y trouve quatre chambres, trois doubles qui donnent sur le loch et une triple qui donne sur les bois. Il y a une salle de bains privée pour chacune et un salon dont les larges fenêtres en mettent plein les yeux. Attention, si vous voyagez en famille, les enfants de moins de 12 ans ne sont pas acceptés.

CALLART VIEW B&B AND GLENCOE HIGHLAND COTTAGES €€

Invercoe

+44 1855 811 259

www.callart-view.co.uk

Chambre simple dès £55, double dès £75. Petit déjeuner inclus. Wifi. Parking. Cottage : dès £295/semaine.

À l'entrée nord de Glencoe sur la B863, Callart View fait face au Loch Leven dans son petit cottage confortable. Les trois chambres sont doubles, twin ou familiales et disposent de vues imprenables sur le loch et les montagnes ou la forêt. Toutes ont leur petite salle de bains. L'accueil est souriant. Les propriétaires disposent aussi de deux cottages, Bennachie & Nursery Cottage, à louer à la semaine : idéal pour avoir un pied-à-terre et rayonner dans la région !

LOCH LEVEN HOTEL €€

Old Ferry Road +44 1855 821236

www.lochlevenhotel.co.uk

Dès £131 la nuit. Chambres avec salles de bains. £161 les pods. Chiens acceptés.

Le Loch Leven Hotel offre plusieurs types d'hébergement – chambres traditionnelles tout confort, avec salles de bains privatives, et pods – qui plairont à tous les types de voyageurs. Le lieu, chaleureux, offre de multiples attraits : vue imprenable sur le loch, bibliothèque et salon cosy, salle de jeux, bar avec ses nombreux scotch whiskies et ses gins distillés sur place, restaurant et pub à la carte traditionnelle et savoureuse.

Suggestion futée : profitez de votre séjour pour créer votre propre gin grâce à la Gin School Experience.

CREAG MHOR LODGE €€€

Onich

+44 185 582 1379

www.creagmhorlodge.com

Chambre double à partir de £230. 2 nuits minimum. Petit déjeuner inclus. Parking et Wi-fi.

Cette immense propriété victorienne sur le Loch Linnhe a tout ce que l'on peut attendre d'une parfaite retraite à la montagne. Les dix chambres avec salles d'eau sont de tailles et d'aménagements différents, avec certaines vues remarquables et toutes sont équipées tout confort. Vous pourrez même aller piocher le soir parmi les DVD mis à disposition. Le bar vous tend les bras pour vous prélasser en fin de journée, accompagné d'un *dram* à choisir parmi ses 350 whiskies, dont quelques malts rares. Des paniers-repas peuvent être préparés à la demande.

CRAFTS & THINGS €

Glencoe

+44 185 581 1325

www.craftsandthings.co.uk

Ouvert tous les jours de 9h30 à 17h. Comptez £4-8 pour un petit plat.

À l'entrée ouest du village, sur l'A82, *Crafts & Things* porte bien son nom avec sa boutique de souvenirs et de cadeaux. Elle s'étend sur deux étages, avec un vaste choix d'objets typiques et artisanaux, mais aussi de souvenirs kitsch. Dans sa longère blanche typique, on profite d'un petit coin café-librairie avec des sandwichs, des soupes, des boissons chaudes, pour le matin, le midi et le goûter... Vous pourrez aussi prendre place sur la terrasse extérieure. Mention spéciale pour les pâtisseries : demandez conseil au staff, car il y a des gâteaux chouchous !

CLACHAIG INN €€

Ballachulish

+44 1855 811 252

www.clachaig.com

Ouvert tous les jours de 11h à 23h. Service de midi à 21h. Plats à partir de £12,95.

Le Clachaig Inn est une légende à Glencoe. Véritable repère de randonneurs, de locaux et de touristes, il se compose en trois bars différents. Le Boots Bar est le plus typique, avec ses troncs d'arbres, ses barils et son éclairage sombre, mais vous pouvez opter pour le Snug, plus calme, ou le Bidean Lounge, axé restaurant. L'ambiance montagnarde règne et la nourriture traditionnelle est une réussite. Le choix de bières est immense, avec jusqu'à 15 *real ales*, et la sélection de whiskys n'a pas à rougir non plus. Il y a régulièrement de la musique live le week-end.

HIGHLANDS

LOCH VIEW RESTAURANT & OLD FERRY BAR €€

Old Ferry Road

✆ +44 1855 821236

Pub et restaurant. Déjeuner : 12h-14h. Dîner : 18h-21h. 7j/7. Plats à partir de £14,95.

Le Old Ferry Bar a toute une histoire... celle du vieux ferry qui traversait le loch avant que le pont ne le rende obsolète. Il valait mieux prendre tôt le matin, avant que le capitaine ait trop consommé de pintes, aux arrivées et départs réguliers. Pub et restaurant ont une belle atmosphère, autant qu'une vue imprenable et qu'une carte traditionnelle savoureuse, toute de produits frais, servis en portions bien généreuses. Amateurs de gin : testez les cocktails !

LOCHLEVEN SEAFOOD CAFÉ €€

B863

✆ +44 185 582 1048

www.lochlevenseafoodcafe.co.uk

Ouvert tous les jours du 16 février à octobre de 12h à 21h (dernières commandes). Plats à partir de £12.95.

Sur la rive nord du Loch Leven, voici un savoureux restaurant de poissons et fruits de mer comme on en fait de très bons en Écosse. Huîtres, palourdes, moules, noix de Saint-Jacques, langoustines et homards côtoient saumons, soles et dorades, à la carte comme dans les eaux. Les fournisseurs sont locaux et les poissons ou coquillages n'ont pas besoin de venir de loin ! Les amoureux de produits de la mer seront aux anges. À la carte ultra fraîche – vivier d'eau du loch, cuisson à la demande – s'ajoute une vue panoramique superbe.

GLENCOE ACTIVITIES

Dragon's Tooth Golf Course

✆ +44 185 541 3200

www.glencoeactivities.com

Activités disponibles toute l'année à réserver en ligne. Café sur place. Hébergement en lodges.

Glencoe Activities regroupe plusieurs centres et organismes d'activités autour de Glencoe pour des aventures variées toute l'année. De l'escalade, de la marche, du bateau, du canyoning, du rafting, du tir à l'arc, du lancer de haches : les idées ne manquent pas et sont classées par niveau d'adrénaline. Les amateurs pourront jouer au golf dans ce 9-trous parmi les meilleurs d'Écosse. Il est aussi possible de louer des vélos électriques et des Segway. Vous pourrez aussi loger sur place dans des pods ou dans des lodges, équipés tout confort.

GLENCOE MOUNTAIN RESORT

Kingshouse

✆ +44 1855 851 226

www.glencoemountain.com

Ouvert toute l'année pour des activités en montagne et en plein air. Hébergements. Location de vélos. Café.

Aux portes de la magnifique vallée, la station de ski de Glencoe est la plus vieille du pays, ouverte en 1956. En été comme en hiver, les télésièges vous permettent une vue époustouflante. 19 pistes comblent les amateurs de glisse en hiver, mais il y a des activités disponibles tout au long de l'année, avec des possibilités de marches, des sorties VTT, de l'escalade et d'autres. Bien sûr, les équipements se louent pour mieux profiter de toutes les activités. Rendez-vous sur leur site pour voir l'ensemble des opportunités selon les saisons.

ICE FACTOR

Kinlochleven

✆ +44 1 855 83 11 30

www.ice-factor.co.uk

2 heures avec instructeur : dès £56. 0 ptions indoor et outdoor. Parcours dans les airs : dès £30.

Ice Factor est le lieu où se dépasser. Si l'escalade vous plaît, un arrêt dans ce centre s'impose. Il possède des parois *indoor* – y compris un mur de glace – et propose des excursions en extérieur pour tous les niveaux, avec tout le matériel nécessaire. Vous pourrez ainsi partir pour une journée complète, à l'assaut de parois impressionnantes, dans des décors vertigineux, et ce, en toute sécurité. Un parcours aérien est aussi en place et tout est fait pour vous donner l'impression de voler. Le café offre tout ce qu'il faut pour se remettre de ses émotions.

PIXEL SPIRITS DISTILLERY & GIN SCHOOL

Old Ferry Road

✆ +44 7443 656528

www.pixelspiritsltd.co.uk

£27.75 la dégustation de gin, £70 Rhum expérience.

Vous pourrez, ici, créer votre propre gin. Après une explication complète sur la fabrication du gin, votre guide (anglophone uniquement) vous fait découvrir le laboratoire où vous concocterez votre breuvage exclusif. À vous de marier et doser les ingrédients de votre spiritueux, de le distiller, de l'embouteiller, de le sceller et aussi de le baptiser. Votre recette restera votre secret bien gardé, puisque conservée par vous seul. Un bon souvenir à rapporter chez vous !

FORT WILLIAM ★★★

Fort William est la seconde plus grande ville des Highlands après Inverness, à qui elle revendique parfois son titre de capitale régionale. C'en est incontestablement le hub touristique, avec Glen Coe au sud, la route des îles à l'ouest, le Loch Ness au nord et des montagnes à perte de vue à l'est. Bercée par les eaux du Loch Linnhe et lovée au pied du gigantesque Ben Nevis, le sommet du pays, elle a un emplacement incomparable dans toute l'Écosse. C'est sur High Street que se trouvent pubs, restaurants et boutiques. On y vient pour les activités en plein air et l'immense beauté de la nature. Prenez le temps d'arpenter le Glen Nevis. De nombreux films, comme *Braveheart, Harry Potter, Highlander* et *Rob Roy* y ont tourné des scènes.

Le sud-ouest de Lochaber : Ardgour, Morvern, Moidart et Ardnamurchan. Cette gigantesque région de Lochaber se trouve à l'ouest du Loch Linnhe et au sud de la route des îles, jusqu'aux abords de Mull. Fortement isolée et peu peuplée, elle est souvent oubliée des visiteurs, mais concentre pourtant une beauté incroyable. Quelques petites routes y serpentent entre les glens, les lochs ou les montagnes et l'unique office de tourisme se trouve à Strontian. Pour y accéder, il faut passer par l'A838 entre Fort William et Mallaig, ou bien emprunter le ferry (www.calmac.co.uk ou www.ardnamurchan.com).

Ardgour : à l'angle du Loch Linnhe et du Loch Eil, c'est la plus accessible. Sa seule route est parallèle à l'A82 (Glencoe-Fort William) et longe les rives du loch, au pied des glens et des sommets.

Morvern : au sud d'Ardgour, elle est juste en face de l'île de Mull et couvre 650 km². L'A884 qui la traverse du nord au sud y dévoile de vastes grands espaces sauvages et vallonnés, avant d'en rejoindre la côte sud.

Moidart : entre le Loch Shiel et la mer, elle est quasi désertique, mais possède encore les ruines du Castle Tioram sur l'île d'Eilean Tioram à Doirlinn, ancien siège d'une branche du clan Donald.

Ardnamurchan : sur 130 km², c'est la plus belle est la plus reculée de toutes. À son extrémité ouest, Ardnamurchan Point est décrit comme le point le plus à l'ouest de l'île de Grande-Bretagne, surmonté d'un phare de 36 m. La géologie, issue d'une ancienne activité volcanique tumultueuse, lui donne des airs lunaires.

The Road to the Isles. Entre Fort William et Mallaig s'étend l'A830 : la route des îles (road-to-the-isles.org.uk) et ses paysages de contes de fée. Sur 78 km, elle longe successivement le Loch Eil, Glenfinnan, le Loch Eilt, le Loch Ailort, le Loch Nan Uamh, le petit port d'Arisaig sur le Loch nan Ceall et l'immense Loch Morar. À chaque tournant, dans chaque vallée, sur chaque col et le long de chaque rive, la beauté de Lochaber se dévoile un peu plus, entre terre et mer. On peut facilement parcourir toute sa longueur en voiture, en train ou en bus. Trois spots sont particulièrement intéressants, du début à la fin.

Glenfinnan : c'est dans ce minuscule village, sur les berges du Loch Shiel, que Bonnie Prince Charlie a levé ses couleurs en 1745 et a appelé les Écossais à prendre les armes, déclenchant ainsi la révolution jacobite. Soixante-dix ans plus tard, le Glenfinnan Monument était dressé au même endroit, pour commémorer ce héros national du haut de ses 18 m. Là n'est pas la principale star locale. Le Glenfinnan Viaduct, viaduc ferroviaire construit en 1898, a récemment été immortalisé dans les films de la saga Harry Potter par le passage du célèbre *Poudlard Express*. On peut suivre ses traces à bord du *Jacobite Steam Train* ou d'un service Scotrail classique. Le loch lui-même a servi de décor à la légendaire école de magie et fut aussi le lieu de naissance de Duncan MacLeod dans les films *Highlander*.

Loch Morar : directement à l'est du village de Morar, avant Mallaig, Loch Morar est le lac le plus profond de Grande-Bretagne, avec pas moins de 310 m d'eau sous sa surface. Une petite route pittoresque suit le commencement de sa rive nord et se poursuit en sentier pédestre jusqu'à la moitié du loch.

Knoydart : parfois présentée comme la dernière terre sauvage du pays (*Britain's last wilderness*), cette péninsule au nord de Mallaig est coincée entre le Loch Nevis et le Loch Hourn. Elle est complètement inaccessible par la route et ne peut être rejointe qu'à pied par l'est et en bateau par l'ouest. Son seul hameau est Inverie et l'on vient se perdre ici pour une communion réelle et absolue avec la nature. Horaires des ferries sur : westernislescruises.co.uk ou knoydartferry.co.uk (même compagnie).

Transports

En train, Fort William est à 1h25 de Mallaig et 3h45 d'Oban ou Glasgow, avec de nombreux arrêts dans les Highlands. En bus, le West Coast Motors 918 conduit à Ballachulish (à 2,5 km de Glencoe) en 1h et à Oban en 1h30 ; le Shiel Buses 500 relie Mallaig en 1h10 ; le Citylink 919 rejoint Inverness en 1h50 et Fort Augustus en 50 minutes ; les Citylink 914/15/16 permettent de se rendre à Glasgow ou à Portree en 3h.

HIGHLANDS

BEN NEVIS ★★★★

Glen Nevis

Parking au Glen Nevis Visitor Centre : £4/journée.

Histoire : le toit des île britanniques n'est que grâce et gigantisme, au-dessus de Fort William et des Highlands. Absolument immanquable lors d'un séjour en Écosse, il est inscrit sur la *to-do list* de nombreux visiteurs, simples touristes comme randonneurs avertis. Son sommet culmine à 1 344 m et fut celui d'un ancien volcan en ses heures les plus glorieuses, il y a 350 millions d'années. Affectueusement appelé « the Ben », sa première ascension connue remonte à 1771 et précéda une longue tradition, qui attire chaque année près de 100 000 personnes. De 1883 à 1907, Ben Nevis était même le site d'un observatoire où des météorologues travaillèrent quotidiennement. Il n'en reste aujourd'hui plus que quelques ruines, mais c'est à sa présence que l'on doit la création du sentier toujours massivement privilégié aujourd'hui. Le Pony Track (ou Ben Path et Tourist Route) devait permettre à des poneys d'apporter des vivres et du matériel à la station pour ravitailler ses résidents. Aujourd'hui emprunté par les marcheurs du monde entier, c'est l'itinéraire le plus rapide et le simple.

Ascension : le *Pony Track* débute dans le Glen Nevis et on peut le rejoindre en trois points : à Achintee (au niveau du Ben Nevis Inn), au Glen Nevis Visitor Centre ou à l'auberge Youth Hostel Glen Nevis. On atteint les 570 premiers mètres d'altitude en suivant un itinéraire qui grimpe le long de grosses marches de pierre jusqu'au Lochan Meall an t-Suidhe, un magnifique petit loch de montagne dont le nom signifie « le lac à mi-chemin ». Ne vous y fiez pas trop cependant, il vous reste plus de la moitié, et ce n'est pas la plus simple... Il n'y a aucune honte à s'arrêter ici, c'est un endroit époustouflant et son cadre est magique. Beaucoup de gens y fixent d'ailleurs leur destination, d'autant plus quand le Ben a la tête dans les nuages et que la vue n'est pas meilleure plus haut. Il est parfois aussi quasiment impossible d'aller plus loin en hiver, quand la neige et la glace ont repris leurs droits sur le mastodonte. Certains poursuivent également vers le nord-est, au pied de la face nord et le long du ruisseau Allt a' Mhuilinn, pour une très longue boucle ramenant jusqu'à Fort William. Si vous avez décidé de continuer vers le sommet, le chemin suit de nombreux zigzags et devient plus rocailleux et difficile à discerner au sol. Attention en arrivant à votre but, des falaises tombent à pic de chaque côté et jusqu'à 700 m au nord, à l'approche et tout au long de l'immense plateau final de 40 hectares. Une multitude de cairns aide à trouver la route et le spectacle à l'arrivée est aussi dramatique qu'éclatant pour celui qui devient, le temps d'un instant, la personne la plus haute de Grande Bretagne et d'Irlande. Au nord, le Great Glen s'étire à majestueusement avec en son nid le Loch Ness, à l'ouest, le Loch Eil dévoile la pointe des Cuillin de Skye, et au sud le panorama est infini... Le Glen Nevis, la cime des Mamores et la cascade de Steall Falls annoncent un parterre de montagnes toutes plus grandes les unes que les autres, de Glen Coe jusqu'au Ben Lomond, et le Loch Linnhe ouvre de splendides perspectives sur Mull et même les lointains Paps of Jura.

Distance et temps : Il faut compter environ 17 km pour grimper jusqu'en haut et redescendre, et entre 6h et 9h de marche au total. L'idéal est de partir le matin (tôt, c'est encore mieux) pour s'assurer de prendre son temps. Attention, la nuit tombe vite dès l'automne.

Course et record : Chaque année, le premier samedi du mois de septembre, la Ben Nevis Race est une course contre la montre sur le Pony Track. Le record est détenu par Kenny Stuart depuis 1984, qui a effectué l'aller-retour en 1h25...

Conseils : ne prenez pas cette ascension à la légère. L'altitude n'est pas celle des Alpes, mais 1344 m en commençant à 0, ça compte et ça fait tout de même près de 4,5 fois la Tour Eiffel ! Pensez à bien vous équiper en matériel et en vivres, à vous munir d'une carte (OS Landranger 41 ou OS Explorer 392), d'une boussole et à prévoir assez de temps. Soyez sûrs de vos capacités physiques et, surtout, vérifiez bien la météo (www.mwis.org.uk et www.bennevisweather.co.uk). S'il fait beau en bas, il peut faire très froid en haut et le temps change rapidement. Gardez bien à l'esprit que le sommet est enneigé en permanence et que les conditions peuvent subitement changer et vous précipiter dans les nuages et la tempête, sans plus aucune visibilité. Enfin, si en été et par beau temps, le Pony Track prend un peu des allures d'autoroutes et qu'il est difficile de se perdre, sachez qu'en hiver, il est très souvent impossible d'aller au-delà du Lochan Meall an t-Suidhe sans matériel et expérience d'alpinisme. Le sentier est invisible, couvert de neige et de glace, et il faut des connaissances excellentes en orientation pour naviguer jusqu'en haut, surtout dans la pluie, les nuages, le vent et la neige. Les plus aventuriers et expérimentés passent aussi parfois par la face nord, bien moins fréquentée et surtout bien plus demandeuse en effort et en challenge. Quel que soit le jour, la saison et l'itinéraire que vous choisissiez, passez par le Glen Nevis Visitor Centre prendre quelques conseils et, si vous le pouvez, prévenez vos hôtes de votre parcours. Beaucoup d'hébergements ont d'ailleurs des cahiers à cet effet. Ça ne coûte rien et on saura où vous retrouver, si vous avez un souci. Sachez qu'il est également possible de recourir aux services d'un guide si l'on souhaite être accompagné.

GLENFINANN VIADUCT ★★

A830

Accès libre. £3,50 le parking.

© KRYCH-34

Le viaduc de Glenfinann a été rendu célèbre par la saga *Harry Potter*. Si le lieu est incontournable pour les fans, il gagne à être vu par tous, pour ses paysages magnifiques. Le monument est impressionnant : un chemin de fer sur une portée de 1 000 pieds (305 m), 100 pieds (30,50 m) au-dessus du sol. Une petite randonnée, la Glenfinann Viaduct trail, permet de le découvrir : 4 km en 1 à 2 heures, avec un chemin parfois raide (itinéraire gratuit sur walkhighlands.co.uk ou en *Visitor Centre*). Profitez de votre excursion pour aller voir le Glenfinann Monument.

NEPTUNE'S STAIRCASE

Accès libre et gratuit.

Neptune's Staircase ou l'escalier de Neptune en français est un ensemble de 8 écluses s'enchaînant sur le canal calédonien. Il sera une curiosité pour quiconque est intéressé par l'ingénierie : une montée de 19 mètres ! C'est le plus grand ensemble éclusier d'Ecosse. Il faut 90 minutes à un bateau pour passer les 8 portes. Le lieu est aussi très agréable et se prête à la promenade à pied. Faites une halte au Mooring Hotel : c'est aussi un restaurant et un bar très agréable, et il est possible de prendre un verre ou de manger avec la vue sur l'eau.

OLD INVERLOCHY CASTLE

À environ un mile du centre de Fort William, sur la route A82 en sortant de la ville en direction d'Inverness

Accès libre et gratuit.

Il y a deux Inverlochy Castle : le récent, devenu hôtel de luxe, et le vieux, en ruine, qui se découvre librement, un peu à l'écart de la ville. Old Inverlochy Castle est situé dans une position défensive stratégique par rapport à la rivière Lochy. Il date du XIIIe siècle et a joué un rôle clé en 1645 quand le comte de Montrose, royaliste, a battu les forces du chef du clan Campbell, le Duke of Argyll : c'est la seconde bataille d'Inverlochy. En 1654 il est abandonné au profit d'un fort en bois, remplacé par un fort en pierre, et baptisé Fort William.

THE WEST HIGHLAND MUSEUM

Cameron Square

✆ +44 1397 702 169

www.westhighlandmuseum.org.uk

Oct-avril : lundi-samedi, 10h-16h ; mai-sept : 17h ; juillet & août : 7j/7, 10h-17h & dimanche 11h-15h. Gratuit.

Dans huit salles et sur trois étages, ce musée local retrace l'histoire régionale de l'ouest des Highlands, à travers ses gens et ses événements marquants. Le mouvement jacobite y est particulièrement mis à l'honneur et l'on trouve notamment un portrait de Bonnie Prince Charlie. Il y a de nombreux objets d'époque, des reconstitutions, des expositions et des photos : tout y passe, de la Préhistoire à l'ère victorienne. C'est une approche intéressante de la région et une visite adaptée par mauvais temps ou entre deux journées sportives.

GLEN NEVIS VISITOR CENTRE

Glen Nevis

✆ +44 1349 781 401

www.ben-nevis.com

Ouvert 7j/7 8h30-18h en été, de 9h-17h en automne et au printemps et de 9h-14h30 en hiver. Parking : £1/1h, £4/journée.

Ce centre d'informations sur le Glen Nevis est un arrêt très utile pour se renseigner sur les marches possibles dans le coin – plusieurs itinéraires de tous niveaux –, dont l'ascension du Ben. Il est fortement conseillé d'y passer pour vérifier les conditions météo avant toute ascension, particulièrement en dehors de l'été, et pour prendre toutes les informations nécessaires à une randonnée en toute sécurité. Il y a un parking sur place et un espace café.

Paysage de Ben Nevis.

THE JACOBITE STEAM TRAIN

Fort William Station ✆ +44 1524 732 100
www.westcoastrailways.co.uk
Avril-octobre, départs à 10h15 et 14h40. Adulte : £89 (1re classe), £57 (2e). Enfant : £63/£33.

Sur l'une des plus belles voies ferrées du pays, ce superbe train à locomotive transporte à l'époque victorienne, mais aussi à travers certains des plus beux paysages d'Écosse, entre Fort William et Mallaig. En saison, il y a deux départs de Fort William par jour, le matin et l'après-midi, et deux retours de Mallaig, l'après-midi et le soir. Pour les fans de *Harry Potter*, c'est bien le Poudlard Express que vous apercevez dans les films. Les trains contemporains de Scotrail empruntent, eux aussi, le même chemin plusieurs fois par jour.

FORT WILLIAM BACKPACKERS €

Alma Road ✆ +44 1397 700 711
www.fortwilliambackpackers.com
Lit en dortoir à partir de £25, chambre privée à partir de £60. Wifi. Parking.

Dans une grande maison sur les hauteurs de Fort William, cette auberge très conviviale n'est qu'à quelques minutes à pied du centre-ville et de ses commodités. Plus destinée aux jeunes en quête de rencontres qu'aux familles, l'ambiance y est très bon enfant et brasse une clientèle de *backpackers* et de sportifs. Il y a une cuisine commune et un petit salon, équipé d'une cheminée, pour se poser en fin de journée. En été, vous pourrez même cuisiner dehors, grâce au barbecue mis à disposition. Les pubs et restaurants sont à quelques minutes à pied.

GLEN NEVIS HOLIDAYS €

Glen Nevis ✆ +44 139 770 2191
www.glen-nevis.co.uk
Camping (tente) dès £12/adulte/nuit. Place caravane dès £24,50. Pod pour 2 dès £85. Fermé de novembre à mi-mars.

En plein cœur du Glen Nevis, dans l'ombre du gigantesque Ben et dans un environnement superbe, ce camping propose une offre d'hébergement variée. En plus des emplacements pour tentes, caravanes et camping-cars, il est possible prendre une cabine à la nuit (un pod pour deux personnes) ou de louer un mobil-home à la semaine (parfois moins) pour plus de confort. Il y a une supérette sur place et, bien sûr, des douches et toilettes communes. Le camping a aussi son restaurant et bar – le Glen Nevis Restaurant & Bar – sui propose une cuisine traditionnelle de pub.

GLEN NEVIS YOUTH HOSTEL €

Glen Nevis
✆ +44 1397 702 336
www.hostellingscotland.org.uk
Lit en dortoir dès £26, chambre double dès £72. Petit déjeuner : £7. Wifi. Parking.

Au pied d'une des entrées du sentier menant au sommet du Ben Nevis, cette auberge de Hostelling Scotland est un point de chute idéal si vous souhaitez conquérir le colosse sans perdre de temps et en séjournant à moindre coût. Il offre une superbe vue panoramique sur la montagne, une cuisine commune bien équipée, une salle de séchage, une buanderie et un local à vélos sécurisé. Plats et boissons sont disponibles toute la journée. L'endroit, monté en gamme après de vastes rénovations et un ravalement de façade total en 2018, est vite pris d'assaut en été.

ARDARROCH COTTAGE B&B €€

Kinlocheil

✆ +44 139 772 2204

www.ardarrochcottage.co.uk

Chambre double à partir de £100. 2 nuits minimum. Petit déjeuner inclus. Parking et Wi-fi.

Sur la route des îles et face au Loch Eil, ce *bed & breakfast* au calme offre un séjour plein de quiétude et de bien-être, avec une très belle vue sur Ben Nevis. Hors de la ville, il permet cependant un accès facile à tous les spots nature du Lochaber. Il n'y a que deux chambres, ce qui garantit une attention toute particulière pour chaque invité. L'une comme l'autre sont spacieuses et douillettes, avec vue sur le loch ou les montagnes. Le petit déjeuner est excellent, tout comme l'accueil. Attention, cet établissement ne reçoit que les personnes adultes.

INVERLOCHY CASTLE HOTEL €€€

Torlundy

✆ +44 1397 702 177

www.inverlochycastlehotel.com

Dès £390 pour une chambre double, jusqu'à £1 200 pour une suite. Petit déjeuner inclus. Chiens acceptés : £20.

Construit en 1863, ce château accueillit la reine Victoria une dizaine d'années plus tard. Les 17 hambres sont spacieuses et ont toutes une vue sur le parc et les montagnes. Un cottage indépendant est aussi disponible. L'établissement peut se targuer d'être l'un des plus beaux hôtels d'Écosse : entre sa situation dans un écrin de verdure, en bord de loch, son architecture victorienne superbe, et son restaurant étoilé, dirigé par la plus grande famille de chefs du pays – Albert et Michel Roux –, il a tout de l'adresse exceptionnelle.

MYRTLE BANK GUEST HOUSE HOTEL €€

8 Achintore Road

✆ +44 1397 702 034

www.myrtlebankguesthouse.co.uk

Chambre double entre £90 et £140. Petit déjeuner inclus. Wifi. Parking.

Dans trois belles demeures face au Loch Linnhe, Myrtle Bank propose une vingtaine de chambres aux tailles et à la décoration différentes. Toutes sont lumineuses et élégantes, avec de beaux meubles en bois et beaucoup de confort. Certaines sont immenses et disposent en outre de vues magnifiques sur les eaux paisibles de l'autre côté de la route. Quelques salles de bains sont partagées, même si la plupart sont privées, et les hôtes sont très agréables.

BEN NEVIS INN & BUNKHOUSE €€

Archintee Road

✆ +44 1397 701 227

www.ben-nevis-inn.co.uk

7j/7 en été, jeudi-dimanche en hiver, 12h-00h. Plats à partir de £15,95. Dortoirs à partir de £36.

À l'entrée du sentier pour Ben Nevis, ce *inn* peut être difficile à trouver, n'étant pas du côté le plus fréquenté du *glen* et de la rivière Nevis. On peut s'y rendre depuis le Glen Nevis Visitor Centre, en suivant le chemin pour le Ben. Une fois à destination, une ambiance typique des Highlands vous attend, avec une grande salle de pierres sombres, d'énormes tables en bois, une nourriture tout ce qu'il y a de plus écossaise et d'excellentes bières. Il y a souvent de la musique *live*.

CORRIEGOUR LODGE HOTEL €€€

Loch Lochy

✆ +44 1397 712685

www.corriegour-lodge-hotel.com

Chambre double dès £125. Petit déjeuner inclus. Parking et wi-fi gratuits.

Corriegour Lodge Hotel est sans doute le lieu de retraite paisible que vous cherchiez. Situé sur l'une des plus belles sections du Great Glen, il jouit d'une vue magnifique sur le Loch Lochy et possède sa propre jetée, pour vous permettre de naviguer, ainsi que 9 hectares de bois. Les chambres ont toutes leur salle de bains privative attenante et sont équipées tout confort. Le salon et les espaces communs sont aussi particulièrement agréables. Quant au restaurant (ouvert aux non-résidents), il a été plusieurs fois récompensé pour son excellence.

CRANNOG SEAFOOD RESTAURANT €€

Town Centre Pier

✆ +44 139 770 5589

www.crannog.net

Mercredi-dimanche, 12h-14h et 17h-21h. Plats à partir de £17.

Cette célèbre adresse au toit rouge est présente sur la jetée de Fort William depuis plus de 25 ans. Vous y aurez le choix entre moules, saumons, tartes au crabe, *cullen skink*, merlu et bien d'autres. Les amateurs de saveurs maritimes seront conquis et la présentation, tout comme l'emplacement, ne gâchent rien. L'établissement propose aussi... des croisières ! Celles-ci permettent de découvrir le Loch Linnhe et le Loch Eil et de voir phoques, dauphins, marsouins...

GARRISON WEST €€

4 Cameron Road
✆ +44 1397 701 873
www.garrisonwest.co.uk
Mercredi-dimanche, 12h-14h30 et 17h-21h30. Plats à partir de £17.

Récemment débarqué à Fort William, Garrison West est venu bousculer la scène culinaire locale avec son excellente nourriture de gastropub moderne et savoureuse. L'endroit est un brin en retrait de la rue principale et encore un peu moins envahi que tous ses voisins, ce qui ne fait que renforcer son atmosphère traditionnelle. Il y a également quelques bonnes bières, whiskys et gins. Le lieu est parfait pour venir boire un verre en fin de journée et se remettre de ses émotions avec un bon plat, bien consistant et tout ce qu'il faut de gourmand.

THE MOORINGS HOTEL AND RESTAURANT BANAVIE €€€

Banavie
✆ +44 1397 772 797
www.moorings-fortwilliam.co.uk
Le bistro est ouvert tous les jours de 11h à 21h. La chambre double à partir de £75.

Ce restaurant décoré de bois sombre et de tissus fleuris est une réussite. Nous vous suggérons la soupe de poulet à la coriandre, la lotte sur salade avec une sauce de tétragone à la crème, la galette de pommes de terre dans une sauce de baies et d'herbes. Mais attention au prix des vins ! Il organise également des afternoon teas. L'hôtel, quant à lui, propose 36 chambres avec vue sur le canal ou sur les plus plus grandes montagnes d'Angleterre : le Ben Nevis.

BEN NEVIS BAR

103 High Street
✆ +44 1397 702 295
www.thebennevisbarfortwilliam.co.uk
Ouvert tous les jours à partir de 12h. Plat à partir de £14,99.

Ce pub convivial et cosy est composé de deux bars : le *Ben Bar* et le *Jacobite Lounge*. On recommande particulièrement ce dernier, qui offre un sympathique voyage dans le temps avec son aspect sympathique de salon, ses canapés, ses fauteuils, son plafond bas, son poêle à chauffer et ses peintures des Highlands. Il y a en moyenne trois *real ales* et la grande terrasse face au loch est fort courue en été. Des concerts de musique *live* traditionnelle, rock et des *ceilidh* sont régulièrement organisés et annoncés sur la page Facebook du pub.

BLACK ISLE BAR

Gordon Square
✆ +44 1397 700876
www.blackislebrewery.com
Ouvert 7j/7, 17h-23h (12h vendredi et samedi). Fermé le dimanche. Pizza à partir de £10.

Black Isle a ouvert en 2019 son pub à Fort William. Cette excellente brasserie bio et locale des Highlands est en plein développement et c'est tant mieux. Vous pourrez déguster bien sûr leurs bières, et pas moins de 27 bières à la pression ou à la pompe, plus celles en canettes et en bouteilles venues du monde entier, mais aussi des vins bio et des whiskies écossais, avec un plateau de fromage ou charcuterie. Les pizzas au feu de bois valent que l'on vienne y déjeuner ou dîner : ingrédients locaux, options végétaliennes et sans gluten.

GLEN NEVIS RESTAURANT & BAR

Glen Nevis
✆ +44 139 770 3601
glennevisrestaurant.co.uk
Ouvert tous les jours de 12h à 23h entre mi-mars et novembre.

Le bâtiment est moderne et manque un peu d'âme, mais a l'avantage d'être superbement situé au cœur du Glen Nevis. C'est donc une adresse idéale pour tous ceux qui séjournent à proximité et ne peuvent ou ne veulent pousser jusqu'au centre-ville. Plusieurs bières locales y sont disponibles, comme celles de la Loch Ness Brewery, et il y a aussi une bonne sélection de whiskies. Vous pourrez aussi déjeuner et dîner grâce à une carte traditionnelle de *pub food*.

THE GROG & GRUEL

66 High Street
✆ +44 1397 705 078
www.grogandgruel.co.uk
Ouvert tous les jours de midi à minuit.

Immense classique de Fort William, le Grog & Gruel est populaire chez les locaux, les randonneurs et les visiteurs. Dans un cadre très traditionnel, on y vient pour boire de bonnes *real ales* en fin de journée, après une randonnée ou un programme de visites. Il est aussi possible d'y manger des plats simples, avec les habituels burgers, steaks, *fish & chips* et *pies*, mais aussi des choses plus originales, telles que des pâtes, des pizzas et des recettes mexicaines. L'étage accueille la partie restaurant, tandis que le bar est au rez-de-chaussée.

ABACUS MOUNTAIN GUIDES

Fort William
✆ +44 139 777 2466
www.abacusmountainguides.com
Randonnées guidées toute l'année. Escalade l'été.

Abacus Mountain Guides organisent des randonnées guidées toute l'année dans la région. Ben Nevis est un grand classique, en été comme en hiver, mais il y a aussi d'autres possibilités de tout niveau : randonnées dans Glen Coe, ascension de Buachaille Etive Mor, traversée de Aonach Eagach… En hiver, outre les randonnées en ski de fond, vous pourrez aussi faire de l'escalade sur parois de glace. Quels que soient vos envies et votre niveau, les guides concocteront une excursion sur-mesure, en toute sécurité, pour des souvenirs extraordinaires.

LOCHABER GUIDES

✆ +44 1397 700 359
www.lochaber-guides.co.uk
Randonnées guidées toute l'année.

Les Lochaber Guides proposent leurs services, essentiellement autour de Glencoe et Ben Nevis, sur le *Pony Track* et la face nord, pour des randonnées avec un accompagnateur quelle que soit la saison. Ils vous guident pour des randonnées à l'assaut des *munros* (dont le plus haut, le Ben Nevis) en toute sécurité, avec une grande variété d'itinéraires (autour du Lochaber, de Glencoe…), pour sortir des sentiers battus. L'hiver est aussi propice à la marche, mais vous pourrez vous essayer en plus à l'alpinisme et l'escalade dans la neige et sur glace.

NEVIS CYCLES

4 Lochy Road
✆ +44 139 770 5555
www.neviscycles.com
Ouvert tous les jours de 9h à 17h30. Fermé le mercredi. Location de vélo à partir de £40 par jour.

Nevis Cycles met à votre disposition plusieurs types de vélos, pour répondre aux attentes des plus sportifs comme des cyclistes occasionnels : VTT standard, VTC, vélos et VTT électriques… Experts des deux-roues, ils sauront vous conseiller sur celui qu'il vous faut, selon les excursions prévues, vos envies de sensations, vos habitudes sportives et votre profil. Ils proposent également des vélos pour enfants et accessoires divers pour les familles, des sacoches, équipements de randonnée longue distance. Vous pourrez même bénéficier de coaching et guidage.

NEVIS RANGE MOUNTAIN RESORT

Torlundy
✆ +44 1397 705 825
www.nevisrange.co.uk
Ouvert toute l'année pour des activités en montagne et en plein air. Télésiège : £13/journée.

Elle est l'une des seules stations de ski de pays. Si les sports d'hiver en sont logiquement l'attraction principale, des activités sont possibles toute l'année. On peut prendre le téléphérique pour gagner de l'altitude, faire du VTT, de l'escalade, du parapente, des parcours d'aventure dans les arbres…

▶ **Bonne idée** : Une télécabine vous emmène à 650 m d'altitude, ce qui peut être une bonne alternative si vous ne pouvez pas (ou ne souhaitez pas) randonner.

THE HIGHLAND MOUNTAIN COMPANY

31 Lochry Road
✆ +44 139 770 1363
www.thehighlandmountaincompany.co.uk
Randonnées guidées toute l'année.

Si vous souhaitez découvrir toutes les facettes de la région avec un expert, vous trouverez sans doute ici votre bonheur. Ben Nevis, Glencoe, Lochaber, île de Skye : des randonnées accompagnées sont accessibles à tous. Les tarifs sont à la journée et les excursions peuvent se prolonger sur 3 jours. Les sorties peuvent aller de l'accompagnement individuel à des petits groupes. La randonnée avec un guide reste le meilleur moyen pour les amateurs de découvrir les paysages époustouflants.

VERTICAL DESCENTS

Righ Cres
✆ +44 1855 821593
www.verticaldescents.com
Ouvert 7j/7, de 9h30 à 17h30. Session de 2h à 5h, entre £65 et £150 selon activité.

Vertical Descents est l'expert de vos activités *outdoor* rafraîchissantes. En effet, avec ce pôle d'activités, vous pourrez tenter le canyoning dans les gorges de la campagne écossaise, ou le *gorge walking* – version plus accessible – dans les paysages superbes du Lochaber. Les amateurs d'activités extrêmes pourront aller vers le *coasteering* : sauts depuis des falaises, natation sauvage, escalade, exploration de grottes… Au programme aussi, du surf, stand-up paddle, du kayak, ainsi que du rafting en eau vive sur les rivières des environs de Fort William.

MALLAIG ★★

Dernière étape de la route des îles et de la West Highland Line, Mallaig est l'un des principaux ports de pêche du pays. On s'y rend principalement pour découvrir sa région fascinante et embarquer sur le ferry qui emmène vers les Small Isles, Skye, les Hébrides extérieures ou la péninsule de Knoydart. Suivez la Mallaig Circuit Walk pour une belle vue sur le port et le Loch Nevis. Le Jacobite Steam train (le fameux train à vapeur de *Harry Potter*) vous y emmène depuis Fort William. Sur place, visitez le Mallaig Heritage Centre et partez à la découverte des plages. Mallaig est à 1h25 de Fort William en train et à 1h10 en bus sur le Shiel Buses 500.

MALLAIG HERITAGE CENTRE

Station Road
✆ +44 168 746 2085
www.mallaigheritage.org.uk
Horaires variables d'une semaine à l'autre, à consulter en ligne. Entrée gratuite.

Le *Mallaig Heritage Centre* est un musée local sur l'histoire de l'ouest de Lochaber, à travers des anecdotes, des films, des photos et des expositions. Des Pictes à l'histoire contemporaine, en passant par les jacobites et les *clearances*, on en apprend plus sur le passé tumultueux de la région et sa population. Parmi les expositions, vous découvrirez l'arrivée du chemin de fer à Mallaig et pourquoi son itinéraire est considéré comme l'un des plus pittoresques d'Écosse. Avant son installation, il fallait 7h30 en car pour rallier Fort William !

DOUNE-KNOYDART €€

Doune
✆ +44 1687 462667
www.doune-knoydart.co.uk
Chambre simple en pension complète dès £100, chambre double en pension complète dès £260.

Doune est l'argument de plus pour visiter la péninsule de Knoydart, un des derniers bastions sauvages en Europe. Vous aurez envie de vous relaxer ou d'entrer en action (plongée, voile, randonnées…) dans ce paradis sauvage, composé de chambres avec salles de bain dans un beau lodge en pin, d'une jolie maison à louer et d'un restaurant plusieurs fois récompensé. L'offre de pension complète comprend le petit déjeuner, le panier pique-nique pour le midi et le dîner le soir. Les réservations sont de 3, 4 ou 7 nuits, avec des réductions pour 7 nuits.

LEVEN HOUSE B&B €€

Borrodale Highland
✆ +44 1687 450 238
www.thelevenhouse.co.uk
Chambre double dès £87. Occupation simple £82. Petit déjeuner inclus.

Cette petite maison offre deux chambres doubles ou familiales avec salle de bains. La vue depuis les fenêtres y est prodigieuse – lochs et montagnes – et on goûte à l'hospitalité à l'écossaise. Ce B&B se fera le point de départ idéal pour explorer les collines environnantes à pied ou partir en croisière vers les îles environnantes. Vos hôtes se feront un plaisir de vous indiquer les randonnées et simples promenades au départ de la maison, ou de vous conseiller sur les sites à visiter ou les points d'observation des marsouins et dauphins.

SEAVIEW GUEST HOUSE €€

Main Street
✆ +44 168 746 2059
www.seaviewguesthousemallaig.com
Chambre double dès £75. Simple avec salle de bains partagée : £55. Petit déjeuner inclus. Parking et Wi-fi.

En plein centre de Mallaig et face au port, cette belle demeure de pierres abrite cinq chambres, dont trois doubles, une *twin* et une simple. Les deux dernières partagent leur salle de bains mais toutes les autres ont des commodités privées. Chacune arbore un aménagement moderne et douillet, avec des teintes variées et des motifs de tartan discrets. Il est très facile d'accès, situé à 200 m de la gare et à 300 m du terminal de ferry, qui mène vers Skye et Knoydart, mais aussi du cœur de la ville, avec ses bars et ses restaurants.

JAFFY'S FISH & CHIPS TAKEAWAY AND DELI SHOP €

Station Road
✆ +44 1687 462222
www.jaffys.co.uk
D'avril à novembre : ouvert du lundi au samedi. Boutique sur place + fish & chips à emporter.

Située en plein cœur de Mallaig, cette boutique-restaurant est une adresse emblématique de la petite ville portuaire. Cela fait plus de 60 ans et 4 générations que la famille Lawrie excelle dans l'art de fumer le poisson (sur des copeaux venant de fûts de whisky) et de préparer les crustacés. Ils sélectionnent les meilleurs produits, issus de la pêche locale, et les préparent avec un savoir-faire sans égal. Aux beaux jours, vous pourrez déguster un *fish & chips*.

THE CLACHAIN INN €€

Davies Brae
✆ +44 168 746 0289
www.chlachaininn.co.uk
Ouvert 7j/7. Service : 12h-15h et 17h-21h. Plats à partir de £10,95. Chambre double dès £79, petit déjeuner compris.

Construit autour de 1900, ce pub-restaurant est un point de chute tout indiqué à Mallaig pour un repas ou une boisson. Dans une salle récemment rénovée (2018) aux coloris rouges et gris, on profite d'une carte simple mais efficace, assez classique de ce type d'établissement. Les plats sont plutôt réussis et il y a également un billard pour les amateurs. Le lieu fait aussi hôtel, et est également très apprécié comme tel, avec ses trois chambres modernes et confortables, doubles et twin, avec salle de bains, TV, plateau de courtoisie, sèche-cheveux.

THE CORNERSTONE SEAFOOD RESTAURANT €€

Davies Brae
✆ +44 1687 462306
https://seafoodrestaurantmallaig.com
Ouvert du mercredi au dimanche, de 12h à 14h30 et de 17h30 à 20h30. Plats à partir de £14,95.

Et si vous déjeuniez en observant l'effervescence d'un petit port de pêche toujours bien actif ? Ce restaurant vous propose des fruits de mer ultra frais, tout juste débarqués. Selon les trouvailles du jour, vous aurez au menu des langoustines, crevettes, moules, de l'églefin, de la lotte, du turbot, de la sole... Les végétariens et la carnivores trouveront aussi leur bonheur à la carte. La note sucrée du dessert est assurée par le chef, qui prépare de délicieux desserts maison.

ACHARACLE

Acharacle est un village situé sur la rive ouest du Loch Shiel, dans la partie orientale de la péninsule d'Ardnamurchan, non loin des ruines du château de Tioram. La péninsule d'Ardnamurchan est particulièrement isolée et sauvage. Son unique accès est une route sinueuse, d'une seule voie, avec des lieux de passage. Landes, forêts, lochs, plages, sont à explorer. La baie de Sanna est incontestablement parmi les plus belles plages d'Ecosse ! Allez jusqu'à Ardnamurchan Point et découvrez son phare, informez-vous sur l'histoire de la péninsule au Natural History Visitor Centre ou dégustez un whisky dans la distillerie la plus « verte » du pays. Un endroit iconique.

ARDNAMURCHAN DISTILLERY

✆ +44 1972 500285
www.adelphidistillery.com
Tours guidés de £15 à £50 entre 10h et 15h. Ouvert du lundi au vendredi.

Cette distillerie est récente, puisqu'elle a été inaugurée en 2014. En 2016, la première bouteille est lancée. En 2016, 2 500 bouteilles sont alors produites et vendues en un temps record. De même en 2017, avec le même succès. En 2018, la distillerie a doublé sa production et a sorti sa troisième bouteille, cette fois à 5 000 exemplaires, et toujours avec un succès retentissant. La dernière bouteille fut créée en 2022 avec 13 000 exemplaires. Vous pouvez découvrir les secrets de la distillerie et déguster sa production dans son espace boutique et bar.

ARDNAMURCHAN POINT & LIGHTHOUSE

✆ +44 1972 510210
www.ardnamurchanlighthouse.com
Ouvert d'avril à octobre, 7j/7, 10h-16h30. Visite guidée du phare toutes les 30 min dès 11h. £7,50/adulte, £5,50/enfant.

Ce phare est situé au point le plus à l'ouest de Grande-Bretagne. Il guide toujours les navires à travers les eaux du large de la côte, et ce depuis 1849. Un café et un espace d'exposition vous accueillent. L'ancienne maison du gardien a été transformée et permet de découvrir l'histoire de l'édifice. La salle des machines se visite également, de même qu'un atelier restauré. Il est possible de monter en haut du phare. Ce n'est pas accessible aux enfants de moins de 5 ans.

CASTLE TIORAM

Eilean Tioram
Château fermé, mais abords accessibles à marée basse.

Le château de Tioram est situé sur l'île rocheuse d'Eilean Tioram, là où se rencontrent les eaux du Loch Moidart et de la rivière Shiel. Il était séduit à un point stratégique, les rivières et mers étant autrefois les voies de circulation privilégiées. On y a retrouvé notamment des vestiges de la présence des Vikings. En ruine, il ne peut se visiter même à marrée basse. Vous pouvez par contre vous balader sur l'île et autour de l'édifice. Soyez tout de même très prudent (risques de chutes de pierres) et surveillez les horaires des marées.

HIGHLANDS

RESIPOLE FARM HOLIDAY PARK €

Loch Sunart

www.resipole.co.uk

Ouvert toute l'année. Lodge dès £360/semaine. Pods dès £55/nuit. Emplacement (2 adultes + voiture) dès £20/nuit.

Ce camping et ferme allie de nombreux atouts. Vous trouverez ici des solutions de logement à petit prix. Entre les lodges à louer à la semaine et les pods pour deux, ainsi que l'accueil des caravanes et camping-cars, le choix est vaste. À cela s'ajoute un décor magnifique : vue sur le loch, un immense terrain arboré, du vert à perte de vue. Le camping offre bien sûr tout le nécessaire : sanitaires, laverie et même plus, avec une cale pour les bateaux et canoës et une galerie d'art.

LOCH SHIEL HOTEL €€

Ardshealach

✆ +44 1967 431224

www.lochshielhotel.com

Chambre double dès £110, chambre simple dès £70. Petit déjeuner inclus. Restaurant et bar.

Ce petit hôtel offre 8 belles chambres, toute avec salle de bains attenante et privative. Les chambres sont aménagées pour le plus grand confort des hôtes. Les 4 chambres standard offrent une vue sur le village et ses alentours, les 4 autres, plus spacieuses, sur le Loch Shiel. Il est possible de déjeuner et dîner sur place dans le restaurant de l'hôtel qui sert une cuisine britannique traditionnelle, à base de produits locaux et de saison. Le bar est aussi accessible et possède une belle sélection de *real ales* et de *malt whiskies*.

ARDSHEALACH LODGE RESTAURANT €€

Ardshealach

✆ +44 196 743 1399

http://www.ardshealach-lodge.co.uk

Plat de £15 à £23. Sur réservation. L'établissement fait aussi B&B et location d'hébergement.

Une très, très belle adresse où l'on mange vraiment bien ! Le cadre est très beau, en hiver la cheminée fonctionne à plein régime. Les plats sont dignes de très grands restaurants, cuissons et assaisonnements sont parfaits. Les mets proposés sont de grande qualité, notamment le gibier et les poissons et les crustacés. En attendant que tout soit près, vous êtes invité à patienter avec un délicieux whisky dans une salle annexe. Il est possible de séjourner sur place.

INVERGARRY

Joli petit village situé sur la route entre Fort William et Inverness, Invergarry est plus confidentiel et moins fréquenté que ses voisins, Fort William au loin, et Spean Bridge entre eux, ou encore Fort Augustus, porte du Loch Ness, qui n'est qu'à quelques dizaines de minutes. Pourtant, il y a beaucoup à faire, notamment de très belles balades et randonnées, plus accessibles et faciles que celle qui attire le plus dans la région : l'ascension du Ben Nevis. La ville a son château : Invergarry Castle. Il est en fait double : le vieux Invergarry Castle, un vestige de château situé dans le parc du très bel hôtel nommé Glengarry Castle Hotel.

GREAT GLEN FOREST

Accès libre et gratuit.

Le goût des ascensions et des longues randonnées en Écosse peut faire oublier qu'il existe aussi un grand nombre de petits circuits, avec des dénivelés faibles, offrant, eux aussi, de superbes paysages. Deux petites randonnées (1 à 2h chacune) sont accessibles depuis le parking de Ciste Dubh. Leur plan s'y affiche et elles sont bien balisées. Elles vous invitent à découvrir quelques ares de la forêt du Great Glen, longent la rivière et vous mènent à des cascades ainsi qu'à de très beaux panoramas. Les deux s'enchaînent facilement : idéal en famille et en détente !

GLENGARRY CASTLE HOTEL €€€

✆ + 44 1809 501254

www.glengarry.net

Ouvert d'avril à octobre. Chambre double dès £170, simple dès £105. Petit déjeuner inclus. Wifi et parking gratuits.

Situé sur les rives du Loch Oich, avec une vue superbe sur l'eau et le parc paysager, cet établissement a un charme incroyable. L'édifice, un superbe château, le décor traditionnel, soigné et élégant, le confort des chambres – toutes ont leur salle de bains privative et sont spacieuses –, l'équipe aux petits soins et disponibles pour que vous profitiez pleinement de votre séjour : tout cela concourt à vous plonger dans un cocon dont vous n'aurez sans doute pas envie de sortir. L'hôtel dispose aussi d'un excellent restaurant et propose des *afternoon teas*.

HIGHLANDS

KYLE OF LOCHALSH ★★★

Kyle of Lochalsh est principalement connu pour son accès à Skye et pour le célébrissime château fort du XIIIe siècle : Eilean Donan Castle qui se dresse non loin de là. Le village en soi n'a pas grand intérêt et mieux vaut séjourner sur l'île si c'est votre destination finale, ou sur les rives du Loch Duich plus à l'est. Le village de Plockton répondra plus à vos attentes de paysages impressionnants – proximité des Five Sisters of Kintail – et sites de charme. La magnifique route A87 qui vient de Fort Augustus offre des panoramas magnifiques. Elle longe le Glen Shiel et le Loch Cluanie, où les jacobites furent défaits par les Anglais en 1719.

EILEAN DONAN CASTLE ★★★

Dornie
✆ +44 1599 555 202
www.eileandonancastle.com
7j/7. De fév à mars & de nov à déc : 10h-16h. Mai & oct : 10h-18h. Juin-sept : 10h-18h. £11/adulte

C'est sans doute le plus connu et le médiatique des châteaux écossais. Absolument tout en fait une image d'Épinal des Highlands : son emplacement sur une île, son petit pont, le loch et les montagnes qui l'entourent, sa robustesse à la fois simple et noble, sa façade médiévale évocatrice d'une riche histoire... Ses premiers murs furent dressés au XIIIe siècle et il se trouvait alors à la frontière du royaume norrois des îles, lui attribuant une place défensive importante. Il devint ensuite l'un des bastions du clan MacKenzie et n'eut pas réellement à souffrir des guerres d'indépendance. On ne peut cependant pas en dire autant des soulèvements jacobites, qui le mirent à rude épreuve. En 1719, il fut même occupé par les Espagnols, qui étaient alors aux côtés des insurgés contre l'Angleterre. 46 soldats y étaient postés avec 343 tonneaux de poudre, en attente de renforts. Londres décida de prendre les devants et d'y envoyer trois frégates pour le bombarder lourdement. Les Anglais réussirent finalement à capturer la forteresse et se servirent de la poudre pour la détruire. Sur la base de ses ruines et des plans d'origine, Eilean Donan fut reconstruit à l'identique deux siècles plus tard, en 1932.

Depuis lors, il est devenu une star touristique et même cinématographique, avec de nombreuses apparitions sur grand écran, notamment dans le film *Highlander*, où il est présenté comme le siège des MacLeod (ce qui ne fut en réalité jamais le cas), ainsi que dans le James Bond *Le Monde ne suffit pas*, en tant que QG écossais du MI6.

RATAGAN YOUTH HOSTEL €

Glenshiel
✆ +44 1599 511 243
www.hostellingscotland.org.uk
7j/7, avril-oct. Lit en dortoir dès £29, chambre triple dès £90. Petit déjeuner : £5,95 par personne. Wifi. Parking.

Sur les rives du superbe Loch Duich et proche de la route pour Kyle of Lochalsh et Skye, cette auberge de Hostelling Scotland a élu domicile dans une belle maison en pierre, avec les pieds dans l'eau. Sa situation est exceptionnelle et l'on peut choisir entre dortoirs et chambres privées. Il fait bon s'attarder dans les espaces communs, notamment le salon très cosy, mais il y aussi une cuisine équipée et une salle à manger. Pour vos repas du soir sur place, sachez que des plateaux repas à réchauffer sont disponibles à petit prix, en 2 ou 3 plats.

CONCHRA HOUSE B&B €€

Sallachy Road
✆ +44 1599 555 233
www.conchrahouse.com
Chambre double : £72 en basse saison, £80 en haute saison. Petit déjeuner inclus. Wifi et parking gratuits.

Conchra House est une belle maison douillette adossée à la colline et parfaitement située pour la vue sur le loch et les montagnes. Elle est près de Dornie, pas à Kyle of Lochalsh même (comptez 16 km), juste à côté du village de Plockton. Maison traditionnelle du XVIIIe siècle, elle offre un luxe façon maison de campagne écossaise. Elle se fera une base idéale pour aller explorer les environs (pourquoi pas Skye ?), randonner ou découvrir le patrimoine alentour. Les chambres sont tout confort, avec chacune leur salle de bains.

GLOMACH HOUSE & CROFT COTTAGE €€

Glenshiel
✆ +44 159 951 1222
www.glomach.co.uk
Chambre double à partir de £80. Petit déjeuner inclus. Parking et Wi-fi.

Ce sympathique *bed & breakfast* se trouve au lieu-dit Allt na Chruinn à Glenshiel, juste avant le pont de l'A87 sur le Loch Duich. La maison est plutôt moderne de l'extérieur, mais l'intérieur arbore une belle décoration traditionnelle et cosy. Les trois chambres doubles possèdent leurs propres salles de bains et sont bien aménagées. Quelques-unes donnent sur le loch, à l'instar du salon. Il vous sera aussi possible de louer un cottage avec deux chambres.

WEST COAST ROAD AND NORTH COAST 500 ★★★★

www.northcoast500.com

Itinéraire de 400 kilomètres maximum, entre Kyle of Lochalsh et Durness.

C'est tout là-haut, dans ce Far West écossais, que l'on trouve l'âme des Highlands. Vous n'aurez pas forcément le temps de faire l'intégralité de l'itinéraire, mais choisissez-en au moins une section pour saisir la grandeur infinie de ce petit pays. Libre à vous de les raccourcir, les croiser ou les modifier. Certaines sont bien plus longues que d'autres et demanderont probablement d'être coupées en deux jours. En tous les cas, une bonne carte sera la clé de votre succès.

De Kyle of Lochalsh au Loch Torridon : la première étape est Plockton, un petit village idyllique où de jolies maisons sont alignées face à une baie envoûtante et boisée. Il annonce le commencement du Loch Carron, que la route suit jusqu'au bourg de Lochcarron, une longue rue ouverte sur les rives, ou de belles photos sont à faire. Le chemin grimpe ensuite sur les hauteurs, pour atteindre Ardarroch et plonger au cœur de la péninsule d'Appelcross, aussi magnifique que sauvage. A Tornapress, vous pouvez couper vers Shieldaig et traverser des étendues sublimes et désertiques de grands espaces, cernés par les sommets, ou poursuivre vers Applecross via le col de Bealach na Ba. Le paysage n'en sera que plus grandiose en grimpant. N'hésitez à vous retourner pour regarder en arrière, tandis que vous prenez de l'altitude sur le Loch Kishorn, au premier plan, et le Loch Carron, au second. Vous allez alors pénétrer dans un endroit absolument féerique aux allures menaçantes de canyon, pendant que la route serpente vers une vue imprenable sur les Cuillin de Skye. Elle redescend ensuite jusqu'à la côte, le long de hauts plateaux couverts de landes. Le reste de l'itinéraire jusqu'à Torridon suit le charmant littoral, qui n'a autres que l'île de Raasay et la Péninsule de Trotternish comme voisins.

Du Loch Torridon à Gairloch : le Loch Torridon (séparé entre Loch Torridon et Upper Loch Torridon) est définitivement l'un des plus beaux et plus surprenants du pays. Mais le puissant Glen Torridon qui suit rappelle que l'on est bien dans les Highlands, avec ses imposantes murailles de montagnes noires, aussi belles que dramatiques. La route bifurque à Kinlochewe pour suivre l'admirable Loch Maree qui regorge de charme et de reliefs à la silhouette étrange. La région est une réserve naturelle et vous y trouverez le Beinn Eighe Visitor Centre un peu avant le loch (www.nnr.scot), puis un parking sur ses rives avec de la documentation en libre-service sur les randonnées possibles dans le coin. Le chemin se poursuit ensuite tranquillement jusqu'à Gairloch.

De Gairloch à Lochinver : la section vers Poolewe est assez typique de la côte ouest mais c'est sur les hauteurs du Loch Ewe que le spectacle est parfaitement éblouissant. Le panorama sur cette véritable petite mer et l'île Ewe est inoubliable, particulièrement au coucher du soleil. La Guinard Bay à suivre est elle aussi fort romantique et le Little Loch Broom possèdent d'impressionnantes cascades aux Ardessie Waterfalls. La route quitte ensuite le littoral et annonce un retour au cœur des Hilghlands, en s'enfonçant à nouveau dans de profonds *glens*. Avant de tourner sur l'A835 pour le Loch Broom et Ullapool, arrêtez-vous éventuellement aux chutes de Falls of Measach. Vous avez ensuite deux solutions pour vous rendre à Lochinver : la côte et les terres. L'itinéraire par la côte tourne à Drumrunie et longe deux lochs en passant au plus près du Stac Pollaidh (613 mètres) une curieuse montagne aux airs de Far West. Il zigzague ensuite jusqu'à destination entre l'eau et la roche. Le chemin à travers les terres reste sur la route principale, l'A835/37. Il est tout aussi somptueux et a l'avantage de prendre plus d'altitude, entre les plaines et les mastodontes du nord, tels que Suilven (731 m), Quinag (808 m) et Cul Mor (849 m), dans l'ombre lointaine du colossal Ben More Assynt (998 m). Juste avant de tourner sur le Loch Assynt, il croise les ruines très photogéniques de l'Ardvreck Castle. Si vous manquez de temps, vous n'êtes pas obligé de faire le détour par Lochinver et pouvez filer vers le nord sans passer par la côte.

De Lochinver à Durness : vous avez le choix entre revenir sur vos pas pour rattraper l'A894 ou suivre le littoral par la B869. Si vous optez pour cette dernière, vous pouvez éventuellement passer par la Point of Stoer et vous offrir une randonnée jusqu'à son impressionnant stack, le *Old Man of Stoer.* Vous rattraperez la route principale peu avant Unapool et Eas a' Chual Aluinn, la plus haute cascade Grande-Bretagne (200 m) se trouve non loin d'ici, mais demande une longue et rude marche de 10 kilomètres aller-retour au départ du Loch na Gainmich. Vous longerez ensuite le superbe front de mer parsemé de *lochans* (petits lochs), *via* la petite baie de Scourie et Laxford Bridge. La dernière ligne droite entre Rhioconich et Durness ravit par ses vastes prairies bordées de montagnes à l'est. Dans cette région, si vous avez un peu de temps, ne ratez pas la féerique Sandwood Bay, qui est souvent sur le palmarès des plus belles plages du Royaume-Uni. Il vous faudra prendre la B801 vers l'ouest jusqu'à Blairmore, ou un petit parking et des W.C marquent le début du sentier. Comptez 13 kilomètres de marche aller-retour, pour arriver sur une plage époustouflante de beauté, dont les sables blancs sont encerclés de falaises et surveillés par un majestueux stack au sud (www.johnmuirtrust.org).

Le village de Plockton.

BUTH BHEAG'S FISHERMANS KITCHEN AND TAKEAWAY €

Old Ferry Slip
✆ +44 159 953 4002
www.fishermans-kitchen.co.uk
Ouvert du mardi au samedi 11h-18h30. Fermé de janvier à avril. Tarifs qui changent en fonction de la pêche du jour.

Pour manger des petits plats marins sur le pouce à deux pas du loch, cette minuscule adresse propose des salades, sandwichs, *fish & chips* et autres à bons prix et surtout ultra frais. La qualité est au rendez-vous. En témoignent les prix reçus par ce petit établissement : une récompense du meilleur *cullen skink* ainsi que des prix pour les produits et la qualité de sa boutique. Le tout est à emporter, pour déguster en extérieur, face à l'île de Skye.

WATERSIDE SEAFOOD RESTAURANT €€

Station Road
✆ +44 1599 534 813
Ouvert du lundi au samedi de 10h à 20h30. Plats à partir de £14.

Sur le même site que la gare, cet excellent restaurant spécialisé dans les saveurs de la mer offre une table raffinée et originale à Kyle of Lochalsh. Les intérieurs sont contemporains, avec une touche traditionnelle, et les assiettes sont joliment dressées. Il y a bien sur beaucoup de poissons, mais aussi un plat de viande et une option végétarienne. Tous les ingrédients sont sourcés localement : saumon fumé à la tourbe, fromages artisanaux, poisson venu de Mallaig...

TORRIDON ★★

Le minuscule village de Torridon concentre à la fois l'un des plus beaux lochs du pays et l'un des plus beaux glens. On y accède par une route secondaire pittoresque, ondoyant le long du Upper Loch Torridon, prenant de la hauteur pour surplomber les lochans, falaises, collines vertes et gorges. De superbes sentiers de randonnée prennent leur départ de Torridon ou de ses environs immédiats, comme la traversée de Beinn Eighe (difficile) ou celle reliant Redpoint par la côte de Lower Diabaig (voir www.walkhighlands.co.uk). C'est un endroit qui vous fera tomber encore plus amoureux de l'Écosse. Le bus Westerbus 705 conduit de Torridon à Gairloch en 1h.

TORRIDON SAILING TOURS

Shieldaig
✆ +44 1520 755328
www.torridonsailingtours.com
Excursion à la demi-journée dès £70/personne.

Pourquoi ne pas découvrir les eaux protégées du Loch Torridon depuis un voilier ? Les excursions peuvent se faire à la demi-journée ou à la journée, et dépasser le loch pour aller vers les eaux du Minch et les Hébrides extérieures. Elles se limitent à 4 personnes par escapade. Libre à vous, selon vos envies, de participer aux manœuvres ou de ne vous consacrer qu'à l'observation des paysages magnifiques qui vous entourent. Avec un peu de chance, vous apercevrez des phoques et des aigles de mer à queue blanche, spécifiques à l'île de Shieldaig.

GAIRLOCH ★★

Du gaélique « petit loch », le village de Gairloch est une destination côtière ravissante, niché au fond d'une baie et à proximité de paysages magnifiques. Venir jusqu'ici est déjà une visite épatante en soi, mais bien d'autres charmes attendent à votre arrivée. Le littoral est un atout majeur de la région, avec des plages de toute beauté à Red Point et Big Sand, ainsi qu'une multitude de criques romantiques. Au nord-ouest, les falaises prennent le dessus, notamment à la pointe de Rua Rheid. Sont aussi à admirer le Loch Maree ou les gorges de Corrieshalloch. Le bus Westerbus 705 conduit à Torridon en 1h et le 700 emmène à Inverness en 2h30.

Gairloch.

GAIRLOCH HERITAGE MUSEUM

Achtercairn House ✆ +44 1445 712 287

www.gairlochheritagemuseum.org

D'avril à octobre, du lundi au samedi, 10h-17h. Hiver : voir site. Adulte : £7, enfant : £2.

Réouvert après rénovation en juillet 2019, le Gairloch Heritage Museum se propose d'explorer le passé historique, culturelle et sociale de la région. Son exposition se penche sur les coutumes, les traditions et la vie quotidienne des gens du coin, mais aussi les faits qui en ont marqué la vie, de l'âge de Bronze à aujourd'hui, en passant par les jacobites et le travail des fermiers *crofters*. Si vous êtes en recherche de souvenirs originaux, de livres sur la région ou d'auteurs locaux, faites une halte à la boutique : c'est une vraie pépite !

INVEREWE GARDEN

Poolewe ✆ +44 144 578 1200

www.nts.org.uk/visit/places/inverewe

Jardin 7j/7. Visitor centre : 7j/7 avr-oct, 9h30-16h. £13/adulte, £11,50/réduit, £33/famille.

Créé en 1862 par Osgood Mackenzie, ce jardin est un festival de couleurs sur 20 hectares qui ravira les amateurs du genre. Il est en lui-même une prouesse, car né sur des terres désertiques, où rien (ou si peux) ne devait pousser. C'est un jardin à la fois étonnant par sa situation et d'une richesse quasi inégalée… Passion oblige ! On y admire des rhododendrons de l'Himalaya, des eucalyptus de Tasmanie et une vaste collection de plantes de Nouvelle-Zélande, du Chili et d'Afrique du Sud. Ces variétés rares, venues du monde entier, y prospèrent grâce à un microclimat permis par le passage du Gulf Stream. À cela s'ajoute l'observation de la faune emblématique d'Écosse : écureuils roux, cerfs, loutres, phoques et aigles royaux y sont visibles. Avec un peu de chance, l'aigle de mer sera aussi de la partie ! Ce jardin subtropical est à ne pas rater.

- **Inverawe House** : à 5 minutes à pied du *Visitor Centre*, cette maison est un espace muséographique qui vous plongera au milieu du XXe siècle, avec des objets à toucher et des expériences à mener. Très interactif, il a été primé pour son approche ludique et originale.
- **Galerie Sawyer** : Le site accueillant des artistes en résidence, il se fait aussi lieu d'art contemporain et donc d'expositions, avec des nouveautés chaque année, et aussi des rencontres avec les créateurs.
- **Pour manger** : Inverawe Garden a aussi son restaurant et son café (*Bothy café*). Tout est frais et local, importé « du champ à la fourchette » : une bonne excuse pour rester un peu plus longtemps dans ce coin de paradis !

GAIRLOCH SANDS YOUTH HOSTEL €

Carn Dearg

✆ +44 1445 712 219

www.hostellingscotland.org.uk

Ouvert d'avril à septembre. Lit en dortoir dès £22. Chambre double dès £80. Petit déjeuner : £5,50. Wifi. Parking.

Cette petite auberge de trente lits a pris place dans une ancienne retraite de chasse, sur la rive nord du Loch Gairloch. Fidèle à Hostelling Scotland, simplicité et authenticité y sont de mise, avec des espaces communs pratiques, comme la cuisine partagée, une buanderie, une salle de séchage et le salon, qui offre une vue panoramique sur Gairloch, les collines de Torridon, Skye Cullins et les Hébrides extérieures. Pratique : la plage est juste à côté.

SANDS CARAVAN & CAMPING €

Big Sand ✆ +44 144 571 2152
www.sandscaravanandcamping.co.uk
Forfait tente + voiture + 2 adultes : £26 ; camping-cars dès £27, Pod dès £130/nuit.

Comme son nom le laisse entendre, ce camping très bien équipé a les pieds dans l'eau à Gairloch. On peut y planter sa tente ou y amener son camping-car et sa caravane, mais aussi y louer une maison ou séjourner dans un « wigwam » à la nuit, sorte de petit chalet. Douches et W.C sont accessibles à tous et il y a un bâtiment avec cuisine et salle à manger, ainsi que des tables de pique-nique. Une petite boutique et un café sont ouverts en haute saison. Vous pourrez aussi y louer vélos et kayak en été, ou encore pêcher dans le loch et la rivière du domaine.

RUA REIDH LIGHTHOUSE HOSTEL €€€

Melvaig
✆ +44 1445 771 263
stayatalighthouse.co.uk
Dès £175 pour une chambre double. Minimum 3 nuits. Petit déjeuner inclus.

Ce bed & breakfast est installé dans un phare sur une falaise. Le phare a été construit en 1910 par un cousin de Robert Louis Stevenson. L'établissement comprend quatre chambres traditionnelles, toutes avec leur salle de bains privative attenante (ou sur le palier, pour la Puffin et la Otter), ainsi qu'un appartement – l'ancien quart des officiers – meublé et équipé en location. Le petit déjeuner copieux et local se prend dans une belle véranda lumineuse.

SHIELDAIG LODGE HOTEL €€€

Badachro ✆ +44 1445 741 250
www.shieldaiglodge.com
Ouvert de mars à début novembre. Chambre double dès £130. Petit déjeuner inclus. Restaurant et bar.

Cet hôtel possède 12 chambres élégantes et confortables, avec toute leur salle de bains, leur plateau de courtoisie et quelques petites surprises. L'établissement a créé des séjours thématiques : escapade romantique, expérience gastronomique, séjour « whisky lover », avec excursions nature. Le restaurant gastronomique est un autre point fort de l'hôtel, avec ses dîners sublimant les produits locaux et son menu dégustation. Le bar, enfin, est incontournable, avec ses 250 whiskies du monde entier et ses 110 gins. Pensez à regarder les offres spéciales.

THE MYRTLE BANK HOTEL €€

Low Road
✆ +44 1445 712 004
www.themyrtlegairloch.co.uk
Restaurant, bar, café et hôtel. Plats à partir de £10,95. Compter £180 la chambre double.

La cuisine est de qualité dans cet hôtel tenu par le chef. Vous seront proposés cuisine locale, poissons et fruits de mer, curry, steaks, etc. Les plats sont traditionnels et copieux, pour une cuisine qui revigore et permet d'affronter les rudesses du climat ou de se réconforter après une journée d'excursion riche en découvertes. Vous pourrez finir votre repas avec un malt ou un gin du bar. L'établissement en compte deux : un *lounge bar* avec vue panoramique sur le loch et un café de plein air, très appréciable l'été, au coucher du soleil.

THE SHIELING RESTAURANT €€

Macintyre Road
✆ +44 1445 712 888
www.shielingrestaurant.com
Du mardi au samedi, 10h30-16h. Plats et snack le midi. A partir de £12.

Dans une belle salle où le bois et les teintes rouges dominent, le Shieling jouit d'une grande réputation à Gairloch. On y mange des burgers, sandwichs, *baked potatoes* le midi, et des poissons, des viandes, des *pies* et des omelettes le soir. Tout est sourcé localement, pour offrir à l'assiette le meilleur de l'Écosse. Une carte des vins sympathique et abordable complète le menu. Le résultat est bon et copieux, dans une ambiance chaleureuse. Un espace *lounge* et bar est également disponible : thé, café, pâtisseries et autres boissons et collations y sont servis.

GAIRLOCH TREKKING CENTRE

Red Point
✆ +44 144 574 1743
www.gairlochtrekkingcentre.co.uk
Ouvert tous les jours (sauf jeudi) de 9h30 à 17h30, entre avril et octobre. 1h de trek : £25, 2h : £50.

Ce centre équestre propose des treks à cheval de plusieurs durées et niveaux, pour découvrir le littoral et la nature environnante de manière originale. Vous pourrez ainsi arpenter la fabuleuse plage de Red Point (l'une des plus belles du pays) à poney ou à cheval. Il est possible, pour les enfants, de passer une demi-journée au centre équestre pour apprendre à s'occuper d'un poney, passer du temps avec lui, découvrir les écuries, aller se promener sur la plage avec lui. Des sorties sont régulièrement proposées sur le site web de l'établissement.

ULLAPOOL ★★

Fondé en 1788 comme port de pêche, Ullapool est le principal village sur des dizaines et des dizaines de kilomètres, le long de la merveilleuse côte ouest des Highlands. Complètement isolé au cœur d'étendues sauvages infinies, c'est un excellent point de chute pour explorer la région où passer une nuit avant de poursuivre vers le nord ou le sud. Ses cottages blancs s'alignent en quadrillage au bord du Loch Broom, où se reflètent la cime des montagnes féeriques et la coque des petits bateaux. C'est l'un des spots les plus pittoresques que l'on puisse espérer et l'offre d'hébergement est intéressante, tout comme celle des pubs locaux. Des ferries partent d'Ullapool pour rejoindre Stornoway, dans les Hébrides extérieures.

Sortir

Si vous souhaitez boire une bière ailleurs qu'au Arch Inn, vous pouvez vous diriger au Seaforth, un grand pub boisé sur Quay Street (ouvert tous les jours de 9h à 1h, midi-minuit le dimanche. +44 185 461 2122 – www.theseaforth.com), ou à l'Argyll Hotel au 18 Argyll Street, une adresse appréciée par la CAMRA pour ses real ales (ouvert tous les jours de 11h à 1h, midi-minuit le dimanche. +44 185 461 2422 – www.theargyllullapool.com).

Transports

En bus, le service Citylink 961 relie Ullapool à Inverness en 1h20 (www.citylink.co.uk) et le George Rapson Travel 809 conduit à Lochinver en 1h (www.travelinescotland.com). Le village est aussi un port de départ pour les Hébrides Extérieures (voir pages concernées).

ARDVRECK CASTLE

Lairg

Site en accès libre.

Vous ne pourrez pas manquer ce château si vous suivez la A837 et la North Coast 500. Ses ruines, à l'extrémité du Loch Assynt, ont un attrait romantique indéniable. Les vestiges tout autant que le site valent que l'on y fasse une halte et, justement un parking s'y prête. Des panneaux d'informations en délivrent quelques secrets. Construit en 1597 par le clan McLeod, il est l'ancienne prison du marquis de Montrose, en 1650. Il est rattaché à une sombre histoire de trahison. Brûlé en 1745, il n'a jamais été reconstruit et a perduré comme ruine... hantée ?

ULLAPOOL MUSEUM

7-8 West Argyle Street

✆ +44 1854 612 987

www.ullapoolmuseum.co.uk

Ouvert d'avril à octobre du lundi au dimanche de 11h à 16h. Fermé le mercredi. Adulte : £5.

Sis dans l'église classée Thomas Telford Church, petit joyau d'architecture, le musée d'Ullapool explore le passé de la région, des premiers habitants de l'âge de glace jusqu'à nos jours. Les *clearances*, le quotidien des *crofters* et des pêcheurs, les histoires familiales : la rétrospective explore plusieurs aspects des environs du Loch Broom. Vous en saurez plus sur les *klondykers*, le navire Hector ou encore les pistolets Melville. Les départs massifs vers la Nouvelle-Écosse canadienne font l'objet d'une attention particulière.

Ullapool.

SHEARWATER CRUISES

1 Royal Park
✆ +44 185 461 2472
www.summerqueen.co.uk
Sorties en mer du lundi au samedi.
£40 par adulte et £30 par enfant.

Anciennement Summer Queen Cruises, les Shearwater Cruises opèrent au moins deux sorties en mer par jour, à la rencontre de la faune locale et des petites Summer Islands. Celles-ci sont situées à l'embouchure du Lochbroom, dans le Wester Ross. La croisière dure 2h15. Elle vous emmène voir phoques, marsouins, baleines, mais aussi jusqu'à la Cathedral Cave (près de Tanera Beag), au mouillage de Tanera Mhor et la péninsule de Coigach. La réservation est obligatoire et le port de vêtements chauds hautement recommandé et idéalement des jumelles.

ACHENINVER HOSTEL €

Achiltibuie
✆ +44 1854 622 283
https://acheninverhostel.com
Pods dès £240, 2 nuits minimum.

Acheninver Hostel n'est pas à Ullapool même, mais au nord, dans la péninsule de Coigach. Elle est entourée par des paysages grandioses : les Highlands, mais aussi la réserve naturelle de Ben Mor Coigach. Vous aurez le choix entre des lits en dortoirs non mixtes, ou des chambres entières de 6 ou 8 lits si vous voyagez en groupe. Attention : l'accès à l'auberge n'est pas carrossable, donc il est préférable de prévoir de bonnes chaussures et des bagages facilement transportables pour les 300 derniers mètres. Des plats et provisions peuvent être achetés sur place.

ARDMAIR POINT CARAVAN AND CAMPING PARK €

Ardmair Point
✆ +44 1854 612 054
www.ardmair.com
Ouvert d'avril à septembre. Camping-car : £21,50 / Tente : £14,50.

Ce camping bénéficie d'une excellente situation dans Ullapool, à proximité du port, des commerces et de toutes les commodités. Il accueille les *backpackers* avec leur tente, les campeurs en voiture, les caravanes, les camping-cars, et dispose d'un beau parc de lodges, chalets et mobile-homes, avec vue sur la mer, puisque le camping se situe sur une pointe. Ces locations se font à la semaine ou en court séjour hors saison. L'accès à la plage est direct.

ULLAPOOL YOUTH HOSTEL €

Shore Street
✆ +44 1854 612 254
Avril-octobre. Lit en dortoir dès £29, chambre double £160. Petit déjeuner : £7.

Cette auberge de jeunesse offre une vue superbe sur le Loch Broom et la chaîne de montagnes Beein Dearg. Elle est bien située, à côté des commerces, pubs et restaurants locaux, et à 300 m de la gare routière et du port, avec ses départs de ferries pour Lewis. L'établissement dispose de tous les équipements nécessaires : grande cuisine commune équipée, salon-bar, buanderie, salle de séchage, local à vélos, accès wi-fi, casiers sécurisés. Pensez à commander un panier pique-nique pour partir en excursion toute la journée sans vous soucier de rien.

MOREFIELD MOTEL €€

North Road
www.morefieldmotel.co.uk
Chambre double dès £80. Petit déjeuner inclus. Wi-fi gratuit.

Situé sur le port d'Ullapool, ce motel dispose de 10 chambres, aménagées toute avec leur salle de bains attenante et privative, avec stationnement possible devant. Deux des chambres sont accessibles PMR et deux autres sont familiales. L'établissement dispose d'un bar et d'un restaurant, d'un salon, d'un espace barbecue et pique-nique et d'un local à vélos. Le bar accueille chaque année le festival de la bière d'Ullapool, organisé en octobre. Le restaurant est apprécié pour ses plats savoureux et traditionnels à base de produits locaux.

TANGLEWOOD HOUSE €€

Tanglewood
✆ +44 1854 612 059
www.tanglewoodhouse.co.uk
De £135 à £165 pour une chambre double, petit déjeuner compris.

Ce chalet coquet possède 3 chambres lumineuses avec vue sur le loch Broom. Située sur un promontoire, elle offre de superbes vues entre falaise et plage rocheuse. Chacune des chambres a sa vue sur le loch et sont aménagées avec tout le confort nécessaire et appréciable : salle de bains privative attenante, TV, sèche-cheveux, plateau de courtoisie... Le salon et le jardin sont accessibles aux visiteurs, qui pourront même aller sur la plage. Une salle de séchage est à disposition, pour les retours de randonnée humides, ainsi que des cartes et guides de la région.

WEST HOUSE B&B €€

West Argyle Street ✆ +44 185 461 3126
www.westhousebandb.co.uk
Chambre double dès £75. 2 nuits min. Pas de petit déjeuner. Parking. Wi-fi. Fermé d'octobre à avril. Pas d'enfants.

La ravissante West House offre trois chambres doubles avec de magnifiques panoramas sur les Highlands. Toutes contiennent un réfrigérateur (avec lait frais et jus de fruits) et leurs propres salles de bains. L'aménagement est moderne, confortable, et les hôtes sont chaleureux et ne manquent pas de conseils. Pour le petit déjeuner, non servi sur place, pas d'inquiétude : le B&B est entouré d'établissements en proposant : vous aurez donc l'embarras du choix et pourrez même en tester plusieurs selon vos envies. Vous pourrez le prendre dans votre chambre.

THE SEAFOOD SHACK €€

9 West Argyne Street
✆ +44 7876 142623
http://seafoodshack.co.uk
Ouvert d'avril à octobre. Ouvert de 12h à 20h (21h vendredi et samedi). Dimanche : 12h-17h. Plat à partir de £8,50.

Cette cabane/restaurant de fruits de mer a été plusieurs fois primée pour ses plats à emporter. Ce que Kirsty et Fenella, les propriétaires, cuisinent, c'est exclusivement des poissons et crustacés fraîchement pêchés et arrivés sur le port d'Ullapool. Elles veillent aussi au respect de la pêche durable et d'une démarche environnementale raisonnée. Au menu, selon les saisons et inspirations : gâteaux de crabe, burger de homard, fish & chips façon tempura, pétoncles au riz sauvage... Les plats sont à emporter ou peuvent se déguster sur place, en plein air.

CAFÉ MARGOT €

West Argyle Street
✆ +44 7955 122029
Ouvert 7j/7, 8h-17h (16h le dimanche). Plats dès £8,75. Sandwiches.

Le Café Margot est situé au-dessus du magasin de sport et loisirs North West Outdoors. Entièrement rénové et réaménagé, il a l'esprit du salon de thé et du café cosy où l'on fait volontiers traîner une petite pause en longueur. Il propose des petits déjeuners, déjeuners et grignotages gourmands à tout moment de la journée, en plus de boissons fraîches et chaudes, ou encore de glaces artisanales. Vous pourrez composer votre sandwich (dans un pain tout juste sorti du four) ou votre salade, avec générosité et une longue liste d'ingrédients.

THE ARCH INN RESTAURANT €€

10-11 West Shore Street
✆ +44 1854 612 454
www.thearchinn.co.uk
7j/7, 12h-14h30 & 17h-21h. Plats dès £13,50. Hôtel (chambre double dès £90) et pub.

L'excellent Arch Inn est gastro-pub qui s'organise autour d'une partie bar et d'une partie restaurant, au fond d'une petite cour intérieure. L'ambiance y est animée et le mercure monte rapidement avec l'affluence en été. La nourriture fait honneur au terroir local, avec des *cullen skink*, des *fish & chips*, des burgers, des viandes et des poissons. Quelques bonnes bières pimentent le tout, notamment de l'An Teallach Brewery, non loin sur le Little Broom Loch. L'établissement est aussi un hôtel apprécié, qui dispose de 10 chambres avec salles de bains privatives.

DELI-CA-SEA €

Shore Street
✆ +44 1854 612141
www.delicasea.co.uk
Ouvert 7j/7, de 12h à 14h et de 15h30 à 20h. Plats entre £4,50 et £9.

Deli-ca-sea sert exclusivement des produits frits à emporter. Plusieurs déclinaisons de *fish & chips* sont ici proposées, avec choix des sauces et deux tailles possibles de portion (la petite est très copieuse, la grande est pantagruélique). Proximité du port et éthique de la boutique obligent : tout est ultra frais. Le poisson tout juste pêché vient du port en face. Aux *fish & chips* s'ajoutent des burgers et des plats végétariens. On déguste son *fish & chips* à même la barquette en face, sur les galets, en observant le départ ou l'arrivée d'un ferry.

SUMMER ISLES SEA KAYAKING

Achiltibuie
✆ +44 7900 641 860
www.summerislesseakayaking.com
Séjours et sorties en kayak à réserver en ligne. (£85/jour, £65 la demi-journée, prix dégressifs).

Summer Isles Sea Kayaking, ex-Northwest Sea Kayaking, propose des séjours d'une demi-journée à plusieurs jours en kayak. Vous pourrez partir sur des excursions pré-organisées ou créer votre séjour personnalisé, sur mesure, en famille ou entre amis, avec guide ou autoguidé. Les étapes peuvent se faire en lodges luxueux ou camping selon les envies et budgets de chacun. La location de kayaks, de canoës et autres équipements est également disponible pour les personnes expérimentées.

LOCHINVER ★★

Au cœur de la fabuleuse région d'Assynt, Lochinver est une paisible bourgade littorale pleine de charme. Son port est l'un des principaux du pays et sa toile de fond est absolument stupéfiante, avec quelque 200 *lochans* (petits lochs) et des sommets biscornus au panthéon des plus populaires d'Écosse. Suilven (731 m), Stac Pollaidh (612 m), Quinag (808 m) et Cul Mor (849 m) n'en sont que quelques-uns, dans l'ombre lointaine du colossal Ben More Assynt (998 m). Eas a' Chual Aluinn, la plus haute cascade de Grande-Bretagne (200 m), est également non loin d'ici (marche difficile de 10 km). Le bus George Rapson Travel 809 conduit à Ullapool en 1h.

Lochinver.

CLASHNESSIE WATERFALLS

village de Clashnessie

Site gratuit et libre d'accès.

Les chutes d'eau du village de Clashnessie sont un petit bijou à l'état pur. Depuis la plage, il faut compter environ 45 minutes aller/retour. Ce n'est pas loin, mais le chemin est boueux et proche d'une rivière. Cascade d'une quinzaine de mètres de haut, elle vaut le détour. Depuis Lochinver, vous avez une boucle pour faire le tour de la péninsule en voiture. De nombreux stops sont à prévoir, dont Clashnessie Waterfall. Après les chutes d'eau, vous pouvez redescendre jusqu'à la plage. Endroit stratégique pour garer votre voiture.

CAM-MAC BOAT TRIPS LOCHINVER

✆ +44 7498 973094

www.cam-mac-boat-trips.co.uk

Ouvert avril-oct, 7j/7. Croisières de 90 min à 10h, 12h30 et 15h. Adulte : £25, enfant : £12,50.

Au départ de la marina de Lonchinver, la compagnie Cam-Mac Boat Trip vous emmène pour une croisière d'une heure et demie autour de la côte d'Assynt. Les réservations ne sont pas obligatoires : il vous suffit de vous présenter à la marina. Pensez tout de même à vous habiller chaudement et à prendre vos jumelles. Vous verrez notamment la baie d'Achmelvich, le Hermit's Castle et le Split Rock. D'autres voyages sont possibles, ainsi que des sorties privatisées.

INCHNADAMP EXPLORER LODGE €€

Inchnadamph

✆ +44 1571 822218

http://www.inchnadamph.com

Dortoir : £29.

Situé sur la NC500, proche du loch Assynt, l'hébergement est idéalement situé pour explorer les environs. Idéal pour les randonneurs (Cape Wrath Trail et Scottish National Trail). Au cœur de la nature, vous aurez l'occasion d'observer un ciel étoilé. Cosy, vous avez une grande cuisine et un espace commun pour travailler ou rencontrer d'autres voyageurs. Le lodge offre 7 chambres privées, 3 dortoirs de 4, 6 et 8 personnes, 3 suites, un cottage et 1 pod.

POLCRAIG GUEST HOUSE €€

Cruamer

✆ +44 1571 844 429

www.polcraig.com

Chambre simple à partir de £40, double à partir de £80. Petit déjeuner inclus. Wifi. Parking.

L'accueil est on ne peut plus chaleureux à Polcraig, où l'on se sent réellement comme à la maison grâce à la gentillesse des hôtes. Leurs six chambres sont simples, doubles ou *twin*, avec une belle décoration coquette et une salle de bains privative attenante. L'expression *home sweet home* prend ici tout son sens et de jolies photos ou peintures d'Écosse rappellent la beauté du pays. Les petits déjeuners sont copieux et sourcés localement : on a même sélectionné pour vous le meilleur des produits régionaux. Des options végétariennes sont possibles.

TIGH NA SITH GUEST HOUSE €€€

A837 ✆ +44 157 184 4588

www.tighnasith.com

Chambre double à partir de £145. Petit déjeuner inclus. Parking et Wi-fi.

La maison d'hôtes est située dans Lochinver même, au centre du village, et, par sa position surélevée, offre une vue magnifique sur le loch. Les trois chambres de Tigh Na Sith sont cosy et plaisantes, avec un nom et un aménagement uniques pour chacune. Elles offrent toutes une douche et des toilettes privatives, ainsi que des lits doubles ou jumeaux. Le petit déjeuner est un véritable repas et le souci du détail compte, y compris dans le savoir-faire des propriétaires. Ceux-ci, d'ailleurs, se feront un plaisir de vous conseiller des activités, excursions..

LOCHINVER LARDER €€

Main Street

✆ +44 157 184 4356

www.piesbypost.co.uk/lochlarder

Ouvert du lundi au samedi de 9h à 16h.
Plats à partir de £12.

Pour une superbe gastronomie écossaise locale, ce sera par ici. Lochinver Larder a fondé sa grande popularité sur sa belle carte très complète et inventive, où l'on profite de grands classiques comme le haggis ou ses célèbres *pies*, mais aussi de gratins, de curry, de quiches et bien d'autres plats délicieux. Le midi, le choix inclut également des *jacket potatoes*, des paninis, des burgers et des baguettes. Des options végétariennes et sans gluten (pain et pâtes) sont possibles sur simple demande au moment de la prise de commande.

PEET'S RESTAURANT €€

Culag Road

✆ +44 157 184 4085

www.peetsrestaurant.com

Du dimanche au vendredi, 17h30-20h30.
Plats dès £10.

Peet's fait honneur aux producteurs locaux dans sa grande salle moderne et aérée. Sa savoureuse cuisine brasse large pour ne faire que des heureux, avec un choix de salades, de poissons, de viandes et de plats végétariens. La carte est volontairement courte, mais fait honneur aux fruits de mer en direct du port de pêche (à 50 m), mais aussi au savoir-faire des éleveurs locaux avec d'excellentes viandes. Le tout est convaincant et le service souriant. N'hésitez pas à demander des conseils de visites : on vous renseignera sur les beautés de Lochinver avec plaisir.

DURNESS ★★

Durness est le dernier village au nord-ouest de l'Écosse et il y règne une atmosphère de bout du monde envoûtante. Ses célèbres grottes de Smoo Cave ne sont qu'une facette du stupéfiant littoral de la région, qui regorge de falaises et de belles plages. Sango Bay, en plein centre, en est une, mais Balnakeil Bay, plus à l'ouest, est encore plus belle. La route jusqu'à Tongue en dévoile bien d'autres et plonge réellement dans le charme si particulier de cette terre lointaine. Si vous avez le temps, offrez-vous un détour vers Cape Wrath. Elle compte parmi les paysages côtiers les plus envoûtants du pays avec une atmosphère de bout du monde.

CAPE WRATH

Le seul moyen pour rejoindre Cape Wrath depuis Durness est via un ferry et un minibus, qui fonctionnent conjointement de mai à septembre, selon les conditions météo.

capewrathferry.wordpress.com

Ferry et minibus, 7j/7 de maià septembre. AR : £6,50/adulte, £4,50/enfant. Ozone Café sur place.

Cape Wrath est la pointe nord-ouest de l'Écosse, livrée à la puissance des éléments. Il y a ici quelques-uns des paysages côtiers les plus éclatants du pays. Son extrémité est coiffée d'un phare construit en 1828 par Robert Stevenson, grand-père du célèbre auteur, et l'on trouve tout autour stacks et falaises, dont les plus hautes de l'île de Grande-Bretagne : Clo Mor (281 m). Cape Wrath est séparée du reste de la région par le Kyle of Durness et aucune route n'y conduit. On s'y rend donc en ferry et en minibus, ou alors en suivant la fin du Cape Wrath Trail.

SMOO CAVE

✆ +44 1971 511 492

www.smoocavetours.weebly.com

Visites 7j/7 de 11h à 16h en avril, mai et septembre et de 10h à 17h de juin à août.
Adulte : £6, enfant : £3.

À l'entrée est de Durness, le long de l'A838, ces grottes impressionnantes, habitées dès le Néolithique, offrent un voyage féerique au centre de la terre. On peut pénétrer dans leur antichambre et voir une première superbe cascade, la Smoo Burn. Le ticket payant vous permettra d'embarquer sur une barque pour en faire le tour, accompagné d'un guide. Vous pouvez vous renseigner à l'office de tourisme ou directement sur place aux heures de visites. Profitez aussi de l'arrêt pour aller marcher sur les hauteurs des falaises : elles offrent des vues superbes.

DURNESS SMOO YOUTH HOSTEL €

Durness
✆ +44 197 151 1264
www.syha.org.uk
Lit en dortoir dès £29. Chambre privée dès £70. Petit déjeuner £5,50. Parking. Wi-fi. Fermé de septembre à avril.

À deux pas des Smoo Caves, cette auberge de la SYHA ne paye pas forcément de mine avec ses airs de baraques militaires, mais on y trouve toutes les installations classiques de l'offre, avec des dortoirs, des chambres privées, une cuisine et un salon-salle à manger. 30 lits y sont disponibles en tout. L'établissement a aussi son bar, ce qui vous permettra, le soir venu, de déguster bières locales ou whiskies, dans le salon, à la chaleur du poêle à charbon.

SANGO SANDS OASIS €

Sangomore
✆ +44 197 151 1726
sangosands.com
Emplacement à £11/adulte et £6/enfant. Ouvert avril-oct. Restauration 7j/7 : 12h-14h30 et 18h-21h.

Situé sur l'A838 entre Lazy Crofter et l'Office de Tourisme, ce camping jouit d'une vue superbe. L'emplacement sur la côte est impressionnant et l'on peut y venir planter sa tente gratuitement hors-saison (douches et W.C fermés). En saison, il sera préférable de réserver si vous avez besoin d'électricité. Le camping possède également un bon petit pub-restaurant, portant le même nom. Sa carte dispose d'un bon choix et à prix raisonnables. La décoration est assez typique et chaleureuse, avec du bois, de la brique et une table de billard.

HILLSIDE B&B €€

Cherchez la première route à gauche après les Smoo Cave et l'auberge de jeunesse en arrivant de l'est. ✆ +44 1971 511 737
www.hillsidebandb-durness.weebly.com
Chambre double à partir de £210. Petit déjeuner inclus. Wifi. Parking.

Cet excellent *bed & breakfast* se trouve à proximité de Smoo Cave, près des sentiers de randonnée et des plages de sable fin. Les trois chambres sont simples, doubles ou *twin* et toutes ont une douche et des toilettes privatives, ainsi qu'un beau mobilier en bois massif, des rangements pratiques, le traditionnel plateau de courtoisie et le wi-fi gratuit. On s'y sent réellement chez l'habitant et les hôtes savent mettre à l'aise. Il y a aussi un salon-salle à manger où il est possible de s'installer pour bouquiner ou regarder un film et une terrasse.

SMOO CAVE HOTEL €€

Lerin
✆ +44 197 151 1227
new.smoocavehotel.co.uk
Chambre double à partir de £135, chambre simple à £90. Petit déjeuner inclus. Parking et Wi-fi.

Fléché à l'entrée est du village, ce petit hôtel est une adresse sympathique où l'on vient aussi pour boire un verre ou pour manger un morceau au bar, qui est ouvert à tous. De la musique *live* y est régulièrement jouée. Les chambres sont doubles ou *twin* et deux d'entre elles partagent une salle de bains et sont généralement destinées aux familles. Les autres ont leurs commodités privées et le tout est assez moderne et bien aménagé, avec pour certaines, une vue sur le Loch Eriboll. Le staff est serviable et il y a quelques vues bien plaisantes.

MACKAY'S ROOMS AND RESTAURANT €€€

Durine
✆ +44 1971 511 202
www.visitdurness.com
De £149 à £210 par chambre, petit déjeuner inclus. Ouvert de mai à octobre. Parking gratuit. Restaurant.

L'hôtel se veut chic et élégant, et il l'est. Les chambres se distinguent toutes l'une de l'autre, et la détente est de mise dans tout l'établissement. Elles sont décorées et aménagées avec soin, mêlant l'esprit traditionnel écossais et le confort moderne actuel. Vous apprécierez la literie confortable et les chaudes couvertures en mérinos. *Peatstacks*, le restaurant de l'hôtel, propose des plats traditionnels des Highlands et rendra heureux les amateurs de crustacés.

COCOA MOUNTAIN BALNAKEIL

Balnakeil
✆ +44 1971 511233
www.cocoamountain.co.uk
Ouvert de mars à novembre, 7j/7, de 10h à 17h. Boîte de chocolat à partir de £22,50.

Situé dans Balnakeil Craft Village, un village tout entier dédié aux artisans créateurs et organisé autour de leurs boutiques-ateliers, ce salon de thé & chocolaterie sera une halte bienvenue pour les gourmands. Quoi de mieux qu'un bon chocolat chaud, ultra gourmand, pour se réchauffer après une randonnée ou une sortie un peu humide ? Vous pourrez y ajouter un cookie maison ou un autre gâteau, des chocolats à déguster sur place ou à emporter – pour soi ou en prévision du retour. Profitez de votre pause pour faire un tour dans ce village pas comme les autres.

DORNOCH ★

Dornoch est réputé pour sa douceur de vivre et ses terrains de golf. Son principal édifice historique est sa cathédrale du XIIIe siècle. Partiellement détruite par le feu en 1570, elle fut entièrement restaurée par la comtesse de Sutherland au début du XIXe siècle. Entre le Dornoch Firth et le Moray Firth se trouve la région d'East Ross verte et vallonnée. La péninsule entre Inverness et le Cromarty Firth s'appelle Black Isle, mais n'est pas une île. Le nom parlera aux amateurs de bières artisanales écossaises. La ville est desservie par le bus Stagecoach X99 qui la relie à Inverness en 1h10, ainsi qu'à toute la côte est jusqu'à Wick et Thurso.

DORNOCH CATHEDRAL

✆ +44 1862 810 296
www.dornoch-cathedral.com
Ouverte 7j/7, messes à 11h.

Datant du XIIIe siècle, cette cathédrale a été sérieusement endommagée en 1570 et fut enfin restaurée en 1835 sous l'impulsion de la comtesse de Sutherland. De nos jours, on remarque surtout ses nombreuses gargouilles et sa tour carrée où l'on peut monter pendant l'été. Une légende raconte que les gargouilles étaient des esprits maléfiques que la sonnerie des cloches avaient chassés de la cathédrale et transformés en pierres. Les vitraux, du côté nord du chœur, sont aussi très intéressants : ils représentent la musique, la paix et l'alphabétisation.

GLENMORANGIE DISTILLERY

A9
http://www.glenmorangie.com
Ouvert du lundi au samedi, 10h-17h. Tour guidé dès £20.

Difficile de ne pas succomber au charme de cette distillerie si familière. Sa découverte en visite guidée invite à percer les secrets de la fabrication de ce whisky mondialement connu. Les alambics sont certainement ce qui impressionne le plus, par leur taille comme par leur beauté. La visite, même la plus simple, se termine par une dégustation commentée dans l'espace réservé. Les environs immédiats du site, avec la vue imprenable sur le Dornoch Firth, espace protégé d'observation d'oiseaux, sont aussi un atout indéniable de la visite.

HISTORYLINKS MUSEUM

The Meadows
✆ +44 1862 811275
www.historylinks.org.uk
Ouvert 7j/7, d'avril à octobre, 10h30-16h.
Entrée : £4,50/adulte, £3,50/réduit, gratuit pour les - 16 ans.

Ce musée retrace la vie de Durnoch et, à travers ce prisme local, plonge le visiteur dans toute l'histoire de l'Écosse. Il revient sur les épisodes des Clearances, le crofting, mais aussi sur l'aérodrome de la ville, utilisé dans les années 1930 et toujours foulé par les avions légers et les ULM, les mesures anti-invasions prises pour empêcher les débarquements allemands, la présence du corps forestier canadien pendant la Seconde Guerre mondiale… On y voit, entre autres curiosités, un trésor viking et une bouteille de whisky de 1840.

DORNOCH CASTLE HOTEL €€€

Castle Street
✆ +44 1862 810 216
www.dornochcastlehotel.com
Chambre double à partir de £149. Petit déjeuner inclus. Wifi. Parking. Restaurant.

Pour séjourner, manger ou boire un coup à Dornoch, ce *castle* est une adresse à ne pas manquer ! On y trouve le meilleur hôtel de la ville, l'une des meilleures tables et un bar dont la sélection de real ales aux côtés de ses 300 single malts, est saluée par la CAMRA. Les bières proviennent notamment des Orcades ou des Cairngorms. L'édifice date de 1577. Les 24 chambres sont élégantes, d'un grand confort et certaines offrent un lit à baldaquin ou de jolies vues sur jardin clos. Côté nourriture, raffinement et saveurs se retrouvent dans l'assiette.

ROYAL DORNOCH GOLF CLUB

Golf Road
✆ +44 1862 810 219
www.royaldornoch.com
Green fee à partir de £55 sur le Struie Course et à partir de £140 sur le Championship course.

Royal Dornoch Golf Club est un club écossais considéré parmi les plus beaux golfs existants. Le club dispose de deux parcours de 18 trous : le golf de championnat et le Struie. En raison de son emplacement sur la côte nord-est de l'Écosse, le Royal Dornoch n'a hélas jamais accueilli l'un des tournois modernes. Le parcours de championnat est le plus réputé des deux parcours. En 2016, il a été classé n°5 du Top 100 mondial par le *Golf Digest International* (hors États-Unis), la référence des magazines de golf. Il est notamment surnommé le « roi des links écossais ».

STRATHPEFFER ★

Strathpeffer est ce type de ville qui provoque irrémédiablement le coup de cœur, voire le coup de foudre. Ville thermale victorienne, elle est un site verdoyant et coloré, niché au creux de la montagne. Vous aurez envie d'explorer cette bourgade, autrefois station thermale européenne de renom. La gare, réaménagée en espace de boutiques artisanales indépendantes, avec son café cosy et son musée de l'enfance, mais aussi la salle des pompes restaurée, sont autant de lieux où prendre le temps d'une pause. Les randonneurs iront à la rencontre de Ben Wyvis, traverseront Ord Wood, découvriront le Loch Kinellan ou monteront voir la Eagle Stone.

OLD VICTORIAN STATION

Ouvert d'avril à octobre. Accès libre.

Ce site est à découvrir à la fois comme un lieu culturel et comme un espace de boutiques artisanales et alternatives. Lieu du patrimoine, il est l'ancienne gare victorienne parfaitement rénovée. Une exposition avec panneaux explicatifs se tient à ciel ouvert pour raconter la gare à sa période fastueuse, quand Strathpeffer était un lieu de villégiature international, ainsi que son rôle pendant les guerres, puis son abandon et sa nouvelle vie, à compter des années 1990.

HIGHLAND MUSEUM OF CHILDHOOD

Old Victorian Station Victorian Railway
✆ +44 1997 421031
Ouvert d'avril à octobre, mardi-samedi, 10h-17h. £5/adulte, £3,50/réduit, Gratuit pour les enfants.

Ce musée invite à découvrir les Highlands et la vie quotidienne aux siècles derniers à travers le prisme de l'enfance. Il invite à une plongée dans le temps. Vous pénétrez dans une grande pièce où un parcours est tracé dans un amoncellement organisé d'objets hétéroclites, panonceaux explicatifs, jouets omniprésents, poupées, jeux de société, déguisements... Certains sont exposés et d'autres mis à disposition des enfants, pour leur plus grand plaisir.

ROGIE FALLS

Rogie Falls Parking sur la A835 - 3,6 km de Contin.
✆ +44 300 067 6100
Accès libre et gratuit.

Les Rogie Falls sont une impressionnante chute d'eau, que l'on peut surplomber depuis un pont de bois et de cordes. La cascade est célèbre, car elle est un spot d'observation des saumons, quand ceux-ci remontent la rivière Black Water. Outre la magnifique cascade, plusieurs itinéraires de balades à pied – dont une d'1,5 km, à faire en une heure, avec un dénivelé léger – sont accessibles depuis le parking pour une découverte du riche paysage forestier des environs, mais aussi de beaux points de vue et panoramas sur les cascades et la nature environnante.

Old Victorian Station.

THE EAGLE STONE - CLACH AN TIOMPAIN

Accès libre et gratuit.

La « pierre de l'aigle » est une très belle pierre sculptée picte. On la découvre à pied, depuis la gare (elle est indiquée) en prenant de la hauteur dans la ville. Son emplacement actuel n'est pas son emplacement initial : située autrefois plus bas dans la vallée, elle a été déposée là en 1411 pour commémorer la victoire des Munros sur les MacDonald, à moins que ce soit contre les MacKenzie. Plusieurs légendes et histoires sont à découvrir sur cette pierre…

REDPOPPY RESTAURANT €€

Main Street

✆ +44 1997 423332

www.redpoppyrestaurant.co.uk

En rénovation, mais propose des plats froids à emporter.

Restaurant élégant sans être guindé ni onéreux, le RedPoppy offre une cuisine britannique simple et revisitée. Le midi, l'esprit est au *pub-food* et au snack, avec club sandwiches, paninis, soupe du jour, *fish & chips* et burgers. Le soir, la cuisine est plus élaborée avec des plats traditionnels. Midi comme soir, les ingrédients sont frais, sourcés localement et les plats sont préparés maison avec savoir-faire et passion du goût. Le menu « Traditional Scotish High Tea », servi entre 17h et 18h, est particulièrement apprécié pour son très bon rapport qualité-prix.

MUSEUM COFFEE SHOP

Old Victorian Station

✆ +44 7557 505264

Ouvert de 10h à 17h du mardi au dimanche.
Plats et sandwiches à moins de £10.

Ce petit café et salon de thé a pris place dans l'ancienne gare victorienne de la ville. Celle-ci a gardé son charme d'antan, réhabilitée en espace de boutiques indépendantes et musée de l'enfance. Entre deux achats, après une visite culturelle ou une excursion nature, ce joli établissement devrait faire votre bonheur. Une soupe et un généreux sandwich le midi, ou bien un chocolat chaud tout en décadence, avec une part de gâteau qui l'est plus encore : il y a de quoi être tenté. Vous pourrez déguster l'un ou l'autre en intérieur ou en terrasse aux beaux jours.

BEAULY

Beauly est un village renommé à plusieurs titres. Son nom viendrait du français « beau lieu », tel que l'aurait nommé Mary Queen of Scots en le découvrant. Son prieuré est à découvrir, il s'agit de ruines monastiques construit en 1230 au sein de la ville, entouré d'arbres parmi les plus vieux spécimens du pays. Beauly est aussi bien connu des amateurs de pêche, puisque la rivière Beauly, près de laquelle les habitations se sont implantées, est un passage de saumons parmi les plus connus. Les truites sont aussi nombreuses dans ses eaux. Beauly est une alternative intéressante pour une halte dans les Highlands, à quelques kilomètres d'Inverness.

BEAULY PRIORY

Accès libre et gratuit.

Le prieuré de Beauly est actuellement une ruine, mais ces vestiges, en bord de rivière, sont une visite très agréable pour qui aime le patrimoine religieux et les lieux mystiques, chargés d'histoire et auréolés d'une certaine magie. Ce prieuré est l'un des trois prieurés fondés en Écosse vers 1230 par l'ordre des Valliscauliens. Cet ordre de moines peu connu était originaire de Dijon. Il prônait la pauvreté, la chasteté et l'obéissance. Aujourd'hui, il reste les murs de l'église abbatiale, qui abritent de beaux monuments funéraires.

GLEN ORD DISTILLERY

A832

✆ +44 1463 872004

Ouvert 7j/7, horaires selon mois.
Tour guidé de £10 à £100. Exposition : £3.
Espace bar et boutique.

Le Singleton de Glen Ord est la rencontre miraculeuse entre l'orge de Black Isle et l'eau de White Burn. La distillerie de Glen Ord, sise dans un écrin de verdure, raconte l'histoire de son whisky et de ses particularités à travers une exposition (avec traductions multilingues) et des visites guidées, allant de la plus simple avec dégustation, à celles concernant les plus passionnés et experts : avec dégustation tutorée en direct des fûts, avec dégustation de 6 whiskies différents… Le bar, accessible à tous, donne sur les fûts et est de toute beauté.

HIGHLANDS

ROBERTON'S FARM SHOP

11-13 Tomich
✆ +44 1463 782181
www.robertsonsbeauly.com
Ouvert du lundi au samedi, de 10h à 17h. Ferme avec animaux ouverte de mi-juin à septembre.

Cette petite boutique est un peu en retrait de Beauly et de la route. Fous de Highland cows, il vous faudra vous y arrêter pour rencontrer Jamie, Katie et Heather. Toutes les trois paissent là tranquillement, avec comme voisins de prairie quelques lamas. La boutique vend des produits de la ferme, mais aussi une sélection d'épicerie fine de qualité. Les visiteurs sont ici les bienvenus et même chaleureusement accueillis. Ne craignez pas l'attrape-touristes, les propriétaires sont vraiment dans une démarche de faire plaisir et de partager leur amour de l'Écosse.

BRORA

Brora est une base idéale pour découvrir les paysages côtiers du nord de l'Écosse, tout autant que son patrimoine. Depuis sa petite plage rurale, vous pourrez, avec un peu de chance, observer des dauphins, des phoques ou encore de petits rorquals. La bourgade de Brora eut une activité minière importante dans l'industrie du charbon jusque dans les années 1960. Elle est désormais surtout connue pour le Dunrobin Castle, superbe demeure nobiliaire écossaise non loin de là. La Clynish Distillery y est également implantée et fait partie de l'appellation des Highlands. On peut venir ici depuis Inverness en 1h30 de bus sur le Stagecoach X99 ou en 2h20 de train.

CLYNELISH DISTILLERY

Clynelish Road
✆ +44 1408 623 000
www.malts.com
Mars-octobre : lundi-samedi, 10h-17h ; novembre-février : 10h-15h. Gratuit. Enfants de moins de 8 ans refusés.

Fondée en 1819, cette célèbre distillerie fournit beaucoup l'industrie du *blended whisky* mais produit également ses *single malts*. Son nom signifie « vert pâturage » en gaélique et la visite devrait intéresser tous les fans de *water of life*. Le Clynelish original a été créé par le marquis de Stafford qui voulait un débouché pour l'orge produite sur ses terres. Le bâtiment qui se visite est de 1968 : situé en face de la première distillerie, il l'a remplacée. Le 14 ans d'âge est assez floral, fruité et légèrement fumé, grâce aux eaux de la région.

DUNROBIN CASTLE ★★

Golpsie
✆ +44 1408 633 177
www.dunrobincastle.co.uk
Ouvert 7j/7 : avril & octobre, 10h30-16h30 ; mai-septembre, 10h-17h. Adulte : £14, réduit : £12, enfant : £9.

Dunrobin Castle est indubitablement l'un des plus beaux châteaux d'Écosse et son style est particulièrement rare et raffiné. Certains le perçoivent même comme la demeure nobiliaire la plus accomplie du pays. Siège des comtes de Sutherland et du clan Sutherland, elle trace ses origines au Moyen Âge, mais subit maintes détériorations, notamment de la main des jacobites au XVIIIe siècle, si bien que l'édifice que l'on contemple aujourd'hui fut largement façonné entre 1835 et 1850. Charles Barry en fut l'architecte et n'était pas à son coup d'essai, puisque le prodige avait déjà le parlement de Westminster sur son CV. Il s'attela à en faire un palace digne de ce nom et c'est aujourd'hui le plus grand château des Highlands du nord, avec quelques 189 chambres. Son apparence n'est pas sans rappeler les travaux d'Eugène Viollet-le-Duc et les jardins du domaine sont d'ailleurs basés sur le modèle français et se sont inspirés de Versailles. Les intérieurs furent fortement endommagés lors d'un incendie en 1915 et c'est Robert Lorimier qui se chargea de leur redonner vie, ce qu'il fit avec un bon goût incontestable. Une partie musée expose des trophées de safari ramené par la famille en voyage, mais aussi des reliques archéologiques de l'époque picte.

Ses jardins, de toute beauté, sont à découvrir, d'autant plus qu'ils offrent la plus belle vue qui soit sur le château. D'avril à septembre, vous pourrez profiter de spectacles de rapaces, dans ces mêmes jardins. C'est compris dans le billet d'entrée. Ils ont lieu à 11h30 et 14h30.

ROYAL MARINE HOTEL AND LEISURE CLUB €€€

7 Golf Road
www.royalmarinebrora.com
Chambre double dès £104, petit déjeuner compris.

Cet hôtel est parmi les lieux idéaux pour mêler découverte des Highlands et luxe à l'écossaise. Les chambres sont aménagées avec soin pour le plus grand confort des résidents. Il est possible d'organiser des séjours dédiés au golf, en lien avec les parcours situés à proximité immédiate. Autre point fort du site : ses restaurants. Le Bistro offre une expérience culinaire simple et détendue, la Garden Room est plus moderne et le Lorimer's se distingue par une ambiance plus formelle.

HELMSDALE ★

Ce petit port paisible fut en son temps l'un des principaux centres de pêche au hareng d'Europe et subit les *clearances* de plein fouet, comme nombre de ses voisins. Il attire désormais les visiteurs pour son charme reposant sur la romantique côte est. Tout autour, un littoral superbe dévoile de longues plages sablonneuses et l'arrière-pays du Strath of Kildonan est une vallée verdoyante où coule la Helmsdale River.

Transports

Helmsdale est à 2h40 d'Inverness par le train (www.scotrail.co.uk) et à 1h50 par le bus sur le Stagecoach X99 (www.travelinescotland.com). L'un comme l'autre poursuivent ensuite vers Thurso et Wick.

Helmsdale.

KINDALE HOUSE 🛏 €€

Lilleshall Street

✆ +44 143 182 1415

www.kindalehouse.co.uk

Chambre double à partir de £60. Petit déjeuner inclus. Parking et Wi-fi.

En plein cœur de Helmsdale, voici une adresse pleine de cachet, qui a été récemment entièrement rénovée. Vos hôtes seront aux petits soins : Sharon redouble de bonnes attentions et Tommy fait d'excellents petits déjeuners. Les trois chambres que l'on trouve dans cette jolie demeure sont cosy et bien aménagées, tandis que le jardin est muni d'une agréable véranda où il fait bon s'attarder en discutant ou en bouquinant. Le stationnement se fait dans la rue, mais la place manque rarement. Une belle petite adresse à prix assez doux.

THE BANNOCKBURN INN 🍴 €€

Stafford Street

✆ +44 1431 821 461

www.bannockburninn.co.uk

Ouvert tous les jours de 11h à 23h. Plats de £7 à £28.

Sympathique pub et hub de la vie locale, le Bannockburn Inn est aussi bon bar que restaurant et offre deux espaces différents, selon que l'on vienne s'y restaurer ou boire un coup. Il a été ouvert en mai 2011 par Andy Fordham, ancien champion du monde de fléchettes ! Les plats sont écossais traditionnelles et il y a toujours quelques *real ales* au comptoir, ainsi qu'un très vaste choix de whiskies de tout le pays. Les mélomanes auront l'embarras du choix face à l'authentique jukebox et ses quelque 10 000 titres en mémoire. *Cheers !*

LAIRG

Caressé par les eaux de l'interminable Loch Shin, Lairg n'a aucune attraction en soi, mais se situe littéralement à la croisée des chemins entre le nord, le sud, l'est et l'ouest des Highlands. Dans le coin, ne manquer pas les Falls of Shin, qui sont à 7,5 kilomètres au sud du village sur la B864. Vous ne pourrez pas manquer le grand parking qui les signale. Ces cascades poissonneuses regorgent de saumons qu'il n'est pas rare de voir sauter. En train, Lairg est à 1h45 d'Inverness, sur la ligne qui dessert aussi Helmsdale, Wick et Thurso (www.scotrail.co.uk). Le Durness Bus 806 conduit aussi à Durness à 2h30 (www.travelinescotland.com).

ALTNAHARRA

Si vous cherchez l'isolement absolu au cœur des immenses étendues désertiques des Highlands, Altnaharra peut être un bon point de chute. En plein milieu du Sutherland, c'est un minuscule hameau qui se résume à une rue et qui est célèbre auprès des passionnés de pêche. À mi-chemin entre Lairg et Tongue, il n'y aucune grande montagne à proximité, mais que des landes et des collines ! On dirait que le village sort tout droit d'un dessin animé !

▶ Le long de la route entre Altnaharra et Bettyhill, vous apercevrez de nombreux sites historiques : brochs, mausolées, dolmens et villages fantômes que survolent quelques aigles.

WICK ★

Wick est un port de pêche anciennement dynamique qui a connu ses heures de gloire et un commerce florissant grâce à l'exploitation du hareng. Aujourd'hui en reconversion après le déclin de son activité, la ville se cherche un avenir dans le tourisme, et l'a trouvé, puisqu'elle est un point de passage de la NC500 et qu'elle offre, dans ses environs immédiats, de nombreux attraits. On y visite la distillerie Old Pulteney et deux musées intéressants – The Wick Heritage Museum et The Nuclear and Caithness Archive –, ainsi qu'une côte charmante et escarpée, et la superbe Sinclairs Bay. Wick compte deux châteaux en ruine, l'un au sud, Castle of Old Wick, et l'autre au nord, majestueux et inspirant, Sinclair and Girnigoe Castle.

En plus des visites ci-dessous, ne manquez pas non plus quelques vestiges dans les alentours de Wick. À 2,3 kilomètres au sud-est de la ville, vous trouverez le Castle of Old Wick, via l'A99 et March Road. Un minuscule panneau annonce ce donjon en ruines du XIIe siècle qui domine des falaises somptueuses. À 7 kilomètres au nord, par Broadhaven Road, ne ratez pas non plus Castle Sinclair, dont les restes sont encore plus époustouflants.

Transports

En train, Wick est à 35 minutes de Thurso et 4h30 d'Inverness, en passant par Helmsdale et Lairg. En bus, le Stagecoach 42 conduit à Thurso en 35 minutes et les 77 et X97 emmènent à John O'Groats en 30 minutes.

▶ L'aéroport de Wick relie également Edimbourg en 1h sur Loganair ainsi que Aberdeen (40 minutes) sur Eastern Airways.

Le château Sinclair et Girnigoe.

LYBSTER HARBOUR VISITOR CENTRE

Lybster

✆ +44 1593 721 520

Ouvert de mai à septembre. Entrée libre et gratuite.

Un musée interactif a été aménagé dans cette vieille maison de croft, qui présente l'histoire du port. Les habitants qui demeuraient à un bout de la maison, construite comme les *longhouses* des Vikings, pouvaient observer les animaux à l'autre bout. Levez la tête pour regarder les structures de bois du toit. C'était la première prouesse que les hommes devaient réaliser s'ils voulaient se marier. Profitez d'être à Lybster pour visiter ce village pittoresque et sympathique.

NUCLEUS - THE NUCLEAR AND CAITHNESS ARCHIVE

Wick Airport

✆ +44 1955 602444

Ouvert du lundi, mardi, jeudi et vendredi, de 10h à 16h. Gratuit.

Le sujet est pointu, et il faudra avoir une certaine appétence pour l'histoire et l'industrie nucléaire pour aller découvrir ce musée. Si vous cochez ces deux cases, allez le visiter sans hésiter. Il rassemble les archives de l'industrie nucléaire civile britannique depuis plus de 70 ans. Il a mis en place pour 2020 une nouvelle exposition sur les pionniers du vol transatlantique, racontant toutes les péripéties de cette extraordinaire aventure technique et humaine.

OLD PULTENEY DISTILLERY

Huddart Street

✆ +44 1955 602 371

www.oldpulteney.com

Ouvert du lundi au vendredi. Oct-avril : 10h-16h ; mai-septembre, 10h-17h. Tours guidés à partir de £15.

Old Pulteney n'a plus ses preuves à faire au palmarès des *single malts* des Highlands, et ce depuis 1826. La visite devrait fasciner tous les fans de whisky en général, et de cette distillerie en particulier, même si, vue de l'extérieur, elle n'est peut-être pas la plus impressionnante. La visite classique permet de se familiariser avec l'histoire de ce whisky et s'achève avec une dégustation. Son 12 ans d'âge est maritime, frais et salé, avec des notes boisées. La visite « améliorée » (£25) présente toute la gamme des whiskies et inclut trois *drams* de dégustation.

SINCLAIR & GIRNIGOE CASTLE

Castle Sinclair Girnigoe car park

Accès libre. Parking gratuit à proximité.

Ces ruines seront sans doute parmi celles qui vous impressionneront le plus. Le château ressemble à un navire fantôme, vaisseau de pierre échoué sur une falaise. Il porte deux noms : Girnigoe d'abord pour une première construction, puis Sinclair, du nom du clan qui le fit ériger sous cette forme à la fin du XVe siècle. Il a traversé plusieurs batailles et a été démoli à coups de canon, sans jamais être reconstruit. Aujourd'hui préservé et protégé, il est accessible à tous.

CAITHNESS SEACOAST

South Quay

✆ +44 195 560 9200

www.caithness-seacoast.co.uk

Sorties en mer d'avril à fin octobre. De £24 à £63 par adulte et de £15 à £63 par enfant.

Cette entreprise se propose de vous faire découvrir la merveilleuse côte de Caithness en embarquant avec eux pour des sorties en mer de 30 minutes à 3h. Au programme : des châteaux, des stacks, des phares, des falaises et une faune maritime riche. Si vous êtes en famille avec de jeunes enfants, le tour de 30 min dans le port, à petite vitesse, sera particulièrement adapté. Selon vos envies d'aventure, vous pourrez rejoindre le village de Lybster, très pittoresque, aller découvrir le château de Keith ou le port et les marches de Whaligoe.

THE WICK HERITAGE MUSEUM

20 Bank Row

✆ +44 1955 605 393

www.wickheritage.org

Ouvert d'avril à octobre du lundi au samedi de 10h à 16h. Entrée : £4.

Le Wick Heritage Museum ramène à la vie l'histoire de la ville et en raconte le passé, notamment lié à la pêche. Le quotidien des hommes de la mer y est détaillé avec précision, de l'âge de gloire de leur profession à son déclin. De nombreux objets d'époque y sont présentés et l'on visite aussi des reconstitutions d'une maison traditionnelle, d'une conserverie et d'ateliers de tonneliers et de forgerons. Il y a même une petite galerie d'Art et une exposition photo relatant 150 ans de faits sociaux. Faites aussi un tour dans le havre verdoyant du jardin.

SEAVIEW GUEST HOUSE €€

14 Scalesburn

✆ +44 1955 602 735

www.wickbandb.co.uk

Chambre simple à partir de £60, double à partir de £75. Petit déjeuner inclus. Wifi. Parking.

Joliment située au nord du port de Wick, Seaview renferme trois chambres très coquettes et confortables. L'une est double et peut devenir familiale, tandis que les deux autres offrent des lits jumeaux. Ces dernières partagent une salle de bains et la première possède ses commodités privées. L'accueil est plaisant et la Sun Room est un salon partagé, dont les vues sont bien agréables. La maison fait chambre d'hôtes depuis près de 40 ans, d'où un vrai savoir-faire et de nombreux conseils à dispenser pour découvrir le meilleur de la région.

WHALIGOE STAIRS

À 12 km au sud de Wick (10 min en voiture par la A99).

Accès libre et gratuit. Petit parking à proximité.

Les marches de Whaligoe mènent à un ancien port assez étonnant. Il est d'ailleurs difficile d'imaginer que c'était autrefois un port, mais au milieu des années 1800, ils étaient plus de 20 bateaux de pêche à utiliser ce mouillage chaque jour pendant la saison du hareng. Les nombreuses marches datent probablement de 1792. Leur descente (et remontée !) peut être assez éprouvante, ce qui n'est pas étonnant quand on sait que le port est en contrebas de trois falaises de près de 80 m de hauteur. Un sympathique café, à côté, vous permettra de reprendre des forces.

THE BANK GUESTHOUSE €€

28 Bridge Street

✆ +44 1955 604001

www.riversideapartments.scot

Chambre double dès £90. Petit déjeuner inclus. Parking facile à proximité.

Passez une nuit dans une ancienne banque : et pourquoi pas ? Vous ne dormirez pas dans la salle des coffres, mais dans l'une des chambres à l'étage, dominant la rue principale de Wick. En plein cœur de la ville, vous avez accès aux restaurants, commerces, pubs... La guesthouse est agréable, avec ses chambres bien aménagées, spacieuses et confortables. Toutes ont leur salle de bains privative et attenante. La salle de petit déjeuner fait aussi salon, créant un espace commun pour se délasser le soir et converser entre visiteurs.

THE CLACHAN B&B €€

13 Randolph Place
✆ +44 195 560 5384
www.theclachan.co.uk
Chambre double à £85, simple dès £75. Petit déjeuner inclus. Parking et Wi-fi.

Le ravissant Clachan est un *bed & breakfast* comme on les aime, où la chaleur de l'accueil, l'authenticité et le confort sont au rendez-vous, et ce, depuis des décennies. Il a d'ailleurs été reconnu par plusieurs organismes ou associations pour la qualité de son hébergement et l'amabilité de ses hôtes. Les chambres sont grandes et ont toutes été rénovées et remeublées, avec goût et sens pratique. Chacune inclut sa salle de bain attenante et le nombre d'invités n'excède jamais six personnes, ce qui assure une attention particulière pour tout le monde.

BORD DE L'EAU €€

2 Market Street
✆ +44 1955 604 400
Ouvert du mardi au samedi de 12h à 14h et de 18h à 21h30, le dimanche en soirée uniquement. Plats autour de £20.

Si l'Hexagone vous manque en ces confins de l'Europe, Bord de l'Eau pourra soigner votre mal du pays en un rien de temps. Et pour cause, c'est un compatriote qui est aux manettes, en la personne de Daniel Chrétien, expatrié du Sud-Ouest. Juste en face du port, ce restaurant sert des grands classiques bien de chez nous, dans une décoration qui fait honneur à la capitale. Sont-ce les recettes qui subliment les ingrédients locaux et ultra frais, ou la grande qualité des produits écossais qui valorise nos saveurs traditionnelles ? À vous de trancher !

MORAG'S CAFE €

94-96 High St, Wick KW1 4LR, Royaume-Uni
✆ +44 1955 605161
Ouvert du mardi au samedi : 9h-15h (10h le dimanche) - Fermé le lundi. Entre £4 et £9,50.

Petit café local et typique pour déjeuner sur le pouce, type cafétéria. À emporter ou sur place, vous trouverez des paninis, toasties, burgers et plein d'autres snacks. De bonne qualité et peu cher, c'est le rendez-vous du coin quand vous avez peu de temps devant vous. Ambiance cosy et un staff à votre écoute. Vous avez même un menu à £4 pour les petits pirates ! Vous ne pouvez pas le rater, il se trouve dans une des rues principales de Wick. L'arrêt parfait entre deux visites ou avant de reprendre la route sur la mythique NC500 !

DEVITAS PIZZERIA €€

97 High Street
✆ +44 195 560 2803
Jeudi-vendredi 12h-14h30 et 16h-20h. Samedi : 12h-21h et dimanche : 16h-20h. A partir de £10.

Le rapport qualité-prix est plutôt bon dans cette petite pizzeria gourmande qui cuisine des pizzas, bien sûr, mais aussi des pâtes, des paninis, des burgers et des *baked potatoes*, servis sur des tables à carreaux verts. La musique d'ambiance n'est pas trop forte et la décoration surfe sur la culture italienne, avec des photos d'acteurs, de chanteurs et des affiches du *Parrain*. Le service est appliqué et souriant. Si vous souhaitez insuffler un vent d'Italie pendant votre séjour, cette adresse, située au cœur de la ville, sera la bonne !

WICKERS WORLD €

21 Harbour Quay
✆ +44 1955 602433
https://wickers.world
Ouvert du lundi au samedi, 9h-16h (17h vendredi et samedi). Snacks dès £5,35, plats dès £9.

Wickers World annonce la couleur : l'établissement propose « la meilleure nourriture en ville ». Et il vous met au défi de venir vérifier sur place. En effet, leur espace café, glacier et snack offre un vaste choix de plats, paninis, sandwiches et autres encas salés pour rassasier toutes les faims, à déguster sur place ou à emporter. La préparation maison et la fraîcheur de produits jouent vraiment en faveur des saveurs. Fier de sa ville, le staff vous accueillera chaleureusement, avec comme objectif avoué de vous faire revenir à Wick.

N°1 BISTRO - MACKAYS HOTEL €€

46 Union Street
✆ +44 1955 602 323
www.mackayshotel.co.uk
Ouvert 7j/7, 12h-23h. Plats dès £15.

Le N°1 Bistro est le restaurant du Mackays Hotel. Il est situé dans une rue qui détient un record : celle d'être la plus courte du monde ! Outre cette curiosité, le restaurant est intéressant pour sa carte répondant à tous les budgets et présentant des mets variés et de qualité. Déjeuner sur le pouce ou bistronomie britannique le soir, vous trouverez sans problème votre bonheur. L'établissement étant aussi un hôtel, vous pourrez loger sur place à bon rapport qualité-prix.

JOHN O'GROATS ★★

À la pointe nord-est du pays, John O'Groats entretient jalousement sa réputation de dernière terre d'Écosse, qui revient pourtant à Dunnet Head. Son nom provient de Jan de Groot, un Hollandais qui affréta jadis le ferry pour les Orcades. Explorez Duncansby Head et ses falaises, à 3 km plus à l'est. Les Duncansby Stacks sont de véritables pitons rocheux aux formes atypiques. Depuis le phare, marchez 1 km vers le sud pour les voir. 8 km plus bas, via l'A99, on peut aussi observer les ruines du Bucholie Castle, perchées au-dessus de la mer. En bus, John O'Groats est à 30 minutes de Wick sur les services Stagecoach 77 et X97 et à 1h de Thurso sur le 80.

John O'groats.

HIGHLANDS

DUNCANSBY STACKS

Duncansby Head Lighthouse

Accès libre et gratuit. Grand parking.

Ce paysage fait, pour beaucoup, partie des plus beaux d'Écosse. Arrivés près du phare, il vous faudra suivre les traces d'herbes foulées par les autres visiteurs pour aller vers les Duncansby stacks, ces pitons rocheux impressionnants et majestueux. En traversant la prairie, que vous partagerez avec les moutons, et en longeant les falaises, vous apercevrez les mouettes et nombreux huîtriers pies dans leur ballet incessant. Vous ne pourrez pas manquer les stacks (roches), qui se dresseront devant vous. Prévoyez d'être bien couvert : le vent souffle très fort ici !

JOHN O'GROATS FERRIES

John o' Groats

✆ +44 1955 611 353

www.jogferry.co.uk

Sorties en mer tous les jours de mai à septembre à 8h45 et 10h30. Adulte : de £19 à £70. Tarifs enfants et familles.

Outre leurs traversées vers les Orcades et des excursions guidées à la journée, John O'Groats Ferries organise des sorties en mer *Wildlife Cruises* pour voir de plus près le littoral des environs, aussi gigantesque qu'éclatant de beauté. Les animaux marins seront nombreux à rencontrer votre chemin et vous approcherez les gigantesques Stacks of Duncansby. Les tours sur la journée permettent aussi de visiter les Orcades et leur patrimoine, avec transport en bus entre les différents sites. Il est aussi possible de prendre simplement le ferry, sans tour guidé.

JOHN O'GROATS GUEST HOUSE €€

A99

✆ +44 1955 611 251

www.johnogroatsguesthouse.com

Chambre simple à partir de £70, double à partir de £90. Petit déjeuner inclus. Wifi. Parking.

Ce *bed & breakfast* ne manque pas de surprendre, avec sa touche de motel coloré vu de l'extérieur. Cependant, ne vous y trompez pas, c'est un établissement qui respecte la plus pure tradition de l'hospitalité écossaise et la bonne humeur y règne en maître. Les cinq chambres sont simples, doubles et familiales, avec des salles de bain privées et un très bon prix pour la qualité offerte. Le tout est quasi neuf et fort agréable, dans ce petit bout du monde.

STACKS COFFEE HOUSE & BISTRO €

3 Craft Centre

✆ +44 1955 611582

www.stacksbistro.co.uk

Ouvert de 10h à 16h30 du mercredi au vendredi, 10h-17h le samedi et dimanche.

Parmi les choses appréciables en Écosse, il faut compter les petits cafés, présents dans les spots touristiques, qui ne misent pas tout sur leur emplacement, mais offrent un vrai choix de produits frais, locaux et savoureux. Stacks Coffee House & Bistro est de ceux-là. Tout est frais, sandwiches, soupe du jour, scones, biscuits, gâteaux, bagels..., de saison, avec une carte qui varie, et à des prix très raisonnables. Vous pouvez donc y faire une pause en toute confiance !

THURSO ★

Thurso est la ville la plus septentrionale de l'île de Grande-Bretagne. Anciennement un port norrois majeur, ce qui lui vaut son nom « rivière de Thor », elle a toujours conservé une activité maritime forte, notamment commerciale avec le nord de l'Europe jusqu'au XIXe siècle. Aujourd'hui, c'est vers les Orcades que son attention s'est tournée, en étant le principal point de départ vers cet archipel sublime. Les ferries partent de Scrabster, de l'autre côté de la baie. Les ruines à l'est de la River Thurso sont celles du Thurso Castle, construit en 1872. Dans les environs immédiats de Thurso, le Castle of Mey est un site à découvrir.

DUNNET HEAD

Dunnet Head

Accès libre et gratuit.

De même que Thurso est la ville la plus septentrionale de Grande-Bretagne, Dunnet Head en est l'extrémité terrestre, du haut de ses hautes falaises verticales. Faites un détour par cet endroit magique : vous longerez les impressionnantes dunes de la Dunnet Bay, avant de rejoindre le phare qui se dresse tout au bout, face aux Orcades. Il fut construit, comme beaucoup d'autres, par Robert Stevenson, le grand-père de l'illustre auteur. La zone est une réserve ornithologique de la RSPB et les amateurs d'oiseaux seront ravis de pouvoir observer leurs amis ailés.

DUNNET BAY DISTILLERS

Dunnet

✆ +44 1847 851287

www.dunnetbaydistillers.co.uk

Boutique ouverte lundi-samedi, 10h-17h. Visite guidée sur réservation (voir site), mars-nov : £15/adulte. Pas d'enfants.

Et si vous rencontriez Elizabeth et Margaret, les deux alambics de cette distillerie ? Il est possible de visiter cette distillerie de gin et vodka écossais, et d'en découvrir les secrets de fabrication, du choix des fleurs et plantes jusqu'à une dégustation d'un gin tonic Rock Rose, avec surprise à la clé. Les visites durent une heure et ne sont ouvertes qu'aux personnes majeures. La boutique est accessible à tous, et vous pourrez ainsi rapporter un ou des spiritueux d'exception, nés des embruns de la baie de Dunnet et de son caractère bien trempé.

AULD POST OFFICE B&B €€

Spittal-by-Mybster

✆ +44 184 784 391

www.auldpostoffice.com

Chambre double à partir de £99, simple à partir de £85. Petit déjeuner compris.

Comme son nom l'indique, ce B&B était à l'origine le bureau de poste du village. Il a été entièrement rénové et réhabilité pour se transformer en une charmante maison qui vous séduira, par son confort et le soin apporté à sa décoration. Derrière, un joli jardin pour profiter en toute tranquillité d'un moment de bonheur. Parmi les spécificités de ce B&B, il faut citer les soirées de dégustation de gin. Son bar en collectionne quelque 100 bouteilles : pourquoi ne pas profiter de ce séjour pour s'initier aux subtilités et parfums de ce breuvage ?

Strathy Point.

MELVICH HOTEL €€

Melvich

✆ +44 1641 531206

www.melvichhotel.co.uk

Chambre double dès £80, simple dès £50. Petit déjeuner inclus.

Hôtel depuis 2007, cet établissement a une tradition d'accueil plus ancienne, puisqu'il était un lieu fréquenté à l'époque victorienne par les amateurs de sports nautiques. Dès les années 1800, on parlait de l'hospitalité du lieu et de l'attrait de la côte. Les spots de surf sont mondialement connus, et les sportifs s'en donneront à cœur joie entre randonnée et escalade. Hier comme aujourd'hui. Le soir venu, une chambre douillette comme un cocon les accueille, puis une bonne douche chaude dans la salle de bains attenante, et un repas gourmand au restaurant.

PENNYLAND HOUSE B&B €€

Castlegreen Road

✆ +44 1847 891 194

www.pennylandhouse.co.uk

Chambre double à partir de £160. 2 nuits minimum. Petit déjeuner inclus. Wifi. Parking.

Pennyland House est une belle bâtisse historique construite en 1780, qui n'a rien perdu ni de son charme et ni de sa prestance. Rien n'est ici laissé au hasard, la décoration, l'ameublement, la literie, le petit déjeuner et, surtout, le contact avec les hôtes qui sont très avenants et regardants au bien-être de leurs invités. Les chambres portent le nom de parcours de golf et offrent toute une salle de bains moderne et de belles surfaces, avec un confort impeccable. Attention, il faut réserver deux nuits minimum de mai à septembre.

PENTLAND LODGE HOUSE €€

Granville Street

✆ +44 184 789 5103

www.pentlandlodgehouse.co.uk

Chambre double à partir de £92. Petit déjeuner inclus. Parking et Wi-fi.

Construite vers 1750, cette demeure chargée d'histoire s'est offert une nouvelle beauté pour accueillir ses invités dans son excellent *bed & breakfast* joliment décoré. Les huit chambres alternent entre simples, doubles et familiales et incluent toutes douches et toilettes privées. Les hôtes sont très agréables et leur petit déjeuner est préparé copieusement. Sachez qu'ils se feront un plaisir d'élaborer avec vous votre planning d'excursion et de vous conseiller, selon vos envies, sur les sites et balades qui vous plairont le plus.

Y-NOT BAR & GRILL €€

Meadow Lane

✆ +44 1847 892 272

www.theinnynot.co.uk

Ouvert tous les jours de 8h à 1h. Plats à partir de £16,95.

À l'écart de la rue principale, cette adresse n'est clairement pas avenante de l'extérieur, mais il ne faut pas hésiter à en pousser les portes. Derrière son allure d'entrepôt se cache un bar-restaurant branché et relax, avec un cadre assez métallique et contemporain. Les plats y sont écossais traditionnels, décents et copieux. Des plateaux à partager sont disponibles, ainsi qu'une carte burgers et un menu enfant. Il y a parfois de la musique *live* le week-end. Vous pourrez siroter des cocktails dans l'espace bar, ainsi que des spiritueux et vins du monde entier.

TONGUE ★

Tongue jouit d'une situation splendide, au cœur du *kyle* éponyme, sa baie romantique et grandiose. Le pont qui réunit les deux rives est en lui-même un paysage superbe et sa traversée l'un des moments emblématiques d'un road trip sur la North Coast 500. La digue livre des panoramas épatants sur Ben Hope et Ben Loyal au sud, ainsi que vers la mer au nord. Le village paraît plus bucolique que son voisin de Durness, peut-être grâce aux prairies qui l'entourent et à son littoral doux. Tout petit, il offre quelques commerces et lieux d'hébergement. Il a aussi son château, Castle Varich, particulièrement photogénique et emblématique de l'imaginaire lié aux Highlands. Poussez jusqu'au charmant port de Talmine : il vaut aussi une halte. Lors d'un passage dans la région de Tongue, ne manquez pas la courte marche jusqu'à la colline de Castle Varrick, qui domine les environs. Ses vestiges commandent de belles vues et donnent un aperçu de leur ancienne gloire, lorsque cette forteresse du clan MacKay fut érigée, au XIVe siècle. Le sentier débute à côté de la banque RBS, à l'angle de l'A838. Comptez moins de 3 kilomètres aller-retour. En se dirigeant vers l'ouest et la route de Durness, vous pouvez aussi faire un détour par le Loch Hope et ses rives sauvages. La route qui le longe mène jusqu'au Broch Dun Dornaigil, une tour de l'âge du fer en ruines et fort photogénique. Pour de jolies plages entre les falaises, rendez-vous à Bettyhill, au nord-est, et plus particulièrement à Far Bay.

CASTLE VARRICH

Lairg

Accès libre et gratuit.

Lors d'un passage dans la région de Tongue, ne manquez pas la courte marche jusqu'à la colline de Castle Varrick, qui domine les environs. Elle est moins longue qu'elle n'y paraît quand on aperçoit le château au loin ! Cette forteresse du clan MacKay fut érigée au XIVe siècle. Ses vestiges sont l'occasion de belles vues (il est possible de prendre de la hauteur dans la tour) et donnent un aperçu de l'ancienne gloire du site. Le sentier débute à côté de la banque RBS, à l'angle de l'A838. Il fait 3 km environ, avec un dénivelé facile.

BEN LOYAL HOTEL €€

Main Street

✆ +44 184 761 1216

www.benloyal.co.uk

Chambre double dès £105, simple dès £55. Petit déjeuner inclus. Parking et Wi-fi.

14 chambres sont disponibles dans cet hôtel familial de Tongue. Simples, doubles ou triples, chacune a sa propre salle de bains, ainsi qu'un aménagement pratique, avec commode, petite table et fauteuil. Certaines ont de belles vues et la décoration varie d'une à l'autre. Il y a un grand salon à disposition des hôtes, où l'on profite d'une connexion Internet et de panoramas sur le Kyle of Tongue. Le bar de l'établissement est ouvert à tous et jouit d'une ambiance sympathique, avec quelques bonnes bières et une table de billard.

TIGH NAN UBHAL GUESTHOUSE B&B €€

A838

✆ +44 1847 611 281

www.tigh-nan-ubhal.co.uk

Chambre double à partir de £80. Petit déjeuner inclus. Wifi. Parking.

En plein cœur du village, Tigh Nan Ubhal comporte trois chambres doubles. Elles offrent toutes un confort certain, avec literie de qualité, parking privé et wifi gratuit. L'accueil est excellent et le petit déjeuner met d'attaque pour la journée. Les propriétaires, Angela & Jimmy, mettent tout en œuvre pour que votre séjour soit le plus agréable possible. N'hésitez pas à vous faire conseiller pour une excursion, une randonnée, un restaurant... Ils vous aideront avec plaisir !

THE CRAGGAN HOTEL & RESTAURANT €€

Skinnet Melness

✆ +44 1847 601 278

www.thecraggan.co.uk

Ouvert tous les jours de 11h à 21h. Plats dès £15.

La route à elle seule vaut le trajet et devrait vous mettre en appétit, avec ses belles vues sur le Kyle of Tongue et les montagnes. Le Craggan hôtel travaille une cuisine excellente et du terroir, avec des viandes comme le pigeon, le bœuf, le porc, le canard et le poulet, mais aussi du saumon, de l'aiglefin, des noix de Saint-Jacques et des plats végétariens. Il y a des sandwichs et des ciabattas le midi pour un repas plus rapide. La salle est coquette et le service est excellent.

HIGHLANDS

Kyle of Tongue.

BETTYHILL

Bettyhill est une petite bourgade située sur la North Coast 500. Vous y passerez forcément si vous suivez cet itinéraire de légende. Vous trouverez quelques établissements sympathiques, ainsi que, dans les environs immédiats, de magnifiques paysages et circuits à arpenter et explorer, dont l'incroyable Torrisdale Bay et la mer, Farr Bay, Port Swingo ou Strathnaver Trail, un roadtrip qui s'achève à Bettyhill et permet de découvrir 16 sites, allant du Néolithique aux guerres mondiales. Ce parcours est aussi, pour les amoureux de nature, un circuit parfait pour un safari photo, au milieu des *red deers*, et de paysages aussi somptueux qu'isolés.

BETTYHILL HOTEL €€

Bettyhill

✆ +44 1641 521202

www.bettyhillhotel.com

Chambre double dès £170. Petit déjeuner inclus. Parking et wifi gratuits.

Cet hôtel-restaurant-pub est au centre de Bettyhill, tant par son emplacement que par son attrait. Côté hôtel, il propose différents types de chambres, avec salle de bains attenante et privative ou salle de bains partagée, ainsi que des chambres simples, doubles et familiales, ou encore un cottage à louer à 100 m de l'hôtel. Le restaurant et le pub sont fréquentés autant par les locaux que par les touristes. L'ambiance y est conviviale et chaleureuse, avec ses tables de billards, jeux de fléchettes, et ses nombreux whiskies et bières disponibles au bar.

STRATHNAVER MUSEUM

✆ +44 1641 521418

www.strathnavermuseum.org.uk

Fermé pour travaux, expositions éphémères. Informations au Bettyhill Tourist Information Centre.

Ce musée invite à découvrir le passé et la culture des ancêtres gaéliques et nordiques autrefois présents dans cette partie de l'Écosse. Installé dans l'ancienne église paroissiale de Saint-Columba, il rassemble un riche patrimoine, fait d'objets issus de fouilles et du travail bénévoles des érudits locaux, ainsi que d'une collection d'objets ayant appartenu au clan Mackay. Il raconte aussi l'histoire des Clearance dans les Highlands. Des expositions temporaires sont également proposées au fil des ans, en fonction des recherches des historiens bénévoles.

THE STORE CAFÉ €

Bettyhill

✆ +44 800 084 2867

Ouvert 7j/7 de 9h à 21h. Plats entre £4,50 et £14.

The Store Café est situé dans une rue perpendiculaire de la NC500, mais bien indiqué. Tout petit établissement, il fait partie des pépites gourmandes que vous trouverez sur votre chemin. Dans une atmosphère chaleureuse, vous êtes invités à prendre place comme bon vous semble et à vous servir. Gâteaux plus tentants les uns que les autres et boissons sont en accès libre. Il vous suffira d'indiquer ce que vous avez consommé au moment de régler. Des plats chauds peuvent aussi être servis et préparés, de même que des boissons gourmandes.

STRATHNAVER TRAIL

Strathnaver Museum

✆ +44 1641 521418

www.strathnavermuseum.org.uk

Itinéraire en voiture. Plan disponible sur le site web du musée et au musée. Panneaux sur la route.

Le Strathnaver Trail propose un voyage dans le temps, dans de fabuleux paysages, et sur une route secondaire très peu fréquentée. Elle traverse de superbes paysages et 16 points d'intérêt, tous accessibles et commentés, grâce à des panneaux placés sur chacun d'eux. Certains demandent un peu de marche, et d'autres sont près de la route, en accès direct. Vous ferez des haltes selon votre curiosité et votre appétence historique. L'autre attrait de cet itinéraire est dans la fréquentation des collines : les cerfs y sont chez eux, et en nombre !

CÔTE DU NORD €€

2 Kirtomy

✆ +44 01641 521773

www.cotedunord.co.uk

Ouvert d'avril à octobre. Jeudi, vendredi et samedi, services à 11h et à 19h30. Sur réservation seulement. Menu : £70.

Ce restaurant est confidentiel et a choisi un fonctionnement qui l'est tout autant, puisque le chef est un médecin passionné qui consacre son temps libre à sublimer les produits des Highlands et à surprendre ses hôtes. Il vous faudra réserver pour y déjeuner ou dîner, car la salle ne peut accueillir que 10 personnes maximum. La carte est très courte, et composée exclusivement d'ingrédients frais, issus du terroir local, et cuisinés avec inventivité. Elle se complète d'une carte de boissons elle aussi très travaillée. À la clé, une vraie expérience gastronomique !

INVERNESS ★

Bienvenue dans la capitale historique des Highlands ! Le château d'Inverness fut construit en 1836 et domine le centre de ses belles pierres roses. Il n'est malheureusement pas ouvert au public. Cependant, si les édifices historiques vous intéressent, vous pouvez faire une visite à la cathédrale de 1869, sur Ardross Street. Aujourd'hui, la ville profite de son activité commerciale et du tourisme, grâce à sa proximité avec le Loch Ness, les Cairngorms et la côte est.

Transports

L'aéroport (www.hial.co.uk) est relié à Stornoway et Benbecula (Hébrides Extérieures), ainsi que Sumburgh (Shetland) et Kirkwall (Orcades). Pour la côte est, comptez 4h de train jusqu'à Thurso et à 3h de bus, sur le Stagecoach X99, avec des arrêts à Helmsdale et à Wick. Pour Kyle of Lochalsh, comptez 2h30 de train et 2h de bus, sur le Citylink 917 qui poursuit vers Portree (3h12). Pour Ullapool, comptez 1h20 de bus sur le Citylink 961. Pour Fort William, comptez 2h de bus sur le Stagecoach 19 ou le Citylink 919, avec des arrêts le long du Loch Ness. Pour Aberdeen, comptez 2h20 en train et 3h45 en bus sur le Stagecoach 10. Pour Edimbourgh, comptez 3h50 en bus sur le Citylink M90 et 3h20 en train, avec des arrêts à Aviemore, Pitlochry et Perth. Pour Glasgow, comptez 3h30 en bus sur le Citylink G10 et autant en train, avec des arrêts à Aviemore, Pitlochry, Perth et Stirling.

▶ Plus d'informations : www.travelinescotland.com (transports en commun) – www.scotrail.co.uk (trains) et www.citylink.co.uk (compagnie de bus longs courriers).

ABERTAFF HOUSE

71 Church Street

Entrée libre et gratuite du 5 avril au 31 octobre. Ouvert 7j/7, de 10h à 18h.

Abertaff House s'ouvre peu à peu au public. Le site présente des expositions dans un espace qui, courant 2019, restait encore modeste, mais qui devrait évoluer rapidement au fil des mois et des années pour devenir un haut lieu de culture à Inverness. Abertaff House est une superbe maison de ville bâtie sur deux étages et demi, édifiée en 1593 et qui, après avoir été propriété d'une banque, est entrée sous le joug du National Trust for Scotland en 1963. Depuis 2022, il y a un cosy salon de thé. Découvrez-y l'histoire d'Inverness et des sites du National Trust.

BLACK ISLE BREWERY

✆ +44 1463 811871

www.blackislebrewery.com

Ouvert lundi-samedi toute l'année, 10h-18h, les dimanches (avril-sept), 11h-17h. Derniers tour : 16h. Visite gratuite.

Black Isle Brewery est devenue en quelques années emblématique d'Inverness, des Highlands et d'une autre manière de voir l'entreprenariat. C'est que Black Isle a des valeurs fortes, y croit, et les fait vivre. La visite vous convaincra de l'engagement de la société pour le bio, les circuits courts, la qualité et la possibilité d'une manière alternative de produire et de croître. Arrivés dans une sorte de ferme, au milieu de nulle part, vous serez accueillis par les chiens. La visite ? C'est quand vous voulez, sans chichis. Et elle se termine par une dégustation !

Inverness.

CAWDOR CASTLE ★

Nairn

✆ +44 1667 404 401

www.cawdorcastle.com

Ouvert de mi-avril à fin sept, 10h-17h.
Adulte : £13,50, réduit : £14,50, enfant : £8, famille : £36,50.

Demeure historique du baron de Cawdor, ce château est notamment connu du grand public grâce au personnage du thane de Cawdor, présent dans la célèbre pièce de *Macbeth*, de Shakespeare. Les événements du récit sont pourtant antérieurs à la construction de l'édifice, qui remonte à la fin du XIVe siècle. Il passe aux mains du clan Campbell au XVIe siècle et fut rénové et agrandi par la suite. La visite donne à voir ses riches intérieurs, remplis d'éléments décoratifs précieux et de belles peintures. Les jardins alentour sont eux aussi superbes.

CHANONRY POINT

Fortrose

Accès libre et gratuit.
Parking payant : £1/h, 3h max.

Chanonry Point offre une vue extraordinaire. Sa situation en pointe, en face de Fort George, à l'embouchure du Moray Firth, permet d'observer à loisir les grands dauphins et les phoques gris. Vous découvrirez aussi l'histoire de Coinneach Odhar, un voyant du XVIIe siècle qui pouvait prédire le futur en regardant à travers une pierre percée. Ses prédictions restèrent célèbres, comme celle d'avoir anticipé la construction du canal calédonien. La pierre de Chanonry Point commémore sa mort atroce, brûlé dans un baril, accusé de sorcellerie.

CLAVA CAIRNS

Clava cairns

Accès libre et gratuit. Parking à proximité.
Panneaux explicatifs.

Les Clava Cairns intéresseront les férus d'histoire et les fans d'*Outlander*. Les premiers découvriront avec bonheur l'un des sites préhistoriques les plus connus et impressionnants d'Écosse. Les Clava Cairns ont environ 4 000 ans et ont été construits pour abriter les défunts. Cimetière, cet espace est demeuré sacré pendant des millénaires et est une mine d'informations pour les recherche sur les croyances à l'âge du bronze. Deux espaces impressionnants sont ouverts au public, offrant une visite émouvante. Quant aux fans d'*Outlander*, leur simple nom leur parlera.

CULLODEN BATTLEFIELD VISITOR CENTRE ★

Culloden Moor ✆ +44 1463 796 090

www.nts.org.uk/visit/places/culloden

Ouvert 7j/7, mi-avril à début octobre, 10h-17h30.
Adulte : £13,50, réduit : £12,50, enfant : £7,50, famille : £35.

Le 16 avril 1746 marque la fin de la dernière révolution jacobite et des espoirs pour la dynastie Stuart de retrouver le trône d'Écosse. Après avoir menacé de prendre Londres, les troupes de Bonnie Prince Charlie, se replient vers les Highlands où elles sont poursuivies par les hommes du duc de Cumberland. Les deux armées se rencontrent sur la plaine de Culloden, et les Écossais ne sont pas assez nombreux pour remporter la victoire. Leur défaite est totale au bout d'une heure et Charles est obligé de prendre la fuite. C'est à faire si vous êtes passionné par l'histoire de l'Écosse.

- **Espace musée** : Il raconte l'histoire de la bataille des deux points de vue, avec objets d'époque à l'appui. Il retrace ainsi tout ce que l'on peut vouloir connaître sur cet événement majeur de l'histoire nationale, avec des films de reconstitution et une grande quantité d'informations sur les tenants et les aboutissants de la bataille. Ultra moderne, il propose un théâtre d'immersion dans le combat à 360 degrés.
- **Accès libre** : Le champ de bataille est visible (mais non accessible) en accès libre, de même que le Leanach Cottage, qui peut se visiter, depuis sa réouverture aux visiteurs en 2019. Cette chaumière traditionnelle construite au XVIIIe siècle était encore habitée en 1912. Elle a été restaurée et est devenue un espace d'exposition temporaire gratuite.
- **Boutique** : Fans de *Outlander*, vous trouverez dans l'espace d'achat en accès libre de quoi alimenter votre collection de *goodies*.

FORT GEORGE ★

Ardersier

✆ +44 1667 460 232

Ouvert 7j/7, avril-sept : 9h30-17h30.
Oct-mars : 10h-16h. Adulte : £10, réduit : £8, enfant : £6. Café.

Le roi George II lança la construction de ce gigantesque fort pour mater tout soulèvement futur. Les bâtiments de ses garnisons, son artillerie et ses armes plongent dans une ambiance martiale hors du commun, sur cette splendide citadelle inspirée de Vauban. Toujours occupée par l'armée à ce jour, on arpente avec intérêt le rempart long d'1 km qui ceint les fortifications, les baraquements historiques, l'un des deux seuls cimetières militaires pour chiens du pays, mais aussi le musée des Highlanders, parmi les plus anciens régiments d'Écosse.

HIGHLANDS

INVERNESS CASTLE

41 Castle Street
www.highlifehighland.com
Avril, mai, sept et oct 7j/7 11h-18h ; juin, juil et août 10h-19h, de nov à mars ven-lun 11h30-16h. £6, -12 ans £3.

Il surplombe la rivière Ness. Les Jacobites s'en sont emparés en 1746. Son aspect rose actuel date d'une réfection de 1837 à 1847. Il abrite aujourd'hui une cour de justice et une garnison militaire. La statue de Flora MacDonald, héroïne qui aida dans sa fuite Bonnie Prince Charlie, orne son front et fut sculptée par Andrew Davidson, natif d'Inverness. Si la visite du château n'est pas possible, son sommet est cependant accessible au public (Castle Viewpoint). De là, on bénéficie d'une vue à 360 degrés sur la ville et l'arrière-pays des Highlands.

LOCH NESS BY JACOBITE

Dochgarroch Lock
✆ +44 1463 233 999
www.jacobite.co.uk
Croisières dès £15/personne au départ d'Inverness, de Clansman Harbour, de Dochgarroch Lock et de Tomnahurich Bridge.

Toute l'année, les fameuses croisières Loch Ness by Jacobite organisent des sorties sur le loch entre 1h et 6h30, depuis plusieurs points de départ. Les possibilités variées rendent l'offre très complète et populaire. En effet, il est possible d'arpenter le canal calédonien et le loch, avec vues sur Urquhart Castle, de découvrir le superbe Aldourie Castle (établissement de luxe), le phare de Bona... Plusieurs croisières incluent les entrées dans les sites payants. Le bateau est bien aménagé, avec des WC à bord et la possibilité d'acheter à boire et à manger.

PICTISH TRAIL - D'INVERNESS À GOLSPIE

www.northcoast500.com
Itinéraire à suivre en voiture. Accès libre et gratuit. Brochure disponible en OT et sur le web.

Si vous cumulez le goût des *road trips* et celui des mystères historiques, et souhaitez sortir des *scenic trails*, cet itinéraire est fait pour vous. D'Inverness (premier spot : Knocknagael Boar Stone) à Golspie 85 km plus loin, vous serpenterez dans la campagne en quête de 16 points d'intérêt invitant à découvrir des vestiges pictes, soit en pleine nature, soit en musée, comme à Portmahomack (au Tabart Discovery Centre). Le circuit est fléché, mais le GPS peut être un bon allié.

RABBIE'S TOURS

Stance No. 7 Inverness Bus Station, Margaret Street
✆ +44 131 226 3133
www.rabbies.com
Ouvert de 7h30-17h.

Rabbie's Tour propose de partir découvrir les splendides paysages d'Écosse à bord d'un minibus moderne et confortable de 16 passagers maximum via de nombreux circuits au départ d'Inverness. Visite sur une journée ou sur 3 jours, la société propose un éventail de choix pour découvrir le pays hors des sentiers battus. Les guides-chauffeurs, passionnés vous emmèneront le temps d'une fabuleuse aventure dans des sites peu connus, loin des lieux touristiques. Quel que soit le nombre de participants, le départ est assuré et l'expérience garantie ou remboursée.

ABERMAR GUEST HOUSE €

25 Fairfield Road
✆ +44 1463 239 019
www.abermar.co.uk
Chambre simple à partir de £35, double à partir de £60. Petit déjeuner inclus. Wifi. Parking.

Jim et Allison sont originaires du nord des Highlands et ont l'accueil à cœur. Les neuf chambres sont simples, doubles et triples, avec salles d'eau privées et un charme rustique. Toutes sont très bien entretenues et équipées, avec écran LCD, sèche-cheveux et plateau de courtoisie. Le petit déjeuner est l'occasion de goûter au porridge, que l'on prépare divinement bien ici, et de se rassasier avec un *full scottish breakfast*, idéal pour commencer la journée du bon peid. Le centre n'est qu'à sept minutes de marche de ce quartier résidentiel calme.

INVERNESS STUDENT HOTEL €

8 Culduthel Road
✆ +44 146 323 6556
invernessstudenthotel.com
Lit en dortoir à partir de £23. Petit déjeuner en supplément. Parking et Wi-fi.

On mise sur l'ambiance et la jeunesse dans cette auberge animée proche du château et du centre. Les dortoirs comportent de 5 à 10 lits, avec une bonne literie, et il y a deux salons, une cuisine et une salle à manger pour rencontrer les autres visiteurs. Le bâtiment n'a pas perdu sa grandeur victorienne et les vues sur la rivière Ness sont très agréables. Des boissons chaudes sont en libre-service et illimitées, et le wi-fi est gratuit. Si quelqu'un dans votre groupe a moins de 18 ans, il faudra contacter l'établissement avant de réserver.

ARDCONNEL HOUSE €€

21 Ardconnel Street
✆ +44 146 324 0455
www.ardconnel-inverness.co.uk
Chambre double à partir de £95, simple dès £60. Petit déjeuner inclus. Parking possible et Wi-fi.

Ardconnel House est une maison de ville traditionnelle à Inverness, avec six chambres, simples, doubles et familiales. Toutes ont une salle de bain privative, attenante ou sur le palier. La décoration y est coquette et très *british*, à l'instar du salon partagé. Il est possible d'y garer votre voiture, mais mieux vaut prévenir les propriétaires à l'avance pour s'organiser. L'accueil est chaleureux et les propriétaires aux petits soins pour que votre séjour dans les Highlands soit parfait. Les enfants de moins de 10 ans ne sont pas acceptés.

CULLODEN HOUSE €€€

Milton of Culloden
✆ +44 1463 790 461
www.cullodenhouse.co.uk
Chambres doubles dès £295, simple dès £195. Petit déjeuner inclus.

Cette maison georgienne, désormais hôtel de classe internationale, était le logis de Charles Édouard Stuart durant sa campagne à Culloden. Son ennemi Cumberland, vainqueur de la bataille, s'y installa à son tour après 1746. L'ambiance est raffinée, et vous pourrez profiter de divers équipements : un salon de style Adam, un bar à whiskies sis dans une bibliothèque, un parc boisé de quarante hectares où se promener à l'envi. Vous pourrez aussi jouer au golf, au tennis et au croquet. Le restaurant est excellent et ouvert à tous.

INVERNESS GLAMPING €€

Easter Muckovie Farmhouse
✆ +44 7811 523575
invernessglamping.com
Pod pour 4 personnes dès £120 la nuit.

Il ne s'agit pas de camping, mais de glamping... le camping dans sa version plus glamour. Ce glamping est situé un peu à l'écart d'Inverness, au nord-est, en allant vers Culloden. Ses pods peuvent accueillir 4 visiteurs (un lit double et un lit superposé de deux couchettes), avec douche et WC, mais aussi une terrasse avec mobilier de jardin, pour déjeuner ou dîner vue sur Black Isle. Un espace commun avec coin repas, réfrigérateur, four micro-ondes et lave-vaisselle est accessible. Le wi-fi est disponible partout. Les animaux sont les bienvenus.

LOCH NESS COUNTRY HOUSE HOTEL €€€

Loch Ness Road
✆ +44 1463 230 512
www.lochnesscountryhousehotel.co.uk
Chambres doubles dès £180.

Cette maison de campagne de style georgien se trouve tout près de la ville. Elle possède de magnifiques jardins où il est agréable de se balader et peut s'enorgueillir d'une vue superbe sur la magnifique campagne des Highlands. Les chambres sont luxueuses, élégantes et décorées avec goût. Son restaurant a été récompensé de nombreuses fois, et son bar, où se côtoient de nombreux malts, est connu des amateurs de spiritueux. Son *afternoon tea*, lui aussi, est fameux.

MORAY PARK GUESTHOUSE €€

1 Moray Park
✆ +44 1463 233 528
www.moraypark.com
Ouvert toute l'année, chambre double dès £170, simple dès £130. 2 nuits minimum. Wifi gratuit. Parking gratuit.

Moray Park Guest House bénéficie d'un emplacement privilégié sur la rive est de la rivière Ness et au cœur de la ville. La maison propose une dizaine de chambres simples et confortables, avec TV, lecteur de DVD, plateau de courtoisie et sèche-cheveux. Le théâtre Eden Court et la cathédrale sont situés de l'autre côté de la rivière et sont accessibles par l'un des nombreux ponts piétonniers victoriens qui enjambent la rivière Ness. Le château et le musée d'Inverness sont également situés sur les rives du fleuve et se trouvent à quelques pas.

BRIDGE STREET APARTMENTS €€

401 Bridge Street ✆ +44 1463 237498
www.bridgestreetapartments.co.uk
Appartements entièrement meublés et équipés, avec parking privé.

Les appartements de Gisela sont un pied à terre idéal pour qui veut séjourner à Inverness. Situés au cœur de la capitale des Highlands, avec un parking inclus, ils permettent de profiter pleinement de toutes les réjouissances de la ville. Gisela dispose de 3 appartements spacieux, propres et bien agencés, convenant aussi bien aux couples, familles ou amis. Tout est prévu pour que vous n'ayez qu'à poser vos valises, même une vaste documentation touristique et les cartes des restaurants alentour, au cas où vous ne souhaiteriez pas utiliser la cuisine équipée !

CAFÉ DE PAULO €

7-9 Queensgate Arcade
✆ +44 7875 083209
https://cafe-de-paulo.business.site
Ouvert 7j/7, de 8h30 à 15h, le samedi de 8h30 à 16h, le dimanche de 11h à 14h30. Sandwichs à partir de £8,95.

Le Café de Paulo est installé dans le Victorian Market : même s'il pleut, vous pourrez y prendre le thé en terrasse, dans un environnement uchronique dépaysant. Ce petit café propose toutes sortes d'encas salés et sucrés, fraîchement préparés, dont des petits-déjeuners, soupes du jour, sandwichs spéciaux, salades, scones, afternoon teas, chocolats chauds et cafés gourmands... Il dispose d'un espace mezzanine, en plus de la salle en bas. On y fait volontiers une pause gourmande au chaud et ce, pour un très bon rapport qualité-prix.

VELOCITY CAFE €

1 Crown Avenue
✆ +44 1463 419 956
www.velocitylove.co.uk
Ouvert 7j/7, 9h-15h30 ; 10h-16h le samedi/dimanche. Sandwichs à partir de £7,95.

À côté de sa boutique de vélo, Velocity a ouvert un petit café relax où l'on se pose le temps d'un en-cas pour avaler une soupe, une salade ou un sandwich. On peut également y passer le matin ou l'après-midi pour une boisson chaude et un gâteau. La carte met à l'honneur une cuisine saine, avec des produits frais, de saison et locaux, des propositions végétariennes et végétaliennes, ainsi que des alternatives dans gluten et sans allergène. La politique est au zéro-déchet et au bannissement du plastique. La décoration y est bien sûr à l'honneur du cyclisme.

BLACK ISLE BAR €€

68 Church Street
✆ +44 1463 229920
Ouvert 7j/7, de 12h à 00h.
Cuisine ouverte jusqu'à 22h. Pizza à partir de £11.

Black Isle Bar est avant tout un bar, mais ses pizzas sont si délicieuses qu'il faut aussi le classer parmi les restaurants. Côté bar, il propose une très large gamme de bières artisanales, dont celles de sa propre brasserie – vous hésitez ? Demandez à goûter ! –, de vins biologiques et de whiskies. Côté restaurant, les pizzas sont cuites au feu de bois, préparées avec des ingrédients bio et locaux, et assez inventives pour revisiter le patrimoine écossais à la sauce italienne (à moins que ce ne soit l'inverse). À l'étage, une terrasse en *rooftop* vous accueille.

THE MUSTARD SEED €€

16 Fraser Street ✆ +44 14 6322 0220
www.mustardseedrestaurant.co.uk
Ouvert 7j/7, 12h-14h30 et 17h-21h15.
Menu à £15,95 le midi et £19,50 le soir avant 19h. Plats de £16,95 à £28,95.

Ce grand restaurant moderne et branché présente un très bon rapport qualité-prix le midi et en début de soirée. Sa salle est très colorée, avec des teintes rouge et jaune vif. Les tableaux aux murs rappellent les mouvements Fauve et cubique et il y a un étage en mezzanine, ainsi qu'une terrasse en balcon, surplombant la rivière Ness. L'un verra les Highlands, l'autre le château. Le tout est assez élégant et la cuisine est une réussite, avec des plats classiques de la gastronomie écossaise savamment préparés. La musique est d'ambiance et le service est excellent.

PRIME STEAK & SEAFOOD RESTAURANT €€

4-6 Ness Walk
✆ +44 1463 237377
primeinverness.com
7j/7, 12h-21h (21h30 le samedi). Plats dès £12.

Installé à Inverness en 2019, ce restaurant *surf & turf* met à l'honneur les produits frais et de terroir des Highlands, d'où son nom. En cuisine, l'objectif est de faire vivre une expérience culinaire divine à vos papilles, en sublimant des produits sélectionnés rigoureusement et avec passion. À la carte des plats s'ajoute une carte des vins et boissons tout aussi travaillée. Les menus du midi et du début de soirée sont particulièrement attractifs.

THE CASTLE TAVERN €€

1-2 View Place
✆ +44 1463 718 178
www.castletavern.pub
Ouvert tous les jours de 12h à 22h30 (00h le vendredi et samedi). Plat dès £13,50.

Ce superbe petit pub est niché dans l'ombre du château. En 1700, il était un débit de boisson et a retrouvé sa vocation première dans les années 1990. La nourriture y est aussi excellente qu'elle est typique et sa sélection de bières lui vaut la reconnaissance de la CAMRA. Le cadre victorien est charmant et le bar du rez-de-chaussée est séparé du restaurant à l'étage. Le comptoir en bois est entouré de photos de sport et de la ville et la terrasse est très agréable. On vient ici aussi bien pour un bon plat que pour une pinte.

URQUHART'S RESTAURANT €€

2 Young Street
✆ +44 1463 233 373
www.urquharts-inverness.co.uk
Ouvert du mercredi au dimanche, 12h-14h30 et 17h30-21h, dimanche 12h30-21h. Plats à partir de £13,50.

Du nom du célèbre château sur le Loch Ness, cette bonne adresse gourmande a ouvert en 2011 et est dirigée par un père et sa fille. Il cuisine des burgers, des *fish & chips*, des currys, du haggis, des pâtes et des salades. Les desserts sont aussi à regarder de près, si vous n'avez pas déjà trop mangé. Le soir, la carte s'enrichit en viandes et en poissons, avec un choix plus large, entre venaisons, *pies* et suggestion grill. La salle est assez sobre, noire et bordeaux, et le staff est souriant. L'atmosphère y est simple et détendue.

HOOTANANNY

67 Church Street
✆ +44 1463 233 651
www.hootanannyinverness.co.uk
Ouvert 7j/7, 5h-00h, 3h le vendredi et samedi. Plats à partir de £11.

On ne peut pas le manquer quand on se balade à Inverness. Il est si imposant et visible qu'on le prendrait volontiers pour un attrape-touristes. Ce serait faire fausse route et manquer un sympathique établissement ! Mobilier en bois, éclairage à la bougie et de la musique tous les soirs (*highland ceilidh* le samedi) garantissent à ce pub une ambiance particulièrement appréciée, des locaux comme des voyageurs. L'établissement est ainsi devenu incontournable. On y sert également à manger une très bonne *pubfood*, à bon rapport qualité-prix.

MACGREGOR'S BAR

109-113 Academy Street
✆ +44 1463 719629
www.macgregorsbars.com
Ouvert 7j/7, de 11h à 1h.

Le MacGregor's Bar est parmi les derniers bars ouverts à Inverness. Sa franchise a été récompensée à plusieurs reprises, comme « Best Bar in Scotland » et « Best Music Bar in Scotland ». Plus qu'un bar, il est un lieu de convivialité, d'aventure gustative, culturelle et musicale. Il organise des sessions de dégustation-découverte du whisky et propose régulièrement des concerts variés, où toutes les musiques ont leur place. Vous y boirez aussi d'excellentes bières locales et gins. C'est également un restaurant avec une nourriture de pub copieuse et gourmande.

THE KING'S HIGHWAY

72-74 Church Street
✆ +44 1463 251800
www.jdwetherspoon.co.uk
Ouvert tous les jours de 7h à 1h.

Cet ancien hôtel est un vaste pub Wetherspoon, avec jusqu'à pas moins de 10 *real ales* disponibles. Souvent originaires du côté de la Cairngorm Brewery ou de l'An Teallach Brewery, elles sont à des prix imbattables et on les savoure dans une longue salle sombre, pleine de petits recoins pour les groupes. Le pub fait aussi restaurant, avec une vaste carte, faite pour satisfaire tous les profils de mangeurs : suggestions végétariennes, suggestions light, plats sans gluten. Attention, certains espaces près des machines à sous ne sont pas autorisés aux enfants.

THE MALT ROOM

34 Church Street
✆ +44 1463 221888
www.themaltroom.co.uk
Ouvert 7j/7, 12h-1h (15h le dimanche).

The Malt Room a ouvert à Inverness en 2019 et est le premier bar à whisky de la capitale des Highlands. Dans une ambiance feutrée et confidentielle, il propose une impressionnante carte de whiskies, ainsi que des suggestions de la semaine ou du mois, et des cocktails mettant à l'honneur le malt. Le staff est passionné de whisky et peut passer des heures à vous en parler. Des suggestions de dégustation sont proposées, mais vous pouvez aussi créer la vôtre, selon votre envie de voyage. Les plus curieux demanderont les dernières pépites, pas toutes à la carte.

THE VICTORIAN MARKET

Academy Street
✆ +44 1463 785 100
www.thevictorianmarket.com
Ouvert 7j/7, du dimanche au mardi : 8h-18h ; du mercredi au samedi : 8h-19h.

Fondé en 1870, ce marché couvert abrite une quarantaine de magasins spécialisés. On ne le découvre pas de prime abord quand on visite Inverness : il serait même presque invisible, comme un joyau caché… Son architecture victorienne en fait une perle et l'on prend plaisir à arpenter ses allées couvertes. Peu fréquenté, le lieu est plein de charme. Parmi les boutiques, on trouvera un chocolatier belge, un « milk bar » avec glaces, la boutique The Highland Cake Fairy ou le café Chez Paulo qui propose d'excellentes pâtisseries.

GLEN AFFRIC - GLEN CANNICH

Glen Affric compte parmi les plus belles vallées du pays. Lochs, montagnes, forêts de pins et chênes offrent de superbes panoramas. Sa forêt est l'un des meilleurs exemples de ce que pouvait être autrefois la forêt calédonienne. Les randonnées ou petites excursions à pied sont la meilleure manière de le découvrir, d'autant plus que plusieurs itinéraires faciles, sans dénivelés importants et bien balisés, sont mis en place : autour de Dog Falls ou Plodda Falls si vous aimez les cascades au cœur des bois, Loch Beinn a'Meheadhain ou River Affric. Vous trouverez chaque fois un parking, un espace pique-nique et des circuits courts (de 30 min à 1h30).

DRUMNADROCHIT ★★

Ce village profite d'un emplacement privilégié au bord du Loch Ness et proche des superbes glens qui s'étirent plus à l'ouest. Urquhart Castle, à proximité, en est l'un des spots les plus connus et photographiés de la région. Cependant, l'héroïne locale reste Nessie, à qui l'on doit beaucoup du dynamisme lié au tourisme. Deux espaces muséographiques lui sont consacrés, l'un plus adapté aux familles avec jeunes enfants qui aiment toucher à tout (Nessieland), l'autre pour un public qui préférera qu'on lui raconte les histoires des lochs à travers films et effets spéciaux (The Loch Ness Centre). Pour ce qui est de manger ou de loger sur place, préférez l'éloignement du bourg, quitte à pousser jusqu'à Fort Augustus.

LOCH NESS CENTRE & EXHIBITION

Drumnadrochit ✆ +44 145 645 0573
www.lochness.com

7j/7. Jui-août : 9h30-18h. 17h avr-mai-juin-sept-oct. 10h-15h nov-mars. £8,45/adulte, £4,95/enfant, £23,95/famille.

Le Loch Ness n'a aucun secret pour ce musée qui surfe largement sur la vague laissée derrière lui par le monstre, dont il raconte tout l'univers fabuleux. La visite est très interactive, avec films, bandes son, décors et effets, et tente d'adopter un ton rationnel et scientifique. Au total, sept pièces retracent la merveilleuse épopée de Nessie, entre les canulars, les mystères, les rumeurs et les certitudes. Une version française est possible. À privilégier avec des ados et adultes.

NESSIELAND

✆ +44 1456 450342

www.nessieland.co.uk

Ouvert 7j/7. Été : de 9h à 19h. Hiver : de 10h à 16h. £7/adulte, £4/enfant, £22/famille.

Ce musée est à privilégier avec de jeunes enfants. L'exposition est assez kitsch et c'est ce qui fait tout son charme : un joyeux désordre, un plaisant capharnaüm d'informations, un monde à explorer, des panneaux et textes partout, des objets à foison. Pendant que les adultes décoderont le mystère Nessie à travers de vraies infos et documents, il faut le préciser, les enfants auront de quoi jouer et éveiller leur imagination. Le selfie avec Nessie est irrésistible : vous voilà prévenus ! Comptez 1h30 de visite environ. Un espace jeux est accessible dehors.

URQUHART CASTLE ★

Sur l'A82 au sud-est de Drumnadrochit.

✆ +44 1456 450 551

7j/7. Avril, mai & sept 9h30-18h. Juin-août 20h. Oct 17h. Nov-mars 16h30. £7,50/adulte, £6/réduit, £4,50/enfant.

C'est la carte postale par excellence en Écosse : Urquhart Castle jouit d'un emplacement absolument époustouflant sur les rives du Loch Ness, scrutant l'horizon et les apparitions de Nessie. Ses ruines que l'on peut aujourd'hui voir datent du XIIIe siècle au XVIe siècle. Abandonné au XVIIe siècle, il fut en partie détruit en 1692 pour éviter qu'il ne tombe aux mains des jacobites. Il n'en reste à présent plus que l'ombre romantique de la grandeur passée, mais le panorama depuis le sommet de Grant Tower est grandiose. Le *Visitor Centre* complète la visite.

LOCH NESS CRUISES

Nessieland

✆ +44 145 645 0395

loch-ness-cruises.co.uk

Croisières tous les jours de 10h à 17h entre avril et fin octobre. Adultes : £17 et enfants : £11.

Loch Ness Cruises vous conduit pendant une heure sur les eaux du mystérieux loch à la recherche du très discret monstre. Le nom du bateau ? Le *Nessie Hunter* ! Tout un programme... La balade sur l'eau va jusqu'au point le plus profond du loch, là où il serait le plus probable que le monstre ait trouvé refuge. Elle est aussi l'occasion d'en apprendre plus sur le magnifique Urquhart castle. Des commentaires sont disponibles en 20 langues (dont le français) sur l'histoire du phénomène Nessie et les départs ont lieu toutes les heures, sauf à 13h.

LOCH NESS BACKPACKERS LODGE €

East Lewiston

✆ +44 145 645 0807

www.lochness-backpackers.com

Lit à partir de £20, chambre double dès £50. Petit déjeuner à £3,50. Parking et Wi-fi.

Dans un cottage du XVIIIe siècle, cette auberge de jeunesse est une adresse sans prise de tête avec six dortoirs et quelques chambres privées – double, twin, familiale pour 4 et pour 5 – ainsi que deux salons et une cuisine. Elle se situe dans une zone calme, au hameau de Lewiston. Un petit bar propose une grande sélection de bières artisanales écossaises (une bonne cinquantaine) et quelque 25 scotch whiskies, en plus des gins, sodas et snacks divers.

THE LOCH NESS INN €€

Lewiston

✆ +44 1456 450 991

www.staylochness.co.uk

Chambre double à dès £90. Petit déjeuner inclus. Wifi. Parking. Plats de £12 à £25 au restaurant.

Ce bel établissement au nom évocateur fait partie des bonnes adresses de Drumnadrochit, tant pour son offre hôtelière que pour sa bonne table écossaise. Les belles chambres sont modernes et confortables, et ont des chambres familiales avantageuses, ainsi que des dortoirs. L'établisement a également une partie bar et restaurant. Dans la première, une petite salle accueille locaux et visiteurs en quête d'un verre ou d'un plat simple. Dans la seconde, un décor plus classe se prête à des repas traditionnels aux ingrédients finement cuisinés.

FIDDLER'S HIGHLAND RESTAURANT €€

The Green Mainstreet

✆ +44 1456 450 678

www.fiddledrum.co.uk

Ouvert tous les jours, 12h30-14h30 et 18h-21h. Plats à partir de £15

Géré par la même famille depuis 1996, le Fiddler's est une institution dans le village. Sa belle façade fleurie et sa grande terrasse sont immanquables, précédant une salle on ne peut plus typique et fidèle à la tradition. Les bons plats font honneur au terroir national, viandes comme poissons, et sont joliment cuisinés. Le bar possède une infinité de *single malts* et quelques bonnes *real ales*. Les mêmes propriétaires ont aussi un B&B : Oakdale Rooms, situé à proximité.

HIGHLANDS

FORT AUGUSTUS ★★

À la pointe ouest du Loch Ness, Fort Augustus se trouve à cheval sur le Caledonian Canal, qui le traverse pour rejoindre Loch Lochy et Fort William. Après le mouvement jacobite de 1715, des fortifications furent installées ici et donnèrent son nom au village. Le village est assez pittoresque et son charme est indéniable. Bien qu'il soit très fréquenté en tant que site de prédilection pour découvrir le Loch Ness, sa visite est agréable et apaisante. Si vous souhaitez rejoindre Inverness et préférez les espaces sauvages aux attractions liées à Nessie, longez le loch par sa rive sud. Si vous choisissez la rive nord, faites une halte à Invermoriston.

Écluse sur le Caledonian Canal.

CALEDONIAN CANAL CENTRE

www.scottishcanals.co.uk

Accès libre et gratuit.

Cet espace, qui fait aussi office de tourisme, est en accès libre et gratuit. Il propose aux visiteurs curieux de découvrir l'histoire du canal calédonien, mais aussi les particularités de la région et ses grands sites, comme le Great Glen ou le Loch Ness, évidemment. Vous apprendrez tout de la construction du canal et du passage de la reine Victoria. D'ailleurs, la Queen Victoria Diamond Jubilee Fountain, à quelques pas, témoigne de la sympathie du village à son égard. Le Caledonian Canal Centre dispose aussi d'un espace boutique et d'un café très sympathique.

LE LOCH NESS PAR SA RIVE SUD

B862

Route à suivre en voiture. Pour les randonnées : voir les itinéraires du South Loch Ness Trail.

Les plus belles vues et les sites les plus sympathiques autour du Loch Ness sont accessibles par la rive sud du Loch Ness. Cette route est moins touristique, mais plus étroite (une seule voie par moment), mais elle offre des points de vues magnifiques et permet de renouer avec le côté sauvage des Highlands, un peu perdu dans la déferlante touristique autour de Nessie. À admirer sur la route : le Loch Tarff, Glen Morh et Loch Morh et les Falls of Foyers.

CRUISE LOCH NESS

Canal Side

✆ +44 1320 366 277

www.cruiselochness.com

Croisières 7j/7. Avril-oct : toutes les heures, 10h-16h. Nov-mars : 11h-13h. Adulte : £18, réduit : £16, enfant : £11.

Cruise Loch Ness embarque ses clients pour plusieurs types de croisières, dont la principale dure 1h vers le sud du loch, pour en explorer la beauté et traquer Nessie. En effet, le bateau est équipé d'un sonar haut de gamme qui diffuse les images des fonds du loch en direct : si le monstre est dans les parages, nul doute que vous le surprendrez ! D'autres sorties en soirée ou vers Uquhart Castle sont aussi organisées. Le bateau est équipé de WC. Des collations sont disponibles. Bon à savoir : en réservant en ligne, vous bénéficiez d'une remise de 10 %.

MORAG'S LODGE €

Bunoich Brae

✆ +44 132 036 6289

www.moragslodge.com

Lit en dortoir à partir de £25, chambre double dès £64. Petit déjeuner en supplément. Parking et Wi-fi.

Morag's Lodge est une auberge au confort imbattable, avec des dortoirs bien aménagés et des chambres privées parfaites pour les couples, les groupes et les familles. On profite de la cuisine partagée, des espaces communs et du jardin. Il y a même un bar sur place – avec une vaste gamme de bières artisanales et une grande sélection de whiskies – et la possibilité de louer des vélos. Petits déjeuners, paniers repas et repas du soir sont proposés à des prix très intéressants. Le menu du soir change quotidiennement et a toujours 4 options.

HIGHLANDS

ABBEY COTTAGE B&B €€

Main Street
✆ +44 132 031 0524
abbeycottagelochness.co.uk
Chambre double à partir de £79. Petit déjeuner inclus. Parking et Wi-fi. Fermé en décembre et janvier.

Derrière les murs de sa belle maison à colombages de 1760, ce *Bed & Breakfast* renferme quatre chambres, modernes et bien agréables. Simples ou doubles, toutes comportent douches et toilettes, avec boissons chaudes et draps en coton égyptien. Leur style est moderne et une grande attention est portée au confort. La salle de petit déjeuner offre une vue imprenable sur le canal calédonien, le Meall Dubh Peak et le bourg pittoresque de Fort Augustus. Le propriétaire est très accueillant. Il y a parfois de fortes réductions en basse saison.

THE INCH HOTEL €€€

✆ +44 1456 450900
https://inchhotel.com
Chambre double seule dès £170. £210 avec petit déjeuner. Restaurant le soir. Whisky bar.

The Inch, ou Inchnacardoch Country House Hotel, est situé sur les hauteurs de Fort Augustus. Hôtel de campagne historique, il a derrière lui une longue tradition d'accueil. Toutes les chambres ont leur salle de bains privative et attenante et sont équipées de tout le confort moderne. Le restaurant, où il est possible de dîner (réservation conseillée) est apprécié tant pour la qualité de sa cuisine écossaise que pour la vue que sa salle offre sur le loch où sommeillerait Nessie. Le bar à whisky et le salon avec cheminée sont fort agréables aussi.

OLD PIER HOUSE B&B / LOCH NESS LOG CABINS €€

Old Pier House
✆ +44 1320 366 418
www.oldpierhouse.com
Chalet dès £175. Wifi. Parking.

Au sud-ouest du Loch Ness, ce *croft* situé entre forêt et loch accueille des voyageurs du monde entier depuis le début des années 1990. Il offre deux solutions d'hébergement : en chambre d'hôtes et dans des cabanes en rondins de bois (*log cabins*). Ces dernières permettent un séjour en toute indépendance – une est faite pour 2 personnes, les deux autres pour 4 ou 5 – avec salle de bains, espace cuisine et salon. Les chambres sont pour deux personnes ou aménagées en suites familiales.

GLEN ROWAN CAFÉ €

Skye Road
✆ +44 1320 351208
https://glen-rowan-cafe.co.uk
Ouvert du mardi au samedi de 9h à 16h. Plats à partir de £11.

Situé entre Fort Augustus et Drumnadrochit, dans la petite ville d'Invermoriston, cet établissement est une halte sympathique aux abords du Loch Ness. Au menu, des classiques de la pub food, mais aussi des recettes inventives et hautes en saveur. On y vient pour un petit déjeuner, manger un morceau le midi ou grignoter dans la journée, aussi bien du salé que du sucré. Mention particulière pour les gâteaux, dont l'excellent *carrot cake*. Le staff est très sympathique et se fait un plaisir de vous conseiller sur des sites plus confidentiels.

THE HIGHLAND CLUB €€€

St Benedict's Abbey
✆ +4420 3478 3897
www.thehighlandclub.co.uk
Dès £390 la nuit (+ caution à la réservation). Appartements. Piscine. Salle de sport. Wifi gratuit.

The Highland Club est une expérience du luxe à l'écossaise. Le lieu est extraordinaire : une ancienne abbaye reconvertie en résidence hôtelière offre des appartements de haut standing, ultra modernes pour un séjour dans le plus grand des conforts. Entre la piscine dans l'ancien cloître, le salon, la salle de jeu, la bibliothèque et le confort de votre appartement, vous pourriez être tenté de ne plus sortir. Ce serait dommage... Vous êtes sur les bords du Loch Ness, à deux pas du cœur de Fort Augustus, de ses restaurants, embarcadères de croisière et commerces.

THE LOCK INN €€

Canal Side
✆ +44 132 036 6302
https://the-lockinn.co.uk
Ouvert tous les jours de 12h à 21h. Plats à partir de £14,75.

Ce petit pub sur les rives du canal propose une carte simple mais efficace, basée sur des produits frais et de saison, et avec beaucoup de choix. Les habituels *fish & chips*, *pies*, burgers et steaks sont bel et bien là, mais il y a aussi des sandwichs pour moins cher le midi. Vous pourrez y manger toute la journée, soit dans le bar principal, soit à l'étage, dans l'espace restaurant, qui surplombe le canal calédonien. Il est même possible, par beau temps, de s'installer à l'extérieur pour admirer les bateaux passer les écluses.

EST

L'Est est une région immense où l'on retrouve tout ce qui fait le charme du pays : un patrimoine foisonnant, des montagnes à perte de vue, de sdistilleries, un littoral splendide, des villes et des petites cités de caractère… Côté nature, le Parc national des Cairngorms est le plus grand du Royaume-Uni et l'on y trouve les plus hauts sommets. C'est aussi l'une des zones les plus magiques et les plus préservées d'Europe, avec une faune et une flore rares et fascinantes. On trouve la vallée la plus prolifique en whisky du monde, dont le nom est connu de tous les amateurs de single malts : Speyside. Sur la côte, les villages nichés dans les falaises se succèdent et Aberdeen, la troisième ville écossaise, est un hub d'activités énorme, célèbre pour son pétrole et ses élégantes façades de granit.

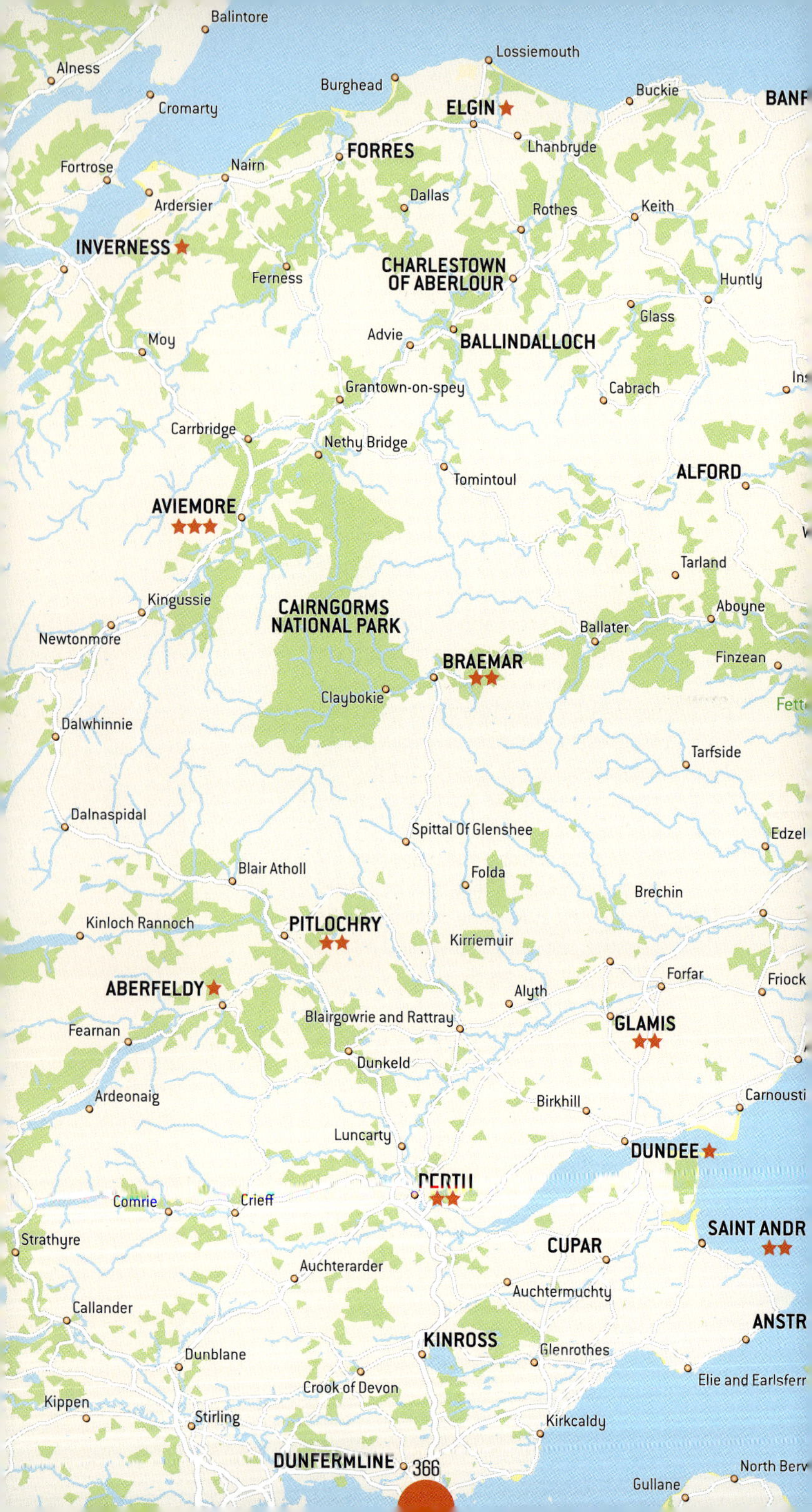
Balintore
Alness
Cromarty
Lossiemouth
Burghead
ELGIN
Buckie
BANF
Lhanbryde
FORRES
Fortrose
Nairn
Ardersier
Dallas
Rothes
Keith
INVERNESS
Ferness
CHARLESTOWN OF ABERLOUR
Huntly
Glass
Moy
Advie
BALLINDALLOCH
Grantown-on-spey
Cabrach
Carrbridge
Nethy Bridge
Tomintoul
ALFORD
AVIEMORE
Tarland
Kingussie
CAIRNGORMS NATIONAL PARK
Aboyne
Newtonmore
Ballater
BRAEMAR
Finzean
Claybokie
Dalwhinnie
Tarfside
Dalnaspidal
Spittal Of Glenshee
Edzel
Blair Atholl
Folda
Brechin
Kinloch Rannoch
PITLOCHRY
Kirriemuir
ABERFELDY
Forfar
Friock
Alyth
Blairgowrie and Rattray
GLAMIS
Fearnan
Dunkeld
Ardeonaig
Birkhill
Carnousti
Luncarty
DUNDEE
Comrie
Crieff
Strathyre
CUPAR
Auchterarder
Auchtermuchty
Callander
KINROSS
Glenrothes
Dunblane
Crook of Devon
Elie and Earlsferr
Kippen
Stirling
Kirkcaldy
DUNFERMLINE
North Berv
Gullane

FRASERBURGH
Inverallochy
New Pitsligo
Strichen
Mintlaw
Peterhead
enorman
Cruden Bay
ELLON
INVERURIE
Balmedie
nay
ABERDEEN
ht
Portlethen
HORY
STONEHAVEN
nenblae
ncekirk
TROSE
Est
30 KM

PAGES

Adossée aux Cairngorms à l'ouest et bercée par les flots de la mer du Nord, la région d'Aberdeen occupe un vaste territoire. Deux ressources font sa richesse : l'or brun et l'or noir que sont le whisky et le pétrole. La région de Speyside, que l'on trouve ici, est la plus prolifique du monde et accueille de très grands noms comme Glenfiddich, Aberlour, Glenlivet et Cardhu...

Ce joyau naturel hors du commun est le second parc national d'Écosse, après le Loch Lomond & the Trossachs National Park. C'est aussi le plus grand de Grande-Bretagne depuis sa création en 2003. Il couvre près de 4 530 km ? dans la chaîne montagneuse des Cairngorms, un exceptionnel ensemble de hauts plateaux qui regroupe les territoires les plus élevés, les plus enneigés et les plus froids des îles britanniques. Les montagnes paraissent plus rondes et moins échancrées qu'à l'ouest, mais l'on y trouve cinq des six plus hauts sommets du pays, après Ben Nevis (1 344 m). Ben Macdui (1 309 m), le n°2 a d'ailleurs été considéré comme le toit du royaume jusqu'au XIXe siècle et l'annonce de son détrônement fut une telle déception pour les locaux que certains planifièrent la construction d'un gigantesque cairn tout en haut pour le faire dépasser son voisin de Lochaber. L'ensemble de la région est extrêmement sauvage, en partie couverte par la lande et la forêt calédonienne originelle qui formait autrefois l'intégralité des Highland. Les routes et les habitations sont rares et se cantonnent à la vallée de la Spey, autour de Grantown-on-Spey et Aviemore, ainsi qu'à Braemar. Les sentiers de randonnée sont nombreux sur tout le parc et les activités en plein air sont ici maîtresses chez elles. Le Speyside Way (www.speysideway.org) suit la rivière du même nom sur 130 km entre Aviemore et la côte, croisant la route de nombreuses distilleries très célèbres. Bien plus ardu, le Lairig Ghru traverse la chaîne sur une trentaine de kilomètres entre Aviemore et Inverey, à côté de Braemar. Culminant à plus de 800 m, il offre quelques-uns des paysages les plus préservés d'Europe.

Aviemore est le cœur du Parc national des Cairngorms. De nombreuses activités s'y concentrent : kayak, marche, rafting, observation de la faune et même une station de ski. Aviemore est un endroit parfait pour explorer les environs, avec la forêt de Glenmore à deux pas, où l'on trouve des étendues de pins calédoniens ceignant le pittoresque Loch Morlich.

EST

PAGES

391

●● PERTH ET ANGUS

La région du Perthshire et d'Angus est cernée par la mer du Nord et le Firth of Tay, le Kingdom of Fife, les Cairngorms et le Loch Lomond & the Trossachs National Park. Très agricole, apaisante et bucolique, on y profite d'excellentes bases de séjour, comme Pitlochry et Aberfeldy, ainsi que de deux des plus grandes villes d'Ecosse : Perth et Dundee. On passe principalement ici pour les sublimes Glamis Castle et Scone Palace, mais il y a aussi quelques bons musées urbains et des distilleries renommées.

404

●● SAINT ANDREWS ET LE ROYAUME DE FIFE

Considérée comme l'un des royaumes pictes originels dans la culture écossaise, la région de Fife est toujours communément désignée comme le Kingdom of Fife. Coincée entre le Firth of Fife et le Firth of Tay, c'est la campagne britannique comme on l'idéalise : des paysages vallonnés au patrimoine riche, bordés par une côte parsemée de petits villages de pêcheurs. St Andrews, sa capitale, est l'un des hauts lieux historiques du pays, mais est aussi connue comme le berceau du golf et pour son université, troisième plus ancienne du monde anglo-saxon.

Saint Andrews.

FORRES

Forres est tout ce qu'il y a de plus écossais avec ses pierres sombres, ses façades fleuries. Forres est l'une des plus anciennes petites villes d'Écosse, d'où son charme. Ses boutiques d'artisanat et ses galeries d'art y contribuent aussi grandement. Dans les environs, on trouve surtout un élégant château, Brodie Castle et ses parterres de jonquilles, et deux distilleries, Benromach et Dallas Dhu. Sur Findhorn Road, à la sortie de la ville, vous découvrirez la Sueno's Stone, une pierre levée sculptée par les Pictes qui daterait de la fin du premier millénaire. En train, Forres est à 30 minutes d'Inverness, 15 minutes d'Elgin et 1h45 d'Aberdeen.

BENROMACH DISTILLERY

Invererne Road
✆ +44 1309 675 968
www.benromach.com
Ouvert lundi-vendredi. Nov-fév : 10h-16h. Mars-oct : 9h30-17h. Tours guidés : £10, £25. Dégustation : £75.

Créée en 1898, c'est la plus petite distillerie de Speyside. Elle a rouvert ses portes en présence du Prince Charles en 1998, après 15 ans de fermeture. Elle puise son eau de source dans les collines derrière Forres. Vous découvrirez qu'il n'y a pas que le goût qui soit concerné par le whisky, mais que sa fabrication en appelle au toucher, à la vue et à l'oreille. La visite standard dure 1h et s'achève par un *dram* du 10 ans d'âge. Il existe différentes options de visites et de dégustations selon vos envies et votre connaissance du whisky.

BRODIE CASTLE

Brodie ✆ +44 130 964 1371
Château : fév-mars 11h-16h le WE uniquement, mars-oct 10h-16h du mercredi ou dimanche. Adulte : £15.

Voilà un site où vous pourrez aisément passer une journée entière en famille sans vous ennuyer. Amoureux de châteaux, amoureux de jardins, ce site vous ravira par tous ses aspects. Ce sublime château vieux de 400 ans se situe entre Forres et Dyke, dans la région du Moray.

- **Le château** : ce magnifique château de 1567 fut édifié en « Z » pour le clan Brodie, dont il est le siège historique. Rénové dans les années 1830 et 1840, il a quitté ses habits médiévaux pour se métamorphoser en rutilante demeure nobiliaire, tel qu'on le voit toujours maintenant. Chaque pièce, chaque couloir, renferme des trésors d'antiquités et d'élégance victorienne, avec des peintures de maîtres, des meubles français et des porcelaines de Chine.
- **Les jardins** : 71 hectares de jardins l'entourent pour poursuivre le plaisir en extérieur et s'imprégner un peu plus de cet endroit séduisant. Quand il a été créé, il avait une collection de 400 variétés de jonquilles. Désormais, il en a 1 160. Impressionnant, non ?
- **Le Playful garden** : ouvert en 2019, ce jardin ludique à l'effigie du lapin emblématique du château (vous saurez pourquoi en le visitant) fait penser à un univers façon *Alice au Pays des Merveilles*. Les enfants profiteront des nombreuses installations, ainsi que des jeux en intérieur si la météo n'est pas clémente. Une autre aire de jeux se situe derrière le château, dans les bois.
- **Les cafés** : l'un se situe au Playful garden, l'autre à l'arrière du château, dans les anciennes cuisines. Voilà un lieu au charme incroyable, et en plus, on y mange bien !

ELGIN ★

Capitale historique de la région de Moray, c'est une base d'exploration idéale pour l'ensemble des distilleries de Speyside qui se succèdent au sud. Elgin a une architecture caractéristique des villes écossaises de son époque. Sa cathédrale, ruine majestueuse, est en première ligne. Profitez-en pour arpenter le joli jardin biblique à côté. Faites aussi un saut au Elgin Museum, le plus vieux musée indépendant du pays. Passionnés de voitures, ne passez pas à côté du Motor Museum. Plus loin, la station balnéaire de Lossiemouth vaut un détour, à prolonger par Duffus Castle. En train, Elgin est à 15 minutes de Forres, 50 minutes d'Inverness et 1h30 d'Aberdeen.

BURGHEAD WELL

83 King Street
Accès libre et gratuit.

Cette pierre, attribuée aux Pictes, est l'un des sites les plus mystérieux d'Écosse. En effet, personne n'a jamais pu savoir qui avait construit cet édifice, quand et à quoi il servait. Les seules certitudes est qu'il y avait autrefois à Burghead un fort picte, construit entre 2000 et 1500 ans avant notre ère. On a dit que ce creux était autrefois un puits. Les hypothèses actuelles sont les suivantes : un sanctuaire pour les divinités celtiques de l'eau, un lieu d'exécution rituelle, un baptistère paléochrétien ou un espace de culte picte.

DUFFUS CASTLE

Duffus castle car park

Accès libre et gratuit. Petit parking. Coffee truck sur place pour profiter de la vue sur le château.

Cette forteresse médiévale, aujourd'hui en ruine, appartenait à la famille Moray et est l'un des plus beau *motte and bailey castle* du pays. Les mottes étaient courantes aux XIIe et XIIIe siècles avant d'être remplacées par des châteaux de pierre. Ces fortifications étaient constituées d'un donjon en bois, placé au sommet d'un monticule artificiel. Certains avaient aussi une cour fermée, ou *bailey*, avec des bâtiments en bois additionnels. Ce fier château était autrefois l'un des plus forts d'Écosse. Il est, hélas, abandonné depuis 1705.

ELGIN CATHEDRAL

King Street

✆ +44 134 354 7171

7j/7. D'avril à septembre 9h30-17h30. D'octobre à mars 10h-16h. Fermé de 12h à 13h. £12/adulte, £7,20/enfant.

Achevée en 1224, cette cathédrale historique dédiée à la Sainte Trinité n'eut pas à souffrir des guerres d'indépendance, mais fut endommagée par le feu en 1270, 1390 et 1402. Son influence fut immense sur la région et son architecture parmi les plus élaborées du pays. Aujourd'hui largement en ruines, on apprécie toujours sa splendide façade ouest, la statue *Stone Bishop* de la nef, la croix picte et la plus grande pierre tombale d'Écosse, haute de cinq mètres et dédiée à la famille Anderson. Des visites guidées ont lieu en juillet et août.

ELGIN MUSEUM

1 High Street

✆ +44 1343 543675

elginmuseum.org.uk

Ouvert d'avril à novembre et toute l'année sur rdv. Entrée libre sur donation.

Ce musée, le plus ancien musée indépendant d'Écosse, offre une collection très diversifiée, proposant un voyage dans le temps remontant avant l'apparition des dinosaures et allant jusqu'à notre époque. Il détient 36 000 pièces (pas toutes exposées), comme des fossiles de poissons datant de plus de 450 millions d'années – sa collection de fossiles est reconnue d'importance nationale –, des objets issus des fouilles archéologiques provenant de la Préhistoire jusqu'au Moyen Âge. Il compte aussi un certains nombre d'œuvres d'art d'importance locale et internationale.

GLEN MORAY DISTILLERY

Bruceland Road

✆ +44 1343 550 900

www.glenmoray.com

Mai-sept : lundi-samedi, 9h-17h. Oct-avril : lundi-vendredi, 9h-17h. Tour guidé dès £7.

Le whisky Glen Moray est distillé sur les rives de la rivière Lossie depuis 1897. Si les choses ont changé en un siècle, les ingrédients, les processus et les compétences sont restés constants. Cette petite distillerie, conviviale et informelle, est située au cœur de la Speyside, Elgin en étant autrefois sa capitale. Les visites ont lieu chaque jour d'ouverture, à 9h30, 11h30, 13h30 et 15h30 et sont gratuites pour les moins de 18 ans. Des sessions de dégustation de 3 ou 4 whiskies sont possibles au bar, entre 10h et 16h30 (dès £35).

MORAY MOTOR MUSEUM

Bridge Street ✆ +44 1343 544933

moraymotormuseum.org

Ouvert 7j/7 de 11h à 16h, du week-end de Pâques à fin octobre. Fermé l'hiver. £8/adulte. Parking gratuit.

Ce petit musée est tenu par des bénévoles passionnés, heureux de présenter leurs superbes voitures et de partager leur passion. Amoureux d'automobiles, notamment de modèles anglais, ne manquez pas cette visite. Le musée est installé dans un ancien moulin. Y sont garées de superbes voitures et motos anciennes, rares, et très rarement vues en France. La plupart roulent et sont utilisées pour divers événements comme le fameux Goodwood Festival, bien connu des passionnés. À la fin de la visite, chaque visiteur note dans le livre d'or son véhicule favori.

SPYNIE PALACE

Duffus Road

✆ +44 134 355 2255

De mai à septembre : uniquement les dimanches et lundis de 9h30 à 17h30. Tickets couplés avec Elgin Cathedral

Résidence des archevêques de Moray, Spynie Palace sortit de terre au XIIe siècle et demeura occupé par ses illustres résidents jusqu'en 1686. David's Tower est la plus imposante *tower-house* encore présente en Écosse, haute de 22 m. Les restes du *great hall* rappellent sa grandeur d'antan. Même si l'ensemble du site est aujourd'hui en partie en ruines, le site n'en demeure pas moins impressionnant et de toute beauté, tant dans son architecture que pour son environnement naturel privilégié. La royauté a souvent utilisé ce palais comme maison d'hôtes.

ARDGYE GUEST HOUSE €€

Ardgye House
✆ +44 134 385 0618
www.ardgyehouse.co.uk
Prix à partir de £30 par personne et par nuit. Petit déjeuner inclus. Parking et Wifi.

À la sortie d'Elgin, cette demeure édouardienne cossue est d'une grande élégance et d'une rare finesse, avec ses murs en pierres couverts de lierre et son vaste jardin. Construite en 1904, elle ravira les amateurs d'architecture. Les chambres sont familiales, doubles ou *twin*, et chacune inclut une salle de bains. Toutes sont décorées avec goût, dans un style d'époque et avec des touches de modernité, pour un séjour aussi confortable qu'agréable. L'accueil, comme le petit déjeuner écossais, sont dignes des meilleurs *bed & breakfasts*.

MORAYDALE GUESTHOUSE €€

276 High Street
✆ +44 134 354 6381
www.moraydaleguesthouse.com
Chambre double à partir de £85, simple dès £65. Petit déjeuner inclus. Parking et Wi-fi.

Moraydale est une jolie maison victorienne à deux pas du centre-ville et de ses attractions. Les cinq chambres de toutes les tailles ne manquent pas de place et arborent des couleurs chaudes avec des motifs de tartan. Trois sont situées au rez-de-chaussée. Une salle de bains privative est présente dans chacune. Elles ont aussi leur traditionnel plateau de courtoisie et une TV avec lecteur DVD. Le petit déjeuner typiquement écossais se prend dans la salle à manger spacieuse ou sous la véranda. Des alternatives végétariennes sont possibles.

THE LODGE ELGIN - GUEST HOUSE €€

20 Duff Avenue
www.thelodge-elgin.com
5 minutes à pied du centre-ville et de la gare. Chambre double dès £79. Petit déjeuner inclus.

Cette maison est sans doute parmi les plus belles d'Elgin. Elle a en effet été construite par un planteur de thé qui l'avait pensée pour sa retraite et aimait particulièrement les jardins. C'est donc dans un cadre exceptionnel que vous logerez, et ce dans un quartier calme, à 5 min à pied du centre-ville et de la gare. Chaque chambre a sa décoration. Les hôtes mettent tout en œuvre pour vous offrir un séjour parfait, avec un copieux petit déjeuner pour bien commencer la journée.

DROUTHY COBBLER €€

48a High Street
✆ +44 134 359 6000
thedrouthycobbler.co.uk
Lundi à jeudi et dimanche : ouvert de 12h à 23h30. Vendredi et samedi : ouvert de 12h à 1h30. Plats de £15 à £28.

À la fois pub, café et restaurant, le Drouthy Cobber s'organise autour d'une longue pièce contemporaine où l'on mange des salades, des burgers, des brunchs, des collations et des petits déjeuners savoureux. Tous les produits viennent de la Speyside, riche garde-manger qui offre de savoureuses possibilités culinaires entre viandes excellentes, fruits de mer du jour et maraîchers à proximité. Côté boissons, il y a toujours au moins trois *real ales* et un choix immense de *single malts*, région oblige. Des événements musicaux sont souvent organisés.

THE QISMAT TANDOORI €€

204 High Street
✆ +44 1343 541461
www.qismat.co.uk
Lundi-samedi : 12h-14h et 17h-21h. Dimanche : 17h-21h. Plats à partir de £11,95.

Ce restaurant indien jouit d'une excellente réputation à Elgin. Le chef, avec ses 25 ans d'expérience, manie avec expertise l'art culinaire indien. Il offre un menu varié, faisant voyager ses hôtes aux quatre coins de l'Inde, mêlant saveurs, épices, aromates et textures aussi dépaysantes qu'exquises. Les plats mêlent tradition, création et innovation. Les ingrédients sont choisis pour leur fraîcheur, leur qualité et, dans la mesure du possible, achetés localement. La carte des vins vient enrichir plus encore l'expérience culinaire proposée ici.

19 CREPES&COFFEE

19A Batchen Street
✆ +44 7484 789427
https://19crepescoffee.business.site
De 9h à 16h du lundi au samedi. Entre £4 et £9,50.

19 Crepes&Coffee est un nouveau venu à Elgin et il a su faire sa place. La générosité et la créativité sont ici à l'honneur. Le café allie les inspirations écossaises et françaises à travers une carte de snacks salés et sucrés. Au menu, des crêpes évidemment, à la manière de nos crêpes bretonnes, mais aussi des paninis, salades, gâteaux, scones, gaufres, chocolats chauds ultra gourmands, cafés à l'identique… Vous pourrez aussi y déguster un « full Scottish breakfast » et, côté curiosité salée, des paninis au haggis. Pourquoi ne pas oser la découverte ?

FRASERBURGH

Fraserburgh est à la pointe nord-est du littoral de l'Aberdeenshire. C'est le plus grand port de coquillages pour les fruits de mer d'Europe et ses quais sont toujours animés par le ballet des bateaux. De belles plages sablonneuses se succèdent au sud-est de la ville, de part et d'autre de Rattray Head, et la principale attraction est le très intéressant musée des Phares : le musée des phares écossais. Faites aussi une halte au musée du Patrimoine de la ville, qui en raconte la riche histoire. Il est aussi un spot d'observation des oiseaux. Couvrez-vous, car Fraserburgh détient le record de vitesse des vents en Grande-Bretagne : 231 km/h !

MUSEUM OF SCOTTISH LIGHTHOUSES ★★★

Stevenson Road
✆ +44 1346 511022
lighthousemuseum.org.uk
Ouvert du mardi au dimanche de 10h à 17h. Tour guidé de 45 minutes. £9/adulte, £7/réduit, £4/enfant.

© MINO SURKALA - SHUTTERSTOCK.COM

Ce musée des phares, à Kinnaird Head, saura conquérir le cœur des amoureux de phares comme des néophytes absolus. Ce phare est le tout premier d'Écosse (construit en 1789) et jouxte un château de plus de 450 ans. Jouent en sa faveur sa localisation dans un lieu exceptionnel et atypique, la vie si particulière des gardiens dont ont raconte ici l'histoire, l'ingénierie développée pour sauver des vies, la plus grande collection de lentilles au monde, le salon de thé dans le phare...

ABERDEEN ★★

Aberdeen est la troisième plus grande ville d'Écosse, après Glasgow et Edimbourg. Elle a reçu son statut de *royal burgh* au XIIe siècle. Elle attend le XIXe siècle pour se développer, grâce à la pêche, à la construction navale et à l'extraction de granit. C'est à cette époque qu'elle se pare de l'élégante architecture qu'on lui connaît. On la surnomme alors Granite City et Silver City (la ville d'argent) pour la couleur de ses façades, scintillantes au soleil, que l'on doit en partie aux architectes Archibald Simpson et John Smith. Aujourd'hui, la ville s'est trouvé une nouvelle vie dans l'exploitation du pétrole de la mer du Nord. Elle a deux universités : Robert Gordon University et the University of Aberdeen, fondée en 1495.

Sur Union Street, la Town House est un superbe exemple de style néogothique des années 1870 et présente l'une des façades les plus élégantes de la ville. Pour le patrimoine religieux, la belle église Kirk of St Nicholas (XIIe, XVe et XVIIIe siècles) et son cimetière sont aussi visibles sur Union Street. À Castlegate, le monument de la Mercat Cross (1686) est gravé des portraits des monarques écossais de James Ier à James VII. En allant vers le nord, dans le quartier dit du Old Aberdeen, vous verrez le King's College de 1495, sur College Bounds. Sa chapelle de 1509 vaut le détour, de même que la Old Town House. C'est aussi là que l'on visite la St Machar's Cathedral.

Transports

Par les airs, l'aéroport d'Aberdeen (www.aberdeenairport.com) est relié à Genève sur Easyjet (www.easyjet.com), à Paris sur Air France (www.airfrance.fr), aux Orcades et aux Shetland sur Loganair (www.loganair.co.uk).
En train, vous pouvez rejoindre Edimbourg et Inverness en 2h25, Glasgow en 2h35 et l'ensemble de la côte de l'Aberdeenshire, ainsi que le reste du pays en services directs ou par correspondances (www.scotrail.co.uk). En bus, le Stagecoach 10 emmène à Inverness en 3h45 et le 201 conduit à Braemar en 2h30 (www.travelinescotland.com). Megabus et Citylink assurent tous deux des liaisons fréquentes avec Glasgow et Edimbourgh en environ 3h (www.citylink.co.uk et www.megabus.com).
Enfin, en ferry, vous pouvez rejoindre les Shetland et les Orcades sur Northlink Ferries (www.northlinkferries.co.uk).

EST

ABERDEEN ART GALLERY

Schoolhill
✆ +44 122 452 3700
www.aagm.co.uk
Ouvert 7j/7. Lundi-samedi : 10h-17h. Dimanche : 11h-16h. Café (ferme 30 min avant le musée). Entrée gratuite.

Cet important centre culturel possède une collection assez prestigieuse de tableaux des XIXe (préraphaélites, peintres anglais et écossais) et XXe siècles. Il a une fabuleuse collection de beaux-arts, mais pas seulement. Vous y verrez aussi une collection d'arts décoratifs (15 000 pièces), couvrant toutes les facettes de cet art. Il présente aussi l'histoire maritime, l'histoire industrielle de la ville, une collection d'archéologie et une collection numismatique. Sa rénovation s'est récemment achevée (2017), lui offrant une transformation réussie.

ABERDEEN MARITIME MUSEUM

Shiprow
✆ +44 1224 337 700
www.aagm.co.uk
Fermé jusqu'au printemps 2023. Ouvert du lundi au samedi de 10h à 17h, le dimanche de midi à 15h. Entrée libre.

Ce charmant petit musée attirera tous ceux qui s'intéressent à l'histoire d'Aberdeen. À deux pas du port de la ville, la visite raconte son lien avec la mer et plus particulièrement l'essor de l'industrie pétrolière au large de l'Aberdeenshire. Génératrice d'une activité gigantesque pour toute la région, elle emploie une grande partie de la population locale et touche presque tout le monde, de près ou de loin. La réplique d'une plate-forme offshore est particulièrement impressionnante. Les contenus interactifs sont particulièrement instructifs.

DUTHIE PARK AND DAVID WELCH WINTER GARDENS

Polmuir Road ✆ +44 122 458 3155
www.aberdeencity.gov.uk
Ouvert 7j/7. Mars-octobre : 10h30-17h30. Novembre-février : 10h30-16h. Entrée libre et gratuite.

Le Duthie Park et le David Welch Winter Gardens sont situés au même endroit, le second faisant partie du premier, du moins pour ce qui est du parcours de visite. Si le vert vous manquait dans cette belle ville d'Aberdeen, vous êtes ici au bon endroit. Pour les familles, vous aurez même droit à une chasse au trésor !

- **Duthie Park** : Ce magnifique parc est situé à proximité du centre-ville et fait 44 hectares. Il est très populaire auprès des habitants et des visiteurs, tant pour ses caractéristiques victoriennes restaurées à la perfection que pour ses superbes gazons et son étang de navigation de plaisance. Le parc a été donné à la ville par Mlle Elizabeth Duthie en 1880 et ouvert en tant que parc en 1883. Il est reconnu comme l'un des parcs les mieux conçus d'Écosse. Paysagistes amateurs et férus d'art topiaire, ne manquez pas cette visite ! On retiendra notamment le jardin japonais, une muraille florale et même un cactus qui parle…
- **David Welch Winter Gardens** : Au cœur de l'agréable et bucolique Duthie Park se trouve l'un des jardins couverts les plus grands d'Europe et le troisième plus visité d'Écosse. On y découvre et observe beaucoup de plantes exotiques du monde entier et des fleurs multicolores. Des espaces thématiques regroupent les espèces en fonction de leur origine et de leur nature.
- **Avis aux familles** : Les enfants se réjouiront du grand espace de jeux, celui-ci ayant même été élu meilleur espace de jeux en Écosse en 2013.

Le petit plus : vous pouvez vous y marier !

Le couloir Victorien au Duthie Park Winter Garden.

EST

MARISCHAL COLLEGE

Broad Street

✆ +44 1224 272000

www.abdn.ac.uk

Accès libre.

Le Marischal College, fondé en 1593 et deuxième université d'Aberdeen, et le King's College, fondé en 1495, ont fusionné en 1860 pour former l'Université moderne d'Aberdeen. La construction du bâtiment actuel du Marischal College a commencé dans les années 1830 pour s'achever en 1906. Il est le deuxième plus grand bâtiment en granit du monde. L'enseignement et la recherche sont aujourd'hui du domaine des campus de Foresterhill et du King's College. Le bâtiment du Marischal College est loué au conseil municipal d'Aberdeen, dont il est le siège depuis 2009.

THE GORDON HIGHLANDERS MUSEUM ★

Viewfield Road ✆ +44 1224 311 200

www.gordonhighlanders.com

Du mardi au samedi, 10h-16h30. Fermé du 16/12 au 31/01. £10/adulte, £5/enfant, £21/famille. Réductions en ligne.

Sont livrés ici 200 ans d'histoire sur le « meilleur régiment au monde », selon les dires de Sir Winston Churchill. Les Gordon Highlanders ont combattu sur tous les fronts de l'histoire contemporaine, des guerres napoléoniennes jusqu'à nos jours. Des cartes interactives, des reproductions, des films, des photographies, des uniformes et des armes sont présents pour témoigner. Il faut sortir de la ville, mais la visite vaut le détour, surtout si on est passionné d'histoire militaire.

THE TOLBOOTH MUSEUM

Castle Street

✆ +44 122 462 1167

www.aagm.co.uk

Fermé à cause des travaux.

Dans ce qui est l'un des plus anciens et des plus beaux bâtiments de la ville, le Tolbooth Museum, une prison du XVIIe siècle très bien préservée, présente des expositions sur l'histoire locale. On y raconte l'histoire d'Aberdeen à travers sa criminalité, la police, la loi, l'ordre et les châtiments de l'époque. L'univers carcéral y est dépeint au fil des siècles et l'on arpente les anciennes cellules lugubres, qui ont vu passer de nombreux condamnés, au rang desquels figurèrent notamment 50 jacobites après la bataille de Culloden.

RABBIE'S TOURS

Aberdeen Bus Station, Stance 5, Guild Street

✆ +44 131 226 3133

www.rabbies.com

Rabbie's Tour propose de partir découvrir les splendides paysages d'Écosse à bord d'un minibus moderne et confortable de 16 passagers maximum *via* de nombreux circuits au départ de Glasgow. Les guides-chauffeurs vous emmèneront le temps d'une aventure dans des sites peu connus, loin des lieux touristiques. La richesse et la qualité de leurs connaissances ainsi que l'originalité de leurs histoires décalées vous feront vivre une expérience totalement à part. Quel que soit le nombre de participants, le départ est assuré et l'expérience garantie ou remboursée.

HERTZ

A l'aéroport

✆ +44 843 309 3001

www.hertz.co.uk

Réserver sur le site.

Hertz offre une large gamme de véhicules particuliers et utilitaires, essence, diesel et hybrides. Prépaiement en ligne ou sur place, c'est la garantie d'une marque mondialement reconnue depuis sa création (1918). C'est aussi la location de camions et autres remorques. Une multitude d'offres spéciales, de programmes de fidélité et tarifs adaptés à tout budget. Et désormais, la possibilité de louer un véhicule en libre-service à l'heure, bien commode et plus économique. Comme toujours, les voitures sont récentes et très bien entretenues.

BIMINI GUESTHOUSE €€

69 Constitution Street

✆ +44 1224 646 912

www.bimini.co.uk

A partir de £290, 3 nuitées minimum. Chambres doubles uniquement dont une twin.

Près de la plage et du centre-ville, cet établissement est très pratique pour visiter Aberdeen à pied. Vous pourrez garer votre voiture dans le parking privé et profiter de tout ce que la ville a à offrir. Qui plus est, vos hôtes se feront un plaisir de vous conseiller sur les visites ou balades, et de vous recommander les meilleurs restaurants ou pubs. Les 9 chambres sont simples et confortables, décorées avec goût et aménagées avec salle de bains privative et attenante. Chacune a sa TV et son plateau de courtoisie bien garni.

MACDONALD NORWOOD HALL HOTEL €€

Garthdee Road Cults
✆ +44 1224 868951
www.macdonaldhotels.co.uk

Chambre double dès £80 en basse saison, petit déjeuner inclus. Wi-fi gratuit. Bar et restaurant. Parking gratuit.

Le MacDonald Norwood Hall Hotel a été érigé en 1881 sur le site d'un château du XVe siècle, Pitfodels castle. À proximité du centre-ville, il est un havre de paix avec ses 7 hectares de jardins privés. L'édifice en lui même est aussi superbe et vous aurez grand plaisir à y déambuler comme à y séjourner. Profitez de votre passage pour dîner à l'excellent restaurant Tapestry ou prendre un thé dans le café georgien de l'établissement. Charme et ravissement assurés...

SKENE HOUSE ROSEMOUNT HOTEL & SERVICED APARTMENTS €€

96 Rosemount Viaduct
✆ +44 122 465 9392
www.skene-house.co.uk

Appartement de 2 à 6 personnes. Studio dès £70. Petit déjeuner en supplément. Parking et Wi-fi.

Avec leurs trois adresses centrales, les *Skene House Apartments Hotels* proposent quelque 189 appartements à louer à la nuit, pour un séjour comme à la maison en ville. Le rapport qualité-prix est particulièrement intéressant par faible affluence, avec le parking gratuit et le petit déjeuner inclus. Les appartements disposent de tout le confort nécessaire et comportent une cuisine équipée, une salle de bain, un coin salon et une décoration réalisée avec goût.

THE MARCLIFFE HOTEL AND SPA €€€

North Deeside Road
✆ +44 1224 861 000
www.marcliffe.com

Chambre double dès £195. Petit déjeuner inclus. Chiens acceptés, + £25 pour la chambre. Parking.

Hôtel 5-étoiles de luxe, calme et élégant, il est situé dans un cadre pittoresque à 10 minutes du centre d'Aberdeen. L'établissement compte 37 chambres et 2 suites toutes décorées de façon distincte. Le restaurant propose une cuisine raffinée où légumes du jardin accompagnent poisson, viande et gibier du terroir. Enfin, l'hôtel a été inauguré en 1993 par Mikhail Gorbachev. Peut-être croiserez-vous une personnalité politique ou une star du show-biz, au restaurant ou au spa… ?

FOODSTORY CAFÉ €

11-15 Thistle Street
foodstorycafe.co.uk

Ouvert 7j/7. Lundi : 8h30-15h ; du mardi au samedi : 8h30-20h ; dimanche : 10h-15h. Brunch à £10.

Il plane une ambiance urbaine et *arty*, dans l'excellent *Foodstory Café*. Bar en bois de récupération, soufflerie apparente, lampes psychédéliques : le cadre est assez décalé et la nourriture excellente. On choisit principalement entre des *wraps* et des sandwichs, que l'on accompagne de plusieurs salades cuisinées au jour le jour. Le tout est sain, végétarien, vegan ou sans gluten. Il y a également des gâteaux et de quoi se faire un petit déjeuner. C'est un endroit très plaisant pour se poser le temps de manger un morceau, ou bien plus longtemps.

THE ASHVALE €

42-48 Great Western Road
✆ +44 1224 596 981
www.theashvale.co.uk

7j/7. Horaires à vérifier selon les jours. Plat dès £10,95.

Un *Fish & Chips* hors du commun. Si vous finissez le *ashvale whale*, la maison vous en offrira un deuxième, gratuit ! Enfin, si vous insistez... Ou alors, vous pourrez choisir de finir avec un dessert, pour la note sucrée finale. On vous donnera même un certificat attestant de votre exploit ! Hormis cela, The Ashvale est un excellent restaurant où les fruits de mer sont à l'honneur, mais pas seulement. Établissement familial, il a pensé aux menus enfants et aux petits appétits des personnes âgées, sans oublier les végétariens et les intolérants au gluten.

210 BISTRO €€

210 South Market Street
✆ +44 1224 211 857
www.210bistro.com

Ouvert le mercredi de 12h à 16h, du jeudi au samedi jusqu'à minuit. Burgers dès £9. Plats dès £16.

Cette élégante adresse moderne met à l'honneur une gastronomie à la fois européenne et écossaise, avec une offre intéressante le midi et en début de soirée. Ce café bar restaurant accueille tout le monde, mais est aussi un lieu privilégié d'affaires (réunions, rendez-vous pro...) d'où un certain standing. Situé sur le front de mer, il offre de belles vues sur le port. Côté cuisine, les textures et les saveurs sont habilement travaillées, pour les viandes comme les poissons, et il y a également de bons plats végétariens qui sortent de l'ordinaire.

CAFE 52 €€

52 The Green
✆ +44 122 459 0094
www.cafe52onthegreen.co.uk
Ouvert du mercredi au samedi. Lunch : 12h-15h. Tapas : 15h-17h. Soir : 18h-21h. Paiement en espèces uniquement.

Café 52 a une réputation en béton dans la ville de granit ! Il est devenu un établissement gastronomique très recherché. Sa petite salle minérale tout en longueur est rapidement remplie par les habitués venus vider des assiettes de maquereaux aux betteraves, de bœuf à la Guinness, de lasagnes végétariennes, d'aiglefin fumé ou de poulet aux courgettes. Les chefs créent en permanence de nouveaux plats, à base de produits locaux. Pour le dessert, les douceurs de Mrs B sont à l'honneur, tout en poésie et délicatesse. Mieux vaut réserver en soirée.

IX RESTAURANT - THE CHESTER HOTEL €€

59-63 Queen's Road
✆ +44 1224 327 777
www.chester-hotel.com
Ouvert tous les jours à partir de 16h. Plats dès £18,50.

Cet hôtel dispose d'un restaurant somptueux ouvert aux non-résidents. IX Restaurant vous promet une cuisine spectacle inoubliable : produits locaux cuisinés avec maestria, menu changeant au fil des saisons, cuisines visibles depuis la salle à la façon d'un théâtre, vins en accord parfait... L'adresse est excellente pour le dîner ou pour le traditionnel *sunday lunch* (repas du dimanche). L'*afternoon tea* est un pur bonheur... d'autant plus qu'il peut se faire au champagne !

MOONFISH CAFÉ €€

9 Correction Wynd
www.moonfishcafe.co.uk
Du mardi au jeudi : de 12h à 14h et de 18h à 21h. Vendredi et samedi : de 12h à 14h30 et de 18h à 21h. Plat dès £13,95.

Depuis 2004, cet établissement au décor design et chaleureux, agrémenté d'œuvres d'art en exposition, dans l'esprit d'une galerie, a pris place dans les rues médiévales d'Aberdeen. Il propose une cuisine britannique innovante, créative et revisitée. Elle sublime les produits locaux et de saison, le tout dans la décontraction et sans prétention. L'expérience gustative se complète en accords boissons-plats, avec une attention particulière portée au gin. Des menus dégustation, déjeuner et dîner sont disponibles. La réservation est fortement recommandée.

THE SILVER DARLING €€

Pocra Quay
✆ +44 1224 576 229
www.thesilverdarling.co.uk
Du lundi au vendredi : 12h-14h et 17h-21h. Samedi : de 12h à 21h. Dimanche : de 12h à 20h. Plats dès £15.

Situé à la pointe la plus à l'est, sur la rive nord de la rivière Dee, c'est le restaurant préféré de nombreux visiteurs d'Aberdeen. On se régale de fruits de mer et de poissons, mais aussi d'excellentes viandes, dont des venaisons en saison. Le chef, Craig Somers, présente une sélection des meilleurs produits écossais, cuisinés de manière traditionnelle et savoureuse. Le lieu allie le plaisir du goût et de la vue, car outre la belle présentation des plats, la vue sur la mer est un vrai atout de cet établissement. Ses desserts aussi, faits par un chef pâtissier !

BREW DOG ABERDEEN

17 Gallowgate ✆ +44 1224 631 223
www.brewdog.com
Fermé le mardi. Lundi : 14h-00h. Mercredi-jeudi : 16h-00h. Vendredi et samedi : 12h-1h. Dimanche : 12h-00h

La brasserie écossaise Brew Dog mondialement célèbre est née à Aberdeen et il est normal qu'elle y possède l'un de ses meilleurs bars. L'intérieur est assez classique de l'esprit de la marque, avec beaucoup de bois, de métal, de pierre et des petits lampions qui pendent du plafond. Il y a une quinzaine de pressions disponibles. Vous hésitez entre plusieurs bières ? Demandez à les goûter... Et si vous avez faim, sachez que leurs pizzas sont délicieuses et, qu'à l'instar des grands restaurants qui accordent mets et vins, vous pourrez accorder pizzas et bières.

CASC

9 Portland Street
✆ +44 1224 592279
www.cascnation.com
Ouvert 7j/7, de 11h à 1h (12h-00h le dimanche).

CASC pour Cigares Ale Scotch Café. Voilà le programme de cet établissement créé en 2013. Associer bières, scotch whisky et café avec des cigares : et pourquoi pas ? C'est ce que se sont dit les deux gérants, coutumiers de ces mariages, avant de se lancer. Ça, et qu'ils voulaient changer de vie. Et aussi qu'ils voulaient proposer quelque chose de nouveau. Côté cigares, la sélection va aux meilleurs cigares cubains, classiques ou surprenants. Côté bières, whisky et café, l'excellence est aussi de mise pour une vraie dégustation hédoniste.

KRAKATOA

2 Trinity Quay
✆ +44 1224 587602
https://krakatoa.bar
Ouvert 7j/7, 14h-1h (3h le vendredi et samedi).

À la manière d'un repaire clandestin, un peu en dehors des sentiers battus, ce bar joue le mystère, l'underground et la magie des rencontres spontanées. L'intérieur est faiblement éclairé — simplement la lueur d'un néon bleuté — comme si vous étiez sous l'eau… Vous fréquenterez cet établissement pour un moment hors du monde. La musique ajoute bien sûr à l'ambiance. Et une fois n'est pas coutume, nous vous conseillerons de faire un tour dans les toilettes surréalistes de ce lieu hors catégorie. Côté boissons, osez l'exotisme et les cocktails créatifs.

THE ARCHIBALD SIMPSON

5 Castle Street
✆ +44 1224 621 365
Ouvert du lundi au dimanche de 8h à 1h.

Ce pub Wetherspoon a posé ses valises dans un beau bâtiment de granite et doit son nom à l'architecte local Archibald Simpson, qui en est le créateur. Ce fut autrefois le siège d'une banque et l'intérieur a gardé beaucoup de belles caractéristiques d'autrefois, dans sa salle au plafond haut. Au comptoir, 12 *real ales* sont présentes et mettent à l'honneur de nombreuses brasseries écossaises, et ce au meilleur prix possible en ville. La carte des plats, type snack et pub food, brasse large, et propose des options végétariennes, légères, sans gluten…

THE FIERCE BAR

4-6 Exchequer Row
✆ +44 1224 035034
www.fiercebeer.com/bars/aberdeen-bar
Du lundi au mercredi : 15h-23h. Jeudi et dimanche : 12h-23h. Vendredi et samedi : 12h-1h.

The Fierce Bar se fait fort de vous offrir la meilleure expérience qui soit, dans un pub accueillant et chaleureux. Ce ne sont pas moins de 20 *tap beers* qui sont servies au bar, dans la gamme Fierce, mais aussi BrewDog, Tiny Rebel, Wiper & True… Le staff sera ravi de vous faire découvrir des bières que vous ne connaissez pas, en menant l'enquête, selon vos goûts, pour trouver celle qui fera mouche. Vous aurez aussi le choix parmi une belle carte de spiritueux locaux. Un creux ? D'excellents snacks salés ou sucrés vous régaleront.

ROYAL ABERDEEN GOLF CLUB

Links Road
✆ +44 1224 702571
www.royalaberdeengolf.com
Du 10 avril au 7 mai 23 : £149. 8 mai au 15 oct : £215. 19 oct au 7 avril : £95. 8 avril au 12 mai : £149.

Le *Royal Aberdeen Golf Club* d'Aberdeen a été fondé en 1780. Il portait alors comme premier nom celui de *Society of Golfers at Aberdeen*. Il est devenu le *Aberdeen Golf Club* en 1815. Jusqu'en 1888, les membres jouaient sur le *Queen's Links* près de la ville. Le cours a été conçu par les frères Simpson, Archie et Robert de Carnoustie, puis repris et allongé par James Braid, dans un souci de s'adapter au jeu moderne. La réservation est préférable, si vous souhaitez jouer sur ce green d'exception, à la vue imprenable sur la mer. Une tenue correcte est exigée.

CHARLESTOWN OF ABERLOUR

Plus connu sous le nom d'Aberlour, Charlestown of Aberlour a été fondée en 1812 et doit son nom à Mr. Charles Grant of Elchies. Cette toute petite ville a une renommée mondiale grâce à non pas un, mais deux produits exportés et plébiscités à l'international. Les premiers sont le whisky. De nombreuses distilleries sont implantées dans le village et ses environs immédiats : Aberlour évidemment, The Macallan Distillery, Knockando, Cardhu, Dailuaine, Glen Grant, Glenallachie. À découvrir aussi, un musée dédié à l'art de la tonnellerie. Les autres produits sont les biscuits de l'entreprise Walkers Shortbread, exportés dans plus de 60 ans.

© JAMES MCKAY/SHUTTERSTOCK.COM

Linn Falls.

ABERLOUR DISTILLERY

Banffshire

✆ +44 1340 881 249

www.maltwhiskydistilleries.com

Ouvert toute l'année du jeudi au samedi. Tours guidés : £20, £40 et £120.

Le géant Aberlour existe depuis 1879 et accueille ses inconditionnels sur son site de production pour une visite de base d'1h30, qui s'achève par la dégustation de six *drams*, rien que ça ! Les autres sont des nouveautés 2020 : « l'art de la maturation en double fût » et « Dégustation de la collection Speyside ». Il faudra trouver un chauffeur d'accord pour rester sobre (ou alors préférer les mignonnettes) Tous les tours guidés sont réservés aux personnes majeures. Le lieu étant prisé, il est recommandé de réserver sa visite en amont sur internet.

CARDHU DISTILLERY

Knockando

✆ +44 1479 874 635

www.malts.com

Jan et fév : du jeu au lun 10h-16h.
Mars à déc : du lun au dim 10h-17h. Fermé pour les fêtes de fin d'année.

Née sur la Cardow Farm en 1811, Cardhu, qui jusqu'en 1981 s'est appelé Cardow, du nom du lieu où il a été créé, n'a eu de cesse de grandir par la suite pour devenir l'une des distilleries les plus adulées de la région. À son origine, on trouve le couple Cumming. Puis, Elizabeth Cumming, belle-fille des fondateurs, fut la première femme à tenir les rênes d'une distillerie. C'est elle qui offre à Cardhu ses saveurs si spécifiques et son caractère raffiné. Sa bouteille, emblématique, est la même depuis 1982, et fait partie de sa signature.

GLEN GRANT DISTILLERY AND GARDEN

Rothes

✆ +44 1340 832 118

www.glengrant.com

Avril-octobre, 7j/7, 9h30-16h (dimanche 11h-16h). Novembre-mars : lundi-samedi, 9h30-15h30. Tours guidés possibles.

Créée en 1840, par les frères John et James Grant, la distillerie voit le jour dans un cadre parfait pour produire une base exceptionnelle à son whisky, grâce à des ingrédients de qualité et aussi grâce au Spey, rivière qui longe la structure familiale. La distillerie est ouverte au public, avec un *visitor centre* et des tours guidés. Promenez-vous dans le superbe jardin victorien, restauré comme au temps de sa splendeur, et humez les senteurs cachées du single malt...

SPEYSIDE COOPERAGE VISITOR CENTRE

Dufftown Road ✆ +44 1340 871108

www.speysidecooperage.co.uk

Lundi-vendredi. 1er tour à 9h, dernier à 15h30. Café : 9h-16h. Documents en français disponibles. Réservations par mail.

Découvrez comment se fabriquent les fûts. Indispensables à la maturation du whisky, leur fabrication est le fruit d'un savoir-faire ancestral, transmis de génération en génération par des artisans passionnés. Vous serez plongé dans cet univers à travers une présentation cinématique audio-visuelle, puis la visite d'une galerie d'exposition ou l'on peut voir des tonneliers à l'œuvre. Une visite parfaite pour compléter un tour en distillerie ! Ne manquez pas le *coffee shop*.

THE MACALLAN DISTILLERY

✆ +44 1340 318 000

www.themacallan.com/fr/distillery

Du 28/01 au 31/03 2023, 9h45-17h30. Préréservations uniquement. Dates d'ouverture d'été non communiquées.

Cette distillerie ultra moderne est la nouveauté de la Speyside à voir. Le lieu est absolument somptueux et que l'on soit sensible ou non à l'architecture contemporaine, ce site séduit à tous les coups, pour son originalité et son esthétisme incroyables. Outre les visites (pensez à réserver), arrêtez-vous ici pour voir l'exposition retraçant l'histoire de Macallan et présentant des carafes et bouteilles d'exception. Elle est gratuite et librement accessible. Brasserie et bar seront des incontournables, avec un rapport qualité-prix très appréciable.

WALKERS SHORTBREAD FACTORY SHOP

Fisherton Industrial Estate

✆ +44 1340 871555

www.walkersshortbread.com

Ouvert du lundi au samedi, horaires selon saison.

L'histoire des biscuits Walkers commence en 1898. Joseph Walker avait 21 ans. Il ouvrait sa boulangerie avec une ambition : faire les meilleurs sablés (*shortbreads*) au monde. Plus d'un siècle après, la société est le plus gros exportateur de biscuits de Grande-Bretagne et vend dans 60 pays. Ce sont les petits-enfants et arrière-petits-enfants qui gèrent l'entreprise. Si les biscuits sont disponibles partout, cela reste un plaisir de les acheter là où ils sont produits.

INVERURIE

Sise dans la vallée de la rivière Don, cette jolie ville est prospère et agréable. Inverurie a été fondée par David de Huntington, l'arrière-arrière-grand-père de Robert the Bruce. Si vous y passez, ne manquez pas le superbe Castle Fraser – l'un des châteaux incontournables de la région – ainsi que d'autres sites plus confidentiels, mais aussi très intéressants : les ruines de l'église médiévale de Kinkell, Mons Grampius (le site de la dernière bataille des Romains contre les Pictes en 84 apr. J.-C.), la pierre Brandesbutt (remarquable pierre symbolique picte), un cercle de pierres (East Aquhorthies Stone Circle). La ville regorge de trésors.

BENNACHIE VISITOR CENTRE

✆ +44 1467 681470
www.bennachievisitorcentre.org.uk
Ouvert 7j/7, de 10h à 16h30 d'avril à octobre.
Entrée libre et gratuite.

Ce lieu fait coup double. Il est point de départ de balades et randonnées dans l'un des sites naturels les plus beaux et connus de l'Aberdeenshire. À vous le sommet d'Oxen Craig (528 m) ou celui de Mither Tap, ou simplement les sentiers traversant la magnifique forêt de la Grampian Mountain Range. Vous trouverez dans le *Visitor Centre* les dépliants sur les circuits possibles ainsi qu'une exposition permanente sur le patrimoine de cette région : comment les collines se sont transformées, leur faune et flore, l'exploitation forestière…

GARIOCH HERITAGE CENTRE

Loco Works Rd
✆ +44 1467 621855
https://gariochheritage.co.uk
Ouvert du jeudi au dimanche, 10h-16h.
Entrée libre et gratuite. Boutique, café, activités pour enfants.

Le Garioch Heritage Centre a vu le jour en octobre 2017. Il réunit et expose les collections de la Garioch Heritage Society qui, depuis 1987, effectue des recherches sur l'histoire de la région et collecte des objets issus du passé, témoignant de la vie professionnelle et domestique d'autrefois. Le musée raconte la vie dans cette région d'Écosse du début du XXe siècle à nos jours : la vie dans un atelier d'assemblage et fabrication de locomotives, dans une ferme laitière, les métiers spécifiques à la région, le tout sous l'œil bienveillant d'une grue de 20 tonnes.

CASTLE FRASER, GARDEN & ESTATE

Sauchen
✆ +44 8444 932 164
Adulte : £14,50/£11. Parking : £3.
Jardins & parcs : 7j/7 (accès libre).
Château & tea room : voir site.

© HUGH SHAW - FOTOLIA

C'est sans doute le château le plus spectaculaire des environs. Vous pourrez, selon vos envies et budgets, faire la visite simple des jardins, ainsi qu'accéder au salon de thé pour un encas dans les anciennes cuisines. Le parc paysager et la vue sur l'édifice sont un enchantement à eux seuls. Bien sûr, la visite du château — visite guidée ou visite libre avec documentation — est recommandée, car ses intérieurs sont superbes et révèlent des histoires fascinantes.

BALLINDALOCH

Ballindaloch est un village, mais c'est son château et son parc qui sont les plus connus. Ballindaloch castle est considéré comme l'un des châteaux les plus romantiques et est, à ce titre, l'un des plus renommés. Le village abrite aussi plusieurs distilleries, dont la renommée a largement dépassé les frontières de l'Écosse : Glenfarclas, Glenlivet et Cragganmore. Dans les environs, vous pourrez aussi aller librement sur le site de Drumin Castle (sublime château en ruine), admirer le vieux pont sur la rivière Avon (construit en 1800), le cairn de Marionburgh ou encore les Inveraron Symbol Stones dans l'église paroissiale du hameau éponyme.

BALLINDALLOCH CASTLE AND GARDENS

✆ +44 1807500205
www.ballindallochcastle.co.uk
Ouvert du 4/04 au 2/09. Du dim au jeu, 10h-17h (dernière entrée 16h). Adulte : £14,50 château et jardins. Enfant : £8

Ballindaloch Castle a été fondé vers 1546 par la famille MacPherson-Grants… et c'est toujours cette même famille qui y vit. Au départ tour fortifiée, l'édifice a été transformé à l'ère victorienne pour revêtir la splendeur que nous lui connaissons aujourd'hui. Dans le château, vous admirerez une importante collections de peintures espagnoles et l'une des plus belles bibliothèques privées du pays, entre autres. Les jardins, avec ses arbres pluricentenaires, sont un enchantement.

CRAGGANMORE DISTILLERY

Cragganmore
✆ +44 1479 874 715
Ouvert de mai à octobre, du mardi au samedi. 10h-17h.

Cragganmore possède l'une des plus petites productions de la région et en revendique l'un des *single malts* le plus complexes. Fondée en 1869, la distillerie est l'œuvre d'un certain John Smith, considéré à son époque comme l'un des plus savants et expérimentés distillateurs du pays. Il avait construit son expertise chez les plus grands : Macallan, Glenlivet, Wishaw et avait même géré Glenfarkas. Le plus d'une visite dans chez Cragganmore ? S'offrir une dégustation (*dram* et met assorti) dans le somptueux *clubroom*. Vous pourrez aussi y prendre un café ou un thé.

THE GLENLIVET DISTILLERY

Glenlivet
✆ +44 1340 821 720
www.theglenlivet.com
Ouvert toute l'année 10h-16h. Jours d'ouverture : voir le site. Tour guidé dès £20. -18 ans pas acceptés.

Fondée en 1824, The Glenlivet Distillery est l'une des plus vieilles distilleries de la région et le deuxième distributeur mondial après Glenfiddich. Au début du XIXe siècle, il était le whisky préféré des aristocrates et du roi. La visite vous fera découvrir les dessous de ce whisky célèbre : l'histoire de sa distillerie, le processus de production, le stockage en entrepôt. Vous pourrez même déguster le spiritueux directement extrait du tonneau. Des audioguides en français sont disponibles pour suivre la visite, même si vous ne maîtrisez pas la langue.

GLENFARCLAS DISTILLERY

Banffshire
✆ +44 1807 500 257
www.glenfarclas.com
D'oct à mars : lun-ven, 10h30-15h30. Avril-sept : lun-ven, 10h-14h30. Tours guidés : £7,50, £40, £125.

Ce Highland Single Malt Scotch Whisky est le fruit d'une histoire et d'une tradition familiale de plus de 150 ans… Glenfarkas est nichée au pied de Ben Rinnes, dans un environnement de prairies verdoyantes, de landes de bruyères et près d'une source cristalline filtrant à travers le granit. Distillé deux fois, il est placé dans des fûts de chêne importés de bodegas espagnoles. Après votre visite ou pour le plaisir de découvrir le lieu, offrez-vous un dram dans l'espace bar. Des visites simples ou approfondies sont possibles, mais à réserver à l'avance.

ALFORD

À mi-distance entre Aberdeen et le Cairngorms National Park, elle se fait lieu de séjour parfait pour explorer les terres tout en faisant quelques excursions côtières. Alford est connue pour abriter le magnifique et féerique Craigievar Castle, un château rose qui aurait inspiré Walt Disney, mais aussi les charmantes ruines de Kildrummy Castle. On y trouve aussi deux musées, Grampian Transport Museum et Alford Heritage Museum, de superbes espaces paysagers où se promener, dont Haughton & Murray Country Park, un champ de bataille historique, un terrain de golf (Alford Golf Club, ouvert aux visiteurs) et une ancienne gare avec ses trains.

GRAMPIAN TRANSPORT MUSEUM

Montgarrie Road ✆ +44 1975 562292
www.gtm.org.uk
Fermé l'hiver. Date d'ouverture du printemps non encore communiquée. Avr-sept : 10h-17h. £12/adulte, £3/enfant. Café.

Ce musée des transports ravira les passionnés de tout véhicule à moteur ! Les expositions ont un fonds permanent, avec quelques pièces emblématiques, et des collections qui changent chaque année. Parmi les engins phare, vous pourrez voir un wagon à vapeur *Sentinel* de 1905, un chasse-neige fabriqué à partir d'un char américain de la Seconde Guerre mondiale, une *Rover SD1* utilisée par la police de la région, un tricycle à vapeur construit entre 1895 et 1897 par un passionné…

EST

BANCHORY

La ville est entourée d'une superbe campagne et invite à découvrir de nombreux paysages : la Royal Deeside, les superbes châteaux de Crathes et Drum, avec leurs grands parcs à arpenter... Selon la saison, vous pourrez apercevoir des saumons remonter la rivière depuis Bridge of Feugh. Banchory est aussi une base de loisirs de plein air, avec ses golfs et plusieurs activités de pêche à la truite, de location de vélos, d'accrobranches (Go Ape, à côté de Crathes Castle), de randonnées et balades, ou encore de balades en quad, pilotage de 4x4, pêche à la mouche et tir à l'arc (Deeside Activity Park), sans oublier les activités nautiques (Knockburn Loch).

CRATHES CASTLE, GARDEN & ESTATE

Crathes

✆ +44 1330 844525

Fermé du 25 au 27/12 et du 1er au 12/01. Horaires, voir site web. £14,50/adulte, £11/réduit, £33/famille. Parking : £3.

Le domaine de Crathes offre de nombreux attraits. Si vous voyagez en famille, prévoyez d'y passer une journée. Le château date du XVIe siècle et prend la forme d'un labyrinthe de tourelles, pour un décor intérieur d'une grande richesse, tant esthétique qu'historique. Les jardins sont de toute beauté et invitent à la flânerie, entre topiaires sculptés et haies d'ifs pluricentenaires. Un centre d'accrobranches Go Ape et un espace de jeux Wild Wood amuseront les aventuriers de tout âge.

DRUM CASTLE, GARDEN & ESTATE

✆ +44 1330 700334

Fermé du 25 au 27 décembre et du 1er au 12 janvier. Horaires, voir site. £14,50/adulte, £11/réduit.

Sept cents ans d'histoire défilent dans ce superbe château. Celui-ci est l'une des plus anciennes *tower house* du pays, comme peuvent en témoigner ses chênes plantés en 1700. Drum Castle regorge de secrets, comme vous le dévoilera la visite. De salle en salle, les décors somptueux se suivent et étourdissent par leur beauté. Au dernier étage, l'ambiance change : les murs blancs laissent l'art contemporain s'exprimer. Passez aussi par les jardins, la forêt de chênes et la chapelle.

ROYAL DEESIDE RAILWAY

Milton of Crathes

✆ +44 1330 844416

www.deeside-railway.co.uk

Ouvert de Pâques à septembre. Voir site pour les horaires et réservations. £4/adulte, £2/enfant.

Cette attraction ravira les amateurs de trains, puisqu'elle propose une balade dans un ancien train à vapeur. La Royal Deeside Railway recrée la ligne qui reliait Aberdeen à Ballater. La balade dure entre 15 et 20 min. Elle offre une vue superbe sur la rivière Dee et les collines environnantes. La ligne originale a fonctionné de 1853 à 1966, et fait voyager la famille royale ainsi que de nombreuses personnalités du Royaume-Uni. La gare rénovée en 2015 est également un lieu très agréable avec son salon de thé et son marchand de glaces.

DEESIDE ACTIVITY PARK

A93

✆ +44 1339 883536

http://deesideactivitypark.com

Ouvert 7j/7, 10h-17h. Restaurant, magasin de ferme et cottages à louer. Nombreuses activités.

Le Deeside Activity Park propose un grand nombre d'activités pour faire le plein d'adrénaline. Les amateurs de sports mécaniques pourront piloter des karts (sur circuit), mais aussi se risquer dans la boue avec des quads et des 4x4 en excursions à l'heure. Il est possible de tester son habileté au tir sur l'espace de balltrap ainsi qu'au tir à l'arc. Vous pourrez vous initier à la pêche à la mouche (équipement fourni) avec un instructeur dédié, dans un lac de pêche très poissonneux. Enfin, vous pourrez faire l'expérience insolite de conduire une pelleteuse !

KNOCKBURN LOCH WATERSPORTS ACTIVITIES

Knockburn Loch ✆ +44 1330 822234

www.knockburn.co.uk

De mai à septembre : 7j/7, 9h-17h (19h le lundi). D'octobre à avril : du lun au ven : 10h-15h. Kayak : £15/h.

Dans un environnement paisible, ce centre nautique propose de nombreuses activités sportives. Entre mai et septembre, il s'ouvre à tous les visiteurs, pour des balades en stand-up paddle ou en kayak sur une ou deux heures, ou des sorties en voile sur le loch. Vous pourrez faire des courses sur la piste cyclable fermée prévue à cet effet. En été, le café est ouvert et propose de délicieuses boissons chaudes, accompagnées de pâtisseries maison, le tout dans un très beau cadre.

BANFF

Banff, charmante bourgade de bord de mer, offre des paysages urbains parmi les mieux préservés d'Écosse. Elle abrite l'ancien château royal de Banff, une croix datée d'avant la Réforme, la superbe Biggar Fountain, des maisons de ville du pur style géorgien. C'est ce style qui attire des visiteurs depuis des siècles, dont les célèbres et incontournables Robert Burns et Lord Byron. Duff House, l'une des plus belles maisons classiques conçues par William Adam, se situe dans sa campagne environnante. La ville a aussi un riche passé artisanal et comme port de pêche, comme en témoigne le musée de la ville, qui raconte son histoire. Un endroit sous-coté !

Duff House.

DUFF HOUSE

Duff House

Avril-sept : jeu au dim 9h30-17h. Oct-mars : ven au dim 10h-16h. £9,50/adulte, £7,50/réduit, £5,50/enfant.

Si vous aimez le style georgien et l'architecture de William Adam, alors vous ne pouvez manquer ce site emblématique. Le manoir est tout simplement splendide, vu de l'intérieur comme de l'extérieur, et offre une riche histoire, entre sa construction, les visites royales et son utilisation en temps de guerre comme camp pour prisonniers. Il est un lieu consacré à l'art, avec des expositions régulières réalisées en collaboration avec les *National Galleries of Scotland*, un parc paysager composé de folies ornementales et un mausolée néo-gothique superbe, entres autres.

STONEHAVEN

Situé au sud d'Aberdeen, Stonehaven est une ville portuaire de taille moyenne, très dynamique et agréable à visiter. Son port de pêche, charmant et photogénique, est toujours en activité. Prolongez sa découverte et visitant le Tolbooth Museum, musée de la vie locale, pour retracer une histoire passionnante et mouvementée. Vous observerez aussi, au fil de vos pas sur le chemin côtier, des sculptures et des mosaïques d'artistes locaux. Enfin, vous pourrez accéder, à pied ou en voiture, au Mémorial de guerre et au célèbre château de Dunnottar qui tous deux surplombent les falaises et offrent des panoramas époustouflants. Un incontournable de la région.

DUNNOTTAR CASTLE ★★

✆ +44 1569 766320
www.dunnottarcastle.co.uk

Ouvert 7j/7, dès 10h. Horaires selon saison. Parking gratuit. Appli gratuite (français). £9,50 adulte, £4,50 enfant.

Dunnottar castle est sans doute l'un des châteaux les plus photogéniques et impressionnants. Ses ruines éveillent tous les fantasmes de fantômes terrifiants ou de scènes médiévales épiques. Demeure des comtes de Marischal, il a reçu la visite des plus grands personnages historiques : Marie Stuart, William Wallace ou encore le futur roi Charles II. À travers sa découverte, c'est toute l'histoire de l'Écosse que l'on parcourt, depuis les Pictes. Pourquoi ne pas poursuivre l'excursion sur les sentiers alentour, jusqu'au Mémorial de guerre ? La vue est imprenable.

THE SHIP INN €€

5 Shorehead
✆ +44 1569 762 617
www.shipinnstonehaven.com

Chambres doubles dès 95 €, petit déjeuner compris. Pub et restaurant (Captain's table). Parking dans la rue (gratuit).

The Ship Inn vous accueille dans le port de Stonehaven, avec vue sur la mer et les falaises, à proximité immédiate du cœur de ville. Vous y trouverez des chambres aménagées avec soin pour que vous passiez un agréable séjour : literie confortable, TV, espace bureau, plateau de courtoisie. Qui plus est, le lieu est empreint d'histoire, puisque l'établissement est en activité depuis 1771, et depuis toujours reconnu pour son accueil chaleureux et sa convivialité. Vous apprécierez la balade le long de la côte et pourquoi pas de rejoindre le château de Dunnottar ?

THE CAPTAIN'S TABLE €€

5 Shorehead
✆ +44 1569 762617
www.shipinnstonehaven.com

En semaine : 12h-14h15 et 17h30-20h30 (vendredi 21h30). Samedi : 12h-21h30. Dimanche : 12h-20h30. A partir de £11,95.

La « Table du capitaine » est le restaurant de l'hôtel The Ship Inn. Habitués et touristes se mêlent volontiers, pour une ambiance conviviale. Adresse typique et authentique, elle offre une cuisine traditionnelle de pub britannique et est spécialiste des produits de la mer. Rien d'étonnant avec la proximité immédiate du port ! D'ailleurs, vous déjeunerez ou dînerez avec une vue très agréable sur la mer. Ici, on vous sert du frais, du fait-maison et du local. À tester, le Cullen skink, une soupe à base de haddock fumé, de pommes de terre et de crème.

ELLON

Ellon est une ville aux multiples facettes, entre charme victorien et modernité, située près de l'estuaire d'Ythan et de la magnifique Newburgh Beach. C'est dans les environs d'Ellon que se situe la superbe Haddo House, impressionnante demeure seigneuriale conçue par le célèbre architecte William Adam et construite en 1732. À proximité aussi, les jardins clos de Pitmedden sont une étape incontournable pour qui aime l'art paysager de la Renaissance écossaise, de même que Tolquon castle et Knockhall castle pour les amoureux de mystérieux châteaux en ruine. Aussi connu pour être le lieu où est brassée la très célèbre bière artisanale et punk BrewDog.

EST

HADDO HOUSE

Methlick
✆ +44 1651 851440

Visites guidées à 11h, 13h et 15h. Voir site pour les ouvertures. £14,50/adulte, £11/réduit.

© NANADUNCAN/SHUTTERSTOCK.COM

Cette luxueuse maison seigneuriale a été conçue par le célèbre architecte écossais William Adam, dans un style palladien au comble de l'élégance et du raffinement. La maison, qui a plus de 400 ans, a de nombreuses histoires à raconter et chaque pièce est l'occasion d'anecdotes historiques. Ainsi, la Queen's Bedroom porte ce nom pour avoir accueilli la reine Victoria en 1857. Les œuvres d'art sont ici omniprésentes, grâce à une collection inestimable des tableaux du peintre victorien James Giles. Ne partez pas sans avoir admiré les superbes jardins à la française.

BREWDOG - DOGTAP ELLON

Unit Balmacassie Industrial Estate
www.brewdog.com

Visite guidée : £15. Réservation sur le web. Bar ouvert 7j/7, de 11h à 22h (samedi : 23h).

BrewDog fait désormais partie des références incontournables de la bière. Brasserie artisanale aux revendications punk, indépendante, moderne et en pleine croissance, elle a su se faire apprécier pour la qualité de ses bières et le vaste choix qu'elle propose. De passage à Ellon, profitez-en pour visiter l'un de ses sites de production (et son siège) en tour guidé. Vous pourrez aussi simplement profiter du bar sur place, y manger un morceau en dégustant une bière produite sur place, et trouver des *goodies* insolites dans la boutique de la marque.

PITMEDDEN GARDEN & MUSEUM OF FARMING LIFE

✆ +44 1651 842352

Avril-fin sept : 7j/7, 10h30-16h. Octobre : 10h30-16h. £9/adulte, £7/réduit. Salon de thé.

Ce jardin clos du plus pur style de la Renaissance écossaise invite à une promenade enchanteresse. Ce sont plus de 30 000 plantes à massifs qui composent les motifs colorés des parterres. Le parc est aussi orné de topiaires, fontaines, cadrans solaires et d'un riche jardin de plantes aromatiques. La balade dans la forêt de chênes adjacente est également un vrai plaisir, surtout pour qui aime observer les animaux. Un musée sur la vie de la ferme complète la visite.

AVIEMORE ★★★

Aviemore est le hub des activités en plein air pour tout le parc national. Ne manquez pas non plus de vous aventurer sur la montagne Cairn Gorm (1 150 m), qu'une route sillonne jusqu'à environ 600 m d'altitude. Vous pourrez randonner ou prendre le *funicular railway*, qui mène quasiment jusqu'au sommet. Les plus courageux tenteront peut-être l'ascension de Ben Macdui (1 309 m), le second sommet d'Écosse. L'offre d'hébergements, pubs et restaurants y est vaste.

Tourisme

Voici quelques organismes également présents : Speyside Wildlife propose des safaris nocturnes pour observer la faune de nuit (£25 par adulte, £10 par enfant, – www.speysidewildlife.co.uk) et Highland Wildlife & Birdwatch Safaris emmènent à la rencontre des animaux de la région, sur des expéditions de 4h à une journée (dès £72 par adulte, £36 par enfant. – www.highlandwildlifesafaris.co.uk). Pour des sensations fortes garanties sur les eaux, telles que rafting et le canyoning, vous pouvez contacter Ace Adventure (www.aceadventures.co.uk), G2 Outdoor (www.g2outdoor.co.uk) et Full on Adventure (www.fullonadventure.co.uk).

Transports

En bus, Aviemore est reliée par le Citylink G10 à Inverness et Glasgow et par le M90/91 à Inverness, Pitlochry et Edimbourg. Le Stagecoach 34X la relie à Inverness et à Granton-on-Spey (cette dernière également sur les Stagecoach 33 et 34). Le train rejoint lui aussi Edimbourg, Inverness, Pitlochry et Glasgow (www.travelinescotland.com – www.citylink.co.uk et www.scotrail.co.uk).

DALWHINNIE DISTILLERY

Dalwhinnie

✆ +44 1540 672 219

www.malts.com

Ouvert 7j/7. Mars-oct : 10h-17h30, nov-fev : 10h-16h. Tour guidé : £12 ou £24. Dégustation : £6-£18.

À la frontière du Parc national, Dalwhinnie est une distillerie adulée dans le monde entier. L'emplacement a lui seul est assez impressionnant, battu par le vent entre les montagnes. Fondée en 1898, elle est la plus élevée du pays. La visite est très complète et intéressante, pour une durée d'environ 45 minutes. Elle été élue la meilleure d'Écosse en 2017. À la fin, un carreau de chocolat accompagne un *dram* du 15 ans d'âge, un *single malt* à 43 %, complexe, épais et aromatique. Une dégustation approfondie chocolat & whisky est aussi proposée.

HIGHLAND FOLK MUSEUM ★

Kingussie Road

✆ +44 1540 673 551

www.highlifehighland.com

Ouvert tous les jours d'avril à octobre. Horaires à vérifier sur le site. Entrée libre.

Ce fascinant musée en plein air immerge les visiteurs dans ce que furent les Highlands entre le XVIIIe siècle et le XXe siècle. La visite commence par un petit village de 1700 et se termine par une ferme de *crofters* des années 1960. Le tout a été construit ex-nihilo ou apporté d'ailleurs dans la région, avant d'être remeublé et aménagé comme autrefois. On passe facilement plus de temps que prévu sur les 32 hectares du site, plus de 30 bâtiments d'utilités différentes et d'époques variées, où l'on trouve aussi un café, une boutique et des jeux pour enfants.

REINDEER CENTRE

Reindeer House

✆ +44 147 986 1228

www.cairngormreindeer.co.uk

Hill trip : 11h et 13h30 (+14h30 mai-sept, +15h30 juil-août semaine) £20/adulte £15/enfant. Paddock (10h-17h) : £4, /£3.

Pas besoin d'aller jusqu'en Scandinavie pour approcher des rennes ! Le ticket pour le *visitor centre* inclut l'exposition et l'approche de quelques cerfs en enclos, mais il faudra suivre l'une des visites quotidiennes pour s'aventurer à la rencontre des troupeaux sur les collines. Si l'on oublie tout une fois que l'on est avec les rennes, occupés à les nourrir, il faut quand même prendre en compte que le « hill trip » se fait en grand groupe (parfois 80 personnes) et qu'il faut être dans la file d'attente dès l'ouverture du centre pour avoir sa place.

THE CAIRNGORM BREWERY

Dalfaber Industrial Estate

✆ +44 1479 813 303

www.cairngormbrewery.com

Boutique : du lundi au samedi, 11h-17h. Dégustation : du mardi au vendredi à 16h. Visite guidée + dégustation : £7.

Les bières de cette brasserie locale et artisanale en pleine expansion sont absolument excellentes. Cette visite est l'occasion de venir découvrir où elles naissent avant de terminer dans vos pintes. La brasserie est en activité permanente et il est préférable de réserver à l'avance pour être certain des disponibilités lors d'une visite guidée. Les tours durent environ 45 minutes et comprennent une dégustation de bières. Un bar est ouvert aux mêmes horaires que la boutique : vous pourrez y goûter les bières de la semaine, entre autres.

GLENMORE FOREST VISITOR CENTRE

Glenmore
✆ +44 3000 676 100
www.forestryandland.gov.scot
Ouvert tous les jours de 10h30 à 16h.
Parking : £3 la journée.

Vous trouverez ici les plans de nombreux circuits et itinéraires à travers bois, le long des lochs et dans la montagne, et ce, pour tous les niveaux de randonnée, de l'heure de marche à l'expédition sportive. Pourquoi ne pas les consulter en profitant d'un café et d'un encas sur place ? Ne manquez pas, à l'extérieur du bâtiment est érigé un mémorial en hommage à une compagnie de résistants norvégiens basés à Glenmore pendant la Seconde Guerre mondiale.

HIGHLAND WILDLIFE AND BIRDWATCH SAFARIS

Mertlefield
✆ +44 1479 811169
www.highlandwildlifesafaris.co.uk
Visites toute l'année à partir de £18/adulte et £9/enfant. Minimum 4 heures.

Si vous aimez marcher (juste un peu) et observer les animaux dans leur milieu naturel, cette activité est faite pour vous. La faune est partout autour de nous quand on se promène en Écosse, mais encore faut-il avoir l'œil pour apercevoir cerfs, écureuils et oiseaux... Et il est aussi question de reconnaître et d'identifier les espèces d'oiseaux que l'on entend ou aperçoit. Le mini-safari de 4h est parfait pour les familles avec enfants. Des sorties peuvent aussi se faire à la journée.

AVIEMORE YOUTH HOSTEL €

25 Grampian Road
✆ +44 1479 810 345
www.hostellingscotland.org.uk
Lit en dortoir à partir de £25, chambre double à partir de £70. Wifi. Parking.

Entourée par les bois à la bordure d'Aviemore, cette grande auberge est parfaitement équipée et dispose de grands espaces, avec 85 lits en dortoirs ou chambres privées (simples, doubles, quadruples). La buanderie, les casiers individuels, le local à vélos et le parking facilitent la vie. La cuisine, la salle à manger et les deux salons sont immenses. Il y a même une table de billard à côté de la belle carte du massif des Cairngorms. L'établissement est idéal pour explorer la région à moindre coût, tout en profitant des pubs et des restaurants du village.

CAIRNGORM LODGE YOUTH HOSTEL €

Glenmore
✆ +44 147 986 1238
Lits en dortoir dès £15. Chambre double dès £59. Fermé de novembre à février.

Dans l'ombre de la montagne Cain Gorm et au bord du Loch Morlich, cette seconde auberge de *Hostelling Scotland* est véritablement au cœur de la nature, parfaite pour tous ceux qui cherchent la plus grande proximité des sites de randonnée. Il y règne une véritable atmosphère alpine et les habitués sont nombreux à revenir chaque année. Elle dispose d'un bar très convivial et propose des paniers-repas aussi bien pour le midi (pratique pour le pique-nique !) que pour le soir.

ROTHIEMURCHUS CAMP & CARAVAN PARK €

Coylumbridge
✆ +44 147 981 2800
www.rothiemurchus.net
Tente : £12-£15/adulte, £4/enfant. Caravane/camping-car : entre £28 et £38. Fermé en novembre.

Ce bucolique camping se trouve en pleine forêt, à 3 km du centre d'Aviemore. Les amateurs de camping sauvage seront servis ! Chaque emplacement est différent, adapté au relief et à la présence d'arbres. Les commodités regroupent toilettes, douches et laverie et les emplacements pour caravanes et camping-cars incluent l'électricité. Le centre d'activités de Rothiemurchus est à courte distance, ce qui en fait une bonne base pour tous les amoureux de plein-air.

ARDLOGIE GUEST HOUSE €€

Dalfaber Road
✆ +44 1479 810 747
www.ardlogie.co.uk
Chambre simple à £60, double à £80.
Petit déjeuner inclus. Wifi. Parking.

Ardlogie est une très sympathique *guest house* de qualité qui propose cinq chambres doubles, dont l'une peut devenir triple. Chacune a sa propre douche et ses W.C, ainsi qu'une décoration agréable qui reprend des motifs de tartan et des tableaux de la région. Il y a un jardin et un patio pour se détendre, avec un bain à remous. Les hôtes sont aux petits soins. Le stationnement se fait dans la rue : celle-ci étant calme, il est facile de trouver une place. Attention : l'établissement n'accepte pas les enfants de moins de 5 ans.

CARRMOOR GUEST HOUSE €€

Carr Road
✆ +44 147 984 1244
www.carrmoorguesthouse.co.uk
Chambre double à partir de £90. Petit déjeuner inclus. Parking et Wi-fi.

Dans le minuscule village voisin de Carrbridge, Carrmoor est un cottage de plus de 100 ans dont les chambres ont toutes une salle de bains et sont arrangées avec charme. Les tapisseries et la literie revêtent des motifs floraux et Christine, la propriétaire, est d'une grande gentillesse. Elle se fera un plaisir de vous conseiller sur vos excursions et visites, que ce soit dans les sites naturels environnants – randonnées, sports... – que pour les distilleries, sites historiques et culturels. Il est aussi possible de dîner sur place.

ROWAN TREE HOTEL & RESTAURANT €€

Loch Alvie
✆ +441479810207
www.rowantreehotel.com
Chambres doubles aux alentours de £124, avec petit déjeuner. Restaurant et pub ouverts à tous.

Au bord du Loch Alvie, cet hôtel familial est un cocon au cœur des Cairngorms. Vous êtes logés dans des chambres tout confort et profitez, pendant votre séjour, des espaces salons très cosy, de l'excellente cuisine du restaurant (plats allant des grands classiques des pubs aux spécialités écossaises maîtrisées à la perfection), de la riche carte du pub ou encore des petits déjeuners cuisinés très gourmands. Ajoutez à cela un accueil des plus agréables !

CAIRNGORM HOTEL €€

77 Grampian Road
✆ +44 147 981 0233
www.cairngorm.com
Service tous les jours de 7h30 à 21h30, bar jusque tard. Plats à partir de £10.Chambre double à partir £69.

Ce bel établissement fleure bon les Highlands dans son manoir cossu très traditionnel, avec une partie bar et une partie restaurant. L'une comme l'autre sont parfaitement décorées et très typiques, avec de la moquette en tartan et une petite ambiance de château médiéval bien plaisante. La nourriture est du terroir et très réussie. Il y a deux *real ales* au comptoir. L'établissement est aussi un hôtel***, avec 32 chambres simples, doubles et familiales, toutes disposant d'une salle de bain privative et incluant le petit-déjeuner.

MOUNTAIN CAFE €€

111 Grampian Road
✆ +44 1479 812 473
www.mountaincafe-aviemore.co.uk
Ouvert du mercredi au samedi de 9h à 15h. Plats de £5,50 à £14,80.

L'ambiance montagnarde est revendiquée haut et fort dans cet excellent café à l'étage d'une boutique de sport. La décoration reprend des éléments de la région, avec skis, des casques d'alpinisme et des luges. Par les fenêtres, la cime des Cairngorms n'est pas loin et l'on peut encore plus en profiter sur le balcon. La nourriture est parfaite et les petits déjeuners valent le détour. La carte est inspirée de Nouvelle-Zélande, avec une touche résolument écossaise. L'endroit est très populaire et mieux vaut arriver tôt en saison ou le week-end.

THE OLD BRIDGE INN €€

23 Dalfaber Road
✆ +44 1479 811 137
www.oldbridgeinn.co.uk
Ouvert 7j/7 de 12h à 23h. Plats à partir de £14.

Ne manquez surtout pas ce superbe endroit très authentique et attachant, situé à la sortie sud d'Aviemore. Tout y est délicieusement écossais et plein de cachet. La vieille maison surfe sur la thématique régionale de la montagne, avec des skis et des guitares sur les murs et au-dessus de la grosse cheminée. De la musique *live* est régulièrement programmée et l'on peut aussi s'installer sur les tables à l'extérieur. Les plats sont plus ceux d'un restaurant que d'un pub et s'accompagnent de quatre *real ales*, dont certaines de la *Cairngorm Brewery* voisine.

ACE ADVENTURES & HIDEAWAYS

Grampian Road
✆ +44 1479 230025
https://aceadventures.co.uk
Sortie rafting dès £49. Canyoning dès £55.

Ce centre d'activités est fait pour vous si vous n'avez pas peur de vous mouiller (et si vous aimez ça), si vous recherchez des vacances sportives et si vous carburez à l'adrénaline. Ces conditions remplies, vous aurez l'embarras du choix : sorties canyoning entre longues chutes d'eau et piscines naturelles, sorties rafting dans le bouillonnement d'un torrent de montagne, activités descente de rivière et toboggans naturels, canoë et kayak. Au programme aussi : *disc golf* et paintball.

CAIRNGORM MOUNTAIN SKI AREA

Cairngorm Mountain
✆ +44 1479 861 261
www.cairngormmountain.org
Station et activités toute l'année. Adulte : £38/ journée, £27/1/2 journée. Enfant : £24/£16. Café ouvert de 9h à 16h.

Sur les flancs de la montagne Cairn Gorm, cette station de ski est ouverte en permanence pour des activités diverses. Il est bien sûr possible d'y pratiquer la glisse entre décembre et fin avril, mais il y a également des marches guidées par les *rangers* organisées tous les jours entre mai et fin octobre. Toute l'année, le petit train *funicular railway* monte quasiment au sommet du colosse. Faites un saut sur le site web pour voir les possibilités pendant votre séjour.

FULL ON ADVENTURE

Inverdruie
✆ +44 1479 420123
www.fullonadventure.co.uk
Rafting dès £65. Canyoning dès £85.

La liste est longue des activités que vous pourrez faire ici : canyoning, rafting, descente de rivière en kayak ou canoé, « gorge walking », stand-up paddle, « river tubing ». Il y en a pour tous les goûts et toutes les envies d'aventure. Toutes ces activités se font sur réservation, avec votre groupe d'amis, en famille, ou en étant intégré à un groupe. Les sorties sont encadrées par des professionnels qui ne laissent rien au hasard. Si la température de l'eau ne vous inspire pas, vous pourrez tenter la descente en VTT (*mountain biking*).

ROTHIEMURCHUS CENTRE

Rothiemurchus Estate
✆ +44 1479 812 345
www.rothiemurchus.net
Ouvert tous les jours pour des activités de plein air. Tour en landrover : £275.

Le *Rothiemurchus Estate* s'étend sur les terres à l'est d'Aviemore, à travers la forêt calédonienne originelle. De nombreuses activités y sont organisées, sur terre comme sur l'eau, avec du rafting, du kayak, du VTT, du tir à l'arc, du poney, du quad, des safaris auprès des vaches Highlands (« *Hairy cow safari* »), des excursions en land rover, des sorties pour aller rencontrer et nourrir les « red deers » de la randonnée et bien d'autres. Rendez-vous en ligne pour consulter l'offre et réserver, et sur place, pour réfléchir à votre programme autour d'un bon café.

BRAEMAR ★★

Situé au sud-est des Cairngorms, Braemar est à l'opposé d'Aviemore, de l'autre côté des montagnes, dans un endroit sauvage. Procurez-vous la carte OS Landranger Map 43 Braemar & Blair Athol pour profiter pleinement des randonnées. Vous trouverez également le Balmoral Castle dans les environs, demeure de la famille royale, qui assiste d'ailleurs tous les étés aux Highlands Games locaux. Traditionnellement présidés par Sa Majesté en personne, le Braemar Gathering a lieu chaque premier samedi de septembre. La Snow Roads Scenic Route est la plus haute route de Grande-Bretagne. Braemar est desservie en 2h30 depuis Aberdeen par le service Stagecoach 201.

BALMORAL CASTLE ★

Balmoral Estates
✆ +44 1339 742 534
www.balmoralcastle.com
Ouvert tous les jours d'avril à juillet de 10h à 17h. Adulte : £16,50, enfant : £8,50, famille : £35.

Construit en 1856 pour la reine Victoria, ce superbe château est un exemple très raffiné d'architecture dite « *scottish baronial* ». La reine Elizabeth s'y rendait régulièrement, mais ce n'est pas à proprement parler une résidence royale. L'édifice n'appartient pas à la couronne, mais bel et bien à la famille qui la porte, au titre de propriété privée. La visite est intéressante, mais ne vous attendez pas à tout voir. La salle de bal seulement et l'espace d'exposition sont accessibles. La majorité de la découverte se fait en extérieur et dans les superbes jardins.

BRAEMAR CASTLE

Braemar Castle
✆ +44 1339 741 219
www.braemarcastle.co.uk
En travaux, rouvre en juillet 2023. Horaires à vérifier.

À 1 km au nord de Braemar se dresse cet étonnant donjon flanqué de tourelles. Demeure du clan Farquharson, il est sorti de terre en 1628. Il est rempli des collections accumulées par ses propriétaires. Une quinzaine de pièces sont visibles et rendent cette visite très complète et attrayante. On y découvre notamment une histoire de fantôme ou encore cette anecdote à propos de Stevenson : alors qu'il était en vacances à Braemar l'été 1881, 7 semaines continues de pluie l'ont cloîtré dans son bureau, nous offrant les premières pages de *L'Île au Trésor*.

EST

Lande près de Braemar.

ROYAL LOCHNAGAR DISTILLERY

Ballater
✆ +44 1339 742 700
Janvier et février : du mardi au samedi 10h-16h. De mars à décembre : 7j/7, 10h-17h.

Royal Lochnagar fut fondée en 1845, juste avant que la reine Victoria n'achète le terrain voisin pour faire bâtir son château. La distillerie doit son titre à cette proximité – elle s'appelait auparavant New Lochnagar – et aux liens noués avec ses importants voisins. Le site allie tradition et modernité avec ses toits caractéristiques des distilleries et ses installations modernes. Le tour s'achève par une dégustation du 12 ans d'âge, un *single malt* balancé, fruité et épicé.

BRAEMAR LODGE RESTAURANT €€

6 Glenshee Road ✆ +44 1339 741 627
www.braemarlodge.co.uk
Ouvert tous les jours pour déjeuner et dîner. Plats à partir de £15.

Dans une salle élégante recouverte de motifs de tartan, on déguste une cuisine traditionnelle d'Écosse, avec du saumon, de l'aiglefin, du porc, du bœuf, du poulet ou un plat végétarien variable. Le tout est mis à la sauce écossaise grâce à des ingrédients du terroir national, du cheddar de Mull, ou encore du Haggis. Il y a aussi un bar à whisky sur place. L'établissement fait également hôtel, avec plusieurs chambres, et propose des hébergements à louer : une *bunkhouse* et des chalets indépendants de différentes tailles, avec l'option *bed & breakfast*.

CRANFORD GUEST HOUSE €€

15 Glenshee Road
✆ +44 133 974 1675
www.cranfordbraemar.co.uk
Chambre double à partir de £100. Petit déjeuner inclus. Parking et Wi-fi.

Sarah et Alastair vous ouvrent les portes de leur charmant *bed & breakfast* et de ses cinq chambres brillamment aménagées, avec une literie confortable. Doubles, *twins* ou familiales, toutes possèdent leurs salles de bains personnelles et donnent sur les pins ou les collines. L'accueil est à la hauteur du décor superbe et du lieu. Vous pourrez partir directement de la maison pour des balades dans les environs, et, avec un peu de chance, vous verrez des écureuils roux depuis votre fenêtres et croiserez, à proximité, des *red deers*.

THE FLYING STAG €€

Mar Road
✆ +44 1339 720200
https://thefifearms.com
Bar ouvert 7j/7, de 12h à 23h. Repas : de 12h à 21h30. Plats à partir de £12.

The Flying Stag, littéralement le « cerf-volant » vous accueille. Il trône au-dessus du bar, en pièce de taxidermie ailée, comme tout droit sorti d'un bestiaire fantastique. Pub et restaurant, cet établissement (qui fait partie de l'hôtel The Fife Arms) est très prisé, particulièrement les week-ends. Il vous faudra donc réserver pour trouver une table dans ce décor à la fois traditionnel et moderne, cosy et branché. Le lieu est chaleureux et les plats généreux, dans cet espace où voyageurs, sportifs et locaux se côtoient le temps d'une soirée.

THE FIFE ARMS €€€

Mar Road
✆ +441339720200
thefifearms.com
Hôtel, restaurant (The Clunie dining room), pub (The Flying Stag), cocktail bar, spa.

Élu « Hôtel de l'année 2019 » par le *Sunday Times*, cet établissement est extraordinaire ! Hôtel de luxe, il est surtout une œuvre d'art et de décoration à parcourir et habiter tout au long de son séjour. L'immersion artistique est totale et vous arpentez les salons, bibliothèque, couloirs, salle de restaurant et pub comme si vous découvriez un musée. Pièces de taxidermie et art contemporain, mobilier chiné, vieux livres et gravures : à chaque pas sa surprise. Quant aux chambres, ultra confortables, elles ont toutes un décor unique. À découvrir !

GLENSHEE SKI CENTRE

Old Military Road
✆ +44 1339 741 320
www.ski-glenshee.co.uk
Station de ski. Ouvert l'hiver. Café sur place. Remontées adulte : £31/journée.

Cette station de ski très prisée ne possède pas moins de trente-six pistes et vingt-deux remontées mécaniques. En hiver, les sports de glisse sont rois, avec du ski (descente et randonnée) et du snowboard, mais aussi de la luge, pour permettre à chacun de s'amuser et de profiter des joies de la glisse. Des activités spécifiques sont aussi possibles pour les personnes à mobilité réduite. Dirigez-vous vers leur site pour voir les activités possibles, les pistes enneigées et accessibles, ainsi que les cafés ouverts (trois au total).

PERTH ★★

Construite sur les berges de rivière Tay, Perth est une ville verte et agréable qui se tourne tout entière vers ses quais, où se dressent d'élégantes façades au bord de l'eau. Elle compte 45 000 habitants. Elle est surnommée The Fair City soit la « ville juste » ou « la jolie ville », d'après le roman *La Jolie Fille de Perth*, de Sir Walter Scott écrit en 1828. Essentiellement visitée pour le Scone Palace voisin, elle possède en son centre plusieurs édifices de grand intérêt architectural et historique, comme St Ninian's Cathedral (1850) sur North Methven Street, la Fair Maid's House, l'une des plus vieilles maisons de la ville (1393) ou bien encore la St John's Kirk (1126) sur St John's Place. C'est là que John Knox prêcha un célèbre sermon contre l'idolâtrie en 1559. Quelques excellents Bed & Breakfast et restaurants peuvent vous permettre d'envisager un séjour prolongé, si vous souhaitez vous en servir de base d'exploration. Perth mérite au moins que vous lui consacriez une demi-journée de balade.

Transports

En train, Perth est reliée à Édimbourg en 1 heure 20, à Dundee en 25 minutes, à Pitlochry et à Stirling en 30 minutes, à Glasgow en 1 heure, à Aberdeen en 1 heure 30 et à Inverness en 2 heures 15 (horaires sur www.scotrail.co.uk). En bus, Citylink relie également toutes ses villes plusieurs fois par jour (www.citylink.co.uk).

BRANKLYN GARDEN

116 Dundee Road
✆ +44 1738 625 535
Ouvert d'avril à novembre, de 10h à 17h. Adulte : £7.50, réduit : £6, famille : £18.

La collection de plantes de ce jardin attire des spécialistes du monde entier, en particulier pour les rhododendrons, les plantes alpines, les bordures herbacées et les jardins de tourbe. Jardin de deux hectares à flanc de colline, il a été créé en 1920 par des passionnés. Il n'y a pas de saison pour visiter ces arpents, considérés comme les plus beaux jardins privés du pays. Printemps, été et automne ont chacun leur floraisons et fragrances enivrantes. Ne partez pas sans avoir fait une halte dans le charmant salon de thé, pour sa carte et sa vue imprenable.

DUNKELD CATHEDRAL

Dunkeld
✆ +44 135 072 7249
www.dunkeldcathedral.org.uk
Actuellement en réparation et fermée au public. Vérifier sa date d'ouverture sur le site. Entrée libre.

Au nord de Perth se trouve la petite bourgade de Dunkeld où se dresse une cathédrale d'un grand intérêt historique et qui fut très influente avant la Réforme. Bâtie entre 1250 et 1501, elle affiche différents styles qui font sa richesse, entre le roman et le gothique. On raconte que les reliques de saint Columba étaient conservés ici, avant d'être envoyés en Irlande. En 1689, la bataille de Dunkeld opposa les jacobites aux orangistes dans les environs, se solvant par une victoire de ces derniers. Aujourd'hui, l'édifice est toujours utilisé pour les offices.

ELCHO CASTLE

Rhynd
✆ +44 173 863 9998
Actuellement en travaux. Date d'ouverture à vérifier. Ouvert 7j/7, avril-sept, 10h-16h.

Manoir fortifié du XVIe siècle situé sur les berges de la rivière Tay, Elcho Castle est remarquablement préservé. Demeure de vacances historique de la famille Wemyss, il est l'un des édifices de son époque les mieux conservés dans la région. On peut en arpenter toutes les salles, y compris l'intéressante cuisine, et profiter de la belle vue au sommet. L'intérieur n'est pas meublé, mais possède encore ses caractéristiques d'origine. Peut-être apercevrez-vous les nouveaux locataires des lieux : pipistrelles, chouettes effraies et écureuils gris ?

HUNTINGTOWER CASTLE

Huntingtower castle
✆ +44 173 862 7231
Avril-sept, 7j/7, 10h-17h. Oct-mars, fermé jeudi et vendredi : 10h-16h. £7/adulte, £5,50/réduit, £4/enfant.

Ce château du XVe siècle fut bâti pour le clan Ruthven et appelé *House of Ruthven* pendant la majeure partie de son existence. C'est ici que Mary Queen of Scots et Lord Darnley étaient restés pendant le Chaseabout Raid. La visite est l'occasion de découvrir ce dramatique épisode historique sur site. Le château est composé de deux tours et d'un *great hall*, qui les a rassemblées au XVIIe siècle. On y voit quelques beaux plafonds et plâtres peints, datant d'environ 1540. Une cachette à trésors est aussi à découvrir : un placard dans un placard, caché par une pierre.

EST

PERTH MUSEUM & ART GALLERY

78 George Street
✆ +44 1738 632 488
www.culturepk.org.uk
Ouvert de vendredi à lundi de 10h à 16h. Entrée libre.

Le Perth Museum & Art Gallery retrace l'histoire de la ville et de la région, en passant par la géologie, les faits sociaux, l'Art, l'environnement... Les statues, les sculptures et les tableaux sont intéressants et certains objets archéologiques sont vieux de plus de 10 000 ans. Il y a aussi une collection de photos sur la vie locale qui plonge dans le passé et des expositions temporaires toute l'année. Le ravissant édifice néo-classique vaut le déplacement à lui seul.

THE BLACK WATCH CASTLE & MUSEUM ★

Hay Street ✆ +44 1738 638 152
www.theblackwatch.co.uk
7j/7. Avril-oct : 9h30-16h30. Nov-mars : 10h-16h. Adulte : £9,50, réduit : £7,25, enfant : £32, famille : £22,50.

Sis dans le *Balhousie Castle*, ce musée est celui du régiment Black Watch. Armes, uniformes, médailles, peintures, photographies, carnets : la collection très complète plonge dans l'histoire de ce corps militaire. Fondé en 1725, il fut de toutes les guerres et de tous les conflits depuis sa création. La visite se détache en sept grandes périodes chronologiques et s'achève sur les déploiements actuels du Black Watch. Les amateurs d'histoire autant par l'exposition que par son cadre.

PERTH YOUTH HOTEL €

Crieff Road
✆ +44 173 887 7800
www.syha.org.uk
Ouvert de fin juin à fin août. Chambre simple dès £26, double dès £46. Pas de petit déjeuner. Parking et Wi-fi.

Chaque été, la SYHA investit les résidences étudiantes de l'université de Perth. C'est pour cela que l'auberge de jeunesse n'ouvre pas plus dans l'année. L'organisme y propose des lits en chambres partagées, des chambres privées avec salles de bains et même de petits appartements, en bordure de la ville. Vous aurez aussi accès à une cuisine indépendante et à des espaces communs, ou encore aux équipements sportifs, dont une salle d'escalade, de Perth College UHI. L'ensemble est très moderne et bien aménagé, à 2,5 km seulement du centre.

SCONE PALACE ★★

Scone Palace
✆ +44 1738 552 300
www.scone-palace.co.uk
D'avril à octobre : 10h-17h. £17,50/adulte, £12,50/enfant, £55/famille

Scone Palace. Pour avoir l'air local, prononcez : *scoune palace*. Cet endroit revêt une importance immense dans l'héritage royal écossais. 1 500 ans auparavant, il était la capitale des Pictes, quand ceux-ci régnaient sur l'Écosse. Il est un lieu historique de couronnement des monarques du pays. En effet, Macbeth, Robert the Bruce et Charles II figurent parmi les trente-huitt rois qui y ont défilé. Le rituel voulait que la cérémonie ait lieu au sommet de la colline de Moot Hill et sur la *stone of scone*, aussi appelée *stone of destiny*, qui est aujourd'hui exposée au château d'Édimbourg et qui connut une histoire mouvementée. Une chapelle se dresse maintenant sur le site où Kenneth MacAlpin devint le premier roi d'Écosse en 838, et une réplique de la célèbre pierre y a pris place.

Palais. Le palais initial datait du XIIe siècle, mais fut remplacé en 1812 par la merveille géorgienne que l'on voit aujourd'hui. Chaque pièce y est un régal de luxe et d'apparat, avec des meubles d'une grande valeur, des tableaux magnifiques et des objets d'art décoratif raffiné.

Jardins. Les jardins sont le terrain de jeux des cerfs et des vaches Highlands. On y admire, dans le *Pinetum*, de magnifiques et rares spécimens de séquoias géants et de sapins. Cette partie du jardin est complétée du Pavillon Douglas, créé en l'honneur de l'explorateur et enfant du pays David Douglas, chasseur de plantes et découvreur du pin Douglas, d'où le nom de celui-ci. On peut aussi y accéder gratuitement en hiver du vendredi au dimanche.

© KEN WURDEN - SHUTTERSTOCK.COM

DALVEY BED & BREAKFAST €€

55 Dunkeld Road
✆ +44 173 862 1714
dalvey-perth.co.uk
Chambre double à partir de £85. Petit déjeuner inclus. Parking et Wi-fi.

Dans une petite maison pavillonnaire à proximité du centre-ville, ce *bed & breakfast* propose quatre chambres gaies et lumineuses, avec de belles surfaces et des salles de bains privées. Trois comportent des lits double, une autre un lit simple. Si vous voyagez en deux-roues (vélo ou moto), vous trouverez ce qu'il vous faut aussi : abri à vélos, espace sécurisé pour les motos, parking couvert, housses de moto disponibles, installations de séchage pour vêtements de moto ou de cyclisme. John et Jane sont très accueillants et serviables.

ROSEBANK GUEST HOUSE €€

53 Dunkeld Road
✆ +44 1738 301 707
www.rosebankguesthouseperth.co.uk
Chambre double à partir de £75. Petit déjeuner inclus. Wifi. Parking.

Les cinq chambres y sont doubles, *twin* ou familiales et comprennent toutes douches et toilettes privatives. L'aménagement est plaisant, contemporain et coquet. Chaque chambre a ses petites attentions et équipements modernes autant que pratiques : sèche-cheveux, plateau de courtoisie bien garni, TV et lecteur DVD, mini-réfrigérateur, espace bureau. La maison fleurie, de style victorien avec ses hauts murs, est tenue par une propriétaire attentive et aux petits soins, qui cuisine avec talent. L'une des chambres est accessible sans escaliers.

BALLATHIE COUNTRY HOUSE HOTEL & ESTATE €€€

Kinclaven
✆ +44 1250 883 268
www.ballathiehousehotel.com
Chambre double avec petit déjeuner dès £120.

À une dizaine de kilomètres au nord de Perth, cet hôtel somptueux longe les rives de la Tay. Il fut construit en 1850, à l'image d'une maison de campagne. Les chambres et les salles de bains sont meublées d'antiquités. Y dormir évoque l'élégance des nuits de l'aristocratie victorienne. Le restaurant est également réputé avec une très bonne sélection de vins. Pêche, tir et accès aux golfs locaux sont organisés par l'hôtel, mais il faut s'y prendre à l'avance.

GLENEAGLES HOTEL €€€

✆ +44 1764 662231
https://gleneagles.com/fr
Chambre double à partir de £525. Petit déjeuner inclus.

Hôtel 5* au cœur de la campagne écossaise entre Stirling et Perth. Cet hôtel de luxe se compose de 206 chambres et 28 suites glamour. Le restaurant peut accueillir de nombreux évènements (des dîners romantiques aux anniversaires). N'oubliez pas de faire un détour par le rooftop. Gleneagles Hôtel propose des salles de mariage, dans un cadre historique, ainsi que des séminaires dans la belle bibliothèque. L'hôtel propose des services de spa et de golf, mais aussi des expériences uniques comme de la chasse, balade à cheval, pêche et spectacle de fauconnerie.

THE PITCAIRNGREEN INN €

Pitcairngreen ✆ +44 1738 583022
www.pitcairngreeninn.co.uk
Mercredi et jeudi : 12h-22h. Vendredi et samedi : 12h-23h. Dimanche : 12h-21h. Cuisine fermée à 20h. Plats dès £9,50.

Ce charmant pub a été élu « Pub de l'année 2018 » dans la catégorie Food & Drink, et cela est amplement mérité. L'établissement est situé dans un joli village en périphérie immédiate de Perth, dans une auberge dont la naissance remonte à près de 200 ans. 200 ans de bons et loyaux services comme restaurant & pub de qualité, apprécié des locaux comme des voyageurs. Il faut dire que les produits sont frais et de saison, et bien sûr sélectionnés avec soin pour des saveurs généreuses. Les bières et les whiskies servis au bar répondent à la même politique.

BREIZH €€

28-30 High Street
✆ +44 173 844 4427
www.breizhrestaurant.com
Ouvert du mercredi au dimanche : 12h-21h. Plats dès £16,90.

On ne vient pas forcément en Écosse pour manger breton, mais cette crêperie vaut bien le détour tant la tradition y est respectée. De la décoration aux assiettes, tout sent bon l'Armorique grâce à des galettes parfaitement cuisinées à base de farine importée de Bretagne. Bien garnies et croustillantes, elles se dégustent avec une présentation appliquée dans une salle bercée de musique française ou vintage. Cidre de Cornouailles et kir breton complètent le tableau. Des pizzas et salades sont également au menu, ainsi que des plats plus classiques.

EST

DEANS RESTAURANT €€

77-79 Kinnoul Street
✆ +44 173 864 3377
www.letseatperth.co.uk
Ouvert mercredi-dimanche, 12h-14h30 & 18h-20h30, dimanche 12h-18h. Midi, menus dès £25/2plats, £32/3plats.

Deans est un pilier de la scène culinaire de Perth, grâce à sa gastronomie écossaise sublimée et travaillée avec grand soin. Les plats sont fins et bien présentés, à base d'ingrédients frais et mariés brillamment. Les influences sont locales, mais aussi européennes. Le service est impeccable et sympathique. Le cadre est élégant et classique, dans une belle simplicité. Le midi et encore plus en début de soirée avec le menu pré-théâtre, les prix sont réduits, pour un repas excellent à prix très doux. Pensez aussi aux brunchs du dimanche !

THE NORTH PORT RESTAURANT €€

8 North Port
✆ +44 1738 580 867
www.thenorthport.co.uk
Ouvert mardi-samedi, 12h-14h30 & 17h-22h. Plats dès £16.

La belle salle aux bois sombres est un décor parfait pour cet établissement soigné et très apprécié, des locaux comme des visiteurs. La nourriture y est du cru à souhait, avec du haggis, de la truite du Loch Etive, du merlu de Scrabster, du porc de Portmahomack et du mouton de Black Isle. Le staff est souriant et le contenu des assiettes irréprochable. La carte des vins est internationale, avec une sélection originale, faite pour surprendre les papilles.

THE OLD SHIP INN

31 High Street
✆ +44 7957 924767
https://oldshipinnperth.co.uk
Ouvert 7j/7, de 11h à 23h (00h vendredi/samedi et 12h30-23h le dimanche).

Ce vieux navire est loin d'être un nouveau venu à Perth... puisqu'il est le plus ancien pub de la ville, son origine remontant à 1665. Depuis plusieurs siècles, il se cache dans la vieille High Street, à quelques pas de la rivière Tay, à l'abri des regards. Ce pub traditionnel est connu et apprécié pour son accueil sympathique et authentique, mais aussi, bien sûr, pour ses *Cask Ales*, son impressionnante collection de gins (plus de 250), mais aussi ses nombreux whiskies. Il est aussi un haut lieu de retransmissions sportives : *the place to be* les soirs de matchs.

DUNDEE ★

La quatrième ville d'Écosse doit son essor à son port de pêche, notamment baleinier, et au commerce de la toile de jute. La confiture et le journalisme sont historiquement d'autres activités phares de l'économie locale, mais Dundee s'est aussi développée grâce à ses raffineries de pétrole, les nouvelles technologies et son importante population étudiante. Sa vitalité dans la recherche, les jeux vidéo et les comics lui ont même valu d'être la première City of Design de l'Unesco au Royaume-Uni. Le tourisme y a trouvé sa place en surfant sur le passé ouvrier et maritime incarné par Verdant Works et Discovery Point, et avec un nouveau musée d'art.

BROUGHTY CASTLE MUSEUM

Castle Approach
✆ +44 138 243 6916
www.leisureandculturedundee.com
Ouvert tous les jours de 10h (12h30 dimanche) à 16h. Fermé le lundi d'octobre à mars. Entrée gratuite.

À 7 km à l'est de Dundee, dans le quartier de Broughty Ferry, se trouve cette tour du XVIe siècle qui domine les environs. Elle fut édifiée pour garder l'entrée de la rivière Tay et accueille désormais une exposition sur l'histoire locale et celle de ses gens, ainsi que la faune et la flore de la région. L'industrie baleinière de la ville est plus particulièrement traitée. Le château offre une vue magnifique sur la rivière. Profitez de votre passage pour vous offrir une balade sur la plage et le long de l'esplanade de Broughty Ferry.

DISCOVERY POINT

Discovery Quay
✆ +44 1382 309 060
www.rrsdiscovery.com
7j/7. Avril-oct : 10h-18h. Nov-mars : 10h-17h (11h dimanche). £17/adulte, £9/enfant, £14,50/réduit.

C'est à bord du gigantesque trois-mâts nommé *RRS Discovery* que le capitaine Robert Falcon Scott alla à la découverte du pôle Sud en 1901. Le mastodonte fut construit à Dundee et était alors le premier navire à être doté de 1 800 chevaux dans un moteur à triple explosion pour fendre la glace de l'Antarctique. On peut désormais découvrir sa trépidante aventure et celle de son équipage à *Discovery Point*, sur les quais de la ville, et visiter le navire de fond en comble. L'espace muséographique livre tous les secrets de cette grande aventure humaine.

DUNDEE CONTEMPORARY ARTS

152 Nethergate
✆ +44 1382 432 444
www.dca.org.uk
Galerie : du mardi au dimanche de 10h à 18h (jeudi à 19h). Entrée libre. Le centre est ouvert de 10h à minuit.

Cet énorme espace dédié à l'Art contemporain est l'une des grandes fiertés de la ville. Sur cinq étages, il offre deux galeries d'exposition, mais aussi deux salles de cinéma et un café très branché. Beaucoup d'artistes britanniques actuels y sont représentés, ainsi que quelques noms internationaux. C'est l'un des poumons culturels de Dundee et il ravira tous les amateurs d'innovation et de créativité. Pensez à regarder le site pour suivre la très riche actualité du lieu, qui jouit d'une programmation aussi éclectique que dense.

HMS UNICORN

South Victoria Dock Road
✆ +44 138 220 0900
www.frigateunicorn.org
Nov-mars : 10h-16h fermé le lundi.
Avril-oct : 7j/7, 10h-17h. Adulte : £7,25, réduit : £6,35, enfant : £3,60.

Si vous avez apprécié *Discovery Point*, vous voudrez sans doute aussi visiter la seconde attraction navale de Dundee. Ce navire de presque 200 ans est le seul exemple de bâtiment de guerre en bois encore visible en Écosse. Construit par la *Royal Navy* et mis à l'eau en 1824, il pouvait accueillir 46 canons et 300 hommes sur une longueur totale de 46 mètres. On peut aujourd'hui en arpenter les quatre niveaux, de la proue à la poupe, pour s'immerger au cœur de ce fascinant témoin du passé. Les enfants pourront même faire la visite déguisés !

MILLS OBSERVATORY

Balgay Park
✆ +44 1382 435967
7j/7. 16h-22h en semaine, 12h30-16h le week-end. Gratuit.

Construit en 1953 et muni d'un télescope à réfraction, c'est le seul observatoire de Grande-Bretagne où est présent en permanence un astronome. Des expositions sur l'exploration de l'espace y sont organisées.

Son histoire : C'est grâce à un legs de John Mills en 1935, riche exploitant de terres fertiles en lin, que l'observatoire Mills a pu voir le jour. Conçu par l'architecte de la ville, McLellan Brown, en collaboration avec le professeur Ralph Sampson, il est construit en grès et dispose d'une coupole assez atypique de 7 m de diamètre. Il a été construit dans l'unique but de vulgariser la science auprès du grand public ! Son télescope principal mesure 400 mm de diamètre et offre des images de qualité de la Lune et des planètes. Il dispose toutefois d'un autre instrument, autrement plus prestigieux et ancien, une lunette astronomique de 250 mm fabriquée par Thomas Cooke d'York, en 1871. Hélas ! du fait de son âge et de son état, elle n'est plus guère utilisée. Lorsque cet observatoire ouvre ses portes le 28 octobre 1935, il héberge un télescope à miroirs de 450 mm construit par la société Grubb Parsons de Newcastle. Ce qui reste de ce matériel est encore visible aujourd'hui dans l'une des salles de l'observatoire. Mélange étonnant de classicisme (bâtiments et lunette ancienne) et de modernité (les télescopes dans lesquels les visiteurs observent généralement), cet observatoire vaut tout de même le déplacement, car situé dans un parc boisé agréable qui tranche particulièrement avec les quartiers résidentiels alentour.

THE MCMANUS

Albert Square
✆ +44 1382 307 200
www.mcmanus.co.uk
Ouvert du lundi au samedi de 10h à 17h, le dimanche de 12h30 à 16h30. Entrée libre. Audioguide payant.

Ce musée historique est situé dans un édifice à la belle architecture néo-gothique. Il serait à visiter idéalement en arrivant à Dundee pour mieux comprendre la ville. Deux étages et huit galeries y racontent le passé de la ville et de toute sa région sur quelques 400 millions d'années. Les premiers hommes, l'ère victorienne, l'industrie baleinière et bien d'autres font l'objet de toutes les attentions, avec l'aide de nombreux objets d'époque, d'une grande valeur patrimoniale et esthétique. Un audioguide permet de profiter d'une visite complète en français.

V&A DUNDEE ★

1 Riverside Esplanade
✆ +44 138 241 1611
www.vam.ac.uk/dundee

Fermé le mardi. Ouvert de 10h à 17h. Entrée libre. Certaines expositions sont payantes.

Le V&A Dundee a enfin ouvert ses portes le 15 septembre 2018. Conçu par l'architecte japonais Kengo Kum, le bâtiment s'intègre parfaitement dans le paysage urbain et n'est pas sans rappeler les falaises de l'Est du pays. Le musée met en avant la fine fleur du design écossais, entre mode, mobilier et architecture, dans sa galerie hétéroclite « Scottish design ». On y découvre notamment une reproduction d'une pièce aménagée par le designer d'intérieur Charles Rennie Mackintosh. Des expositions temporaires complètent l'offre et l'espace.

VERDANT WORKS

West Henderson's Wynd ✆ +44 138 230 9060
www.verdantworks.com

Nov à mars : mercredi-samedi-dimanche de 10h à 17h. Avr à oct : lundi au samedi de 10h à 18h. £12/adulte, £6,50/enfant.

Verdant Works est un musée industriel qui relate le passé commercial de Dundee dans la toile de Jute. Sur un ancien site de production restauré, on voit les machines à l'œuvre et des installations interactives permettent d'approcher plus concrètement cet univers de manufacture. Les matières premières sont présentées avant leur transformation et l'aperçu global du processus est très ludique. L'approche est également humaine, avec des témoignages d'ouvriers, leurs aspirations et leurs conditions de travail. Il y a aussi des expositions temporaires toute l'année.

APEX CITY QUAY HOTEL & SPA €€

1 West Victoria Dock Road
✆ +44 1382 843 059
www.apexhotels.co.uk

Chambre double à partir de £100. Petit déjeuner inclus. Wifi. Parking.

Les 151 chambres de cet hôtel Apex varient en taille, mais offrent toutes un design bien pensé, une salle de bains, un environnement contemporain et certaines vues agréables. Il y a également un spa, une piscine, une salle de fitness et un restaurant-pub sur place : le *Quayside bar & grill*. De bonnes réductions sont parfois disponibles en ligne. Le confort est optimal et le service impeccable. L'hôtel est bien placé pour découvrir la ville à pied.

SLEEPERZ HOTEL DUNDEE €€

2 S Union Street
✆ +44 1382 725888
www.sleeperz.com/dundee

7j/7, 24h/24. 120 chambres, dès 58 €, petit déjeuner compris. Wifi gratuit, restaurant, bar. Parking à 200 m.

Établissement de nouvelle génération, ultra moderne et très confortable, l'hôtel Sleeperz est un bon plan à plusieurs titres : ses tarifs très raisonnables, ses chambres spacieuses tout confort, son accueil à toute heure du jour et de la nuit et son emplacement privilégié en cœur de ville, avec accès direct à la gare et à proximité immédiate du Discovery, du V&A, des restaurants et des navettes vers l'aéroport d'Édimbourg. On aime aussi sa salle de restaurant et son bar cosy et branchés à la fois, et les vues imprenables depuis les chambres.

TICKETY BOO'S €

51 Commercial Street
✆ +44 1382 227 119
https://tickety-boos.business.site

Ouvert du dimanche au jeudi de 11h à minuit, le vendredi et le samedi jusqu'à 1h. Plats dès £10.

Ce sympathique pub d'angle à la façade rouge est l'un des établissements de prédilection des riverains du centre-ville. La nourriture y est classique de ce type d'établissement, correcte et généreuse, avec des burgers, des baguettes, des paninis, des *baked potatoes*, des *fish & chips* et des currys. La salle s'organise autour du bar et sur un petit balcon. Les soirées animées sont régulières : retransmissions de matchs, quiz (le lundi), musique live (souvent le dimanche)… Il se passe toujours quelque chose, voire même plusieurs dans ce pub animé !

INNIS & GUNN BEER BREWERY TAPROOM DUNDEE €€

10 South Tay Street
✆ +44 1382 202 070
www.innisandgunn.com

7j/7. Du lundi au jeudi et le dimanche : 12h-00h. Vendredi et samedi 12h-1h. Plats dès £12,50.

Bar de la célèbre brasserie écossaise Innis & Gunn, cette adresse moderne et branchée s'est fait une belle place à Dundee. L'accent est bien sûr mis sur le choix et la qualité des bières, mais la nourriture est aussi excellente, avec de grands classiques comme le *fish & chips*, des steaks, des burgers, des tartes, des salades et des snacks à petit prix le midi. Les petits appétits pourront même choisir des plats en petite portion, et les gourmands en prendre plusieurs à partager.

RANCHO PANCHO €€

16 Commercial Street
✆ +44 138 222 9070
www.rancho-pancho.com
Ouvert 7j/7. Lundi-vendredi : 17h-21h. Samedi : 12h-14h30 et 17h-21h. Dimanche : 17h-20h30. Plats dès £13,95.

Les cuisines internationales sont très présentes à Dundee et cette bonne table mexicaine promet un voyage culinaire réussi. Tacos, burritos, quesadillas, fajitas, enchiladas, tous sont de la partie et l'on en choisit la garniture. Il y a aussi quelques plats moins ordinaires et une carte de cocktails assez complète. Les menus du midi le samedi sont un bon rapport qualité-prix. La salle aérée arbore des couleurs chaudes et joyeuses. Attention : le lieu est prisé, alors si vous souhaitez y dîner, surtout en deuxième partie de soirée, la réservation est conseillée.

BIRD AND BEAR

2 Whitehall Crescent
✆ +44 1382 791841
Ouvert 7j/7, 12h-00h. Plats à partir de £13,50.

L'oiseau et l'ours… C'est tout une histoire que vous raconte la carte et qu'on ne vous « spoilera » pas. Ce lieu a quelque chose d'enchanteur et de branché à la fois, avec une bande son rap US des années 2000. La salle avec sa mezzanine est superbe, avec un décor qui invite à l'évasion. Vous pourrez y siroter un cocktail – les suggestions dépendent des moments de la journée –, dans les classiques du genre ou parmi les créations du staff. Vous pourrez aussi manger sur place : les plats servis sont originaux et bien cuisinés, avec, à nouveau, une belle inventivité.

BREWDOG DUNDEE

Panmure Street
✆ +44 1382 221738
www.brewdog.com
Ouvert 7j/7, du lundi au jeudi : 16h-22h. Vendredi à dimanche : 12h-23h. Pizza dès £11,45.

Brewdog : il n'y a qu'à prononcer le nom de cette brasserie pour convaincre d'aller faire un tour dans son pub. L'ambiance est au diapason de la marque. Le décor allie modernité, esprit industriel et univers punk, pour créer un espace où chacun se sent bien, peu importe son âge ou son look. Le bar propose un très grand nombre de bières. Vous hésitez ? Demandez à être conseillé et à goûter ! Ainsi qu'une carte de pizzas délicieuses, librement inspirées de culture internationale, et préparées à partir de produits frais et locaux, rigoureusement sélectionnés.

DRAFFENS

Couttie's Wynd
Ouvert 7j/7, de 17h à 00h. De 17h à 1h le vendredi. De 12h à 1h le samedi.

Une fois trouvé ce bar — un indice : il est quasi invisible et, pour le trouver, il vous faudra regarder vers le bas et repérer une lumière sur une porte —, vous n'aurez qu'une envie : y retourner. Ce bar à cocktails est l'un des *secret bars* de Dundee. Il propose une belle carte de cocktails classiques et inventifs, dans un décor stylé et une bande son sortie des années 1930… et de la tendance *speakeasy* (bar clandestin américain, pendant la période de la prohibition). L'ambiance est conviviale et le staff très sympathique.

THE BLUE ROOM

36-38 Nethergate
Ouvert uniquement du jeudi au samedi de 17h à 1h.

Cet établissement, ouvert en janvier 2019, s'est fait une place dans le top 5 des bars les plus branchés de Dundee en quelques mois à peine. Cette belle réussite est le fruit du bouche-à-oreille qui vante une adresse excellente, car originale et stylée, autant que sympathique. The Blue Room propose de découvrir l'art des cocktails et des saveurs à l'italienne… Pas n'importe lesquelles, des saveurs authentiques, issues des meilleurs produits et du travail d'artisans passionnés et experts. Apéritif, cocktail, *afternoon tea* : vous trouverez de quoi vous régaler !

THE KING OF ISLINGTON

39 Union Street
Ouvert 7j/7, de 17h à 00h (vendredi dès 16h).

Ce bar à cocktails vous plonge dans une atmosphère caribéenne avec des compositions mêlant exotisme et rhum. Ici, le rhum et les alcools à base de canne à sucre sont à l'honneur, à travers une vaste sélection de spiritueux et des compositions délicieuses. D'ailleurs, le vainqueur de la Coupe Monin 2018 du meilleur barman d'Écosse officie dans cet établissement discret, secret même, dont l'adresse se diffuse comme une traînée de poudre. Les prix sont abordables, l'ambiance sympathique et la musique ajoute à la chaleur du lieu.

EST

FOXLAKE DUNDEE

West Victoria Dock Road
✆ +44 1382 214484
www.foxlakedundee.co.uk
En été : 7j/7. Printemps/automne : 6j/semaine. Hiver : le week-end uniquement. 9h-21h. Dès 6 ans. Prix selon activité.

Fowlake est un parc d'attraction sur l'eau... littéralement ! Des structures gonflables, à la manière d'un parcours du combattant, sont autant d'obstacles à franchir, tous séparés par l'eau. Les parcours et diverses activités sont ouverts à tous, à condition de savoir nager et d'être à l'aise dans l'eau. Une combinaison et un casque sont fournis. Il est aussi possible de faire de la bouée tractée, du *paddle* (et même du *paddle yoga*) et du *wakeboard* tiré par un câble. Des offres groupées existent et vous pouvez réserver pour une session entre amis.

GLAMIS ★★

Le village de Glamis, situé à quelque 20 km de Dundee en remontant vers le nord, est renommé grâce au superbe château dont il porte d'ailleurs le nom : Glamis Castle. Parcourir ses mille ans d'histoire, son architecture étourdissante et ses parcs est une étape à ne pas manquer pour tout amoureux de château (et d'histoire) écossais de passage, surtout s'il aime traquer les fantômes. Glamis présente d'autres attractions intéressantes. Profitez-en pour arpenter son joli village, admirer les œuvres d'art présentées dans la Glamis Gallery ou encore découvrir les secrets du gin et de sa fabrication à The Bothy Experience (dégustation sur réservation).

PITLOCHRY ★★

Pitlochry la victorienne est une base d'exploration de premier choix pour de nombreuses magnifiques régions écossaises. Cette ville bénéficie en effet d'une belle offre culinaire, d'hébergements, de distilleries, des transports et des commerces accessibles pour satisfaire les touristes. Conquise par le charme de Pitlochry, la célèbre psychanalyste britannique Mélanie Klein (1882-1960) y a vécu de nombreuses années.

Les loisirs sportifs y ont toute leur place, avec du golf bien sûr, des randonnées, des sports d'eau et autres aventures pour faire le plein d'adrénaline. Sa proximité avec le village de Blair Atholl offre d'autres points d'attrait : Blair Castle et la célèbre distillerie Blair Athol. C'est donc un séjour entre nature et whisky qui vous attend. Sur la route reliant Pitlochry à Perth, un léger détour s'impose par l'Hermitage. Ce site propose une balade facile pour accéder à une superbe chute d'eau dont l'image a inspiré de nombreux peintres écossais.

Transports

- En bus, Pitlochry est reliée par le Citylink M90/91 à Inverness, Aviemore et Édimbourg (www.citylink.co.uk) et par les Stagecoach 24/23 à Aberfeldy, avec changement à Ballinluig (www.travelinescotland.com).
- Le train rejoint lui aussi Édimbourg, Perth, Inverness, Aviemore et Glasgow (www.scotrail.co.uk) depuis Pitlochry.

GLAMIS CASTLE ★★

Kirkwynd
✆ +44 1307 840 393
www.glamis-castle.co.uk
Ouvert du 18 mars au 31 octobre de 10h à 17h. Adulte : £16, réduit : £12.50, enfant : £10.

C'est ici que la reine mère Elizabeth a grandi, ce qui en fait la seconde demeure attachée à cet illustre personnage. Elle y a donné naissance à la princesse Margaret, sœur de Sa Majesté Elizabeth II. Son plan en « L », ses belles pierres rosées et ses élégantes tourelles abritent quelques-uns des plus épatants intérieurs du pays. Des visites guidées (gratuites) partent régulièrement. Elles seront l'occasion d'entendre parler de fantômes... Déambulez dans les agréables jardins où plusieurs sentiers invitent à la marche et déjeunez dans les cuisines du château.

BLAIR ATHOL DISTILLERY

Perth Road
✆ +44 1796 482 003
www.malts.com
Ouvert 7j/7, 10h-17h (18h juin-sept). Tours guidés à partir de £17.

En plein cœur de Pitlochry, Blair Athol Distillery a démarré son activité pour la première fois en 1798, mais s'arrêta rapidement, avant de reprendre de plus belle en 1826. C'est aujourd'hui l'une des plus anciennes du pays et elle attire 30 000 visiteurs tous les ans. Sa production sert à l'embouteillage de *single malts* mais fournit aussi l'industrie du *blended* et notamment Bell's. La visite classique se termine par une dégustation du 12 ans d'âge, un whisky titrant à 43 %, rond et onctueux, avec des notes d'épices et de fruits confits.

BLAIR CASTLE & GARDENS - ATHOLL ESTATES ★

Blair Atholl ✆ +44 1796 481 207
www.blair-castle.co.uk
Avril-octobre, 7j/7, 10h-17h. Adulte : £17 (jardins seuls : £8), réduit : £15 (£8), enfant : £11 (£5).

750 ans d'histoire écossaise, célébrés précisément en 2019, vous attendent ici. Daté du XIIIe siècle, Blair Castle a connu maints rénovations et réaménagements au fil du temps, pour finalement arborer l'élégance qu'on lui connaît aujourd'hui. Son passé est lié à celui de Mary Queen of Scots, de la Guerre des Trois Royaumes, des soulèvements jacobites et même de la seule armée privée légale d'Europe : les Atholl Highlanders, qui n'ont, bien sûr, qu'un rôle cérémonial et dont la création fut autorisée par la reine Victoria.

Château. À l'intérieur, vous verrez des salles somptueuses, des pièces de mobilier d'exception – meubles Chippendale, par exemple – et une vaste collection d'armes, ainsi que de nombreux tableaux, notamment dans l'impressionnant escalier. Levez aussi la tête au plafond : de magnifiques décors s'y observent aussi. Au total, dans le château, ce sont 30 pièces à visiter, avec, dans les dernières, des expositions.

Parc et jardins. Les paysages sont variés autour de Blair Castle. Vous visiterez le jardin clos, baptisé Hercules Garden, restauré dans sa conception georgienne initiale. Étang, pont chinois et verger l'ornent. Vous suivrez un sentiers ponctué de sculptures, explorerez Diana's Grove, un espace boisé accueillant certains des arbres les plus hauts d'Écosse, découvrirez les ruines de l'église St Bride, dans un site qui était déjà un lieu de culte au temps des Celtes. Enfin, vous apercevrez des cervidés dans un grand parc.

EDRADOUR DISTILLERY

Edradour
✆ +44 179 647 2095
www.edradour.com
Généralement ouvert d'avril à septembre. Horaires à vérifier car la distillerie n'est pas ouverte tous les jours.

Revendiquée comme la plus petite distillerie d'Écosse, Edradour fut créée en 1825 et ne produit qu'à peine plus de 90 000 litres de whisky par an. La visite dure 90 minutes et inclut un temps de dégustation, notamment du 10 ans d'âge, un *single malt* soyeux, avec des nuances de menthe poivrée et de noix. Ce qui marque le plus est sans doute à quel point ici, l'esprit du lieu et l'âme du whisky sont liés. Le bar de dégustation est exclusivement ouvert aux visiteurs de la distillerie et offre une gamme exceptionnelle de *single malt* Edradour.

KILLIECRANKIE VISITOR CENTRE

Killiecrankie
✆ +44 179 647 3233
Ouvert 7j/7, avril-octobre, 10h-17h, novembre-fin décembre : 10h-16h. Entrée gratuite. Parking : £3.

C'est ici, pendant la première révolution jacobite, que les hommes des clans des Highlands se sont opposés aux orangistes le 27 juillet 1689. La victoire fut écossaise. Ce petit *visitor centre* de la National Trust en retrace l'histoire, tout en livrant de précieuses informations sur la nature des environs et leurs paysages. Le lieu se prête parfaitement à la balade et à la randonnée, avec une passerelle qui offre de superbes vues, une gorge boisée et fleurie...

EST

Blair castle.

PITLOCHRY DAM VISITOR CENTRE

Armory Road
✆ +44 1796 484111
https://pitlochrydam.com
Ouvert 7j/7, 9h30-17h30. Accès libre et gratuit. Café et boutique.

Ce site vous invite à découvrir l'hydroélectricité, sur le lieu même d'un barrage. Plusieurs expositions permettent aux curieux de science et technique de comprendre comment fonctionne le barrage de Pitlochry, qui produit de l'électricité pour 15 000 foyers. Il est aussi un site de découverte de la vie des saumons et des truites de mer qui ont la difficile tâche de contourner le barrage. L'échelle à saumons, avec ses 34 bassins, leur permet de passer en toute sécurité.

PITLOCHRY YOUTH HOSTEL €

Knockard Road
✆ +44 1796 472 308
www.hostellingscotland.org.uk
Avril-oct. Lit en dortoir dès £23. Wifi. Parking.

Dans une zone pavillonnaire calme, mais proche de la rue centrale, l'auberge de jeunesse de Pitlochry est une ravissante maison victorienne, à l'intérieur très bien aménagé et arrangé. Les installations sont récentes et il y a un mélange entre dortoirs et chambres privées pour un total de 53 lits. Le salon, la salle à manger et la cuisine sont agréables. L'auberge a aussi son bar et offre des espaces confortables pour se détendre, avec une bière locale, un verre de vin ou un soda. Buanderie, salle de séchage et parking sont aussi très pratiques.

PINE TREES PITLOCHRY HOTEL €€

Strathview Terrace ✆ +44 179 647 2121
www.pinetreeshotel.co.uk
Chambre double dès £130, simple dès £84. Petit déjeuner inclus. Parking et Wifi. Chiens acceptés, £15/nuit.

Située sur les hauteurs de la ville, au milieu des arbres immenses, cette belle demeure est un modèle d'élégance à l'écossaise et de grand confort. Le charmant mobilier en bois se marie avec élégance aux intérieurs qui ont su conserver leur charme d'époque. Les espaces communs sont plaisants et cosy. On y trouve aussi un bar et un restaurant qui, tous deux, valorisent le terroir et le savoir-faire culinaire écossais, à travers une sélection d'excellents produits.

THE CLAYMORE GUEST HOUSE €€

162 Atholl Road ✆ +44 179 647 2888
www.claymorehotel.com
Chambre double dès £103. Petit déjeuner inclus. Parking et Wi-fi.

Chacune des dix chambres est différente à Claymore, mais toutes offrent un confort inégalé et une très belle décoration. Elles possèdent des salles de bains privées et un petit réfrigérateur. La maison elle-même est immense, avec un jardin et une grande véranda où l'on prend le petit déjeuner. La propreté et le service sont à la hauteur de tout le reste. La localisation à deux minutes à pied du centre-ville et de la gare est aussi un vrai plus, autant pour les voyageurs en train que pour les visiteurs désireux de profiter des pubs et restaurants de la ville.

SAORSA 1875 €€€

2 East Moulin Road
✆ +44 1796 475217
www.saorsahotel.com
Chambre double dès £250. Petit déjeuner inclus.

Saorsa 1875 est un hôtel *vegan* qui prône le luxe éthique. Il a été conçu par des végétariens et végétaliens, amoureux de nature et souhaitant offrir une expérience différente et exceptionnelle dans le respect de leurs valeurs. Ils ont parfaitement atteint leur but et cet hôtel est particulièrement apprécié. Il dispose de 11 chambres élégamment aménagées dans sa maison baronniale du XIXe siècle, sise elle-même dans un grand parc de 2 ha, entre bois et jardins. Le restaurant est ouvert aux hôtes et proposent une carte originale où les plantes sont à l'honneur.

THE WELLWOOD GUEST HOUSE €€€

West Moulin Road ✆ +44 1796 474 288
www.thewellwoodpitlochry.co.uk
Chambre double dès £100. Petit déjeuner inclus. Wifi. Parking.

Installée dans un remarquable manoir sur les hauteurs de la ville, Wellwood House regorge de caractère et de cachet. Le charme de l'ancien y est omniprésent, entre ses murs de 1881. Les 12 chambres ont toutes une salle de bains privée, attenante ou sur le palier, avec, petit plus, des articles de toilette bio et écossais. L'ameublement imite le style de l'époque et il y a quelques très belles vues. Le grand jardin arboré et la vaste salle à manger se complètent deux agréables *guest lounges*, où l'on trouve un *honesty bar* : on paye soi-même pour ce que l'on boit.

THE OLD MILL INN €€

Mill Lane

✆ +44 1796 474 020

www.theoldmillpitlochry.co.uk

Service 7j/7, 12h-15h & 17h-21h, dimanche en continu. Plat dès £17.95.

Pour bien manger ou boire un coup à Pitlochry, voici une adresse qui fait souvent l'unanimité. Ce grand gastro-pub ouvert dans un moulin du XIXe siècle dont la roue tourne au calme de la terrasse est absolument parfait. Il y a un espace bar et un autre restaurant, dans un cadre un peu plus classe que la norme, mais toujours très traditionnel. La nourriture est impeccable, soigné et inventive, et les *real ales* sont souvent élaborées dans des micro-brasseries écossaises. Bon à savoir : l'établissement est aussi un très agréable hôtel.

VICTORIA'S RESTAURANT €€

45 Atholl Road

✆ +44 1796 472 670

www.victorias-pitlochry.co.uk

Ouvert du lundi au vendredi 11h-1h, samedi et dimanche à partir de 10h. Plats dès £12,50 le midi, dès £18,50 le soir.

Frais, de saison et écossais, tel est le slogan de cette table, souvent perçue comme la meilleure de Pitlochry. À l'heure de midi, on savoure paninis, sandwichs, de *baked potatoes*, burgers, salades et plats inspirés de la pubfood. Le soir, la carte est un peu plus sophistiquée et les viandes et poissons sont notamment à l'honneur. La présentation est soignée et appétissante, dans une salle de brasserie où le bois domine. Le restaurant sert aussi des brunchs : pourquoi ne pas vous laisser tenter par un petit-déjeuner bien complet ?

FREESPIRITS OUTDOOR ACTIVITIES SCOTLAND

Grandtully

✆ +44 1887 840400

www.freespirits-online.co.uk

Tarifs et sessions selon activité. Voir site web.

FreeSpirits offre un très vaste panel d'activités, à choisir sur son site web. Sa base à Pitlochry permet d'explorer les sensations fortes sous divers aspects : rafting dans des eaux tumultueuses, saut à l'élastique, canyoning, descente en rappel, kayak, sauts de falaises... Il est possible d'acheter des bons pour des activités groupées. Toutes les activités sont encadrées par des animateurs agréés, pour des escapades et poussées d'adrénaline en toute sécurité.

ABERFELDY ★

Moins fréquentée que Pitlochry, Aberfeldy est entourée d'une nature douce, verdoyante et très boisée, à deux pas du Loch Tay, du Tay Forest Park et proche du Loch Lomond & the Trossachs National Park. Elle est notamment connue pour la Dewar's Distillery. Elle a aussi été rendue célèbre par le poète national Robert Burns avec son œuvre *Les Birks d'Aberfeldy*. Il s'agit d'un très charmant sentier pédestre en boucle menant à travers bois jusqu'aux superbes chutes de Moness. Au programme aussi de votre visite idéale d'Aberfeldy : une rencontre avec le célèbre if de Fortingall (vieux de plus de 2 000 ans !), des sensations fortes en rafting ou canyoning.

CASTLE MENZIES

Weem

✆ +44 188 782 0982

www.castlemenzies.org

Ouvert 7j/7, 10h30-16h30 (14h dimanche), avril-octobre. Adulte : £9, réduit : £8, enfant : £4.50 et famille : £22.

Ce château du XVIe siècle est le siège historique du clan Menzies et il occupa une place stratégique et militaire pendant plus de 400 ans. Impliqué dans les temps forts de l'histoire des Highlands, Bonnie Prince Charlie y séjourna en chemin pour la bataille de Culloden. Ses hautes murailles austères abritent quelques pièces en réalité gaies et classieuses, qui contrastent beaucoup avec son apparence extérieure. Cela est dû aux rénovations qu'il a subies au fil du temps, pour passer d'une forteresse défensive à une résidence nobiliaire confortable.

DEWAR'S ABERFELDY DISTILLERY

✆ +44 1887 822 010

Nov-mars : lundi-samedi, 10h-16h. Avril-oct : 7j/7, 10h-18h (dimanche : 12h-16h). Tours guidés à partir de £12.

À l'entrée est d'Aberfeldy, la distillerie Dewar's jouit d'une renommée immense dans l'industrie du whisky. Œuvre de la famille Dewar, elle a commencé à distiller en 1898 et produit des *single malts* et des *blended* très appréciés et variés. La visite classique est fort instructive et inclut la dégustation d'un *dram* au choix. Il existe aussi une visite alliant les saveurs du chocolat et du whisky. Il y a également un très agréable café-bar sur place.

EST

THE SCOTTISH CRANNOG CENTRE

Loch Tay
✆ +44 1887 830 583
www.crannog.co.uk
Ouvert du mercredi au dimanche de 10h à 17h30.
Adulte : £7, tarif famille applicable.

Ce fascinant centre de découverte reproduit la vie quotidienne à de l'âge de Fer, avec la reconstitution intégrale d'une habitation de l'époque, que l'on appelait *crannog* et qui était érigée à la surface d'un loch. 4 constructions sont encore présentes, sur les 18 d'autrefois. Les vestiges que l'on a trouvés sont aussi exposés et forment de véritables trésors, vieux de plus de 2 500 ans. La visite est très instructive et ludique grâce à la présence de guides en costume.

HIGHLAND SAFARIS

Aberfeldy
✆ +44 188 782 0071
www.highlandsafaris.net
Plusieurs sorties en 4X4, en vélo ou en bateau disponibles, à réserver sur le site web.

Les très populaires Highland Safaris proposent de vous emmener à la rencontre de la faune et de la flore locales, à travers ses superbes paysages, en forêt, sur le Loch Tay ou en montagne. On embarque en 4×4, sur VTT ou sur bateau, pour se faire conter la région par ceux qui la connaissent vraiment. Un *red deer centre* vous permet d'observer les cervidés de près, ainsi que de les nourrir et de les caresser dans un espace dédié, mais aussi de faire connaissance avec la chouette effraie du centre. Un café sur place offre de bonnes collations.

BALNEARN HOUSE €€

Crieff Road
✆ +44 1887 820 431
www.balnearnhouse.co.uk
Chambre simple à £100, double à partir de £120.
Petit déjeuner inclus. Wifi. Parking.

En plein centre d'Aberfeldy tout en étant dans un quartier calme, Balnearn House garantit un séjour de qualité avec 10 chambres simples, doubles et familiales, qui incluent toutes une salle de bains privée, attenante ou sur le palier. La décoration est coquette et il y a un jardin sympathique. Le salon et la salle à manger sont typiques et l'on y savoure un excellent petit déjeuner. Si vous voyagez avec un chien, vous adorerez la *dog friendly room* : friandises à son arrivée, serviettes moelleuses pour lui essuyer les pattes, suggestions de balades...

FORTINGALL HOTEL €€€

Fortingall
✆ +44 1887 830 367
www.fortingallhotel.com
Chambre double dès £300 avec le petit-déjeuner et repas inclus.

Avec ses 10 chambres spacieuses et confortables, ce petit hôtel ne manque pas de charme. Sa localisation, dans le petit village de Fortingall, à l'entrée de Glen Lyon et proche des merveilles du Loch Tay, ajoute à son attrait.

Le restaurant présente des plats originaux à base des produits locaux et de saison. Les menus changent quotidiennement, selon l'imagination du chef. Le pub est aussi très agréable : il rassemble, en toute simplicité, locaux et voyageurs, auprès d'un grand feu de cheminée ou au son de la musique *live*. L'accueil est très chaleureux.

THREE LEMONS €€

32 Dunkeld Street
✆ +44 1887 820 057
www.threelemons.co.uk
Mercredi-samedi, 10h30-15h et 17h-21h.
Plats à partir de £13,95.

Dans une ambiance de bistrot branché, avec ses jolies cartes en liège, Three Lemons sert une cuisine appétissante, où l'on retrouve des pizzas, un bon choix de burgers, des viandes et du poisson. On est sur du 100 % frais, maison et généreux. C'est le rendez-vous de tous les locaux pour se faire plaisir. L'atmosphère y est relax et détendue. L'été, vous pourrez prendre place sur la terrasse faite de palettes, ou simplement prendre un bain de soleil sous la véranda. La carte des gins et des whiskies, mais aussi des vins, vaut que l'on y jette un œil.

ABERFELDY WATERMILL BOOKSHOP & CAFÉ

Mill Street
✆ +44 1887 822896
www.aberfeldywatermill.com
Ouvert 7j/7, de 10h à 17h (11h le dimanche).
Sandwiches dès £6,95, gâteaux dès £3,20.

Ce café n'est pas qu'un café... Situé dans le charmant décor d'un moulin à eau, il est aussi une librairie et une galerie d'art. Lieu cosy et culturel, chaleureux et détendu, il est de ces établissements dans lesquels on passerait bien plusieurs heures. Vous y trouverez du café fraîchement moulu, des thés bien sûr, des gâteaux faits maison, sandwiches et soupes du jour. L'été, une terrasse ensoleillée pousse les murs et offre un autre bel espace où prendre son temps.

SPLASH WHITE WATER RAFTING

Dunkeld Road
✆ +44 1887 829706
https://rafting.co.uk
Session de rafting dès £55/adulte et £35/enfant.

Splash rafting est l'un des plus anciens experts en rafting du pays. Il propose du rafting et du canyoning en eaux vives, ainsi que d'autres expériences, plus ou moins sportives : descente de rivière sur des canoës gonflables (*duckies*), stand-up paddle, descente en rappel ou encore paintball. Tout le matériel de sécurité est fourni et les excursions sont encadrées par des moniteurs diplômés, pour des sorties en toute sécurité. Il est possible d'organiser des sessions de groupes.

HOUSE OF DUN

House of Dun
✆ +44 1674 810 264
Visite du château avec un guide uniquement. Horaires à vérifier. £13,50/adulte. £11/réduit. £31/famille.

Dessinée par William Adam, en 1750, la House of Dun est une maison de campagne élégante, de style georgien, sise au milieu d'un magnifique parc de jardins et de bois. Cette demeure est la concrétisation architecturale de l'idéal d'un laird du XVIIIe siècle. Rien n'est laissé au hasard. Tout est esthétisme, géométrie, symétrie et art classique, dans les moindres détails, des sols aux plafonds en passant par tous les éléments d'ornement et de décoration. La cuisine était, pour son époque, ultra moderne, ce qui en fait aujourd'hui tout l'attrait.

MONTROSE

Montrose est à mi-chemin entre Aberdeen et Dundee quand on suit la côte Est. Cette belle petite ville portuaire offre de nombreux attraits touristiques et culturels. Côté nature et paysages, vous trouverez dans ses environs de superbes plages de sable fin comme Montrose Beach, Lunan Bay, St Cyrus Beach au nord (village de St Cyrus) – ainsi que la réserve naturelle de Montrose Basin, avec son centre de découverte, ou les falaises de St Cyrus et ses colonies d'oiseaux. Montrose a aussi ses édifices incontournables – House of Dun, Dunninald Castle – et son célèbre musée de l'aviation. Faites aussi un saut au joli village voisin de Ferryden.

MONTROSE AIR STATION HERITAGE CENTRE

Waldron Road ✆ +44 1674 678222
https://rafmontrose.org.uk
Ouvert le WE en hiver : 10h-16h samedi ; 12h-16h dimanche. Avril-oct : du mer au sam, 10h-16h. Dim, 12h-16h. £6,60.

Ce musée présente plus de 100 ans d'histoire d'aviation. Première station militaire opérationnelle de Grande-Bretagne, l'aérodrome de Montrose, devenu musée, raconte l'histoire des hommes et des femmes qui ont servi dans l'Armée de l'air. Il remonte aux origines de l'aviation, témoigne de la vie à Montrose au siècle dernier et propose une réplique grandeur nature de l'avion B.E.2 a piloté par le 2e Escadron du Royal Flying Corps au début de la Première Guerre mondiale.

DUNNINALD CASTLE AND GARDENS

Dunninald Castle
✆ +44 1674 672031
www.dunninald.com
Château ouvert en juillet-août, 13h-17h : £10/ adulte - Jardins : de mai à août, £5 (visite seule).

Dunninald Castle est un château de style néogothique érigé en 1824. On le découvre en visites guidées (40 min environ par tour). Au-delà du château que l'on voit aujourd'hui, le site a plus de 1 000 ans d'histoire, et plusieurs sites fortifiés ont précédé le superbe édifice actuel. La grande richesse du lieu réside aussi dans son jardin clos, à l'apogée de sa beauté en juillet. La promenade dans les bois environnants (1 mile) offre des parterres de jonquilles et jacinthes au printemps.

MONTROSE BASIN VISITOR CENTRE & WILDLIFE RESERVE

Rossie Braes
✆ +44 1674 676336
Mi-fév à oct : 7j/7, 10h30-17h. Nov à mi-fév : en semaine, 10h30-16h. £4,50/adulte, £3.50/réduit, £1/enfant.

Le bassin de Montrose est un estuaire fermé de la rivière South Esk. Il couvre 750 hectares et abrite plus de 80 000 oiseaux migrateurs, dont des espèces rares. Le centre d'accueil et de découverte permet de se familiariser avec l'environnement et d'en explorer toutes les richesses, dans une configuration adaptée aux familles. Vous trouverez sur place des jumelles et télescopes pour observer la faune sans la déranger. Des événements sont régulièrement proposés.

SAINT ANDREWS ★★

La fondation de sa très influente cathédrale a fait de Saint-Andrews la capitale catholique de l'Écosse au Moyen Âge. En 1410, la première université du pays est créée et devient la troisième plus ancienne du monde anglo-saxon, après Oxford et Cambridge. Elle fait partie des 25 les plus anciennes au monde et reste l'une des meilleures. Plus que pour son poids religieux ou son excellence académique, la ville est entrée dans l'Histoire pour son sport vedette, le golf, qui fut officiellement codifié ici en 1754. Saint Andrews est une destination pleine de caractère et de charme, avec ses ruelles historiques et son front de mer romantique. Forte du dynamisme étudiant et de son patrimoine, elle est délicieusement british et attachante.

Se loger

En été, pensez aussi à consulter l'Université de St Andrews, qui met certaines de ses résidences à disposition des visiteurs, pour un excellent rapport qualité-prix. (https://ace.st-andrews.ac.uk/holiday-accommodation/)

Transports

St Andrews est desservie en bus par le Stagecoach X59/X60 qui la relie à Edimbourg en 2h, le 99 à Dundee en 30 minutes, le 23 à Stirling en 2h20 et le X24 à Glasgow en 2h40 (www.travelinescotland.com). En train, il faudra passer par la gare voisine de Leuchars, puis prendre l'un des bus locaux qui font la liaison très régulièrement (www.scotrail.co.uk).

BOTANIC GARDENS

Canongate
✆ +44 1334 476 452
www.standrewsbotanic.org
7j/7, avr-sept : 10h-18h. Oct-mars : 10h-16h. £6/adulte, £5/réduit, gratuit -18 ans.

Le St Andrews Botanic Garden est considéré comme le trésor vivant de cette petite cité au patrimoine immense. Plus de 8 000 variétés de plantes et de fleurs en tous genres y vivent. Certaines sont natives d'Écosse, mais la majorité vient du reste du monde. Chaque saison propose une approche différente. Des panneaux explicatifs, des idées de balades à travers les fleurs et la visite des serres botaniques agrémentent la visite. Entre avril et septembre, vous pourrez découvrir la maison des papillons (supplément au billet d'entrée) ou « Tropical Butterfly Experience ».

BRITISH GOLF MUSEUM

Bruce Embankment
✆ +44 1334 460 046
www.britishgolfmuseum.co.uk
Ouvert lundi-samedi 9h30-17h, dimanche dès 10h. Adulte : £12, réduit : £10, enfant : £6.

D'aucuns se seraient offusqués si St Andrews n'avait pas eu un musée dédié à son sport vedette. Celui-ci a rouvert ses portes en 2015, lors du 144e Open, après avoir subi quelques travaux. Plus de 500 ans d'histoire y sont racontés et l'on y trouve la plus large collection d'objets liés à la discipline en Europe. Des clubs, des balles des trophées, des médailles, des arts décoratifs, des films, des photographies et des archives se succèdent pour livrer tous les secrets du golf, au profane comme à l'inconditionnel. Il y a également un café flambant neuf sur place.

Vue de Saint Andrews.

MUSEUM OF THE UNIVERSITY OF ST ANDREWS

7 The Scores
✆ +44 1334 461 660
www.st-andrews.ac.uk/musa
Ouvert du lundi au vendredi : 11h-19h et le week-end : 10h-17h.

Le musée de la célèbre université écossaise est consacré à la prestigieuse institution et à son puissant héritage. Trois espaces sont à visiter : Wardlaw Museum (exposition sur l'histoire de l'université), Bell Pettigrew (sciences naturelles) et le Collection Centre où sont exposés de nombreux objets de valeur accumulés au fil des siècles, comme des sceptres de cérémonie du XVe siècle, une astrolabe du XVIe siècle, un télescope du XVIIIe siècle et bien d'autres.

ST ANDREWS MUSEUM

Doubledykes Road
✆ +44 133 465 9380
www.onfife.com
D'avril à septembre, lundi-samedi 10h30-16h. Octobre à mars : mercredi-samedi, 10h30-16h. Entrée libre et gratuite.

Ce manoir victorien au milieu du Kinburn Park accueille le musée local de la ville de St Andrews, qui en relate l'histoire et le patrimoine au fil du temps. Son essor religieux et universitaire y est raconté, aux côtés de son excellence sportive de renommée internationale dans le golf. Des expositions temporaires ont lieu régulièrement dans la Galerie Kinburn. Sont également programmées des conférences, des concerts et des ateliers pour les enfants. Le musée dispose de son café, un lieu très agréable où l'on mange à bon rapport qualité-prix.

ST ANDREWS CASTLE

The Scores
✆ +44 1334 477 196
Ouvert d'avril à septembre : mercredi/dimanche 10h-17h. D'octobre à mars : 7j/7, 10h-16h. Adulte : £9,50.

Surplombant les falaises et la mer, le château de St Andrews fut construit pour la première fois au XIIe siècle et a longtemps accueilli les évêques de la ville. Il fut détruit et rebâti plusieurs fois. La version que l'on voit aujourd'hui est l'œuvre de l'évêque Walter Trail (1400). Certaines parties servirent alors de prison. Il vit aussi passer des monarques, puisque James Ier y reçut une partie de son éducation. James III pourrait même y être né. La Réforme eut raison de sa fonction religieuse, puis rapidement de son état, une fois laissé à l'abandon.

GLENDERRAN GUEST HOUSE €€

9 Murray Park
✆ +44 1334 477 951
www.glenderran.com
Chambre double à partir de 120 €. Petit déjeuner inclus. Wifi.

Dans une belle maison victorienne du centre, Glenderran dispose de cinq agréables chambres, deux simples, deux doubles et une avec des lits jumeaux. Chacune a sa salle de bains privative et offre un confort irréprochable. L'accueil est aussi à la hauteur. Le petit déjeuner, copieux et bien cuisiné – avec salade de fruits frais, aiglefin fumé et saumon écossais, entres autres mets –, ne déçoit pas. Les golfeurs seront ravis de sa situation, à quelques minutes à pied du célèbre Old Course, et heureux de trouver des espaces de rangement pour leurs clubs.

ST ANDREWS CATHEDRAL ★

The Pends
✆ +44 1334 472 563
Ouvert du mercredi au dimanche : 10h-16h. Adulte : £5.50, réduit : £4, enfants : £2,50.

Les vestiges de cette noble cathédrale sont les témoins d'un édifice bien plus grand, qui fut l'épicentre de l'Écosse catholique au Moyen Âge. Abandonnée après la Réforme, elle est tombée en désuétude et en ruine, si bien que nombre de ses pierres furent réutilisées pour construire d'autres bâtiments. Ce n'est qu'en 1826 que sa préservation fit l'objet de certaines attentions et que l'on chercha à la pérenniser. La *St Rule's Tower* qui se dresse en son cœur est plus ancienne qu'elle et faisait partie de l'église du début du XIIe siècle qui la précédait.

DOUNE HOUSE €€€

5 Murray Place
✆ +44 1334 475 195
www.dounehouse.com
Location de chambres pour 2 ou 4 nuits minimum selon la période, chambre double dès £360, petit déjeuner inclus.

L'accueil est chaleureux et une attention toute particulière est accordée aux golfeurs. On leur prépare notamment un délicieux *scottish breakfast* et l'on vous renseignera volontiers sur les autres points d'intérêt de la ville ainsi que sur les endroits où sortir. On pourra même réserver pour vous. Les chambres, quant à elles, sont aménagées tout confort avec une salle de bains privative, et leur traditionnel et appréciable plateau de courtoisie. Les visiteurs ont accès au salon, équipé d'une télévision, d'une bibliothèque, de jeux et de magazines.

OLD COURSE HOTEL, GOLF RESORT & SPA €€€

Old Station Road
✆ +44 133 447 4371
www.oldcoursehotel.co.uk
Chambre double à partir de £280. Petit déjeuner en supplément. Parking et Wi-fi.

Que de luxe et de grandeur dans cet établissement qui est l'un des meilleurs de tout la région. Juste à côté du célèbre terrain de golf, les 144 chambres sont un modèle d'hôtellerie haut de gamme et ne manquent de rien. Un spa, une piscine et un grand restaurant complètent agréablement l'opulence générale des lieux. Le service de conciergerie est aux petits soins pour réserver votre session de golf, votre soin en spa et tout ce qui vous fera plaisir.

THE DOLL'S HOUSE RESTAURANT €€

3 Church Street
✆ +44 133 447 7422
dollshousestandrews.co.uk
Ouvert 7j/7 de 9h à 23h (10h vendredi et samedi). Plats dès £13.

Avec des influences à la fois britanniques et françaises, Doll's House entend livrer le meilleur des produits nationaux, du terroir à l'assiette. Sa belle maison en pierres cache une salle où se mêlent le confort et la tradition, avec de vieilles poutres apparentes et d'épaisses banquettes. A la carte, on choisit du saumon des Shetland, de la tourte au lapin, de la tarte aux poireaux et aux patates, de l'agneau du Perthshire et du bœuf de fermes locales.

NORTHPOINT CAFE €

24 North Street
✆ +44 1334 473 997
Lundi-vendredi, 8h30-17h.Petits plats et gâteaux autour de £3-£6.

C'est ici que le prince William, duc de Cambridge, a rencontré Kate Middleton, alors qu'ils étaient tous deux étudiants à l'Université de St Andrews. Northpoint y doit en partie sa célébrité, mais il y a une raison pour laquelle les deux jeunes gens se sont retrouvés ici : on y sert des petits déjeuners, de bons gâteaux, pancakes, scones aux parfums multiples et en-cas, ainsi que des soupes et des petits plats variables le midi. Tout est fait maison, avec générosité, entre tradition et créativité. Des soirées sont parfois organisées.

THE VINE LEAF RESTAURANT €€€

131 South Street ✆ +44 1334 477 497
www.vineleafstandrews.co.uk
Ouvert du mardi au dimanche, 12h-22h. Menu 2 plats à partir de £27,95.

The Vine Leaf Restaurant est un petit bistrot très sobre à l'ambiance chaleureuse. Au menu, les spécialités de gibier local, de fruits de mer et quelques plats végétariens ravissent les papilles. Demi-homard grillé au cheddar, caille rôtie aux noix de pécan caramélisées, salade de bœuf poêlé au boudin noir, joue de bœuf à l'espagnole, saumon poêlé au lait de coco et à la coriandre... Voilà pour quelques entrées et plats. En dessert ? Fondue de chocolat blanc, cheesecake *banoffee*... Il est conseillé de réserver en raison du petit nombre de couverts.

TAILEND RESTAURANT TAKE-AWAY FISHMONGER DELI €€

130 Market Street
✆ +44 1334 474 070
www.thetailend.co.uk
Ouvert 7j/7 de 12h à 21h30 en hiver et 00h en été. Plats dès £12,50.

Pêché sur la côte du Kingdom of Fife, le poisson servi ici est frais et délicieux. Proposer le poisson le plus frais et le plus savoureux est d'ailleurs leur credo. Le *fish & chips* est bien sûr la spécialité, mais il y a d'autres choix avec des salades, des langoustines, des moules, du saumon, des burgers et même des tacos, ou encore des suggestions végétariennes et sans gluten. La salle est sobre et assez élégante. Il est possible de prendre à emporter à moindre coût.

ST ANDREWS BREWING CO

177 South Street
✆ +44 1334 471 111
www.standrewsbrewingcompany.com
Ouvert tous les jours de 12h à minuit.

Ouverte en 2012, la superbe micro-brasserie de St Andrews tient ici un excellent pub à la fois typique et branché. L'espace tout en longueur est très cosy et le bois domine au sol comme au comptoir. 16 bières sont présentes à la pression, dont plusieurs de la maison. Il y en a aussi plus de 170 différentes en bouteilles, une trentaine de whiskys et bourbons, et autant de gins. Les amateurs de *real ales* ne passeront pas à côté. On peut aussi y déguster une nourriture dans l'esprit pub food, très correcte et à bon rapport qualité-prix.

THE COTTAGE KITCHEN

5 Logies Lane
✆ +44 1334 479901
www.cottkitch.co.uk
Ouvert 7j/7. 9h-16h. Plats dès £12.

Des aliments locaux, fraîchement préparés : voilà ce en quoi croit ce salon de thé et restaurant très sympathique. Cela, et aussi que les produits d'Ecosse sont les meilleurs au monde. On leur donnera volontiers raison ! Ici, tout est simple et bon. La carte et les suggestions changent régulièrement, au fil des saisons et des inspirations en cuisine. Tout ce qui est servi est fait maison, jusqu'aux confitures, chutneys... Le café et le thé sont aussi issus du commerce local : thés de Braithwaites (Dundee) et café de CG Coffee (Glasgow).

ANSTRUTHER

Ce joli village portuaire est entouré des charmants villages de Crail, Pittenweem puis Elie un peu plus loin. Cellardykes, à 800 m à l'est d'Anstruther est aussi à découvrir : ville portuaire pittoresque, ancien port de pêche superbement préservé, elle a été désignée zone de conservation en 1977. Toutes ces villes portuaires sont dispersées le long de la côte de Fife, connue aussi sous le nom d'East Neuk. La péninsule offre de magnifiques paysages côtiers et quelques golfs. Pensez aussi à une croisière jusqu'à l'île de May. Anstruther est célèbre pour son musée de la pêche, mais aussi son festival d'art et ses restaurants de poisson.

KELLIE CASTLE & GARDEN

Kellie Castle
✆ +44 1333 720271
Ouvert d'avril à octobre, 13h-17h.
Visite guidée uniquement à 11h et 12h.£10,50/adulte. £7,50/réduit.

Kellie Castle est un château de type victorien. Il est admiré pour ses œuvres d'art, ses plâtres ornés – le plafond majestueux de sa bibliothèque est l'un des plus anciens en Écosse – et la grande beauté de son jardin « Arts et Artisanat », aux fragrances d'anciennes variétés de roses. Les écuries sont aussi un lieu d'exposition : elles rendent hommage au sculpteur Hew Lorimer. Il est même possible de visiter son atelier de sculpture. Le château se découvre en visites libres, avec des bénévoles présents dans les salles pour en dévoiler les secrets et guidées.

SCOTLAND'S SECRET BUNKER

Crown Buildings ✆ +44 133 331 0301
www.secretbunker.co.uk
Ouvert 7j/7, 10h-17h, de février à octobre.
Adultes : £13,95, réduits : £12,95. Enfants : £9,95. Familles : £37,95.

Dissimulé sous une ferme écossaise parfaitement anodine, ce bunker miliaire se cache dans les entrailles du Kingdom of Fife depuis plus de 40 ans. Il fut creusé pendant la Guerre Froide pour être l'un des postes de commandement du Royaume-Uni et le refuge des autorités écossaises en cas d'attaque nucléaire. Il n'a jamais servi et est devenu heureusement suffisamment inutile pour devenir une attraction. On y plonge sous terre dans 2 230 m² de tunnels, de salle de crise et de logements, sur deux niveaux de la taille de deux terrains de football l'un sur l'autre.

SCOTTISH FISHERIES MUSEUM

St Ayles Cres
✆ +44 1333 310628
www.scotfishmuseum.org
Ouvert le lundi, mercredi et dimanche : 10h-16h30 (11h le dimanche). £9/adulte. £7/réduit. Gratuit - 16 ans.

Créé en 1967, ce musée est devenu un site incontournable pour les amateurs d'histoire du monde entier. Il traite de la vie de ce petit port et plus encore, il évoque la pêche écossaise de manière large. Des exemples de bateaux y sont exposés, mais aussi des systèmes et engins de pêche anciens. Les communautés de pêcheurs sont à l'honneur à travers des rétrospectives sur leurs modes de vie, mais aussi les aspects techniques, sociaux et environnementaux de leur métier à part.

ANSTRUTHER PLEASURE CRUISES

✆ +44 7957 585200
www.isleofmayferry.com
Croisières et traversées avril-septembre.
Excursion de 4-5h, dont 2-3h sur l'île : £38/adulte, £33/réduit, £18/enfant.

L'île de May, avec son superbe phare et sa riche faune ornithologique (macareux, pingouins, cormorans, guillemots...), se découvre depuis Anstruther, à bord du *May Princess*. La croisière s'organise autour d'une traversée, de commentaires sur les paysages et la faune, et d'un temps sur place pour aller explorer les beautés sauvages de l'île. Réserve naturelle nationale, elle est un havre de paix et un concentré de paysages et de panoramas magnifiques.

KINROSS

Ce n'est pas le village en lui-même qu'il est conseillé de visiter mais son environnement. En effet, le Loch Leven, qui le jouxte, est une réserve naturelle nationale où l'on observe en toute paix les oiseaux et il promet une belle escapade. Ici se trouve également Burleigh Castle (Milnathort), maison-tour de trois étages remontant à plus de 500 ans, et la forteresse de Leven Castle où Marie Stuart fut emprisonnée onze années ! Elle parvint à s'en échapper en charmant le jeune fils de lady Douglas qui vola pour elle les clés et organisa sa fuite en bateau après avoir jeté les clés dans le loch… où elles furent repêchées trois siècles plus tard !

CUPAR

Cupar est un ancien bourg royal. Entouré de collines et situé le long de la rivière Eden, il est un petit coin de paradis pittoresque. Cupar a gardé de beaux vestiges de son passé médiéval. Il possède de beaux édifices historiques remontant au XVIIe siècle : le Preston Lodge, la Chancellor's House, le Corn Exchange, la Old Parish Church et la Mercat Cross. Son site emblématique est sans doute Hill of Tarvit et son superbe manoir édouardien. Falkland Palace, ancien palais des rois d'Écosse, n'est pas à négliger non plus. Enfin, les familles et amoureux de nature ne manqueront pas d'aller à la rencontre des cervidés dans le Scottish Deer Centre.

LOCH LEVEN NATIONAL NATURE RESERVE

Kinross Pier
✆ +44 1738 458609
Accès libre et gratuit.

La réserve naturelle de Lochleven est un lieu de découverte pour tous. Les ornithologues amateurs y trouveront des points d'observation des balbuzards en été, mais aussi de nombreuses espèces migratrices. Le centre d'accueil du RSPB donne de nombreuses informations à leur sujet. Pour les pêcheurs, le nom du site fera écho à la célèbre truite brune du Loch Leven, connue dans le monde entier. Les randonneurs arpenteront les 21 km du Loch Leven Heritage Trail ou des circuits plus courts.

LOCHLEVEN CASTLE

Pier Road
✆ +44 1577 862 670
Actuellement en réparation.
Possibilité de voir l'extérieur.

Une tour du XIVe siècle, entourée d'un mur du XVIe siècle. Cette maison-tour est l'une des plus anciennes d'Écosse. Robert The Bruce l'avait visitée. Marie Stuart y fut invitée avant d'y être emprisonnée en 1567, son hôte devenant son geôlier, puis libérée par le fils de son gardien. Elle y a fait une fausse couche, a été obligée d'abdiquer en faveur de son fils James VI. Remarquez l'escalier construit à l'envers pour le gardien de l'époque, qui était gaucher ! Des bateaux partent pour le château tous les jours pendant l'été.

FALKLAND PALACE & GARDEN

✆ +44 1337 857397
Ouvert de mars à octobre : 11h-17h.
£13 (château + jardin), £6,50 (jardin).

Falkland Palace est un magnifique exemple de palais de la Renaissance. Il était la résidence de campagne des rois Stuart. Vous suivrez les traces de Mary Queen of Scots dans les appartements royaux. Les chambres ont été recréées dans le respect de leur ancienne splendeur. Vous découvrirez que le château regorge de secrets, d'histoires fascinantes… et il est même question d'un trésor. Les jardins à la française sont superbes, de même que le parc paysager, et le court de tennis, l'un des plus anciens de Grande-Bretagne, est une curiosité à voir.

HILL OF TARVIT MANSION & GARDEN

Hill of Tarvit ✆ +44 1334 653127
www.nts.org.uk
Manoir : avr-oct, sam-mardi, 11h-16h30.
Parc : 7j/7, toute l'année, 9h-crépuscule.
£10.50/adulte, £7.50/réduit.

Ce manoir édouardien regorge de surprises. Il abrite la Sharp Collection, riche de peintures, tapisseries et céramiques. Il présente aussi des jeux de société anciens. Les extérieurs sont de toute beauté et ont de nombreux attraits. La promenade à travers le bois jusqu'à la colline est agréable et offre un magnifique panorama sur le Perthshire. Un sentier botanique invite à des découvertes fascinantes. Le parcours de golf de Kingarrock a été restauré et il est possible d'y jouer.

LINDORES ABBEY DISTILLERY

Abbey Road
✆ +44 1337 842547
https://lindoresabbeydistillery.com
Ouvert 7j/7, 10h-16h. Tours guidés : £12.50.

Cette distillerie est un lieu de pèlerinage pour les amateurs de whisky. Après 523 ans de pause, les alambics en cuivre de l'abbaye de Lindores ont repris du service. La distillerie propose des visites simples pour tout comprendre de la fabrication du whisky et des « expériences d'apothicaire » autour de l'Aqua Vitae, créée pour la première fois en 1494. Le centre d'accueil, dans un cloître, est un autre atout du lieu, ainsi que son café et ses *afternoon teas*... whisky et champagne !

THE SCOTTISH DEER CENTRE

✆ +44 1337 810391
https://scottishdeercentre.co.uk
Ouvert 7j/7, de 10h à 17h. £12.50/adulte, £10/réduit, £8,50/enfant.

Le parc du Scottish Deer Centre s'étend sur 55 ha et invite à découvrir la faune sauvage emblématique d'Écosse (et du monde entier) dans un environnement privilégié. Douze espèces de cerfs sont accueillies ici, ainsi qu'une meute de loups, des loutres, renards, écureuils roux et le fameux chat sauvage d'Écosse. Des visites guidées sont proposées avec un garde-forestier, mais aussi la rencontre « nez à nez » avec un cerf, des démonstrations de fauconnerie... Vous assisterez aussi au repas des loutres. Et pour le vôtre ? Un petit café est là pour ça.

THE PEAT INN €€€

Peat Inn
✆ +44 1334 840 206
www.thepeatinn.co.uk
Ouvert du mardi au samedi de 12h30 à 14h et de 18h30 à 21h. Menu 3 plats midi : £25, soir : £58.

Ce restaurant qui a décroché une étoile Michelin en 2010 a eu la bonne idée de s'installer dans ce petit village du XVIIIe siècle. La cuisine, moderne et audacieuse, y est l'une des plus réputées d'Écosse, servie dans un décor à la fois classique ravissant, près d'un feu de cheminée et avec une carte des vins longue de 25 pages... L'expérience culinaire est garantie par des ingrédients locaux et des saveurs sublimées, avec des viandes, poissons et plats végétariens de grande qualité. La réservation est recommandée, de même qu'un séjour dans l'hôtel...

DUNFERMLINE

Dunfermline a été autrefois capitale de l'Écosse ! La ville compte un grand nombre de lieux historiques, marqués par son passé royal et monastique. On y découvre notamment un palais royal, une abbaye du XIIe siècle, une maison abbatiale du XVe siècle. Dans cette abbaye repose le corps de Robert the Bruce. Elle est aussi le lieu de sépulture de onze rois et reines écossais. La ville a vu naître les rois James Ier en 1394 et Charles Ier en 1600, ainsi que le philanthrope Andrew Carnegie en 1835. Sainte Marguerite d'Écosse repose aussi en ces lieux et il est possible d'approcher la grotte où, au XIe siècle, elle baignait les pieds des pauvres.

ABERDOUR CASTLE & GARDENS

Dans le village d'Aberdour, à 13 km à l'est de Dunfermline, sur la côte.
✆ +44 1383 860519
www.historicenvironment.scot
Avril-sept : 7j/7, 9h30-17h30. Oct-mars : lundi-jeudi, 10h-16h. £6/adulte, £4,80/réduit, £3,60/enfant.

Ce château serait le plus ancien château encore debout et dans un bel état de conservation en Écosse. Érigé dans les années 1100, il est un complexe impressionnant, adapté au fil des âges et des modes architecturales, jusqu'aux années 1600. Le plafond peint est un vestige du faste du XVIIe siècle. Il a successivement appartenu aux familles Mortimer, Randolph et Dougras. Le jardin clos invite à la balade, de même que les terrasses et le parc qui surplombent le Forth.

ANDREW CARNEGIE BIRTHPLACE MUSEUM

Moodie Street
✆ +44 1383 724302
www.carnegiebirthplace.com
Ouvert à partir de mars, 7j/7, 11h-16h. Entrée gratuite.

Andrew Carnegie est née en 1835 dans cette modeste maison de tisserand. Il est l'un des principaux acteurs de l'essor de l'industrie de l'acier aux États-Unis. Surnommé en son temps l'homme le plus riche du monde, il a incarné à lui seul le rêve américain. Il a laissé le souvenir d'un homme d'affaires brillant et d'un philanthrope, car il aura versé des millions de dollars à des fondations diverses et légué sa fortune à des œuvres de charité. La maison retrace sa vie et son œuvre.

DUNFERMLINE ABBEY & PALACE

St Margaret Street
✆ +44 1383 739026
Avril-sept, lundi-samedi 10h-17h. Oct-mars : sam-merc, 10h-16h. £9.50/adulte, £7.50/réduit, £5.50/enfant.

L'abbaye de Dunfermline est le dernier lieu de repos du roi Robert le Bruce et le lieu de sépulture de 11 rois et reines d'Écosse. Fondé comme prieuré, Dunfermline a été transformé en abbaye par David I et est devenu plus tard un mausolée royal. Sa nef est particulièrement impressionnante et son architecture romane de toute beauté. Vous pourrez vous promener dans le réfectoire des moines et admirer la vue imprenable qu'offrent les fenêtres du palais sur la vallée.

DUNFERMLINE CARNEGIE LIBRARY & GALLERIES

1 Abbot Street ✆ +44 1383 602365
www.onfife.com/dclg
7j/7, 10h-17h (19h le vendredi, 16h le WE). Entrée libre et gratuite. Musée, galerie, bibliothèque, café, boutique.

Ce centre culturel entièrement gratuit est né en association avec la Carnegie Library (bibliothèque), la première au monde à avoir été ouverte par le philanthrope Andrew Carnegie, l'enfant du pays. Il dispose donc d'une bibliothèque, mais aussi d'un musée gratuit équipé de grandes salles d'expositions où les thématiques sont régulièrement renouvelées, d'une bibliothèque dédiée aux enfants et adaptée aux familles, et d'un café sympathique avec vue imprenable sur l'abbaye de Dunfermline.

PITTENCRIEFF PARK

Pittencrieff Street
✆ +44 345 155 0000
https://pittencrieff.fife.scot
Accès libre et gratuit.

Ce très beau parc offre de nombreux kilomètres de sentiers et allées pour d'agréables balades compilées dans une brochure dédiée disponible sur place. Itinéraires ludiques, observation de la faune et de la flore, découverte des arbres — arbres endémiques et essences du monde, déambulation dans le jardin à la française, excursion dans le jardin japonais, exploration des serres et du potager sont autant de possibilités. Ne manquez les éléments architecturaux remarquables : *Pittencrieff House, Glen Pavilion*, le double pont, la statue d'Andrew Carnegie...

SCOTTISH VINTAGE BUS MUSEUM

M90 Commerce Park
✆ +44 1383 623380
www.svbm.online
Avril-oct : tous les dimanches, 12h30-17h. Tours guidés : 13h, 14h, 15h. £7/adulte, £5/réduit. Espèces seulement.

Si vous êtes à Dumferline un dimanche en belle saison, il vous faut découvrir ce musée original. Il se consacre aux bus, cars et transports en commun. Il est possible de visiter le musée seul, mais les visites guidées incluent une promenade à bord d'un des véhicules *vintage*. L'espace muséographique abrite plus de 100 bus ou cars, trains et un tramway à cheval. Les plus anciens datent des années 1920. De nombreuses animations sont organisées : consultez le site web.

Abbaye de Dunfermline.

ÎLES ORCADES ET SHETLAND

Éparpillées tel un jet de pierres entre la Grande-Bretagne et la Scandinavie, ces îles sont les dernières terres écossaises du grand Nord. Elles passent facilement inaperçues sur une carte, au milieu de l'immense variété insulaire du pays. Les falaises, les landes, les péninsules, les îlots, les lochs : chaque recoin a une histoire fascinante à raconter, faite d'héritages pictes, vikings et britanniques. On s'y sent facilement plus en Norvège qu'au royaume de Sa Majesté, et pour cause : l'ensemble du territoire a appartenu à ce pays jusqu'en 1472. Cela se traduit dans le nom des lieux, les traditions, les mentalités et la fierté de ses habitants, attachés à leurs origines. Il faut de la patience pour venir jusqu'ici, mais on le regrette rarement, tant ces destinations sont uniques et authentiques.

FOULA
Océan
Atlantique
PAPA WESTRAY
NORTH RONALD
WESTRAY
North
Sound
SANDAY
EDAY
ROUSAY
STRONSAY
ORCADES
Mainland
SHAPINSAY
KIRKWALL
STROMNESS
Hoy
ST MARGARET'S HOPE
412

Îles Orcades et Shetland
UNST
FETLAR
YELL
SKERRIES
Brae
WHALSAY
OUR
SHETLAND
LERWICK
NOSS
Scalloway
Sandwick
MOUSA
SUMBURGH
FAIR ISLE
20 KM

PAGES

●● LES ORCADES

Visiter les Orcades (Orkney, en anglais), c'est épouser un héritage incommensurable et des paysages de toute beauté. Peu d'endroits dans le monde peuvent se targuer d'un patrimoine si grand et, surtout, si dense. Les sites préhistoriques y sont pléthores et une partie est même classée au patrimoine mondial de l'Unesco. Cette terre, merveilleusement façonnée par la nature, fut forgée par les Pictes et les Vikings, qui ont ici dressé des pierres levées, des cairns, des forts, des brochs et des villages dont la valeur est inestimable. Elle fut sous autorité norvégienne jusqu'au XVe siècle et l'influence nordique est encore présente partout, dans les noms de lieux, les coutumes, les fêtes et la fierté des insulaires. Parmi quelque 70 îles réparties sur 990 km, une vingtaine seulement est habitée. Mainland est la plus grande et la plus visitée. C'est là que l'on trouve Kirkwall, petite capitale si sympathique, ainsi que la plupart des attractions. Il faut aussi mentionner Hoy, son stack légendaire du Old Man et ses falaises indomptées. Entre les deux s'étend la baie de Scapa Flow, qui prouve que l'histoire locale a écrit de fascinantes pages jusqu'à récemment. On trouvait ici une base navale majeure de la Royal Navy pendant la Première et la Seconde Guerres mondiales. Après l'armistice de 1918, l'intégralité de la flotte allemande y fuit conduite pour y être cantonnée et fut sabordée sur ordre de ses propres officiers. Le 14 octobre 1939, un autre drame se produit quand le *HMS Royal Oak* fut coulé par un U-boat, entraînant la mort de 833 marins. Aujourd'hui, on prend conscience de l'importance de la rade par ses fortifications et les quelques épaves qui en jonchent le fond, même si depuis, elle est devenue la paisible demeure des oiseaux de mer. Venir ici vous demandera un sacré détour et du temps, mais vous ne le regretterez pas. Enfin, les Orcades possèdent deux excellentes distilleries, une superbe brasserie et de ravissants pubs traditionnels. Mainland est l'île principale de l'archipel des Orcades. La capitale Kirkwall y est située, ainsi que tous les grands villages et les ports d'entrée depuis le reste de l'Écosse. C'est aussi ici que l'on trouve la majorité des attractions, notamment préhistoriques, qui ont valu à une partie du territoire d'être classée au patrimoine mondiale de l'Unesco, pour son immense valeur historique. Les paysages alternent entre péninsules déchiquetées, campagne verdoyante érigée de pierres levées, petits bourgs de pêcheurs et lochs peuplés d'oiseaux. La nature a ici un temple en son honneur et de nombreuses réserves sont présentes un peu partout. La RSPB, à elle seule, en possède six pour la protection des oiseaux et de l'environnement. Visitez-les à Marwick Head, The Loons, Birsay, Brodgar, Cottascarth et Hobbister. La Mull Head Nature Reserve est aussi à voir pour ses falaises à pic et ses ravissants sentiers de randonnée. Hoy est la seconde plus grande île des Orcades, la plus vallonnée et la plus sauvage, avec ses hautes collines (479 m à Ward Hill) et son impressionnant Old Man of Hoy. Ce stack de roche rose dépasse des flots sur 137 m et est un spot très apprécié des escaladeurs. Si vous souhaitez vous y rendre à pied, il faudra marcher près de 10 km aller-retour depuis la sublime baie de Rackwick. Entre cette dernière et Moaness Pier, vous pouvez aussi voir the Dwarfie Stone, qui serait la seule tombe néolithique non pas faite à partir de pierres, mais découpée dans la pierre. L'autre grande attraction du coin est le Scapa Flow Visitor Centre, qui se trouve dans l'ancienne base navale de Lyness, en opération pendant les deux guerres mondiales.

PAGES

425

●● LES SHETLAND

Les terres britanniques les plus septentrionales se trouvent tout là-haut, aux confluents de l'océan Atlantique, de la mer du Nord et de l'océan Arctique. Couvrant une superficie totale de 1 466 km, l'archipel des Shetland semble livré à lui-même, avec ses longues étendues sauvages, sa côte déchiquetée, ses îlots isolés et ses territoires solitaires. Plus rugueux que dans les voisines des Orcades, les paysages sont ici très minéraux et échancrés, formés de vastes péninsules et de petites presqu'îles. Pourtant, leur histoire leur est en grande partie liée et l'on retrouve, ici aussi, un héritage mêlé de vestiges préhistoriques et nordiques, dont les traditions sont encore bien ancrées et partout palpables. Avec au moins 12h de ferry depuis Aberdeen et 6h depuis Kirkwall, la traversée est déjà une aventure en soi. Elle se poursuit dans la lande, sur les falaises et le long des « Voe », ces bras de mer qui découpent le territoire de part en part. Mainland. La principale île des Shetland, appelée Mainland (comme la principale île des Orcades), allonge ses 909 km de roches, de landes, de collines, de lochs et de falaises entre Sumburgh Head, au sud, et Fethaland, au nord. L'ensemble du littoral est extrêmement découpé, si bien que l'on n'est jamais à plus de 5 km de la mer. De manière générale, l'ouest est particulièrement sauvage tandis que l'est est plus peuplé et développé. C'est ici que l'on trouve la plupart des sites touristiques et culturels ainsi que la capitale de la région : Lerwick.

© AIAIKAWA - ISTOCKPHOTO.COM

Lerwick.

KIRKWALL ★★★

Kirkwall est la ville principale des Orcades. Avec quelque 9 000 âmes, elle accueille une bonne partie de sa population et remplit son rôle de petite capitale insulaire à merveille. C'est une cité de caractère pleine de vie et de charme, avec ses ruelles pittoresques, sa cathédrale magnifique, son front de mer tourné vers l'horizon, ses pubs chaleureux et ses excellents restaurants. On s'y attache facilement et il est bien difficile de trouver un équivalent sur aucune autre île écossaise. Elle possède toutes les commodités souhaitées et présente une offre d'hébergement abondante et de qualité. N'oubliez pas la célèbre Highland Park Distillery.

Pratique

- Orkney Explorer Pass : Historic Environment Scotland propose un pass valable un mois d'avril à septembre sur l'ensemble des visites dont l'organisme à la charge dans les Orcades. (www.goscotlandtours.com/historic-scotland/orkney-explorer-pass.html)

Transports

En avion : les Orcades sont accessibles par les airs via l'aéroport de Kirkwall (www.hial.co.uk). Loganair opère des vols vers Edimbourg et Glasgow en 1h, Aberdeen en 50 minutes, Inverness en 40 minutes, Sumburgh (Shetland) en 35 minutes et vers de plus petites îles de l'archipel ainsi que vers Fair Isle (www.loganair.co.uk).

- **En ferry** : par la mer, Northlink Ferries (www.northlinkferries.co.uk) relie Kirkwall à Aberdeen en 6h, Kirkwall à Lerwick en 6h et Stromness à Scrabster (Thurso) en 1h30. Les prix varient selon la saison et il est possible de réserver un hébergement sur les trajets longs, sans quoi, il faudra dormir sur un fauteuil. La traversée Scrabster-Stromness offre de superbes vues l'Old Man of Hoy. Pentland Ferries, (www.pentlandferries.co.uk) relie St Margaret's Hope à Gill's Bay (entre John O'Groats et Thurso) en 60 minutes. Et John O'Groats Ferries (www.jogferry.co.uk) relie John O'Groats à Burwick (au sud de St Margaret's Hope) en 40 minutes, entre mai et septembre.

- **Les liaisons de bus** sur Mainland sont opérées par Stagecoach et sont assez efficaces. Tous les ports de départs sont desservis, ainsi que les villes et villages principaux. Achetez un Dayrider ou un Megarider pour des trajets illimités sur un jour ou une semaine. Vous trouverez des livrets avec l'ensemble des horaires aux Offices de Tourisme et parfois sur les ferries. Sur les autres îles, quelques bus privés s'alignent parfois sur les arrivées de ferries mais il faudra bien vérifier à l'avance. Plus d'infos : www.orkney.gov.uk ou www.travelinescotland.com

- Pour passer d'une île à l'autre, les **Orkney Ferries** sont se chargent des liaisons maritimes et desservent 13 îles sur 9 lignes (voir plus haut pour l'avion). Kirkwall, Tingwall, Stromness et Houton sont les ports de départ depuis Mainland. Vous trouverez les horaires aux Offices de Tourisme ou sur : www.orkneyferries.co.uk

BISHOP'S & EARL'S PALACES

Watergate

✆ +44 1856 871 918

7j/7, d'avril à septembre, 9h30-17h30. Octobre : 10h-16h. Adulte : £6, réduit : £4,80, enfant : £3,80.

Ces deux ruines impressionnantes furent les résidences des évêques d'Orkney, respectivement à partir du XIIe siècle et à partir du XVIIe siècle. Le Bishop's Palace médiéval est un édifice robuste d'où l'on profite de belles vues sur la Cathédrale St Magnus et Earl's Palace fut un modèle de raffinement en son temps. Son architecture de la Renaissance, ses tourelles et ses vastes pièces donnent à imaginer sa superbe d'antan. Aujourd'hui, ils livrent un bel aperçu de leur grandeur passée.

HIGHLAND PARK DISTILLERY

Holm Road

✆ +44 1856 874 619

www.highlandparkwhisky.com

Avril-octobre : 7j/7, 10h-17h. Novembre-mars, mardi/samedi, 10h-17h. A partir de £30.

Fondée en 1798, Highland Park est la distillerie la plus septentrionale d'Écosse, dépassant Scapa de peu ! Elle a plusieurs fois remporté la San Francisco World Spirit Competition, qui rassemble des experts du monde entier. C'est de là qu'elle tient son slogan de « Best spirit in the World », et on ne peut pas dire qu'elle l'a réellement usurpé... Son single malt phare, le 12 ans d'âge, dégage des notes de miel, de bruyère, et d'épices, avec un fond de tourbe propre aux Orcades. La visite d'une heure est très complète et s'achève par une dégustation.

THE ORKNEY MUSEUM

Broad Street
✆ +44 1856 873 191
www.orkney.gov.uk
Ouvert du lundi au samedi de 10h30 à 17h, pause de 12h30 à 13h30 d'octobre à avril. Entrée gratuite.

Le musée des Orcades est particulièrement bien élaboré et regorge d'informations et d'objets d'un grand intérêt. Mise en place dans une ancienne maison de Kirkwall en face de la cathédrale, son exposition prend un peu des airs de labyrinthe, avec ses salles qui succèdent dans tous les sens. Le contenu n'en demeure pas moins fort intéressant et instructif, racontant l'histoire de l'archipel, de ses origines à nos jours, en passant par l'âge de pierre, les Pictes et les Vikings. C'est une excellente entrée en matière pour découvrir la région.

SCAPA DISTILLERY

Scapa
✆ +44 1856 873 269
www.scapawhisky.com
Ouvert les jeudis et vendredis 10h-17h. Tours guidés à partir de £15.

La seconde distillerie des Orcades, Scapa, fut créée en 1885 mais connut une crise profonde dans les années 1990 et faillit mettre la clé sous la porte... Heureusement, cela n'est jamais arrivé et les faits ont prouvé qu'il y avait bel et bien de la place pour deux grands noms du whisky à Kirkwall. La visite donne à voir l'ensemble du site de production et son environnement magnifique, avant de déguster un *dram* de 14 ans d'âge, moins tourbé que la plupart des *singles malts* insulaires mais radieusement fruité et épicé. Les -18 ans n'ont pas accès aux tours guidés.

ST MAGNUS CATHEDRAL ★★

Broad Street ✆ +44 1856 874 894
www.stmagnus.org
Entrée gratuite. Avr-sept, 7j/7, 9h-18h (13h le dimanche). Oct-mars : 6j/7, 9h-13h & 14h-17h. Appli « St Magnus App ».

St Magnus est la cathédrale la plus septentrionale de Grande-Bretagne. Sa construction débuta en 1137 et s'étala sur 300 ans. Son architecture romane est l'une des plus intéressantes d'Écosse. St Magnus, à qui elle est dédiée, avait une réputation de grande bonté. Lors d'un raid de la Norvège contre Anglesey, au Pays de Galles, il refusa de participer aux combats et resta sur le navire à réciter des psaumes. Le roi Eystein II lui accorda une partie des Orcades, qui étaient alors sous l'autorité de son cousin, Hakon, et ils gouvernèrent ensemble de 1105 à 1114.

KIRKWALL PEEDIE HOSTEL €

Ayre Road
✆ +44 185 687 5477
Lit à £25, chambre double à partir de £45. Parking et wifi.

Cette auberge pittoresque surplombe le port de Kirkwall et n'est qu'à quelques minutes à pied du centre-ville et de la superbe cathédrale. L'auberge est conviviale et bien aménagée, offrant même des chambres individuelles à petit prix, ainsi que deux cottages de pêcheurs rénovés. La plupart des chambres ont une vue sur le port ou en tous cas sur l'eau. Chaque résident profite des trois cuisines, trois salles de bains et de la salle commune. Le stationnement est gratuit dans la rue, et les motos ou vélos peuvent être garés dans une cour.

© JONNYJIM - ISTOCKPHOTO.COM

Kirkwall.

KIRKWALL YOUTH HOSTEL €

Old Scapa Road
✆ +44 1856 872 243
www.hostellingscotland.org.uk
Avril-sept. Lits en dortoir dès £29, chambre simple dès £46, double dès £88. Petit déjeuner : £5,95. Wifi. Parking.

L'auberge de Kirkwall est à moins d'un kilomètre du centre-ville, dans une rue tranquille en direction de Scapa. Installée dans une ancienne base de la Seconde Guerre mondiale, elle a conservé ses airs de baraquement de l'extérieur, mais l'intérieur est parfaitement aménagé, avec un mélange de dortoirs et de chambres privées regroupant 58 lits. La cuisine, la salle à manger et le salon forment un bloc à eux-seuls et sont très pratiques et sympathiques pour se poser et rencontrer du monde. Un parking gratuit est à disposition.

BELLAVISTA GUEST HOUSE €€

Carness Road
✆ +44 185 687 2306
www.bellavistaorkney.co.uk
Chambre double à partir de £89. Petit déjeuner inclus. Parking et Wi-fi.

À 1,8 kilomètre du bourg, *Bellavista Guest House* tient son nom de sa proximité avec la mer, à deux pas de la baie de Kirkwall. Les sept chambres sont doubles et simples et comportent toutes une salle de bains privative et attenante. Le *guest lounge* inclut même un petit coin cuisine avec réfrigérateur, micro-ondes et bouilloire. Le rapport qualité-prix est très bon pour une offre simple mais efficace. Les chambres peuvent être réservées avec différentes options de petit déjeuner, de la plus gourmande à la plus légère, et même sans petit déjeuner.

KARRAWA GUEST HOUSE / B&B €€

Inganess Road
✆ +44 1856 871 100
www.karrawaguesthouseorkney.co.uk
Chambre double à partir de £80. Petit déjeuner inclus. Wifi. Parking.

Sur les hauteurs de Kirkwall, Kerrawa se trouve dans le quartier de St Ola, à 1,5 km du centre, mais tout proche de la distillerie de Highland Park. C'est une adresse chaleureuse et confortable qui propose quatre chambres contemporaines et équipées de douches et W.C. Le petit déjeuner est complet, généreux et préparé à base de produits locaux. Les hôtes sont souriants et disponibles pour vous conseiller sur les visites à effectuer, des itinéraires de balades ou de bons restaurants.

STRAIGONA BED & BREAKFAST €€

Tankerness
✆ +44 185 686 1328
www.straigona.co.uk
Chambre double à partir de £240, minimum de 2 nuits. Petit déjeuner inclus. Parking et wifi. Menu à £23.

À 6 km à l'est de Kirkwall, à côté de l'aéroport, Straigona est un *bed & breakfast* plein de bien-être et de quiétude. Julie et Mike ont l'hospitalité à cœur. Leurs trois chambres sont modernes et bien équipées. Deux sont doubles, une comporte des lits jumeaux et il est possible de demander une triple. Chacune possède sa propre salle de bains et le petit déjeuner est un régal. Il est possible d'y dîner (menu entrée, plat et dessert à £15/personne).

JUDITH GLUE REAL FOOD CAFÉ €

25 Broad Street ✆ +44 1856 874 225
www.judithglue.com
7j/7. Juin-septembre : 9h-19h (dimanche 10h-18h). Octobre-mai : 9h-17h30 (dimanche 10h-18h). Formule du midi : £8.

Ce sympathique café est caché au fond d'un magasin chamarré vendant de l'épicerie fine et des idées de cadeaux. Au petit déjeuner comme en journée, les locaux s'y retrouvent pour bavarder autour de sandwichs, des *baked potatoes*, des salades, des burgers et des quiches, ou simplement savourer un en-cas avec un café. Le résultat est très convainquant et l'agréable décoration se compose de têtes de cerfs en peluche, d'épaisses tables en bois et de murs lambrissés aux teintes bleues.

LUCANO €

31-35 Victoria Street
✆ +44 185 687 5687
www.lucanokirkwall.co.uk
Ouvert tous les jours de 7h30 à 21h. Plats dès £8.

l'Italie est à l'autre bout de l'Europe, mais elle peut se vanter d'avoir un ambassadeur hors du commun à Lucano. Le service y est charmant et la nourriture excellente. Pizzas comme pastas, les recettes sont exécutées avec talent et la garniture ne manque pas. Il y a aussi des poissons et des viandes à la carte, ainsi que des petits plats le midi. L'environnement est élégant mais détend, avec des coloris beiges aux murs et de grandes photos en noir et blanc. Le chef et une partie du personnel sont eux-mêmes italiens. On y sert aussi des petits déjeuners.

HELGI'S €€

14 Harbour Street
✆ +44 1856 879 293
www.helgis.co.uk
Ouvert 7j/7, de 11h à 00h (1h du jeudi au samedi et 12h30-00h le dimanche). Menu 3 plats à £24,95.

Ce gastro-pub a une réputation inébranlable dans les Orcades, grâce à sa bonne cuisine traditionnelle et aux *real ales* qui l'accompagnent. Situé dans une petite maison blanche face au port, il tient son nom du guerrier Helgi, un héros viking du folklore local. L'intérieur est très typique, avec de grosses dalles au sol et un bar tout en bois. On y profite de burgers, de currys, de *fish & chips* et de pâtes, parmi d'autres, en de bonnes portions réussies. Vous pouvez aussi venir simplement pour boire un verre. Attention : les -18 ans ne sont pas acceptés.

THE SHORE RESTAURANT €€

Shore Street
✆ +44 185 687 2200
www.theshore.co.uk
Ouvert 7j/7, de 11h30 (9h dimanche) à 00h, 1h vendredi et samedi. Service jusqu'à 21h. Plats à partir de £18.

À la fois bar et restaurant, ainsi qu'hôtel, The Shore a bâti sa renommée sur une carte mettant le terroir à l'honneur et sur une belle sélection de bières. Les plats sont plus élaborés que ceux d'un pub classique et l'on viendra ici pour un repas un tant soit peu formel, dans un espace assez moderne et prisé. On peut aussi passer y boire un coup à n'importe quelle heure. L'hôtel est lui aussi sympathique, avec 17 chambres (doubles, familiales, suites) possédant chacune sa salle de bains privative et attenante, confortables, modernes, spacieuses.

THE AULD MOTORHOOSE

26 Junction Road
✆ +44 185 687 1422
Ouvert tous les jours de 11h (12h dimanche) à minuit, 1h du jeudi au samedi.

Ce petit pub ne sert pas le plus grand choix de bières, avec une seule *real ale*, mais c'est un *local* authentique et tout ce qu'il y a de plus écossais. Il passe facilement inaperçu mais ce serait une erreur que de l'oublier. De l'extérieur, un panneau « Theme Bar » dépasse de façade blanche et précède une salle sombre toute en bois, où l'atmosphère chaleureuse est entretenue par les habitués qui viennent jouer aux fléchettes et faire marcher le *jukebox*. Des concerts y sont régulièrement proposés : consultez leur page Facebook.

STROMNESS ★★

L'ouest de Mainland est marqué par ses vastes lochs, son littoral magnifique et, surtout, son patrimoine préhistorique. La plupart des sites touristiques se trouvent ici et sont absolument immanquables lors d'un séjour dans les Orcades. Stromness est le village principal de la région et arrive en seconde position après Kirkwall pour sa taille. Si vous souhaitez faire quelque chose d'un peu différent dans la région, sachez que l'Orkney Folklore & Storytelling Centre programme des veillées, où l'on raconte les légendes locales en musique et Scapa Scuba organise des sessions plongées au cœur de Scapa Flow et à la découverte de ses épaves.

BARNHOUSE VILLAGE & RING OF BRODGAR ★★

Stenness
✆ +44 1856 841 732
www.historicenvironment.scot
Sites en accès libre.

Les habitations néolithiques de *Barnhouse Village* furent probablement occupées par ceux qui ont bâti Maeshowe et les fondations donnent une bonne impression de ce à quoi ressemblaient les maisons de l'époque. 1,5 km plus loin, vous trouverez le très romantique Ring of Brodgar. Ses monolithes auraient entre 3 500 et 4 000 ans. Trônant dans la bruyère, ils sont 27 toujours visibles, sur les 60 d'origine. Entre les deux sites, vous passerez le Ness of Bodgar, toujours encours de fouilles.

BROCH OF GURNESS ★★

Evie
✆ +44 1856 751 414
7j/7, avril à septembre de 10h à 17h30. Fermé de 12h30 à 13h30. Adulte : £7,50, réduit : £6, enfant : £4,50.

Bâti entre -500 et -200 avant J.-C., ce site de l'âge de fer est admirablement bien conservé et complet pour son grand âge. Un *broch* est une construction propre à l'Écosse de cette époque et formait alors une tour défensive pour protéger les villageois des raids fréquents. Il en demeure environ 500 dans tout le pays et celui-ci est l'un des plus impressionnants et remarquables du pays. Entouré d'habitations, l'ensemble du site est réparti sur 45 m et encerclé par un fossé. Le petit musée présente tout ce que l'on a retrouvé sur place.

BROUGH OF BIRSAY ★

Brough of Birsay
✆ +44 1856 841 815
www.historicenvironment.scot

Site accessible à marée basse. Le centre d'information est actuellement fermé.

Il faudra vérifier les marrées avant de se rendre sur cette petite île dont l'accès en dépend entièrement. On y visite d'intéressants vestiges pictes et vikings, bien que beaucoup plus récents que l'ensemble des attractions voisines. Le territoire fut intensément peuplé entre le VIIe siècle et le XIIIe siècle et parmi les témoins du passé figurent une large pierre celtique (une réplique, l'originale est exposée à Édimbourg), des ruines d'habitations scandinaves et d'une église romane. Le point info comporte des informations et objets trouvés lors de fouilles.

MAESHOWE CHAMBERED CAIRN

Visites guidées seulement. 7j/7. Avril-septembre : 10h-17h. Octobre-mars : 10h-16h. £10/adulte, £8/réduit, £6/enfant.

C'est l'une des plus belles tombes de ce type en Europe, parmi celles construites il y a environ 5 000 ans. Le passage d'entrée de Maeshowe est aligné avec le coucher du soleil du milieu de l'hiver, de sorte que la lumière éclaire l'intérieur de la tombe. Les Vikings sont entrés par effraction dans Maeshowe au milieu du XIIe siècle, longtemps après qu'il a sombré en désuétude et dans l'oubli. Eux aussi ont laissé leur marque sur le site : cette fois sous forme de graffitis gravés en runes sur les murs de la chambre principale.

NESS BATTERY

Ness Road
✆ +44 775 985 7298
www.nessbattery.co.uk

Horaires variables chaque semaine à consulter en ligne. Visite guidée uniquement. Adultes : £6

Situé sur le littoral au sud de Stromness, cette batterie est un précieux témoin de l'histoire militaire orcadienne. Elle fut en service pendant les deux guerres mondiales et faisait partie des défenses de Scapa Flow, comme la base principale de la flotte de la Royal Navy. Le poste de commandement, le mess, la pièce qui accueillait le canon, les peintures murales ainsi que la vie des soldats sont tous racontés pendant des visites de 75 minutes, qui ont lieu plusieurs fois par semaine à des horaires variables selon les saisons.

ORKNEY BREWERY

Quoyloo
✆ +44 1856 841 777
www.orkneybrewery.co.uk

Lundi-samedi 11h-17h. Tours guidés : £11/adulte, £9,50/réduit, £4,75/enfant.

Si vous avez déjà écumé quelques pubs des Orcades ou même du reste de l'Écosse, cette brasserie n'est pas une inconnue pour vous. Ses bières sont au rang des meilleures du pays et sont toutes produites ici, avant d'atterrir dans les pintes des amateurs de *real ales*. Les visites durent 40 minutes et partent régulièrement, mais l'on peut réserver pour s'assurer un horaire. Une dégustation conclut l'expérience (de bière pour les adultes, de jus de fruits pour les enfants) et il y a également un café réputé pour sa nourriture sur place.

Brough of Birsay.

SKARA BRAE & SKAILL HOUSE ★★

Sandwick
✆ +44 1856 841 815
www.skaillhouse.co.uk
7j/7 d'avril à septembre : 9h30-17h30. Octobre : 10h-16h. £9/adulte, £7,20/réduit, £5,40/enfant.

Skara Brae est l'un des villages préhistoriques les mieux préservés d'Europe. Il fut découvert à la suite d'une tempête, en 1850 et est devenu un haut lieu du patrimoine orcadien. On y visite les vestiges d'anciennes maisons, leurs lits en pierreset leurs pièces à vivre. Une reproduction permet même de voir à quoi elles ressemblaient véritablement. De nombreux objets furent trouvés ici. Le ticket inclut aussi la visite de la *Skaill House* voisine, un manoir du XVIIe siècle.

STONES OF STENNESS CIRCLE AND HENGE

Stones of Stenness Circle and Henge
Accès libre et gratuit.

Les *Standing Stones of Stenness* auraient été dressées il y a 5 000 ans. Elles appartiennent à une série de monuments domestiques et rituels. Ce site comportait douze pierres levées, mais il n'en reste aujourd'hui que quatre. Leurs formes et leur stature sont absolument épatantes et la plus haute culmine à 6 m. Un sentier perpendiculaire à la route et parallèle au champ où elles se trouvent mène en peu de temps au Barnhouse Village, autre site à visiter si la Préhistoire vous passionne.

STROMNESS MUSEUM

52 Alfred Street
✆ +44 1856 850 025
www.stromnessmuseum.org.uk
Ouvert tous les jours de 11h à 15h30, le mercredi jusqu'à 19h. Adulte : £5, réduit : £4, enfant : £1, famille : £10.

Cette visite est particulièrement instructive, car elle raconte l'histoire maritime et naturelle orcadienne, avec un intérêt particulier pour l'industrie baleinière, la *Hudson Bay Company*, et la flotte allemande coulée à Scapa Flow en 1919. En été, des expositions temporaires sont aussi programmées. La découverte de ce musée permet de mieux comprendre l'histoire et le patrimoine de cette partie des Orcades. Si vous êtes passionné d'archéologie, sachez que ce musée rassemble un grand nombre d'objets d'importance internationale.

THE PIER ARTS CENTRE

28-36 Victoria Street
✆ +44 1856 850 209
www.pierartscentre.com
Ouvert du mardi au samedi de 10h30 à 17h, en juillet et août également le lundi. Entrée libre et gratuite.

Le Pier Arts Centre est le musée d'Art contemporain des Orcades. Situé à Stromness, il abrite une collection de qualité regroupant des œuvres d'artistes britanniques du XXe siècle à l'heure actuelle. Barbara Hepworth, Sylvia Wishart, Robert Adams et Callum Innes ne sont que quelques noms. Sa collection a été reconnue d'importance nationale et ses œuvres voyagent régulièrement dans le monde. Un programme évènementiel varié s'égrène tout au long de l'année, avec expositions et activités diverses. Une bibliothèque est également accessible.

BURNSIDE FARM BED & BREAKFAST €€

Burnside Farm
✆ +44 1856 850 723
www.burnside-farm.com
Chambre double à partir de 99 €. Petit déjeuner inclus. Wifi. Parking.

Si vous séjourniez dans une ferme des Orcades, et plus spécifiquement dans cette adresse basée au sein d'une exploitation laitière productrice de fromage. Elle se trouve tout près de Stromness, à la sortie du bourg. L'authenticité, le calme et le confort sont au rendez-vous. Les trois chambres doubles sont toutes dotées d'une salle de bains, attenante ou sur le palier. Le petit déjeuner est copieux et délicieux. Les propriétaires sont accueillants.

THE FERRY INN €€

10 John Street
✆ +44 1856 850 280
www.ferryinn.com
Chambre à £225 avec un repas à 2 plats inclus.

Le très populaire Ferry Inn attire pour sa partie bar comme pour son restaurant à Stromness. L'intérieur tout en bois surfe sur la thématique maritime, avec des hublots, des cordages de voiles et des photos de bateaux. Au menu, les plats sont des classiques nationaux, avec des burgers, fish & chips, pies, saumons et omelettes. Des soirées de musique live sont régulièrement proposées. L'établissement est aussi un hôtel et offre de belles chambres avec salles de bains (une vingtaine au total) situées dans le même édifice et dans le Royal Hotel (mêmes propriétaires).

ST MARGARET'S HOPE ★★

L'est de Mainland est en réalité composé de plusieurs îles, qui furent rattachées à la suite d'un tragique événement. Le 14 octobre 1939, le navire *HMS Royal Oak* fut coulé à Scapa Flow par un sous-marin U-boat ayant réussi à pénétrer dans la baie, entraînant la mort de 833 hommes. Winston Churchill ordonna alors la construction de digues et de chaussées entre South Ronaldsay, Burray et Mainland pour en bloquer tout accès. Connues sous le nom de Churchill Barriers, elles ont depuis été recouvertes de routes pour faciliter la circulation. À l'instar de l'ouest, la région offre de beaux paysages naturels et d'importants vestiges préhistoriques.

ITALIAN CHAPEL ✝ ★

Lamb Holm

✆ +44 1856 781 580

www.orkney.com

Ouvert 7j/7 de 10h à 13h. Entrée : £3.50, gratuit pour les moins de 12 ans.

Sur la minuscule île de Lamb Holm, entre St Margaret's Hope et Kirkwall, se trouve cette petite chapelle à l'histoire fascinante. Elle fut construite par des prisonniers de guerre italiens pendant la Seconde Guerre mondiale. Ils commencèrent alors à ériger un véritable lieu de culte avec tout ce qu'ils avaient sous la main : des baraquements militaires, de la tôle, du béton et du bois. Malgré ces matières premières de fortune, ils parvinrent à recréer un petit bijou architectural, comportant un clocher, des colonnes, des peintures murales et même un autel.

BANKS CHAMBERED TOMB ★

Cleat

✆ +44 1856 831 605

www.bankschamberedtomb.co.uk

Ouvert tous les jours de mai à octobre de 10h à 17h. Adulte : £6, enfant : £3.

Découverte en septembre 2010, cette tombe du néolithique fait toujours l'objet de fouilles à l'heure actuelle. Elle daterait d'il y a 5 000 ans et renfermait des os de loutres, en plus des restes humains qu'on a exhumés. Beaucoup y sont encore présents, bien visibles, et ont appartenu aussi bien à des adultes qu'à des enfants. Le *visitor centre* livre les secrets déjà percés et expose certaines découvertes. Il se situe à quelques minutes de la *Tomb of Eagles* : les deux visites vont donc souvent de pair et sont d'ailleurs recommandées.

ORKNEY FOSSIL & HERITAGE CENTRE

Viewforth

✆ +44 185 673 1255

www.orkneyfossilcentre.co.uk

Ouvert tous les jours de 10h à 17h de mi-avril à fin septembre. Adultes : £5,10 et réduits : £3,40.

Ce centre informatif est consacré à l'histoire naturelle et à la géologie locale, avec de nombreux fossiles remontant à la nuit des temps. Les guerres mondiales sont aussi traitées, avec une rétrospective sur la construction des *Churchill Barriers*, ce réseau de digues qui devaient reliées les îles entre-elles pour stopper les sous-marins *U-boats* et font désormais office de route. Il y a également un bon café sur place, avec des plats frais et des pâtisseries gourmandes.

Italian Chapel.

TOMB OF THE EAGLES ★★

Liddle
✆ +44 1856 831 339
www.tomboftheeagles.co.uk
Fermé pour la saison 2023. Des solutions alternatives seront proposées. Vérifier le site Internet.
Quelque 5 000 ans d'histoire furent ici dévoilés quand Ronnie Simison, un fermier local, découvrit deux sites préhistoriques majeurs de l'île en creusant sous des pierres horizontales qui l'intriguaient. Le premier est une vaste ruine de l'âge du bronze, probablement une habitation ou un endroit de rencontre. Le second est une tombe de l'âge de pierre très élaborée. Les excavations ont laissé apparaître quantité d'artefacts et pas moins de 16 000 os humains, ainsi que quelques-uns d'aigles, qui ont donné son nom à l'attraction.

ROUSAY

Rousay est située au nord-ouest de Mainland. L'île a été surnommée « l'Égypte du Nord » pour ses nombreux sites archéologiques. Ils sont plus de 160, dont le célèbre Midhowe Broch, un fort de l'âge du fer très bien préservé. Il se visite en libre accès. Sur la route pour vous y rendre, vous passerez devant trois cairns, le Taversoe Tuick, construit sur deux étages, le Blackhammer Cairn et le Knowe of Yarso Cairn. L'île possède de superbes plages : Nousty Sand (Saviskaill Bay) est une grande étendue de sable fin, Noustiger (ou Lopness Beach) jouit d'une vue imprenable sur l'île d'Egilsay… Plus d'informations : www.discoverrousay.co.uk.

SHAPINSAY

Située au nord-est de Mainland et à 30 min en ferry de Kirkwall, Shapinsay est une île verte, fertile et plutôt plate. Son point culminant est Ward Hill (65 m). On raconte qu'elle était le refuge des voleurs et des sorcières. Aujourd'hui, elle est le repaire des cormorans, des mouettes tridactyles et des phoques. Elle offre une réserve ornithologique RSPB à Mill Dam et accueille un élégant château victorien, le Balfour Castle (privé). Le village de Balfour avait été construit pour héberger les artisans employés dans le domaine. Des vestiges préhistoriques, comme les Standing Stones of Mor Stein et le Broch of Burroughston, sont aussi à visiter.

SANDAY

Sanday se trouve aux confins nord-ouest des Orcades, à 1h25 de ferry de Kirkwall (Mainland). L'île est intéressante pour ses belles plages de sables blancs, sa faune et ses sites archéologiques. Elsness-Quoyness Chambered Tomb date de 2000 ans av. J.-C. et est l'une des merveilles de l'île (accès libre). Tresness-Wasso Broch and Chambered Tomb est aussi à voir. La Bay of Lopness est la dernière demeure de l'épave du destroyer allemand B98, coulé en 1919, visible à marée basse. Start Point Lighthouse est un phare construit en 1870 : sa première version (1802) fut l'œuvre de Robert Stevenson, aïeul de l'écrivain. Ses rayures noir et blanc sont atypiques.

© GANNET77 - ISTOCKPHOTO.COM

Le phare de Sanday.

EDAY

On accède à Eday depuis Kirkwall (Mainland) en 1h15 de ferry. La longue île d'Eday est au cœur du nord de l'archipel. On y vient pour les falaises de Red Head, la sublime plage de London Bay, les tombes néolithiques de Vinquoy Hill Chambered Cairn, Huntersquoy Chambered Cairn et Braeside Chambered Tomb, ainsi que le beau monolithe de Stone of Setter. L'île est faiblement habitée par l'homme, mais densément peuplée par les oiseaux. Le macareux en a d'ailleurs fait une terre de prédilection. Elle est aussi connue pour ses installations innovantes en énergie renouvelable et comme point central du Surf 'n' Turf project.

ÎLES ORCADES ET SHETLAND

STRONSAY

Stronsay se situe à l'est d'Eday et est à 1h30 de ferry depuis Kirkwall (Mainland). Elle est appréciée pour ses longues plages et ses belles baies, notamment Bay of Holland, St Catherine's Bay, Mill Bay et Bay of Housebay. C'est aussi ici que l'on trouve le Vat of Kirbister, une énorme arche rocheuse percée dans les falaises, l'une des plus belles des Orcades. Lamb Ness & Lamb Head sont le domaine des oiseaux. Les amateurs d'archéologie et de préhistoire iront découvrir le broch de Burgh Head. Faites une halte au village de Whitehall. Au cœur du commerce du hareng dans les années 1800, il est maintenant un village portuaire calme.

PAPA WESTRAY ★★

Papa Westray est située juste au-dessus de Westray, accessible en ferry depuis cette dernière (25 min). Papay, comme on l'appelle souvent, revendique la plus vieille maison de l'Europe du Nord : Knap of Howar était occupée par des fermiers il y a plus de 5 000 ans, avant même que les Pyramides ne soient construites. Vous découvrirez aussi St Boniface Kirk, une église du XIIe siècle récemment restaurée, et le Holm of Papay, l'un des cairns les plus impressionnants des Orcades. Fowl Craig offre de superbes falaises. North Hill est une réserve ornithologique RSPB. Cette région offre également des plages d'une grande beauté, digne d'une carte postale.

WESTRAY ★★

La « reine des îles ». On y accède en ferry depuis Kirkwall (Mainland) en 1h30. Sont à découvrir les ruines du Notland Castle (XVIe siècle), les habitations néolithiques des Links of Notland Prehistoric Settlement, le Knowe o' Burristae Broch, le site viking de Quoygrew ou la pierre Westray, sculpture rupestre trouvée dans une tombe à Pierowall. Noup Head est également une réserve RSPB qui accueille un phare de 1898, des fous de Bassan, des petits pingouins et des guillemots. Les falaises de Castle o'Burrian & Stanger Head sont très belles. Le Westray Heritage Centre à Pierowall vous apprendra tout ce que vous souhaitez savoir sur la région.

NORTH RONALDSAY

Située à l'extrême nord de l'archipel, North Ronaldsay est la plus reculée des Orcades. Compter 2h40 de ferry depuis Kirkwall (Mainland) pour accoster dans son port. Old Beacon y est l'un des plus vieux phares d'Écosse, allumé en 1789. The New Lighthouse s'implanta non loin en 1854. Il est le plus haut phare terrestre de Grande-Bretagne, avec une hauteur de plus de 30 m. Le Broch of Burrian est l'une des attractions archéologiques clés, mais l'île a aussi plusieurs cistes funéraires et pierres dressées. On vient ici pour la faune, la flore et l'isolement. L'île a toujours un pied dans la tradition et a conservé le système de *crofts* à l'ancienne.

Papa Westray.

LERWICK ★★

Épicentre des Shetland, Lerwick est tournée vers le port qui la fait vivre. La pêche au hareng en fit le succès dès le XVIe siècle. C'est à cette époque, pendant la guerre anglo-hollandaise de 1652-1654, que furent érigées ses premières fortifications. Le Fort Charlotte les a remplacées en 1781 et fut ainsi nommé en l'honneur de la femme de George III. On peut désormais l'arpenter librement. Pour de plus vieilles pierres, le Clickimin Broch est une ancienne tour massive du XVIIe siècle avant notre ère, à voir au bord du loch éponyme, le long de l'A970, à la sortie sud de Lerwick. L'activité locale demeure essentiellement maritime (pêche et pétrole).

Transports

En avion : les Shetland sont accessibles par les airs via l'aéroport de Sumburgh (www.hial.co.uk) depuis Kirkwall, Aberdeen, Inverness, Glasgow, Edimbourgh et Manchester sur Loganair (www.loganair.co.uk).

En ferry : par la mer, Northlink Ferries (www.northlinkferries.co.uk) relie Lerwick à Kirkwall en 6h (adultes : £15-21.25 ; réduits : £13.50-19.13 ; enfants : £7.55-10.70 et voitures : £56-90) et Lerwick à Aberdeen en 12 heures minimum (adultes : £23.20-36 ; réduits : £20.88-32.40 ; enfants : £11.60-17.60 et voitures : £95-127). Le coût sera plus élevé si vous prenez une cabine, sans quoi, vous devrez dormir sur un fauteuil ou rester éveillé.

Les liaisons de bus dans les Shetland sont opérées par le conseil de l'archipel. Tous les ports de départs sont desservis, ainsi que les villes et villages principaux. Vous trouverez des livrets avec l'ensemble des horaires à l'office de tourisme et parfois sur les ferries. Pensez à bien préparer vos trajets car les services ne sont pas si fréquents... (Plus d'infos : www.zettrans.org.uk ou www.travelinescotland.com).

Pour passer d'une île à l'autre, les Inter-Island Ferry Services desservent : Yell, Unst & Feltar, Whalsay, Bressay, Skerries, Papa Stour, Fair Isle et Foula. Des vols sont également possibles pour Fair Isle, Foula et Papa Stour (plus d'infos : www.shetland.gov.uk).

Lerwick, une ville qui vit au fil de l'eau.

FORT CHARLOTTE

Charlotte Street

Accès libre et gratuit.

Construit en 1665 pour défendre la baie de Bressay, le fort a été reconstruit en 1781 puis modifié à l'époque victorienne. Malheureusement, il n'en reste aujourd'hui que les remparts. Par beau temps, allez vous promener le long des petites falaises du Knab, à la pointe méridionale de la ville, ou jusqu'au loch of Clickimin, immédiatement à l'ouest de la ville. Sur un îlot de ce petit lac, relié à la rive par une digue, se trouve un broch, fort circulaire remontant à l'âge du fer, parfaitement conservé. Le lac est fréquenté notamment des fuligules morillons.

SCALLOWAY MUSEUM

Castle Street

✆ +44 1595 880 734

www.scallowaymuseum.org

Du 1er mai au 11 octobre, du mardi au samedi 11h-16h, dimanche 14h-16h. Adulte : £5, enfant 6-16 ans : £1.

Le petit musée du bourg de Scalloway, ancienne capitale des Shetland, raconte l'histoire de ses gens, sa nature et son passé, de la Préhistoire à nos jours, en passant par les deux guerres. Toute une section est consacrée à l'opération de guerre clandestine connue sous le nom de Shetland Bus, alliant la Norvège et les Shetland dans un combat de résistance contre l'Allemagne nazie. Vous pouvez aussi y emprunter les clés du Scalloway Castle voisin, construit autour de 1607 par Patrick Stuart, alors qu'il gouvernait l'archipel.

SHETLAND MUSEUM & ARCHIVES ★

Hay's Dock
✆ +44 1595 695 057
www.shetlandmuseumandarchives.org.uk
Ouvert à partir du 1er mai 2023. Mardi-samedi : 10h-16h, dimanche : 12h-17h.

C'est ici qu'il faudra impérativement passer pour saisir toute l'histoire des Shetland, leur héritage nordique, leurs particularités et leur riche héritage. La visite donne vie aux noms de lieux, aux paysages et aux édifices que l'on croise en traversant les îles. Le tout est fort instructif et retrace l'ensemble du passé de l'archipel, sans ne rien omettre de ses faits marquants, qu'ils concernent les premiers Pictes, les Vikings, l'arrivée du téléphone ou des ferries...

SHETLAND TEXTILE MUSEUM

Bod of Gremista
✆ +44 1595 694 386
www.shetlandtextilemuseum.com
Ouvert de mai à octobre du mardi au samedi de 11h à 16h. Entrée : £3.

Datant du XVIIIe siècle, cette ancienne baraque de pêcheur est le lieu de naissance d'Arthur Anderson, le fondateur de la compagnie P&O Ferries. Largement rénovée, elle accueille désormais le musée du textile des Shetland, qui raconte cette industrie clé de l'archipel, avec une collection de quelque 500 pièces et des démonstrations fréquentes. Vous y verrez du tricot Fair Isle, de la dentelle Shetland, des tapis Shetland Taatit et du tweed tissé, mais aussi des outils. Des papiers et motifs sont conservés dans la collection, avec des pièces remontant à 1870.

ISLESBURGH HOUSE HOSTEL €

King Harald Street
✆ +44 1595 745 100
www.shetland.gov.uk
Chambre double à partir de 55 €. Wifi. Parking.

L'Islesburgh House Hostel a pris place dans l'une des belles rues victoriennes en retrait du port. Le staff y est très sympathique et les intérieurs ont largement conservé leur grandeur initiale. Le confort est assuré, avec des sanitaires propres et tout ce qu'il faut en installations pratiques. Il y a d'immenses salles communes : cuisine, salon, salle de billard et salle à manger, où il est très plaisant de se poser. Le rapport qualité-prix est particulièrement bon, notamment pour les chambres privées, simples, doubles comme familiales.

SHETLAND CAMPING BODS €

Garthspool
✆ +44 1595 694688
www.camping-bods.com
Ouvert de mars à octobre. 3 nuits minimum. Entre £120 et £180.

Pour un type d'hébergement original, bon marché et présent sur l'ensemble de l'archipel, vous pouvez vous orienter vers le Camping Böd Network. Un böd est une ancienne maison de pêcheur traditionnelle. On en trouve sur toutes les Shetland. Neuf d'entre eux ont été réaménagés sommairement afin d'accueillir les voyageurs de mars à fin octobre, et peuvent loger de 4 à 16 personnes. Les installations sont basiques et il faut amener son duvet, mais l'expérience authentique est garantie. Attention, certains n'ont ni électricité, ni douche

Lerwick.

FORT CHARLOTTE GUEST HOUSE €€

1 Charlotte Street
✆ +44 1595 692 140
www.fortcharlotte.co.uk
Chambre simple à £50, double à £85. Deux nuits minimum. Petit déjeuner inclus. Wifi. Parking.

Grâce à son emplacement central à Lerwick, la Fort Charlotte Guest House est une excellente base d'excursion pour aller à la découverte des Shetland.Cette *guest house* très centrale abrite de belles chambres coquettes et bien aménagées. Il y a deux simples, une double et une *twin*. Chacune a sa salle de bains et ses équipements de confort (TV, plateau de courtoisie...). Le petit déjeuner est délicieux et les hôtes se plient en quatre pour que vous vous sentiez comme chez vous.

VALLEY B&B €€

Tingwall
✆ +44 159 584 0403
www.valleybandb.co.uk
Chambre doubles à partir de £90, simple dès £75. Petit déjeuner inclus. Parking et wifi.

Située dans la campagne à l'extérieur de Lerwick, cette paisible adresse offre trois grandes chambres doubles, dont l'une peut se faire triple. La place et les rangements ne manquent pas, de même que les petites attentions. Toutes sont équipées de salles de bains. L'établissement dispose d'équipements pratiques : salle de séchage pour les vêtements mouillés, grand parking, espace salon avec livres et jeux.. L'accueil est chaleureux et serviable, et le petit-déjeuner bien copieux. Il est possible de demander des repas à emporter pour le midi.

THE KVELDSRO HOUSE HOTEL €€€

Greenfield Place ✆ +44 1595 692 195
www.shetlandhotels.com
Dès £200 la chambre double. Petit-déjeuner inclus.

Le mot Kveldsro (prononcé Kel-dro) est le vieux norrois pour « paix du soir ». Cet hôtel du groupe Brudolff Hotels propose des prestations haut de gamme et bénéficie de la vue sur le port. Les chambres sont luxueusement meublées et confortables, avec toutes leur salle de bains attenante et privative. Pour vous détendre après une journée de randonnée ou d'exploration, vous aurez le choix entre le bar, où l'on sert des plats simples et abordables, ainsi qu'une longue carte de malts et de bières, et le restaurant, chic, où la cuisine est une valeur sûre.

THE OLIVE TREE €

Toll Clock Shopping Centre
✆ +44 1595 697 222
Du lundi au samedi de 9h à 16h. Plats à partir de £5,95.

Cette excellente petite cantine au sein du *Toll Clock Shopping Centre* de Lerwick est un bon plan pour manger bien, rapidement et pas cher. Ce n'est pas pour rien que les locaux s'y pressent le midi, pendant leur pause déjeuner. Gâteaux, quiches, sandwichs, wraps, bagels, paninis, soupes et salades ne sont que quelques possibilités à choisir, avant de s'attabler dans la salle animée. On peut également prendre à emporter, ou encore ne consommer qu'une de leurs délicieuses boissons chaudes pour se réchauffer entre deux excursions.

FRANKIE'S FISH & CHIPS €

Brae
✆ +44 180 652 2700
www.frankiesfishandchips.com
Dimanche-jeudi : 12h-19h, vendredi et samedi : 9h30-19h. A partir de £8.

Au nord-ouest de Mainland, dans le petit village de Brae, se trouve cette adresse à la réputation exceptionnelle. En 2015, elle a été élue « Meilleur *fish & chips* de Grande-Bretagne » par le National Fish & Chips Awards, en plus d'être le plus septentrional du pays ! Que l'on prenne à emporter ou que l'on mange sur place, la fraîcheur et la qualité sont au rendez-vous et d'autres plats sont également offerts à la carte. L'établissement propose aussi des tours guidés à la découverte gustative des fruits de mer et de leur pêche dans les Shetland.

FJARÅ COFFEE €€

Sea Road
✆ +44 159 569 7388
www.fjaracoffee.com
Du mardi au dimanche 8h-22h (10h-18h dimanche). Service jusqu'à 20h. Plats dès £10.

Au sud de la ville se tient ce petit établissement au bord de l'eau. L'espace contemporain dispose de très belles vues et l'on y sert des petits déjeuners et brunchs le matin, des sandwichs et des salades le midi, ainsi que des poissons, des fruits de mer, des burgers et des plats de viandes ou végétariens le soir. Il est aussi possible d'y faire une pause goûter grâce aux belles pâtisseries. Tout est frais, local, et change au fil des saisons et des arrivages. Après le dîner, le bar prend le relais pour proposer cocktails et bières.

SUMBURGH ★★

Situé à la pointe sud de l'île, Sumburgh se tient au bout de la longue péninsule de South Mainland, qui s'achève en de hautes falaises peuplées d'oiseaux et par le merveilleux site préhistorique de Jarlshof (Jarlshof Prehistoric and Norse Settlement). C'est aussi ici que se trouvent l'aéroport de l'île et le ferry pour Fair Isles. Les amateurs de belles plages apprécieront les longues étendues de sable blanc que l'on trouve ici, notamment du côté de St Ninian's Isle. Ne manquez pas le moulin à eau de Queendale et le Croft House Museum, ni le phare et le site de Sumburgh Head si vous aimez les paysages de bord de mer et l'ornithologie.

HOSWICK VISITORS CENTRE

Hoswick

✆ +44 195 043 1406

Ouvert du mercredi au samedi de 10h à 16h. Entrée gratuite.

Ce petit musée local entend témoigner du passé de la région d'Hoswick, avec des photos d'époque et des expositions sur l'artisanat local et l'industrie baleinière, ainsi qu'une collection de radios du début du XXe siècle, civiles comme militaires. Vous y découvrirez aussi l'histoire de l'affaire Hoswick Whale. Le musée abrite aussi un café très sympathique où il est agréable de faire une pause gourmande, pour un encas salé comme sucré, avec ses pâtisseries maison et ses déjeuners préparés à la demande, à base de produits frais et locaux.

JARLSHOF PREHISTORIC & NORSE SETTLEMENT ★★

Sumburgh Head

✆ +44 1950 460 112

www.shetland-heritage.co.uk/jarlshof

Avril-sept : 9h30-17h30. Oct-mars : 10h-16h. Adulte : £7, réduit : £5,50, enfant : £4,50

C'est l'attraction historique principale et captivante des Shetland. L'homme s'est installé ici il y a plus de 4 000 ans. Les générations se sont succédé, améliorant les habitations. Un village de l'âge de fer, un *broch*, un village picte et un village norrois sont ici entremêlés, en plus des vestiges d'une demeure du XVe siècle, construite par Patrick Stuart. La visite commence au *Visitors centre* et se poursuit au cœur du site, que l'on explore librement avec un audio-guide.

QUENDALE WATER MILL

Queendale

✆ +44 195 046 0969

www.quendalemill.co.uk

Ouvert tous les jours de 10h à 17h de mi-avril à mi-octobre. Adultes : £4 et enfants : £1.

Quendale Mill est un moulin à eau du XIXe siècle, joliment restauré pour accueillir une exposition sur son activité passée et la manière dont l'on travaillait ici à l'époque, avec de nombreux objets et outils présentés. Le domaine remonte plus loin dans le temps, au XVIe siècle, mais le moulin est apparu en 1867. Il broyait le grain des cultivateurs sur une zone environnante très large et, en cela, était un lieu très important de la vie sociale d'autrefois. Le site dispose également d'une boutique proposant de l'artisanat local et d'un café sur place.

SUMBURGH HEAD LIGHTHOUSE & NATURE RESERVE ★

Sumburgh Head ✆ +44 1595 694 688

www.sumburghhead.com

Tous les jours d'avril à fin septembre de 11h à 17h30. Adulte : £6, réduit : £4, enfant : £2, famille : £12,50.

À l'extrême sud de Mainland se trouve l'un des spots les plus époustouflants des Shetland. Comme beaucoup de ses semblables en Écosse, ce phare fut l'œuvre de Robert Stevenson, en 1821, grand-père de l'auteur à succès. À l'intérieur, l'histoire de l'édifice est présentée, aux côtés de la faune et la flore des environs. L'ensemble du site est également une réserve RSPB, où l'on peut venir librement toute l'année admirer les oiseaux. Ne manquez pas non plus le café avec sa vue superbe.

THE CROFT HOUSE MUSEUM

Boddam

✆ +44 195 046 0557

www.shetlandmuseumandarchives.org.uk

Ouvert tous les jours de 10h à 13h et de 14h à 16h de mai à fin septembre. Entrée gratuite.

On visite ici une ferme du milieu du XIXe siècle, qui fut occupée jusque dans les années 1960. Les ressources principales venaient de la mer et l'homme était généralement pêcheur, tandis que femmes et enfants travaillaient la terre. Toute la famille vivait dans cet espace – grands-parents, parents et enfants – divisé en deux parties : le *Ben end* ou la chambre et le *But end* ou la cuisine. Le site offre une expérience marquante et une perspective intéressante de la vie à cette époque, dénuée de superflu et s'en tenant au strict minimum vital.

Sumburgh Head Lighthouse & Nature Reserve.

LEVENWICK CAMPSITE €

Levenwick
✆ +44 771 493 5914
www.levenwick.shetland.co.uk

Tente : de £13 à £25. Caravane/camping-cars : £20/25. Pas de Wifi. Parking. Ouvert de mai à septembre seulement.

Ce petit camping offre des vues superbes sur les environs grâce à sa position en surplomb de la baie de Levenwick et peut accueillir 12 tentes et 6 caravanes ou camping-cars. Il est on ne peut plus simple, avec seulement les équipements de base. Il y a des toilettes et douches à disposition, ainsi qu'un espace cuisine fermé et un espace pique-nique au milieu de fleurs sauvages et d'arbres récemment plantés. L'emplacement est idéal et le calme assuré. Il est parfois possible de venir hors saison, mais il faut téléphoner et réserver à l'avance.

HAYHOULL BED & BREAKFAST €€

Bigton ✆ +44 195 042 2206
www.bedandbreakfastshetland.com

Chambre double à partir de £90, simple dès £55. Petit déjeuner inclus. Parking et wifi.

Située dans la tranquille bourgade de Bigton, Hayhoull B&B n'est qu'à 5 minutes de la magnifique plage de St Ninian's Sands et d'un littoral sauvage s'ouvrant en panorama à perte de vue. Les quatre chambres sont simples et doubles et deux partagent une salle de bains, tandis que les autres ont leurs commodités privatives et attenantes. La maison est assez moderne, confortable et l'accueil est chaleureux. Le lieu est parfait pour aller marcher, observer les oiseaux, pêcher et se rendre sur les sites historiques... pourquoi pas à vélo ?

SUMBURGH HOTEL €€

Sumburgh Hotel
✆ +44 1950 460 201
www.sumburghhotel.com

Chambre double à partir de £130, simple dès £105. Petit déjeuner inclus.

Le Sumburgh Hotel a pris place dans une ancienne maison de laird érigée en 1867. Il est un point de départ idéal pour des excursions sur l'île et se situe à 5 min seulement de l'aéroport. Les chambres se déclinent en chambres simples, doubles, twin et familiales, avec chacune leur salle de bains privative et attenante, le wi-fi gratuit, et l'équipement classique (plateau de courtoisie, TV, sèche-cheveux). L'établissement est aussi un très bon restaurant de cuisine britannique (le West Roe), et possède son bar *lounge*, où sont aussi servis des encas et plats de pub.

NOSS ★

La belle petite île de Noss se trouve à seulement 100 m à l'ouest de l'île de Bressay et à 5 km de Lerwick à vol d'oiseau. De forme triangulaire, elle couvre 313 ha et s'élève d'ouest en est jusqu'aux falaises de sa côte orientale, où elle culmine à 181 m au cap du Noup. Elle est classée réserve naturelle nationale, sous l'égide de Scottish Natural Heritage, pour ses colonies d'oiseaux de mer de près de 100 000 individus. La réserve peut être visitée de la mi-mai jusqu'à la fin août, tous les jours sauf le lundi et le jeudi, de 10h à 17h. Une navette payante au départ de Bressay (côte est) permet de traverser les 100 m du Noss Sound.

MOUSA ★

L'île inhabitée de Mousa se trouve exactement sur le 60e parallèle, à moins de 1 km à l'est de la côte de Sandwick, dans le sud du Mainland, et couvre 180 ha. On peut la visiter tous les jours, de début avril à fin septembre, en prenant le bateau au départ de Leebitton (Sandwick) pour une traversée de 15 minutes (£18/ adulte et £8/enfant). Les départs se font à 11h30 pour un retour à 14h30. Il n'y a pas de traversée le samedi. Ils dépendent bien sûr des conditions météo. L'excursion commence dans le centre d'interprétation de Sandsayre, qui invite à découvrir la vie sur l'île autrefois, puis fait visiter Mousa Broch. Paiement en espèces uniquement.

Muckle Flugga.

FETLAR ★★

Située au nord des Shetland, à 4 km à l'est de l'île de Yell, au sud de l'île d'Unst, la petite île de Fetlar mesure environ 8 km d'ouest en est sur 4 km, et culmine à 159 m à Vord Hill. Elle ne compte pas plus d'une centaine d'habitants, principalement des fermiers. Son nom vient du vieux scandinave et signifie « terre grasse ». L'île est caractérisée par un écosystème de toundra, auquel elle doit le privilège de réunir des oiseaux rares. Ne manquez pas les vestiges d'habitats datant de l'âge de pierre, du passage des Pictes et des invasions scandinaves, jusqu'au XIXe siècle où le Laird a expulsé des villages entiers pour installer... ses moutons !

MUNESS CASTLE

Muness Castle

Ouvert toute l'année. Accès libre et gratuit.

Muness Castle remonte à la fin des années 1500. Il a été construit pour Laurence Bruce de Cultmalindie, demi-frère de Robert Stuart, premier comte des Orcades, qui est une figure éminente des Shetland. Accusé d'oppression, il est également décrit comme héroïque dans certaines légendes. Il est le château le plus septentrional de Grande-Bretagne. Il est aussi une maison-tour remarquablement fine, un superbe exemple de ce type d'architecture, avec de nombreux détails remarquables. On se rend bien compte de la vie de la famille et des domestiques.

UNST ★★

C'est à Unst que se termine le Royaume-Uni, sur son île la plus septentrionale. L'île est accessible en 10 minutes de ferry entre Gutcher (Yell) et Belmont (Unst). Ses paysages sont très variés, grâce à sa géologie singulière, et on y trouve aussi bien des étendues sablonneuses que des falaises dramatiques. Une partie du territoire est consacrée à des réserves naturelles, notamment du côté de Hermaness. À Haroldswick, vous pourrez voir le Skidblaner Longship. Au sud-est, le Muness Castle est une belle ruine de 1598, détruite par le feu en 1627. Ne manquez pas le Unst Bus Shelter, un arrêt de bus entièrement décoré, à côté de Baltasound.

UNST HERITAGE CENTRE & BOAT HAVEN

Haroldswick

✆ +44 195 771 1528

www.unstheritage.com

De mai à septembre : lundi-samedi 11h-16h. Adultes : £3

Lors d'un passage sur l'île, ne manquez pas d'y visiter l'Unst Heritage Centre. Cet espace muséographique retrace toute l'histoire locale et expose d'anciens bateaux d'une grande valeur au Unst Boat Haven. Vous y apprendrez que depuis plusieurs siècles, Unst est un spot de pêche parmi les plus riches au monde. Vous y découvrirez comment on pêchait, comment on séchait le poisson et comment il était expédié à l'étranger. Vous verrez les différents navires et leurs spécificités.

VIKING UNST, SKIDBLADNER & VIKING LONGHOUSE

✆ +44 1595 694 688

Site et démonstrations : vendredi au dimanche, juillet à mi-août, £2/adulte, £1/enfant.

Ce regroupement redonne vie à plusieurs sites de fouilles de sites vikings. Le *Skidbladner* est une réplique grandeur nature du navire *Gokstad*, trouvé dans un tumulus viking en Norvège en 1880. Le navire d'origine aurait atteint Unst. Ce type de navire viking était utilisé pour le commerce, la guerre et les voyages. Le Shetland Amenity Trust a acquis le *Skidbladner* en 2006. Il est vite devenu une attraction incontournable. La *longhouse* reproduit un habitat ancien traditionnel.

GARDIESFAULD YOUTH HOSTEL €

2 Belmont

✆ +44 1957 755 2989

www.gardiesfauld.shetland.co.uk

Ouvert d'avril à septembre.

L'auberge de jeunesse la plus au nord du Royaume-Uni offre des dortoirs de 11 ou 6 lits. Cette maison blanche possède en outre un certain charme. Elle est surtout très pratique pour un séjour à petit prix. Les espaces communs permettent de se retrouver en toute convivialité, de dîner, de prendre le petit déjeuner et de préparer ses repas, avec une cuisine équipée, un salon et une salle à manger. Le site fait aussi camping, avec possibilité de planter sa tente.

SAXA VORD RESORT €

Haroldswick

✆ +44 1957 711711

www.saxavord.com

3 choix : location de maison, Shackleton Lodge, auberge de jeunesse. 2 nuits minimum, à partir de £130 pour les lodges.

Cette auberge de jeunesse vous accueille dans un esprit « résidence universitaire ». Située dans un ancien bâtiment dédié aux sergents de l'armée, elle dispose de grandes chambres lumineuses, simples ou doubles. Le lieu est chaleureux et confortable, avec notamment son bar qui propose des plats de *pub food*. Les salles de bain sont communes, de même que les cuisines. L'espace Shackleton Lodge est quant à lui destiné aux groupes. Il est aussi possible de louer des gîtes indépendants (Nordabrake Houses) à la semaine sur le même site.

FAIR ISLE ★★

À mi-chemin entre Orcades et Shetland, Fair Isle est une petite île (768 ha) d'un intérêt immense. Connue pour sa confection traditionnelle de pulls et ses oiseaux, ce bout de terre parmi les plus isolés de Grande-Bretagne est le domaine d'une faune ornithologique exceptionnelle. Quelque 350 espèces différentes peuvent y être observées, dont plus de 20 000 macareux et de belles colonies de sternes arctiques. C'est un carrefour majeur pour un grand nombre de migrateurs, inhabituels ou même égarés, venant des quatre coins du globe : des passereaux, des roselins cramoisis, des bec-croisés. On atteint Fair Isle en 2h30 de ferry depuis Lerwick (Mainland).

Faune et Flore

La richesse ornithologique de Fair Isle est exceptionnelle : 350 espèces ont été observées sur ce réduit océanique. Comme toute île rocheuse de l'Atlantique Nord, Fair Isle abrite de nombreux oiseaux de mer : plus de 20 000 macareux nichent en haut des falaises, tandis que l'intérieur de l'île est occupé par de belles colonies de sternes arctiques. Elle possède une sous-espèce de troglodyte qu'on ne trouve nulle part ailleurs, distincte de la sous-espèce endémique des Shetland.

Mais Fair Isle est surtout célèbre parce qu'elle attire un très grand nombre de migrateurs, inhabituels ou même égarés venant de partout : Amérique du Nord, Sibérie, etc. Des pièges à oiseaux, inoffensifs, ont été installés pour identifier les espèces rares, qu'on observe surtout en période de migration.

Même en été, on peut attraper de petits passereaux, comme un roselin cramoisi venu de Laponie, ou encore un bec-croisé des sapins qui vit communément dans les forêts de conifères, notamment dans les Alpes. En été, c'est le baguage des oiseaux nicheurs, jeunes et adultes de toutes espèces, qui constitue l'activité principale d'une journée à Fair Isle. L'opération consiste à capturer l'oiseau, au moyen d'un filet s'il s'agit d'un adulte capable de voler et de lui passer autour de la patte une petite bague de métal dont l'immatriculation permet de l'identifier. Près de 250 000 oiseaux de plus de 250 espèces ont été bagués à Fair Isle.

Fair Isle est aussi renommée pour la confection traditionnelle de pulls de laine parmi les plus beaux des Shetland.

▸ Consultez aussi le site : www.fairisle.org.uk

ÎLES ORCADES ET SHETLAND

YELL ★★

Yell est la première île au nord de Mainland, seconde île la plus large. C'est un sanctuaire pour la faune et la flore insulaires, avec de nombreux champs de fleurs sauvages. Elle est couverte de 215 km de landes et de bruyères, encerclées de belles plages de sable blanc. On accède à l'île en 20 minutes de ferry entre Toft (Mainland) et Ulsta (Yell). En séjournant à Yell, faites un tour par Old Haa Museum. Ce musée raconte l'histoire locale et la culture insulaire à travers de nombreux objets du passé. Il est ouvert tous les jours sauf le vendredi, d'avril à septembre, et l'entrée est gratuite. Un autre site culturel à découvrir est The Shetland Gallery.

© MIKE BRILEY - SHUTTERSTOCK.COM

Yell.

WHALSAY

Whalsay, le centre de l'industrie de la pêche des Shetland. Elle offre de très belles randonnées côtières grâce à ses 8 km de long et 3,2 km de large. Son sommet, le Ward of Clett, culmine à 120 m. L'île est connue pour ses importants sites archéologiques et pour sa faune et sa flore. Symbister est à voir, pour son port authentique et pour le Whalsay Heritage Centre. On ne manquera pas non plus le musée de la Symbister Pier House qui raconte le commerce avec les navires venant de Hambourg. L'hébergement sur Whalsay est limité, il est donc préférable de réserver à l'avance. On y vient en 25 min de ferry depuis Laxo (30 km au nord de Lerwick, Mainland).

SKERRIES

4 km², c'est la taille que fait cette minuscule île, pour 70 habitants. Son phare, à Bound Skerry se trouve à seulement 164 milles marins (320 km) du phare le plus proche en Norvège. L'île vit de la mer – pêche et viticulture –, mais aussi de la terre, avec ses nombreux moutons et leur laine. Le tricot est ici une tradition ! Les visiteurs sont les bienvenus. En été, Skerries se fait terre d'hébergement de nombreux oiseaux de mer et échassiers. Elle est aussi un haut lieu d'observation de marsouins et rorquals. On accède à l'île de Skerries par ferry depuis Mainland : en 1h30 tous les jours du port de Vidlin (ou Laxo) et en 2h30 depuis Lerwick.

PAPA STOUR

Cette île possède l'une des côtes les plus spectaculaires de Shetland, avec ses arches rocheuses, ses piliers, ses grottes marines et ses récifs gigantesques. Elle a été désignée comme zone spéciale de conservation. On l'explore en bateau ou en plongée, en pénétrant dans les labyrinthes de cavernes. Plusieurs sites de l'île sont connus pour leur grand intérêt géologique, archéologique et ornithologique. Elle est aussi terre de *crofts* avec des sols fertiles. On découvre aussi des légendes norvégiennes, dont celle de la Frau Stack. Un seigneur norvégien aurait emprisonné sa fille dans la grotte de Housa Voe pour avoir refusé un mariage arrangé.

FOULA

Une des îles habitées les plus reculées de Grande-Bretagne. Elle compte cinq sommets spectaculaires (Da Noup, Hamnafield, Da Sneug, Da Kame et Soberlie). Sa côte ouest se déchire en falaises, les plus spectaculaires des Shetland. Ses paysages semblent torturés, comme Da Sneck ida Smaallie, une faille rocheuse de plus de 30 m de profondeur, ou Kame, la deuxième plus haute falaise de Grande-Bretagne. Son nom signifie « île des oiseaux » en vieux norrois, et Foula est d'ailleurs une zone protégée et d'intérêt national pour sa flore, sa faune – dont des oiseaux qui ne s'observent que sur cette île, des phoques, épaulards et marsouins – et sa géologie.

ORGANISER SON SÉJOUR

Préparer un voyage en Écosse reste relativement simple. Depuis octobre 2021, il faut obligatoirement se munir d'un passeport valide le temps de votre séjour. Il n'y a pas de vaccin spécifique à prévoir. Les risques ne sont pas plus importants en Écosse qu'en France. Vérifiez toutefois que vos vaccins D.T. Polio sont à jour. Pour ce qui est de votre valise, prévoyez (même en été) d'affronter les quatre saisons en une journée : pulls chauds et vêtements étanches, baskets, casquette, lunettes de soleil, maillot de bain… Si vous n'avez pas d'adaptateur, vous pourrez en acheter un sur place. On en trouve notamment en supermarchés. Pensez cependant à prendre une multiprise, si vous avez plusieurs appareils à recharger simultanément. Pensez aussi aux jumelles: vous serez content de les avoir prises quand vous ferez une halte pour admirer un superbe panorama.

Si vous avez prévu de faire des randonnées, n'oubliez pas vos chaussures de randonnées!

ARGENT

Banques : les banques sont en général ouvertes du lundi au vendredi de 9h à 16h/17h. Les banques traditionnelles écossaises sont la Royal Bank of Scotland, la Bank of Scotland et la Clydesdale Bank qui délivrent les sommes de 5, 10, 20, 50 et 100 £. On trouve aussi des banques étrangères en Écosse (essentiellement à Édimbourg et à Glasgow). Elles sont mentionnées dans les pages jaunes (vous pouvez obtenir leurs coordonnées en consultant le site Internet www.yell.com).

Change : de manière générale, notez toutefois que les frais de change peuvent être multipliés par cinq d'un bureau de change à un autre (ces frais sont souvent déjà inclus dans le taux de change affiché) en France comme à l'étranger. Préférez donc la carte bancaire. Pour les retraits, mais aussi les paiements par carte, le taux de change utilisé pour les opérations s'avère généralement plus intéressant que les taux pratiqués dans les bureaux de change.

Perte ou vol de carte bancaire : en cas de perte ou de vol de votre carte à l'étranger, votre banque vous proposera des solutions adéquates pour que vous poursuiviez votre séjour en toute quiétude. Pour cela, pensez à noter avant de partir le numéro d'assistance indiqué au dos de votre carte bancaire ou disponible sur Internet. Ce service est accessible 7j/7 et 24 h/24. En cas d'opposition, celle-ci est immédiate et confirmée dès lors que vous pouvez fournir votre numéro de carte bancaire. Sinon, l'opposition est enregistrée, mais vous devez confirmer l'annulation à votre banque par fax ou lettre recommandée.

Conseils avant départ : pensez à prévenir votre conseiller bancaire de votre voyage. Il pourra vérifier avec vous la limitation de votre plafond de paiement et de retrait. Si besoin, demandez une autorisation exceptionnelle de relèvement de ce plafond. Cette précaution est aussi utile pour éviter de voir votre compte bloqué, parce que votre banque aura pris vos retraits à l'étranger pour un piratage.

Retrait : de manière générale, le mode d'utilisation des distributeurs automatiques de billets (« ATM » en anglais) est identique à la France. Si la langue française n'est pas disponible, sélectionnez l'anglais. « Retrait » se dit alors « *withdrawal* ». Si l'on vous demande de choisir entre retirer d'un « *checking account* » (compte courant), d'un « *credit account* » (compte crédit) ou d'un « *saving account* » (compte épargne), optez pour « *checking account* ». Entre une opération de débit ou de crédit, sélectionnez « débit ». (Si toutefois vous vous trompez dans ces différentes options, pas d'inquiétude, le seul risque est que la transaction soit refusée). Indiquez le montant (« *amount* ») souhaité et validez (« *enter* »). À la question « *Would you like a receipt* ? », répondez « *Yes* » et conservez soigneusement votre reçu.

© BERNHARD RICHTER - ISTOCKPHOTO.COM

Frais de retrait : l'euro n'étant pas la monnaie du pays, une commission est retenue à chaque retrait. Les frais de retrait varient selon les banques et se composent en général d'un frais fixe d'en moyenne 3 euros et d'une commission entre 2 et 3 % du montant retiré. Certaines banques ont des partenariats avec des banques étrangères ou vous font bénéficier de leur réseau et vous proposent des frais avantageux ou même la gratuité des retraits. Renseignez-vous auprès de votre conseiller bancaire. Notez également que certains distributeurs peuvent appliquer une commission, dans quel cas celle-ci sera mentionnée lors du retrait.

Cash advance : si vous avez atteint votre plafond de retrait ou que votre carte connaît un dysfonctionnement, vous pouvez bénéficier d'un *cash advance*. Proposé dans la plupart des grandes banques, ce service permet de retirer du liquide sur simple présentation de votre carte au guichet d'un établissement bancaire, que ce soit le vôtre ou non. On vous demandera souvent une pièce d'identité. En général, le plafond du *cash advance* est identique à celui des retraits, et les deux se cumulent (si votre plafond est fixé à 500 €, vous pouvez retirer 1 000 € : 500 € au distributeur, 500 € en *cash advance*). Quant au coût de l'opération, c'est celui d'un retrait à l'étranger.

BUDGET / BONS PLANS

Certaines cartes de banques en ligne proposent le retrait à l'étranger sans frais. Aucune commission ni frais fixes ne seront appliqués, ce qui peut représenter une économie très intéressante.

PASSEPORT ET VISAS

Attention, depuis le 21 octobre 2021, le passeport est obligatoire pour effectuer un séjour en Grande-Bretagne. Il doit être en cours de validité le long de votre séjour.

Les moins de 18 ans voyageant sans leurs parents doivent être en possession non seulement d'un passeport en cours de validité, mais aussi d'une autorisation de sortie du territoire établie par leur commissariat de police ou leur mairie.

PERMIS DE CONDUIRE

Permis : Le permis de conduire français suffit, à condition toutefois que le conducteur soit âgé de plus de 23 ans et soit titulaire du permis

© _ULTRAFORMA_ - ISTOCKPHOTO.COM

depuis plus de 4 ans. Des frais seront appliqués pour les -25 ans. Chez certains loueurs de voiture, la limite d'âge peut être de 25 ans.

Location de voiture : La majorité des loueurs de voitures exigent qu'il y ait la mention « crédit » sur la carte bleue, sans quoi un supplément est appliqué. Des franchises exorbitantes peuvent aussi compenser un prix de location bas. Notre conseil futé s'orientera donc vers le loueur Arnold Clark (www.arnoldclark.com) et les grands noms de la location internationale (Sixt, Avis, Alamo, Hertz, Europcar). Évitez les loueurs discount chez qui les mauvaises surprises et surcoûts peuvent vite s'accumuler.

SANTÉ

Pour recevoir des conseils avant votre voyage, n'hésitez pas à consulter votre médecin. Vous pouvez aussi vous adresser à la société de médecine des voyages du centre médical de l'Institut Pasteur au ✆ 01 45 68 80 88 (www.pasteur.fr/fr/sante/centre-medical) ou vous rendre sur le site du ministère des Affaires étrangères à la rubrique « Conseils aux voyageurs » (www.diplomatie.gouv.fr/voyageurs).

VACCINS OBLIGATOIRES

Pour plus d'informations, vous pouvez consulter le site Internet du ministère de la Santé (www.sante.gouv.fr) pour connaître les centres de vaccination proches de chez vous.

DÉCALAGE HORAIRE

Il n'y a qu'une heure de décalage horaire au Royaume-Uni. Été comme hiver, il y a une heure de moins chez nos voisins d'outre-Manche. On gagne donc une heure à l'arrivée, pratique.

LANGUES PARLÉES

En Écosse, on parle évidemment l'anglais et le gaélique écossais, mais on apprend le français à l'école.

ELECTRICITÉ ET MESURES

Électricité : Le voltage en Écosse est de 230 volts, les hôtels et les *Bed and Breakfast* sont en général équipés de prises 220-110 volts pour les rasoirs électriques. Ces prises sont à trois fiches et nécessitent donc un adaptateur.

Poids et mesures : 1 mile : 1,609 km environ • 1 pint : 142 décilitres • 1 livre : 470 g • 1 pound : 453 g. L'adoption plutôt récente du système métrique est en passe de se généraliser.

BAGAGES

La météo étant variante en Écosse, il est préférable de prendre pour toute saison un K-way pour la pluie. On le dit souvent, mais vous pouvez avoir les 4 saisons en un seul jour. Il faut bien penser à prendre des chaussures de randonnée, cela serait dommage de passer à côté des panoramas féeriques. Si vous craignez les moustiques ou midges, prenez des manches longues.

LES PHRASES CLÉS

Bonjour, je voudrais réserver un billet aller/retour pour…
Hello, I'd like to book a single/return ticket to…

J'ai raté mon avion. Je voudrais échanger mon billet s'il vous plaît.
I missed my plane.I'd like to change my ticket please.

Mon vol est très en retard. Ma correspondance sera bien assurée ?
My flight is very delayed. Will I make my connection?

Mes bagages ont été égarés, à qui dois-je m'adresser ?
My luggage has been lost, who should I talk to?

Louez-vous des voitures avec chauffeur ?
Do you hire cars with a driver?

Je n'ai presque plus d'essence. Où se trouve la station-service la plus proche ?
I'm almost out of petrol. Where is the nearest petrol station?

L'ASSURANCE VOYAGE, LE BON RÉFLEXE POUR PARTIR L'ESPRIT TRANQUILLE

avec CATHERINE DIBOUES, responsable du marché voyage, chez Allianz Travel

© ELIZAVETA - STOCK.ADOBE.COM

En cas d'annulation de voyage, peut-on bénéficier d'un remboursement des frais engagés ?

L'assurance voyage propose une indemnisation lorsque l'on doit abandonner son projet de séjour pour une raison indépendante de sa volonté, y compris en cas de COVID-19. Contrairement aux idées reçues, les assurances liées aux cartes bancaires ne proposent pas toutes une assurance annulation.

Que se passe-t-il en cas de retard de vol ?

Avec l'assurance voyage Allianz Travel, les frais supplémentaires liés à l'attente sont remboursés, à partir de 2h de retard. Il peut s'agir des frais de restauration, de transport lors d'un changement d'aéroport ou d'une éventuelle nuit d'hôtel.

L'assurance voyage couvre-t-elle la perte ou le dommage des bagages ?

Allianz Travel indemnise les voyageurs en cas de bagages endommagés ou perdus par la compagnie aérienne. Cela comprend l'indemnisation du bagage et son contenu.

Les frais médicaux sont-ils pris en charge en cas de problème de santé dans l'Union européenne ?

Les pays européens ont des accords avec l'administration française. Avant de partir, il faut demander la carte européenne d'assurance maladie. La sécurité sociale et la mutuelle prennent alors en charge les frais médicaux, selon leurs barèmes. Les frais médicaux étant majoritairement plus élevés qu'en France, l'assurance voyage permet de se voir rembourser du reste à charge.

En cas de souci de santé sur place, notamment en cas de COVID-19, que faut-il faire ?

En cas de doute ou pour des symptômes légers, nous proposons un service de téléconsultation médicale, par téléphone et en visio, qui permet d'être conseillé et orienté par un professionnel ainsi que d'obtenir une ordonnance si besoin. Pour une situation plus grave, il est nécessaire d'appeler les urgences locales. Une fois à l'hôpital et dans un état stable, il faut contacter Allianz Travel pour déclencher les procédures de prises en charge. Notre centre d'assistance fonctionne 24h/24, 7j/7.

S'Y RENDRE

En train, il est nécessaire d'emprunter l'Eurostar depuis Paris (ou en Province depuis Lille, Lyon, Avignon ou Marseille) jusqu'à Londres. De là, prendre un train pour Edimbourg (durée : environ 4h40) ou Glasgow (durée : environ 4h30) par exemple.

Le prix pour un vol France-Écosse sera très variable selon la saison, la compagnie et l'avance avec laquelle vous vous y prenez. Les compagnies classiques sont souvent plus chères que les compagnies *low cost*, mais cela peut s'inverser par très forte affluence. Pensez à bien comparer et à vous y mettre tôt.

Il n'existe pas de liaison directe de la France à l'Écosse en bateau. En revanche, il est possible de rejoindre l'Angleterre depuis Roscoff, Caen, Calais, Cherbourg et le Havre en France. Ensuite, vous pouvez emprunter le réseau routier anglais pour vous rendre en Écosse avec votre propre véhicule. Compter environ 7 heures de route pour un trajet Portsmouth-Edimbourg.

EUROSTAR

✆ 0 892 35 35 39

www.eurostar.com

Compter de 80 à 350 € environ pour un Paris-Londres, selon la période et la classe choisie (standard ou premier).

Eurostar est une compagnie ferroviaire franco-britannique (majoritairement détenue par la SNCF) née en 1994 qui fait circuler des trains à grande vitesse via le tunnel sous la Manche, permettant de rallier les villes anglaises de Kent et de Londres depuis Paris et Bruxelles. Lors de son inauguration, le tunnel sous la Manche marqua une véritable révolution dans le monde du transport ferroviaire. Aujourd'hui, il faut compter environ 2h15 de trajet pour faire la connexion entre les capitales française et anglaise. Horaires, tarifs et tickets en ligne.

AIR FRANCE

✆ 09 69 39 36 54

www.airfrance.fr

Réservez en ligne ou par téléphone. Bagage en soute gratuit. Entre 55 et 100 € pour un bagage en soute supplémentaire.

Air France propose plusieurs liaisons quotidiennes entre Paris et l'Ecosse. Deux vols directs quotidiens partent de Paris CDG pour Édimbourg (1h50 de vol), ou pour Aberdeen *via* Amsterdam (1h50 de vol). Egalement des vols pour Glasgow, *via* Amsterdam (3h40 minimum). La compagnie, qui existe depuis 1933, est synonyme de qualité, de service et de confort. Sa flotte est majoritairement constituée d'Airbus, âgés d'une dizaine d'années. De nombreux vols sont également possibles depuis les principales villes de province : Lyon, Marseille…

BRITISH AIRWAYS

✆ 0 825 825 400

www.britishairways.com

Cette compagnie anglaise traditionnelle a fêté ses 100 ans en août 2019. C'est une compagnie sûre et très respectée, notamment grâce à son ancienneté. Sa flotte de 262 avions est principalement composée d'Airbus. C'est l'une des flottes les plus modernes du monde et l'une des plus importantes du transport aérien. British Airways propose des vols quotidiens au départ de Paris CDG pour Glasgow, avec escale à Heathrow. Départs quotidiens possibles également vers Aberdeen et Edimbourg avec escale à Heathrow. Les durées de vol sont de 4h minimum.

EASYJET

✆ 09 77 40 77 70

Cette compagnie low cost à l'image jeune, tendance et dynamique propose, en s'y prenant bien à l'avance, des tarifs intéressants pour des vols depuis Biarritz, Bordeaux, Marseille, La Rochelle, Grenoble, Nantes, Nice, Toulouse et Paris bien sûr ! De Paris, Easy Jet dessert tous les jours en vols directs Glasgow et Edimbourg. L'occasion d'une courte escapade le temps d'une escale. Il est possible de trouver des vols allers à 34 € en s'y prenant très en avance. La compagnie est en train de moderniser sa flotte. Un bémol : on n'emporte qu'un petit sac à bord.

SÉJOURS ET CIRCUITS

De nombreux organismes et *tour operateurs* proposent des voyages organisés en Écosse ou des circuits à suivre, avec réservation étape après étape des B&B ou chambres d'hôtels. Certains, comme Brittany Ferries, proposent même un voyage associant la découverte de l'Écosse avec celle de l'Angleterre ou de l'Irlande. Le voyage organisé peut être une bonne solution pour un premier séjour à l'étranger, quand on veut ne s'occuper de rien et découvrir un maximum de sites emblématiques en peu de jours. Il a l'intérêt, quand il se fait avec un chauffeur-guide, de ne pas nécessiter de conduire et de prévoir des visites guidées en langue française ou des possibilités de traduction. Il est aussi possible de couper la poire en deux et de faire une étape en voyage organisé avec chauffeur sur quelques jours (pour découvrir les distilleries par exemple) et une étape en autonomie, au gré de ses envies.

66° NORD

1220, chemin du lac clair - **LES MARCHES**
✆ 04 81 68 56 00
www.66nord.com
Ouvert sur rendez-vous.
Autre agence à Les Marches près de Chambéry.

Créée en 1998, l'agence spécialiste des terres polaires est à la fois réceptif et tour-opérateur. Grâce à son équipe de professionnels passionnés par la nature, 66° Nord vous fera découvrir le véritable visage des terres polaires ! L'agence propose des voyages en individuel et sur mesure ou des voyages accompagnés en petits groupes. 66° Nord propose de voyager en Écosse tout au long de l'année. A la carte, pour un trekking, pour pratiquer la voile et la marche, en randonnée, ou même à ski, diverses formules sont disponibles à travers tout le pays, selon la saison.

ALAINN TOURS

Unit 9
SLIGO
✆ +353 71 915 0345
www.alainntours.com

C'est un partenaire privilégié de l'office du tourisme irlandais, spécialiste des séjours sur mesure en Irlande et Irlande du Nord. Une agence franco-irlandaise basée dans le pays. Si les séjours proposés par Alainn Tours sont multiples et variés, celui qui consiste à marcher pendant 7 jours dans le Connemara demeure un *must*. Très prisé par les randonneurs indépendants, il démarre de Leenane et s'achève à Westport. Les nuits se passent dans des *B&B* où vous attendent un accueil chaleureux ainsi que vos bagages… Que demander de plus ?

AKAOKA - COMPAGNIE DU TREK

15, place des Halles
GANGES
✆ 01 83 62 19 68
www.akaoka.com
Consulter le site Internet pour plus d'informations.

Cette agence construit avec vous vos équipées terrestres, de la randonnée individuelle au trek accompagné, en respectant vos choix de destinations et vos envies. Elle a été fondée par deux passionnés d'aventure. En Ecosse, pas moins de dix randonnées et autotours sont proposés pour visiter les Highlands et les îles, avec par exemple un trek accompagné dans l'Ouest de l'Ecosse (8 jours) ou encore un autotour avec randonnées sur l'île de Skye (8 jours).

BRITTANY FERRIES

✆ 02 98 24 47 01
www.brittany-ferries.fr

Brittany Ferries propose jusqu'à plus de 50 départs par semaine depuis la France vers la Grande-Bretagne avec des ferries croisière ou des navires rapides. Ce tour-opérateur spécialiste de la Grande-Bretagne propose des séjours vacances avec plus de 1 200 hébergements à la carte : hôtels, appartements, maisons de vacances, B&B ainsi que des circuits voiture en liberté et des circuits en autocar pour découvrir les beautés de la Grande-Bretagne. Optez par exemple pour le circuit « la route des châteaux, terres de légendes & Skye » (9 jours) en voiture.

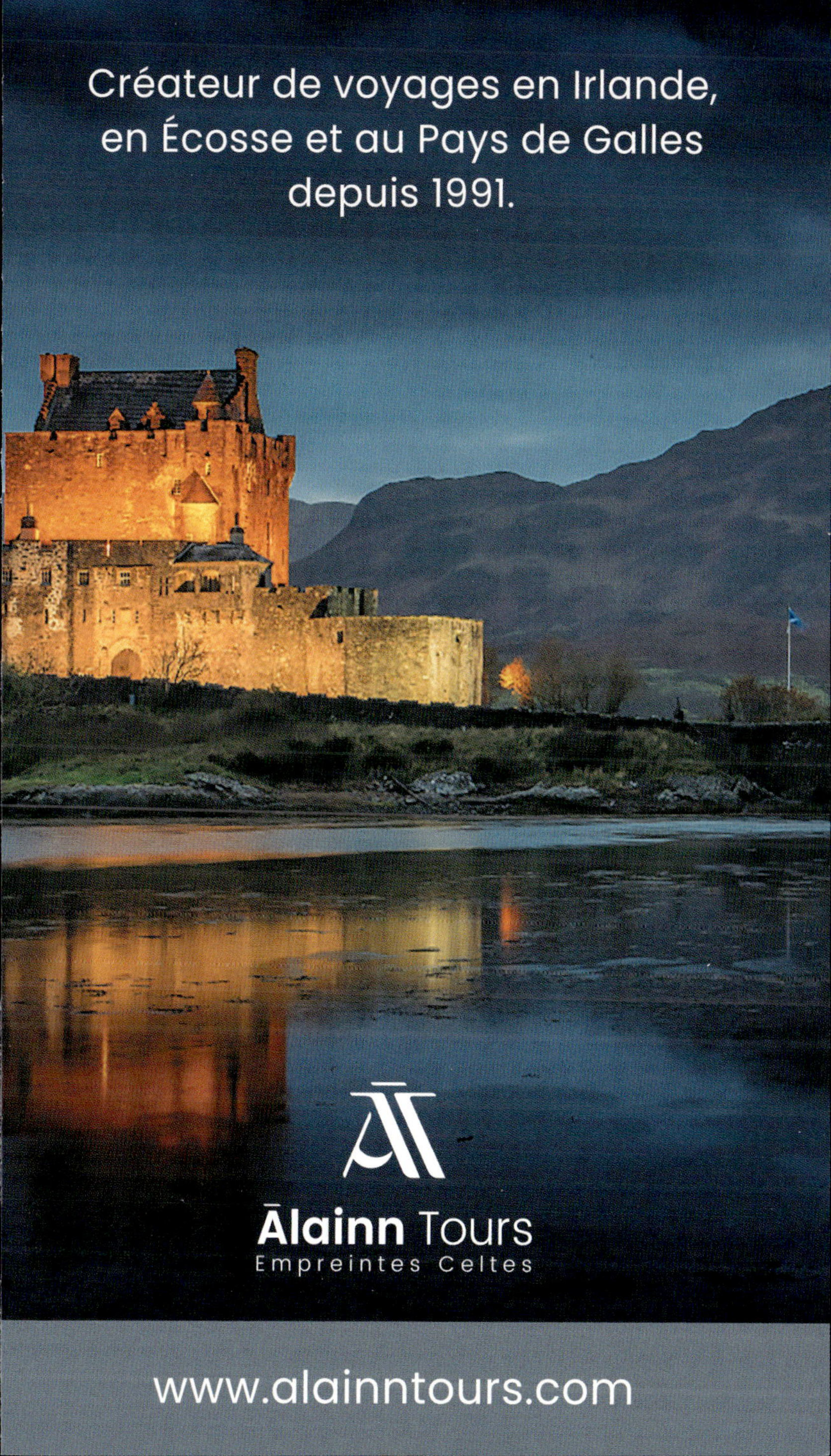
Créateur de voyages en Irlande,
en Écosse et au Pays de Galles
depuis 1991.
Ālainn Tours
Empreintes Celtes
www.alainntours.com

CELTIC TOURS - SCANDI TOURS

61, rue des Mathurins
PARIS (8e)
✆ 01 55 87 85 30
Ouvert du lundi au vendredi de 10h à 18h.

Séjours balnéaires, circuits accompagnés, croisières de charme, voyages à la carte et vols secs... Spécialiste des pays celtes et scandinaves, il propose une large gamme de possibilités en autotours (visite des abbayes et de la nature dans les Borders, découverte des secrets et savoir-faire du whisky, séjour orienté terres sauvages, les îles, un voyage spécial manoirs et châteaux) et des circuits accompagnés avec passage sur la fameuse et superbe île de Skye.

GAELAND ASHLING

126, Rue de Charenton
PARIS (4e)
✆ 01 42 71 44 44
www.gaeland-ashling.com
Ouvert du lundi au vendredi : 9h30-18h30 et le dimanche : 10h-17h30.

Ce spécialiste des voyages en terres celtes propose toutes les prestations pour organiser votre séjour en liberté : vols, hébergement, location de voiture, visites. Gaeland Ashling programme de nombreux circuits découverte en autotour et un en autocar traversant Édimbourg, Glasgow, l'île d'Arran, Oban, l'île de Skye, Pitlochry, l'île de Mull, les Orcades et les Hébrides. Un séjour dédié à la capitale écossaise (« Un week-end à Édimbourg ») est également proposé. Ces circuits peuvent servir de base pour personnaliser votre propre séjour.

CERCLE DES VOYAGES

31, avenue de l'Opéra - **PARIS** (1er)
✆ 01 40 15 15 19
www.cercledesvoyages.com
Tous les jours sauf dimanche 9h-20h, samedi 10h-18h30.

Les conseillers du Cercle des Vacances sont des spécialistes qui partageront avec vous leurs conseils et leurs petits secrets pour faire de votre voyage une expérience inoubliable et personnalisée. Confiez-leur vos habitudes de voyages, les différentes régions que vous souhaitez découvrir et élaborez ensemble un voyage sur mesure, qui vous ressemble. En Ecosse, optez pour leur circuit « dans les pas de Harry Potter », ou pourquoi pas les « Highlands aux couleurs de l'automne ». L'agence propose aussi un séjour « Réveillon du Nouvel An à Edimbourg ».

NOMADE AVENTURE

40, rue de la Montagne-Sainte-Geneviève
PARIS (5e) ✆ 01 46 33 71 71
www.nomade-aventure.com
Ouvert du lundi au samedi de 9h30 à 18h30. Circuits sur mesure. Activités.

Nomade Aventure est une agence qui vous change de vos habitudes sédentaires. Avec ses voyages placés sous le thème de la nature, de la culture et de la rencontre, elle vous propulse vers de nouvelles aventures. Plusieurs circuits sont proposés à destination du pays des lochs, parmi eux : « Mon van au pays des tartans », « Île de Skye et Merveilles des Highlands », « Archipel des Hébrides et hautes terres », « Ma maison dans les Highlands », « Merveilles d'Écosse »... Ils vous permettront de découvrir les plus beaux endroits du pays, sur mer... et sur terre.

CLIO

34, rue du Hameau
PARIS (15e)
✆ 01 53 68 82 82
www.clio.fr
Agence ouverte du lundi au vendredi de 10h à 18h, le samedi sur rendez-vous.

En choisissant Clio, dont le nom est inspiré par la muse de l'histoire, partez à la découverte d'une conception du voyage originale et enrichissante. Les destinations et les formules, cousues main, peuvent varier à l'infini.

Un conférencier passionné, qui sait transmettre son savoir et son enthousiasme, demeure, tout au long du voyage, votre interlocuteur permanent. En Ecosse, un séjour, « Trésors d'Ecosse » (8 jours), pour découvrir l'histoire et les légendes de ce pays et visiter, entre autres, Glasgow, Edimbourg, les Hébrides et le Loch Ness.

VOYAGEURS DU MONDE

55, rue Sainte-Anne - **PARIS** (2e)
✆ 01 88 33 06 93
www.voyageursdumonde.fr
Tous les jours sauf dimanche 10h-18h. Autres agences en France, à Bruxelles, à Genève, à Montréal et à Québec.

Depuis plus de trente ans, Voyageurs du Monde construit pour vous des voyages sur mesure et en individuel. Vous bénéficiez d'aide pour la préparation du voyage et durant toute la durée du séjour sur place. Tous les circuits peuvent être effectués avec des enfants. Les nombreux circuits couvrent des thématiques variées et permettent de parcourir toute l'Écosse. Parmi eux, on retiendra le séjour de 8 jours « Tour d'Ecosse en famille - Lochs, landes et Poudlard Express ». Si vous recherchez luxe et raffinement, craquez pour « Scottish spirit, demeures grand style ».

INTERVIEW

LE VOYAGE-SUR-MESURE

AVEC STEVEN LE CHEVALIER ET MATHIEU VALLY DE QUOTATRIP

Quel est le concept de l'agence QuotaTrip ?

Quotatrip est la première plateforme de mise en relation entre voyageurs et agences locales. Grâce à elle, les voyageurs peuvent enfin échanger en direct avec des agences qui sont sur place et concevoir un voyage unique, au meilleur prix et 100% personnalisé.

Pourquoi voyager avec des agences locales ?

À l'inverse des agences traditionnelles, les agences locales sont des expertes de la destination choisie. Ce sont aussi les mieux placées pour concevoir des séjours qui sortent des sentiers battus. Elles sont ainsi en mesure de répondre à l'ensemble des envies, le voyageur rentre dans l'univers de l'equi-tourisme = le tourisme sans intermédiaire.

Quels sont les autres avantages pour les voyageurs ?

Il y a une multitude d'avantages. Cela permet notamment de ne pas voyager comme tout le monde, d'organiser de manière simple et rapide un séjour sur mesure et au meilleur prix. Fini les mauvaises surprises, les voyageurs posent toutes les questions qu'ils souhaitent et bénéficient d'un accompagnement sur mesure, de la conception du projet jusqu'à sa réalisation en toute sécurité car les agences référencées sont sélectionnées et recommandées par les journalistes des guides du Petitfute en toute impartialité.

Les démarches sont-elle simples à effectuer ?

Les sites de voyage en ligne font perdre beaucoup de temps aux internautes sans pour autant répondre entièrement à leurs désirs. QuotaTrip propose un formulaire simple et rapide qui permet de décrire les souhaits, les envies et les besoins. L'internaute reçoit aussitôt gratuitement et sans engagement les offres de trois ou quatre agences locales avec qui il peut ensuite échanger afin de personnaliser son projet grâce à la messagerie mise en place.

Quelles sont les destinations proposées ?

Notre plateforme propose plus de 21 000 projets de voyage sur plus de 100 destinations à travers le monde. De l'Amérique latine en passant par l'Asie et l'Afrique, nos mille agences partenaires sont là pour répondre à vos projets de voyage.

Décrivez votre projet de voyage. Echangez en direct avec les agences locales et partez au meilleur prix.

***Plus d'informations** : quotatrip.com*

© D.R

© D.R

© D.R

GO VOYAGES

www.govoyages.com

Site internet proposant des prix avantageux toute l'année.

Go Voyages propose un très grand choix de vols secs, charters et réguliers au meilleur prix au départ et à destination des plus grandes villes. 155 000 itinéraires de vols, 665 compagnies aériennes et plus de 2 millions d'hôtels dans 40 000 destinations... Possibilité également d'acheter des packages sur mesure « vol + hôtel » et des coffrets cadeaux. Sans oublier le grand choix de promotions sur tous les produits et la location de voiture. La réservation est simple et rapide, les choix multiples et les prix très compétitifs.

EASYVOYAGE

✆ 08 99 19 98 79

www.easyvoyage.com

Le concept peut se résumer en trois mots : s'informer, comparer et réserver. Des infos pratiques sur plusieurs destinations en ligne (saisonnalité, visa, agenda...) vous permettent de penser plus efficacement votre voyage. Après avoir choisi votre destination selon votre profil (famille, budget...), le site vous offre la possibilité d'interroger plusieurs sites à la fois concernant les vols, les séjours ou les circuits. Grâce à ce moteur performant, vous pouvez réserver directement sur plusieurs bases de réservation (Lastminute, Go Voyages et bien d'autres).

L'AGENCE DE VOYAGES DU BHV MARAIS

55, rue de la Verrerie - **PARIS** (4e)

✆ 01 42 78 38 91

www.bhv.fr

Ouvert du lundi au samedi de 9h30 à 20h et le dimanche de 11h à 19h.

L'agence de voyages du BHV Marais vous ouvre le monde à travers de somptueux voyages, des croisières, des *city-breaks*, des *road trips* ou des circuits organisés… Un questionnaire classique sur le site internet vous permet d'être contacté par un conseiller en voyages dans les 72 heures. Le personnel est véritablement à votre écoute et saura, pour sûr, vous concocter le voyage sur mesure de vos rêves ! Alors, laissez-vous tenter et profitez de cet accompagnement sur mesure !

QUOTATRIP

www.quotatrip.com

Voyages sur mesure.

QuotaTrip est une nouvelle plateforme de réservation de voyage en ligne qui met en relation des voyageurs à la recherche d'expériences authentiques et uniques et des agences de voyages locales sélectionnées pour leurs compétences et leur sérieux. Le réseau de QuotaTrip couvre près de 200 destinations dans le monde entier. Le but de ce rapprochement est simple : proposer un séjour entièrement personnalisé aux utilisateurs. QuotaTrip promet ainsi l'assurance d'un voyage serein, sur mesure, sans intermédiaires et sans frais supplémentaires.

PROMOVACANCES

✆ 01 55 33 44 44

www.promovacances.com

Promovacances est une agence de voyage en ligne qui propose de nombreux séjours touristiques, des week-ends, ainsi qu'un très large choix de billets d'avion à tarifs négociés sur vols charters et réguliers, des locations, des hôtels à prix reduits. En plus de cette importante offre, n'hésitez pas à guetter en ligne des promotions de dernière minute et les bons plans du jour. Enfin, des informations pratiques sont à consulter en ligne pour préparer votre voyage : santé, formalités, aéroports, voyagistes, compagnies aériennes.

VIVANODA.FR

www.vivanoda.fr

Vivanoda.fr est un site français indépendant permettant en un clic de comparer et combiner plusieurs modes de transport (avion, train, autocar, ferry et covoiturage) entre deux villes. Vivanoda est né d'un constat simple : quel voyageur arrive à s'y retrouver dans les différents moyens de transports qui s'offrent à lui pour rejoindre la destination de son choix ? La recherche sur Internet de ces informations se révèle en effet souvent très fastidieuse... Grâce à ce site, fini les nuits blanches et bonjour les voyages à moindre coût.

SE LOGER

Camping, auberges de jeunesse, locations en AirBnB, guesthouses, hôtels, clubs : il existe une vaste offre de logements en Écosse. Les Écossais aiment beaucoup les hébergements de plein air. Vous pourrez voyager avec votre tente à prix défiant toute concurrence, mais aussi loger dans des espaces insolites comme des pods (cabines pour 2 ou 4), logdes et autres chalets. Vous trouverez des campings un peu partout, de qualité et de prix variables. L'Écosse est un véritable pays de backpackers et les auberges sont légion sur tout le territoire. Consultez le site de Hostelling Scotland (https://www.hostellingscotland.org.uk/) qui est l'association nationale des auberges de jeunesse et en possède un peu partout. Le plus typique reste le B&B, des chambres que l'on loue pour une ou plusieurs nuits chez l'habitant, généralement dans leur maison avec un coin salon réservé aux hôtes. Le petit déjeuner est compris.

HELPX €€

www.helpx.net

Plateforme Internet pour séjourner chez l'habitant.

Des fermes biologiques, des B&B, des hôtels où l'étranger aide tout en bénéficiant, selon les hôtes, d'un hébergement, de repas ou de cours de langues selon le travail fourni. Un panel de lieux, partout dans le monde, où vivre durant une année ou moins, afin d'améliorer une langue ou vivre une expérience hors du commun pendant une année de césure. Lors de notre dernière visite sur le site, des propriétaires de *guesthouse* proposaient lit + déjeuner en échange de quelques heures de travail. Peut être une bonne affaire pour les plus jeunes.

HOSTELWORLD €

www.hostelworld.com

Depuis 2005, cette centrale de réservation en ligne permet de planifier son séjour à prix corrects dans le monde entier. Afrique, Asie, Europe, Amérique... Hostelworld est spécialisé dans les logements peu onéreux (auberges de jeunesse ou hostels...) mais proposant des services et un cadre plutôt soignés. Pour chaque grande ville, le site propose une sélection pointue d'enseignes partenaires et vous n'aurez plus qu'à choisir l'adresse la plus pratique, la mieux située, ou tout simplement la moins chère. Une plateforme bien pratique pour les baroudeurs.

HOME EXCHANGE €€

www.homeexchange.fr

Abonnement annuel 149 €.

Et si vous échangiez votre maison avec d'autres pour partir en vacances ? HomeExchange est une plateforme d'échange de maisons et d'appartements entre particuliers. L'idée : un site Internet pour échanger son logement (studio, appartement, villa...) moyennant un abonnement annuel à l'agence en ligne, qui se charge de la présentation du bien et de la mise en contact des intéressés. Un excellent moyen de faire des économies pour partir en vacances et réduire ainsi les frais d'hébergement sur place. Le choix est large, avec plus de 450 000 offres dans 159 pays.

WORKAWAY €€

www.workaway.info

Abonnement annuel à la plateforme : 49 € pour un voyageur seul, 59 € pour deux voyageurs.

Ici, le système est simple : être nourri et logé en échange de services. Sur la page Web, vous entrez en contact avec vos futurs hôtes qui recherchent des volontaires pour les aider dans leur projet. Des fermes, des maisons à retaper, des vendanges, des cueillettes... Ce système de logement alternatif, s'il n'est pas de tout repos, est de plus en plus populaire parmi les voyageurs. Les hôtes proposent la plupart du temps le gîte et la nourriture en échange de cours d'anglais. Un bon deal mais surtout une expérience unique et des rencontres fort enrichissantes.

SE DÉPLACER

Certains des plus beaux voyages en train d'Europe se trouvent en Écosse. *ScotRail* propose par ailleurs des passes avantageux dès lors que l'on prévoit de prendre le train régulièrement. « *Spirit of Scotland Travelpass* » offre un nombre illimité de déplacements en train dans le pays, et comprend aussi quelques trajets en bus dans certaines régions, en ferries de la compagnie *Caledonian MacBrayne* ou *NorthLink Ferries* (tarifs réduits) vers les Orcades et Shetland. Si vous souhaitez découvrir les îles, vous ne pourrez pas passer à côté des ferries. Les taxis sont très répandus dans les villes et pas très chers. Les bus vont quasiment partout en Écosse. Le site www.travelinescotland.com sera votre meilleur ami pour préparer vos trajets. En Écosse, l'auto-stop est facile hors des grandes villes. Postez-vous de préférence près des stations-service plutôt que le long des routes. Il y a beaucoup d'entraides.

SCOTRAIL

Edinburgh Station, Clifton Terrace, Edinburgh
EH12 5EY
✆ +44 344 811 0141
www.scotrail.co.uk
Pour parler au staff : 7h-22h.
Ligne d'urgence jusqu'à minuit.

ScotRail est le site où se rendre si vous visitez l'Écosse en train. Vous pouvez réserver directement votre billet ou pass sur le site. Vous n'aurez pas de frais supplémentaires. Découvrez des pass à la semaine (entre £37 et £89), au mois (entre £105,60 et £247,30) et à l'année (entre £1 100 et £2 576). Vous avez même des questions à répondre pour vous diriger sur le pass le plus utile pour vous. Vous aurez toutes les informations en temps réel (travaux, retard, annulation) ainsi que les dernières promotions. Application disponible également.

BSP AUTO

✆ 01 86 26 90 80
www.bsp-auto.com
Site comparatif accessible 24h/24.

Il s'agit là d'un prestataire qui vous assure les meilleurs tarifs de location aux conditions les plus avantageuses auprès des grands loueurs de véhicules dans les gares, aéroports et les centres-villes du monde entier. Le kilométrage illimité et les assurances sont souvent compris dans le prix. Avec BSP Auto, vous pouvez réserver dès maintenant et payer seulement cinq jours avant la prise de votre véhicule. Autre bonus du courtier BSP : pas de frais de dossier ni d'annulation (jusqu'à la veille). La moins chère des options zéro franchise.

ARNOLD CLARK

Lochrin Place, Tollcross
ÉDIMBOURG - EDINBURGH
✆ +44 845 607 45 00
www.arnoldclark.co.uk
Bus pour s'y rendre : 10, 11, 16, 23 ou 27.
Depuis l'aéroport, appeler pour la navette.

Le loueur Arnold Clark est sans doute la référence en matière de location de voiture tant pour sa qualité de service que pour son sérieux. On est bien accueilli, tout est clair et sans mauvaise surprise. Bien qu'il semble plus cher de prime abord, il a l'avantage d'éviter, au moment de la prise de voiture, les mauvaises surprises (caution exorbitante, carte de crédit non conforme...). Même s'il est beaucoup plus agréable de découvrir les splendides paysages écossais en train, le *Petit Futé* recommande ce loueur de véhicules très sérieux.

HERTZ

A l'aéroport
ABERDEEN
✆ +44 843 309 3001
www.hertz.co.uk
Réserver sur le site.

Hertz offre une large gamme de véhicules particuliers et utilitaires, essence, diesel et hybrides. Prépaiement en ligne ou sur place, c'est la garantie d'une marque mondialement reconnue depuis sa création (1918). C'est aussi la location de camions et autres remorques. Une multitude d'offres spéciales, de programmes de fidélité et tarifs adaptés à tout budget. Et désormais, la possibilité de louer un véhicule en libre-service à l'heure, bien commode et plus économique. Comme toujours, les voitures sont récentes et très bien entretenues.

S'INFORMER

L'Écosse est un pays unique aux nombreuses ressources. Avec un patrimoine aussi riche, vous avez de nombreux lieux à découvrir ! Vous ne savez pas par où commencer ? Il y a plusieurs sites à prendre en compte pour vous aider dans la préparation de votre voyage. Dans un premier temps, nous vous recommandons VisitScotland qui est l'office de tourisme national du pays. Vous y trouverez toutes les informations essentielles pour préparer le voyage de vos rêves. Ensuite, vous avez le site The National Trust for Scotland qui est une association caritative qui a pour but de mettre en avant le patrimoine écossais. De nombreux lieux sont sur donations. Si vous souhaitez découvrir des sites uniques, historiques ou religieux, choisissez dans cette liste. Vous avez besoin d'aide dans vos réservations ? Que ce soit pour trouver un hébergement, les meilleurs prix d'une activité ou des évènements à ne pas manquer, Scotland Welcome s'occupe de tout !

THE NATIONAL TRUST FOR SCOTLAND

5 Cultins Road - **ÉDIMBOURG - EDINBURGH**
✆ +44 131 385 7490
www.nts.org.uk
Association caritative : sites payants ou sur donations.

The National Trust for Scotland (NTS) est une association caritative qui s'occupe de la conservation et de la promotion du patrimoine national écossais. De nombreux sites bénéficient de son soutien. Il est possible de devenir membre donateur de l'association et d'entrer, gratuitement ou à tarif réduit, sur les sites pendant un an pour £66/adulte (paiement en ligne). Le site, très bien fait, met en valeur les sites par catégories, ambiances, etc : parfait pour trouver l'inspiration !

SCOTLAND WELCOME

The Old Police Box 300, Lawnmarket, Royal Mile
✆ +44 131 261 6620
www.scotlandwelcome.com
Ouvert 7j/7 de 9h30 à 16h30.

Votre guide écossais en ligne ! Vous pouvez vous rendre dans leurs locaux dans le centre-ville d'Édimbourg. Vous ne pouvez pas les louper, ils sont dans une ancienne Police Box, qui ressemble fortement au Tardis pour les fans de *Doctor Who*. Scotland Welcome vous aide dans toutes les réservations utiles pour votre séjour. Vous cherchez de bonnes adresses pour vous restaurer, un hébergement, des pubs ? Ils s'en occupent pour vous. Ils vous aideront également à trouver les meilleurs prix pour les activités, visites et évènements culturels.

CARNETS DE VOYAGE

36, Boulevard de la Bastille
PARIS (12e)
www.us.phoenix-publications.com

Publié par les éditions Phoenix, qui comptent déjà plusieurs revues à leur actif, ce trimestriel est consacré aux voyages avec des focus dédiés à la découverte d'une ville, d'une région, que ce soit en France, en Europe ou dans le monde. *Carnets de Voyage*, un magazine utile pour nous faire découvrir le meilleur d'une destination et nous faciliter le voyage. Pour de grandes ou petites escapades, les rédacteurs nous invitent à entrer dans leurs textes vivants, complétés de conseils pratiques, d'un agenda, de bonnes adresses et de superbes photos.

VISIT SCOTLAND

94 Ocean Drive Edinburgh EH6 6JH
www.visitscotland.com
Ouvert 7j/7, de 9h30 à 16h30.

VisitScotland est le site de l'office de tourisme national écossais. C'est un incontournable pour préparer votre voyage. Un site Internet complet avec toutes les informations à disposition. Vous avez une question ? Le chat est disponible de 9h30 à 16h30. Vous pouvez réserver votre hébergement en ligne et profitez des nombreuses offres spéciales (hôtellerie, restauration…) que vous propose l'office de tourisme. Leur mission ? Mettre en valeur l'Écosse, vous faire rêver, mais surtout vous faciliter la tâche dans vos recherches.

RESTER

Le seul vrai risque à aller en Écosse est celui d'en tomber fou amoureux et de vouloir y rester. C'est d'ailleurs le cas de nombreux Français expatriés dans ce superbe pays par amour de ses paysages, de ses mystères, de son mode de vie et de sa gastronomie. Certains sont devenus guides, ont des B&B... Selon votre projet et votre situation, il existe plusieurs solutions pour séjourner à plus long terme en Écosse et pour vous y installer. Les chantiers internationaux et bénévoles seront une première option. Faire des études sur place ou aller enseigner en est une autre, ouverte seulement à certains profils. Il est bien sûr aussi possible d'aller y chercher du travail. De nombreux métiers sont en tension. Le français étant une langue appréciée, votre maîtrise de la langue pourra vous ouvrir certaines portes. Les sites d'annonces en ligne seront vos principaux alliés, en plus des associations, clubs et organismes officiels.

AEFE

23, place de Catalogne
PARIS (14e)
✆ 01 53 69 30 90
www.aefe.fr

Cette agence, sous tutelle du ministère des Affaires étrangères, anime et gère un réseau de près de 500 établissements d'enseignement français à l'étranger, dans près de 140 pays. Des centaines de milliers d'élèves, dont une forte proportion de Français, fréquentent ces établissements. Offres d'emploi à l'international pour les titulaires de la fonction publique et informations sur la politique pédagogique émaillent le site Internet de cet organisme qui soutient également l'association Anciens des lycées français du monde est particulièrement bien fait.

ACTION CONTRE LA FAIM

102, rue de Paris - **MONTREUIL**
✆ 01 70 84 70 70
www.actioncontrelafaim.org
Par téléphone de 9h à 13h et de 14h à 18h.

ONG internationale spécialisée dans la lutte contre la faim dans le monde, active dans les domaines de la nutrition, santé, sécurité alimentaire, de l'eau, de l'assainissement. L'association intervient dans des situations de crise. Le but étant de rendre les populations autonomes d'un point de vue de la nutrition, en apportant une aide concrète et en formant les intervenants locaux qui prendront le relais. Ses missions de volontariat durent de trois mois à un an en Afrique, Asie, Amérique, Europe centrale, dans le Caucase, au Moyen-Orient et dans les Caraïbes.

MINISTÈRE DE L'EUROPE ET DES AFFAIRES ÉTRANGÈRES

www.diplomatie.gouv.fr

Site Internet officiel pour connaître les formalités d'entrée et séjour dans le pays. Dans la rubrique « Services aux Français », vous trouverez un guide de l'expatriation, les modalités de demandes de documents officiels. Sur la page d'accueil en sélectionnant le pays, vous obtenez les contacts des ambassades. Dans l'espace politique, économie et socio-culturel, quantité d'informations et de communications utiles pour qui s'intéresse aux réalités du pays.

VIE - VOLONTARIAT INTERNATIONAL EN ENTREPRISE

✆ 04 96 17 26 50
mon-vie-via.businessfrance.fr

Le VIE est destiné aux jeunes de 18 à 28 ans. Il s'effectue en entreprise, dans une ONG, dans une collectivité locale ou dans un service de l'État – allant de l'ambassade à l'établissement culturel en passant par le consulat. Par ailleurs, il peut durer de 6 à 24 mois et être renouvelé une fois, de deux ans au plus. Enfin, sa rémunération mensuelle est constituée d'un salaire fixe de 749,33 € et d'une indemnité supplémentaire dont le montant varie selon la mission.

INDEX

D

E

F

G

T

ÉDITION

Directeurs de collection et auteurs : Dominique AUZIAS et Jean-Paul LABOURDETTE
Auteurs : Jennifer THEROND, Maud POUPA, Martin FOUQUET, Corentin LAPLACHE-TSUTSUI, Baptiste THARREAU, Mathias DESHOURS, Juliette COURTOIS, Priscilla PARARD, Sylvie DEL COTTO, Romain RISSO, Amandine GLEVAREC, Maxence PEIGNE, Abdesslam BENZITOUNI, Maxime DRAY, Jean-Paul LABOURDETTE, Dominique AUZIAS et alter
Directeur Editorial : Stéphan SZEREMETA
Rédaction Monde : Laure CHATAIGNON, Morgane VESLIN, Pierre-Yves SOUCHET, Natalia COLLIER, Julie BEZ
Rédaction France : Briséis TEMPLE-BOYER, Audrey VEDOVOTTO, Marie VIGNERON, Nicolas WODARCZAK, Mélanie PEILLET

FABRICATION

Maquette et Montage : Romain AUDREN, Julie BORDES, Delphine PAGANO
Iconographie et Cartographie : Anne DIOT, Julien DOUCET

WEB ET NUMÉRIQUE

Directeur Web : Louis GENEAU de LAMARLIERE
Technical Project Manager : Hervé MARION
Développeurs : Guillaume BARBET, Adeline CAUX
Intégrateur Web : Mickael LATTES, Antoine DION
Webdesigner : Caroline LAFFAITEUR
Community Traffic Manager : Alice BARBIER, Noémie LE SAUX
Content Manager : Aliénor de PERIER

DIRECTION COMMERCIALE

Directeur commercial : Guillaume VORBURGER
Coordinatrice des Régies commerciales : Manon GUERIN
Account Manager Marketplace : Leila ROUGEOT
Responsable Régies locales : Michel GRANSEIGNE
Responsables Développement régie inter : Jean-Marc FARAGUET, Guillaume LABOUREUR et Camille ESMIEU
Assistante commerciale Régie internationale : Leila ANTRI-BOUZAR
Chefs de Publicité Régie nationale : Caroline AUBRY, François BRIANCON-MARJOLLET, Perrine DE CARNE MARCEIN, Jonathan TOUTOUX
Régie Ecosse : Evan PERON

DIFFUSION ET PROMOTION

Directrice des Ventes : Bénédicte MOULET assistée d'Aissatou DIOP
Responsable des ventes : Jean-Pierre GHEZ assisté de Nelly BRION
Relations Presse-Partenariats : Jean-Mary MARCHAL

ADMINISTRATION

Président : Jean-Paul LABOURDETTE
Directrice des Ressources Humaines : Dina BOURDEAU assistée de Sandra DOS REIS et Eva BAELEN
Directrice Administrative et Financière : Valérie DECOTTIGNIES
Comptabilité : Guillaume PETIT, Aminata BAGAYOKO, Jeannine DEMIRDJIAN et Adama DIABY
Recouvrement : Fabien BONNAN assisté de Sandra BRIJLALL
Responsable informatique : Elie NZUZI-LEBA

PETIT FUTÉ ÉCOSSE

LES NOUVELLES ÉDITIONS DE L'UNIVERSITÉ
18, rue des Volontaires - 75015 Paris
✆ 01 53 69 70 00 - Fax 01 42 73 15 24
Internet : www.petitfute.com
SAS au capital de 1 000 000 €
RC PARIS B 309 769 966
Couverture : Vache Highland et Blackface d'Écosse
© LESZEKB - ISTOCKPHOTO.COM
Impression : CORLET IMPRIMEUR
14110 Condé-en-Normandie
Achevé d'imprimer : Juin 2023
Dépôt légal : 01/08/2023
ISBN : 9782305092515

Pour nous contacter par email, indiquez le nom de famille en minuscule suivi de @petitfute.com
Pour le courrier des lecteurs : info@petitfute.com

IMPRIMÉ EN FRANCE